文 / 白 / 对 / 照

資治通鑑

第十五册

〔宋〕司马光　　编撰

〔清〕康熙 乾隆　御批

〔清〕申涵煜　　点评

　　　萧祥剑　　主编

　　中华文化讲堂　译

团结出版社

目 录

资治通鉴卷第一百七十五　陈纪九

起重光赤奋若，尽昭阳单阏，凡三年。

【译文】起辛丑（公元581年），止癸卯（公元583年），共三年。

【题解】本卷记录了公元581年至583年间南北朝的史事。当时正值陈宣帝太建十三至十四年，陈后主至德元年；北朝周隋交替，历经北周静帝大定元年，隋文帝开皇元年至三年。隋朝刚刚建立，隋文帝杨坚对内励精图治，任用贤臣，广开言路，重新颁布刑律；对外抗击突厥，隋文帝杨坚利用长孙晟提出的"远交而近攻，离强而合弱"的策略，使突厥内部矛盾加深，无力再对隋朝构成致命威胁，隋朝出现勃勃生机。南朝陈宣帝陈顼辞世，陈叔陵发动政变，未遂，陈后主陈叔宝即位。由于陈朝显露腐朽之势，隋文帝杨坚便生灭陈之心。隋文帝杨坚派贺若弼、韩擒虎分别出镇广陵及庐江，为南北统一做准备。

高宗宣皇帝下之下

太建十三年（辛丑，公元五八一年）春，正月，壬午，以晋安王伯恭为尚书左仆射，吏部尚书袁宪为右仆射。宪，枢之弟也。

周改元大定。

二月，甲寅，隋王始受相国、百揆、九锡之命，建台置官。丙辰，诏进王妃独孤氏为王后，世子勇为太子。

开府仪同大将军庾季才，劝隋王宜以今月甲子应天受命。太傅李穆、开府仪同大将军卢贲亦劝之。于是，周主下诏，逊居别宫。甲子，命兼太傅杞公椿奉册，大宗伯赵煚奉皇帝玺绂，禅位于隋。隋主冠远游冠；受册、玺，改服纱帽、黄袍；入御临光殿，服衮冕，如元会之仪。大赦，改元开皇。命有司奉册祀于南郊。遣少冢宰元孝矩代太子勇镇洛阳。孝矩名矩，以字行，天赐之孙也；女为太子妃。

【译文】太建十三年(辛丑，公元 581 年)春季，正月，壬午日(初一)，陈宣帝陈顼任命尚书仆射、晋安王陈伯恭担任尚书左仆射，吏部尚书袁宪担任尚书右仆射。袁宪是袁枢的弟弟。

同在壬午这一天，周主宇文阐改年号为大定。

二月，甲寅日(初四)，隋王杨坚开始接受相国、统领百官和九锡等任命与赏赐。隋国也开始建立尚书台，设立百官。丙辰日(初六)，周主宇文阐下诏，加封隋王妃独孤氏为王后，隋王世子杨勇为王太子。

北周开府仪同大将军庾季才，在正月就劝隋王杨坚应在二月甲子，顺应天意，接受天命。太傅李穆、开府仪同大将军卢贲，也劝杨坚即皇帝位。周主宇文阐被形势所逼，于是下诏让位，迁居到别的宫殿。甲子日(十四日)，周主宇文阐派遣兼太傅、杞国公宇文椿捧着封册，大宗伯赵煚捧着皇帝玉玺组绶，禅让帝位给隋王杨坚。隋主杨坚戴远游冠，接受封册、玉玺；后又改戴高顶纱帽，换上黄袍，莅临临光殿，又改穿戴衮服冠冕，按照元旦朝会旧仪，接受文武百官朝贺。随即下诏大赦境内，改年号为开皇。命有司捧持祝册到南郊坛，焚柴告天以受命；又派遣少冢宰元孝矩接替皇太子杨勇镇守洛阳。元孝矩，本名矩，孝矩是他的字，后来隐去本名而习用字号。他是元天赐的孙子(元孝矩乃元天赐之曾孙，当据《隋书》本传及《魏书·元天赐传》改），他的女儿是皇太子妃。

【乾隆御批】隋文以篡弑得国，不再传而失之。适足比诸嬴吕驱除，非真能应运顺时者也。鳞角奇征，殆踵伐获故智，史家摭以传信陋矣。

【译文】隋文帝用篡权弑君的手段夺取了国家大权，没能再次传位就把它失去了。恰好可以把他比作被驱除的嬴秦和诸吕，说明他并不是真正的应运而生者。身上生鳞头上长角这些奇异的特征，只不过是踵伐获的老花样，史家却把它摘取出来当真事来传播就太孤陋寡闻了。

少内史崔仲方劝隋主除周六官，依汉、魏之旧，从之。置三师、三公及尚书、门下、内史、秘书、内侍五省，御史、都水二台，太常等十一寺，左右卫等十二府，以分司统职。又置上柱国至都督十一等勋官，以酬勤劳；特进至朝散大夫七等散官，以加文武官之有德声者。改侍中为纳言。以相国司马高颎为尚书左仆射，兼纳言，相国司录京兆虞庆则为内史监，兼吏部尚书，相国内郎李德林为内史令。

乙丑，追尊皇考为武元皇帝，庙号太祖；皇妣吕氏为元明皇后。丙寅，修庙社。立王后独孤为皇后，王太子勇为皇太子。丁卯，以大将军赵煚为尚书右仆射。己巳，封周静帝为介公。周氏诸王皆降爵为公。

【译文】少内史崔仲方劝谏隋主杨坚废除宇文周所建的六官制度，改为依照汉、魏旧制，隋主杨坚听从了他的建议。于是设立三师、三公，以及尚书、门下、内史、秘书、内侍等五省，御史、都水等二台，太常、光禄、卫尉、宗正、太仆、大理、鸿胪、司农、太府、国子、将作等十一寺，左右卫、左右武卫、左右武侯、左右领、左右监门、左右领军等十二府，分主各司，统率众职。又设立上柱国、柱国、上大将军、大将军、上开府仪同三司、开府仪同三司、上仪同三司、仪同三司、大都督、帅都督、都督十一种勋官，用来酬报建立功勋的人；另又设立特进、左右光禄大夫、金紫光禄大夫、银青光禄大夫、朝议大夫、朝散大夫等七种散官（无职事之官），授给文武官员中有仁德声望的人。改称侍中为纳言。任用相国府司马高颎为尚书左仆射，兼任纳言一职；任用相国府司录、京兆人虞庆则为内史监，兼吏部尚书，任用相国府内郎李德林为内史令。

乙丑日（十五日），隋主杨坚追尊父亲杨忠为武元皇帝，庙号太祖；母亲吕氏为元明皇后。丙寅日（十六日），隋朝整修太庙及大社。册封王后独孤氏为皇后，王太子杨勇为皇太子。丁卯日（十七日），任命赵煚担任尚书右仆射。己巳日（十九日），隋主杨坚封周静帝为介国公，北周宗室诸王也都降爵为公。

初，刘、郑矫诏以隋主辅政，杨后虽不预谋，然以嗣子幼冲，恐权在它族，闻之，甚喜。后知其父有异图，意颇不平，形于言色，及禅位，愤惋逾甚。隋主内甚愧之，改封乐平公主，久之，欲夺其志；公主誓不许，乃止。

隋主与周载下大夫北平荣建绪有旧，隋主将受禅，建绪为息州刺史；将之官，隋主谓曰："且踌躇，当共取富贵。"建绪正色曰："明公此旨，非仆所闻。"及即位，来朝，帝谓之曰："卿亦悔不？"建绪稽首曰："臣位非徐广，情类杨彪。"帝笑曰："朕虽不晓书语，亦知卿此言不逊！"

上柱国窦毅之女，闻隋受禅，自投堂下，抚膺太息曰："恨我不为男子，救舅氏之患！"毅及襄阳公主掩其口曰："汝勿妄言，灭吾族!"毅由是奇之。及长，以适唐公李渊。渊，昞之子也。

【译文】当初，刘昉、郑译假托北周天元皇帝诏书，召引杨坚入宫辅政，北周天元皇后杨氏虽未曾参加密谋，但因嗣主年幼，担心权柄落在他姓人手上，对自己不利，当她听说召请自己的父亲入宫辅政时，倒也欣喜异常。后来，她发现自己父亲另有图谋，就愤愤不平，甚至表现在言谈神色之间。等到杨坚篡位，她越加痛恨惋惜。隋主杨坚内心深感愧疚，之后，改封她为乐平公主。过了一段时间，又逼迫她改嫁，公主誓死不从，这才作罢。

隋主杨坚和北周载（师）下大夫、北平人荣建绪有故旧之谊（胡三省曰："'载'下逸'师'字。"）。隋主杨坚准备接受禅让，荣建绪恰好外调为息州刺史，正准备去上任。隋主杨坚对他说："暂且停留一下，可与我共享富贵。"荣建绪自认为乃北周之大夫，于是板起脸来对他说："明公此意，不是我所愿听到的。"等到杨坚即位后，荣建绪还朝觐见国君，隋主杨坚问他说："你后悔没有？"荣建绪叩头回答说："臣的地位虽然和徐广不同，但是心情类似杨彪。"隋主杨坚听了，愤怒地说："朕虽不清楚你所说的典故，可是我听得出你这话说得不敬。"

北周上柱国窦毅的女儿，听闻杨坚篡周的消息，气得坐在堂下，两手拍胸，大声叹息说："遗憾我不生为男子，不能去挽救舅家的危难!"窦毅和襄阳公主赶紧掩住她的嘴巴说："你可不要胡乱讲话，当心惹来灭门之祸!"窦毅嘴上虽是这样说，可是心里却觉得这个女儿很不一般。等她长大后，把她嫁给唐国公李渊（按此窦氏女，即唐太宗之母）。李渊，是李昞的儿子。

虞庆则劝隋主尽灭宇文氏，高颎、杨惠亦依违从之，李德林固争，以为不可，隋主作色曰："君书生，不足与议此！"于是，周太祖孙谯公乾恽、冀公绚，闵帝子纪公湜，明帝子酆公贞、宋公实，高祖子汉公赞、秦公贽、曹公允、道公充、蔡公兑、荆公元，宣帝子莱公衍、郇公术皆死。德林由是品位不进。

乙亥，上耕藉田。

隋主封其弟邵公慧为滕王，安公爽为卫王，子雁门公广为晋王，俊为秦王，秀为越王，谅为汉王。

【译文】隋内史监虞庆则劝隋主杨坚杀尽宇文氏宗室，以绝后患。高颎和杨惠心里明知不妥，可是却违心依从而不敢说不可。只有李德林一再诤谏，认为不可滥杀，隋主杨坚变脸对他说："你是书呆子，不足以参与这件事。"于是北周太祖的孙子谯国公宇文乾恽、冀国公宇文绚，北周闵帝的儿子纪国公宇文湜，北周明帝的儿子酆国公宇文贞、宋国公宇文实，北周高祖的儿子汉国公宇文赞、秦国公宇文贽、曹国公宇文允、道国公宇文充、蔡国公宇文兑、荆国公宇文元，北周宣帝的儿子莱国公宇文衍、郇国公宇文术，全被斩尽杀绝。李德林因谏止不可滥杀宇文宗室的缘故，此后品位竟不能往上升迁。

乙亥日（二十五日），陈宣帝陈顼亲下藉田，举行亲耕藉田典礼。

乙亥这一天，隋主杨坚册立皇弟邵国公杨慧为滕王，[同]安郡公（《通鉴》"安公"上漏书"同"字，当据《隋书》补正）杨爽为卫王；皇子雁门郡公杨广为晋王，杨俊为秦王，杨秀为越王，杨谅为汉王。

隋主赐李穆诏曰："公既旧德，且又父党。敬惠来旨，义无有违。即以今月十三日恭膺天命。"俄而穆入朝，帝以穆为太师，赞拜不名；子孙虽在襁褓，悉拜仪同，一门执象笏者百余人，贵盛无比。又以上柱国窦炽为太傅，幽州总管于翼为太尉。李穆上表乞骸骨，诏曰："吕尚以期颐佐周，张苍以华皓相汉，高才命世，不拘恒礼。"仍以穆年耆，敕蠲朝集，有大事，就第询访。

美阳公苏威，绰之子也，少有令名，周晋公护强以女妻之。威见护专权，恐祸及己，屏居山寺，以讽读为娱。周高祖闻其贤，除车骑大将军、仪同三司，又除稍伯下大夫，皆辞疾不拜；宣帝就除开府仪同大将军。隋主为丞相，高颎荐之，隋主召见，与语，大悦；居月馀，闻将受禅，遁归田里。颎请追之，隋主曰："此不欲预吾事耳，置之。"及受禅，徵拜太子少保，追封其父为邳公，以威袭爵。

【译文】隋主杨坚下诏答复太傅李穆说："公年高德劭，又是我父亲的朋友，惠蒙来书指教，阐述义理，不敢违背（谓李穆劝之受禅），就在本月十三日承受天命。"没过多久，李穆从并州来朝，隋主杨坚任用李穆为太师，特许他觐见天子时，相者在旁唱名，太师可不用自称己名；子孙即使还在襁褓中，一律授以仪同的官职。一门执象笏，当高官的，多达一百多人，李穆家的富贵昌盛，当时没有一家能与他相比。又任用上柱国窦炽为太傅，幽州总管于翼为太尉。李穆上表请求告老还乡，隋主杨坚降诏挽留他说："吕尚以八十高龄辅佐文王、武王成就帝业，张苍以白首老翁，担任汉朝宰相，像您这样才高而又有名的人，不必受常理限制。"话虽这么说，但也考虑到李穆年纪大，敕令他不用参加朝会，遇有军中大事，国君自会派遣侍臣前往他府第，向他咨询讨教。

美阳县公苏威，是苏绰的儿子，从小就有很好的声望。北周时大冢宰、晋国公宇文护欣赏他，硬将女儿嫁给他。苏威目睹宇文护独揽大权，为避免牵连受害，便谢绝人事，入居山寺之中，借诵读诗书来消遣岁月。北周高祖宇文邕听说他贤能，就授予他车骑大将军、仪同三司的官职，后来，又以稍伯下大夫的官职征召他，但是他都推辞有病，不肯出任公职。等到北周宣帝即位，他才应聘为开府仪同大将军。隋主杨坚担任丞相时，高颎多次在杨坚面前举荐他，杨坚召见他，和他交谈，大为赞赏，过了一个多月，苏威听说杨坚准备接受北周静帝的禅让，便逃回乡里。高颎请杨坚派人追他回来，杨坚说："他不想参加我禅代的事，暂且不用去管他。"杨坚受禅即位后，征召他担任太子少保，追封他的父亲苏绰为邳国公，并让他承袭父亲的爵位。

丁丑，隋以晋王广为并州总管。三月，戊子，以上开府仪同三司贺若弼为吴州总管，镇广陵；和州刺史河南韩擒虎为庐州总管，镇庐江。隋主有并吞江南之志，问将帅于高颎，颎荐弼与擒虎，故置于南边，使潜为经略。

戊戌，以太子少保苏威兼纳言、度支尚书。初，苏绰在西魏，以国用不足，制征税法颇重，既而叹曰："今所为者，正如张弓，非平世法也。后之君子，谁能弛之！"威闻其言，每以为己任。至是，奏减赋役，务从轻简，隋主悉从之，渐见亲重：与高颎参掌朝政。帝尝怒一人，将杀之；威入阁进谏，帝不纳，将自出斩之，威当帝前不去；帝避之而出，威又遮止。帝拂衣而入，良久，乃召威谢曰："公能若是，吾无忧矣。"赐马二匹，钱十余万，寻复兼大理卿、京兆尹、御史大夫，本官悉如故。

【译文】丁丑日（二十七日），隋主杨坚任命晋王杨广担任并州总管。三月，戊子日（初八），隋主杨坚任命上开府仪同三司贺若弼担任吴州总管，镇守广陵（今江苏江都），任命和州刺史、河南人韩擒虎担任庐州总管，镇守庐江（今安徽合肥）。隋主杨坚有吞并江南的野心，询问高颎谁可担任将帅，高颎举荐贺若弼和韩擒虎，因而特别安置他二人到南部边境重镇，命他们暗中进行南伐的准备工作。

戊戌日（十八日），隋主杨坚让太子少保苏威兼任纳言（侍中之职）和度支尚书。起初，苏绰在西魏朝，鉴于国库税收不够支出，于是制定了较重的征税法。事后他叹息说："当前所制定的征税法，就好像张开弓弩，拉得紧紧的，并非太平治世正常的法则，未来的财政主管，不知有谁能松一松弓弦？"苏威听了他父亲的话，便以减轻赋税为己任。此时，苏威兼掌度支，于是上奏请求减轻徭役赋税，朝着简化便民的目标努力。他的建议被隋主杨坚采纳。从此，逐渐受到隋主的亲信重用，与高颎同掌朝政。隋主曾憎恶一个人，准备把他杀掉；苏威入宫诤谏，隋主不接受，准备自己出去动手杀掉那个人，苏威挡在隋主面前不走；隋主避开他，绕过去，苏威又挡在隋主面前。隋主杨坚大怒，拂衣而入，过了很久，召苏威入宫，向他道歉说："你能如此，我可以无忧了。"于是赏赐他两匹马和十几万钱。过了不久，又让他兼掌大理卿、京兆尹、御史大夫之职，原来官职全部保留。

治书侍御史安定梁毗，以威兼领五职，安繁恋剧，无举贤自代之心，抗表劾威，帝曰："苏威朝夕孜孜，志存远大，何遽迫之！"因谓朝臣曰："苏威不值我，无以措其言；我不得苏威，何以行其道。杨素才辩无双，至于斟酌古今，助我宣化，非威之匹也。威若逢乱世，南山四皓，岂易屈哉！"威尝言于帝曰："臣先人每戒臣云：'唯读《孝经》一卷，足以立身治国，何用多为！'"帝深然之。

高颎深避权势，上表逊位，让于苏威，帝欲成其美，听解仆射。数日，帝曰："苏威高蹈前朝，颎能推举。吾闻进贤受上赏，宁可使之去官！"命颎复位。颎、威同心协赞，政刑大小，帝无不与之谋议，然后行之。故革命数年，天下称平。

资治通鉴

【译文】治书侍御史、安定人梁毗，认为苏威掌理五个职务（纳言、度支尚书、大理卿、京兆尹、御史大夫），贪恋繁多剧重的职位，完全没有荐举贤才接替自己的意思，因而上表弹劾他，隋主杨坚为他辩护说："苏威早晚勤奋不懈，举荐贤才方面，虽有疏忽，可是他志向远大，你为什么急着逼他辞去兼任的职务呢？"因而对朝廷众臣说："苏威要是不遇到我，他便无法实行改革的措施；我要是得不到苏威的辅佐，又怎样施行治国之道呢？杨素辩才无双，当今独一无二，但斟酌古今沿革制度、辅助我宣导政治教化，便不是苏威的对手。苏威如果生逢乱世，也像南山四皓遁隐山中的话，岂能轻易让他屈身出仕呢？"苏威曾对隋主杨坚说："臣先人常常告诫我说：'只要读《孝经》一卷，便足以立身治国，何用多读旁的书呢？'"隋主杨坚认为说得很对。

高颎极力避开权势，上表请求让位，指名让位给苏威，隋主杨坚想成全他让贤的美名，准许他辞去仆射的职位。没过几天，隋主杨坚说："苏威在宇文周时代，隐居不出来做官，高颎能举荐贤才。我听人说荐举贤才的人，应当得到上等的赏赐，怎可让举荐贤才的人辞去官位呢？"于是下诏恢复高颎的官职。高颎、苏威二人同心协力，大小政令刑案，隋主杨坚全都先找他们商议，然后才施行。因此隋主杨坚即位后，不到几年的工夫，天下便告治平。

【乾隆御批】读《孝经》一卷，足以立身治国，威言是矣。然威父即仕周，威乃辞周拜而致身于篡周之隋室，移孝作忠之义安在。隋文比之商山四皓，此特用以自文而已。

【译文】读《孝经》一卷，足以立身治国，苏威的话是对的。可是苏威的父亲在周朝做官，苏威却推掉周朝的任命而接受了篡夺周权的隋朝的任命，这把孝顺父母转为效忠君主的大义放在了哪里呢？隋文帝把他比作商山四皓，这只是用来自我美化罢了。

太子左庶子卢贲，以颍、威执政，心甚不平，时柱国刘昉亦被疏忌。贲因讽昉及上柱国元谐、李询、华州刺史张宾等谋黜颍、威，五人相与辅政。又以晋王广有宠于帝，私谓太子曰："贲欲数谒殿下，恐为上所谴，愿察区区之心。"谋泄，帝穷治其事，昉等委罪于宾、贲。公卿奏二人当死，帝以故旧，不忍诛，并除名为民。

庚子，隋诏前代品爵，悉依旧不降。

丁未，梁主遣其弟太宰岩入贺于隋。

夏，四月，辛巳，隋大赦。戊戌，悉放太常散乐为民，仍禁杂戏。

散骑常侍韦鼎、兼通直散骑常侍王瑳聘于周。辛丑，至长安，隋已受禅，隋主致之介国。

【译文】太子左庶子卢贲，因为高颍、苏威共执朝政，心里感到十分不舒服。那时，柱国刘昉也被疏远猜忌，卢贲于是暗示刘昉以及上柱国元谐、李询和华州刺史张宾等，共同谋划罢黜高颍、苏威二人，改由他们五人共同执政。因为晋王杨广较得隋主杨坚宠信，卢贲暗中跑去对皇太子说："我想常来拜谒殿下，只是担心被皇上谴责，希望殿下能理解我的忠心。"不巧，他的计谋泄露，隋主杨坚对这个案子追根究底，刘昉等将责任都推给卢贲。审案的公卿，奏请隋主杨坚把刘昉、卢贲二人处死。隋主杨坚考虑他二人是过去的佐命功臣，不忍心杀死他们，只将二人除籍为民。

庚子日（二十日），隋主杨坚下诏说："仕宦前朝所得的品秩爵位，都可照旧，不必改降。"

丁未日（二十七日），梁主萧岿派遣他的弟弟太宰萧岩前往长安庆贺隋主登基。

夏季，四月，辛巳日（初二），隋主杨坚下诏大赦天下。戊戌日（十九日），隋主颁诏放还在太常寺演奏散乐的乐籍人为平民，杂乐百戏则仍旧禁演。

陈宣帝陈顼派遣散骑常侍韦鼎、兼通直散骑常侍王瑳到北周访问。辛丑日（二十二日），陈朝使节抵达长安，隋主杨坚已经接受禅位，杨坚命人将他们带往介国（时周静帝宇文阐已降封为介国公）。

隋主召汾州刺史韦冲为兼散骑常侍。时发稽胡筑长城，汾州胡千余人，在涂亡叛。帝召冲问计，对曰："夷狄之性，易为反覆，皆由牧宰不称之所致。臣请以理绥静，可不劳兵而定。"帝然之，命冲绥怀叛者，月余皆至，并起长城之役。冲，夐之子也。

五月，戊午，隋封邘公雄为广平王，永康公弘为河间王。雄，高祖之族子也。

隋主潜害周静帝而为之举哀，葬于恭陵；以其族人洛为嗣。

六月，癸未，隋诏郊庙冕服必依《礼经》。其朝会之服、旗帜、牺牲皆尚赤，戎服以黄，在外常服通用杂色。秋，七月，乙卯，隋主始服黄，百僚毕贺。于是，百官常服，同于庶人，皆着黄袍；隋主朝服亦如之，唯以十三环带为异。

【译文】隋主杨坚征召汾州刺史韦冲担任散骑常侍。当时征调稽胡修建长城，汾州胡人一千多人在途中逃跑。隋主杨坚召来韦冲，向他讨教对策，韦冲说："夷狄容易表现出反复无常个性的原因，实在是因州牧县宰不称职所致。臣愿以理去安抚，不用劳烦兵卒，就能平定他们。"隋主杨坚相信他的话，就让韦冲去安抚召集叛逃的稽胡，一个多月后，先前逃走的胡人全部归队，一同赶赴修筑长城的工地。韦冲，是韦复的儿子。

五月，戊午日（初十），隋主杨坚册立邗国公杨雄为广平郡王，永康郡公杨弘为河间郡王。杨雄，是隋高祖杨坚同族兄弟的儿子。

隋主杨坚派人暗杀了北周静帝宇文阐（时年九岁），然后为他料理丧事，埋葬在恭陵，将他的族人宇文洛过继为他的后嗣。

六月，癸未日（初五），隋主杨坚下诏规定：以后在南北郊以及太庙等举行祭祀时，必须依照《礼经》，穿戴冠冕礼服；而朝会的制服、旗帜和祭祀用的牲畜，都以红色为贵；军服采用黄色，日常所穿衣服，通用杂色。秋季，七月，乙卯日（初八），隋主杨坚开始穿着黄袍，文武百官全都向他祝贺。从此百官日常所穿衣服，也和百姓相同，都穿着黄袍；隋主临朝所穿着的服色，也与大家一样，只是多一条十三环带。

八月，壬午，隋废东京官。

吐谷浑寇凉州，隋主遣行军元帅乐安公元谐等步骑数万击之。谐击破吐谷浑于丰利山，又败其太子可博汗于青海，俘斩万计。吐谷浑震骇，其王侯三十人各帅所部来降。吐谷浑可汗夸吕帅亲兵远循。隋主以其高宁王移兹裒为河南王，使统降众。以元谐为宁州刺史，留行军总管贺娄子幹镇凉州。

九月，庚午，将军周罗睺攻隋故墅，拔之。萧摩诃攻江北。

隋奉车都尉于宣敏奉使巴、蜀还，奏称："蜀土沃饶，人物殷阜，周德之衰，遂成戎首。宜树建藩屏，封殖子孙。"隋主善之，辛未，以越王秀为益州总管，改封蜀王。宣敏，谨之孙也。

壬申，隋以上柱国长孙览、元景山并为行军元帅，发兵入寇；命尚书左仆射高颎节度诸军。

【译文】八月，壬午日（初五），隋主杨坚下诏废除东京六府官。

吐谷浑侵犯凉州（治今甘肃武威县），隋主杨坚派遣行军元帅、乐安郡公元谐等率领步骑数万，前往讨伐。不久，元谐在丰利山（在今青海东北境）大败吐谷浑，随后，又在青海击败他的太子可博汗，俘虏、斩杀的人数，要以上万的数字来计算。吐谷浑酋长大感震动惶恐，他们的亲王公侯三十多人，各自率领所部前来归降。吐谷浑可汗夸吕，带领亲信部队远逃遁隐起来。隋主杨坚任命吐谷浑高宁王移兹袞担任河南王，让他统领归降过来的部众。同时又任命元谐担任宁州（治今甘肃宁县）刺史，留下行军总管贺娄子幹把守凉州。

九月，庚午日（二十四日），陈将周罗睺攻打隋故墅，将它攻克。萧摩诃也举兵讨伐江北。

隋朝奉车都尉于宣敏奉使抚慰巴、蜀，回来之后，上疏给隋主杨坚说："蜀地富饶肥沃，物产丰富，人才众多，自从周室衰微，这里却成了叛乱征战的地方（指王谦以益州起兵）。为巩固国家，此地应当建立藩篱屏障，封立王室子孙。"隋主杨坚认为这个建议很好。辛未日（二十五日），隋主杨坚任命越王杨秀担任益州总管，改封越王为蜀王。于宣敏，是于谨的孙子。

壬申日（二十六日），隋主杨坚任命上柱国长孙览、元景山，一同担任行军元帅，发兵侵犯陈国；并命尚书左仆射高颎指挥调度前线诸军。

初，周、齐所铸钱凡四等，及民间私钱，名品甚众，轻重不等。隋主患之，更铸五铢钱，背、面、好、肉皆有周郭，每一千重四斤二两。悉禁古钱及私钱。置样于关；不如样者，没官销毁之。自是钱币始壹，民间便之。

隋郑译以上柱国归第，赏赐丰厚。译自以被疏，呼道士醮章祈福，为婢所告，以为巫蛊，译又与母别居，为宪司所劾，由是除名。隋主下诏曰："译若留之于世，在人为不道之臣；戮之于朝，入地为不孝之鬼。有累幽显，无所置之。宜赐以《孝经》，令其熟读。"仍遣与母共居。

【译文】 起初，北周、北齐所铸造的官钱共分四等，再加上民间私自铸造的细钱，名称种类繁多，币值轻重都不一致。隋主杨坚为此感到忧虑，为了统一钱币，便另外铸造一种新式五铢钱，背、面、肉、好都有周郭（胡三省曰："钱之文为'面'，其漫为'背'，钱体为'肉'，钱孔为'好'，外圆周之以规，内方周之以矩，曰'周郭'"）。每一千个五铢钱，重量为四斤二两。新的五铢钱发行后，便开始全面禁止流通使用旧币及私钱。四处关卡，都放有五铢钱的标准样品，进出关卡所使用的钱币，凡是和标准样品不同的，一律没收，全部加以销毁，冶炼为铜。自此以后，钱币才渐归统一，民间买卖贸易，感到方便很多。

隋朝郑译以上柱国的身份，退休归第，隋主杨坚赏赐给他的东西十分丰厚。郑译因为被隋主冷落疏远，暗中请道士设坛上章，祈求福助，却被他的侍婢告发，说他在搞巫蛊邪术。郑译又跟他的母亲分居，被御史弹劾他不孝，因而受到削除官籍的处罚。隋主杨坚为此特下诏书责备他说："郑译如果留在天地间，在人世上，是不遵守为臣之道的劣臣；如果杀死在朝廷，入了地狱，便是不孝父母的恶鬼。不论是生是死，都会烦累阳世的朝堂和阴间的地府，两地无可处置，只好赐他《孝经》一部，令他在家熟读。"并且发遣他和他的母亲同住在一起。

资治通鉴

【乾隆御批】译与刘昉赞成隋禅，未几谴斥诛夷。曾不旋踵。留世为不道之臣，戮朝为不孝之鬼，二语尤足鬻国奸谀寒心破胆！

【译文】郑译与刘昉拥护隋文帝接受禅让，没多久就遭到谴责呵斥以至被诛杀。时间短得还不到掉转脚跟的工夫。留在世上是不法的臣子，在朝廷被诛杀是不孝之鬼，这两句话尤其足以让那些奸邪阿谀的卖国贼寒心破胆！

【申涵煜评】译一佞臣耳，以拥戴有功，不忍加罪，闻其与母别居，赐《孝经》令其熟读，设译亦缮《忠经》以进，诏将何词以答。

【译文】郑译不过是一个奸佞之臣而已，杨坚因为他拥戴自己有功劳，不忍心加罪于他。听说他和母亲分开居住，就赐给《孝经》令他熟读，假设郑译抄写《忠经》以进杨坚，杨坚拿什么词来回答他呢？

初，周法比于齐律，烦而不要，隋主命高颎、郑译及上柱国杨素、率更令裴政等更加修定。政练习典故，达于从政，乃采魏、晋旧律，下至齐、梁，沿革重轻，取其折衷。时同修者十余人，凡有疑滞，皆取决于政。于是去前世枭、轘及鞭法，自非谋叛以上，无收族之罪。始制死刑二，绞、斩；流刑三，自二千里至三千里；徒刑五，自一年至三年；杖刑五，自六十至百；笞刑五，自十至五十。又制议、请、减、赎、官当之科以优士大夫。除前世讯囚酷法，考掠不得过二百；枷杖大小，咸有程式。民有枉屈，县不为理者，听以次经郡及州省；若仍不为理，听诣阙伸诉。

【译文】起初，宇文周的刑律，与北齐相比，烦琐而又欠精要。隋主杨坚命左仆射高颎、上柱国郑译、杨素，以及率更令裴政等人，重新加以修订。裴政熟悉通晓典章故事，明白为政的要领，于是往上博采魏、晋旧律，往下参照齐、梁法典，对于刑法轻重，力求调和太过与不及，而取其适中。那时，一同参与纂修《隋律》的，共有十多人，其间凡是遇到疑难问题，或滞碍难通的地方，都听由裴政来解析、裁决。这次修改旧律的要点，主要是删去前代枭首、裂，以及鞭打等酷刑，除非是谋反叛乱以上的重罪，否则就不判连坐和灭族之罪。制定完成的新律，它的刑罚要点如下：一、死刑：取人性命的刑罚，分绞刑、斩刑两种（删去前代枭首、车裂及鞭打等三种刑罚）。二、流刑：流放犯人到远方，分为距离京畿两千里到三千里等三种。三、徒刑：拘押罪犯服劳役，分为服一年、一年半、两年、两年半、三年等五种。四、杖刑：用大荆杖决打，分为打六十、七十、八十、九十、一百下等五种。五、笞刑：用小板子打，分为打十、二十、三十、四十、五十等五种。另又制定了对行政官员的八议、申请减罪、官品减罪、纳钱赎罪、官职抵罪等条款，用来优待士大夫。此外，又废除前代审讯囚犯时使用的酷刑，规定刑讯拷打，不能超过二百下；枷（项械）、杖（荆杖）的大小，都有规定样式。百姓有冤屈，县府不给申理的，可以依次上诉到郡府和州府；如果郡与州府仍旧不予申理的话，允许到京师申诉冤屈。

冬，十月，戊子，始行新律。诏曰："夫绞以致毙，斩则殊形，除恶之体，于斯已极。枭首、轘身，义无所取，不益惩肃之理，徒表安忍之杯。鞭之为用，残剥肤体，彻骨侵肌，酷均脔切。虽云远古之式，事乖仁者之刑。枭、轘及鞭，并令去之。贵砺带之书，不当徒罚；广轩冕之荫，旁及诸亲。流役六年，改为五载；刑徒（三）〔五〕岁，变从三祀。其余以轻代重，化死为生，条目甚多，备于简策。杂格、严科，并宜除削。"自是法制遂定，后世多遵用之。

隋主尝怒一郎，于殿前笞之。谏议大夫刘行本进曰："此人素清，其过又小，愿少宽之。"帝不顾。行本于是正当帝前曰："陛下不以臣不肖，置臣左右，臣言若是，陛下安得不听；若非，当致之于理。岂得轻臣而不顾也？"因置笏于地而退。帝敛容谢之，遂原所笞者。行本，璠之兄子也。

【译文】冬季，十月，戊子日（十二日），隋朝开始颁行新律。隋主杨坚颁诏说："绞刑导致罪犯毙命，斩刑则身首异处，铲除恶人的刑罚，这两项已经是严厉到极点了。枭首、车裂的刑罚，以义理检验，毫无可取，对于惩罚罪囚，其实并没什么补益，只是表露出苛刻残忍的狠心。用鞭抽打的刑罚，残害损伤皮肤，侵损肌肉，痛入骨髓，暴虐的程度，跟脔割并无差异。虽说是自古定下的刑例，却有违仁者制定刑罚的居心。因而，枭首、车裂和鞭打的刑罚，全部下令废除。尊崇优礼有功之臣，不施以徒刑罪罚；还要扩大贵臣的荫庇，旁及其余宗亲。流徙役作，原定期限六年的，减为五年；受刑服役，原判期限五年的，变为三年。其余的，一律采用以轻代重，变死刑为有期徒刑的原则，其中项目条款繁多，全部详细记载在法典上。纷杂的格律，严酷的科禁，应当一并删除。"华夏的刑罚制度，自从这一次变革后，便奠定了很好的基础，后世的法制，也都遵照沿袭隋朝。

隋主杨坚曾经气愤一位郎官，在大殿之上，用小板子打他。

谏议大夫刘行本上前劝阻说:"这个人平日操行清廉,过失又小,希望陛下稍微宽恕他。"隋主杨坚没有理睬,继续打那位郎官,刘行本于是挡在隋主杨坚面前说:"陛下不认为我不肖,让我担任谏议大夫,把我安置在您的身边,您既然抬举我担任谏官,我说的话如果有道理,陛下怎可不采纳我的意见;倘若我说的话没道理,陛下应当把我送往大理寺查办,怎么可以轻视我,而不理睬我说的话呢?"说罢,便把笏板放置地上,准备告辞离开。隋主杨坚见他如此,赶紧收敛容色,立即向他道歉,并饶恕那位被打的郎官。刘行本,是刘璠哥哥的儿子。

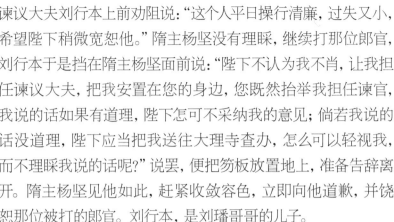

独孤皇后,家世贵盛而能谦恭,雅好读书,言事多与隋主意合,帝甚宠惮之,宫中称为"二圣"。帝每临朝,后辄与帝方辇而进,至阁乃止。使宦官伺帝,政有所失,随则匡谏。候帝退朝。同反燕寝。有司奏称:"《周礼》百官之妻,命于王后,请依古制。"后曰:"妇人预政,或从此为渐,不可开其源也。"大都督崔长仁,后之中外兄弟也,犯法当斩,帝以后故,欲免其罪。后曰:"国家之事,焉可顾私!"长仁竟坐死。后性俭约,帝尝合止利药,须胡粉一两。宫内不用,求之,竟不得。又欲赐柱国刘嵩妻织成衣领,宫内亦无之。

然帝惩周氏之失,不以权任假借外戚,后兄弟不过将军、刺史。帝外家吕氏,济南人,素微贱,齐亡以来,帝求访,不知所在。及即位,始求得舅子吕永吉,追赠外祖双周为太尉,封齐郡公,以永吉袭爵。永吉从父道贵,性尤顽呆,言词鄙陋,帝厚加供给,而不许接对朝士。拜上仪同三司,出为济南太守;后郡废,终于家。

【译文】独孤皇后,家世虽富贵显达,却能谦恭对人,十分喜欢读书。议论政事，很多和隋主的意见相合，隋主杨坚很宠爱她，也很敬畏她，宫里的人，尊称他们为"二圣"。隋主杨坚每次临朝，独孤皇后都和他并辇前行，一直送到大殿门前。她还派宦官去伺察隋主杨坚的言行，只要朝政有什么缺失，她就立刻匡正诤谏。等到隋主退朝，她又陪着隋主一起回到燕居的寝宫。有司启奏说："《周礼》规定，百官妻子的封号，全部由皇后任命，请依照古制施行。"独孤皇后回复他说："果真如此的话，恐怕从此要开妇人干政的恶例，我们不可开此祸端。"大都督崔长仁，是皇后的表兄，触犯国法，依照法律应当斩首。隋主因为他是皇后表亲的缘故，想赦免他的死罪。独孤皇后却说："国有国法，怎可顾念私情而歪曲法律呢？"胡长仁最终依法被处斩。独孤皇后生性俭朴，隋主配制止泻药，需要用到胡粉（女人装饰用之铅粉）一两。因为皇后俭朴，不用这些东西，所以找遍宫内，竟然找不到铅粉。又有一次隋主杨坚想赏赐柱国刘嵩的妻子织成的衣领，可是宫内也没有这个东西。

隋主杨坚鉴于宇文周的亡国，不肯将权柄职位交给外戚，因而独孤皇后的兄弟，只不过担任将军或刺史之类的中级官吏而已。隋主杨坚自己的外家吕氏，济南人，门第一向寒微低贱，自北齐亡国以来，隋主杨坚勤加寻访，但是都不知晓吕氏一族的下落。等到即帝位之后，才找到一位舅舅的小孩吕永吉，隋主杨坚追赠外祖父吕双周为太尉，赠封齐郡公，让吕永吉承继爵位。吕永吉的伯叔辈，有位叫吕道贵的，生性尤其顽劣不堪，言语鄙陋粗俗，隋主赏赐给他许多钱财，却不准许他接触应对朝士大夫。后来，授予他上仪同三司，外放为济南太守。不久，济南郡罢废，他也就解职，终老在自己家里。

【乾隆御批】既知预政之渐不可开,则所为方辇而进及使宦官伺政独非牝鸡之晨乎?至于纳谗言废勇立广,独孤又安得辞其过耶?

【译文】 既然知道干预朝政的风气不能开,那么她两辇并驾进宫以及派宦官列席处理朝政就不是母鸡晨啼吗?至于听信谗言废杨勇而立杨广,独孤氏又怎能推掉她的责任呢?

壬辰,隋主如岐州。

岐州刺史安定梁彦光,有惠政,隋主下诏褒美,赐束帛及御伞,以厉天下之吏;久之,徙相州刺史。岐俗质厚,彦光以静镇之,奏课连为天下最。及居相,部如岐州法。邺自齐亡,衣冠士人多迁入关,唯工商乐户移实州郭,风俗险诐,好兴谣讼,目彦光为“著帽饧”。帝闻之,免彦光官。岁余,拜赵州刺史。彦光自请复为相州,帝许之。豪猾闻彦光再来,皆嗤之。彦光至,发擿奸伏,有若神明,豪猾潜窜,阖境大治。于是,招致名儒,每乡立学,亲临策试,褒勤黜怠。及举秀才,祖道于郊,以财物资之。于是,风化大变,吏民感悦,无复讼者。

时又有相州刺史陈留樊叔略,有异政,帝以玺书褒美,班示天下,徵拜司农。

【译文】壬辰日(十六日),隋主杨坚前往岐州。

岐州刺史、安定人梁彦光,在岐州很有爱护百姓的德政,隋主杨坚下诏褒奖表扬他,并赏赐给他束帛、御伞,借以勉励天下的官吏。几年后,调升梁彦光担任相州刺史。岐州民俗,质朴厚重,梁彦光用清静之道安抚他们,考绩连年天下第一。等到担任相州刺史,他治理州郡的方法,一如在岐州的时候。邺城自北齐亡国之后,衣冠士族都被迫迁入关中,只留下一些工、商、乐户，迁入州城之中，因而相州人情狡诈不正，喜欢造谣诉讼，竟戏称梁彦光为"著帽饧"（胡三省曰："饧软而甘，说梁彦光为人软美如团饧，特著帽耳。"）。隋主杨坚听说他不能治理教化州郡百姓，便下令解除他的官职。又过了一年多，朝廷起用他出任赵州刺史，梁彦光却主动请求再担任相州刺史，隋主杨坚答应了他。相州豪强狡诈之徒，听说梁彦光再来担任刺史，没有不讥笑他的。哪知梁彦光到任后，举发判断奸邪之徒所犯的隐秘而又罕为人知的罪案，精明有若神助，于是豪强狡诈之徒，莫不潜藏逃窜，相州因此全境大治。之后，梁彦光在每乡都设立学校，延请名儒布道讲学，每到一定季节，梁彦光还亲自前往学校，主持考试，褒奖勤奋，处罚怠惰。举荐秀才进京，在郊外为他们饯行，并资助他们盘缠。于是相州风俗大为改观，府吏州民都感动悦服，从此也就不再动辄造谣兴讼了。

　　当时还有一位担任过相州刺史的陈留人樊叔略，也有很不平凡的治绩，隋主杨坚特颁玺书褒奖他，并把他的良法善政，传示四方，命各地州牧取法学习。后来，隋主杨坚征召他还朝，调升他担任司农卿。

　　【申涵煜评】光以治歧，著能相民。有着帽饧之讥。既再莅兹土。吏民感悦，此无他，一人之身而宽严异用也。故曰：水懦民玩，火烈民畏。

　　【译文】 梁彦光治理岐州，善于帮助老百姓，被人讥为软弱无能。等待再次到这个地方，官吏百姓深受感动，这没有别的，只是一个人治政宽严不同的作用而已。所以说：水懦民玩，火烈民畏（比喻法令、政策过宽，百姓就会轻视；法令政策严酷，百姓就会畏惧 ）。

新丰令房恭懿，政为三辅之最，帝赐以粟帛。雍州诸县令朝谒，帝见恭懿，必呼至榻前，访以治民之术。累迁德州司马。帝谓诸州朝集使曰："房恭懿志存体国，爱养我民，此乃上天宗庙之所祐。朕若置而不赏，上天宗庙必当责我。卿等宜师范之。"因擢为海州刺史。由是州县吏多称职，百姓富庶。

十一月，丁卯，隋遣兼散骑侍郎郑撝来聘。

十二月，庚子，隋主还长安，复郑译官爵。

广州刺史马靖，得岭表人心，兵甲精练，数有战功。朝廷疑之，遣吏部侍郎萧引观靖举措，讽令送质，外托收督赕物，引至番禺。靖即遣子弟入质。

【译文】新丰县令房恭懿，治绩居三辅之首，隋主杨坚赐给他米粟、布帛，借以奖赏。雍州所辖各县令（临近京师），每月初一都要进京朝拜国君，隋主杨坚每次见到房恭懿到来，一定招呼他到御榻前面，向他请教治理百姓的方略。后来，房恭懿擢升为德州司马，又有极好的表现，隋主杨坚对各州派遣到京师的朝集史（《隋书·礼仪志》四曰："每元会，诸州悉遣使赴京师朝集，谓之朝集史。"）说："房恭懿忠君爱国，惠养我百姓，这是神灵和祖宗的福泽，朕如果搁置而不奖赏他，神灵和祖先一定会责罚我。你们应当师法他，将他当作楷模。"于是又擢升房恭懿为海州刺史。从此，州牧县宰都能称职，百姓也都享受到富足安定。

十一月，丁卯日（二十二日），隋主杨坚派遣兼散骑常侍郑撝到江南访问。

十二月，庚子日（二十五日），隋主杨坚从岐州返回长安，下诏恢复郑译的官爵。

陈朝广州刺史马靖，深得岭南人士的欢心，所统辖军队，训练有素，铠甲精良，多次建立战功。朝廷因此对他渐有防备之心。陈宣帝因为吏部侍郎萧引熟悉岭南人物情形，于是命他出使广州，要他观察马靖的举措言行，并暗示他遣送子弟入京为质。萧引奉密旨南下，表面假称督促征收蛮夷赎罪的财物。萧引到了广州，马靖很快就知晓皇上的旨意，立刻遣送自己的儿子入都为质。

是岁，隋主诏境内之民任听出家，仍令计口出钱，营造经像。于是，时俗从风而靡，民间佛书，多于《六经》数十百倍。

突厥佗钵可汗病且卒，谓其子庵逻曰："吾兄不立其子，委位于我。我死，汝当避大逻便。"及卒，国人将立大逻便。以其母贱，众不服；庵逻实贵，突厥素重之。摄图最后至，谓国人曰："若立庵逻者，我当帅兄弟事之。若立大逻便，我必守境，利刃长矛以相待。"摄图长，且雄勇，国人莫敢拒，竟立庵逻为嗣。大逻便不得立，心不服庵逻，每遣人詈辱之。庵逻不能制，因以国让摄图。国中相与议曰："四可汗子，摄图最贤。"共迎立之，号沙钵略可汗，居都斤山。庵逻降居独洛水，称第二可汗。大逻便乃谓沙钵略曰："我与尔俱可汗子，各承父后。尔今极尊，我独无位，何也？"沙钵略患之，以为阿波可汗，还领所部。又沙钵略从父玷厥，居西面，号达头可汗。诸可汗各统部众，分居四面。沙钵略勇而得众，北方皆畏附之。

【译文】这一年，隋主杨坚颁诏天下境内百姓，听任个人意愿，允许出家为僧为尼，并按人口摊派出钱营造佛经佛像。这样一来，民风习俗，随风转移，民间佛书之多，一时超过《六经》数十倍到百倍。

突厥佗钵可汗病重，临死前对他的儿子庵逻说："我哥哥不立他的儿子,传位给我。我现在病重将死,你们兄弟应当避让大逻便,让他继位!"等到佗钵可汗去世,国人遵照他的遗言,准备拥立大逻便为可汗,可是都嫌他的母亲出身低贱,众人心里不服气;而庵逻的母亲尊贵,一向被突厥酋长们尊重。摄图最后赶到,对国内的人说:"倘若要拥立庵逻的话,我当带领我的兄弟听命于他;如若所立的是大逻便的话,我一定据守边境与他抗衡,备好利刃长矛同他周旋。"摄图身份地位高,加之雄健勇武,国人没有敢违背他的,就这样,最终拥立庵逻,继位为君。大逻便当不了国君,内心不服庵逻,经常派人去辱骂庵逻,庵逻没有能力制服他,于是将王位让给摄图。国中的部落酋长们相互商议说:"四可汗(指逸可汗、木杆可汗、褥但可汗、佗钵可汗)的儿子,要数摄图最贤能。"于是迎接摄图,一同拥立他为国君,是为沙钵略可汗,他居住在都斤山(今蒙古乌里雅苏台东),庵逻迁居到独洛水(今蒙古库伦之士拉河),称为第二可汗(谓其位次于沙钵略可汗)。大逻便派人对沙钵略说:"我和你都是可汗的儿子,各自继承父业,而今你极尊贵,我却什么也没有,这可算是公平吗?"沙钵略无法反驳他,因而封大逻便为阿波可汗,让他回去统率自己的部众。沙钵略的叔父玷厥,管理西方,号达头可汗。四可汗各自统领自己的部落,分别坐镇四方。沙钵略勇敢而得众心,北方夷狄弱小民族,都因害怕而归附他。

隋主既立,待突厥礼薄,突厥大怨。千金公主伤其宗祀覆没,日夜言于沙钵略,请为周室复仇。沙钵略谓其臣曰:"我,周之亲也。今隋公自立而不能制,复何面目见可贺敦乎!"乃与故齐营州刺史高宝宁合兵为寇。隋主患之,敕缘边修保障,峻长城，命上柱国武威阴寿镇幽州，京兆尹虞庆则镇并州，屯兵数万以备之。

初，奉车都尉长孙晟送千金公主入突厥，突厥可汗爱其善射，留之竟岁，命诸子弟贵人与之亲友，冀得其射法。沙钵略弟处罗侯，号突利设，尤得众心，为沙钵略所忌，密托心腹阴与晟盟。晟与之游猎，因察山川形势，部众强弱，靡不知之。

【译文】隋主杨坚登基后，对待突厥恩礼微薄，突厥可汗大为恼怒。加上沙钵略的妻子千金公主伤痛宇文宗室的覆亡，日夜在沙钵略面前请求出兵为北周复仇，沙钵略因此对他的臣子说："我，是宇文周的亲戚，而今隋主自立为君，我如果不去制服他，又有何脸面见可贺敦（可汗妻称'可贺敦'）呢？"于是和前齐营州刺史高宝宁联兵侵犯隋境，隋主杨坚为此深感担忧，敕令沿突厥边境，修筑城堡、亭障，增高长城，并派上柱国、武威人阴寿把守幽州，京兆尹虞庆则坐镇并州，屯兵数万，加强戒备抵御突厥的入侵。

起初，奉车都尉长孙晟送千金公主出塞前往突厥，突厥可汗喜爱他擅长射箭，留他在突厥整一年，命诸子弟和贵人们与他亲近，结为朋友，借以学习他的箭法。沙钵略可汗的弟弟处罗侯，号突利设，深得突厥部众的欢心，也深为沙钵略所猜忌，他秘密嘱托手下亲信，暗中和长孙晟结盟。长孙晟与他往来驰猎，因而得以考察当地山川地形，对突厥各部众的强弱了如指掌。

及突厥入寇，晟上书曰："今诸夏虽安，戎虏尚梗，兴师致讨，未是其时，弃于度外，又相侵扰，故宜密运筹策，有以攘之。玷厥之于摄图，兵强而位下，外名相属，内隙已彰；鼓动其情，必将自战。又，处罗侯者，摄图之弟，奸多势弱，曲取众心，国人爱之，因为摄图所忌，其心殊不自安，迹示弥缝，实怀疑惧。又，阿波首鼠，介在其间，颇畏摄图，受其牵率，唯强是与，未有定心。今宜远交而近攻，离强而合弱。通使玷厥，说合阿波，则摄图回兵，自防右地。又引处罗，遣连奚、霫则摄图分众，还备左方。首尾猜嫌，腹心离阻，十数年后，乘衅讨之，必可一举而空其国矣。"帝省表，大悦，因召与语。晟复口陈形势，手画山川，写其虚实，皆如指掌，帝深嗟异，皆纳用之。遣太仆元晖出伊吾道，诣达头，赐以狼头纛。达头使来，引居沙钵略使上。以晟为车骑将军，出黄龙道，赍币赐奚、霫、契丹，遣为乡导，得至处罗侯所，深布心腹，诱之内附。反间既行，果相猜贰。

【译文】等到突厥入塞，侵犯隋境，长孙晟上书给隋主杨坚说："当今我大隋与华夏各国，虽然保持和平没有战事，但是北狄依然梗阻不来归顺，倘若发动部队去攻打他们，目前还不是时机；如果将他弃置于王法之外，不去理睬，他又不时前来骚扰边境，为今之计，应及早筹划，设法逐步消灭他们。据臣所知，玷厥的部队强过摄图，而地位却在摄图之下，表面上虽然臣服摄图，但是暗中争斗，已经有了很明显的嫌隙，倘若加以煽动挑拨，两雄势必自相残杀。还有一位处罗侯，他是摄图的弟弟，心思奸巧，可是部落很弱，他善用心机，用委曲谦下的态度谋取众心，国人拥戴他，因此遭到摄图猜忌，他的内心感到十分不安，在形迹上，力求弥合嫌隙；在骨子里，实怀猜疑恐惧。

"此外还有一位阿波可汗，迟疑观望，介于他们之间，他害怕摄图，暂时听从摄图的指挥。不过谁强他就臣服于谁，因而到目前为止，他都还没有定下心来，决定归属何人。当今之策，应该采取远交近攻、离间强者、拉拢弱小的策略。派遣使者去结交玷厥，另遣使者去游说阿波，并和他联合，这样的话，摄图便要撤回南下的兵马，防守他疆域的西面；我方另又遣人去笼络处罗侯，结交库莫奚族和霅族(匈奴之别种)，如此一来，摄图又要抽调兵力，在他疆域的东面设防。这样，让他东西两面都与人发生嫌隙猜忌，让他的心腹部落和他离异阻滞，十多年后，我方伺机进讨，必可一举讨平突厥。"隋主杨坚看完表奏，大为高兴，召见长孙晟，和他谈论战守事宜。长孙晟以口陈述形势，用手指画山川，描绘突厥的虚实所在了如指掌，隋主杨坚深为赞赏，于是完全依照他的计策去对付突厥。隋主派遣太仆卿元晖西出伊吾道(汉伊吾卢地，今新疆哈密)，前往玷厥达头可汗处，赐给他绣有狼头的大旗。达头派遣使者到长安答谢，隋廷厚加款待，朝见的位次，故意安排在沙钵略来使之上。又任命长孙晟为车骑将军，北出黄龙道，备好金帛，颁赐库莫奚、霅、契丹等族，通过他们的向导，得以到达处罗侯的住所，与他重申前约，招引他归附隋朝。长孙晟所献反间之计，一一实现，突厥酋长果真彼此猜疑，内部发生分裂。

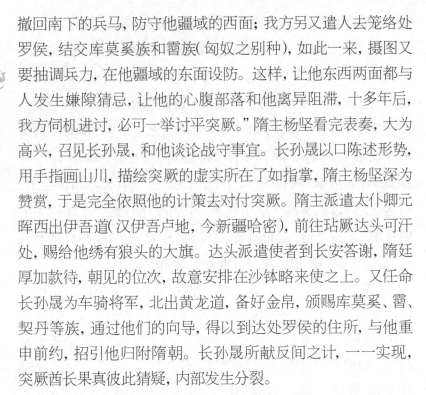

始兴王叔陵，太子之次弟也，与太子异母，母曰彭贵人。叔陵为江州刺史，性苛刻狡险。新安王伯固，以善谐谑，有宠于上及太子；叔陵疾之，阴求其过失，欲中之以法。叔陵入为扬州刺史，事务多关涉省闼，执事承意顺旨，即讽上进用之；微致违忤，必抵以大罪，重者至殊死。伯固惮之，乃诡求其意。叔陵好发古冢，伯固好射雉，常相从郊野，大相款狎，因密图不轨。伯固为侍中，每得密语，必告叔陵。

【译文】陈朝始兴王陈叔陵，是太子陈叔宝的大弟，跟太子同父异母，他的母亲是彭贵人。陈叔陵担任江州刺史，性情严苛狡猾阴险。新安王陈伯固，因为善于诙谐嘲谑，深得陈宣帝陈顼及太子的宠信，陈叔陵便嫉妒他，暗中派人收集他的过失，准备抓到他的把柄，就依法治他的罪。等到陈叔陵入朝担任扬州刺史，州府事务多与中书、尚书二省有关联，办事官员顺承他意旨，陈叔陵就建议皇上给予升迁重用；稍有违背触犯，陈叔陵就设法用重罪责罚；严重冒犯他的，他就处以身首异处的死刑。陈伯固害怕他，于是对他谄媚逢迎。陈叔陵喜欢发掘古人冢墓，陈伯固爱好射山鸡，两人常一同出游郊野，彼此大为友善亲狎，因而共商夺嫡的密谋。当时，陈伯固担任侍中，在宫里每听到禁中机密，出宫一定转告陈叔陵。

太建十四年(壬寅，公元五八二年)春，正月，己酉，上不豫，太子与始兴王叔陵、长沙王叔坚并入侍疾。叔陵阴有异志，命典药吏曰："切药刀甚钝，可砺之!"甲寅，上殂。仓猝之际，叔陵命左右于外取剑。左右弗悟，取朝服木剑以进，叔陵怒。叔坚在侧，闻之，疑有变，伺其所为。乙卯，小敛。太子哀哭俯伏。叔陵抽剉药刀斫太子，中项，太子闷绝于地；母柳皇后走来救之，又斫后数下。乳媪吴氏自后掣其肘，太子乃得起；叔陵持太子衣，太子自奋得免。叔坚手搤叔陵，夺去其刀，仍牵就柱，以其褶袖缚之。时吴媪已扶太子避贼，叔坚求太子所在，欲受生杀之命。叔陵多力，奋袖得脱，突走出云龙门，驰车还东府，召左右断青溪道，赦东城囚以充战士，散金帛赏赐；又遣人往新林追其所部兵；仍自被甲，著白布帽，登城西门招募百姓；又召诸王将帅，莫有至者，唯新安王伯固单马赴之，助叔陵指挥。叔陵兵可千人，欲据城自守。

【译文】太建十四年(壬寅，公元582年)春季，正月，己酉日(初五)，陈宣帝陈顼病危，太子陈叔宝和始兴王陈叔陵、长沙王陈叔坚一同进宫侍奉。陈叔陵暗中有异图，对典掌医药的官吏说:"切药刀不够锋利,应当去磨一磨,才好使用!"甲寅日(初十),陈宣帝陈顼崩殂,宫中仓促举哀,大家正忙着办理丧事,陈叔陵命手下人到外面拿把剑来。身边的人不明白他的意思,就从外面取来朝会所佩戴的木剑,进呈给他,陈叔陵大发雷霆。陈叔坚在旁,听到他说的话,怀疑他会篡位,便暗中伺察他的行动。乙卯日(十一日),陈宣帝遗体入殓,太子陈叔宝俯伏地上,高声痛哭。陈叔陵竟抽出切药刀,上前袭击太子,一刀正中后颈,只听太子猛叫一声,晕倒在地上,他的母亲柳皇后慌忙赶来抢救,陈叔陵又连砍她数下。太子乳娘吴氏,从后赶来,拉住陈叔陵手肘,太子乘这机会,才得以从地上踉跄爬起;这时,陈叔陵还扯住太子衣裾,太子情急自奋,竟得挣脱。陈叔坚抢步上前,从后扼住陈叔陵喉管,夺下他手中的锉刀,牵到柱间,撕下宽袖一幅,把他捆绑起来。这个时候,乳娘吴氏已经扶着太子入内避贼而去,陈叔坚呼问太子在何处,要他决定是杀掉陈叔陵,还是留下活口。陈叔陵原本就力气大,在陈叔坚回头呼问的一瞬间,已经挣脱捆绑,脱身冲出云龙门,驾车驰回东府城(在江宁县东,城在青溪桥东南,临淮水,距离台城三里,又名东城),匆忙召唤左右,阻断青溪桥(在江宁县东北,溪泄玄武湖水,南入秦淮)通道,释放东城囚犯,充当士兵,散发金帛,赏赐勇士;又派人驰往新林(在江宁县西南),征调所属军队前来;一方面亲自披上戎衣,头戴白布帽,登上府城西门,募集民兵;一方面召请诸王将帅,可是却没有应命而来的,只有新安王陈伯固,单骑赴召,帮他指挥部队。陈叔陵的士兵约有一千人,想攻占东府城,据城自守。

时众军并缘江防守,台内空虚。叔坚白柳后,使太子舍人河内司马申，以太子命召右卫将军萧摩诃入见受敕，帅马步数百趣东府，屯城西门。叔陵惶恐，遣记室韦谅送其鼓吹与摩诃，谓之曰："事捷，必以公为台鼎。"摩诃绐报之曰："须王心膂节将自来，方敢从命。"步陵遣其所亲戴温、谭骐骥诣摩诃，摩诃执以送台，斩其首，徇东城。

叔陵自知不济，入内，沉其妃张氏及宠姬七人于井，帅步骑数百自小航渡，欲趣新林，乘舟奔隋。行至白杨路，为台军所邀。伯固见兵至，旋避入巷，叔陵驰骑拔刃追之，伯固复还，叔陵部下多弃甲溃去。摩诃马容陈智深迎刺叔陵僵仆，陈仲华就斩其首，伯固为乱兵所杀，自寅至巳乃定。叔陵诸子并赐死，伯固诸子宥为庶人。韦谅及前衡阳内史彭暠、咨议参军兼记室郑信、典签俞公喜并伏诛。暠，叔陵舅也。信、谅有宠于叔陵，常参谋议。谅，粲之子也。

【译文】当时，朝廷众军都沿江抵御隋师去了。台城之内，官军寥寥无几。陈叔坚见陈叔陵逃跑，忙向柳皇后禀告，建议派太子舍人、河内人司马申，以太子的命令，驰往征召右卫将军萧摩诃入宫晋见。萧摩诃奉太子敕令，率领数百名骑兵，赶往东府城，屯兵在府城西门。陈叔陵见猛将萧摩诃赶来讨伐，内心甚感惊恐，便派记室参军韦谅，拿着自己的鼓吹送给萧摩诃，并且许诺说："如果肯帮忙，等取得天子之位，一定任用萧公为台阁宰辅。"萧摩诃欺骗他说："须始兴王派心腹将官持节前来订约，我才敢听从命令。"陈叔陵于是派遣他所亲信的戴温、谭骐前去与萧摩河订盟，萧摩诃将他二人捉住，送往台城，朝廷立即将二人斩首，枭示东府城。

陈叔陵自知大事不成，仓皇入内，驱逼他的妻子张氏，以及宠姬等七人，投入井内，然后亲自率领步骑数百人，从小航偷渡，打算前往新林浦（在江宁县西南三十里，源出牛头山，西流七里入江），乘船渡江，逃往隋境。可是跑到白杨路，就被台城官兵拦住。陈伯固见追兵赶到，立刻躲入小巷，陈叔陵亲自骑马拔刀追赶过去，陈伯固又从小巷被赶出来。这时，陈叔陵的部下都已丢下盔甲，溃逃而去。

萧摩诃的马容（胡三省曰："军行，择便于鞍马，躯干壮伟者，乘马居前，以壮军容，谓之'马容'。"）陈智深迎上冲刺陈叔陵，陈叔陵当场毙命，另一个马容陈仲华赶上去斩下他的脑袋；陈伯固也被乱兵所杀。这场叛乱，从寅时（上午三时至五时）发生，到巳时（上午九时至十一时）结束。宫中颁下敕令，陈叔陵所有的儿子，全部赐死；陈伯固的儿子，废为庶民。余党韦谅、前衡阳内史彭暠、咨议参军兼记室郑信、典签俞公喜，全都处死。彭暠，是陈叔陵的舅舅；郑信、韦谅，是陈叔陵的亲信，经常为陈叔陵出谋划策。韦谅，是韦粲的儿子。

丁巳，太子即皇帝位，大赦。

辛酉，隋置河北道行台于并州，以晋王广为尚书令；置西南道行台于益州，以蜀王秀为尚书令。隋主惩周氏孤弱而亡，故使二子分莅方面。以二王年少，盛选贞良有才望者为之僚佐；以灵州刺史王韶为并省右仆射，鸿胪卿赵郡李雄为兵部尚书，左武卫将军朔方李彻总晋王府军事，兵部尚书元岩为益州总管府长史。王韶、李雄、元岩俱有骨鲠名，李彻前朝旧将，故用之。

初，李雄家世以学业自通，雄独习骑射。其兄子旦让之曰："非士大夫之素业也。"雄曰："自古圣贤，文武不备而能成其功业者鲜矣。雄虽不敏，颇观前志，但不守章句耳。既文且武，兄何病焉！"及将如并省，帝谓雄曰："吾儿更事未多，以卿兼文武才，吾无北顾之忧矣！"

【译文】丁巳日（十三日），太子陈叔宝即皇帝位，下诏大赦境内。

辛酉日（十七日），隋主杨坚下诏，在并州设立河北道行台，任命晋王杨广担任尚书令；另在益州设立西南道行台，任命蜀王杨秀担任尚书令。隋主杨坚鉴于宇文周宗室孤弱，因此招致灭亡，所以分派二子，各自镇守一方，作为屏藩。但因二子年幼，便大规模选拔忠贞纯良又有才干名望的人，来担任他们的幕僚。最后，选出灵州刺史王韶担任并州尚书省右仆射，鸿胪卿、赵郡人李雄担任兵部尚书，左武卫将军、朔方人李彻总管晋王府军事；兵部尚书元岩担任益州总管府长史。王韶、李雄、元岩等人，都以耿直、有骨气而闻名；李彻则是前朝旧将，因此选用他们。

起初，李雄家世代以精通经学而显达。到了李雄这一代，李雄独习射箭骑马，他的哥哥李子旦责怪他说："弃文尚武，并不是士大夫的常业。"李雄反驳他说："自古圣贤，文武不兼备而能成就事业的，少之又少。我虽不聪明，但也熟读不少古书，只是不愿背诵一些琐碎的训诂罢了。弟既能文，且又能武，哥哥又何必责备我呢？"等到李雄即将前往并州上任，隋主杨坚对他说："我儿年少，经历事情不多，因你兼具文武才略，一并将军事委托于你，我可免去后顾之忧了。"

二王欲为奢侈非法，韶、岩辄不奉教，或自锁，或排閤切谏。二王甚惮之，每事谘而后行，不敢违法度。帝闻而赏之。

又以秦王俊为河南道行台尚书令、洛州刺史，领关东兵。

癸亥，以长沙王叔坚为骠骑将军、开府仪同三司、扬州刺史；萧摩诃为车骑将军、南徐州刺史，封绥远公，始兴王叔陵家金帛累巨万，悉以赐之。以司马申为中书通事舍人。

乙丑，尊皇后为皇太后。时帝病创，卧承香殿，不能听政。太后居柏梁殿，百司众务，皆决于太后，帝创愈，乃归政焉。

丁卯，封皇弟叔重为始兴王，奉昭烈王祀。

隋元景山出汉口，遣上开府仪同三司邓孝儒将卒四千攻甗山。镇将军陆纶以舟师救之，为孝儒所败；涢口、甗山、沌阳守将皆弃城走。戊辰，遣使请和于隋，归其胡墅。

【译文】晋、蜀二王想做一些奢侈违法的事，王韶、元岩每次多不肯承受他们的教令，有时，自加锁铐来自罚；有时，推开宫门，切直诤谏。二王很敬畏他们，每有大事都先与他们商议后才实行，再也不敢做出有违法令的事。隋主杨坚听闻这个消息，特别下令嘉奖王韶、元岩二人。

隋主杨坚又任命秦王杨俊担任河南道行台尚书令、洛州刺史，统领关东兵马。

癸亥日（十九日），陈后主陈叔宝任命长沙王陈叔坚担任骠骑将军、开府仪同三司、扬州刺史；萧摩诃担任车骑将军、南徐州刺史，进封绥远［建］郡公。始兴王陈叔陵家金帛累积上亿万，全部奖赏给萧摩诃。陈后主陈叔宝另外擢升太子舍人司马申为中书通事舍人。

乙丑日（二十一日），陈后主陈叔宝尊奉宣帝皇后柳氏为皇太后。此时，陈后主后颈的创伤未愈，在承香殿养病，不能处理朝政。皇太后柳氏住在柏梁殿，百官众务，都呈奏皇太后裁决。等到陈后主颈项创伤痊愈，才将朝政交还给他。

丁卯日（二十三日），陈后主陈叔宝册立皇弟陈叔重为始兴王，过继给烈王作为后嗣。

隋朝行军元帅元景山从汉口出兵，派遣上开府仪同三司邓孝儒带领劲卒四千人，攻打陈朝甑山镇(今湖北汉川)。陈朝派遣将军陆纶带领舟师前往援助，却被邓孝儒击败；陈朝涢口(湖北汉阳西北)、甑山、沌阳(湖北汉阳西)诸位镇守将，都弃城逃走。戊辰日(二十四日)，陈朝派遣使者前往隋朝，愿意归还胡墅，请求与隋朝恢复和好。

己巳，立妃沈氏为皇后。辛未，立皇弟叔俨为寻阳王，叔慎为岳阳王，叔达为义阳王，叔能为巴山王，叔虞为武昌王。

隋高颎奏，礼不伐丧；二月，己丑，隋主诏颎等班师。

三月，己巳，以尚书左仆射晋安王伯恭为湘州刺史，永阳王伯智为尚书仆射。

夏，四月，庚寅，隋大将军韩僧寿破突厥于鸡头山，上柱国李充破突厥于河北山。

丙申，立皇子永康公胤为太子。胤，孙姬之子也，沈后养以为子。

五月，己未，高宝宁引突厥寇隋平州，突厥悉发五可汗控弦之士四十万入长城。

【译文】己巳日(二十五日)，陈后主陈叔宝立妃子沈氏为皇后。辛未日(二十七日)，册封皇弟陈叔俨为寻阳王，陈叔慎为岳阳王，陈叔达为义阳王，陈叔能为巴山王，陈叔虞为武昌王。

隋朝高颎上表，建议依照古礼不进攻有国丧的国家。二月，己丑日(十五日)，隋主杨坚下诏，命令高颎等讨伐陈朝诸军撤围还朝。

三月，己巳日(二十五日)，陈后主陈叔宝任命尚书左仆射、晋安王陈伯恭担任湘州刺史，永阳王陈伯智担任尚书仆射。

夏季，四月，庚寅日（十七日），隋朝大将军韩僧寿在鸡头山（甘肃平凉西崆峒山）击败突厥兵，上柱国李充也在河北山击败突厥兵。

丙申日（二十三日），陈后主陈叔宝册封儿子永康公陈胤为太子。陈胤，本是孙姬的儿子，孙姬难产暴毙，沈皇后收养了他，视同己出。

五月，己未日（十六日），前齐营州刺史高宝宁，招引突厥军队南下，进攻隋朝平州（治今河北卢龙县），突厥可汗征调五可汗（沙钵略可汗、第二可汗、达头可汗、阿波可汗、贪汗可汗）部队，能驰射的兵士，一共有四十万人，大举进犯长城。

壬戌，隋任穆公于翼卒。

甲子，隋更命传国玺曰"受命玺"。

六月，甲申，隋遣使来吊。

乙酉，隋上柱国李光败突厥于马邑。突厥又寇兰州，凉州总管贺娄子幹败之于可洛峐。

隋主嫌长安城制度狭小，又宫内多妖异。纳言苏威劝帝迁都，帝以初受命，难之；夜，与威及高颎共议。明旦，通直散骑庾季才奏曰："臣仰观乾象，俯察图记，必有迁都之事。且汉营此城，将八百岁，水皆咸卤，不甚宜人。愿陛下协天人之心，为迁徙之计。"帝愕然，谓颎、威曰："是何神也！"太师李穆亦上表请迁都。帝省表曰："天道聪明，已有徵应；太师人望，复抗此请；无不可矣。"丙申，诏高颎等创造新都于龙首山。以太子左庶子宇文恺有巧思，领营新都副监。恺，忻之弟也。

【译文】壬戌日（十九日），隋朝任穆公于翼去世。

甲子日（二十一日），隋朝改传国玺名为"受命玺"。

六月，甲申日（十二日），隋朝派遣使者动身前往陈朝吊丧。

乙酉日（十三日），隋朝上柱国李光又在马邑（在今山西朔县东北四十里桑乾河北岸）击败突厥进犯的部队。突厥分兵进犯兰州（今甘肃皋兰县），凉州总管贺娄子幹在可洛峐山（在今甘肃武威县）大败突厥兵。

隋主杨坚嫌弃长安城旧有规模狭小，兼以宫内经常出现鬼怪妖异的事情，纳言苏威劝说隋主迁都，隋主因为刚刚受禅，认为迁都有困难；入夜，隋主杨坚和苏威及高颎再深入研究。第二天一大早，通直散骑常侍庾季才上表呈奏说："臣仰观天象，俯察图籍，最近一定有迁都的事情发生。自从汉代修筑此城以来，已近八百年，水质变咸，不宜人们饮用，希望陛下上应天意，下顺人情，早作迁都的打算。"隋主听了，大感惊讶，对高颎、苏威二人说："这事多么神奇啊！"太师李穆也上表建议迁都，隋主看完表章后说："天道精微，已有征兆应验，太师众所仰望，也上表请求迁都，据此看来，迁都是没什么不可以的了。"丙申日（二十四日），隋主杨坚下诏，命高颎等在龙首山（在今西安市北）规划创建新都。因为太子左庶子宇文恺对工程建筑有巧妙的构思，就任命他担任营造新都的副监。宇文恺，是宇文忻的弟弟。

秋，七月，辛未，大赦。

九月，丙午，设无碍大会于太极殿，舍身及乘舆御服。大赦。

丙午，以长沙王叔坚为司空，将军、刺史如故。

冬，十月，癸酉，隋太子勇屯兵咸阳以备突厥。

十二月，丙子，隋命新都曰大兴城。

乙酉，隋遣沁源公虞庆则屯弘化以备突厥。

行军总管达奚长儒将兵二千，与突厥沙钵略可汗遇于周槃，沙钵略有众十余万，军中大惧。长儒神色慷慨，且战且行，为虏所冲突，散而复聚，四面抗拒。转斗三日，昼夜凡十四战，五兵咸尽，士卒以拳殴之，手皆骨见，杀伤万计。虏气稍夺，于是解去。长儒身被五疮，通中者二；其战士死伤者什八九。诏以长儒为上柱国，馀勋回授一子。

【译文】秋季，七月，辛未日（二十九日），陈后主陈叔宝下诏大赦天下。

九月，丙午日（初五），陈后主陈叔宝在太极殿设无遮大会，陈后主舍身，布施车驾御服给佛祖。陈后主陈叔宝又下诏大赦天下。

丙午日（初五），陈后主陈叔宝任命长沙王陈叔坚担任司空，仍旧兼骠骑将军、扬州刺史原官。

冬季，十月，癸酉日（初三），隋朝太子杨勇驻兵咸阳，防备突厥进犯。

十二月，丙子日（初七），隋朝命名新都为大兴城。

乙酉日（十六日），隋主杨坚派遣沁源县公虞庆则驻兵弘化（今甘肃庆阳），以防突厥侵犯。

隋朝行军总管达奚长儒领军两千，和突厥主力沙钵略可汗在周槃相遇，这时，沙钵略可汗拥有部队十余万人，因为众寡悬殊，达奚长儒的军兵大感恐惧。达奚长儒明知寡不敌众，仍然镇定自若，慷慨激昂，一边战一边走，中途遭遇突厥冲击，军队屡散屡聚，四面奋勇抗敌。转战三日，昼夜总共交锋十四次，五兵（谓矛、戟、弓、剑、戈）全都打光，士卒徒手与敌人拼斗，手节处的骨头，因为皮肉碰损而外露，杀伤敌人的数目，要用上

资治通鉴

万的单位来计算。突厥的锐气因之而消减，于是解围而去。达奚长儒身受五处创伤，其中被刺穿两个孔，侥幸生还。其余战士，被杀死和带伤的，占总数的十分之八九。隋主杨坚下诏，擢升达奚长儒为上柱国，并将他的余勋，授给他的一个儿子。

时柱国冯昱屯乙弗泊，兰州总管叱列长叉守临洮，上柱国李崇屯幽州，皆为突厥所败。于是，突厥纵兵自木硖、石门两道入寇，武威、天水、安定、金城、上郡、弘化、延安，六畜咸尽。

沙钵略更欲南入，达头不从，引兵而去。长孙晟又说沙钵略之子染干诈告沙钵略曰："铁勒等反，欲袭其牙。"沙钵略惧，回兵出塞。

隋主既立，待遇梁主，恩礼弥厚。是岁，纳梁主女为晋王妃，又欲以其子场尚兰陵公主。由是罢江陵总管，梁主始得专制其国。

【译文】此时，柱国冯昱驻兵在乙弗泊（今青海西宁市），兰州总管叱列长叉镇守临洮（今甘肃临潭西南），上柱国李崇屯镇守幽州，都被突厥击败，突厥于是纵兵进犯，分别从木硖（今甘肃环县）、石门（今甘肃固原）两路南下侵犯武威（甘肃今县）、天水（今县）、安定（甘肃泾川北）、金城（甘肃皋兰）、上郡（今陕西富县治）、弘化（甘肃庆阳）、延安（今陕西肤施）等郡，凡是突厥所过之处，六畜全被抢掠一空。

沙钵略可汗还想乘胜南下，达头可汗不同意，引兵自行离开。长孙晟又派人散播谣言，游说沙钵略可汗的儿子染干，让他欺骗沙钵略说："铁勒等人背叛，要偷袭突厥可汗牙帐（总部）。"沙钵略闻讯，心生忧惧，这才收兵，出塞而去。

隋主杨坚登基后，对梁主萧岿恩遇有加。这一年（开皇二年），纳聘梁主萧岿的女儿为晋王杨广的妃子。随后，又想将兰陵公主许配给梁主的儿子萧瑒。因此撤销了江陵总管，梁主萧岿这才得以独自处理梁国朝政。

长城公上

至德元年（癸卯、公元五八三年）春，正月，庚子，隋将入新都，大赦。

壬寅，大赦，改元。

初，上病创，不能视事，政无大小，皆决于长沙王叔坚，权倾朝廷。叔坚颇骄纵，上由是忌之。都官尚书山阴孔范，中书舍人施文庆，皆恶叔坚而有宠于上，日夕求其短，构之于上。上乃即叔坚票骑将军本号，同三司之仪，出为江州刺史。以祠部尚书江总为吏部尚书。

【译文】至德元年（癸卯，公元 583 年）春季，正月，庚子日（初一），隋主杨坚准备迁入新都，颁诏大赦境内。

壬寅日（初三），陈后主陈叔宝颁诏大赦天下，改年号为至德。

起初，陈后主陈叔宝颈项遭受刀创，不能临朝视事，朝廷政务，不分大小，全部交给长沙王陈叔坚代为处断。陈叔坚权势熏天，倾动朝野，状颇骄横，行事诸多违法，陈后主陈叔宝因此猜忌、疏远他。都官尚书、山阴人孔范、中书舍人施文庆等，也都厌恶陈叔坚，而深得陈后主的宠信，他二人日夜探听陈叔坚的过失，然后在陈后主面前不停地搬弄是非。陈后主陈叔宝于是颁诏，命司空陈叔坚以骠骑将军本号，用三司的仪仗，外放为江州刺史，另任命祠部尚书江总担任吏部尚书。

癸卯，立皇子深为始安王。

二月，己巳朔，日有食之。

癸酉，遣兼散骑常侍贺彻等聘于隋。

突厥寇隋北边。

癸巳，葬孝宣皇帝于显宁陵，庙号高宗。

右卫将军兼中书通事舍人司马申既掌机密，颇作威福，多所谮毁。能候人主颜色，有忤己者，必以微言谮之；附己者，因机进之。是以朝廷内外，皆从风而靡。

【译文】癸卯日（初四），陈后主陈叔宝册封皇子陈深为始安郡王。

二月，己巳朔日（初一），出现日食。

癸酉日（初五），陈后主陈叔宝派遣兼散骑常侍贺彻等抵达隋朝访问。

突厥进犯隋朝的北部边境。

癸巳日（二十五日），陈朝将孝宣皇帝陈顼的灵柩安葬到显宁陵，庙号高宗。

右卫将军兼中书通事舍人司马申，既已掌管中书机密，很会作威作福，喜欢写匿名信中伤人。能候视君主颜色而知如何行动。凡有违背他的人，便用貌似不相干的言辞来谮毁他；如果是亲附他的，便借机提拔。因此，朝廷内外的官员，都从风倾向于他。

上欲用侍中、吏部尚书毛喜为仆射，申恶喜强直，言于上曰："喜，臣之妻兄，高宗时称陛下有酒德，请逐去宫臣，陛下宁忘之邪？"上乃止。

上创愈，置酒于后殿以自庆，引吏部尚书江总以下展乐赋诗。既醉而命毛喜。于时山陵初毕，喜见之，不怿；欲谏，则上已醉。喜升阶，阳为心疾，仆于阶下，移出省中。上醒，谓江总曰："我悔召毛喜，彼实无疾，但欲阻我欢宴，非我所为耳。"乃与司马申谋曰："此人负气，吾欲乞鄱阳兄弟，听其报仇，可乎?"对曰："彼终不为官用，愿如圣旨。"中书通事舍人北地傅縡争之曰："不然。若许报仇，欲置先皇何地?"上曰："当乞一小郡，勿令见人事耳。"乃以喜为永嘉内史。

【译文】陈后主陈叔宝曾想任用侍中、吏部尚书毛喜担任尚书仆射，司马申厌恶毛喜强硬刚直，于是在陈后主面前讲他的坏话说："毛喜，是我的妻兄，高宗在世时，他曾向高宗说陛下有酗酒的恶行，并建议驱逐陛下东宫的一批侍臣，陛下难道忘了吗?"陈后主经他这么一挑拨，便不再任用毛喜为尚书仆射。

陈后主病创新愈，在后殿摆设酒宴，为自己庆祝，召请吏部尚书江总以下的大臣，陈列音乐，填作新诗，相互唱和。陈后主醉酒后，命人召请侍中毛喜入宴。此时，高宗灵柩才刚安葬，丧服都未除去，本不该这样酗饮，毛喜见此情景，很不高兴，想诤谏，却见后主已经酒醉。毛喜徐徐升阶，假装心痛，摔倒在台阶下，由左右扶起，掖出禁省。陈后主酒醉醒来，对江总说："我好后悔召请毛喜，他本来没有病，之所以这样，只不过是想劝阻我欢饮，抗议我的作为不对罢了。托疾相欺，实属讨厌。"说着，便跟司马申设计说："此人倚仗才气，我想借鄱阳兄弟之手，听任他们去报仇(胡三省曰："鄱阳兄弟，世祖诸子也。高宗篡位，杀刘师知、韩子高、到仲举父子，以及始兴王陈伯茂，皆毛喜之谋。后主怒喜，欲以喜乞鄱阳兄弟，听其报仇，于臣为不君，于父为不子。")可以吗?"司马申回答说："毛喜终究不为陛

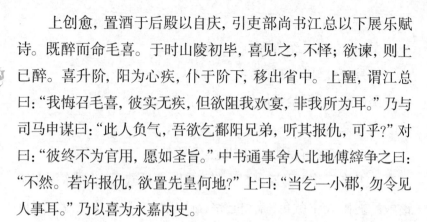

下所用，我同意陛下的旨意。"中书通事舍人、北地人傅縡争辩说："不可如此，如果允许鄱阳兄弟向他复仇的话，将置先皇于何地？"陈后主说："应当借一小郡给他，不让他见到我的所作所为。"于是外放毛喜为永嘉内史。

三月，丙辰，隋迁于新都。

初令民二十一成丁，减役者每岁十二番为二十日役，减调绢一匹为二丈。周末榷酒坊、盐池、盐井，至是皆罢之。

秘书监牛弘上表，以"典籍屡经丧乱，率多散逸。周氏聚书，仅盈万卷。平齐所得，除其重杂，裁益五千。兴集之期，属膺圣世。为国之本，莫此为先。岂可使之流落私家，不归王府！必须勒之以天威，引之以微利，则异典必臻，观阁斯积。"隋主从之。丁巳，诏购求遗书于天下，每献书一卷，赍缣一匹。

夏，四月，庚午，吐谷浑寇隋临洮。洮州刺史皮子信出战，败死；汶州总管梁远击走之。又寇廓州，州兵击走之。

【译文】三月，丙辰日（十八日），隋主杨坚从旧都迁进新都。

隋初下令规定：男子年满二十一，开始服兵役（有事征发，无事归田；征战之外，尚须轮调值勤），由从前每年十二番次，服役三十天的，减为二十天；以前每丁每年应缴绢一匹（四丈）的，现在改为两丈。后周末年，酒坊、河东盐池、巴蜀盐井，严禁人民开采，都收归政府经营，独擅其利，到此时，隋主下诏解除禁令，开放与民共享其利。

隋朝秘书监牛弘因为典籍散佚，上表建议朝廷购求天下遗书，表上说："典籍屡经战乱，大多散佚。周氏聚集图书，总数才满万卷。讨平齐国，接收所得，扣除重复，也只增加五千卷而已。兴盛集聚的时期，当属圣明的本朝。臣认为治国的根本，莫不以收聚典籍为首要之务。如今怎么可以再让经籍流落私人家，而不归聚于朝廷官府呢？现在必须借助天子的威势，诱之以小利，那么奇书秘籍，必能送到，国家馆阁藏书，才能充积丰富。"隋主杨坚听从他的建议。丁巳日（十九日），颁诏向天下藏书之家购求前代遗籍，每献书一卷的，酬报绢一匹。

夏季，四月，庚午日（初三），吐谷浑侵犯隋国临洮（今甘肃临潭县西南），洮州刺史皮子信率军出战，战败阵亡。汶州总管梁远带领精锐士卒，把吐谷浑赶走。吐谷浑转向侵犯廓州（今甘肃贵德县），州兵奋勇抗击，将他们击退。

壬申，隋以尚书右仆射赵煚兼内史令。

突厥数为隋寇。隋主下诏曰："往者周、齐抗衡，分割诸夏，突厥之虏，俱通二国。周人东虑，恐齐好之深，齐氏西虞，惧周交之厚；谓虏意轻重，国遂安危，盖并有大敌之忧，思减一边之防也。朕以为厚敛兆庶，多惠豺狼，未尝感恩，资而为贼。节之以礼，不为虚费，省徭薄赋，国用有余。因入贼之物，加赐将士；息道路之民，务为耕织；清边制胜，成策在心。凶丑愚阂，未知深旨，将大定之日，比战国之时；乘昔世之骄，结今时之恨。近者尽其巢窟，俱犯北边，盖上天所忿，驱就齐斧。诸将今行，义兼含育，有降者纳，有违者死，使其不敢南望，永服威刑。何用侍子之朝，宁劳渭桥之拜！"

【译文】壬申日（初五），隋主杨坚任用尚书右仆射赵煚兼内史令。

突厥屡次侵犯隋境，隋主杨坚下诏说："从前北周、北齐对抗，中国分裂，突厥异族，同时与两国通使和好。北周忧虑东境，担心北齐与突厥友好增深，而与之共同侵犯周土；北齐担忧西邻，害怕北周跟突厥邦交深厚，加重对北齐的威胁。双方都认为突厥的意态动向，是国家安危的关键，原因是两国对峙，大敌当前，彼此都想减轻另一处边防的威胁。朕认为重重赋敛百姓，拿去赠予豺狼，突厥未曾感恩，反而借此作为入侵的资本。朕即位以来，一改过去的做法，以礼来节制他，不再滥施贿赂。如此，便可减轻徭役，降低赋税，国家财税反而年年都有盈余。因而赐给突厥的东西，不如改为奖给自己的勇将和猛士；这样一来，既可止息输送财物而在路上风尘仆仆的百姓，让他们安居务农，兼可扫清边陲，而在心理上增加成功的胜算。突厥凶顽愚笨，不了解我们的用心，将我们境内升平安定的日子，还视为战国并峙不安的时期；乘前世养成的骄纵，存心挑衅，结下今日的冤仇。近来，倾其巢穴部众，大举侵犯北境。大概上天愤恨的人，上天会驱遣他去挨利斧。诸将现在将要动身进讨，要清楚此次出兵兼具挞伐凶残和含容抚育两项目标：突厥有要投降归顺的，可以接纳他们；有顽强抵抗的，必须加以剿灭，好让他们不敢再存南侵的念头，永远畏服大隋的威严。如此这般，哪需要他派遣弟子来做人质？何必他前来渭桥朝拜呢？"

于是，命卫王爽等为行军元帅，分八道出塞击之。爽督总管李充等四将出朔州道，己卯，与沙钵略可汗遇于白道。李充言于爽曰："突厥狃于骤胜，必轻我而无备，以精兵袭之，可破也。"诸将多以为疑，唯长史李彻赞成之，遂与充帅精骑五千掩击突厥，大破之。沙钵略弃所服金甲，潜草中而遁。其军中无食，粉骨为粮，加以疾疫，死者甚众。

幽州总管阴寿帅步骑十万出卢龙塞，击高宝宁。宝宁求救于突厥，突厥方御隋师，不能救。庚辰，宝宁弃城奔碛北，和龙诸县悉平。寿设重赏以购宝宁，又遣人离其腹心；宝宁奔契丹，为其麾下所杀。

资治通鉴

【译文】隋主决计北伐，于是命卫王杨爽等担任行军元帅，分八路出塞讨伐突厥。杨爽督率总管李充等四将出朔州道（自山西马邑出塞）。己卯日（十二日），杨爽等和沙钵略可汗在白道（在今绥远归绥县北）相遇。李充向杨爽献计说："突厥习于屡战屡胜，心态骄纵，必小看我方而不设防，如果派出精兵前去偷袭，一定可以破敌。"诸将闻言，多有疑虑，只有长史李彻赞同他的计谋，于是和李充带领精骑五千，出敌不意，闪电突袭，结果大败突厥部众。沙钵略可汗丢弃所穿金甲，潜入草中逃跑，突厥军中缺少粮食，只好粉碎尸骨来充当粮食，加上天热，疫病流行，死亡惨重。

幽州总管阴寿带领步骑十万，出卢龙塞（今河北迁安西北），进攻前齐营州刺史高宝宁。高宝宁向突厥求救，沙钵略可汗正在白道对抗隋军，无暇分兵援救。庚辰日（十三日），高宝宁听到突厥兵败，便放弃和龙城（今热河朝阳），逃往大漠之北，和龙诸县，全被隋军平定。阴寿设下重赏，征购高宝宁的首级，另又派人离间他的手下亲信。高宝宁远遁契丹，在途中被手下杀害。

【乾隆御批】李陵名将也，张空拳以应敌尚且成擒，乃谓转战三昼夜士卒徒持以当四十万控弦之，众手皆骨见而尚能杀贼逐虏，实理之所必无此，盖长孺掩败饰功妄言之。而轻信之作史者遂据为奇谈耳。观于李充突厥狃于骤胜云云，其矛盾可立辨。

【译文】李陵是一位名将，他用空拳去对付敌人尚且被俘，这里却说转战三昼夜后士兵徒手抵抗四十万敌军, 甚至手上都露出了骨头还能逐杀敌人, 道理和现实都是不可能的, 这大概是达奚长孺为了掩饰失败假托战功而说的妄言。而那些轻信的作史者就把它当作一种奇谈了。看看李充说的突厥人习惯速战速决的那些话, 其中的矛盾就可以立即分辨清楚了。

己丑, 郧州城主张子讥遣使请降于隋, 隋主以和好, 不纳。

辛卯, 隋主遣兼散骑常侍薛舒、兼通直散骑常侍王劭来聘。劭, 松年之子也。

癸巳, 隋主大雩。

甲子, 突厥遣使入见于隋。

隋改度支尚书为民部, 都官尚书为刑部。命左仆射判吏、礼、兵三部事, 右仆射判民、刑、工三部事。废光禄、卫尉、鸿胪寺及都水台。

【译文】己丑日(二十二日), 郧州城主张子讥派遣密使, 请求投降隋国。隋主杨坚以和陈朝友好为由, 拒绝接受他的归降。

辛卯日(二十四日), 隋主杨坚派遣兼散骑常侍薛舒、兼通直散骑常侍王劭动身前往建康访问。王劭, 是王松年的儿子(按王松年仕北齐为通直散骑常侍、给事黄门侍郎, 孝昭帝每赐坐与论政事, 甚善之。《北齐书》卷三十五有传)。

癸巳日(二十六日), 隋主杨坚在国都南面雩坛, 举行祈雨大典。

甲子日(四月无此日), 突厥派遣使者前往隋国。

隋主杨坚下令, 改度支尚书为民部尚书, 都官尚书为刑部尚书。命左仆射分为判吏、礼、兵三部尚书事, 右仆射分为判民、刑、工三部尚书事。废黜光禄、卫尉、鸿胪三寺，以及都水台。

五月，癸卯，隋行军总管李晃破突厥于摩那度口。

乙巳，梁太子琮入朝于隋，贺迁都。

辛酉，隋主祀方泽。

隋秦州总管窦荣定帅九总管步骑三万出凉州，与突厥阿波可汗相拒于高越原，阿波屡败。荣定，炽之兄子也。

前上大将军京兆史万岁，坐事配燉煌为戍卒，诣荣定军门，请自效。荣定素闻其名，见而大悦。壬戌，将战，荣定遣人谓突厥曰："士卒何罪而杀之！但当各遣一壮士决胜负耳。"突厥许诺，因遣一骑挑战。荣定遣万岁出应之，万岁驰斩其首而还。突厥大惊，不敢复战，遂请盟，引军而去。

【译文】五月，癸卯日（初六），隋朝行军总管李晃在摩那度口（在今新疆迪化县北）击败突厥兵。

乙巳日（初八），后梁太子萧琮来到隋朝觐见隋主，庆贺隋迁新都。

辛酉日（二十四日），隋主杨坚在宫城的北方丘祭祀地祇。

隋朝秦州总管窦荣定带领九位总管，统率步骑三万，西出凉州，进攻突厥，和突厥阿波可汗在高越原（甘肃武威县西北塞外）相对抗，阿波可汗多次被打败。窦荣定，是窦炽哥哥的儿子。

前上大将军、京兆人史万岁，因一宗谋反案，牵连在内，被革职并流放到敦煌当戍卒。这时，他来到窦荣定营门，请求让他为国建功效力。窦荣定平素听闻史万岁勇名，一见如故，交谈甚欢，便留他在麾下。壬戌日（二十五日），双方准备交战，窦荣定派人对突厥阿波可汗说："士兵有何罪过？迫使久战沙场，致令丢掉生命？现在双方只要各推一位壮士，决一胜负，哪一方输了，哪方就收兵退走。"突厥阿波可汗同意，立刻派出一骑，出阵挑战。窦荣定就请史万岁趋出营门应战。史万岁欣然驰马迎战，没过多时，便斩下虏首，驰回报功。突厥阿波可汗大惊，不敢再战，因而遣使请立盟誓，然后收兵退走。

长孙晟时在荣定军中为偏将，使谓阿波曰："摄图每来，战皆大胜。阿波才入，遽即奔败，此乃突厥之耻也。且摄图之与阿波，兵势本敌。今摄图日胜，为众所崇；阿波不利，为国生辱。摄图必当以罪归阿波，成其宿计，灭北牙矣。愿自量度，能御之乎?"阿波使至，晟又谓之曰："今达头与隋连和，而摄图不能制，可汗何不依附天子，连结达头，相合为强，此万全计也，岂若丧兵负罪，归就摄图，受其戮辱邪!"阿波然之，遣使随晟入朝。

沙钵略素忌阿波骁悍；自白道败归，又闻阿波贰于隋，因先归，袭击北牙，大破之，杀阿波之母。阿波还，无所归，西奔达头。达头大怒，遣阿波帅兵而东，其部落归之者将十万骑，遂与沙钵略相攻，屡破之，复得故地，兵势益强。贪汗可汗素睦于阿波，沙钵略夺其众而废之，贪汗亡奔达头。沙钵略从弟地勤察，别统部落，与沙钵略有隙，复以众叛归阿波。连兵不已，各遣使诣长安请和求援。隋主皆不许。

【译文】长孙晟此时在窦荣定军中担当偏将，他派遣一位辩士，追上阿波可汗，诘问他说："摄图（沙钵略可汗）南来，每次交战，都获大胜；而你阿波，才入隋境，就战败逃走，这是突厥的耻辱，你难道不觉羞愧吗?况且摄图和你阿波，原本势均力敌。如今摄图经常得胜，被突厥部众推崇；而你却连打败战，常为突厥带来耻辱。摄图一定会归罪于你，促成他吞并你的心愿，势必消灭在他北面的你的牙帐（胡三省曰"阿波建牙在摄图之北"），希望你掂量一下，究竟能否拼得过摄图?"阿波经他这么一问，心生畏惧，便派人随使者到隋营，长孙晟对来使说："目前达头可汗与隋军连和，摄图便无法战胜他。阿波可汗何不也归附大隋天子，结交达头可汗，相合图强，实在不失为一条万全的计策，总比阿波丧师戴罪，回归摄图总部，任凭摄图宰杀羞辱，要好得多吧!"使者回报，阿波可汗认为说得很对，便又派使者跟随长孙晟入朝。

沙钵略可汗一向猜忌阿波可汗的强悍骁勇。自从白道败退归来，又风闻阿波背叛自己，私下归降隋朝，于是率先北返，袭击阿波北牙（总部），大败阿波留守部众，杀死阿波的母亲。等到阿波北返，无处可归，只好向西投奔达头可汗，达头可汗听说摄图如此狠绝，十分生气，愿意帮助阿波，派遣他率军东进，阿波失散又重新投奔而来的旧部众近十万骑，于是和沙钵略交战，连战连捷，接连收复失地，兵势转趋强盛。贪汗可汗一向和阿波可汗交好，沙钵略可汗吞并他的部众，罢黜他的领导权，贪汗可汗流亡到达头可汗这边。沙钵略的堂弟地勤察，另外统领另一部落，和沙钵略有嫌隙，也背叛沙钵略，拥众归降阿波，与阿波连兵，同沙钵略交战不已，后来，阿波、沙钵略都派使者到长安，向隋主请求援救，隋主杨坚都没应允他们（盖让他们继续自相攻伐）。

六月，庚辰，隋行军总管梁远破吐谷浑于尔汗山。

突厥寇幽州，隋幽州总管广宗壮公李崇帅步骑三千拒之。转战十余日，师人多死，遂保砂城。突厥围之，城荒颓，不可守御。晓夕力战，又无所食。每夜出掠虏营，得六畜以继军粮，突厥畏之，厚为其备，每夜中结陈以待之。崇军苦饥，出辄遇敌，死亡略尽。及明，奔还城者尚百许人，然多伤重，不堪更战。突厥意欲降之，遣使谓崇曰："若来降者，封为特勒。"崇知不免，令其士卒曰："崇丧师徒，罪当万死。今日效命，以谢国家。汝俟吾死，且可降贼，便散走，努力还乡。若见至尊，道崇此意。"乃挺刃突陈，复杀二人，突厥乱射，杀之。秋，七月，辛丑，以豫州刺史代人周摇为幽州总管。命李崇子敏袭爵。

【译文】六月，庚辰日(十四日)，隋朝行军总管梁远在尔汗山(在今青海县青海之东面)击败吐谷浑部众。

突厥又侵犯幽州，隋朝幽州总管、广宗壮公李崇率领步骑三千迎战。转战十余日，部卒伤亡惨重，退守砂城(北京大兴北)。突厥围攻砂城，砂城颓圮荒废，无法凭此拒敌，加以朝夕力战，又没什么东西好吃，只得每夜派兵冲进突厥营地，抢掠六畜，来充当军粮。突厥兵害怕，便严加设防，每到夜晚，结阵以待。李崇军苦于饥饿，再次出兵抢粮，遭到伏击，死亡殆尽。到了天明，逃回城来的，只有百十来人，大多身负重伤，无法再参加战斗。突厥原想要他们活着投降，派遣使者对李崇说："如果前来归顺，封为特勒(突厥达官)。"李崇心知今日时势，难免一死，便召集士兵，告诉他们说："我李崇丧失师旅，罪当万死。今日准备牺牲性命，以报效国家，你们等我阵亡后，可以投降突厥，或伺机分散逃走，努力回乡。如果能见到皇上，替我奏陈我为国捐躯的心意。"说罢，便拔刀而出，闯入敌阵，砍杀二人，突厥兵乱箭齐下，最终将他活活射杀。秋季，七月，辛丑日(初五)，隋主杨坚任命豫州刺史、代州人周摇继李崇之后担任幽州总管。因李崇为国捐躯，隋主杨坚特下恩诏，让他的儿子李敏袭爵广宗郡公。

敏娶乐平公主之女娥英，诏假一品羽仪，礼如尚帝女。既而将侍宴，公主谓敏曰："我以四海与至尊，唯一婿，当为尔求柱国；若馀官，汝慎勿谢。"及进见，帝授以仪同及开府，皆不谢。帝曰："公主有大功于我，我何得于其婿而惜官乎！今授汝柱国。"敏乃拜而蹈舞。

八月，丁卯朔，日有食之。

长沙王叔坚未之江州，复留为司空，实夺之权。

壬午，隋遣尚书左仆射高颎出宁州道，内史监虞庆则出原州道，以击突厥。

【译文】李敏后来娶乐平公主（杨坚之女、北周宣帝后，开皇六年，改封乐平公主）的女儿娥英，隋主杨坚有诏，赐给李敏一品羽仪，礼仪依照迎娶皇帝之女。后来，李敏入侍隋主宴饮，乐平公主告诉他说："我将四海（指宇文周天下）交给圣上，如今只有一个女婿，当替你求取柱国的高官；圣上如果授你别的官，你可千万不要答谢！"李敏唯诺而入，拜见隋主，隋主先是授他仪同的官，后来又进授开府，李敏都不领受答谢。后来，隋主杨坚说："乐平公主对我有大功劳，我怎能对他的女婿舍不得赐予高官呢？如今就授予你柱国吧！"李敏这才满心欢喜、手舞足蹈地拜谢。

八月，丁卯朔日（初一），出现日食。

陈朝长沙王陈叔坚还未前往江州上任，陈后主陈叔宝忽然又下诏留他在京担任司空，陈后主这么做，表面上对他还不错，实际上是在削夺他的权势。

壬午日（十六日），隋主杨坚派遣尚书左仆射高颎出兵宁州道（今甘肃宁县），内史监虞庆则出兵原州道（甘肃固原），兵分两路，北伐突厥。

九月，癸丑，隋大赦。

冬，十月，甲戌，隋废河南道行台省，以秦王俊为秦州总管，陇右诸州尽隶焉。

丁酉，立皇弟叔平为湘东王，叔敖为临贺王，叔宣为阳山王，叔穆为西阳王。

戊戌，侍中建昌侯徐陵卒。

癸丑，立皇弟叔俭为安南王，叔澄为南郡王，叔兴为沅陵王，叔韶为岳山王，叔纯为新兴王。

十一月，遣散骑常侍周坟、通直散骑常侍袁彦聘于隋。帝闻隋主状貌异人，使彦画像而归。帝见，大骇曰："吾不欲见此人。"亟命屏之。

【译文】九月，癸丑日（十八日），隋主杨坚下诏大赦境内。

冬季，十月，甲戌日（初九），隋主颁诏废除河南道行台省（去年二月置），任命秦王杨俊担任秦州总管，陇右诸州，全部归属秦王管辖。

丁酉日（十月无此日），陈后主陈叔宝册封皇弟陈叔平为湘东王，陈叔敖为临贺王，陈叔宣为阳山王，陈叔穆为西阳王。

戊戌日（十月无此日），陈朝侍中、建昌侯徐陵去世。

癸丑日（十月无此日），陈后主陈叔宝册封皇弟陈叔俭为安南[南安]王，陈叔澄为南郡王，陈叔兴为沅陵王，陈叔韶为岳山王，陈叔纯为新兴王。

十一月，陈后主陈叔宝派遣散骑常侍周坟、通直散骑常侍袁彦前往隋国访问。陈后主陈叔宝风闻隋主相貌非凡，特嘱袁彦偷偷画下隋主像回来。后来，陈后主陈叔宝一见画像，大为惊骇地说："我不想见到这个人的画像。"命人立即将画像搁置他处。

隋既班律令，苏威屡欲更易事条，内史令李德林曰："修律令时，公何不言？今始颁行，且宜专守，自非大为民害，不可数更。"

河南道行台兵部尚书杨尚希曰："窃见当今郡县，倍多于古。或地无百里，数县并置；或户不满千，二郡分领。具僚已众，资费日多；吏卒增培，租调岁减；民少官多，十羊九牧。今存要去闲，并小为大，国家则不亏粟帛，选举则易得贤良。"苏威亦请废郡。帝从之。甲午，悉罢诸郡为州。

资治通鉴

【译文】隋朝已经颁布律令（前年十月，隋行新律），苏威多次要更改事项条目，内史令李德林说："修订律令时，苏公为什么不早发表意见？目前新律才刚颁布实行，应当专诚遵守，除非是对人民构成严重伤害的，否则不应该多次更改。"

河南道行台省兵部尚书杨尚希上表建议说："在下发现方今郡县，比起古时，增多一倍。有的地方，方圆不到百里，然而境内设有几个县；有的地方，户口不满千户，却设立两个郡在管辖。空领俸禄而不理事的官员很多，资财费用的开支也就日益增多；官吏士兵增加一倍，田租户税一年比一年短收。人民少，官吏多，好比十只羊儿，竟要九个人放牧。为今之计，应当保留有用的官吏，裁撤闲散的冗员；合并小郡小县，设置为较大的郡县，那么国家不必浪费发放冗员的俸禄，郡县也比较容易推选出优异的人才。"恰好苏威也建议废郡改制。隋主听从他们的意见。甲午日（十一月无此日，甲午为十二月初一），隋主杨坚下令废除天下诸郡，合并为州。

十二月，乙卯，隋遣兼散骑常侍曹令则、通直散骑常侍魏澹来聘。澹，收之族也。

丙辰，司空长沙王叔坚免。叔坚既失恩，心不自安，乃为厌媚，醮日月以求福。或上书告其事，帝召叔坚，因于西省，将杀之，令近侍宣敕数之。叔坚对曰："臣之本心，非有他故，但欲求亲媚耳。臣既犯天宪，罪当万死。臣死之日，必见叔陵，愿宣明诏，责之于九泉之下。"帝乃赦之，免官而已。

隋以上柱国窦荣定为右武卫大将军。荣定妻，隋主姊安成公主也。隋主欲以荣定为三公，辞曰："卫、霍、梁、邓，若少自贬损，不至覆宗。"帝乃止。

帝以李穆功大，诏曰："法备小人，不防君子。太师申公，自今虽有罪，但非谋逆，纵有百死，终不推问。"

礼部尚书牛弘请立明堂，帝以时事草创，不许。

【译文】十二月，乙卯日（二十二日），隋朝派遣兼散骑常侍曹令则、通直散骑常侍魏澹到江南访问。魏澹，是魏收同族的人。

丙辰日（二十三日），陈朝司空、长沙王陈叔坚被免职。陈叔坚已经失去恩宠，内心十分不安定，于是搞媚道邪术，在日月下醮祷，以求福助。有人上书密告他诅咒皇上，陈后主陈叔宝召来陈叔坚，将他囚禁在西省，准备把他处死，先命近侍宣读敕令，数说他的罪过。陈叔坚回答说："臣的本心，没有他意，只不过想求亲幸于君主罢了。既然已经违犯国法，罪该万死。只是臣死之后，一定会见着陈叔陵，希望陛下先颁下明诏，让臣带到九泉之下，去责备陈叔陵。"这一席话，由内侍传奏，陈后主感念他的前功，于是下令饶恕他，只免去他司空的官职而已。

隋主杨坚任命上柱国窦荣定担任右武卫大将军。窦荣定的妻子，是隋主杨坚的姐姐安成公主。隋主想任用窦荣定担任

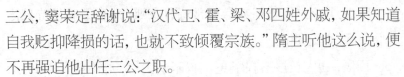

三公，窦荣定辞谢说："汉代卫、霍、梁、邓四姓外戚，如果知道自我贬抑降损的话，也就不致倾覆宗族。"隋主听他这么说，便不再强迫他出任三公之职。

隋主因感念李穆功劳浩大，特下诏说："制定法律，是用来约束小人，而并非用来防范君子。太师、申国公李穆，从今以后，虽有罪过，只要不犯叛国弑君大罪，即使犯百次死罪，也终究不加推治审问。"

礼部尚书牛弘，建议依照古制修建明堂。隋主认为当时各事都在草创之中，无暇顾及此事，没有听从他的建议。

帝览刑部奏，断狱数犹至万，以为律尚严密，故人多陷罪。又敕苏威、牛弘等更定新律，除死罪八十一条，流罪一百五十四条，徒杖等千余条，唯定留五百条，凡十二卷。自是刑网简要，疏而不失。仍置律博士弟子员。

隋主以长安仓廪尚虚，是岁，诏西自蒲、陕，东至卫、汴，水次十三州，募丁运米。又于卫州置黎阳仓，陕州置常平仓，华州置广通仓，转相灌输。漕关东及汾、晋之粟以给长安。

时刺史多任武将，类不称职。治书侍御史柳彧上表曰："昔汉光武与二十八将，披荆棘，定天下，及功成之后，无所任职。伏见诏书，以上柱国和千子为杞州刺史。千子前任赵州，百姓歌之曰：'老禾不早杀，余种秽良田。'千子，弓马武用，是其所长；治民莅职，非其所解。如谓优老尚年，自可厚赐金帛；若令刺举，所损殊大。"帝善之。千子竟免。

【译文】隋主看完刑部奏报，发现断决之狱，为数多达上万，认为法律还太严密，以致百姓大多触犯法纲。于是又下诏，命苏威、牛弘等重新修订新律，从旧律内，删去死罪八十一条，流刑一百五十四条，徒刑、杖刑等一千多条，只制定存留五百条，合为十二卷。这次修订后，隋朝刑纲简明扼要，疏而不漏。隋主杨坚除颁布新律外，同时设立律博士弟子员，以此培养断决大狱的人才。

隋主杨坚因长安仓廪储粟还欠充实，为防范水、旱灾的发生，下诏令西起蒲、陕，东到卫、汴等濒水区域的十三个州，招募运米兵丁。又在卫州设立黎阳仓（今河南浚县），陕州设立常平仓（今河南陕县），华州设立广通仓（今陕西华县。按"卫州置黎阳仓"下，《隋书·食货志》尚有"洛州置河阳仓"一句，《通鉴》转抄漏书），由水路依次转运。漕运潼关以东地区及汾州、晋州的米粟，供给京师（长安）。

当时，刺史多任用武将，大多不能称职，治书侍御史柳彧上表纠举其缺失说："以前汉光武帝刘秀和二十八将，披荆斩棘，平定天下，等到国家创建后，二十八将都不担任职事。臣伏见诏书，任命上柱国和千子担任杞州刺史。和千子以前任职赵州刺史，赵州百姓编造一首歌谣说：'老禾不早杀（割），余种秽良田（余遗之种粒，将使良田污秽）。'和千子，弓马武艺，是他的专长；治理民众，不是他的本行。陛下如果要优礼尊崇年老的功臣，自可赐予他丰厚的金帛；倘若让他出任州郡刺史，那么国家的损失可就大了。"隋主杨坚认为他讲得很有道理，和千子竟因此被罢免刺史之职。

或见上勤于听受，百僚奏请，多有烦碎，上疏谏曰："臣闻自古圣帝，莫过唐、虞，不为丛脞，是谓钦明。舜任五臣，尧咨四岳，垂拱无为，天下以治。所谓劳于求贤，逸于任使。比见陛下留心治道，无惮疲劳，亦由群官惧罪，不能自决，取判天旨，闻奏过多。乃至营造细小之事，出给轻微之物，一日之内，酬答百司。至乃日旰忘食，夜分未寝，动以文簿忧劳圣躬。伏愿察臣至言，少减烦务，若经国大事，非臣下裁断者，伏愿详决，自余细务，责成所司；则圣体尽无疆之寿，臣下蒙覆育之赐。"上览而嘉之，因曰："柳彧直士，国之宝也。"

彧以近世风俗，每正月十五日，然灯游戏，奏请禁之，曰："窃见京邑，爰及外州，每以正月望夜，充街塞陌，聚戏朋游，鸣鼓聒天，燎炬照地，竭赀破产，竞此一时。尽室并孥，无问贵贱，男女混杂，缁素不分。秽行因此而生，盗贼由斯而起，因循弊风，曾无先觉。无益于化，实损于民，请颁天下，并即禁断。"诏从之。

【译文】柳彧发现隋主杨坚忙于听受群臣的奏疏，而百官奏请裁决实行的事情，好多都是琐碎的杂事，因此上疏劝谏说："臣听说古时贤君，圣明莫过于唐尧和虞舜。他们布政施化，不管琐碎细务，很识大体，因而人们称他们'钦敬明达'；虞舜任用五位贤臣(禹、稷、契、皋陶、伯益)处理政务，尧帝经常向掌管四方的诸侯询问治国方略(《书经·尧典》孔安国传曰："四岳，即羲和之四子，分掌四岳之诸侯。")，拱手垂袖，无为而天下大治。他们是访求贤才之时辛苦，任使贤臣之后安闲。臣近观陛下留心治术，无惧疲劳，这也是由于百官惧怕获罪，不能自行判决，凡事都取决于天子的裁断，因此奏请过多，甚至连营造建筑这等细小的琐事，调拨供给细小的物品，陛下一整天，酬对应答百官，忙到傍晚，忘了进食；到了半夜，还未就寝，百司动辄用文书簿籍，令圣上劳神忧心。伏请陛下察纳微臣诚挚的建议，稍微减少烦琐细碎的事务。倘若属于经国大事，不是大臣所能裁夺决断的，伏请陛下详加裁决，其余一切细碎杂务，大可交托给专司其务的臣子，如此，圣体可享无量之寿，臣下也可蒙受陛下养护的恩赐。"隋主杨坚看了他的奏疏后，大为赞赏，称赞他说："柳彧是正直之士，是国家的宝贵财富。"

柳彧因为近来民间风俗，每到正月十五的晚上，百姓都点灯游戏，于是上奏疏请求隋主杨坚下令予以禁止。他所上的奏疏说："在下见到京邑，以及外州城乡，每在正月十五的晚上，满街整巷，百姓聚集嬉戏，结朋唤友，鸣鼓震天，火炬照地，甚至不惜倾家荡产，竞相贪图这一时刻的玩乐。全家老小，倾家而出，街上贵贱相聚，男女混杂，僧俗不分，淫秽的事，因此而生；盗窃的事，也由此而作。社会因循沿袭这一弊风陋习，竟没有察觉这是不良风俗。这种风俗，对教化既无补益，对黎民百姓又有损害，请陛下颁诏宣告天下，说明这种风俗的危害，并请立即加以禁绝。"隋主杨坚批准他的请求，于是下诏禁止元宵夜点灯游戏。

【乾隆御批】人主一日二日万几，政要所关，安问巨细。惟不急之务，职有司存耳。倘高语垂拱之名，而阴启废弛之渐，国政将奚赖焉。柳彧之言所谓知其一不知其二者。

【译文】　皇帝每天日理万机，都是朝政的相关要事，怎么能问它是大是小。只是不急的事务，由相关部门去办理罢了。如果只高谈无为而治，却暗地里开启了松弛的风气，国家政务又将依靠什么呢？柳彧的话正是所谓只知其一不知其二。

资治通鉴卷第一百七十六　陈纪十

起阏逢执徐，尽著雍涒滩，凡五年。

【译文】起甲辰（公元584年），止戊申（公元588年），共五年。

【题解】本卷记录了公元584年至588年共五年间的南北朝史事。当时正值陈后主至德二年至祯明二年；隋文帝开皇四至八年。在这五年间，南北朝形势发生了翻天覆地的变化。北朝隋文帝杨坚代周，建立新的朝代，对内轻刑减役，颁布新历新律，使百姓得到休养生息，国力大增。对外恩威并行，使突厥臣服，隋朝呈现欣欣向荣之象。南朝陈后主陈叔宝则继续昏庸奢靡，亲小人，远贤人，在国力日趋衰弱的情况下依然骄矜自大，没把隋主看在眼里，并接纳后梁归降，犯了大国之忌，陈后主陈叔宝的种种作为已让陈朝灭亡成为必然。随着隋朝国力蒸蒸日上，突厥不再对其构成威胁，陈朝又出现衰败之象，统一之势不可逆转，于是隋朝开始大举南伐。

长城公下

至德二年（甲辰，公元五八四年）春，正月，甲子，日有食之。

己巳，隋主享太庙；辛未，祀南郊。

壬申，梁主入朝于隋，服通天冠、绛纱袍，北面受郊劳。及入见于大兴殿，隋主服通天冠、绛纱袍，梁主服远游冠、朝服，君臣并拜。赐缣万匹，珍玩称是。

隋前华州刺史张宾、仪同三司刘晖等造《甲子元历》成，奏之。壬辰，诏颁新历。

【译文】至德二年(甲辰，公元 584 年) 春季，正月，甲子日(初一)，出现日食。

己巳日(初六)，隋主杨坚前往太庙祭拜祖先。辛未日(初八)，前往南郊坛祭祀天神。

壬申日(初九)，梁主萧岿前往长安朝见隋主杨坚，头戴通天冠，身穿绛纱袍，在郊外馆驿面北接受隋主使者的慰问。等到奉诏进入大兴殿拜见，隋主杨坚头戴通天冠，身穿绛纱袍，梁主萧岿改戴远游冠，换穿朝服而入，一君一臣，同时对拜行礼。隋主杨坚赐给他一万匹细绢，以及与万匹绢等值的珍玩。

隋朝前华州刺史张宾、仪同三司刘晖等编撰完成《甲子元历》，呈奏隋主杨坚。壬辰日(二十九日)，隋主杨坚下诏颁行新历。

癸巳，大赦。

二月，乙巳，隋主饯梁主于灞上。

突厥苏尼部男女万余口降隋。

庚戌，隋主如陇州。

突厥达头可汗请降于隋。

夏，四月，庚子，隋以吏部尚书虞庆则为右仆射。

隋上大将军贺娄子干发五州兵击吐谷浑，杀男女万馀口，二旬而还。

【译文】癸巳日(癸巳是二月朔日)，陈后主陈叔宝下诏大赦天下。

二月，乙巳日(十三日)，隋主杨坚在灞上(今陕西长安东)

为梁主回国饯行。

突厥苏尼部男女万余人投降隋朝。

庚戌日(十八日),隋主杨坚前往陇州。

突厥达头可汗上表请愿,表示愿意归顺隋朝。

夏季,四月,庚子日(初九),隋主杨坚任命吏部尚书虞庆则担任尚书右仆射。

隋朝上大将军贺娄子干调遣河西五州兵,攻打吐谷浑,杀死对方男女一万多口,历时二十天,奏凯而还。

帝以陇西频被寇掠,而俗不设村坞,命子干勒民为堡,仍营田积谷。子干上书曰:“陇右、河右,土旷民稀,边境未宁,不可广佃。比见屯田之所,获少费多,虚役人功,卒逢践暴;屯田疏远者请皆废省。但陇右之民以畜牧为事,若更屯聚,弥不自安。但使镇戍连接,烽燧相望,民虽散居,必谓无虑。”帝从之。

以子干晓习边事,丁巳,以为榆关总管。

五月,以吏部尚书江总为仆射。

隋主以渭水多沙,深浅不常,漕者苦之,六月,壬子,诏太子左庶子宇文恺帅水工凿渠,引渭水,自大兴城东至潼关三百馀里,名曰广通渠。漕运通利,关内赖之。

【译文】隋主杨坚鉴于陇西多次遭到外寇劫掠侵犯,而当地旧俗又不建立具有防御能力的村坞,于是命贺娄子干强令居民构筑砦堡,并且种田积谷,用来防备意外变故。贺娄子干上书说:“陇右、河西,地广人稀,边境尚未安定,还无法全面从事耕作。我近来发现一些屯田的地方,收获少而费力多,白白劳费人力,最后还是难免遭到外寇劫掠践踏的厄运;目前处在偏远的屯田地区,请准许全部撤除。此外,陇西地区大多以畜牧为业，如果命他们屯结聚集在一处，反而会造成他们惊恐不安。只要使镇戍相连，烽烟相望，百姓虽然分散居住，却也可以保证无忧。"隋主杨坚采纳了他的建议。

丁巳日（二十六日），由于贺娄子干通晓熟悉边陲攻防事务，隋主杨坚下诏，擢升他为榆关（即今山海关）总管。

五月[戊子]（二十七日），陈后主陈叔宝任命吏部尚书江总担任尚书仆射。

隋主杨坚因为渭水多流沙，河道深浅不一，运输漕粮的人，对它深感头痛，于是在六月，壬子日（二十二日），下诏命太子左庶子宇文恺率领水工开凿河渠，导引渭水，西起大兴城，东抵潼关，全长三百多里，取名叫广通渠。从此，漕粮运输，通畅便利，关内粮食的供给，都依靠这条运河来输送。

秋，七月，丙寅，遣兼散骑常侍谢泉等聘于隋。

八月，壬寅，隋邓恭公窦炽卒。

乙卯，将军夏侯苗请降于隋，隋主以通和，不纳。

九月，甲戌，隋主以关中饥，行如洛阳。

【译文】秋季，七月，丙寅日（初六），陈后主陈叔宝派遣兼散骑常侍谢泉等抵达隋都访问。

八月，壬寅日（十三日），隋朝邓恭公窦炽去世。

乙卯日（二十六日），陈朝将军夏侯苗请求归降隋朝，隋主杨坚因为陈、隋两国通使和好，没有接受他的请求。

九月，甲戌日（十五日），隋主杨坚因为关中闹饥荒，移驾前往洛阳，就粟关东，以减少关中粮食的消耗，缓解关中饥荒。

隋主不喜辞华，诏天下公私文翰并宜实录。泗州刺史司马幼之，文表华艳，付所司治罪。治书侍御史赵郡李谔亦以当时属文，体尚轻薄，上书曰："魏之三祖，崇尚文词，忽君人之大道，好雕虫之艺。下之从上，遂成风俗。江左、齐、梁，其弊弥甚：竞一韵之奇，争一字之巧；连篇累牍，不出月露之形，积案盈箱，唯是风云之状。世俗以此相高，朝廷据兹擢士。禄利之路既开，爱尚之情愈笃。于是，闾里童昏，贵游总丱，未窥六甲，先制五言，至如羲皇、舜、禹之典，伊、傅、周、孔之说，不复关心，何尝入耳。以傲诞为清虚，以缘情为勋绩，指儒素为古拙，用词赋为君子。故文笔日繁，其政日乱，良由弃大圣之轨模，构无用以为用也。今朝廷虽有是诏，如闻外州远县，仍踵弊风：躬仁孝之行者，摈落私门，不加收齿；工轻薄之艺者，选充吏职，举送天朝。盖由刺史、县令未遵风教。请普加采察，送台推劾。"又上言："士大夫矜伐干进，无复廉耻，乞明加罪黜，以惩风轨。"诏以谔前后所奏颁示四方。

【译文】隋主杨坚不喜欢文章用词华丽，下诏普告天下，以后一切公私文书，都应写得符合实际，不可浮夸不实。诏书颁布后，泗州刺史司马幼之所上的奏章，文辞仍很华丽，隋主杨坚下令，将他交给有关机构治罪。治书侍御史、赵郡人李谔也因当时人们撰写文章，多追逐轻薄浮夸，于是上书纠正这种文体说："曹魏三祖（指魏武帝曹操、魏文帝曹丕、魏明帝曹睿），崇尚文辞优美华丽，忽视为人君主的大道。在上位的人喜好雕琢词句的小技，结果，上行下效，就成为社会的风尚。到了东晋、齐、梁时代，崇尚绮艳文辞的歪风，比起曹魏来，还要厉害：人们竞逐一个韵脚的奇险，争赛一个用字的精巧；文章连篇累牍，所谈的，不外乎是月华初露的景致；作品积案满箱，所描写的，只是风花雪月的情状。世俗的人，以这作为衡量高下的标准，朝廷也以此作为选拔士子的依据。以擅长雕虫小技求取功名的路子既然已经开通，人们爱好华丽崇尚轻浮文风的情绪更加高昂。于是乡野蒙童，达官子弟，小学还没上，六十甲子也还不会数，便先跳级学习如何作五言诗，对于那些伏羲、虞舜、大禹的经典，伊尹、傅说、周公、孔子的学说，全都不再关心，哪曾听进耳里？将傲慢怪诞当作清静玄虚，把吟咏情性当作勋业功绩，把讲求儒术说成是迂腐落伍，把擅长辞赋当成时髦君子。由于这种风尚，使得文翰一天比一天繁多，但是政治却一天比一天紊乱。推究根源，实在是因为人们丢弃了儒家圣贤所创立的轨度模范，而倾心尽力去拟撰无用的华丽文辞，将无用当成有用的缘故。如今朝廷虽有摒弃辞章浮夸、抑制文书华丽的诏令，但是听说一些外州远县，仍旧沿袭前代的不良习气；躬行仁孝之行的人，被权势之家排挤而不录用；而精于写作轻薄浮艳之辞的人，反被选拔充任官吏，举荐到朝廷来。问题的发生，大都是因为刺史、县令未能遵行陛下改革华靡文风的教令。敬请陛下督促主管机关，普遍加以查访，如果发现仍有不遵从教令的，务必备齐奏状，送交御史台审核治罪。"后来又上奏章说："士大夫夸耀自己的才能，而谋求进身做官，不再存有羞愧廉耻之心，希望陛下对这类人，公开加以治罪黜退，以此惩处败坏风气轨范之人。"隋主杨坚把李谔前后所上奏章，下诏颁示四方州郡。

【康熙御批】文取达意而止，原不贵乎繁缛。自六朝竞尚瑰丽，渐失古质遗风，遂致人文佻达成习，行不顾言，愈趋愈下。隋李谔上言可谓切中时弊。

【译文】作文章文辞只要能表达情意就可以了，原本就不应该看重文辞华丽。从六朝开始,文章竞相崇尚瑰丽,渐渐失去古朴之风,结果导致文风轻浮成为习惯,行不顾言,越走越低。隋李谔上书可以说是切合时弊。

突厥沙钵略可汗数为隋所败,乃请和亲。千金公主自请改姓杨氏,为隋主女。隋主遣开府仪同三司徐平和使于沙钵略,更封千金公主为大义公主。晋王广请因衅乘之,隋主不许。

沙钵略遣使致书曰:“从天生大突厥天下贤圣天子伊利居卢设莫何沙钵略可汗致书大隋皇帝:皇帝,妇父,乃是翁比。此为女夫,乃是儿例。两境虽殊,情义如一。自今子子孙孙,乃至万世,亲好不绝。上天为证,终不违负!此国羊马,皆皇帝之畜。彼之缯彩,皆此国之物。”

帝复书曰:“大隋天子贻书大突厥沙钵略可汗:得书,知大有善意。既为沙钵略妇翁,今日视沙钵略与儿子不异。时遣大臣往彼省女,复省沙钵略也。”于是,遣尚书右仆射虞庆则使于沙钵略,车骑将军长孙晟副之。

【译文】突厥沙钵略可汗多次被隋军打败,于是派人前往隋朝,请求和好结亲。千金公主为形势所逼,也主动请求改姓杨氏,愿意做隋主的女儿。隋主杨坚于是派遣开府仪同三司徐平和出使到突厥沙钵略可汗处,改封千金公主为大义公主,晋王杨广请求趁突厥内部闹分裂的良机,乘隙出兵征讨,隋主杨坚没有答应。

沙钵略可汗派遣使者,递交国书给隋主杨坚说:“从天生大突厥天下贤圣天子伊利居卢设莫何沙钵略可汗致书大隋皇帝:皇帝陛下,是我夫人的父亲,也就等同于是我的父亲。我既然是陛下的女婿,也就是您的半个儿子。两国风俗虽然有别,但是情义却如一家之人。从今以后，子子孙孙，甚至于千秋万世，和好亲善，永不断绝。上天明鉴，可为见证，从始至终，誓不违背！我国所有羊马，全部是皇帝陛下的牲畜；贵国所有的缯彩绢帛，也等于是我突厥的物品。"

隋主杨坚回复其书说："大隋天子致书大突厥沙钵略可汗：收到国书，知道您大有和好亲善的意思。朕既然是沙钵略可汗的岳父，自然应当看待沙钵略可汗与儿子无别。此后当不时派遣大臣出塞去看望我的女儿（指大义公主），自然也要看望我儿子沙钵略。"没过多久，隋主杨坚就派遣尚书右仆射虞庆则出使突厥沙钵略可汗处，并命车骑将军长孙晟担任副使。

沙钵略陈兵列其珍宝，坐见庆则，称病不能起，且曰："我诸父以来，不向人拜。"庆则责而谕之。千金公主私谓庆则曰："可汗豺狼性；过与争，将啮人。"长孙晟谓沙钵略曰："突厥与隋俱大国天子，可汗不起，安敢违意。但可贺敦为帝女，则可汗是大隋女婿，奈何不敬妇翁！"沙钵略笑谓其达官曰："须拜妇翁！"乃起拜顿颡，跪受玺书，以戴于首，既而大惭，与群下相聚恸哭。庆则又遣称臣，沙钵略谓左右曰："何谓臣？"左右曰："隋言臣，犹此云奴耳。"沙钵略曰："得为大隋天子奴，虞仆射之力也。"赠庆则马千匹，并以从妹妻之。

冬，十一月，壬戌，隋主遣兼散骑常侍薛道衡等来聘，戒道衡"当识朕意，勿以言辞相折。"

【译文】沙钵略可汗摆下军阵，陈列珍宝，高坐帐中，接见虞庆则，谎称有病在身，不能起立，并且狞笑着说："从我父亲那辈以来，从不向人叩头下拜。"虞庆则先正言责备他不敬，之后晓谕他拜受敕书的礼节。沙钵略可汗不肯屈服。千金公主私下对虞庆则说:"沙钵略可汗豺狼成性,过分与他争执,恐将咬人。"长孙晟伺机对沙钵略说:"突厥可汗与隋朝天子,都是大国的君主,可汗和天子地位相等,自可不必起身下拜,我们怎敢违背您的意愿,强迫您下拜?但是可贺敦(突厥皇后)既然是大隋天子的女儿,那么可汗便是大隋天子的女婿,做人女婿的,怎可无礼,不尊敬岳父呢?"沙钵略于是装笑,对他手下达官显贵说:"听他这么说,我须拜岳父,只好听从了?"于是起身下拜,叩头顿首,跪着接受玺书,将玺书顶在头上,方才起身。等到隋使走后,沙钵略大感羞愧,和群下相聚痛哭。虞庆则又要沙钵略派遣使者向隋朝称臣,沙钵略问他左右的侍从说:"'臣'字是什么意思?"左右侍从回答他说:"隋国所说的'臣',就像我国所说的'奴'。"沙钵略说:"我能够成为大隋天子的奴仆,是虞仆射的功劳。"于是赠给虞庆则一千匹马,并将他的堂妹嫁给虞庆则为妻。

冬季,十一月,壬戌日(初四),隋主杨坚派遣兼散骑常侍薛道衡等起程到江南访问,薛道衡临出发前,隋主杨坚告诫他说:"你应当明白朕的意旨,不要在言辞上与对方争高低。"

是岁,上于光昭殿前起临春、结绮、望仙三阁,各高数十丈,连延数十间,其窗、牖、壁带、县楣、栏、槛皆以沈、檀为之,饰以金玉,间以珠翠,外施珠帘,内有宝床、宝帐,其服玩瑰丽,近古所未有。每微风暂至,香闻数里。其下积石为山,引水为池,杂植奇花异卉。

上自居临春阁,张贵妃居结绮阁,龚、孔二贵嫔居望仙阁,并复道交相往来。又有王、李二美人,张、薛二淑媛,袁昭仪、何婕妤、江脩容,并有宠,迭游其上。以宫人有文学者袁大舍等为女学士。仆射江总虽为宰辅，不亲政务，日与都官尚书孔范、散骑常侍王瑳等文士十馀人，侍上游宴后庭，无复尊卑之序，谓之"狎客"。上每饮酒，使诸妃、嫔及女学士与狎客共赋诗，互相赠答，采其尤艳丽者，被以新声，选宫女千馀人习而歌之，分部迭进。其曲有《玉树后庭花》《临春乐》等，大略皆美诸妃嫔之容色。君臣酣歌，自夕达旦，以此为常。

【译文】这一年，陈后主陈叔宝在光昭殿前修筑临春、结绮、望仙三阁，阁高各数十丈，每座阁中各有数十间房，其中窗、牖、壁带（壁中横木）、悬楣、栏、槛等，全部用沉香或檀香木料制成，又炫饰金玉，杂嵌珠翠，外挂珠帘，内设宝床、宝帐，一切玩赏服饰之物，全都瑰奇珍丽，为近世所未曾有过。每遇微风吹送，香气飘散数里。阁下堆石为假山，引水为池，池中、池边，杂植奇花异草，极尽点缀渲染之能事。

陈后主陈叔宝居住在临春阁，张贵妃居住在结绮阁，龚、孔二贵妃居住在望仙阁，三阁都有复道（架于空中之甬道）相通，可以相互往来。又有王、李二美人，张、薛二淑媛，袁昭仪、何婕妤、江修容等七人，都得到陈后主陈叔宝的宠幸，轮番递游三阁之上。陈后主陈叔宝任命通翰墨、能作诗歌的宫人袁大舍等担任女学士。仆射江总，虽然担任宰相，却不主持政务，整天和都官尚书孔范、散骑常侍王瑾等文士十多人，入阁陪伴陈后主，在后庭游乐宴饮，不再分上下尊卑的等级，宫内的人，称他们为"狎客"（狎习之宾客，亦即弄臣之意）。陈后主陈叔宝每次宴饮，便要一些妃、嫔，以及女学士们，与狎客共同赋新诗，彼此唱和。陈后主陈叔宝选取其中文辞最为艳丽的，谱上新曲，挑选宫女中姿色较好的，共一千多人，命她们一起唱新曲，分为若干部，依次递进传唱。其中乐曲名有《玉树后庭花》

《临春乐》等，大抵都在称颂诸妃、嫔容色如何美丽。君臣酣饮歌唱，通宵达旦，习以为常。

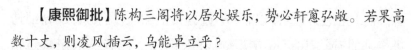

【康熙御批】陈构三阁将以居处娱乐，势必轩窻弘敞。若果高数十丈，则凌风插云，乌能卓立乎？

【译文】陈后主建筑三阁用来休闲娱乐的话，一定会建宽大的窗户。如果高数十丈，凌风而立，怎么能够立得住呢？

张贵妃名丽华，本兵家女，为龚贵嫔侍儿，上见而悦之，得幸，生太子深。贵妃发长七尺，其光可鉴，性敏慧，有神彩，进止闲华，每瞻视眄睐，光采溢目，照映左右。善候人主颜色，引荐诸宫女；后宫咸德之，竞言其善。又有厌魅之术，常置淫祀于宫中，聚女巫鼓舞。上怠于政事，百司启奏，并因宦者蔡脱儿、李善度进请；上倚隐囊，置张贵妃于膝上，共决之。李、蔡所不能记者，贵妃并为条疏，无所遗脱。因参访外事，人间有一言一事，贵妃必先知白之；由是益加宠异，冠绝后庭。宦官近习，内外连结，援引宗戚，纵横不法，卖官鬻狱，货赂公行；赏罚之命，不出于外。大臣有不从者，因而谮之。于是，孔、张之权熏灼四方，大臣执政皆从风谄附。

【译文】张贵妃，名叫丽华，本是军人家的女儿，原来是龚贵嫔的侍婢，陈后主一见就深深地迷上她。张丽华因得进幸，生下一男，取名为陈深，就是后来的太子。张贵妃秀发长七尺，光泽照人。生性聪慧敏捷，脸孔好像朝霞，很有神采，举止娴静华丽，双眸每一次流转顾盼，光彩四射，映照左右。善于窥伺陈后主的心意，引进举荐许多宫女参与宴会，后宫佳丽，都感激她，争相说她的好话。她兼具妇人媚术，经常在宫中祀奉一些不正当的鬼神，召集许多女巫，击鼓跳舞。此时，陈后主沉迷酒色，不大处理朝政，所有百官启奏，全部由宦官蔡脱儿、李善度呈递。陈后主则靠在软垫上，将张贵妃抱置膝上，一同裁断百官的奏请。李善度、蔡脱儿二人不能全部清楚记下的，张贵妃都为他们逐条记下，无一遗漏。张贵妃还参与探访宫外的事情，宫外的一言一事，张贵妃一定首先知道，然后禀告陈后主，因此越发得到陈后主的欢心，她所受宠幸的程度，超绝后宫，高居第一。后宫的宦官近侍，假借她的权势，内外勾结，狼狈为奸，推举引进宗族亲戚，纵横放肆，违反法纪，卖官鬻爵，公然收受财物；升迁奖惩的命令，不发自中书，而是出于宫掖。王公大臣，如有不听从后宫旨意的，只要张贵妃一进谗言，没有不立即遭到疏斥的。于是孔贵嫔、张贵妃的权势、气焰之盛，上冲霄汉，震动四方，执政大臣，也都见风转舵，谄媚顺从。

孔范与孔贵嫔结为兄妹；上恶闻过失，每有恶事，孔范必曲为文饰，称扬赞美，由是宠遇优渥，言听计从。群臣有谏者，辄以罪斥之。中书舍人施文庆，颇涉书史，尝事上于东宫，聪敏强记，明闲吏职，心算口占，应时条理，由是大被亲幸。又荐所善吴兴沈客卿、阳惠朗、徐哲、暨慧景等，云有吏能，上皆擢用之；以客卿为中书舍人。客卿有口辩，颇知朝廷典故，兼掌金帛局。旧制：军人、士人并无关市之税。上盛修宫室，穷极耳目，府库空虚，有所兴造，恒苦不给。客卿奏请不问士庶并责关市之征，而又增重其旧。于是，以阳惠朗为太市令，暨慧景为尚书金、仓都令史，二人家本小吏，考校簿领，毫厘不差；然皆不达大体，督责苛碎，聚敛无厌，士民嗟怨。客卿总督之，每岁所入，过于常格数十倍。上大悦，益以施文庆为知人，尤见亲重，小大众事，无不委任。转相汲引，珥貂蝉者五十人。

【译文】部官尚书孔范，和孔贵嫔结为兄妹。陈后主不喜欢听闻旁人批评他的过失，陈后主每犯过错，孔范一定会曲意逢迎，帮他文过饰非，还称颂赞美一番，因而深得陈后主的优厚礼遇，言无不听，计无不从。群臣有劝谏的，就乱加罪名，加以申斥贬谪。中书舍人施文庆，涉猎经史典籍，以前曾在东宫侍奉太子。人很聪慧敏捷，记忆力超强，通晓熟悉吏事，心中筹划而用口宣授，应时而发，很有条理，因而大受陈后主宠信。施文庆又举荐他所亲信的人——吴兴人沈客卿、阳惠朗、徐哲、暨慧景等，推崇他们都有办事才干，陈后主陈叔宝便都提拔进用他们；任用沈客卿担任中书舍人。沈客卿有辩才，特别精通朝廷典故，让他兼掌金帛局。旧制规定军人、士人都不缴纳关塞的通行税和市场的营业税。此时，因为陈后主陈叔宝大修宫室，穷极耳目视听的享受，弄得府库空虚，所有新的建筑工程，常感财力不足。沈客卿便上奏章，建议不论士人或百姓，一概要求他们缴纳关市通行费和营业税，而且比旧税加重课征。陈后主批准了此项建议。于是任用阳惠朗担任太市令，暨慧景担任尚书金部、仓部都令史。他二人都从小吏起家，考核稽查管理的簿籍事项，丝毫不差；可是不识大体，监督苛察烦碎，搜刮聚敛，不知满足，弄得士大夫和百姓都叹息怨恨。沈客卿凭借中书舍人的身份，统领督导他二人，每年国库的收入，超越平常税收好几十倍。陈后主大喜过望，越发认为施文庆有知人之明，对他倍加宠信重用，大小事务，无不委托他去办理。施文庆等，辗转相互提拔举荐同党，头戴插有貂尾和蝉羽所饰之冠的(喻显官)，多达五十人。

孔范自谓文武才能，举朝莫及，从容白上曰："外间诸将，起自行伍，匹夫敌耳。深见远虑，岂其所知!"上以问施文庆，文庆畏范，亦以为然；司马申复赞之。自是将帅微有过失，即夺其兵，分配文吏；夺任忠部曲以配范及蔡征。由是文武解体，以至覆灭。

【译文】孔范自夸文韬武略，满朝文武，没有能比得过他的，曾从容禀告陈后主说："朝廷之外的诸将，起自行伍，只有匹夫之勇。如果说到深谋远虑，哪是他们所知道的?"陈后主拿这个话去询问施文庆，施文庆害怕孔范，不敢得罪他，只好在陈后主陈叔宝面前承认孔范说得对；司马申又从旁附和，陈后主也就信以为真。自此之后，看见将帅稍有过失，便罢黜削夺他的兵权，将部曲分配给文吏。连战功卓著的任忠，也削夺他部曲，分配给孔范和蔡征统率。于是文武官员，离心离德，终于导致陈朝的灭亡。

至德三年(乙巳，公元五八五年)春，正月，戊午朔，日有食之。

隋主命礼部尚书牛弘修五礼，勒成百卷；戊辰，诏行新礼。

三月，戊午，隋以尚书左仆射高颎为左领军大将军。

丰州刺史章大宝，昭达之子也，在州贪纵，朝廷以太仆卿李晕代之。晕将至，辛酉，大宝袭杀晕，举兵反。

隋大司徒郧公王谊与隋主有旧，其子尚帝女兰陵公主。帝待之恩礼稍薄，谊颇怨望。或告谊自言名应图谶，相表当王；公卿奏谊大逆不道。壬寅，赐谊死。

【译文】至德三年(乙巳，公元 585 年)春季，正月，戊午朔日(初一)，出现日食。

隋主杨坚命礼部尚书牛弘编纂修订五礼，到这时(开皇五

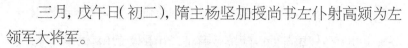
年春），编纂完成，共一百卷。戊辰日（十一日），隋主杨坚下诏颁布实行新礼。

三月，戊午日（初二），隋主杨坚加授尚书左仆射高颎为左领军大将军。

陈朝丰州刺史章大宝，是章昭达的儿子。在丰州刺史任内，贪污放纵，朝廷改派太仆卿李晕去接替他。辛酉日（初五），李晕快到丰州（治今福建闽侯县东北），章大宝偷袭并杀死李晕，举兵造反。

隋朝[大]司徒、郕国公王谊（胡三省曰："按王谊拜大司徒，隋主未受禅也；隋主已经受禅，改周之六官，司徒列于三公，不应复加'大'字。"），和隋主杨坚有同学旧谊，他的儿子，娶了隋主的女儿兰陵公主。后来，隋主杨坚对他的恩宠逐渐淡薄，王谊心怀怨恨。有人密告他谋反，说他曾经自己说："名姓与图箓谶文所载相应合，仪表相貌应该当王。"于是公卿上奏弹劾他罪大恶极，理应处死。壬寅日（初六），隋主杨坚颁诏，赐王谊在家自尽。

戊申，隋主还长安。

章大宝遣其将杨通攻建安，不克。台军将至，大宝众溃，逃入山，为追兵所擒，夷三族。

隋度支尚书长孙平奏，"令民间每秋家出粟麦一石已下，贫富为差，储之当社，委社司检校，以备凶年，名曰'义仓'，"隋主从之。五月，甲申，初诏郡、县置义仓。平，俭之子也。时民间多妄称老、小以免赋役，山东承北齐之弊政，户口租调，奸伪尤多。隋主命州县大索貌阅，户口不实者，里正、党长远配；大功以下，皆令析籍，以防容隐。于是，计帐得新附一百六十四万馀口。高颍又言民间课输无定簿，难以推校，请为输籍法，遍下诸州，帝从之，自是奸无所容矣。

【译文】戊申日(二十二日)，隋主杨坚从洛阳返回长安。

章大宝派遣部将杨通进攻建安(今福建建瓯)，久攻不下。章大宝部众听说朝廷派出讨伐他们的部队就要开到，一时吓得四散奔逃，章大宝也跟着逃入山中，不久被追兵擒获，被灭三族。

隋朝度支尚书长孙平鉴于天下州郡常遭水旱灾害，百姓粮食不能自给，于是上奏章建议说："请陛下下令给民间，规定每年秋收之后，每家拨出粟麦一石以下，按贫富分出等级，把粮食储存到自己所居的社内，委派社司负责检收管理，以备凶年赈灾抚恤之用。这个社仓，就称它为'义仓'。"隋主杨坚看完奏章，欣然听从他的建议。五月，甲申日(二十九日)，隋主杨坚下诏通告天下各郡、县都要设立义仓。当时，民间百姓大多谎报年老、年幼，借以逃避服役和缴税(隋承周制：男女三岁以下为黄，十岁以下为小，六十者为老)，山东(指崤山以东)地区，沿袭北齐的弊政，百姓在报户口和缴租上，出现的奸诈虚伪之事更甚于别处。隋主杨坚于是命令州县，开展大规模的户口普查，户口调查不符合实际的，里正、党长流放远方而充当役戍；并命令大家族一同居住的堂兄弟，各自分家，另立户头，以防容藏隐匿户口。这一次的户口普查，户政财税簿籍，新增一百六十四万余口的资料。尚书左仆射高颍奏请确立征税账簿定样，颁行各州，详细建立征税资料。隋主杨坚批准了他的建议，自此奸诈之徒，就无从逃漏少报税捐了。

诸州调物，每岁河南自潼关，河北自蒲坂，输长安者相属于路,昼夜不绝者数月。

梁主殂,谥曰孝明皇帝,庙号世宗,世宗孝慈俭约,境内安之。太子琮嗣位。

初,突厥阿波可汗既与沙钵略有隙,分而为二,阿波浸强,东距都斤,西越金山,龟兹、铁勒、伊吾及西域诸胡悉附之,号西突厥。隋主亦遣上大将军元契使于阿波以抚之。

【译文】隋朝各州每年输往京师的物品,黄河以南地区经由潼关,黄河以北地区经由蒲坂,分别输往长安,昼夜不绝于途,长达数月之久。

梁主萧岿去世,梁主的臣子加给他一个美好的谥号,叫孝明皇帝,庙号为世宗。梁世宗为人孝悌仁爱,生性节俭,在位期间,梁国境内太平安定。他去世后,由太子萧琮继位。

起初,突厥阿波可汗已经和沙钵略可汗有了嫌隙,突厥因此而分裂为两部。后来,阿波可汗渐渐强盛,东起都斤(即杭爱山),西越金山(今蒙古阿尔泰山),所有龟兹(今新疆库车县)、铁勒(亦称敕勒,居青海之东)、伊吾(今新疆哈密)诸部,以及西域诸胡各个小国,都纷纷依附他,阿波可汗于是将所部称为西突厥(突厥自是分为东、西)。隋主杨坚派遣上大将军元契前往西突厥,去安抚阿波可汗。

秋,七月,庚申,遣散骑常侍王话等聘于隋。

突厥沙钵略既为达头所困,又畏契丹,遣使告急于隋,请将部落度漠南,寄居白道川。隋主许之,命晋王广以兵援之,给以衣食,赐之车服鼓吹。沙钵略因西击阿波,破之。而阿拔国乘虚掠其妻子;官军为击阿拔,败之,所获悉与沙钵略。

沙钵略大喜,乃立约,以碛为界,因上表曰:"天无二日,土无二王。大隋皇帝真皇帝也，岂敢阻兵恃险，偷窃名号！今感慕淳风，归心有道，屈膝稽颡，永为藩附。"遣其子库合真入朝。

【译文】秋季，七月，庚申日(初六)，陈后主陈叔宝派遣[兼]散骑常侍王话等抵达隋朝访问。

突厥沙钵略可汗西面被达头可汗困扰，东面又担心契丹的逼迫，于是又遣使向隋朝告急，想率领部落度越漠南，寄居白道川(在今绥远归绥县北，想南傍长城下，倚隋朝为援)。隋主杨坚有诏，应允他的要求，并命晋王杨广从晋阳出兵前去援助，送给他衣食，赐给他鼓吹车服。沙钵略得此资助，于是向西攻打阿波可汗，把他打败。可是阿拔国(在漠外，居住在突厥西南)乘虚进攻抢掠沙钵略的家眷，隋军特为他出兵攻打阿拔国，将对方打败，将所虏获的都送给沙钵略。

沙钵略喜出望外，于是和隋朝缔约，把大漠作为两国分界，并上表给隋主说："在下认为：天上不可有两个太阳，地上不可同时有两个天子。大隋皇帝才是大地真正的皇帝，我沙钵略怎敢倚仗兵众险要，窃取帝王的名号呢？而今感慕南国淳朴的风俗，归心南方有道的国君，屈膝叩首，永为大隋藩属。"当下派遣他的儿子库合真前往长安，向隋朝进贡。

八月，丙戌，库合真至长安。隋主下诏曰："沙钵略往虽与和，犹是二国；今作君臣，便成一体。"因命肃告郊庙，普颁远近；凡赐沙钵略诏，不称其名。宴库合真于内殿，引见皇后，赏劳甚厚。沙钵略大悦，自是岁时贡献不绝。

九月，将军湛文彻侵隋和州，隋仪同三司费宝首击擒之。

丙子，隋使李若等来聘。

冬，十月，壬辰，隋以上柱国杨素为信州总管。

初，北地傅縡以庶子事上于东宫，及即位，迁秘书监、右卫将军兼中书通事舍人，负才使气，人多怨之。施文庆、沈客卿共谮縡受高丽使金，上收縡下狱。

【译文】八月，丙戌日（初二），库合真抵达长安。隋主杨坚下诏说："沙钵略以前虽然通好，彼此还是平等的两个国家；现在沙钵略归属为臣，君臣翁婿，便成为一家。"于是命令有司，到郊坛及太庙去敬告天地和祖先。并颁诏宣示四方远近臣民，然后在内殿摆宴，款待库合真；又引领他拜见皇后，奖赏慰劳的东西，极为丰盛。以后隋主下给沙钵略的诏书，都不称呼他的名字，以此表示尊崇和优礼。沙钵略大感欢心，从此，年节四季，都向隋朝进贡不绝。

九月，陈朝将军湛文彻侵犯隋朝的和州（治今安徽和县），隋朝仪同三司费宝首率军拒战，将陈将擒拿过去。

丙子日（二十三日），隋主杨坚派遣［兼散骑常侍］李若等前往江南访问。

冬季，十月，壬辰日（初九），隋主杨坚任命上柱国杨素担任信州（治今四川奉节县东）总管。

起初，北地人傅縡，在东宫担任太子庶子，事奉太子陈叔宝。等到太子即帝位，他升迁为秘书监、右卫将军、兼中书通事舍人。他倚仗才华，意气用事，朝士对他多有怨恨。施文庆、沈客卿联合起来诋毁他，在陈后主面前说他接受高丽使者的金银，陈后主陈叔宝下令将他拘押到监狱。

縡于狱中上书曰："夫君人者，恭事上帝，子爱下民，省嗜欲，远谄佞，未明求夜，日旰忘食，是以泽被区宇，庆流子孙。陛下顷来酒色过度，不虔郊庙大神，专媚淫昏之鬼，小人在侧，宦竖弄权。恶忠直若仇雠，视生民如草芥，后宫曳绮绣，厩马馀菽粟，百姓流离，僵尸蔽野，货贿公行，帑藏损耗。神怒民怨，众叛亲离，臣恐东南王气自斯而尽。”

书奏，上大怒。顷之，意稍解，遣使谓縡曰："我欲赦卿，卿能改过不？"对曰："臣心如面，臣面可改，则臣心可改。"上益怒，令宦者李善庆穷治其事，遂赐死狱中。

【译文】傅縡在监狱里上书给陈后主陈叔宝说："治理百姓的人，要恭敬地事奉上帝，仁慈地爱民如子，克制贪欲，远离谄佞，天还没亮，就着衣而起办公；时虽已晚，还忘了进食，因此之故，才能将恩惠广被于天下，福泽流传给子孙。但是陛下最近以来，酗酒好色过度，不虔诚祭祀天地宗庙大（之）神，反而一心谄媚淫荡昏乱的鬼怪，小人在旁而不能除去，宦官弄权而不能阻止，痛恨忠直之士好像仇敌，轻视善良百姓如同草芥，后宫穿着绮丽的衣服，裙裾长拖地板；厩马所吃的菽粟，常有剩余，可是百姓生活艰难，流离失所，饿死的尸体，散布原野。官吏公然收受钱财，府库所藏财物，大为减损消耗，神怒人怨，众叛亲离，臣担忧江南帝王的气数，将从此丧尽。"

表章呈奏后，陈后主陈叔宝大为光火，过了一些时候，陈后主怒气稍解，派遣使者到监狱里对傅縡说："我想饶恕你，你能改一改你的作风吗？"傅縡答复说："臣的心，如同臣的面貌，臣的面貌如果能够改变的话，那么臣的心也就可以改变。"陈后主陈叔宝听了，更加生气，便下令宦官李善庆想尽办法，审问他的罪过，最后，赐他在狱中自尽。

上每当郊祀，常称疾不行，故縡言及之。

是岁，梁大将军戚昕以舟师袭公安，不克而还。

　　隋主徵梁主叔父太尉吴王岑入朝，拜大将军，封怀义公，因留不遣；复置江陵总管以监之。

　　梁大将军许世武密以城召荆州刺史宜黄侯慧纪；谋泄，梁主杀之。慧纪，高祖之从孙也。

　　隋主使司农少卿崔仲方发丁三万，于朔方、灵武筑长城，东距河，西至绥州，绵历七百里，以遏胡寇。

　　【译文】陈后主陈叔宝每逢郊坛祭祀，常常推托有病不去，因此傅縡在上书中说他"不虔郊庙之神"。

　　这一年，后梁大将军戚昕率领水军偷袭公安(陈朝荆州治所，在今湖北公安县东北)，没有成功，怅然而归。

　　隋主杨坚召请梁主的叔父、太尉、吴王萧岑入朝，任命他担任大将军，封他怀义郡公，借机留住他，不遣送他回国，并且又设立江陵总管来监管后梁。

　　梁大将军许世武想献出城池投降陈朝，暗中派人去招引荆州刺史、宜黄县侯陈慧纪率军前来接应，可惜事情泄露，梁主萧琮把他给杀了。陈慧纪，是陈高祖堂兄弟的孙子。

　　隋主杨坚派遣司农少卿崔仲方征发三万壮丁，在朔方、灵武之间，修筑长城，东起黄河，西至绥师(治今陕西绥德县)，绵亘七百里，用来阻遏胡寇南下。

　　至德四年(丙午，公元五八六年)春，正月，梁改元广运。

　　甲子，党项羌请降于隋。

　　庚午，隋颁历于突厥。

　　二月，隋始令刺史上佐每岁暮更入朝，上考课。

　　丁亥，隋复令崔仲方发丁十五万，于朔方以东，缘边险要，筑数十城。

丙申，立皇弟叔谟为巴东王，叔显为临江王，叔坦为新会王，叔隆为新宁王。

【译文】至德四年（丙午，公元586年）春季，正月，后梁改年号为广运。

甲子日（正月十三日），党项羌（党项羌者，三苗之后。东接临洮、西平，西拒叶护，南北数千里，处山谷间）遣使请求归顺隋朝。

庚午日（正月十九日），隋主杨坚颁授历法给突厥。

二月，隋主杨坚下诏，命令各州刺史上佐，每年岁末，轮番入京，朝拜天子，并呈上对州内僚佐所做的考绩报告。

丁亥日（初六），隋主杨坚再命司农少卿崔仲方征发壮丁十五万人，从朔州向东，沿着边塞险要地方，修筑数十座城池。

丙申日（十五日），陈后主陈叔宝册封皇弟陈叔谟为巴东王，陈叔显为临江王，陈叔坦为新会王，陈叔隆为新宁王。

庚子，隋大赦。

三月，己未，洛阳男子高德上书，请隋主为太上皇，传位皇太子。帝曰："朕承天命，抚育苍生，日旰孜孜，犹恐不逮。岂效近代帝王，传位于子，自求逸乐者哉！

夏，四月，己亥，遣周磻等聘于隋。

五月，丁巳，立皇子庄为会稽王。

秋，八月，隋遣散骑常侍裴豪等来聘。

戊申，隋申明公李穆卒，葬以殊礼。

闰月，丁卯，隋太子勇镇洛阳。

【译文】庚子日（十九日），隋主杨坚下诏大赦境内。

三月，己未日（初八），洛阳男子高德上书，请求隋主杨坚当太上皇，把王位传给皇太子。隋主说："朕承奉上天大命，抚育天下百姓，从早到晚，勤劳不休，尚且担心治理不好天下。哪敢效仿近代帝王，传位于儿子，而自求安逸享乐呢？"

夏季，四月，己亥日（十九日），陈朝派遣［兼散骑常侍］周磻等抵达隋国访问。

五月，丁巳日（初七），陈后主陈叔宝册封皇子陈庄为会稽王。

秋季，八月，［辛卯］（十三日），隋主杨坚派遣散骑常侍裴豪等前往江南访问。

戊申日（三十日），隋朝申明公李穆去世。隋主杨坚下诏，赐以特殊的礼仪安葬。

闰月，丁卯日（十九日），隋朝太子杨勇出镇洛阳。

隋上柱国郕公梁士彦讨尉迟迥，所当必破，代迥为相州刺史。隋主忌之，召还长安。上柱国杞公宇文忻与隋主少相厚，善用兵，有威名；隋主亦忌之，以谴去官，与柱国舒公刘昉皆被疏远，闲居无事，颇怀怨望，数相往来，阴谋不轨。

忻欲使士彦于蒲州起兵，己为内应，士彦之甥裴通预其谋而告之。帝隐其事，以士彦为晋州刺史，欲观其意；士彦欣然，谓昉等曰："天也！"又请仪同三司薛摩儿为长史，帝亦许之。后与公卿朝谒，帝令左右执士彦、忻、昉等于行间，诘之，初犹不伏；捕薛摩儿适至，命之庭对，摩儿具论始末，士彦失色，顾谓摩儿曰："汝杀我！"丙子，士彦、忻、昉皆伏诛，叔侄、兄弟免死除名。

【译文】隋朝上柱国、郕国公梁士彦征讨尉迟迥，所向无敌。讨平尉迟迥后，接替尉迟迥担任相州刺史；隋主杨坚猜忌他，征召他回长安。上柱国、杞国公宇文忻，年少时，与隋主很友善。他善用兵，有威名，隋主也猜忌他，借机责备他，并免去他的官职。柱国、舒国公刘昉，也遭到隋主的冷落疏远。三人闲居无聊，又都心怀怨恨，屡相往来，图谋不轨。

宇文忻让梁士彦前往蒲州（治今山西永济，是黄河津渡要地，距离长安三百余里）起兵，自己留在长安作为内应。梁士彦的外甥裴通参与其事，却跑去向隋主告密。隋主暂且不挑破这桩事，反而任命梁士彦担任晋州刺史，借以观察他的意向。梁士彦喜出望外，对刘昉等人说："这真是天意！"又奏请任命仪同三司薛摩儿担任长史，隋主也应允他。不久，梁士彦等和公卿上朝拜谒国君，隋主杨坚命身边力士在朝列中拘捕梁士彦、宇文忻、刘昉等人，责问他们为什么造反，开始，梁士彦还不认罪，等拘提薛摩儿来到后，隋主命薛摩儿在殿堂之上当面与梁士彦对质，薛摩儿一五一十地详述这桩谋反案的始末缘由，梁士彦大惊失色，回头对薛摩儿说："是你杀了我！"丙子日（二十八日），梁士彦、宇文忻、刘昉三人，都认罪被杀，他们的叔侄、兄弟虽然得免一死，但也都受到除去名籍、不得做官的惩罚。

九月，辛巳，隋主素服临射殿，命百官射三家资物以为诫。

冬，十月，己酉，隋以兵部尚书杨尚希为礼部尚书。隋主每旦临朝，日昃不倦，尚希谏曰："周文王以忧勤损寿，武王以安乐延年。愿陛下举大纲，责成宰辅。繁碎之务，非人主所宜亲也。"帝善之而不能从。

癸丑，隋置山南道行台于襄州；以秦王俊为尚书令。俊妃崔氏生男，隋主喜，颁赐群官。

直秘书内省博陵李文博，家素贫，人往贺之，文博曰："赏罚之设，功过所存。今王妃生男，于群官何事，乃妄受赏也！"闻者愧之。

癸亥，以尚书仆射江总为尚书令，吏部尚书谢伷为仆射。

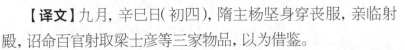

【译文】九月，辛巳日(初四)，隋主杨坚身穿丧服，亲临射殿，诏命百官射取梁士彦等三家物品，以为借鉴。

冬季，十月，己酉日(初二)，隋主杨坚任命兵部尚书杨尚希担任礼部尚书。杨尚希见隋主每天一大早，就临朝听政，日过正午，还不休息，于是进谏隋主说："周文王因为忧勤国事而减损寿命，周武王以安逸享乐而延年益寿。希望陛下只掌握事情的纲领，责令宰相负责执行。琐碎繁杂的事务，陛下不应亲自处理。"隋主杨坚虽然认为他说得很对，却未能采纳他的建议。

癸丑日(初六)，隋主杨坚在襄州(治襄阳)设立山南道行台尚书省，任命秦王杨俊担任尚书令。杨俊的妃子崔氏生下一个男孩，隋主杨坚十分欢喜，颁物赏赐百官。

直秘书内省、博陵人李文博，家道一向贫寒，而今蒙隋主杨坚赐物，有人前往向他道贺。李文博不以为然地说："赏罚的设立，原本是为赏功罚过。现在秦王妃生男孩，群官有什么功劳，竟胡乱接受赏赐！"旁边听到这些话的人，感到羞愧。

癸亥日(十六日)，陈后主陈叔宝任命尚书仆射江总担任尚书令，吏部尚书谢伷担任尚书仆射。

十一月，己卯，大赦。

吐谷浑可汗夸吕在位百年，屡因喜怒废杀太子。后太子惧，谋执夸吕而降；请兵于隋边吏，秦州总管河间王弘请以兵应之，隋主不许。

太子谋泄，为夸吕所杀，复立其少子嵬王诃为太子。叠州刺史杜粲请因其衅而讨之，隋主又不许。

是岁，觊王诃复惧诛，谋帅部落万五千户降隋，遣使诣阙，请兵迎之。隋主曰："浑贼风俗，特异人伦，父既不慈，子复不孝。朕以德训人，何有成其恶逆乎！"乃谓使者曰："父有过失，子当谏争，岂可潜谋非法，受不孝之名！溥天之下皆朕臣妾，各为善事，即称朕心。觊王既欲归朕，唯教觊王为臣子之法，不可远遣兵马，助为恶事！"觊王诃乃止。

【译文】十一月，己卯日（初三），陈后主陈叔宝下诏大赦天下。

吐谷浑可汗夸吕，在位百年之久，喜怒无常，多次因为一时之愤，就罢黜杀掉所立的太子。其后被立为太子的，看见前面的惨祸，心生恐惧，计划捕执夸吕，投降大隋，派人向隋朝边疆官吏请求派军支援，秦州总管、河间王杨弘奏请派兵前往接应，隋主杨坚没有应允。

后来，吐谷浑太子的计划泄露，被夸吕杀死，夸吕再立他的小儿子觊王诃为太子。叠州刺史杜粲奏请趁突厥内部发生嫌隙，出兵前往征讨，隋主又没有答应。

这一年，吐谷浑太子觊王诃也担心被杀，计划带领部落一万五千户，投降隋朝，先派遣使者前往长安，上表请求派军接应他们。隋主杨坚对朝臣说："吐谷浑风俗浇薄，不讲伦理亲情，和中原习俗大有差别。他们为人父亲的，不疼爱自己的儿子；为人子的，又不孝敬自己的父亲。朕当用道德教化他们，怎么可以反而出兵去帮助成就他们的叛逆呢？"于是对吐谷浑的来使说："父亲有过失，为人子的，应该婉言加以劝谏，怎么可以暗谋叛逆，落下不孝的恶名呢？而今普天之下的人，都是朕的子民，各自遵守孝道，就会令朕满意。觊王诃既想归降于朕，朕只有教导觊王诃为人臣子的道理，无法远派大军，去帮助成就他叛父的坏事。”嵬王诃于是打消背叛他父王的计谋。

祯明元年（丁未，公元五八七年）春，正月，戊寅，大赦，改元。

癸巳，隋主享太庙。

乙未，隋制诸州岁贡士三人。

二月，丁巳，隋主朝日于东郊。

遣兼散骑常侍王亨等聘于隋。

隋发丁男十万馀人修长城，二旬而罢。夏，四月，于扬州开山阳渎以通运。

突厥沙钵略可汗遣其子入贡于隋，因请猎于恒、代之间，隋主许之，仍遣人赐以酒食。沙钵略帅部落再拜受赐。

沙钵略寻卒，隋为之废朝三日，遣太常吊祭。

【译文】祯明元年（丁未，公元587年）春季，正月，戊寅日（初三），陈后主陈叔宝下诏大赦天下，改年号为祯明。

癸巳日（十八日），隋主杨坚前往太庙祭拜祖先。

乙未日（二十日），隋主杨坚颁下诏书给各州，规定每州刺史每年向天子举荐秀才三人。

二月，丁巳日（十二日），黎明，隋主杨坚在东门外筑坛举行迎拜太阳的典礼。

陈后主陈叔宝派遣兼散骑常侍王亨等抵达隋朝访问。

（在这个月里），隋朝征调成年男子十万余人，修建长城，历时二十天，而后停止。夏季，四月，隋朝自扬州（治今江苏江都）开凿山阳渎（在今江苏淮安县），用来沟通江、淮漕运。

突厥沙钵略可汗派遣他的儿子入塞向隋朝进贡，并且请求在恒（治今山西大同县东）、代（治今山西代县）间游猎，隋主杨坚答应他，并派人赐给酒食。沙钵略可汗率领部落酋长跪拜领受赏赐。

没过多久，沙钵略可汗去世。隋主因为他的去世，停止朝会三天，以示哀悼，并派遣太常卿代表隋主杨坚前往吊唁。

初，沙钵略以其子雍虞闾懦弱，遗令立其弟叶护处罗侯。雍虞闾遣使迎处罗侯，将立之，处罗侯曰："我突厥自木杆可汗以来，多以弟代兄，以庶夺嫡，失先祖之法，不相敬畏。汝当嗣位，我不惮拜汝！"雍虞闾曰："叔与我父，共根连体。我，枝叶也，岂可使根本反从枝叶，叔父屈于卑幼乎！且亡父之命，何可废也！愿叔勿疑！"遣使相让者五六，处罗侯竟立，是为莫何可汗。以雍虞闾为叶护。遣使上表言状。

隋使车骑将军长孙晟持节拜之，赐以鼓吹、幡旗。莫何勇而有谋，以隋所赐旗鼓西击阿波；阿波之众以为得隋兵助之，多望风降附。遂生擒阿波，上书请其死生之命。

隋主下其议，乐安公元谐请就彼枭首；武阳公李充请生取入朝，显戮以示百姓。隋主谓长孙晟："于卿何如？"晟对曰："若突厥背诞，须齐之以刑。今其昆弟自相夷灭，阿波之恶非负国家。因其困穷，取而为戮，恐非招远之道。不如两存之。"左仆射高颎曰："骨肉相残，教之蠹也，宜存养以示宽大。"隋主从之。

【译文】起初，沙钵略可汗认为自己的儿子雍虞闾个性柔弱，临终遗命，决定传位给他的弟弟叶护（突厥达官）处罗侯。雍虞闾遵照父命，派人迎候处罗侯，准备拥立他为可汗，处罗侯却不肯接受，他说："我突厥自木杆可汗以来，大多以弟弟继承兄长为可汗，以旁支而夺嫡系，违背祖先王位继承的制度，且又导致叔侄互不尊重。如今，你是先可汗的嫡子，理应继位，我这做叔叔的，并不在乎对你下拜。"雍虞闾又派人对他说："叔父与我父，同根连体。我，乃是枝叶而已，怎可让我做国主，反使根本屈从枝叶，致令叔父之尊，听命于晚辈呢？何况有先父遗命，我岂敢不遵？希望叔父不要再有疑虑!"后来，两人就这样互相谦让，多达五六次，处罗侯终于入嗣兄位，是为莫何可汗。他即位后，任命兄子雍虞闾担任叶护。派遣使者向隋主杨坚呈上奏章，禀告即位经过概况。

资治通鉴

隋主杨坚派遣车骑将军长孙晟持节册封莫何为突厥可汗，并赐给他鼓吹、幡旗。莫何可汗骁勇善战，兼又谋略过人，他利用隋朝所赐给的幡旗、鼓吹，耀武扬威，向西攻打阿波可汗。阿波部众认为他获得隋兵的支持，便都望风归顺于他。他竟因此生擒阿波可汗，于是上书隋主杨坚，请示怎样处置阿波可汗。

为了阿波的事情，隋主杨坚特召聚群臣开会商议。乐安郡公元谐建议派人前往突厥，就地把阿波斩首，以惩其恶；武阳郡公李充则认为应该将阿波押回朝廷，公开杀戮，枭首示众。隋主杨坚问长孙晟说："你的意见是什么？"长孙晟回答说："如果突厥背命放诞，自然应当将他明正典刑，借以整饬法纪。而今，只是他们兄弟之间自相残杀，并非阿波有什么罪恶，或有什么背叛我国的地方，如果趁他穷困，就把他押来处死，这样的做法，恐怕不是招徕远人的好办法。依臣之见，不如让他们两雄并存，较为妥当。"尚书左仆射高颎也说："骨肉自相残杀，有伤教化。臣以为应当听从长孙晟的建议，释放阿波，以示隋朝的宽厚待人。"隋主杨坚听从了这个意见，宽恕了阿波可汗。

甲戌，隋遣兼散骑常侍杨同等来聘。

五月，乙亥朔，日有食之。

秋，七月，己丑，隋卫昭王爽卒。

八月，隋主徵梁主入朝。梁主帅其群臣二百馀人发江陵；庚申，至长安。

隋主以梁主在外，遣武乡公崔弘度将兵戍江陵。军至鄀州，梁主叔父太傅安平王岩、弟荆州刺史义兴王瓛等恐弘度袭之，乙丑，遣其都官尚书沈君公诣荆州刺史宜黄侯慧纪请降。九月，庚寅，慧纪引兵至江陵城下。辛卯，岩等驱文、武、男、女十万口来奔。

隋主闻之，废梁国；遣尚书左仆射高颎安集遗民；梁中宗、世宗各给守冢十户；拜梁主琮柱国，赐爵莒公。

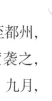

【译文】甲戌日（甲戌日是五月朔日），隋主杨坚派遣兼散骑常侍杨同等起程到江南访问。

五月，乙亥朔日（五月朔日是甲戌日，乙亥日是初二），出现日食。

秋季，七月，己丑日（十六日），隋朝卫昭王杨爽去世。

八月，隋主杨坚征召梁主萧琮入朝。梁主带领他的臣下二百多人，从江陵动身。庚申日（十八日），到达长安。

隋主杨坚因为梁主远离江陵在外，特遣武乡郡公崔弘度率军南下，代为镇守江陵。大军行抵郡[鄀]州，梁主的叔父太傅、安平郡王萧岩，还有梁主的弟弟荆州刺史、义兴郡王萧瓛等人，担心崔弘度会进攻他们，乙卯日（十三日），他们派遣都官尚书沈君公到陈朝，向荆州刺史、宜黄县侯陈慧纪请求归降。九月，庚寅日（十八日），陈慧纪率军到达江陵城下接应。辛卯日（十九日），萧岩等人驱赶朝中文、武官员，和当地男、女部众十万，渡江归降江南。

隋主杨坚听闻这个消息，下诏废绝梁国；并派遣尚书左仆射高颎南下召集安置遗留江陵的居民。梁中宗萧詧、梁世宗萧岿的陵墓，各指定十户人家，进行看护。梁主萧琮留寓长安，隋主杨坚任命他担任上柱国，降封莒国公。

甲午，大赦。

冬，十月，隋主如同州；癸亥，如蒲州。

十一月，丙子，以萧岩为开府仪同三司、东扬州刺史，萧瓛为吴州刺史。

丁亥，以豫章王叔英兼司徒。

甲午，隋主如冯翊，亲祠故社；戊戌，还长安。

是行也，内史令李德林以疾不从，隋主自同州敕书追之，与议伐陈之计。及还，帝马上举鞭南指曰："待平陈之日，以七宝装严公，使自山以东无及公者。"

【译文】甲午日（二十二日），陈后主陈叔宝下诏大赦天下。

冬季，十月，隋主杨坚前往同州。癸亥日（二十二日），从同州转往蒲州。

十一月，丙子日（初五），陈后主陈叔宝任命萧岩担任开府仪同三司、东扬州刺史，萧瓛担任吴州刺史。

丁亥日（十六日），陈后主陈叔宝任用豫章王陈叔英兼司徒之官。

甲午日（二十三日），隋主杨坚到达冯翊（今陕西大荔县治），亲自前往故乡社庙祭祀。戊戌日（二十七日），隋主杨坚从冯翊返回长安。这一次出巡，内史令李德林因病没有随行，隋主从同州下敕书召他前来，共同商讨伐陈计划。回京路上，隋主杨坚在马上扬鞭指向南方说："等朕讨平陈朝的那一天，会用七种珍宝合成之物，好好地装饰你，使崤山以东的士大夫，没有人能比得上你。"

初，隋主受禅以来，与陈邻好甚笃，每获陈谍，皆给衣马礼遣之，而高宗犹不禁侵掠。故太建之末，隋师入寇；会高宗殂，隋主即命班师，遣使赴吊，书称姓名顿首。帝答之益骄，书末云："想彼统内如宜，此宇宙清泰。"隋主不悦，以示朝臣。上柱国杨素以为主辱臣死，再拜请罪。

隋主问取陈之策于高颎，对曰："江北地寒，田收差晚；江南水田早熟。量彼收获之际，微征士马，声言掩袭，彼必屯兵守御，足得废其农时。彼既聚兵，我便解甲。再三若此，彼以为常；后更集兵，彼必不信。犹豫之顷，我乃济师；登陆而战，兵气益倍。又，江南土薄，舍多茅竹，所有储积皆非地窖。密遣行人因风纵火，待彼修立，复更烧之。不出数年，自可财力俱尽。"隋主用其策，陈人始困。

【译文】起初，隋主杨坚自受北周禅位以来，一直和陈国保持很友好的关系，每当擒获对方间谍，都赐给衣服马匹，很客气地释放他们回去，可是陈高宗仍不禁止侵犯劫掠之事的发生。所以太建末年，隋军南征；适逢陈高宗去世，隋主杨坚立即下令班师，并派使者前去吊唁，递交给对方的国书，自称杨坚顿首。可是陈后主陈叔宝回复给杨坚的国书，语气颇多不逊，书末写道："想必隋主管辖的境内还算可以，我国的天下清静安泰。"隋主杨坚看了，心里十分不高兴，便将那封国书，传示朝臣，上柱国杨素认为主上遭辱，臣子不忍偷生，于是再拜，请求兴兵问罪。

隋主杨坚向高颎请教攻取陈朝的策略，高颎告诉他说："长江以北土地苦寒，田里庄稼收成较晚；长江以南土地炎热，水田里庄稼收成较早。如果计算好他们收获的时间，我方可征集少量兵马，扬言偷袭陈朝，他们势必将驻兵守卫，这样就足以耽误他们收成的时间。等对方部队征集之后，我方就脱卸战甲。如此数次下来，对方必定认为我们虚声恫吓，不再紧张防御。然后，我方再征调部队，对方必定不会相信我们真会用兵打他，就在他们迟疑不定之间，我方迅速率军渡江，直指金陵；大军已经过江，登陆而战，有进无退，士气倍加振奋。再有，江南土地瘠薄，屋舍都以茅草竹片建成，所有积粮，都不是储藏于地窖中。倘若暗中派人潜入，借风放火，烧毁他们的粮仓，等对方重新修建，我方又派人前去，再将它烧掉，如此不出几年，对方兵马已经废弛，粮食财力又告枯竭，这样，还能不被我方消灭吗？"隋主杨坚采纳他的建议，陈国开始陷入困境。

于是，杨素、贺若弼及光州刺史高劢、虢州刺史崔仲方等争献平江南之策。仲方上书曰："今唯须武昌以下，蕲、和、滁、方、吴、海等州，更帖精兵，密营度计；益、信、襄、荆、基、郢等州，速造舟楫，多张形势，为水战之具。蜀、汉二江是其上流，水路冲要，必争之所。贼虽于流头、荆门、延洲、公安、巴陵、隐矶、夏首、蕲口、溢城置船，然终聚汉口、峡口，以水战大决。若贼必以上流有军，令精兵赴援者，下流诸将即须择便横渡；如拥众自卫，上江水军鼓行以前。彼虽恃九江、五湖之险，非德无以为固；徒有三吴、百越之兵，无恩不能自立矣。"隋主以仲方为基州刺史。

及受萧岩等降，隋主益忿，谓高颎曰："我为民父母，岂可限一衣带水不拯之乎！"命大作战船。人请密之，隋主曰："吾将显行天诛，何密之有！"使投其柿于江，曰："若彼惧而能改，吾复何求！"

【译文】这时，杨素、贺若弼以及光州刺史高劢、虢州刺史崔仲方等人，争向隋主进献平陈的计策。崔仲方上书说："现在只需在武昌以下，蕲（湖北蕲春）、和（安徽和县）、滁（安徽滁县）、方（江苏六合）、吴（江苏江都）、海（江苏东海）等州，增加精兵，秘密进行渡江的计划；益（四川成都）、信（四川奉节）、襄（湖北襄阳）、荆（湖北江陵）、基（湖北钟祥）、郢（河南潢川）等州，迅速建造舟舰，多方张扬进攻的形势，做好水战准备。蜀、汉二江，是陈朝的上流，水路要冲，是兵家必争之地。对方虽在流头（滩名，在今湖北宜昌）、荆门（在今湖北宜都西北五十里大江南岸）、延洲（今湖北枝江）、公安（今公安东北油江口）、巴陵（今湖南岳阳）、隐矶（岳阳东北五里）、夏首（湖北汉阳）、蕲口（湖北蕲春西三十里）、溢城（江西九江西）停驻舰队，但终会在汉口（即今汉口）、峡口（西陵峡口），以水战决一雌雄。倘若对方认为上流有警，派精兵西上援救的话，我们下游诸将，就伺机渡江进攻他的下游；倘若对方是拥聚士兵，固守下游的话，那么我们长江上游诸军，就击鼓顺流东下。他们虽有九江、五湖之险可资凭借，却没有恩德，难以固守；徒有精锐骁勇的三吴（指吴兴、吴郡和丹阳）、百越（古江、浙、闽、粤之地，为越族所居，故曰百越）的部众，可是没有恩泽，必不能存立。"隋主杨坚知道崔仲方有平陈方略，便转调他担任基州（治今湖北钟祥南）刺史。

等到陈朝接受萧岩等投降，隋主杨坚越发愤怒，对高颎说："我为民父母，难道可以因为如一衣带宽的江流阻隔，就不去拯救江南的百姓吗？"于是下令大肆营造战舰。有人建议隋主杨坚秘密进行，以免被敌人侦知，隋主杨坚不以为然地说："我将奉行天命，公开进行征讨，哪须守密呢？"并命人投柿（音肺,削下木片也,俗曰"刨花")江中,说:"如果彼国君主知道害怕而能悔改,那我尚又何求呢?"

杨素在永安,造大舰,名曰"五牙"。上起楼五层,高百馀尺;左右前后置六拍竿,并高五十尺,容战士八百人;次曰"黄龙",置兵百人。自馀平乘、舴艋各有等差。

晋州刺史皇甫绩将之官,稽首言陈有三可灭。帝问其状,曰:"大吞小,一也。以有道伐无道,二也。纳叛臣萧岩,于我有词,三也。陛下若命将出师,臣愿展丝发之效!"隋主劳而遣之。

时江南妖异特众,临平湖草久塞,忽然自开。帝恶之,乃自卖于佛寺为奴以厌之。又于建康造大皇寺,起七级浮图;未毕,火从中起而焚之。

【译文】杨素在永安(即白帝城,在今四川奉节县东)营造甲级大舰,取名叫"五牙",上起五层楼,高达百余尺,左右前后设置六门拍竿,全都高五十尺,一舰能容八百名士兵;又营造乙级战舰,取名叫"黄龙",能容纳士兵百名。此外,依照等级,还有"平乘""舴艋"等大小舰船。

晋州刺史皇甫续 [绩] 将前往晋州上任,他向隋主杨坚叩拜辞行时,对隋主杨坚陈述三个可以灭陈的理由。隋主杨坚问他是哪三个,他回答说:"以大国吞并小国,这是理由之一;以有道讨伐无道,这是理由之二;陈朝接纳叛臣萧岩,让我方有出师的借口,这是理由之三。陛下如果命将出兵,臣愿尽微薄之力!"隋主杨坚听了十分高兴,欢颜慰劳他,然后派他上任。

当时,江南妖异怪事很多,临平湖长久以来被水草堵塞,后来忽然无故自己散开。陈后主陈叔宝听到这个消息,心里十分纳闷,于是卖身佛寺,自愿为奴,以求镇住妖异。又下令在建康营造大皇寺，在寺中建造七级佛塔，尚未完工，塔中竟冒出火来，把佛塔整个烧掉。

吴兴章华，好学，善属文。朝臣以华素无伐阅，竞排诋之，除大市令。华郁郁不得志，上书极谏，略曰："昔高祖南平百越，北诛逆虏，世祖东定吴会，西破王琳，高宗克复淮南，辟地千里，三祖之功勤亦至矣。陛下即位，于今五年，不思先帝之艰难，不知天命之可畏；溺于嬖宠，惑于酒色；祠七庙而不出，拜三妃而临轩；老臣宿将弃之草莽，谄佞谗邪升之朝廷。今疆场日蹙，隋军压境，陛下如不改弦易张，臣见麋鹿复游于姑苏矣！"帝大怒，即日斩之。

【译文】吴兴人章华，勤奋好学，擅长写文章，朝中官吏因为他没有功劳，又缺乏资历，便相互排挤诋毁他，只让他担任太市令。此职非章华所好，所以他郁郁不得志，又因目睹国君无道，于是上书劝谏，内容大概这样说："以前高祖南平百越，北诛逆虏侯景；世祖东平吴郡、会稽，西破王琳；高宗收复淮南，拓地千里，三祖的功绩劳苦已到极点。但是陛下即位，至今已有五年，从不追思先帝创业的艰难，也不去想天命的可畏；受嬖妾宠臣蛊惑，一天到晚沉湎酒色；祭祀祖宗太庙，却托词不出宫；册拜妃嫔，就亲临殿堂；老臣旧将，弃于草莽之间；谄佞奸臣，位列于朝堂之上。而今疆土日益缩小，隋朝大兵压境，到这地步，陛下如果还不革除积弊、更新法度的话，臣担忧建康将化为丘墟，麋鹿又将游于姑苏了！"谏书呈上后，陈后主陈叔宝大怒，当天就命人把章华捉来斩首。

祯明二年(戊申，公元五八八年)春，正月，辛巳，立皇子恮为东阳王，恬为钱塘王。

遣散骑常侍袁雅等聘于隋；又遣散骑常侍九江周罗睺将兵屯峡口，侵隋峡州。

三月，甲戌，隋遣兼散骑常侍程尚贤等来聘。

戊寅，隋〔主〕下诏曰："陈叔宝据手掌之地，恣溪壑之欲，劫夺闾阎，资产俱竭，驱逼内外，劳役弗已；穷奢极侈，俾昼作夜；斩直言之客，灭无罪之家；欺天造恶，祭鬼求恩；盛粉黛而执干戈，曳罗绮而呼警跸；自古昏乱，罕或能比。君子潜逃，小人得志。天灾地孽，物怪人妖。衣冠钳口，道路以目。重以背德违言，摇荡疆场；昼伏夜游，鼠窃狗盗。天之所覆，无非朕臣，每关听览，有怀伤恻。可出师授律，应机诛殄；在斯一举，永清吴越。"又送玺书暴帝二十恶；仍散写诏书三十万纸，遍谕江外。

【译文】祯明二年(戊申，公元 588 年)春季，正月，辛巳日(十一日)，陈后主陈叔宝册封皇子陈恮为东阳王，陈恬为钱塘王。

陈后主陈叔宝一方面派遣散骑常侍袁雅等到隋访问，另一方面又派遣散骑常侍、九江人周罗睺领军进驻峡口，侵犯隋朝的峡州(治今湖北宜昌西北)。

三月，甲戌日(初五)，隋主杨坚派遣兼散骑常侍程尚贤等到江南访问。

戊寅日(初九)，隋主杨坚决定大举伐陈，下诏说："陈叔宝占据手掌般大的地方，却奢求像溪壑一样深的欲望，为达目的，不惜劫夺乡里，搜刮一空；驱遣逼迫京都内外的人，劳役不停。锦衣玉食，穷奢极欲；饮酒作乐，通宵达旦。斩杀直言的大臣，诛灭无罪的人家。欺骗上苍，多造恶行；祭祀鬼魅，妄求赐福。与后宫粉黛出游，手执干戈的侍卫仆从，前呼后拥，清道戒严；

自古以来，昏乱的国君，少有人能与他相比。正人君子，潜逃归隐，小人得意，把持朝纲。天灾地孽，交替发生；物怪人妖，层出迭见。衣冠士族，钳口结舌；道路行人，侧目而视。加之背德违约，犯我边疆；白昼潜伏，夜出偷袭，形同狗盗鼠窃。昊天所覆育的地方，无一人不是朕的子民，每次听到或审阅江南百姓受苦受难的奏疏，就兴起恻隐之心。现在出动师旅，以正国法，随应事机，诛灭暴君，永远扫平吴、越，在此一举。"诏书既下，又致送国书给陈朝，数说陈后主陈叔宝二十条罪恶，并命人抄写诏书三十万张，向江南地区广为传播散发。

太子胤，性聪敏，好文学，然颇有过失；詹事袁宪切谏，不听。时沈后无宠，而近侍左右数于东宫往来，太子亦数使人至后所，帝疑其怨望，甚恶之。张、孔二贵妃日夜构成后及太子之短，孔范之徒又于外助之。帝欲立张贵妃子始安王深为嗣，尝从容言之。吏部尚书蔡征顺旨称赞，袁宪厉色折之曰："皇太子，国家储副，亿兆宅心，卿是何人，轻言废立！"帝卒从征议。夏，五月，庚子，废太子胤为吴兴王，立扬州刺史始安王深为太子。征，景历之子也。深亦聪惠，有志操，容止俨然，虽左右近侍未尝见其喜愠。帝闻袁宪尝谏胤，即日用宪为尚书仆射。

帝遇沈后素薄，张贵妃专后宫之政，后澹然，未尝有所忌怨，身居俭约，衣服无锦绣之饰，唯寻阅图史及释典为事，数上书谏争。帝欲废之而立张贵妃，会国亡，不果。

【译文】陈朝皇太子陈胤，天资聪慧，喜好文学，却颇有过失。太子詹事袁宪直言诤谏他，他不听。此时，沈皇后得不到陈后主陈叔宝的宠爱，免不了遣令左右近侍，常去东宫，谕慰太子，太子也多次派人到沈皇后的住处，向母后问安。陈后主陈叔宝怀疑他们心怀怨恨，十分厌恶他们。张、孔二贵妃又日夜不停地在陈后主陈叔宝面前诋毁沈皇后和太子，孔范等人又在外面推波助澜，添油加醋。陈后主陈叔宝想立张贵妃的儿子始安王陈深为太子，曾经神色从容地说过这事，吏部尚书蔡徵顺承意旨，大加称赞，太子詹事袁宪板起面孔责备他说："皇太子是国家的储君，为亿兆之人所寄望，你是什么人，竟敢随便议论废立大事?"陈后主陈叔宝最后还是听从了蔡徵的意见。夏季，五月，庚子日(五月无此日)，陈后主陈叔宝废黜皇太子陈胤为吴兴郡王，另外立扬州刺史、始安王陈深为太子。蔡徵，是蔡景历的儿子。太子陈深也很聪慧，有志节，举止端庄，即使是他的左右近侍，都未曾见他有过喜怒不定的神色。陈后主陈叔宝听说太子詹事袁宪曾劝说陈胤改过，就任用他担任尚书仆射。

　　陈后主陈叔宝对待沈皇后一向很冷淡，张贵妃在后宫专政当权，沈皇后坦然处之，不曾有过忌妒和不满。躬行节俭，所穿的衣服，没有华美的装饰。每天只是阅览经史和诵读佛经作为消遣，多次上书劝谏陈后主陈叔宝。陈后主本想废掉她，另立张贵妃为皇后，因恰逢亡国，而没有实现。

　　冬，十月，己亥，立皇子蕃为吴郡王。

　　己未，隋置淮南行台于寿春，以晋王广为尚书令。

　　帝遣兼散骑常侍王琬、兼通直散骑常侍许善心聘于隋，隋人留于客馆。琬等屡请还，不听。

　　甲子，隋以出师，有事于太庙，命晋王广、秦王俊、清河公杨素皆为行军元帅。广出六合，俊出襄阳，素出永安，荆州刺史刘仁恩出江陵，蕲州刺史王世积出蕲春，庐州总管韩擒虎出庐江，吴州总管贺若弼出广陵，青州总管弘农燕荣出东海，凡总管九十，兵五十一万八千，皆受晋王节度。东接沧海，西拒巴、蜀，旌旗舟楫，横亘数千里。以左仆射高颎为晋王元师长史，右仆射王韶为司马，军中事皆取决焉；区处支度，无所凝滞。

【译文】冬季，十月，己亥日（初三），陈后主陈叔宝册封皇子陈蕃为吴郡王。

己未日（二十三日），隋主杨坚下诏在寿春（今安徽寿县）设立淮南行台尚书省，任命晋王杨广担任行台尚书令。

陈后主陈叔宝派出兼散骑常侍王琬、兼通直散骑常侍许善心抵隋访问，隋主杨坚将他们扣押在客馆。王琬等多次请求归国，隋主杨坚不放他们走。

甲子日（二十八日），隋主杨坚因为大举伐陈，先到太庙祭拜祖先，然后任命晋王杨广、秦王杨俊、清河郡公杨素等人，都担任行军元帅。杨俊从襄阳出兵，杨素从永安（四川奉节县东）出兵，荆州刺史刘仁恩从江陵出兵，蕲州刺史王世积从蕲春（湖北蕲春）出兵，庐州总管韩擒虎从庐江（安徽和县）出兵，吴州总管贺若弼从广陵（江苏江都）出兵，青州总管、弘农人燕荣从东海（江苏东海县）出兵，合计总管九十名，兵士五十一万八千人，统受晋王杨广的指挥节度。东起海滨，西抵巴、蜀，旌旗舟楫，两头绵亘数千里。朝廷又任命尚书左仆射高颎担任晋王元帅府长史，[并州行台]尚书右仆射王韶担任元帅府司马（考《隋书·王韶传》，王韶是时为并州行台尚书省之右仆射，而不是朝廷尚书省之右仆射，《通鉴》漏书"并州行台"等字，当据补），军中大小事务，都交由二人裁决处理，后来，二人安排各路军队进攻退守，支配调度军需供应，丝毫没有耽搁延误。

十一月，丁卯，隋主亲饯将士；乙亥，至定城，陈师誓众。

丙子,立皇弟叔荣为新昌王,叔匡为太原王。

隋主如河东;十二月,庚子,还长安。

突厥莫何可汗西击邻国,中流矢而卒。国人立雍虞闾,号颉伽施多那都蓝可汗。

隋军临江,高颎谓行台吏部郎中薛道衡曰:"今兹大举,江东必可克乎?"道衡曰:"克之。尝闻郭璞有言:'江东分王三百年,复与中国合。'(合)〔今〕此数将周,一也。主上恭俭勤劳,叔宝荒淫骄侈,二也。国之安危在所寄任,彼以江总为相,唯事诗酒,拔小人施文庆,委以政事,萧摩诃、任蛮奴为大将,皆一夫之用耳,三也。我有道而大,彼无德而小,量其甲士不过十万,西自巫峡,东至沧海,分之则势悬而力弱,聚之则守此而失彼,四也。席卷之势,事在不疑。"颎欣然曰:"得君言成败之理,令人豁然。本以才学相期,不意筹略乃尔。"

【译文】十一月,丁卯日(初二),隋主杨坚亲自为出征战士饯行。乙亥日(初十),隋主杨坚来到定城(今陕西华阴东),陈列师旅,举行誓师大会。

丙子日(十一日),陈后主陈叔宝册封皇弟陈叔荣为新昌王,陈叔匡为太原王。

隋主杨坚前往河东,十二月,庚子日(初五),由河东返回长安。

突厥莫何可汗向西攻打邻国,不幸中流箭身亡。突厥国内的人,拥立雍虞闾为主,号称颉伽施多那都蓝可汗。

隋军兵临长江北岸,元帅府长史高颎对淮南道行台尚书吏部郎中薛道衡说:"今番大举出兵,江东一定能攻取下来吗?"薛道衡回答他说:"一定能获得胜利。我曾听晋朝著名术士郭璞说过这样的话:'江东和中原,各自分建王业,达三百年时,必会与中原统一。'至今，三百年的周期将满，这是我方定能成功的第一个理由。皇上恭俭勤劳，陈叔宝荒淫骄纵而又奢侈，这是我方能获得胜利的第二个理由。国家的安危，系于委任的将相是否贤能，陈朝任用江总担任宰相，那人只会赋诗饮酒，提拔小人施文庆，将政务委托给他去办，他们都不是安邦定国的人才；又任用萧摩诃、任蛮奴为大将，那又都是有勇无谋的匹夫，这是我方必能取得胜利的第三个理由。我们的国君有道，地大物博；他们的国君无道，地域狭小，估量他们的将士，最多不过十万而已，西起巫峡、东到大海，四处分散戍守的话，那么就形同虚设而力量薄弱，要是聚集驻守在一处的话，又顾此而失彼，这怎能跟我们的大军抗衡呢？这是我方必能获胜的第四个理由。有以上四个必胜的理由，席卷江东，已成定局，阁下不要怀疑。"高颎等他说完，高兴地说："听你分析成败的道理，令人心智豁然开朗，我原本只是钦佩你的才学，不料筹划经略，竟然也如此不同凡响！"

　　秦王俊督诸军屯汉口，为上流节度。诏以散骑常侍周罗睺都督巴峡缘江诸军事以拒之。

　　杨素引舟师下三峡，军至流头滩。将军戚昕以青龙百馀艘、兵数千人守狼尾滩，地势险峭，隋人患之。素曰："胜负大计，在此一举。若昼日下船，彼见我虚实，滩流迅激，制不由人，则吾失其便；不如以夜掩之。"素新帅黄龙数千艘，衔枚而下，遣开府仪同三司王长袭引步卒自南岸击昕别栅，大将军刘仁恩帅甲骑自北岸趣白沙，迟明而至，击之；昕败走，悉俘其众，劳而遣之，秋毫不犯。

　　素帅水军东下，舟舻被江，旌甲曜日。素坐平乘大船，容貌雄伟，陈人望之，皆惧，曰："清河公即江神也!"

江滨镇戍闻隋军将至，相继奏闻；施文庆、沈客卿并抑而不言。

【译文】秦王杨俊统领诸军进驻汉口，指挥节度上流各路军的进攻。陈后主陈叔宝下诏，命散骑常侍周罗睺都督巴峡沿江诸军事，抵御隋师的进攻。

杨素率领水军下三峡，行抵流头滩（在今湖北宜昌西一百里），陈将戚昕率领青龙战舰百余艘，扼守住狼尾滩（在宜昌西北九十里），该处地势险阻陡峭，隋师担心过不去，杨素却说："胜负关键，在此一举。如果白昼顺江而下，对方容易看见我方虚实，加以滩流湍急，我们难以控制，这样行船，对我们不利。不如改在夜晚去突袭他们。"于是杨素亲自率领黄龙舟数千艘，人人衔枚而下。另外派遣开府仪同三司王长袭带领步卒，从南岸进攻戚昕另外的营栅；又命大将刘仁恩带领骑兵，从江陵沿大江北岸，赶往白沙（在今宜昌东），在天亮时赶到，两面夹攻陈军，戚昕战败逃走，隋师将其部众一网成擒，当面加以慰劳，然后释放他们回去。隋师所过之处，秋毫不犯。

杨素水军东下，战舰布满江上，旌旗甲胄，与日同辉。杨素端坐在平乘大舰上，相貌雄伟，好像金甲天神，陈军远远望见，都感到惊恐，说："清河公杨素就是江神啊!"

沿江各处镇戍，听说隋师大举进犯，都相继上书告警。施文庆、沈客卿二人，却将这些告急报警的文书，搁置匿藏起来，都不向陈后主陈叔宝禀告。

初，上以萧岩、萧瓛，梁之宗室，拥众来奔，心忌之，故远散其众，以岩为东扬州刺史，瓛为吴州刺史；使领军任忠出守吴兴郡，以襟带二州。使南平王嶷镇江州，永嘉王彦镇南徐州。寻召二王赴明年元会，命缘江诸防船舰悉从二王还都，为威势以示梁人之来者。由是江中无一斗船，上流诸州兵皆阻杨素军，不得至。

湘州刺史晋熙王叔文，在职既久，大得人和，上以其据有上流，阴忌之；自度素与群臣少恩，恐不为用，无可任者，乃擢施文庆为都督、湘州刺史，配以精兵二千，欲令西上；仍徵叔文还朝。文庆深喜其事，然惧出外之后，执事者持己短长，因进其党沈客卿以自代。

【译文】起初，陈后主陈叔宝因萧岩、萧瓛都是后梁宗室，而且又拥众来归，对他们不免心存猜忌，为了分散隔离他们的部队，派萧岩担任东扬州刺史，萧瓛担任吴州刺史，并派遣领军将军任忠出守吴兴，就近监视二州。又派南平王陈嶷把守江州，永嘉王陈彦镇守南徐州（皆沿江重镇），严加布防。没过多久，又召回陈嶷、陈彦二王，参加明年元会（正月元旦之会），并命沿江镇防戍守的船舰，全都随二王开回京师，借以向归降过来的梁人炫耀他的威势，使之不敢萌生异念。因为这个缘故，使得中下游长江上，连一艘战舰也没有，而上流各州部队，却被杨素大军所截断，等到京师危急，他们便都无法东下救援。

湘州刺史、晋熙王陈叔文，在湘州任职已久，深得当地人的爱戴，陈后主陈叔宝因他拥据上流，暗地里很猜忌他；私自猜度，平日很少以恩礼对待群臣，担心他们不会为自己效力，一时找不到可以接替陈叔文的合适人选，不得已，就提拔施文庆担任都督、湘州刺史，调给精兵两千名，让他西上湘州就职，同时召请陈叔文还朝。施文庆很高兴有这样的好差事，可是又担心外放之后，掌权的人抓住他的把柄，于是先举荐自己的同党沈客卿接替他的职务。

未发间，二人共掌机密。护军将军樊毅言于仆射袁宪曰："京口、采石俱是要地，各须锐兵五千，并出金翅二百，缘江上下，以为防备。"宪及票骑将军萧摩诃皆为以然，乃与文武群臣共议，请如毅策。施文庆恐无兵从己，废其述职，而客卿又利文庆之任，己得专权，俱言于朝曰："必有论义，不假面陈；但作文启，即为通奏。"宪等以为然，二人赍启入，白帝曰："此是常事，边城将帅足以当之。若出人船，必恐惊扰。"

及隋军临江，间谍骤至，宪等殷勤奏请，至于再三。文庆曰："元会将逼，南郊之日，太子多从；今若出兵，事便废阙。"帝曰："今且出兵，若北边无事，因以水军从郊，何为不可！"又曰："如此则声闻邻境，便谓国弱。"后又以货动江总，总内为之游说。帝重违其意，而迫群官之请，乃令付外详议。总又抑宪等，由是议久不决。

【译文】此时，他还未起程上任，和沈客卿共同执掌机密。护军将军樊毅对尚书仆射袁宪说："京口、采石，都是江防要地，各需精兵五千，还要出动金翅（船名）二百艘装载士兵，沿长江上下巡行，作为防备。"袁宪和骠骑将军萧摩诃都同意他的看法，于是与文武群臣共同商议，请求陈后主陈叔宝依照樊毅的计策去实施。施文庆担心这样做，就会没有军队随他任职，便停止赴任，而沈客卿认为施文庆前去上任对自己有利，他一走，自己便可以专掌机密，于是他二人便对朝臣们说："如果有什么议论，无须见君面陈，只要写好表启，立即代为通报。"袁宪等信以为真，他二人便带着众人的表启入宫禀奏，可是施文庆却对陈后主陈叔宝说："敌寇入侵，已是常事，边城远将，足以抵挡，如果依照他们的说法，多派人船出巡长江，此举反而会引起百姓惊扰。”

等到隋师进至长江北岸，间谍频频潜入，袁宪等又多次奏请国君裁断，一而再，再而三地恳求。施文庆对陈后主陈叔宝说：“元旦之会将近，南郊祭天那天，太子要率领军队参加，现在如果出兵，元会、郊祀盛典，将会受到影响。”陈后主陈叔宝说：“现在暂且出兵无妨，如果北边安然无事，顺便就用水军护从郊祀，有什么不可以呢？”施文庆回答说：“倘若这样的话，消息传到邻国耳里，他们会说我国弱小。”后来，施文庆又用财物买通江总，江总便入宫为他说话，陈后主陈叔宝不好违背江总的意思，又迫于百官大臣的请求，于是下令交付文武百官详加讨论。江总又利用职权压制袁宪等人，所以商讨了很久，也没有什么结果。

帝从容谓侍臣曰：“王气在此。齐兵三来，周师再来，无不摧败。彼何为者邪！”都官尚书孔范曰：“长江天堑，古以为限隔南北，今日虏军岂能飞渡邪！边将欲作功劳，妄言事急。臣每患官卑，虏若渡江，臣定作太尉公矣！”或妄言北军马死，范曰：“此是我马，何为而死！”帝笑以为然，故不为深备，奏伎、纵酒、赋诗不辍。

是岁，吐谷浑褘王拓跋木弥请以千馀家降隋。隋主曰：“溥天之下，皆是朕臣，朕之抚育，俱存仁孝。浑贼恾狂，妻子怀怖，并思归化，自救危亡。然叛夫背父，不可收纳。又其本意正自避死，今若违拒，又复不仁。若更有音信，但宜慰抚，任其自拔，不须出兵应接。其妹夫及甥欲来，亦任其意，不劳劝诱也。”

河南王移兹裒卒，隋主令其弟树归袭统其众。

【译文】陈后主陈叔宝从容地对侍臣说：“天子之气，一向聚集在这金陵，齐兵三度进犯，周师两次入侵，无一不被击退，现今隋师再来，也不过来送死罢了！"都官尚书孔范也大言不惭地说："长江天堑，自古隔绝南北，现在隋师临江，难道能飞渡过来吗？这都是边关将领想立功劳，谎报军情紧急。臣每每忧虑自己官职卑微，敌军倘若真渡江前来，臣迎上前去扑杀敌人，就可建立功业升作太尉公了！"有人谎报隋军马匹大多死掉，孔范又很狂妄地说："这些马本来将被我们拥有，为何不渡江来，就先死掉呢？"陈后主陈叔宝欣然而笑，信以为真。因此没有严加防备，之后再有警报，也都置之不理。退朝之后，便又开筵奏乐，和宫女、佞臣纵饮、赋诗不止。

这一年，吐谷浑裨王拓跋木弥上表请求率领千余家归降隋朝，隋主杨坚批示说："普天之下，都是朕的子民，朕抚育黎民百姓，都以仁爱慈孝为怀。吐谷浑王夸吕，昏聩狂妄，他的妻儿对他心怀惊恐，都想前来归顺本朝，借以解救自身的危亡。可是背叛丈夫和父亲，朕可不收容这种不贞、不孝的人。但是他们的本意，只是为了逃避死亡，现在朕如果拒绝不接纳，又显得不仁慈。以后如果再有音讯传来，只应宣导安抚，听凭他们自己拔营前来归附，不用出兵接应。如果他的妹夫和外甥想来，也听凭他们自己的意愿，不用劝说招引他们前来。"

归附隋朝的吐谷浑河南王移兹裒去世，隋主杨坚诏令他的弟弟树归承继他的王位，并统领他的部落。

资治通鉴卷第一百七十七　隋纪一

起屠维作噩，尽重光大渊献，凡三年。

【译文】起己酉（公元589年），止辛亥（公元591年），共三年。

【题解】本卷记录了公元589年至591年共三年间隋统一全国后的史事。当时正值隋文帝开皇九至十一年，着重记述了开皇九年隋灭陈的经过。接着又讲述了隋灭陈一年后南方发生的大规模暴动及平定过程，同时也讲述了隋朝雅礼的制作问题。

高祖文皇帝上之上

开皇九年（己酉，公元五八九年）春，正月，乙丑朔，陈主朝会群臣，大雾四塞，入人鼻，皆辛酸，陈主昏睡，至晡时乃寤。

是日，贺若弼自广陵引兵济江。先是弼以老马多买陈船而匿之，买弊船五六十艘，置于渎内。陈人觇之，以为内国无船。弼又请缘江防人每交代之际，必集广陵，于是大列旗帜，营幕被野，陈人以为隋兵大至，急发兵为备，既知防人交代，其众复散；后以为常，不复设备。又使兵缘江时猎，人马喧噪。故弼之济江，陈人不觉。韩擒虎将五百人自横江宵济采石，守者皆醉，遂克之。晋王广帅大军屯六合镇桃叶山。

【译文】开皇九年（己酉，公元589年）春季，正月，乙丑朔日（初一），陈后主陈叔宝在朝堂会见群臣，浓雾四处弥漫，吸入人的口鼻，全是辛酸的气味，陈后主陈叔宝昏沉入睡，直到下午才苏醒过来。

这一天，隋朝大将贺若弼自广陵率军渡过长江。此前，贺若弼卖掉军中的老马，大量采购了陈朝的船藏匿起来，又购买了五六十艘破旧的船放在水流交汇的地方。陈朝人看了，误认为北方中国已经没有好的船只。每次交接时，贺若弼又请沿岸防守军兵必须在广陵集合，因而排列了很多旗帜，军营的营帐遍布原野，陈朝人认为隋朝的军队大举进犯，紧急调动军队进行防备，后来知晓是防守的人在交接，随即将军队解散；后来经常如此，陈朝人便不再防备。贺若弼又派兵沿着江岸经常打猎，人马的声音十分嘈杂。因此贺若弼此次渡江，陈朝人完全没有警觉。韩擒虎率领五百人自横江夜渡采石，陈朝守卫的兵士全部喝醉，于是攻下采石。此时晋王杨广带领大军驻守在六合镇的桃叶山。

丙寅，采石戍主徐子建驰启告变；丁卯，召公卿入议军旅。戊辰，陈主下诏曰："犬羊陵纵，侵窃郊畿，蜂虿有毒，宜时扫定。朕当亲御六师，廓清八表，内外并可戒严。"以票骑将军萧摩诃、护军将军樊毅、中领军鲁广达并为都督，司空司马消难、湘州刺史施文庆并为大监军，遣南豫州刺史樊猛帅舟师出白下，散骑常侍皋文奏将兵镇南豫州。重立赏格，僧、尼、道士，尽令执役。

庚午，贺若弼攻拔京口，执南徐州刺史黄恪。弼军令严肃，秋毫不犯，有军士于民间酤酒者，弼立斩之。

所俘获六千馀人，弼皆释之，给粮劳遣，付以敕书，令分道宣谕。于是所至风靡。

【译文】丙寅日（初二），陈朝戍卫采石的将领徐子建派人携

资治通鉴

带表启，快马前往都城，报告有敌人进犯。丁卯日（初三），陈后主陈叔宝召令公卿入宫商议军事。戊辰日（初四），陈后主陈叔宝下诏令说：“敌人凌虐骄狂，进犯京畿的郊区，好像有毒的蜂虿，应当尽快扫除干净。朕要亲自带领六军，荡平八方，京城内外都必须加强戒备。”于是陈后主陈叔宝任命骠骑将军萧摩诃、护军将军樊毅、中领军鲁广达担任都督，任命司空司马消难、湘州刺史施文庆担任大监军，并派遣南豫州刺史樊猛带领水军从白下出发，散骑常侍皋文奏率军镇守南豫州。同时订下丰厚的奖赏标准，连僧、尼、道士，都得接受诏命服兵役。

庚午日（初六），贺若弼攻克京口，擒获南徐外史黄恪。贺若弼军纪严明，秋毫无犯，如有军兵到民间去买酒喝，贺若弼便马上斩了他。

被俘的陈军六千多人，贺若弼全都予以释放，并送粮食慰问他们，之后遣放回去，又发给他们敕令文书，命令他们分路去宣扬晓谕，因而所到之处都归向隋朝。

樊猛在建康，其子巡摄行南豫州事。辛未，韩擒虎进攻姑孰，半日，拔之，执巡及其家口。皋文奏败还。江南父老素闻擒虎威信，来谒军门者昼夜不绝。

鲁广达之子世真在新蔡，与其弟世雄及所部降于擒虎，遣使致书招广达。广达时屯建康，自劾，诣廷尉请罪；陈主慰劳之，加赐黄金，遣还营。樊猛与左卫将军蒋元逊将青龙八十艘于白下游弈，以御六合兵；陈主以猛妻子在隋军，惧有异志，欲使镇东大将军任忠代之，令萧摩诃徐谕猛，猛不悦，陈主重伤其意而止。

于是，贺若弼自北道，韩擒虎自南道并进，缘江诸戍，望风尽走；弼分兵断曲阿之冲而入。陈主命司徒豫章王叔英屯朝堂，萧摩诃屯乐游苑，樊毅屯耆阇寺，鲁广达屯白土冈，忠武将军孔范屯宝田寺。己卯，任忠自吴兴入赴，仍屯朱雀门。

资治通鉴

　　【译文】樊猛在建康，让他的儿子樊巡代理南豫州政事。辛未日（初七），韩擒虎率军攻打姑孰，仅用半天就攻克了，俘虏樊巡和他的家人。皋文奏战败逃走。江南父老平日就听说韩擒虎的威武名声，前往军营大门谒见的人，日夜不绝。

　　鲁广达的儿子鲁世真在新蔡，带着他的弟弟鲁世雄与所属部队归降韩擒虎，并派遣使者带着书信向鲁广达招降。鲁广达当时驻守建康，自认有罪，前往廷尉请求治罪。陈后主陈叔宝慰劳他，还赠送他黄金，让他回营。樊猛与左卫将军蒋元逊率领八十艘青龙船在白下巡逻，来抵抗六合的军队；陈后主陈叔宝因为樊猛的妻子儿女都在隋军，怕他有反叛的心志，想命镇东大将军任忠接替他，于是命萧摩诃委婉劝说樊猛，樊猛很不高兴，陈后主陈叔宝不愿轻易去伤他的心，也就放弃了这种打算。

　　这时贺若弼从北路，韩擒虎从南路，一同进兵，沿江各个戍所的将领都闻风逃走。贺若弼分派军兵阻断曲阿的要冲，发动进攻。陈后主陈叔宝命令司徒豫章王叔英驻守朝堂，萧摩诃驻守乐游苑，樊毅驻守耆阇寺，鲁广达驻守白土冈，忠武将军孔范驻守宝田寺。己卯日（十五日），任忠从吴兴赶来，仍旧戍守朱雀门。

　　辛未，贺若弼进据钟山，顿白土冈之东。晋王广遣总管杜彦与韩擒虎合军，步骑二万屯于新林。蕲州总管王世积以舟师出九江，破陈将纪瑱于蕲口，陈人大骇，降者相继。晋王广上状，帝大悦，宴赐群臣。

时建康甲士尚十馀万人，陈主素怯懦，不达军士，唯昼夜啼泣，台内处分，一以委施文庆。文庆既知诸将疾己，恐其有功，乃奏曰："此辈怏怏，素不伏官，迫此事机，那可专信！"由是诸将凡有启请，率皆不行。

贺若弼之攻京口也，萧摩诃请将兵逆战，陈主不许。及弼至钟山，摩诃又曰："弼悬军深入，垒堑未坚，出兵掩袭，可以必克。"又不许。

【译文】辛未日（初七），贺若弼率军据守钟山，驻扎在白土冈的东边。晋王杨广让总管杜彦与韩擒虎合兵一处，共得两万名骑兵和步兵，驻扎在新林。蕲州总管王世积率领水军从九江出发，在蕲口击败陈朝将军纪瑱，陈朝人非常惊骇，投降的人接连不断。晋王杨广上奏战况，隋文帝杨坚大悦，赐宴群臣庆贺。

当时建康的军队尚有十多万人，但陈后主陈叔宝平时就十分胆怯懦弱，不懂领兵打仗，只会日夜哭泣，台省内所要处置的事情，全部委托给施文庆。施文庆知道众将都嫉恨自己，怕他们立下大功，对自己不利，于是上奏章说："他们这些将领内心不满足，平时就不听从君命，在这个危急时刻，怎么能够专信他们呢？"因此凡是众将的奏启请求，大都不能通过。

贺若弼进攻京口时，萧摩诃请求率军迎战，陈后主陈叔宝没有答应。等到贺若弼进抵钟山，萧摩诃又说："贺若弼领兵深入，营垒战壕还没有修筑坚固，出兵袭击他们，一定能够成功。"陈后主陈叔宝又不答应。

陈主召摩诃、任忠于内殿议军事，忠曰："兵法：客贵速战，主贵持重。今国家足食足兵，宜固守台城，缘淮立栅，北军虽来，勿与交战；分兵断江路，无令彼信得通。给臣精兵一万，金翅三百艘，下江径掩六合，彼大军必谓其度江将士已被俘获，自然挫气。淮南土人与臣旧相知悉，今闻臣往，必皆景从。臣复扬声欲往徐州，断彼归路，则诸军不击自去。待春水既涨，上江周罗睺等众军必沿流赴援，此良策也。"陈主不能从。明日，歘然曰："兵久不决，令人腹烦，可呼萧郎一出击之。"任忠叩头苦请勿战。孔范又奏："请作一决，当为官勒石燕然。"陈主从之，谓摩诃曰："公可为我一决！"摩诃曰："从来行陈，为国为身；今日之事，兼为妻子。"陈主多出金帛赋诸军以充赏。甲申，使鲁广达陈于白土冈，居诸军之南，任忠次之，樊毅、孔范又次之，萧摩诃军最在北。诸军南北亘二十里，首尾进退不相知。

【译文】陈后主陈叔宝召见萧摩诃、任忠在内殿商量军事，任忠说："兵法上说：'客军以速战速决为贵，主军以坚守稳重为贵。'现在国家的军队和粮食都十分充足，应当固守台城，沿着淮河设置栅栏，即使北方军队前来进攻，我们也不要与他们交战；我们可以分派军兵阻断江路，让他们的信息联络不能通畅。陛下请拨给臣一万精兵，三百艘战船，直下长江，攻打六合，隋国大军定会以为他们渡江的将士已被俘虏，气势自然就会遭到挫折。淮南地方的百姓与臣以前都很熟悉，现在听说臣前去，一定会如影随形，听命于臣。而臣又宣称要前往徐州，阻断他们的归路，那么各路军队不待攻打就会自然撤走。等到春天江水涨高时，长江上游周罗睺等各军一定会沿着江流前来救援，这是良策。"陈后主陈叔宝不肯听从他的意见。第二天，陈后主陈叔宝忽然说："战争的胜负长久没有结果，让人心里烦闷，可以命萧郎(萧摩诃)出兵进攻。"任忠磕头苦苦请求不要出战。而孔范却又上奏说："请决一死战，我将为国家在燕然山刻石记功。"陈后主陈叔宝采纳了他的意见，告诉萧摩诃说："您可以

资治通鉴

为我一决胜负。"萧摩诃说:"我一向作战,都是为国为己,今天的事情,同样也为我的妻子儿女。"陈后主陈叔宝拿出许多金子丝帛给各军充当奖赏。甲申日(二十日),派遣鲁广达在白土冈布阵,守在各军的南方,任忠在其次,樊毅、孔范又在其次,萧摩诃的军队屯驻在最北方。各军南北相接有二十里长,前后的进退调度,互相都不知晓。

贺若弼将轻骑登山,望见众军,因驰下,与所部七总管杨牙、员明等甲士凡八千,勒陈以待之。陈主通于萧摩诃之妻,故摩诃初无战意;唯鲁广达以其徒力战,与弼相当。隋师退走者数四,弼麾下死者二百七十三人,弼纵烟以自隐,窘而复振。陈兵得人头,皆走献陈主求赏,弼知其骄惰,更引兵趣孔范;范兵暂交即走,陈诸军顾之,骑卒乱溃,不可复止,死者五千人。员明擒萧摩诃,送于弼,弼命牵斩之。摩诃颜色自若,乃释而礼之。

【译文】贺若弼率领轻骑兵登上山头,看见陈朝大军,立即飞驰下山,与所率七个总管杨牙、员明等人,统率八千士兵列阵等待。因为陈后主陈叔宝私通萧摩诃的妻子,所以萧摩诃原本就没有作战的意念,只有鲁广达率领他的部属奋力作战,与贺若弼的军队相抗。隋朝军队败退的人很多,贺若弼的部属死了二百七十三人,贺若弼放火生烟来隐藏自己,让濒于困窘的自己有再度振起的机会。陈朝军兵拿着隋兵人头,都跑去献给陈后主陈叔宝请求奖赏,贺若弼知晓他们十分骄矜懈怠,便又率领军队攻击孔范,孔范的守兵与隋军刚一交战就败退逃走,陈朝其他的军兵看了,骑兵步兵全部溃散,无法控制,一共死了五千人。员明擒获萧摩诃,送交贺若弼,贺若弼命令拉出去斩头,萧摩诃脸色如常,贺若弼就释放了他,并且以礼相待。

任忠驰入台，见陈主言败状，曰："官好住，臣无所用力矣！"陈主与之金两縢，使募人出战，忠曰："陛下唯当具舟楫，就上流众军，臣以死奉卫。"陈主信之，敕忠出部分，令宫人装束以待之，怪其久不至。时韩擒虎自新林进军，忠已帅数骑迎降于石子冈。领军蔡征守朱雀航，闻擒虎将至，众惧而溃。忠引擒虎军直入朱雀门，陈人欲战，忠挥之曰："老夫尚降，诸军何事！"众皆散走。于是，城内文武百司皆遁出，唯尚书仆射袁宪在殿中，尚书令江总等数人居省中。陈主谓袁宪曰："我从来接遇卿不胜馀人，今日但以追愧。非唯朕无德，亦是江东衣冠道尽。"

【译文】任忠快骑冲入台省，晋见陈后主陈叔宝说明战败情形，说："陛下应当放弃抵抗，臣已经无能为力了！"陈后主陈叔宝给他两袋金子，命他募兵出战，任忠说："陛下只应准备舟船，赶往上游军队处，臣一定冒死护卫乘舆。"陈后主陈叔宝相信他的话，便诏令任忠出去安排，并命令宫人整理行李等候，奇怪的是任忠去了很久都不见回来。此时韩擒虎从新林进军，任忠已经带领数名骑兵在石子冈迎降了。领军蔡徵在朱雀航防守，听说韩擒虎将要抵达，大家都因惊惧而溃逃。任忠引领韩擒虎的军队直接进入朱雀门，陈朝军兵想要作战，任忠遣散他们说："老夫尚且归降，其他的军队还想干什么呢？"大家一听，全部散走。于是城里的文武百官全都逃走，只有尚书仆射袁宪留在大殿，尚书令江总等几人留在台省。陈后主陈叔宝对袁宪说："我待你从来就不比别人好，现在只能追悔惭愧罢了。这不只表明朕没有德业，也表示江东士族的道义全都扫地了。"

陈主遑遽，将避匿，宪正色曰："北兵之入，必无所犯。大事如此，陛下去欲安之！臣愿陛下正衣冠，御正殿，依梁武帝见侯景故事。"陈主不从，下榻驰去，曰："锋刃之下，未可交当，吾自有计！"从宫人十馀出后堂景阳殿，将自投于井，宪苦谏不从；后阁舍人夏侯公韵以身蔽井，陈主与争，久之，乃得入。既而军人窥井，呼之，不应，欲下石，乃闻叫声；以绳引之，惊其太重，及出，乃与张贵妃、孔贵嫔同束而上。沈后居处如常。太子深年十五，闭阁而坐，舍人孔伯鱼侍侧，军士叩阁而入，深安坐，劳之曰："戎旅在途，不至劳也！"军士咸致敬焉。时陈人宗室王侯在建康者百馀人，陈主恐其为变，皆召入，令屯朝堂，使豫章王叔英总督之，又阴为之备，及台城失守，相帅出降。

【译文】陈后主陈叔宝在惶急之中，想要藏匿起来，袁宪很严肃地说："北方的军队侵入皇宫，必定不会有所凌犯。大局已经如此，陛下离开这里要到哪里去呢？臣希望陛下穿好衣冠，端坐正殿，像梁武帝见侯景那时一样。"陈后主陈叔宝不听，走下床榻，快骑而走，说："刀锋底下，不能与它相对，我自然有办法！"于是领着十几个宫人离开后宫的景阳殿，准备自己投入井中，袁宪苦苦进谏，陈后主陈叔宝都不听从；后舍人夏侯公韵用身体遮蔽井口，陈后主陈叔宝和他相争，争执了很久，才跳进去。后来隋朝军队窥视井口，呼叫，没有回应，想要向井中丢石头，才听到回应，便放绳子将人拉上来，奇怪的是非常沉重，等到拉上来，才看到是陈后主陈叔宝和张贵妃、孔贵嫔一起被吊上来。沈后生活和平时一样。太子陈深年十五岁，闭门而坐，舍人孔伯鱼侍候在侧，军士敲开门进去，太子陈深坐着没起来，慰问他们说："军旅途中，很辛苦吧？"隋兵都向他表示了敬意。当时在建康的陈朝宗室王侯有一百多人，陈后主陈叔宝担心他们叛乱，都召令入殿，命令他们集居在朝堂，让豫章王陈叔英总管，又暗中加以防备，等到台城失陷，陈朝诸王争相出去投降。

贺若弼乘胜至乐游苑，鲁广达犹督馀兵苦战不息，所杀获数百人，会日暮，乃解甲，面台再拜恸哭，谓众曰："我身不能救国，负罪深矣！"士卒皆流涕歔欷，遂就擒。诸门卫皆走，弼夜烧北掖门入，闻韩擒虎已得陈叔宝，呼视之，叔宝惶惧，流汗股栗，向弼再拜。弼谓之曰："小国之君当大国之卿，拜乃礼也。入朝不失作归命侯，无劳恐惧。"既而耻功在韩擒虎后，与擒虎相詢，挺刃而出；欲令蔡征为叔宝作降笺，命乘骡车归己，事不果。弼置叔宝于德教殿，以兵卫守。

高颎先入建康，颎子德弘为晋王广记室，广使德弘驰诣颎所，令留张丽华，颎曰："昔太公蒙面以斩妲己，今岂可留丽华！"乃斩之于青溪。德弘还报，广变色曰："昔人云，'无德不报'，我必有以报高公矣！"由是恨颎。

【译文】贺若弼乘胜进抵乐游苑，鲁广达还在督领残余军队苦战不止，杀死、俘获隋军数百人，当时天色已晚，才解下铠甲，面对台省再拜恸哭，告诉众人说："我一身不能拯救国家，背负的罪过是多么深重啊！"士兵们都流泪叹息，于是全被俘虏。其他的门卫都逃跑了，贺若弼夜晚烧毁北掖门进入台城，听说韩擒虎已经捉到陈叔宝，便叫来看看，陈叔宝非常畏惧惶恐，流汗发抖，不由得对贺若弼拜了又拜。贺若弼对他说："小国的国君等同大国的卿大夫，拜是合礼的。入朝之后，少不了做归命侯，不必担忧。"后来贺若弼因为自己的功劳在韩擒虎之下感到羞耻，便与韩擒虎相骂，拔剑走出室门。贺若弼想命蔡徵替陈叔宝写投降的表启，命令他乘坐骡车跟随自己，结果事情没能成功。于是贺若弼将陈叔宝安置在德教殿，并派军兵加以守卫。

高颎先进入建康。高颎的儿子高德弘担任晋王杨广的记室，晋王杨广派高德弘快马前往高颎的住处，命令留下陈叔宝的宠妃张丽华，高颎说："从前姜太公蒙面杀了妲己，现在怎么能够留下张丽华呢？"于是在青溪将她杀了。高德弘回去禀告，晋王杨广变了脸色说："以前的人说：'没有一个恩德是不回报的'，我必定要回报高公！"从此开始怨恨高颎。

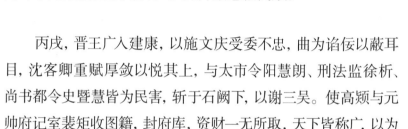

丙戌，晋王广入建康，以施文庆受委不忠，曲为谄佞以蔽耳目，沈客卿重赋厚敛以悦其上，与太市令阳慧朗、刑法监徐析、尚书都令史暨慧皆为民害，斩于石阙下，以谢三吴。使高颎与元帅府记室裴矩收图籍，封府库，资财一无所取，天下皆称广，以为贤。矩，让之之弟子也。

广以贺若弼先期决战，违军令，收以属吏。上驿召之，诏广曰："平定江表，弼与韩擒虎之力也。"赐物万段；又赐弼与擒虎诏，美其功。

开府仪同三司王颁，僧辩之子也，夜，发陈高祖陵，焚骨取灰，投水而饮之。既而自缚，归罪于晋王广；广以闻，上命赦之。诏陈高祖、世祖、高宗陵，总给五户分守之。

【译文】丙戌日（二十二日），晋王杨广率兵进入建康，认为施文庆接受陈后主委托却不忠心，想尽方法谄媚逢迎，蒙蔽君主的耳目；沈客卿加重赋税，横征暴敛，来取悦君王，与太市令阳慧朗、刑法监徐析、尚书都令史暨慧都是百姓的祸害，在石阙下砍了他们的头，向三吴百姓谢罪。晋王杨广派高颎与元帅府记室裴矩收拾图籍，封闭府库，钱财都一文不取，天下人都称赞晋王杨广很贤明。裴矩是裴让之的侄儿。

晋王杨广由于贺若弼提前作战，违反军令，拿下贺若弼准备交给刑吏治罪。隋文帝杨坚快马送来诏令，诏命晋王杨广说："平定江表，是依靠贺若弼与韩擒虎的力量。"赏赐给两人许多财物，又赐给贺若弼与韩擒虎诏书，称赞他们的功劳。

开府仪同三司王颁，是王僧辩的儿子。一个晚上，王颁挖开陈高祖的陵墓，烧毁尸骨，取了骨灰放进水里喝下。接着将自己捆绑起来，向晋王杨广认罪。晋王杨广将他的事情上奏隋文帝，隋文帝杨坚诏命宽宥他。又诏命总共安排五户人家，为陈高祖、世祖、高宗的陵墓守墓。

上遣使以陈亡告许善心，善心衰服号哭于西阶之下，藉草东向坐三日，敕书唁焉。明日，有诏就馆，拜通直散骑常侍，赐衣一袭。善心哭尽哀，入房改服，复出，北面立，垂泣，再拜受诏，明日乃朝，伏泣于殿下，悲不能兴。上顾左右曰："我平陈国，唯获此人。既能怀其旧君，即我之诚臣也。"敕以本官直门下省。

【译文】隋文帝杨坚派遣使者将陈朝灭亡的消息告诉陈朝使臣许善心，许善心穿着丧服在西边台阶下放声痛哭，在铺有干草的地上面向东方坐了三日；隋文帝杨坚敕书安慰。第二天，隋文帝杨坚诏命他到客馆，拜为通直散骑常侍，赏赐他一套衣服。许善心哭得十分悲哀，进入房中将丧服脱下，换上赐服，北面站立，哭泣着再拜，接受诏命，到了第二天才上朝，伏在殿下痛哭，伤心得站不起来。隋文帝杨坚回头看着身边的人说："我平定陈朝，只得到了这个人。他既然能够怀念他过去的国君，一定会是我朝忠诚的臣子。"敕令以通直散骑常侍的官职任职门下省。

【乾隆御批】豫让"众人""国士"之言，已为后世易节靦颜者所藉口。善心既伤宗国沦亡，汲汲改服受爵何为者？

【译文】　豫让所谓的"众人""国士"之类的言论，已经成为后世变节羞愧之人的借口。许善心既然为祖国的沦亡而伤心，又匆忙改换朝服接受爵位是为什么呢？

陈水军都督周罗睺与郢州刺史荀法尚守江夏，秦王俊督三十总管水陆十馀万屯汉口，不得进，相持逾月。陈荆州刺史陈慧纪遣南康内史吕忠肃屯岐亭，据巫峡，于北岸凿岩，缀铁锁三条，横截上流以遏隋船，忠肃竭其私财以充军用。杨素、刘仁恩奋兵击之，四十馀战，忠肃守险力争，隋兵死者五千馀人，陈人尽取其鼻以求功赏。既而隋师屡捷，获陈之士卒，三纵之。忠肃弃栅而遁，素徐去其锁；忠肃复据荆门之延洲，素遣巴蜑千人，乘五牙四艘，以拍竿碎其十馀舰，遂大破之，俘甲士二千馀人，忠肃仅以身免。陈信州刺史顾觉屯安蜀城，弃城走。陈慧纪屯公安，悉烧其储蓄，引兵东下，于是巴陵以东无复城守者。陈慧纪帅将士三万人，楼船千馀艘，沿江而下，欲入援建康，为秦王俊所拒，不得前。是时，陈晋熙王叔文罢湘州，还，至巴州，慧纪推叔文为盟主。而叔文已帅巴州刺史毕宝等致书请降于俊，俊遣使迎劳之。会建康平，晋王广命陈叔宝手书招上江诸将，使樊毅诣周罗睺，陈慧纪子正业诣慧纪谕指。时诸城皆解甲，罗睺乃与诸将大临三日，放兵散，然后诣俊降，陈慧纪亦降，上江皆平。杨素下至汉口，与俊会。王世积在蕲口，闻陈已亡，移书告谕江南诸郡，于是江州司马黄偲弃城走，豫章等诸郡太守皆诣世积降。

【译文】陈朝水军都督周罗睺与郢州刺史荀法尚驻守江夏，

秦王杨俊督率三十个总管，水陆军马十多万人，驻守汉口，不能前进，双方相持了一个多月。陈朝荆州刺史陈慧纪派遣南康内史吕忠肃驻守岐亭，占据巫峡，在长江北岸穿凿山岩，连接三条铁锁，横截在上流以阻遏隋朝船只，吕忠肃慷慨地拿出他私人的财物补充军用。杨素、刘仁恩奋勇率军攻击，经过四十多次战斗，吕忠肃据险奋战，隋朝军兵死了五千多人，陈朝人将他们的鼻子都割下来，用来要求记功奖赏。后来隋朝军队多次获胜，俘虏许多陈朝士兵，又多次放走瓦解敌军。最后吕忠肃放弃栅栏逃走，杨素就慢慢地拆除锁链；吕忠肃又扼守荆门的延洲，杨素派遣一千名巴蜀人，乘坐四艘五牙船，用拍竿击碎了十余艘吕忠肃的战船，吕忠肃战败逃走。陈慧纪驻守公安，将他储蓄的粮食全部烧毁，率军向东而下，于是巴陵以东的地方不再有守城的军兵。陈慧纪带领三万名将士，一千多艘楼船，顺江而下，想要前往建康救援，却被秦王杨俊截住，不能前进。此时，陈朝晋熙王陈叔文任职湘州的官职期满回来，抵达巴州，陈慧纪推举陈叔文担任盟主。可是陈叔文已经带领巴州刺史毕宝等人，送信给秦王杨俊请求归降，秦王杨俊派使者前去迎接慰劳。适逢建康平定，晋王杨广便命陈叔宝亲自写信招降长江上游众将，派樊毅前去拜访周罗睺，陈慧纪的儿子陈正业去看望陈慧纪，晓谕旨意。当时各城都解除戒备，周罗睺与众将一同哭了三天，将军队解散，之后向秦王杨俊投降，接着陈慧纪也归降了，长江上游全部平定。杨素来到汉口，与秦王杨俊会合。王世积在蕲口，听闻陈朝已经灭亡，晓谕江南各郡，于是江州司马黄偲弃城逃跑，豫章各郡太守全都向王世积投降。

癸巳，诏遣使者巡抚陈州郡。二月，乙未，废淮南行台省。

苏威奏请五百家置乡正，使治民，简辞讼。李德林以为："本废乡官判事，为其里闾亲识，剖断不平，今令乡正专治五百家，恐为害更甚。且要荒小县，有不至五百家者，岂可使两县共管一乡！"帝不听。丙申，制："五百家为乡，置乡正一人；百家为里，置里长一人。"

陈吴州刺史萧瓛能得物情，陈亡，吴人推瓛为主，右卫大将军武川宇文述帅行军总管元契、张默言等讨之。落丛公燕荣以舟师自东海至，亦受述节度。陈永新侯陈君范自晋陵奔瓛，并军拒述。述军且至，瓛立栅于晋陵城东，留兵拒述，遣其将王褒守吴州，自义兴入太湖，欲掩述后。述进破其栅，回兵击瓛，大破之；又遣兵别道袭吴州，王褒衣道士服弃城走。瓛以馀众保包山，燕荣击破之。瓛将左右数人匿民家，为人所执。述进至奉公埭，陈东扬州刺史萧岩以会稽降，与瓛皆送长安，斩之。

【译文】癸巳日（二十九日），隋文帝杨坚诏令派使者巡视抚慰陈朝州郡。二月，乙未日（初一），废除淮南行台省。

苏威上奏请求五百家设置乡正，让乡正治理百姓，审理讼案。李德林认为："从前废除乡官判事，就是因为住在里闾的都是亲戚或者相识的人，分析判断无法公平，而今下令乡正专门治理五百户百姓，恐怕为害更加厉害。况且偏荒的小县，还有不到五百家的，怎么可以让两个县共同治理一个乡呢？"隋文帝杨坚没有采纳他的意见。丙申日（初二），制令："五百家为乡，设立乡正一人；百家为里，设立里长一人。"

陈朝吴州刺史萧瓛因为深得民心，在陈朝灭亡后，吴地人就推举萧瓛为领袖。右卫大将军武川人宇文述带领行军总管元契、张默言等前去讨伐。此时落丛公燕荣带着水军从东海攻到，陈朝永新侯陈君范自晋陵投奔萧瓛，合兵一处抵抗宇文述。

宇文述军队将要到达时，萧瓛在晋陵城的东边设立栅栏，分派军队抵抗宇文述，又派遣他的将领王褒驻守吴州，从义兴进入太湖，想从背后偷袭宇文述。宇文述进兵击破他的栅栏，掉转兵力进攻萧瓛，将他打得大败；又派军从另外一条路偷袭吴州，王褒穿着道士服装弃城逃跑。萧瓛率领残余兵众保卫包山，燕荣又将他击败。萧瓛带领身边的几个人藏匿在老百姓家里，最终被人抓住。宇文述进军到奉公埭，陈朝东扬州刺史萧岩献出会稽城投降，与萧瓛一同被送到长安处死。

资治通鉴

【乾隆御批】 闾师、党正之法，本与封建井田相表里，世殊代异，古法之大者尚不可行，况欲规仿其末迹乎。乡官判事与州郡中正一辙，其为弊坏非独剖断不平而已，仕宦回避本籍亦势不得不然。初非古今人不相及也。

【译文】 闾师、党正的制度，本来是和封建井田制相为表里的。世道不同、时代变迁，古代一些重大法制都不能实行了，何况还想在一些细枝末节上加以模仿。乡官判事和州郡中正同出一辙，它的弊端和危害不只是处理事情不公正，从官吏要回避在老家为官上也势必不能不这样。起初并非是古今之人不相及的问题。

杨素之下荆门也，遣别将庞晖将兵略地，南至湘州，城中将士，莫有固志，刻日请降。刺史岳阳王叔慎，年十八，置酒会文武僚吏。酒酣，叔慎叹曰："君臣之义，尽于此乎！"长史谢基伏而流涕。湘州助防遂兴侯正理在坐，乃起曰："主辱臣死，诸君独非陈国之臣乎！今天下有难，实致命之秋也。纵其无成，犹见臣节。青门之外，有死不能！今日之机，不可犹豫，后应者斩！"众咸许诺。乃刑牲结盟，仍遣人诈奉降书于庞晖。晖信之，克期而入，叔慎伏甲待之，晖至，执之以徇，并其众皆斩之。叔慎坐于射堂，招合士众，数日之中，得五千人。衡阳太守樊通、武州刺史邬居业皆请举兵助之。隋所除湘州刺史薛胄将兵适至，与行军总管刘仁恩共击之；叔慎遣其将陈正理与樊通拒战，兵败。胄乘胜入城，擒叔慎，仁恩破邬居业于横桥，亦擒之，俱送秦王俊，斩于汉口。

【译文】杨素攻克荆门时，派遣部将庞晖率军攻城略地，向南抵达湘州，城里的将士全无固守的心意。刺史岳阳王陈叔慎，年十八岁，摆设酒宴，会齐文武官吏部属。等到酒喝得有些酣醉时，陈叔慎便叹气说："君臣的道义，到此就完结了吗？"长史谢基伏地哭泣。湘州助防遂兴侯陈正理在座，立即站起来说："人主受辱，臣子效死。诸位难道不是陈朝的臣子吗？现在国家有难，实在是效命的时候；即使不能成功，也能表现人臣的气节。以前秦亡的时候，东陵侯召平还可以在青门外种瓜；现在陈朝灭亡，我们只能效死，不能苟活！今天的时机，不能迟疑不决，最后响应的人立即杀头！"大家都应允了。于是宰杀牲畜歃血，共结盟誓，并派人给庞晖奉上投降书诈降。庞晖相信了他们的话，约好日期要进城，陈叔慎便埋伏甲兵等候他，等庞晖来到时，立刻将他抓起来示众，连同他的部属全都杀了。陈叔慎坐在射堂，招募士众，几天之内，得到五千人。衡阳太守樊通、武州刺史邬居业都请求起兵协助他。隋朝所任命的湘州刺史薛胄率领军队正巧到达，与行军总管刘仁恩一起加以攻击。陈叔慎派他的将军陈正理与樊通一起抵抗，打了败仗。薛胄乘胜攻入城内，擒住陈叔慎，刘仁恩在横桥击败并生擒邬居业，全部送交秦王杨俊，杨俊在汉口将他们杀了。

岭南未有所附，数郡共奉高凉郡太夫人洗氏为主，号圣母，保境拒守。诏遣柱国韦洸等安抚岭外，陈豫章太守徐璒据南康拒之，洸等不得进。晋王广遣陈叔宝遗夫人书，谕以国亡，使之归隋。夫人集首领数千人，尽日恸哭，遣其孙冯魂帅众迎洸。

洸击斩徐璒，入，至广州，说谕岭南诸州皆定；表冯魂为仪同三司，册洗氏为宋康郡夫人。洸，复之子也。

衡州司马任瑰劝都督王勇据岭南，求陈氏子孙，立以为帝；勇不能用，以所部来降，瑰弃官去。瑰，忠之弟子也。

于是，陈国皆平，得州三十，郡一百，县四百，诏建康城邑宫室，并平荡耕垦，更于石头置蒋州。

【译文】 岭南还没有归附，几个城郡共同推举高凉郡太夫人洗氏为领袖，号称圣母，为保全境内而防守抵抗。隋文帝杨坚诏令派遣柱国韦洸等人安抚岭外，而陈朝豫章太守徐璒占据南康抵抗，让韦洸等人无法进兵。晋王杨广命陈叔宝送信给洗氏夫人，告诉她国家已经灭亡，让她归降隋朝。洗氏夫人集合自己领导的数千人，整日痛哭，派了她的孙子冯魂带领部属迎接韦洸。

韦洸击杀徐璒，入城，到达广州，告谕岭南各州全部平定；又上表奏请冯魂为仪同三司，并册封洗氏为宋康郡夫人。韦洸是韦复的儿子。

衡州司马任瑰劝谏都督王勇占据岭南，寻找陈氏子孙，拥立为皇帝。王勇没有采纳他的意见，带领所统领的军队投降，任瑰弃官逃走。任瑰是任忠的侄子。

于是，陈国全部平定，隋朝一共得到三十个州，一百个郡，四百个县。隋文帝杨坚诏令建康的城邑宫室，全部拆毁推平，开垦为耕地，另外在石头城设立蒋州。

资治通鉴

晋王广班师，留王韶镇石头，委以后事。三月，己巳，陈叔宝与其王公百司发建康，诣长安，大小在路，五百里累累不绝。帝命权分长安士民宅以俟之，内外修整，遣使迎劳；陈人至者如归。夏，四月，辛亥，帝幸骊山，亲劳旋师。乙巳，诸军凯入，献俘于太庙，陈叔宝及诸王侯将相并乘舆服御、天文图籍等以次行列，仍以铁骑围之，从晋王广、秦王俊入，列于庙廷。拜广为太尉，赐辂车、乘马、衮冕之服、玄圭、白璧。丙午，帝坐广阳门观，引陈叔宝于前，及太子、诸王二十八人，司空司马消难以下至尚书郎凡二百馀人，帝使纳言宣诏劳之；次使内史令宣诏，责以君臣不能相辅，乃至灭亡。叔宝及其群臣并愧惧伏地，屏息不能对。既而宥之。

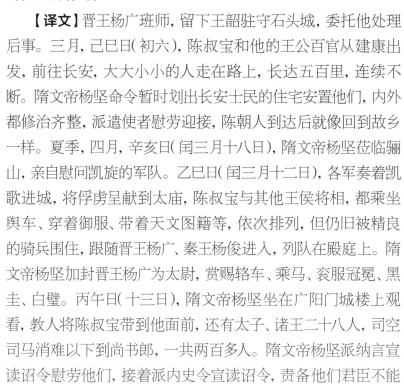

【译文】晋王杨广班师，留下王韶驻守石头城，委托他处理后事。三月，己巳日（初六），陈叔宝和他的王公百官从建康出发，前往长安，大大小小的人走在路上，长达五百里，连续不断。隋文帝杨坚命令暂时划出长安士民的住宅安置他们，内外都修治齐整，派遣使者慰劳迎接，陈朝人到达后就像回到故乡一样。夏季，四月，辛亥日（闰三月十八日），隋文帝杨坚莅临骊山，亲自慰问凯旋的军队。乙巳日（闰三月十二日），各军奏着凯歌进城，将俘虏呈献到太庙，陈叔宝与其他王侯将相，都乘坐舆车、穿着御服、带着天文图籍等，依次排列，但仍旧被精良的骑兵围住，跟随晋王杨广、秦王杨俊进入，列队在殿庭上。隋文帝杨坚加封晋王杨广为太尉，赏赐辂车、乘马、衮服冠冕、黑圭、白璧。丙午日（十三日），隋文帝杨坚坐在广阳门城楼上观看，教人将陈叔宝带到他面前，还有太子、诸王二十八人，司空司马消难以下到尚书郎，一共两百多人。隋文帝杨坚派纳言宣读诏令慰劳他们，接着派内史令宣读诏令，责备他们君臣不能相互辅助，以至于让国家灭亡。陈叔宝与他的群臣都感到惧怕惭愧，伏在地上，屏住呼吸，不能回答。后来，全都被宽赦了。

初，武元帝迎司马消难，与消难结为兄弟，情好甚笃，帝每以叔父礼事之。及平陈，消难至，特免死，配为乐户，二旬而免，犹以旧恩引见；寻卒于家。鲁广达追伤本朝沦覆，得疾不疗，愤慨而卒。

庚戌，帝御广阳门宴将士，自门外夹道列布帛之积，达于南郭，班赐各有差，凡用三百馀万段。故陈之境内，给复十年，馀州免其年租赋。

乐安公元谐进曰：“陛下威德远被，臣前请以突厥可汗为候正，陈叔宝为令史，今可用臣言矣。”帝曰：“朕平陈国，本以除逆，非欲夸诞。公之所奏，殊非朕心。突厥不知山川，何能警候；叔宝昏醉，宁堪驱使！”谐默然而退。

【译文】起初，武元帝杨忠迎接司马消难投降北周，与司马消难结拜为兄弟，感情深厚，隋文帝杨坚常用事奉叔父的礼节事奉他。等到陈朝被平定，司马消难抵达，隋文帝杨坚特别赦免他的死罪，将他分配给乐户，二十天后又免罪，仍旧按照过去的恩情对待他，不久，司马消难死在家里。

庚戌日（闰三月十七日），隋文帝杨坚临幸广阳门，宴请立功将士，从门外两侧陈设堆积的布帛，直到南边的外城，赏赐各有差别，一共用了三百多万匹布帛。原陈朝境内，免除十年的劳役和租赋，其余各州则免除一年租税。

乐安公元谐进谏说：“陛下的威德遍及各地，臣从前请求让突厥可汗担任候正，陈叔宝担任令史，现在可以采用微臣的话了。”隋文帝杨坚说：“朕平定陈朝，原本的目的是要剪除叛逆，不是为了好大喜功。您所上奏的事，实在不符合朕的心意。突厥人不认识山川地图，怎么能够用来警戒防守呢？陈叔宝常常醉酒，怎么能够担任令史呢？"元谐无话可说，退了下去。

辛酉，进杨素爵为越公，以其子玄感为仪同三司，玄奖为清河郡公；赐物万段，粟万石。命贺若弼登御坐，赐物八千段，加位上柱国，进爵宋公。仍各加赐金宝及陈叔宝妹为妾。

贺若弼、韩擒虎争功于帝前。弼曰："臣在蒋山死战，破其锐卒，擒其骁将，震扬威武，遂平陈国；韩擒虎略不交陈，岂臣之比！"擒虎曰："本奉明旨，令臣与弼同时合势以取伪都，弼乃敢先期，逢贼遂战，致令将士伤死甚多。臣以轻骑五百，兵不血刃，直取金陵，降任蛮奴，执陈叔宝，据其府库，倾其巢穴。弼至夕方扣北掖门，臣启关而纳之。斯乃救罪不暇，安得与臣相比！"帝曰："二将俱为上勋。"于是进擒虎位上柱国，赐物八千段。有司劾擒虎放纵士卒，淫污陈宫；坐此不加爵邑。

【译文】辛酉日（闰三月二十七日），隋文帝杨坚进封杨素的爵位为越公，任命他的儿子杨玄感担任仪同三司，杨玄奖担任清河郡公；赏赐绢帛一万匹、粮食一万石。隋文帝杨坚命贺若弼登上御座，赏赐绢帛八千匹，加封为上柱国，进封爵位为宋公。另外又分别加赐金银珍宝，并将陈叔宝的妹妹赐给他为妾。

贺若弼、韩擒虎两人在隋文帝面前相互争功。贺若弼说："臣在蒋山拼命战斗，击败他们精锐的军队，擒获他们骁勇的将领，声震四海，十分威武，终于平定陈朝；韩擒虎很少打仗，哪里能与臣相比呢？"韩擒虎说："原本奉了晋王的旨意，要臣与贺若弼联合力量一起去攻克伪都，贺若弼竟敢先行进兵，遇到贼兵就交战，导致将士死伤很多。臣率领五百名轻骑兵进攻，敌人毫无抵抗，直接攻取金陵，降伏任蛮奴，捉住陈叔宝，占领他们的府库，颠覆他们的巢穴。贺若弼到了晚上才来到北掖门，臣打开关门接纳他，他谢罪都嫌来不及，怎么能与臣相比呢？”隋文帝杨坚说：“两位将领都有上等的功勋。”于是隋文帝杨坚诏令韩擒虎进位为上柱国，赏赐丝帛八千匹。而掌管司法的官吏却弹劾韩擒虎放纵士兵，奸淫陈宫的妇女，因此获罪，不加封爵邑。

加高颎上柱国，进爵齐公，赐物九千段。帝劳之曰："公伐陈后，人言公反，朕已斩之。君臣道合，非青蝇所能间也。"帝从容命颎与贺若弼论平陈事，颎曰："贺若弼先献十策，后于蒋山苦战破贼。臣文吏耳，焉敢与大将论功！"帝大笑，嘉其有让。

帝之伐陈也，使高颎问方略于上仪同三司李德林，以授晋王广；至是，帝赏其功，授柱国，封郡公，赏物三千段。已宣敕讫，或说高颎曰："今归功于李德林，诸将必当愤惋，且后世观公有若虚行。"颎入言之，乃止。

以秦王俊为扬州总管四十四州诸军事，镇广陵。晋王广还并州。

【译文】加封高颎为上柱国，进爵位为齐公，赏赐丝帛九千匹。隋文帝杨坚慰劳他说："您讨平陈朝后，有人诬陷您造反，朕已将那个人杀了。君臣同心，不是谗言所能离间的。"隋文帝杨坚很从容地命令高颎与贺若弼评论平定陈朝的战事。高颎说："贺若弼先是贡献十个计策，后来又在蒋山苦战，击败贼兵。臣只是个文官，怎么敢与大将谈论功劳呢？"隋文帝杨坚大笑，嘉勉他的谦逊风范。

隋文帝杨坚讨伐陈朝时，派高颎向上仪同三司李德林咨询策略，然后授予晋王杨广。这时，隋文帝杨坚奖赏他的功劳，颁授李德林柱国，册封郡公，赏赐丝帛三千匹。就在宣布敕令完毕后，有人告诉高颍说："今天将功劳归给李德林，其他将领必定会气愤怨恨，而且后世的人看来，您好像没有功劳一样。"高颍入朝进言，这件事才作罢。

隋文帝杨坚任命秦王杨俊担任扬州总管四十四州诸军事，镇守广陵。晋王杨广回到并州。

晋王广之戮陈五佞也，未知都官尚书孔范、散骑常侍王瑳、王仪、御史中丞沈瓘之罪，故得免；及至长安，事并露，乙未，帝暴其过恶，投之边裔，以谢吴、越之人。瑳刻薄贪鄙，忌害才能；仪颂巧侧媚，献二女以求亲昵；瓘险惨苛酷，发言邪诐，故同罪焉。

帝给赐陈叔宝甚厚，数得引见，班同三品；每预宴，恐致伤心，为不奏吴音。后监守者奏言："叔宝云，'既无秩位，每预朝集，愿得一官号。'"帝曰："叔宝全无心肝！"监者又言："叔宝常醉，罕有醒时。"帝问："饮酒几何？"对曰："与其子弟日饮一石。"帝大惊，使节其酒，既而曰："任其性；不尔，何以过日！"帝以陈氏子弟既多，恐其在京城为非，乃分置边州，给田业使为生，岁时赐衣服以安全之。

【译文】晋王杨广处死陈朝五个佞臣（指施文庆、沈客卿、阳慧朗、徐析、暨慧景）的时候，还不知晓都官尚书孔范、散骑常侍王瑳与王仪、御史中丞沈瓘的罪过，因而这些人能免于一死。等到了长安，事情被揭露出来，乙未日（闰三月初二），隋文帝杨坚宣布他们的过恶，将他们流放边区，以向吴、越百姓谢罪。王瑳为人刻薄、贪婪悭吝，常猜疑陷害有才能的人；王仪极尽邪恶佞媚，奉献两个女儿以求能亲近君王；沈瓘为人阴险，残忍苛刻，讲话十分偏邪谄媚，因而判处同样的罪刑。

隋文帝杨坚赏赐陈叔宝非常丰厚，好几次接见他，班位与三品官相同；每次让他参加宴会，怕他伤心，因而不演奏吴地的音乐。后来监守他的人上奏说："陈叔宝说：'已经没有品秩爵位，却每次要参与朝廷的集会，希望能够得到一个官号。'"隋文帝杨坚说："陈叔宝一点心肝也没有！"监守的人又说："陈叔宝经常喝醉，很少有清醒的时候。"隋文帝杨坚说："他的酒量怎么样呢？"回答说："与他的子弟一天喝一石酒。"隋文帝杨坚大为惊讶，叫人节制他的酒量。不久又说："让他随心所欲吧！不然，他怎么过日子呢？"隋文帝杨坚因为陈氏子弟很多，担心他们在京城做坏事，于是分别将他们安置到边州，给他们田产作为生计，年节与四时都赏赐衣服来安定他们的生活。

【申涵煜评】后主既到长安，与子弟日饮一石，罕有醒时，大是解人不能作天子，而善作降人，是又一安乐公。隋主曰：不尔何以过日，知心哉。又曰：全无心肝。若有心肝人，安肯至此。

【译文】陈后主陈叔宝既到长安，和子弟每天饮酒一石，很少有清醒的时候，大概是不能做天子，而善做投降之人，这是又一个安乐公（指刘禅）。隋文帝说：不这样又如何度日，实在是知心啊！又说：陈叔宝全无心肝。如果有心肝的人，怎么肯到这个地步。

诏以陈尚书令江总为上开府仪同三司，仆射袁宪、骠骑萧摩诃、领军任忠皆为开府仪同三司，吏部尚书吴兴姚察为秘书丞。上嘉袁宪雅操，下诏，以为江表称首，授昌州刺史。闻陈散骑常侍袁元友数直言于陈叔宝，擢拜主爵侍郎。谓群臣曰："平陈之初，我悔不杀任蛮奴。受人荣禄，兼当重寄，不能横尸徇国，乃云无所用力，与弘演纳肝何其远也！"

帝见周罗睺，慰谕之，许以富贵。罗睺垂泣对曰："臣荷陈氏厚遇，本朝沦亡，无节可纪。得免于死，陛下之赐也，何富贵之敢望！"贺若弼谓罗睺曰："闻公郢、汉捉兵，即知扬州可得。王师利涉，果如所量。"罗睺曰："若得与公周旋，胜负未可知也。"顷之，拜上仪同三司。先是，陈禅将羊翔来降，伐陈之役，使为向导，位至上开府仪同三司，班在罗睺上。韩擒虎于朝堂戏之曰："不知机变，乃立在羊翔之下，能无愧乎！"罗睺曰："昔在江南，久承令问，谓公天下节士；今日所言，殊非所望。"擒虎有愧色。

【译文】隋文帝杨坚诏令任命陈朝尚书令江总担任上开府仪同三司，仆射袁宪、骠骑萧摩诃、领军任忠都担任开府仪同三司，吏部尚书吴兴人姚察担任秘书丞。隋文帝杨坚嘉许袁宪操守雅正，下诏令赞赏他是江表最有称誉的人，授为昌州刺史。又听说陈朝散骑常侍袁元友多次向陈叔宝直谏，将他提升为主爵侍郎。并且告诉群臣说："平定陈朝初期，我后悔没有处死任蛮奴。他接受别人的荣禄，同时担当重要的职务，不能横尸疆场，以死殉国，却说没有办法卖力，这与剖腹纳肝为卫懿公殉死的弘演相差多么远！"

隋文帝杨坚接见周罗睺，安慰劝勉他，答应给他富贵。周罗睺哭着回复说："臣承受陈氏丰厚的待遇，原来的朝廷已经灭亡，没有节操可述。能够免掉死罪，是陛下的恩宠，臣怎么还敢奢求富贵呢？"贺若弼告诉周罗睺说："听闻你在郢、汉掌握兵权，就知晓扬州可以取得。隋朝军队可以顺利渡江，果真如预料的一样。"周罗睺说："假如能够与您作战，胜败还不知晓呢！"不久，周罗睺被拜封为上仪同三司。起初，陈朝将军羊翔前来投降，在讨伐陈朝的战役里，派他担任向导，平陈后，羊翔位居上开府仪同三司，班秩位于周罗睺之上。韩擒虎在朝堂上取笑他说："不知晓应机变化，现在站在羊翔的下位，能不羞愧吗?"周罗睺说："以前在江南，久闻您的美誉，认为您是天下的节士，今天听您所说的话，实在不是我所预想到的。"韩擒虎露出羞愧的脸色。

资治通鉴

帝之责陈君臣也，陈叔文独欣然有得色。既而复上表自陈："昔在巴州，已先送款，乞知此情，望异常例!"帝虽嫌其不忠，而欲怀柔江表，乃授叔文开府仪同三司，拜宜州刺史。

初，陈散骑常侍韦鼎聘于周，遇帝而异之，谓帝曰："公当贵，贵则天下一家，岁一周天，老夫当委质于公。"及至德之初，鼎为大府卿，尽卖田宅，大匠卿毛彪问其故，鼎曰："江东王气，尽于此矣! 吾与尔当葬长安。"及陈平，上召鼎为上仪同三司。鼎，叡之孙也。

壬戌，诏曰："今率土大同，含生遂性；太平之法，方可流行。凡我臣民，澡身浴德，家家自修，人人克念。兵可立威，不可不戢，刑可助化，不可专行。禁卫九重之馀，镇守四方之外，戎旅军器，皆宜停罢。世路既夷，群方无事，武力之子，俱可学经；民间甲仗，悉皆除毁。颁告天下，咸悉此意。"

【译文】隋文帝杨坚责备陈朝君臣时，陈叔文却欣然而有得意的脸色。后来又上表自己陈述："以前在巴州，已经先于别人投降，乞请陛下能念及这件事，而有与别人不同的封赏。"隋文帝杨坚虽然嫌他不忠，但是想要怀柔江表，于是授予陈叔文开府仪同三司，拜授宜州刺史。

起初，陈朝散骑常侍韦鼎来到周朝聘问，遇见隋文帝杨坚，觉得他不平凡，就告诉隋文帝杨坚说："您应该会大贵，您大贵的时候，则天下统一，岁星周天，老夫将会委身投靠您。"等到至德初年，韦鼎担任太府卿，将田宅全部卖了，大匠卿毛彪问他什么缘故，韦鼎说："江东的王气，到此完结了！我与你将会葬在长安。"等到陈朝平定，隋文帝杨坚召命韦鼎担任上仪同三司。韦鼎是韦叡的孙子。

壬戌日（闰三月二十九日），隋文帝杨坚下诏说："现在海内已经统一，一切都能顺性生长，太平的法令，正可实行。所有臣民，要浸润在道德之中，家家都要修养自身，人人都要克制私欲。武力能够树立威严，但是不能不停止；刑罚能够帮助教化，但是不可以专靠法律。九重之外的禁卫，镇守四方的边区，军旅武器，都要予以禁止。天下安定，各方无事，习武的子女，都要去学习经书。民间的武器，全部销毁。公告天下百姓，都要遵奉这个意思。"

贺若弼撰其所画策上之，谓为《御授平陈七策》。帝弗省，曰："公欲发扬我名，我不求名；公宜自载家传。"弼位望隆重，兄弟并封郡公，为刺史、列将，家之珍玩，不可胜计，婢妾曳罗绮者数百，时人荣之。其后突厥来朝，上谓之曰："汝闻江南有陈国天子乎？"对曰："闻之。"上命左右引突厥诣韩擒虎前曰："此是执得陈国天子者。"擒虎厉色顾之，突厥惶恐，不敢仰视。

左卫将军庞晃等短高颎于上，上怒，皆黜之，亲礼逾密。因谓颎曰："独孤公，犹镜也，每被磨莹，皎然益明。"初，颎父宾为独孤信僚佐，赐姓独孤氏，故上常呼为独孤而不名。

乐安公元谐，性豪侠，有气调。少与上同学，甚相爱，及即位，累历显仕。谐好排诋，不能取媚左右。与上柱国王谊善，谊诛，上稍疏忌之。或告谐与从父弟上开府仪同三司滂、临泽侯田鸾、上仪同三司祁绪等谋反，下有司案验，奏："谐谋令祁绪勒党项兵断巴、蜀。又，谐尝与滂同谒上，谐私谓滂曰：'我是主人，殿上者贼也。'因令滂望气，滂曰：'彼云似蹲狗走鹿，不如我辈有福德云。'"上大怒，谐、滂、鸾、绪并伏诛。

【译文】贺若弼撰写他所谋划的策略，呈给隋文帝杨坚，称为《御授平陈七策》。隋文帝杨坚不加省视，说："你想要称颂我的名声，可我却不追求声名；你应当记载在所修的家传里。"贺若弼的地位名望都很尊崇，他的兄弟全部加封郡公，担任刺史、将领，家里的珍宝古玩，多得无法计算，婢妾身穿丝罗的有几百名，当时的人都认为他十分荣耀。后来，突厥人前来朝贡，隋文帝杨坚告诉他说："你听闻江南有陈国天子吗?"回答说："听闻过。"隋文帝杨坚命令身边的人带领突厥人到韩擒虎面前说："他是捉到陈国天子的人。"韩擒虎用十分严肃的脸色看他，突厥人特别惶恐，不敢抬头仰视。

左卫将军庞晃等人在隋文帝杨坚面前说高颎的坏话，隋文帝十分生气，罢免了他们的官职，亲近并礼遇高颎更加密切。并且告诉高颎说："独孤公好比一面镜子，每次被擦拭光洁，就更加明亮。"起初，高颎的父亲高宾担任独孤信的部属，赐姓为独孤氏，因此隋文帝杨坚常称呼他为独孤公，而不称呼他的名字。

乐安公元谐，性情非常豪放，讲侠义，有气韵，年少时与隋文帝杨坚同学，彼此特别友爱，等到隋文帝杨坚即位，多次升任显要职位。元谐喜欢诋毁排斥别人，不能得到君王身边人的欢心。与上柱国王谊十分友善，王谊被杀，隋文帝杨坚对他逐渐疏远猜忌。后来有人控告元谐与他的堂弟上开府仪同三司元滂、临泽侯田鸾、上仪同三司祁绪等人密谋造反，于是被交付司法官员审理，上奏："元谐阴谋命令祁绪统领党项的兵士阻断巴、蜀。同时，元谐曾与元滂一起晋谒皇帝，元谐私底下告诉元滂说：'我是主人，在朝堂上的是贼。'因而叫元滂观望气象。元滂说：'君王的云气像狗在蹲着、鹿在走着，不如我们有着福德的云气。'"隋文帝杨坚大怒，元谐、元滂、田鸾、祁绪全部被处死。

闰月，己卯，以吏部尚书苏威为右仆射。六月，乙丑，以荆州总管杨素为纳言。

朝野皆请封禅，秋，七月，丙午，诏曰："岂可命一将军除一小国，遐迩注意，便谓太平。以薄德而封名山，用虚言而干上帝，非朕攸闻。而今以后，言及封禅，宜即禁绝。"

左卫大将军广平王雄，贵宠特盛，与高颎、虞庆则、苏威称为四贵。雄宽容下士，朝野倾属，上恶其得众，阴忌之，不欲其典兵马；八月，壬戌，以雄为司空，实夺之权。雄既无职务，乃杜门不通宾客。

【译文】闰月，己卯日（四月十七日），任命吏部尚书苏威担任右仆射。六月，乙丑日（初四），任命荆州总管杨素担任纳言。

朝廷上下都说应当封禅泰山。秋季，七月，丙午日（十五日），隋文帝杨坚下诏令说："怎么能够因为我朝派遣了一个将军灭掉了一个小国，引起远近的人都注意，就说天下已经太平了呢？凭借我微薄的德业，而封禅名山，用虚假的言辞干求上帝，这是朕没有听说过的。从今而后，关于封禅的事情，应当禁止再谈。"

左卫大将军广平王杨雄，最为显贵荣宠，与高颎、虞庆则、苏威称为四显贵。杨雄为人宽宏，能礼贤下士，朝野上下都倾服他。隋文帝杨坚嫌厌他深得人心，暗中猜忌他，不想让他掌管兵马。八月，壬戌日（初三），任命杨雄担任司空，实际上是剥夺他的职权。杨雄既然没有职务，自此闭门不与宾客来往。

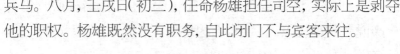

帝践阼之初，柱国沛公郑译请修正雅乐，诏太常卿牛弘、国子祭酒辛彦之、博士何妥等议之，积年不决。译言："古乐十二律，旋相为宫，各用七声，世莫能通。"译因龟兹人苏祗婆善琵琶，始得其法，推演为十二均、八十四调，以校太乐所奏，例皆乖越。译又于七音之外更立一声，谓之应声，作书宣示朝廷。与邳公世子苏夔议累黍定律。

时人以音律久无通者，非译、夔一朝可定。帝素不悦学，而牛弘不精音律，何妥自耻宿儒反不逮译等，常欲沮坏其事，乃立议，非十二律旋相为宫及七调，竞为异议，各立朋党；或欲令各造乐，待成，择其善者而从之。妥恐乐成善恶易见，乃请帝张乐试之，先白帝去："黄钟象人君之德。"及奏黄钟之调，帝曰："滔滔和雅，甚与我心会。"妥因奏止用黄钟一宫，不假馀律。帝悦，从之。

【译文】隋文帝杨坚刚刚登上尊位时，柱国沛公郑译请求修订雅乐，诏令太常卿牛弘、国子祭酒辛彦之、博士何妥等人商议此事，过了一年还不能决定。郑译说："古代音乐有十二律，转相为宫，各用七个声，世人没有能够通晓的。"郑译因为龟兹人苏祗婆善弹琵琶，才知晓它的方法，推演为十二均、八十四调，来校订太乐所演奏的音乐，发现大多乖违不正。郑译又在七音以外，另立一个声，称为应声，写成文字在朝堂宣示。并与邳公世子苏夔商议累黍定律。

当时的人认为音律长期无人通晓，不是郑译、苏夔一时所能决定的。隋文帝杨坚平日既不喜欢学问，而牛弘也不精通音律，何妥又自愧自己是有名的儒者反而不如郑译等人，经常想要阻挠破坏他修订雅乐的事，于是提出建议，反对十二律转相为宫和七调，相互争着提出不同意见，各自有同党的人。有人提出让各派各自制造乐谱，等完工时，挑选好的来使用。何妥担心乐谱完成，好坏容易区别出来，于是请求隋文帝杨坚设乐试验，并先告诉隋文帝说："黄钟好比人君的德业。"等到演奏黄钟的乐调，隋文帝杨坚说："流畅不绝，雅致和顺，与我的心意十分契合。"因而何妥奏请只用黄钟一宫，不用其他的律。隋文帝杨坚十分高兴，采纳了他的意见。

时又有乐工万宝常，妙达钟律。译等为黄钟调成，奏之，帝召问宝常，宝常曰："此亡国之音也。"帝不悦。宝常请以水尺为律，以调乐器，上从之。宝常造诸乐器，其声率下郑译调二律，损益乐器，不可胜纪。其声雅淡，不为时人所好，太常善声者多排毁之。苏夔尤忌宝常，夔父威方用事，凡言乐者皆附之而短宝常，宝常乐竟为威所抑，寝不行。

及平陈，获宋、齐旧乐器，并江左乐工，帝令廷奏之，叹曰："此华夏正声也。"乃调五音为五夏、二舞、登歌、房内等十四调，宾祭用之。仍诏太常置清商署以掌之。

时天下既壹，异代器物，皆集乐府。牛弘奏："中国旧音多在江左，前克荆州得梁乐，今平蒋州又得陈乐，史传相承以为合古，请加修缉以备雅乐。其后魏之乐及后周所用，杂有边裔之声，皆不可用，请悉停之。"冬，十二月，甲子，诏弘与许善心、姚察及通直郎虞世基参定雅乐。世基，荔之子也。

【译文】当时又有乐工万宝常，通达钟律。郑译等人制作黄钟调完成时，加以演奏，隋文帝杨坚便召万宝常来问，万宝常说:"这是亡国的音乐。"隋文帝杨坚十分不高兴。万宝常请求以水尺为律,来调正乐器,隋文帝杨坚采纳他的意见。万宝常制造各种乐器,声音大多比郑译的调低二律,他对乐器的增损改进,无法详述。这些乐器的声音雅淡,不被当时的人所喜欢,太常中通晓声律的多加以排斥诋毁。苏夔十分猜忌万宝常,苏夔的父亲苏威正当专权,因此凡是谈乐律的都是附和他而批评万宝常,万宝常的乐谱最后被苏威所压制,始终不能通行。

等到讨平陈朝,缴获宋、齐旧时的乐器,以及江左的乐工,隋文帝杨坚便命令在廷上演奏,叹息说:"这真是中华的正声啊!"于是调整五音为五夏、二舞、登歌、房内等十四调,宴会祭祀的时候都加以采用。便诏令在太常寺设立清商署负责掌管。

当时天下已经统一,历代的乐器用品,都集中在乐府。牛弘上奏:"中国古老的音乐都保存在江左,以前攻克荆州,得到梁朝的音乐,现在讨平蒋州,又得到陈朝的音乐,史籍书传相承,都认为合于古乐。请求加以编辑整理,来充实雅乐。至于后魏的音乐以及后周所使用的,夹杂有边塞的声律,都不能使用,请求一律停用。"冬季,十二月,诏令牛弘和许善心、姚察以及通直郎虞世基参酌制作雅乐。虞世基是虞荔的儿子。

【乾隆御批】 十二律旋相为宫乃钟吕自然之理,未闻专用一宫可以备大成者。何妥本不精乐律,只思沮抑译夔,希旨巧合以饰其短。然隋文躬为悖逆,亟亟正雅乐,不亦诬世且自诬乎!

【译文】 十二律回旋为宫是钟吕的自然规律,没听说只用一宫就可以完成大成之乐的。何妥本来不精通乐律。只是一心想打压郑译和苏夔,迎合圣意利用偶尔出现的巧合来掩饰自己的短处。然而隋文帝自身就违背正道,急切地订正雅乐,不是自欺欺人吗?

【申涵煜评】宝常精于音律，能于四海全盛时，知天下不久而无救，于饿死乃尽焚其书。彼苏夔以纨绔儿，俨然受知音之赏，岂非世事宜假不宜真，自古然耶。

【译文】万宝常精于音律，能在四海全盛时期，知道天下不久而没法救治，于是饿死，烧掉了所有的书。那苏夔以一个纨绔之儿，庄重地接受知音的奖赏，这难道不是世事宜假不宜真，自古以来就是如此吗？

己巳，以黄州总管周法尚为永州总管，安集岭南，给黄州兵三千五百人为帐内，陈桂州刺史钱季卿等皆诣法尚降。定州刺史吕子廓，据山洞，不受命，法尚击斩之。

以驾部侍郎狄道辛公义为岷州刺史。岷州俗畏疫，一人病疫，阖家避之，病者多死。公义命皆舆置己之听事，暑月，病人或至数百，听廊皆满，公义设榻，昼夜处其间，以秩禄具医药，身自省问。病者既愈，乃召其亲戚谕之曰："死生有命，岂能相染！若相染者，吾死久矣。"皆惭谢而去。其后人有病者，争就使君，其家亲戚固留养之，始相慈爱，风俗遂变。后迁并州刺史，下车，先至狱中露坐，亲自验问。十馀日间，决遣咸尽，方还听事受领新讼。事皆立决；若有未尽，必须禁者，公义即宿听事，终不还阁。或谏曰："公事有程，使君何自苦！"公义曰："刺史无德，不能使民无讼，岂可禁人在狱而安寝于家乎！"罪人闻之，咸自款服。后有讼者，乡间父老遽晓之曰："此小事，何忍勤劳使君！"讼者多两让而止。

【译文】己巳日(初九)，隋文帝杨坚任命黄州总管周法尚担任永州总管，以平定安抚岭南，拨给他黄州兵三千五百人，陈朝桂州刺史钱季卿等人全都向周法尚投降。定州刺史吕子廓据守山洞，不接受诏令，周法尚便前往讨伐，将他杀了。

隋文帝杨坚任命驾部侍郎狄道人辛公义担任岷州刺史。岷州习俗，害怕瘟疫，只要有一个人染上瘟疫，全家人都躲开，因此生病的人大都死亡。辛公义特意命人将病人用车舆安放在自己办公的地方，因为正值暑热的月份，病人多达数百人，将办公地方的走廊都挤满了。辛公义设置卧榻，日夜守护在那里，拿自己的俸禄购买医药，亲自探问病情。病人痊愈以后，便召集他们的亲属，告诉他们说："一个人的死生是有命数的，怎么会相互感染疾病呢？假如会相互感染，我早就死了。"病人的亲属全都羞愧地道谢回去。后来有生病的人，争着要前去刺史那里，他们的亲戚都坚持让他们留下休养，人们这才开始互相慈爱，风俗因而改变。后来辛公义升迁为牟州刺史，到任时，先到牢狱露天坐下，亲自审问他们的罪行。十几天内，把囚犯全部判决遣放完毕，这才回到州衙厅堂，接受新的讼案。案件都立刻决断，倘若有还没审完，必须要囚禁的，辛公义就在办公的地方留宿，整天不回居所。有人劝告他说："公事有一定的规程，刺史何必如此自苦呢？"辛公义说："刺史没有德业，不能让人民没有争讼，怎么能够将人囚禁在牢狱，而自己在家中安心地睡觉呢？"囚犯听后，都由衷地诚服。后来有争讼的，乡里的父老立刻晓谕他们说："这是小事，怎么忍心烦劳刺史呢！"争讼的人都相互退让作罢。

【乾隆御批】转移薄俗，不实政是图，而置榻厅廊与病民杂处，刺史尚可为乎？其去惠不知政者又不知霄壤几何。腐儒无识，艳为盛事，与扣盦扣盘何异？

资治通鉴

【译文】 改变不良风俗，辛公义不是做好实际政务，而是安置床榻在厅廊之上与病民杂处，还能做刺史吗？这与仁惠却不懂治理政事的人又不知如天壤之别一样相差几何。那些迂腐的儒生们没有见识，还把它当盛事来夸耀，这和扣盘扪龠的不得要领有什么不同？

开皇十年(庚戌，公元五九〇年)春，正月，乙未，以皇孙昭为河南王，楷为华阳王。昭，广之子也。

二月，庚申上幸晋阳，命高颎居守。夏，四月，辛酉，至自晋阳。

成安文子李德林，恃其才望，论议好胜，同列多疾之；由是以佐命无功，十年不徙级。德林数与苏威异议，高颎常助威，奏德林狠戾，上多从威议。上赐德林庄店，使自择之，德林请逆人高阿那肱卫国县市店，上许之。及幸晋阳，店人诉称高氏强夺民田，于内造店赁之。苏威因奏德林诬罔，妄奏自入，司农卿李圆通等复助之曰："此店收利如食千户，请计日追赃。"上自是益恶之。虞庆则等奉使关东巡省，还，皆奏称"乡正专理辞讼，党与爱憎，公行货贿，不便于民。"上令废之。德林曰："兹事臣本以为不可，然置来始尔，复即停废，政令不一，朝成暮毁，深非帝王设法之义。臣望陛下自今群臣于律令辄欲改张，即以军法从事；不然者，纷纭未已。"上遂发怒，大诟云："尔欲以我为王莽邪！"先是，德林称父为太尉谘议以取赠官，给事黄门侍郎猗氏陈茂等密奏："德林父终于校书，妄称谘议。"上甚衔之。至是，上因数之曰："公为内史，典朕机密，比不可豫计议者，以公不弘耳，宁自知乎！又罔冒取店，妄加父官，朕实忿之，而未能发，今当以一州相遣耳。"因出为湖州刺史。德林拜谢曰："臣不敢复望内史令，请但预散参。"上不许，迁怀州刺史而卒。

【译文】开皇十年(庚戌，公元 590 年)春季，正月，乙未日(初七)，隋文帝杨坚加封皇孙杨昭为河南王，杨楷为华阳王。杨昭是杨广的儿子。

二月，隋文帝杨坚莅临晋阳，命令高颎留下防守。夏季，四月，辛酉日(初四)，隋文帝杨坚从晋阳回来。

成安文子李德林，倚仗他的声望才能，喜欢在议论中争胜，同官大多嫉恨他。因此，他虽有辅佐王命的首功，却十年都没有升迁。李德林多次与苏威有不同的议论，高颎经常帮助苏威，上奏李德林暴戾贪狠，隋文帝杨坚多听从苏威的言论。隋文帝杨坚赏赐李德林店舍或庄园，让他自己选择，李德林请求得到叛逆的人高阿那肱在卫国县的市店，隋文帝同意了。等到隋文帝杨坚莅临晋阳，店舍的人控诉说高氏强夺百姓的田地，在里面建造店舍出租营利。苏威趁机上奏李德林欺君，妄奏民田是高阿那肱的市店，来让田地归于自己；司农卿李圆通等人又帮着苏威说话，说："这些店舍的获利如同享有千户的租税，请求计算时日，将所收取的租金追回。"隋文帝杨坚因此更加讨厌他。虞庆则等人奉派前往关东巡视，返回的时候都奏称："乡正专理讼案，偏袒亲友，爱憎不公，公然索要贿赂，不利于民。"隋文帝杨坚遂命令废除。李德林说："这件事情，臣本来就认为不好，只是设置才不久，又马上废止，政令无法划一，早上才发布的命令，晚上就更改，这实在不是帝王设置法令的正道。臣期望陛下从现在开始，凡是群臣对于律令有要求更改的，就全部用军法来处置他，不然的话，纷乱是不会停止的。"隋文帝杨坚十分生气，大骂他说："你是要我做王莽吗?"起初，李德林说他的父亲是太尉谘议，想以此取得赠官，给事黄门侍郎猗氏陈茂等人暗地上奏："李德林的父亲最后是担任校书，欺骗您说是谄议。"隋文帝杨坚非常衔恨，便责备他说："你是内史，掌管朕的机密，近来不让你参加计议，是因为你的气度不够恢弘，你有自知之明吗? 同时你又犯欺君之罪，索人店舍，并妄加父亲的官职，朕实在特别气愤，而不能发泄，现在要遣斥你出任州府。"因此李德林出调为湖州刺史。李德林拜谢说："臣不敢再期望做内史令，只请求做没有实权而能参与朝省的散官。"隋文帝杨坚不答应，李德林迁调怀州刺史后死去。

　　李圆通，本上微时家奴，有器干; 及为隋公，以圆通及陈茂为参佐，由是信任之。梁国之废也，上以梁太府卿柳庄为给事黄门侍郎。庄有识度，博学，善辞令，明习典故，雅达政事，上及高颎、苏威皆重之。与陈茂同僚，不能降意，茂潜之于上，上稍疏之，出为饶州刺史。

　　上性猜忌，不悦学，既任智以获大位，因以文法自矜，明察临下，恒令左右觇视内外，有过失则加以重罪。又患令史赃污，私使人以钱帛遗之，得犯立斩。每于殿庭棰人，一日之中，或至数四; 尝怒问事挥楚不甚，即命斩之。尚书左仆射高颎、治书侍御史柳或等谏，以为"朝堂非杀人之所，殿廷非决罚之地"。上不纳。颎等乃尽诣朝堂请罪，上顾谓领左右都督田元曰："吾杖重乎?"元曰："重。"帝问其状，元举手曰："陛下杖大如指，棰人三十者，比常杖数百，故多死。"上不怿，乃令殿内去杖，欲有决罚，各付所由。后楚州行参军李君才上言："上宠高颎过甚。"上大怒，命杖之，而殿内无杖，遂以马鞭棰杀之，自是殿内复置杖。未几，怒甚，又于殿廷杀人; 兵部侍郎冯基固谏，上不从，竟于殿廷杀之。上亦寻悔，宣慰冯基，而怒群臣之不谏者。

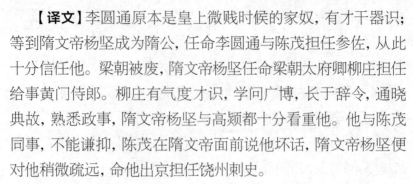

【译文】李圆通原本是皇上微贱时候的家奴，有才干器识；等到隋文帝杨坚成为隋公，任命李圆通与陈茂担任参佐，从此十分信任他。梁朝被废，隋文帝杨坚任命梁朝太府卿柳庄担任给事黄门侍郎。柳庄有气度才识，学问广博，长于辞令，通晓典故，熟悉政事，隋文帝杨坚与高颎都十分看重他。他与陈茂同事，不能谦抑，陈茂在隋文帝面前说他坏话，隋文帝杨坚便对他稍微疏远，命他出京担任饶州刺史。

隋文帝杨坚性好猜忌，不喜好学术，因为任用有才智的人而获得尊位，所以以刑法自持，察治属下，经常命令身边的人窥伺朝廷内外，只要有人犯了过错，就判处重罪。又担心令史贪赃枉法，私下派人拿金钱丝帛赠给他们，如若收受财物的立即斩杀。经常在殿庭上捶打人，一天之内，有时发生好几次；曾经因为恼怒行杖的人挥动荆楚不用力，就下令将他杀了。尚书左仆射高颎、治书侍御史柳彧等人进谏，认为"朝堂不是杀人的场所，殿庭不是刑罚的地方"。隋文帝杨坚不予采纳。高颎等人因而全部到朝堂请罪，隋文帝杨坚回头看着领左右都督田元说："我刑杖太重了吗?"田元回答："太重了。"隋文帝杨坚问他情状，田元举起手说："陛下的木杖粗如手指，捶打人三十下，等同一般木杖的几百下，因而很多人被打死。"隋文帝杨坚很不高兴，下令殿堂内去除刑杖，判决惩罚，分别交给掌管的人去处置。后来楚州行参军李君才上奏说："陛下宠幸高颎太过分了。"隋文帝杨坚看了十分生气，命令对他施以刑杖，可是殿堂内没有荆楚，于是用马鞭将他打死了。从此殿堂内又设置荆楚。没过多久，因为非常生气，隋文帝又在殿庭杀人；兵部侍郎冯基坚持进谏，隋文帝杨坚不听从，最终在殿庭将人杀死了。隋文帝不久又后悔，安抚冯基，而气恨群臣中竟没有一个肯劝谏的人。

五月，乙未，诏曰："魏末丧乱，军人权置坊府，南征北伐，居处无定，家无完堵，地罕包桑，朕甚愍之。凡是军人，可悉属州县，垦田、籍帐，一与民同。军府统领，宜依旧式。罢山东、河南及北方缘边之地新置军府。"

六月，辛酉，制民年五十免役收庸。

秋，七月，癸卯，以纳言杨素为内史令。

冬，十一月，辛丑，上祀南郊。

【译文】五月，乙未日（初九），隋文帝杨坚下诏说："魏朝末年动乱时，军人暂时设立坊府，南征北讨，没有固定的居所，家里没有完好的墙垣，地上少有高大的桑树，朕非常同情。凡是军人，可以让他们全都隶属州县，开辟田地、田籍账簿全部与人民相同。军府的统领，应当依照旧有的规制。撤销山东、河南及北方沿边界之地新设立的军府。"

六月，辛酉日（初五），制令百姓年满五十岁可免除征役，并收取劳役的代金。

秋季，七月，癸卯日（十八日），隋文帝杨坚任命纳言杨素担任内史令。

冬季，十一月，辛丑日（十七日），隋文帝杨坚在南郊祭天。

江表自东晋已来，刑法疏缓，世族陵驾寒门；平陈之后，牧民者尽更变之。苏威复作《五教》，使民无长幼悉诵之，士民嗟怨。民间复讹言隋欲徙之入关，远近惊骇。于是，婺州汪文进、越州高智慧、苏州沈玄憎皆举兵反，自称天子，署置百官。乐安蔡道人、蒋山李凌、饶州吴世华、温州沈孝彻、泉州王国庆、杭州杨宝英、交州李春等皆自称大都督，攻陷州县。陈之故境，大抵皆反，大者有众数万，小者数千，共相影响。执县令，或抽其肠，或脔其肉食之，曰："更能使侬诵《五教》邪！"诏以杨素为行军总管以讨之。

素将济江，使始兴麦铁杖戴束藁，夜，浮渡江觇贼，还而复往，为贼所擒，遣兵仗三十人防之。铁杖取贼刀，乱斩防者，杀之皆尽，割其鼻，怀之以归；素大奇之，奏授仪同三司。

【译文】江南从东晋以来，刑法弛缓疏阔，世家大姓欺凌寒微的平民；隋文帝杨坚平定陈朝以后，刺史、郡守、县令全部更换。苏威又作了《五教》，命百姓不管长幼都要背诵，士民都怨恨嗟叹。民间又谣言隋朝要将他们迁徙入关，远近的人都骇怕惊恐。因而婺州的汪文进、越州的高智慧、苏州的沈玄懀都举兵造反，自称天子，设立百官。乐安的蔡道人、蒋山的李凌、饶州的吴世华、温州的沈孝彻、泉州的王国庆、杭州的杨宝英、交州的李春等人都自封为大都督，攻克许多州县。陈朝的旧有领地，大部分都造反了，力量大的有几万人，力量小的有数千人，相互影响。捉住县令，有的拽出他们的肠子，有的将他们的肉切成块来吃，说："你还能让我们背诵《五教》吗？"隋文帝杨坚诏令让杨素担任行军总管去征讨他们。

杨素将要渡江，派遣始兴人麦铁杖顶着一束藁草，趁着夜晚，浮水渡过长江，去窥伺贼兵动静，回来以后又去侦查，最终被贼兵擒住，一共派三十人拿着武器防守他。麦铁杖伺机夺下贼匪的刀，乱斩防守他的人，将他们全杀光了，割下他们的鼻子带回来。杨素非常惊奇，奏报授予麦铁杖仪同三司的官职。

素帅舟师自杨子津入，击贼帅朱莫问于京口，破之。进击晋陵贼帅顾世兴、无锡贼帅叶略，皆平之。沈玄憺败走，素追擒之。高智慧据浙江东岸为营，周亘百余里，船舰被江；素击之。子总管南阳来护儿言于素曰："吴人轻锐，利在舟楫，必死之贼，难与争锋，公宜严陈以待之，勿与接刃。请假奇兵数千潜渡江，掩破其壁。使退无所归，进不得战，此韩信破赵之策也。"素从之。护儿以轻舸数百直登江岸，袭破其营，因纵火，烟焰张天。贼顾火而惧，素因纵兵奋击，大破之，贼遂溃。智慧逃入海，素蹑之至海曲，召行军记室封德彝计事，德彝坠水，人救，获免，易衣见素，竟不自言。素后知之，问其故，曰："私事也，所以不白。"素嗟异之。德彝名伦，以字行，隆之之孙也。汪文进以蔡道人为司空，守乐安，素进讨，悉平之。

【译文】杨素带领水军从杨子津进兵，在京口攻打并击败贼兵元帅朱莫问。杨素又进兵攻打晋陵贼兵元帅顾世兴、无锡贼兵元帅叶略，都平定了。沈玄憺战败逃跑，杨素追赶并捉住他。高智慧驻守浙江东岸，作为军营，周围绵延一百多里，舰船布满江面，杨素发动进攻。子总管（裨将）南阳人来护儿禀告杨素说："吴地人轻快敏捷，长于舟船，抱着必死决心的贼兵，很难与他们争锋，您应当严布阵势来等候他们，不要与他们交战。请给我数千名奇兵暗中横渡长江，偷袭并攻破他们的军营，让他们想退却没有归路，前进又无法作战，这是韩信击败赵国的计策！"杨素采纳了他的意见。来护儿用几百艘轻船直接登上江岸，偷袭敌人，攻破他们的军营，接着又纵火焚烧，烟焰弥漫天空。贼兵回头望见大火，感到害怕，杨素便纵兵奋力攻打，贼兵溃败。高智慧逃到海里，杨素追赶到海湾，召行军记事封德彝商量军事，封德彝掉入水中，被人救起，幸免一死，换好衣服来见杨素，自己始终没有将事情讲出来。杨素后来知晓，问他是什么缘故，他说："这是私人的事，所以不说。"杨素惊讶嗟叹。封德彝名伦，以字号通行于世，是封隆之的孙子。汪文进任命蔡道人担任司空，驻守乐安，杨素进兵征讨，全部平定。

素遣总管史万岁帅众二千，自婺州别道逾岭越海，攻破溪洞，不可胜数。前后七百馀战，转斗千馀里，寂无声问者十旬，远近皆以万岁为没。万岁置书竹筒中，浮之于水，汲者得之，言于素。素上其事，上嗟叹，赐万岁家钱十万。

素又破沈孝彻于温州，步道向天台，指临海，逐捕遗逸，前后百馀战，高智慧走保闽、越。上以素久劳于外，令驰传入朝。素以馀贼未殄，恐为后患，复请行，遂乘传至会稽。王国庆自以海路艰阻，非北人所习，不设备；素泛海奄至，国庆遑遽弃州走。馀党散入海岛，或守溪洞，素分遣诸将，水陆追捕。密令人说国庆，使斩送智慧以自赎；国庆乃执送智慧，斩于泉州，馀党悉降。江南大定。

素班师，上遣左领军将军独孤陀至浚仪迎劳；比到京师，问者日至。拜素子玄奖为仪同三司，赏赐甚厚。陀，信之子也。

【译文】杨素派遣总管史万岁带领两千人，从婺州别路翻过山岭，越过大海，攻打溪洞，所攻陷的溪洞不计其数。前后共七百多次战斗，辗转征战一千多里，失去音讯一百多天，远近的人都以为史万岁战死了。史万岁将信放在竹筒里，竹筒浮在水面，被汲水的人得到，禀告杨素。杨素将这件事上奏隋文帝，隋文帝杨坚十分赞叹，赏给史万岁家里十万钱。

杨素又在温州击败沈孝彻，向天台进军，直抵临海，追捕残余逃跑的人，前后达一百多次战斗，高智慧逃跑到闽、越自保。隋文帝杨坚因为杨素长久在外劳苦，下令快马传他入朝。杨素由于残余的贼兵还没有消灭，担心成为后患，又请求进兵，于是乘坐传车抵达会稽。王国庆认为海路艰难险阻，不是北方人所能熟习的，就不加戒备；杨素渡海突然抵达，王国庆仓皇弃州逃走。残余的党徒溃散逃跑到海岛，有的守在溪洞，杨素分派众将，分水陆两路去追捕。又暗地派人游说王国庆，让他斩杀并送上高智慧的人头替自己赎罪；王国庆于是抓住高智慧送来，在泉州将他处死，残余党徒全部投降。江南因此大定。

杨素班师回朝，隋文帝杨坚派遣左领军将军独孤陀前往浚仪迎接慰劳。等到抵达京师，天天有人来慰问。隋文帝杨坚授杨素的儿子杨玄奖为仪同三司，赏赐十分优厚。独孤陀是独孤信的儿子。

【乾隆御批】驭新定之民以镇静为要，徒取办于五教之诵，是不能化俗，适足滋扰。当时文弊之为害如此。

【译文】驾驭新平定的百姓应以实行安定的政策为要务，只开办五教之诵是不能改变习俗的，只会造成滋扰。当时崇尚文之极而造成的弊害就是这样的。

杨素用兵多权略，驭众严整，每将临敌，辄求人过失而斩之，多者百馀人，少不下十数，流血盈前，言笑自若。及其对陈，先令一二百人赴敌，陷陈则已，如不能陷而还者，无问多少，悉斩之；又令二三百人复进，还如向法。将士股栗，有必死之心，由是战无不胜，称为名将。

素时贵幸，言无不从，其从素行者，微功必录，至他将虽有大功，多为文吏所谴却，故素虽残忍，士亦以此愿从焉。

以并州总管晋王广为扬州总管，镇江都，复以秦王俊为并州总管。

番禺夷王仲宣反，岭南首领多应多，引兵围广州。韦洸中流矢卒，诏以其副慕容三藏检校广州道行军事。又诏给事郎裴矩巡抚岭南，矩至南康，得兵数千人。仲宣遣别将周师举围东衡州，矩与大将军鹿愿击斩之，进至南海。

【译文】杨素用兵打仗很有谋略，统御士兵十分严整，每次要面对敌人时，往往寻找一些人的过失，而予斩杀，多的一百多人，少的也有十多人，血流满布在他眼前，他却依旧谈笑自如。等到与敌人对阵的时候，先命令一二百人奔赴敌阵，陷阵身亡就算了，倘若有不能攻陷敌阵而退回来的，不管多少人，全部斩杀。又下令二三百人再前进，用的是与以前一样的方法。将士都很害怕，抱着必死的心志，因而作战没有不获胜的，而他也被称为名将。

杨素当时宠贵亲幸，所说的话没有不被采纳的，跟随杨素行军打仗的，很小的功劳也一定加以记录。至于别的将军，虽然有大的功劳，却经常被文官所压低，因此杨素虽然十分残忍，兵士却仍然愿意追随他。

隋文帝杨坚任命并州总管晋王杨广担任扬州总管，镇守江都，又任命秦王杨俊担任并州总管。

番禺夷人王仲宣造反，岭南首领大多响应他，王仲宣率军围攻广州。韦洸被流箭射中而死，隋文帝杨坚诏令让他的副官慕容三藏检校广州道行军事。又诏令给事郎裴矩巡行抚慰岭南，裴矩抵达南康，得到几千名兵力。王仲宣派副将周师举围攻东衡州，裴矩与大将军鹿愿击杀了周师举，进军抵达南海。

高凉洗夫人遣其孙冯暄将兵救广州，暄与贼将陈佛智素善，逗留不进；夫人知之，大怒，遣使执暄，系州狱，更遣孙盎出讨佛智，斩之。进会鹿愿于南海，与慕容三藏合击仲宣，仲宣众溃，广州获全。洗氏亲被甲，乘介马，张锦伞，引彀骑卫，从裴矩巡抚二十馀州。苍梧首领陈坦等皆来谒见，矩承制署为刺史、县令，使还统其部落，岭表遂定。

矩复命，上谓高颎、杨素曰："韦洸将二万兵不能早度岭，朕每患其兵少。裴矩以三千弊卒径至南海，有臣若此，朕亦何忧！"以矩为民部侍郎。拜冯盎高州刺史，追赠冯宝广州总管、谯国公。册洗氏为谯国夫人，开谯国夫人幕府，置长史以下官属，给印章，听发部落六州兵马，若有机急，便宜行事。仍敕以夫人诚效之故，特赦暄逗留之罪，拜罗州刺史。皇后赐夫人首饰及宴服一袭，夫人并盛于金箧，并梁、陈赐物，各藏一库，每岁时大会，陈之于庭，以示子孙，曰："我事三代主，唯用一忠顺之心。今赐物具存，此其报也；汝曹皆念之，尽赤心于天子！"

【译文】高凉洗夫人派遣她的孙子冯暄率军援救广州，冯暄与贼将陈佛智平日十分友善，停留而不进兵，夫人知道了，十分生气，派使者捉住冯暄，关在州府的大牢里。另外派遣孙子冯盎出兵征讨陈佛智，将他杀了。又进兵到南海与鹿愿会合，与慕容三藏合力进攻王仲宣，王仲宣的部队溃败，广州获得保全。洗氏亲自穿着铠甲，骑着战马，张挂丝锦的伞盖，带领张弓待射的骑兵，跟随裴矩巡抚二十多州。苍梧首领陈坦等人全都前来晋见，裴矩承奉君王制命，任命刺史、县令，让他们回去统领各自的部族，岭南于是安定了。

裴矩回去复命，隋文帝杨坚告诉高颎、杨素说："韦洸率领两万兵不能早日渡过五岭，朕经常担心他的兵力太少。裴矩率领三千名衰疲的士卒直接抵达南海，有这样的臣子，朕又有什么可担心的呢？"隋文帝杨坚任命裴矩担任民部侍郎。又拜命冯盎担任高州刺史，追赠冯宝为广州总管、谯国公。册封洗氏为谯国夫人，开设谯国夫人幕府，设立长史以下的官属，官吏都颁给印信，听任自主调动部落六州的兵马，倘若有紧急情况，可以便宜行事。由于夫人效诚的缘故，特别宽赦冯暄逗留军队的罪责，拜为罗州刺史。皇后赏赐夫人首饰与宴客的衣服一件，夫人都装在金制的箱子里，连同梁、陈时赏赐的东西，藏在一个仓库，每年岁末大会，摆放在大庭中，给子孙们看，说："我事奉三代君主，只用一颗忠顺的心，现在所赏赐的东西都保留着，这是忠顺的回报。你们都要记着，要向天子竭尽诚心！"

番州总管赵讷贪虐，诸俚、獠多亡叛。夫人遣长史张融上封事，论安抚之宜，并言讷罪，不可以招怀远人。上遣推讷，得其赃贿，竟致于法；敕委夫人招慰亡叛。

夫人亲载诏书，自称使者，历十馀州，宣述上意，谕诸俚、獠，所至皆降。上嘉之，赐夫人临振县为汤沐邑，赠冯仆崖州总管、平原公。

【译文】番州总管赵讷为人暴虐贪婪，各俚、獠多因此逃亡背叛。夫人派遣长史张融呈上封事，论述安抚事宜，并陈述赵讷的罪责，称其不能怀柔招抚远方的人。隋文帝杨坚派人推问赵讷，追出他所贪污的钱财，最终将他置之于法。隋文帝杨坚委托洗夫人去安慰招抚叛亡的人。

洗夫人亲自载着诏书，自称使者，经历十几个州府，宣明隋文帝杨坚的旨意，晓谕所有的俚、獠，所到之处都归降了。隋文帝杨坚嘉勉她，赏赐洗夫人临振县，作为她沐浴的封邑（指休息的地方），加封冯仆为崖州总管、平原公。

开皇十一年（辛亥，公元五九一年）春，正月，丙午，皇太子妃元氏薨。

二月，戊午，吐谷浑遣使入贡。吐谷浑可汗夸吕闻陈亡，大惧，遁逃保险，不敢为寇。夸吕卒，子世伏立，使其兄子无素奉表称藩，并献方物，请以女备后庭。上谓无素曰："若依来请，它国闻之，必当相效，何以拒之！朕情存安养，各令遂性，岂可聚敛子女以实后宫乎！"竟不许。

资治通鉴卷第一百七十七　隋纪一

【译文】开皇十一年（辛亥，公元 591 年）春季，正月，皇太子妃元氏去世。

二月，戊午日（初六），吐谷浑派遣使者入贡。吐谷浑可汗夸吕听闻陈朝灭亡，十分害怕，躲藏起来自保，不敢再来侵犯。夸吕去世，他的儿子世伏继位，派遣他的侄子无素奉奏表称藩属国，并且上贡地方的特产，请求将女儿送入皇上的后宫。隋文帝杨坚告诉无素说："倘若准了所来请求的事，他国听了，也必定会争相仿效，朕用什么理由来拒绝呢！朕意在安养夷夏百姓，使其各能顺应本性，怎么能够搜集女子充实后宫呢？"最终没有答应。

平乡令刘旷有异政，以义理晓谕，讼者皆引咎而去，狱中草满，庭可张罗；迁临颍令。高颎荐旷清名善政为天下第一，上召见，劳勉之，顾谓侍臣曰："若不殊奖，何以为劝！"丙子，优诏擢为莒州刺史。

辛巳晦，日有食之。

初，帝微时，与滕穆王瓒不协。帝为周相，以瓒为大宗伯，

153

瓚恐为家祸，阴欲图帝，帝隐之。瓚妃，周高祖妹顺阳公主也，与独孤后素不平，阴为咒诅；帝命出之，瓚不可。秋，八月，壬申，瓚从帝幸栗园，暴薨，时人疑其遇鸩。乙亥，帝至自栗园。

沛达公郑译卒。

【译文】平乡令刘旷有不同寻常的政绩，用义理晓谕人民，使打官司的人都自陈有罪而退，牢狱里长满荒草，厅堂上可以张网捕雀。刘旷升迁为临颍令。高颍推荐刘旷，上奏说他的清廉名声和良好政绩天下第一。隋文帝杨坚召见刘旷，嘉勉慰劳一番，告诉侍臣说："倘若不给特殊奖励，怎么劝勉天下呢？"丙子日（二十四日），隋文帝杨坚特下诏令，提拔刘旷担任莒州刺史。

辛巳晦日（二十九日），发生日食。

起初，隋文帝杨坚微贱的时候，与滕穆王杨瓚不和。隋文帝杨坚做了周朝丞相，任命杨瓚担任大宗伯，杨瓚怕杨坚会成为家祸，暗中想要谋害隋文帝，隋文帝杨坚隐而不宣。杨瓚的妃子是周高祖的妹妹顺阳公主，与独孤后平时不友好，暗中用符咒诅骂对方将遭凶险。隋文帝杨坚命令将她休掉，杨瓚不同意。秋季，八月，杨瓚跟随隋文帝杨坚临幸栗园，突然死了，当时的人疑心他是被毒害的。乙亥日（二十六日），隋文帝杨坚从栗园回来。

沛达公郑译去世。

资治通鉴卷第一百七十八　隋纪二

起玄黓困敦，尽屠维协洽，凡八年。

【译文】起壬子（公元592年），止己未（公元599年），共八年。

【题解】本卷记录了公元591年至599年间的史事。当时正值隋文帝开皇十二至十九年，属于隋文帝统治的中期。在此期间，隋朝国力迅速发展，国家财政充盈，府库皆满。隋文帝杨坚对内制礼作乐，完善新的历法及明堂制度，安定民生，国内一片太平景象。对外，大破突厥，安定四夷。但由于隋文帝杨坚日益增长的猜忌心理，已使开皇盛世之后显露危机，这在政治、经济上都有表现。

高祖文皇帝上之下

开皇十二年（壬子，公元五九二年）春，二月，己巳，以蜀王秀为内史令兼右领军大将军。

国子博士何妥与尚书右仆射邠公苏威争议事，积不相能。威子夔为太子通事舍人，少敏辩，有盛名，士大夫多附之。及议乐，夔与妥各有所持；诏百僚署其所同，百僚以威故，同夔者什八九。妥恚曰："吾席间函丈四十馀年，反为昨暮儿之所屈邪！"遂奏："威与礼部尚书卢恺、吏部侍郎薛道衡、尚书右丞王弘、考功侍郎李同和等共为朋党。省中呼弘为世子，同和为叔，言二人如威之子弟也。”复言威以曲道任其从父弟彻、肃罔冒为官等数事。上命蜀王秀、上柱国虞庆则等杂案之，事颇有状。上大怒。秋，七月，乙巳，威坐免官爵，以开府仪同三司就第；卢恺除名，知名之士坐威得罪者百馀人。

初，周室以来，选无清浊；及恺摄吏部，与薛道衡等甄别士流，故涉朋党之谤，以至得罪。未几，上曰：“苏威德行者，但为人所误耳！”命之通籍。威好立条章，每岁责民间五品不逊，或答都云：“管内无五品之家。”其不相应领，类多如此。又为馀粮簿，欲使有无相赡；民部侍郎郎茂以为烦迂不急，皆奏罢之。茂，基之子也，尝为卫国令。有民张元预兄弟不睦，丞、尉请加严刑，茂曰：“元预兄弟本相憎疾，又坐得罪，弥益其忿，非化民之意也。”乃徐谕之以义。元预等各感悔，顿首请罪，遂相亲睦，称为友悌。

【译文】开皇十二年（壬子，公元592年）春季，二月，己巳日（二月无此日），隋文帝杨坚任命蜀王杨秀为内史令，兼任右领军大将军。

国子博士何妥与尚书右仆射邳公苏威争议事理，很长时间都互不相让。苏威的儿子苏夔担任太子通事舍人，年少却聪慧敏捷，享有盛名，士大夫大多依附他。有次在讨论音乐时，苏夔与何妥又各持己见。隋文帝杨坚诏令百官写下自己所同意的意见，百官由于苏威的缘故，赞同苏夔的十有八九。何妥十分气愤地说：“我担任讲席四十多年，反被后生小子所侮辱吗？”于是上奏：“苏威与礼部尚书卢恺、吏部侍郎薛道衡、尚书右丞王弘、考功侍郎李同和等人，一起结为同党。尚书省中称呼王弘为世子，称呼李同和为叔叔，意思是指这两人像苏威的子弟一样。”又说苏威用不正当的手段让他的堂弟苏彻、苏肃欺罔冒替担任官吏等几件事。隋文帝杨坚命令蜀王杨秀、上柱国虞庆则等一同查办，发现所上奏的事情多有证据。隋文帝杨坚非常生气。秋季，七月，乙巳日（初一），苏威坐罪被免除官爵，以开府仪同三司的身份回家养老；卢恺被罢除爵名，有名望的人因受苏威连坐而获罪的有一百多人。

起初，从周室以来，选拔人才往往清浊不分，等到卢恺兼管吏部，与薛道衡甄选鉴别士人而后任用，因为牵涉朋党的毁谤，以至获罪。没过多久，隋文帝杨坚说："苏威是有操行的人，只是被人误解罢了。"于是下令苏威可以参与朝政。苏威喜欢订立各种规章制度，每年都要责备地方不重视推行儒家仁、义、礼、智、信五常教化，有的地方官员回答说："管区内没有五品之家。"他做事和别人不相应合的情形，大多如此。苏威又编制余粮簿，想让民间有无互相补足，民部侍郎郎茂认为这种做法烦琐迂阔，不切急需，都上奏隋文帝杨坚予以罢止。郎茂是郎基的儿子，曾担任卫国县令，有一位叫张元预的百姓，兄弟不和睦，县丞、县尉请求加以严厉的刑罚，郎茂说："张元预兄弟本来已相互憎恨，又因而得罪，就更增加他们之间的怨恨了，这不是教化百姓的本意。"于是慢慢用道理开导他们。最终张元预等人各有悔意，叩头请罪，于是相互亲睦，邻里乡间都称赞他们友悌。

己巳，上享太庙。

壬申晦，日有食之。

帝以天下用律者多舛驳，罪同论异，八月，甲戌，制：诸州死罪，不得辄决，悉移大理案覆，事尽，然后上省奏裁。"

冬，十月，壬午，上享太庙。十一月，辛亥，祀南郊。

己未，新义公韩擒虎卒。

十二月，乙酉，以内史令杨素为尚书右仆射，与高颎专掌朝政。素性疏辩，高下在心，朝臣之内，颇推高颎，敬牛弘，厚接薛道衡，视苏威蔑如也，自馀朝贵，多被陵轹。其才艺风调优于颎；至于推诚体国，处物平当，有宰相识度，不如颎远矣。

【译文】己巳日（二十五日），隋文帝杨坚祭享太庙。

壬申晦日（二十八日，晦日在二十九癸酉日），发生日食。

隋文帝杨坚因为天下掌管法律的人多有乖错，同样的罪却有不同的判决，八月，甲戌日（初一），遂下诏令说："各州的死囚，不能立即处决，全都要移送大理寺复审，审议结束，再移送尚书省奏请裁决。"

冬季，十月，壬午日（初十），隋文帝杨坚祭享太庙。十一月，辛亥日（初九），隋文帝杨坚到南郊祭祀。

己未日（十七日），隋新义公韩擒虎去世。

十二月，乙酉日（十四日），隋文帝杨坚任命内史令杨素担任尚书右仆射，与高颎专掌朝廷政事。杨素性格疏犷，口才辩捷，评论他人高下损益，全凭自己的心意，在朝臣之中，他颇为推崇高颎，尊重牛弘，倾心结交薛道衡，却看不起苏威，而其余的朝贵，则多被他欺凌侮辱。他的才艺风度比高颎优秀，但在坦诚待人、尽心国事、处理事务公平妥当等方面，虽有宰相的风度和气识，却远远比不上高颎。

右领军大将军贺若弼，自谓功名出朝臣之右，每以宰相自许。既而杨素为仆射，弼仍为将军，甚不平，形于言色，由是坐免官，怨望愈甚。久之，上下弼狱，谓之曰："我以高颎、杨素为宰相，汝每昌言曰：'此二人惟堪啖饭耳。'是何意也？"弼曰："颎，臣之敌人；素，臣之舅子。臣并知其为人，诚有此语。"公卿奏弼怨望，罪当死。上曰："臣下守法不移，公可自求活理。"弼曰："臣恃至尊威灵，将八千兵渡江，擒陈叔宝，窃以此望活。"上曰："此已格外重赏，何用追论！"弼曰："臣已蒙格外重赏，今还格外望活。"既而上低回者数日，惜其功，特令除名。岁馀，复其爵位，上亦忌之，不复任使，然每宴赐，遇之甚厚。

有司上言："府藏皆满，无所容，积于廊庑。"帝曰："朕既薄赋于民，又大经赐用，何得尔也？"对曰："入者常多于出，略计每年赐用，至数百万段，曾无减省。"于是，更辟左藏院以受之。诏曰："宁积于人，无藏府库。河北、河东今年田租三分减一，兵减半功，调全免。"时天下户口岁增，京辅及三河地少而人众，衣食不给，帝乃发使四出，均天下之田，其狭乡每丁才至二十亩，老少又少焉。

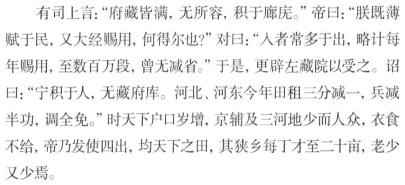

【译文】领军大将军贺若弼，自以为功名超出朝中大臣许多，经常以宰相自居。后来杨素担任仆射，贺若弼仍旧是将军，心里非常怨恨，言语与神色有所显露，因而坐罪免官，从此更加怨恨。过了一段时间，隋文帝杨坚将贺若弼关进牢狱，告诉他说："我任命高颎、杨素二人担任宰相，你常常在广庭中说：'这二人只会吃饭罢了。'这是什么意思？"贺若弼说："高颎是微臣的老朋友，杨素是微臣舅父的儿子。臣都知晓他们的为人，臣确实说过这句话。"公卿上奏贺若弼怨谤朝廷，论罪应该处死。隋文帝杨坚说："臣子守法，不能逾越，你可以自己寻找活命的理由。"贺若弼说："臣倚仗至尊的威灵，率领八千名士兵渡过长江，擒获陈叔宝，臣凭着这样的功劳希望能够活命。"隋文帝杨坚说："这件功劳已经另外予以重赏，怎么能够再提呢？"贺若弼说："臣已经蒙受格外的重赏，但现在还希望凭此能够活命。"

隋文帝杨坚考虑了几天, 怜惜他的军功, 只下令除去他的爵位。一年多后, 虽然恢复了他的爵位, 但隋文帝杨坚仍旧猜忌他, 不再授予他任何事务, 然而每次宴客奖赏, 对他都十分优厚。

主管官员上奏说: "仓储府库都满了, 没有地方容纳物品, 已经堆积到走廊厅庑去了。" 隋文帝杨坚说: "朕已减轻租税, 又大量地赏赐军功, 怎么还会如此呢?" 回答说: "国家收入常比支出多, 大略计算每年赏赐的花费, 最多达数百万匹丝帛, 库藏并没有因此减少。" 于是另外开辟左藏院收纳多余的财物。隋文帝杨坚又下诏说: "宁可储存在百姓家里, 也不要储藏在国家府库内。河北、河东今年的田赋减少三分之一, 兵役减一半, 丁调全都免除。" 当时天下的户口一年比一年增加, 京城附近和三河地区, 土地少, 人口多, 衣食不足, 隋文帝杨坚于是派遣使者到四方去, 重新分配天下的田地, 土地狭窄的乡里, 每名壮丁只分给二十亩地, 老人小孩的土地就更少了。

【乾隆御批】古制不复于后世, 亦其势使然, 仲舒限田之说且难见诸施行, 况隋季踵凋弊之后乎。因地少人众思以均田裕衣食, 贫者未赒而富者先困, 适足以病民耳。且古者八口授田百亩, 而隋民每丁所得才五之一, 稠粥不赡, 尚何望家给人足之有?

【译文】 古代的制度不能再用于后世, 也是形势不断发展导致的, 董仲舒限田的主张尚且难以实施, 何况隋朝在社会凋敝以后呢。因为地少人多就想用均田的办法使百姓衣食丰裕, 可是贫穷者没有得到接济而富者已经先受穷困了, 这恰恰使百姓更加痛苦了。况且古时候给八口人授予百亩田地, 而隋代每个百姓得到的田地只有古时的五分之一, 连碗稠的粥都供不上吃, 还能指望它给各家各户带来自给自足吗?

开皇十三年(癸丑,公元五九三年)春,正月,壬子,上祀感生帝。

壬戌,行幸岐州。

二月,丙午,诏营仁寿宫于岐州之北,使杨素监之。素奏前莱州刺史宇文恺检校将作大匠,记室封德彝为土木监。于是,夷山堙谷以立宫殿,崇台累榭,宛转相属。役使严急,丁夫多死,疲顿颠仆者,推填坑坎,覆以土石,因而筑为平地。死者以万数。

丁亥,上至自岐州。

己卯,立皇孙暕为豫章王。暕,广之子也。

丁酉,制:"私家不得藏纬候、图谶。"

秋,七月,戊辰晦,日有食之。

是岁,上命礼部尚书牛弘等议明堂制度。宇文恺献明堂木样,上命有司规度安业里地,将立之;而诸儒异议,久之不决,乃罢之。

【译文】开皇十三年(癸丑,公元593年)春季,正月壬子日,隋文帝杨坚祭祀感生帝。

壬戌日(二十一日),隋文帝杨坚临幸岐州。

二月,丙午日(二月无此日),隋文帝杨坚诏令在岐州北边营建仁寿宫,派杨素监督。杨素奏请前任莱州刺史宇文恺担任检校将作大匠,记室封德彝担任土木监。于是平山填谷,用来营造宫殿,建成的高台层榭,蜿蜒相连。因为劳役严苛急切,丁夫死亡很多,也有疲乏困顿而仆倒在地的,就全部推填到坑坎里,上面覆盖土石,填为平地,一共死了几万人。

丁亥日(十七日),隋文帝杨坚到达岐州。

己卯日(初九),隋文帝杨坚册立皇孙杨暕为豫章王。杨暕是杨广的儿子。

丁酉日（二十七日），隋文帝杨坚下令："私人家里不能收藏纬候、图谶。"

秋季，七月，戊辰晦日（三十日），发生日食。

这一年，隋文帝杨坚命令礼部尚书牛弘等人商量建立明堂制度。宇文恺献上明堂的木制模型，隋文帝杨坚命令有关官吏在长安南城规划安业里的地方，准备要营建；但是众儒有很多不同的意见，很长时间不能决定，于是作罢。

上之灭陈也，以陈叔宝屏风赐突厥大义公主。公主以其宗国之覆，心常不平，书屏风，为诗叙陈亡以自寄。上闻而恶之，礼赐渐薄。彭公刘昶先尚周公主，流人杨钦亡入突厥，诈言昶欲与其妻作乱攻隋，遣钦来密告大义公主，发兵扰边。都蓝可汗信之，乃不修职贡，颇为边患。上遣车骑将军长孙晟使于突厥，微观察之。公主见晟，言辞不逊，又遣所私胡人安遂迦与杨钦计议，扇惑都蓝。

【译文】隋文帝杨坚灭亡陈朝时，将陈叔宝的屏风赏赐给突厥大义公主。大义公主因为宗国周朝已经灭亡，心里常常怀有怨恨，便题诗在屏风上，记述陈朝的灭亡，来寄托自己的情怀；隋文帝杨坚听了很是厌恶，赏赐的物品从此逐渐减少。彭公刘昶当初和周朝公主结婚，有一个流亡的人杨钦逃到突厥，欺骗突厥人说刘昶想要和他的妻子叛乱，进攻隋朝，突厥人遂派遣杨钦暗中告诉大义公主，调动军队侵扰边境地区。都蓝可汗听信他的话，不再向隋朝进献贡物，并经常引起边患。隋文帝杨坚派遣车骑将军长孙晟出使突厥，暗中加以侦察。大义公主接见长孙晟的时候，言辞不逊，又派遣与她私通的胡人安遂迦与杨钦商议，煽动蛊惑都蓝可汗。

晟至京师，具以状闻。上遣晟往索钦；都蓝不与，曰："检校客内无此色人。"晟乃赂其达官，知钦所在，夜，掩获之，以示都蓝，因发公主私事，国人大以为耻。都蓝执安遂迦等，并以付晟。上大喜，加授开府仪同三司，仍遣入突厥废公主。内史侍郎裴矩请说都蓝使杀公主。时处罗侯之子染干，号突利可汗，居北方，遣使求婚，上使裴矩谓之曰："当杀大义公主，乃许婚。"突利复谮之于都蓝，都蓝因发怒，杀公主，更表请婚，朝议将许之。长孙晟曰："臣观雍虞闾反覆无信，直以与玷厥有隙，所以欲依倚国家，虽与为婚，终当叛去。今若得尚公主，承藉威灵，玷厥、染干必受其征发。强而更反，后恐难图。且染干者，处罗侯之子，素有诚款，于今两代，前乞通婚，不如许之，招令南徙，兵少力弱，易可抚驯，使敌雍虞闾以为边捍。"上曰："善。"复遣晟慰谕染干，许尚公主。

【译文】长孙晟抵达京师，将全部情形奏给隋文帝知道。隋文帝杨坚派遣长孙晟去索要杨钦；都蓝可汗不给他，说："检查外来的宾客中，没有这个人。"长孙晟因此贿赂突厥显要，获知杨钦所在之地，趁着夜色，乘其不备将他捕获，带给都蓝可汗看，借机告发了大义公主私通的事情，突厥人认为十分羞耻。都蓝可汗抓住安遂迦等人，一起交给长孙晟。隋文帝杨坚非常高兴，增授长孙晟开府仪同三司，仍旧派他到突厥，废掉大义公主。内史侍郎裴矩请求游说都蓝可汗，让他杀掉大义公主。当时处罗侯的儿子染干，号称突利可汗，居住在北方，派使者前来求婚，隋文帝杨坚便派裴矩告诉他说："要杀死大义公主，才准许通婚。"突利便向都蓝可汗说大义公主的坏话，都蓝可汗因此发怒，杀了大义公主，然后上奏表，请求与隋朝通婚，朝臣商议，准备应允他。长孙晟说:"臣看雍虞闾(都蓝)是反复无常的小人,只是因为与玷厥(达头)有嫌隙,才投靠我们国家,即使与他通了婚,到最后他也会叛离。现在假如让他与公主结婚,凭借陛下的威灵,玷厥、染干一定会听任他征集士卒。力量强大而又反叛,以后恐怕难以对付。况且染干这个人,是处罗侯的儿子,一向有着忠诚的心意,到现在已经两代,上次又前来请求通婚,不如答应染干,让他向南迁徙,染干兵员少,力量弱,容易安抚驯服,让染干对抗雍虞闾,作为捍卫北部边疆的一道屏障。"隋文帝杨坚说:"很好。"于是派遣长孙晟去晓谕抚慰染干,同意他与公主结婚。

牛弘使协律郎范阳祖孝孙等参定雅乐,从陈阳山太守毛爽受京房律法,布管飞灰,顺月皆验。又每律生五音,十二律为六十音,因而六之,为三百六十音,分直一岁之日以配七音,而旋相为宫之法,由是著名。弘等乃奏请复用旋宫法,上犹记何妥之言,注弘奏下,不听作旋宫,但用黄钟一宫。于是,弘等复为奏,附顺上意,其前代金石并销毁之,以息异议。弘等又作武舞,以象隋之功德;郊庙飨用一调,迎气用五调。旧工稍尽,其馀声律,皆不复通。

【译文】牛弘让协律郎范阳人祖孝孙等人参与制定雅乐的工作,并向陈朝的阳山太守毛爽学习京房的律法,律管葭灰飞动,来测候节气,顺着时月全都应验。同时,每律设立五音,十二律共有六十音,重复六次,一共三百六十音,分当一年的日数用来配七音,而转相成为宫之法,由此著名。牛弘等人因而奏请复用转相为宫的方法,隋文帝杨坚还记得何妥说过的话,所以在牛弘的奏疏下面注明自己的意见,不采纳转相为宫的方法,只

资治通鉴

用黄钟一个宫。于是牛弘等人再次上奏，迎合隋文帝杨坚的意思，将前代用金石所铸造的乐器全都毁掉，用来平息大家的议论。牛弘等人又制作武舞，象征隋朝的功德；还规定郊庙宴飨用一个调（指黄宫），迎气用五个调：春季用角、夏季用徵、中央用宫、秋季用商、冬季用羽。旧日的乐工渐渐死去，其他的声律，因而都不再通行。

开皇十四年（甲寅，公元五九四年）春，三月，乐成。夏，四月，乙丑，诏行新乐，且曰："民间音乐，流僻日久，弃其旧体，竞造繁声，宜加禁约，务存其本。"万宝常听太常所奏乐，泫然泣曰："乐声淫厉而哀，天下不久将尽！"时四海全盛，闻者皆谓不然；大业之末，其言卒验。宝常贫而无子，久之，竟饿死。且死，悉取其书烧之，曰："用此何为！"

先是，台、省、府、寺及诸州皆置公廨钱，收息取给。工部尚书扶风苏孝慈以为"官司出举兴生，烦扰百姓，败损风俗，请皆禁止，给地以营农。"上从之。六月，丁卯，始诏"公卿以下皆给职田，毋得治生，与民争利。"

【译文】开皇十四年（甲寅，公元594年）春季，三月，乐调制作完成。夏季，四月，乙丑日（初一），隋文帝杨坚诏令通用新的乐调，说："民间的音乐，流荡淫邪，时日已久，放弃旧的体制，竞相制作繁杂的声音，应当加以约束禁止，力图保存本源。"万宝常听了太常所演奏的音乐，流下眼泪痛哭说："乐声凄厉淫乱，并且哀伤，天下不久就要灭亡了！"当时四海都处于兴盛太平的时期，听到他的话的人都以为不会这样；大业末年，他的话最终应验。万宝常生活贫苦又没有儿子，时间久了，竟然饿死。临终，万宝常把他所有的书都烧毁了，说："这些书有什么用处呢？"

起初，台、省、府、寺和各州都将官署的公钱放贷，收取利息，用来供给署内需要。工部尚书苏孝慈认为"官署出钱举贷，以获利息，烦扰百姓，败坏风气，应当全部予以禁止，并提供土地让人种植，将收获所得，作为官署所需"。隋文帝杨坚听从他的意见。六月，丁卯日（初四），隋文帝杨坚诏令"公卿以下都依照等级分给田地，不可自营生计，与百姓争利"。

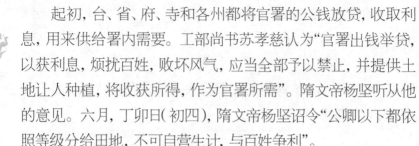

秋，七月，乙未，以邳公苏威为纳言。

初，张宾历既行，广平刘孝孙及冀州秀才刘焯并言其失。宾方有宠于上，刘晖附会之，共短孝孙等，斥罢之。后宾卒，孝孙为掖县丞，委官入京，上其事，诏留直太史，累年不调，乃抱其书，使弟子舆榇来诣阙下，伏而恸哭；执法拘而奏之。帝异焉，以问国子祭酒何妥，妥言其善。乃遣与宾历比较短长。直太史勃海张胄玄与孝孙共短宾历，异论锋起，久之不定。上令参问日食事，杨素等奏："太史凡奏日食二十有五，率皆无验，胄玄所刻，前后妙中，孝孙所刻，验亦过半。"于是上引孝孙、胄玄等亲自劳徕。孝孙请先斩刘晖，乃可定历，帝不怿，又罢之。孝孙寻卒。

【译文】秋季，七月，乙未日（初三），隋文帝杨坚任命邳公苏威为纳言。

起初，张宾历法通行的时候，广平的刘孝孙、冀州秀才刘焯，都说他的历法有缺点。张宾那时正得到隋文帝杨坚宠幸，刘晖附和他，一同说刘孝孙的坏话，以罢斥他。后来张宾去世，刘孝孙担任掖县县丞，放弃官职，来到京城，上奏这件事，隋文帝杨坚诏令将刘孝孙留任奉直太史曹，好几年都没有调整职务，刘孝孙于是抱着他的书，命弟子用车载着灵榇，来到宫阙之下，伏地恸哭，执法的人将他抓起来，禀奏隋文帝。隋文帝杨坚觉得十分讶异，去询问国子祭酒何妥，何妥说刘孝孙的历书很好。于是派人比较刘孝孙历法和张宾历法的优劣。直太史渤海人张胄玄与刘孝孙一起指出张宾历法的缺陷，不同的议论，纷纷而起，很长时间都不能决定。隋文帝杨坚让朝臣参与，一同核对日食的事情，杨素等人上奏："太史依照张宾历法一共上奏二十五次日食，大都没有应验，依照张胄玄所制定的历法，发生日食时间前后都猜中。刘孝孙所制定的历法，应验的也超过一半。"因此隋文帝杨坚引见刘孝孙、张胄玄等人，亲自加以奖励慰勉。刘孝孙请求先斩杀刘晖，才可以制定新历法，隋文帝杨坚不高兴，又罢斥了他。刘孝孙不久就去世了。

关中大旱，民饥，上遣左右视民食，得豆屑杂糠以献。上流涕以示群臣，深自咎责，为之不御酒肉者，殆将一期。八月，辛未，上帅民就食于洛阳，敕斥候不得辄有驱逼。男女参厕于仗卫之间，遇扶老携幼者，辄引马避之，慰勉而去；至艰险之处，见负担者，令左右扶助之。

冬，闰十月，甲寅，诏以齐、梁、陈宗祀废绝，命高仁英、萧琮、陈叔宝以时修祭，所须器物，有司给之。陈叔宝从帝登邙山，侍饮，赋诗曰："日月光天德，山河壮帝居；太平无以报，愿上东封书。"并表请封禅。帝优诏答之。它日，复侍宴，及出，帝目之曰："此败岂不由酒！以作诗之功，何如思安时事！当贺若弼渡京口，彼人密启告急，叔宝饮酒，遂不之省。高颎至日，犹见启在床下，未开封。此诚可笑，盖天亡之也。昔苻氏征伐所得国，皆荣贵其主，苟欲求名，不知违天命；与之官，乃违天也。"

【译文】关中发生大旱，百姓闹饥荒，隋文帝杨坚派遣身边的人去察看百姓的饭食，发现豆屑中掺杂糠皮，便呈献给隋文帝看。隋文帝杨坚流着眼泪拿给群臣看，深深自责，为此差不多一年不食用酒肉。八月，辛未日（初九），隋文帝杨坚率领百姓到洛阳谋生，敕令侦察放哨的士兵不能随便驱赶百姓。饥饿的男女杂行在君主仪仗卫队之间，遇到扶着年老、带着幼小的百姓，就勒马避开，慰劳他们一番才离去；到了艰险的地方，看到有挑担子的，便命令身边的人扶助他们。

冬季，闰十月，甲寅日（二十三日），隋文帝杨坚诏令因为齐朝、梁朝、陈朝的宗祀已经废除很久，特令高仁英、萧琮、陈叔宝在四季修治祭祀，所需的器物，由主管官吏供给。陈叔宝跟随隋文帝登上邙山，侍奉饮酒，吟诗说："日月可以光大苍天的德行，山河可以壮丽皇上的居所；太平时无以为报，愿呈上东封泰山的奏章。"并且上表奏请封禅泰山。隋文帝杨坚下了优渥的诏令答谢他。后来有一天，陈叔宝又侍奉酒宴，等他离开，隋文帝杨坚看着他说："他的失败难道不是因为酒的缘故吗？何不将作诗所耗费的工夫，用来思考安定时局的事情！当贺若弼渡过京口的时候，他们的人曾经呈上密奏，报告军事紧急的事情，陈叔宝正在喝酒，竟然不加察看。高颎到达的那一天，看见密奏在床下，还没有打开封口。这实在是件很可笑的事情，大约是上天要灭亡他吧！从前苻坚征讨别的国家，征服之后，都使那些君王尊荣显贵，苻氏这种做法，不过是想博取名声罢了，全不知晓那是违背天意的，下令给国破家亡的君主官职，是违反天意呀！"

【乾隆御批】救荒无奇策，唯本《周官》散利薄征之意，实力措施，庶不致转徙沟壑耳。隋文乃使关中就食，洛阳与梁惠移民河东无异。至扶助负担，直是乘与济人，好行小惠何足称乎？

【译文】救济凶年灾荒没有什么奇巧之策，只有根据《周官》所说散利薄征的意思，采用实际有效的措施，也许不会造成流离失所大批死亡的情况。隋文帝却让关中百姓到洛阳去就食，这与梁惠王移民到河东没有差别。至于扶助挑担的人，简直就是乘船渡人过河一样，喜欢行一点小恩小惠有什么可值得称赞的？

齐州刺史卢贲坐民饥闭民粜，除名。帝后复欲授以一州，贲对诏失旨，又有怨言，帝大怒，遂不用。皇太子为言：“此辈并有佐命功，虽性行轻险，诚不可弃。”帝曰：“我抑屈之，全其命也。微刘昉、郑译、卢贲、柳裘、皇甫绩等，则我不至此。然此等皆反覆子也，当周宣帝时，以无赖得幸。及帝大渐，颜之仪等请以赵王辅政，此辈行诈，顾命于我。我将为政，又欲乱之，故〔昉〕谋大逆，译为巫蛊。如贲之例，皆不满志，任之则不逊，置之则怨望，自为难信，非我弃之。众人见此，谓我薄于功臣，斯不然矣。”贲遂废，卒于家。

晋王广帅百官抗表，固请封禅。帝令牛弘等创定仪注，既成，帝视之，曰：“兹事体大，朕何德以堪之！但当东巡，因致祭泰山耳。”十二月，乙未，车驾东巡。

【译文】齐州刺史卢贲，因为闹饥荒却不准卖谷给百姓而犯法，被罢免官职。隋文帝杨坚后来又想授给他一个州，而卢贲应答诏命却不合隋文帝的旨意，又有抱怨的话，隋文帝杨坚大怒，因此不予任用。皇太子替他讲话说：“这些人都有辅佐君命的功勋，虽然性情做法，轻躁险戾，但确实是不能加以舍弃的。”隋文帝杨坚说：“我压制、委屈他，是保全他的性命。没有刘昉、郑译、卢贲、柳裘、皇甫绩等人，我不能得到这样尊崇的地位。但是这些都是反复无常的人，周宣帝的时候，凭借狡狯，而得到宠幸。等到周宣帝临死的时候，颜之仪等人请求让赵王辅佐朝政，他们这些人行使诡计，顾托于我。我要当政时，他们又想捣乱，所以刘昉密谋叛逆，郑译做出用巫蛊害人的事情。像卢贲这些人，都心怀不满。任用他们，他们不晓得满足，闲置他们，他们就充满怨恨；自己本来就很难令人信任，并不是我要闲置他。众人看到这样的情形，认为我苛待有功的臣子，事实却不是这样。"卢贲于是被废，死在家里。

晋王杨广带领百官上表，坚持请求封禅泰山。隋文帝命令牛弘制定礼节，完成以后，隋文帝杨坚看了，说："这件事非常重大，朕有什么德行可以承受呢？只是应当到东方巡视，顺便前往泰山祭祀罢了。"十二月，乙未日（初六），隋文帝杨坚的车驾莅临东方巡视。

上好机祥小数，上仪同三司萧吉上书曰："甲寅，乙卯，天地之合也。今兹甲寅之年，以辛酉朔旦冬至，来年乙卯，以甲子夏至。冬至阳始，郊天之日，即至尊本命；夏至阴始，祀地之辰，即皇后本命。至尊德并乾之覆育，皇后仁同地之载养，所以二仪元气并会本辰。"上大悦，赐物五百段。吉，懿之孙也。员外散骑侍郎王劭言上有龙颜戴干之表，指示群臣。上悦，拜著作郎。劭前后上表言上受命符瑞甚众，又采民间歌谣，引图书谶纬，捃摭佛经，回易文字，曲加诬饰，撰《皇隋灵感志》三十卷奏之，上令宣示天下。劭集诸州朝集，使盥手焚香，闭目而读之，曲折其声，有如歌咏，经涉旬朔，遍而后罢。上益喜，前后赏赐优洽。

【译文】隋文帝杨坚喜欢鬼神吉凶的小数术，上仪同三司萧吉呈上奏章说:"甲寅(二十五日)、乙卯(二十六日),是天地相合的时期。今年是甲寅年,十一月辛酉日是初一,恰好冬至,明年是乙卯年,甲子(五月初七)那一天是夏至。冬至是阳气的开始,是前往南郊祭天的日子,即是天子的本命;夏至是阴气的开始,是祭祀地的时刻,即是皇后的本命。陛下的德行与苍天覆育万物相同,皇后的仁心与大地载养众生相同,因此天地阴阳二气都在这个时辰会合。"隋文帝杨坚听了十分高兴,赏赐他丝帛五百匹。萧吉是萧懿的孙子。员外散骑侍郎王劭说隋文帝的容貌有戴着干盾的形状,并指给群臣看。隋文帝杨坚十分高兴,拜他为著作郎。王劭前后几次呈上奏表,说隋文帝有接受天命的符信瑞征很多,又采撷民间的歌谣,引用图书谶纬,搜集佛经的说辞,改换文字,随意加以增饰诬造,撰成《皇隋灵感志》三十卷上奏,隋文帝杨坚下令宣告于天下。王劭召集各州派遣到京报告州政及岁计的使者,命他们洗手焚香阅读,声调抑扬顿挫,仿佛歌唱一样,诵读了十几天,完全诵完才作罢。隋文帝杨坚更为高兴,前后赏赐多次,十分优渥。

十五年(乙卯,公元五九五年)春,正月,壬戌,车驾顿齐州。庚午,为坛于泰山,柴燎祀天,以岁旱谢愆咎,礼如南郊;又亲祀青帝坛。赦天下。

二月,丙辰,收天下兵器,敢私造者坐之;关中、缘边不在其例。

三月,己未,至自东巡。

仁寿宫成。丁亥,上幸仁寿宫。时天暑,役夫死者相次于道,杨素悉焚除之,上闻之,不悦。及至,见制度壮丽,大怒曰:"杨素殚民力为离宫,为吾结怨天下。"素闻之,惶恐,虑获谴,以告封德彝。曰："公勿忧，俟皇后至，必有恩诏。"明日，上果召素入对，独孤后劳之曰："公知吾夫妇老，无以自娱，盛饰此宫，岂非忠孝！"赐钱百万，锦绢三千段。素负贵恃才，多所凌侮；唯赏重德彝，每引之与论宰相职务，终日忘倦，因抚其床曰："封郎必当据吾此座。"屡荐于帝，帝擢为内史舍人。

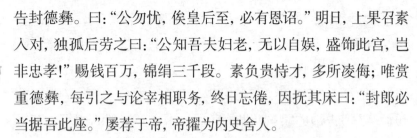

【译文】开皇十五年(乙卯，公元 595 年)春季，正月，壬戌日(初三)，隋文帝杨坚的车驾停留在齐州。庚午日(十一日)，隋文帝杨坚在泰山设立祭坛，焚烧柴火，祭祀上天，因为年岁干旱，隋文帝杨坚谢罪请过，礼仪如同南方的郊祭。隋文帝杨坚又亲自祭祀青帝坛，大赦天下。

二月，丙辰日(二十七日)，隋文帝杨坚下令收缴天下的兵器，倘若有人敢私自制造的，就坐法判罪，关中、边境地区不在这个限制之内。

三月，己未日(初一)，隋文帝杨坚从东方巡狩回来。

仁寿宫修建完成，丁亥日(二十九日)，隋文帝杨坚临幸仁寿宫。当时天气炎热，充役的丁夫许多死在道路上，接连不断，杨素下令将尸体全部焚烧灭迹，隋文帝杨坚听到了，很不高兴。隋文帝杨坚来到仁寿宫，看到宫殿非常壮观华丽，便十分生气地说："杨素竭尽人民的劳力建造离宫，使我与天下人结怨。"杨素听了，十分惶恐，担心遭到谴责，去告诉封德彝，封德彝说："您不要担心，等皇后到了，一定会有恩赐的诏令。"第二天，隋文帝杨坚果然召令杨素入宫面圣，独孤后嘉勉他说："您知晓我们夫妇年老，没有什么可以娱乐的，因而大力装饰这所宫殿，哪里不是忠孝的表现呢？"于是赏赐杨素一百万钱，锦绢三千匹。杨素自负尊贵，凭借才干，经常凌辱朝臣，只是赞赏并器重封德彝，常常请他来谈论宰相的职责，整日忘了疲倦，于是抚着坐床说:"封郎必定会继承我这个座位。"杨素多次向隋文帝推荐封德彝,隋文帝杨坚遂提拔他为内史舍人。

夏,四月,己丑朔,赦天下。

六月,戊子,诏凿底柱。

庚寅,相州刺史豆卢通贡绫文布,命焚之于朝堂。

秋,七月,纳言苏威坐从祠太山不敬,免,俄而复位。上谓群臣曰:"世人言苏威诈清,家累金玉,此妄言也。然其性狠戾,不切世要,求名太甚,从己则悦,违之必怒,此其大病耳。"

戊寅,上至自仁寿宫。

【译文】夏季,四月,己丑朔日(初一),隋文帝杨坚下诏大赦天下。

六月,戊子日(初一),隋文帝杨坚诏令开凿底柱山。

庚寅日(初三),相州刺史豆卢通,进贡绫文布,隋文帝杨坚命令在朝堂焚毁。

秋季,七月,纳言苏威因跟随隋文帝去祭祀泰山不诚敬而获罪,被免官,不久又恢复职位。隋文帝杨坚告诉群臣说:"世人说苏威装作清廉,家中堆满金玉,这是胡乱说的话。只是他性情凶残暴戾,不顺应人情,太过于追求声名,顺应自己的就喜欢,对抗自己的,就很愤怒,这是他的大毛病啊!"

戊寅日(二十二日),隋文帝杨坚从仁寿宫回来。

冬,十月,戊子,以吏部尚书韦世康为荆州总管。世康,洸之弟也,和静谦恕,在吏部十馀年,时称廉平。常有止足之志,谓子弟曰:"禄岂须多,防满则退;年不待暮,有疾便辞。"因恳乞骸骨。帝不许,使镇荆州。时天下惟有四总管,并、扬、益、荆,以晋、秦、蜀三王及世康为之，当世以为荣。

十一月，辛酉，上幸温汤。

十二月，戊子，敕："盗边粮一升已上，皆斩，仍籍没其家。"

己丑，诏文武官以四考受代。

汴州刺史令狐熙来朝，考绩为天下之最，赐帛三百匹，颁告天下。熙，整之子也。

【译文】冬季，十月，戊子日（初三），隋文帝杨坚任命吏部尚书韦世康担任荆州总管。韦世康是韦洸的弟弟，沉静平和，谦逊宽容，在吏部十多年，时人都赞赏他清廉公平。经常有知足知止的心思，曾经告诉他的子弟说："俸禄哪里需要太多？防止过满，就应当退让；做官年岁不要等到年老，有病就应当辞官。"因此上表恳请退职。隋文帝杨坚不答应，命他镇守荆州。当时天下只有四个总管，并、扬、益、荆，由晋王、秦王、蜀王和韦世康担任，当时的人认为他非常尊荣。

十一月，辛酉日（初七），隋文帝杨坚临幸骊山洗温泉。

十二月，戊子日（初四），隋文帝杨坚下令："偷盗边境军粮一升以上的，一律斩首，并且籍录并没收他的财产。"

己丑日（初五），隋文帝杨坚诏令文武官吏满四年才改调。

汴州刺史令狐熙前来朝见，他的政绩经过考核，是天下最优秀的，隋文帝杨坚遂赏赐他丝帛三百匹，并颁令通告天下。令狐熙是令狐整的儿子。

开皇十六年（丙辰，公元五九六年）春，正月，丁亥，以皇孙裕为平原王，筠为安成王，嶷为安平王，恪为襄城王，该为高阳王，韶为建安王，煚为颖川王，皆勇之子也。

夏，六月，甲午，初制工商不得仕进。

秋，八月，丙戌，诏："决死罪者，三奏然后行刑。"

冬，十月，己丑，上幸长春宫；十一月，壬子，还长安。

党项寇会州，诏发陇西兵讨降之。

帝以光化公主妻吐谷浑可汗世伏；世伏上表请称公主为天后，上不许。

【译文】开皇十六年(丙辰，公元 596 年)春季，正月，丁亥日(正月无此日)，隋文帝杨坚任命皇孙杨裕为平原王、杨筠为安成王、杨嶷为安平王、杨恪为襄城王、杨该为高阳王、杨韶为建安王、杨煚为颍川王，他们都是杨勇的儿子。

夏季，六月，甲午日(十三日)，隋文帝杨坚初次下令从事工商的人不能做官。

秋季，八月，丙戌日(初六)，隋文帝杨坚诏令："判决死罪的人，三次上奏，然后方能行刑。"

冬季，十月，己丑日(初十)，隋文帝杨坚临幸长春宫；十一月，壬子日(初三)，隋文帝杨坚回到长安。

党项人侵犯会州，隋文帝杨坚诏令发动陇西军队去讨伐、降服他们。

隋文帝杨坚将光化公主嫁给吐谷浑可汗世伏为妻；世伏可汗上奏表请求称呼公主为天后，隋文帝杨坚不答应。

开皇十七年(丁巳，公元五九七年)春，二月，癸未，太平公史万岁击南宁羌，平之。初，梁睿之克王谦也，西南夷、獠莫不归附，唯南宁州酋帅爨震恃远不服。睿上疏，以为："南宁州，汉世牂柯之地，户口殷众，金宝富饶。梁南宁州刺史徐文盛为湘东王徵赴荆州，属东夏尚阻，未遑远略，土民爨瓒遂窃据一方，国家遥授刺史，其子震相承至今。而震臣礼多亏，贡赋不入，乞因平蜀之众，略定南宁。"帝以天下初定，未之许。其后南宁夷爨玩来降，拜昆州刺史，既而复叛。乃以左领军将军史万岁为行军总管，帅众击之，入自蜻蛉川，至于南中。夷人前后屯据要害，万岁皆击破之；过诸葛亮纪功碑，渡西洱河，入渠滥川，行千馀里，破其三十馀部，虏获男女二万馀口。诸夷大惧，遣使请降，献明珠径寸，于是勒石颂美隋德。万岁请将爨玩入朝，诏许之。爨玩阴有贰心，不欲诣阙，赂万岁以金宝，万岁于是舍玩而还。

【译文】开皇十七年（丁巳，公元597年）春季，二月，癸未日（初六），太平公史万岁攻打南宁的羌人，并予讨平。起初，梁睿击败王谦的时候，西南地区夷、獠没有不归顺的，只有南宁州酋帅爨震倚仗地方远而不顺从。梁睿于是上奏疏，认为："南宁州是汉代牂柯郡，人口众多，物产丰富。梁朝南宁州刺史徐文盛被湘东王征调前往荆州，征讨侯景，那时陈朝还梗阻违命，没有空暇经营远方，当地人爨瓒因而窃据一方，朝廷遥授他刺史的官职，后来由他的儿子爨震承继，直到今天。但是爨震对为臣的礼数多有缺失，不缴纳贡赋，请求利用平定蜀地的军队，去平定南宁。"后来南宁的夷人爨玩前来归顺，拜为昆州刺史，不久爨玩又背叛。于是隋文帝杨坚任命左领军将军史万岁担任行军总管，带领军队讨伐他们，从蜻蛉川进入，抵达南中。夷人前后屯兵驻守险要之地，史万岁都将他们击败了；经过诸葛亮的纪功碑，渡过西洱河，进入渠滥川，行军一千多里，击败夷人十多部，俘获男女两万多人。所有的夷人都十分害怕，派使者请求归顺，献上一寸多宽的大明珠，并且刻石称颂隋朝的功德。史万岁请求带爨玩入朝，隋文帝杨坚下诏同意了。爨玩暗中有叛乱的心意，不想人前出丑，便用金银珍宝贿赂史万岁，史万岁因而舍下爨玩返回。

庚寅，上幸仁寿宫。

桂州俚帅李光仕作乱，帝遣上柱国王世积与前桂州总管周法尚讨之，法尚发岭南兵，世积发岭北兵，俱会尹州。世积所部遇瘴，不能进，顿于衡州，法尚独讨之。光仕战败，帅劲兵走保白石洞。法尚大获家口，其党有来降者，辄以妻子还之。居旬日，降者数千人；光仕众溃而走，追斩之。

帝又遣员外散骑侍郎何稠募兵讨光仕，稠谕降其党莫崇等，承制署首领为州县官。稠，妥之兄子也。

【译文】庚寅日（十三日），隋文帝杨坚临幸仁寿宫。

桂州俚人元帅李光仕叛乱，隋文帝杨坚派遣上柱国王世积与前任桂州总管周法尚去讨伐，周法尚调集岭南军队，王世积调集岭北军队，在尹州会合。王世积所率领的军队遇到瘴疠，无法前进，停留在衡州，周法尚独自去征讨。李光仕战败，带领强劲的军队逃往白石洞自保。周法尚俘获很多俚人家属，下令只要乱党有来投降的，就将妻子儿女还给他们，因此过了十天，共有几千人投降；李光仕的军队终于溃败逃走，周法尚便派军追赶斩杀他们。

隋文帝杨坚又派遣员外散骑侍郎何稠招募军队讨伐李光仕。何稠宣谕降服李光仕的党徒莫崇等人，承受制令，署命首领担任州县官吏。何稠是何妥的侄子。

上以岭南夷、越数反，以汴州刺史令狐熙为桂州总管十七州诸军事，许以便宜从事，刺史以下官得承制补授。熙至部，大弘恩信，其溪洞渠帅更相谓曰："前时总管皆以兵威相胁，今者乃以手教相谕，我辈其可违乎！"于是相帅归附。先是州县生梗，长吏多不得之官，寄政于总管府，熙悉遣之，为建城邑，开设学校，华、夷感化焉。俚帅宁猛力者，在陈世已据南海，隋因而抚之，拜安州刺史。猛力恃险骄倨，未尝参谒。熙谕以恩信，猛力感之，诣府请谒，不敢为非。熙奏改安州为钦州。

【译文】隋文帝杨坚因为岭南的夷、越经常造反，因此任命汴州刺史令狐熙担任桂州总管十七州诸军事，允许他为了方便可以自行处理各种事宜，刺史以下的官职可以秉承制命，补授官职。令狐熙来到所统领的地方，大力扩大恩德威信，那些溪洞的元帅相互商量说："从前的总管都是用军队的威严，现在的总管却拿亲手书写的教令来晓谕我们，我们难道还要违抗吗？"因此相互带头来归顺。起初，岭南各州县横生梗阻，刺史、县令都不能前去就任官职，总是寄托总管府来处置政事，令狐熙全部遣散回去，替他们修筑城邑，设立学校，华夷全都大受感化。俚人的元帅宁猛力，在陈朝时就已经据守南海，隋朝因而安抚他，拜他为安州刺史。宁猛力凭借险要，骄傲不逊，未尝来参拜朝谒，令狐熙晓以恩信道义，宁猛力深受感动，来到总管府请求谒见，表示不敢做坏事。令狐熙上奏请求改安州为钦州。

帝以所在属官不敬惮其上，事难克举，三月，丙辰，诏"诸司论属官罪，有律轻情重者，听于律外斟酌决杖。"于是，上下相驱，迭行捶楚，以残暴为干能，以守法为懦弱。

帝以盗贼繁多，命盗一钱以上皆弃市，或三人共盗一瓜，事发即死。于是，行旅皆晏起早宿，天下懔懔。有数人劫执事而谓之曰："吾岂求财者邪！但为枉人来耳。而为我奏至尊：自古以来，体国立法，未有盗一钱而死者也。而不为我以闻，吾更来，而属无类矣！"帝闻之，为停此法。

帝尝乘怒，欲以六月杖杀人，大理少卿河东赵绰固争曰：

"季夏之月，天地成长庶类，不可以此时诛杀。"帝报曰："六月虽曰生长，此时必有雷霆；我则天而行，有何不可!"遂杀之。

【译文】隋文帝杨坚认为各地的部属官员不敬服他们的上司，事情很难办成，三月，丙辰日(三月无此日)，隋文帝杨坚下诏令："所有相关官吏，在判定属官罪过时，如有法律太轻而情节严重的，允许在法律之外斟酌情况，加以判定。"于是上上下下全都驱使他们的部属，常常施用拷打，将残酷暴虐当作能干，把谨守法律当作懦弱。

隋文帝杨坚因为盗贼很多，下令盗取一钱以上的人都要处死弃市，有三个人一起盗取一个瓜，事情被发现，全都予以处死。因此行旅的人全都很晚才起床，很早就上床睡觉，全天下的人都畏惧不安。有几个人挟持执政的官员，告诉他说："我们哪里是求索财物呢？只是为冤死的人而来罢了。你替我奏报陛下：自古以来，经国立法，没有偷一钱就处斩的，你若不替我将话传给君王，我再来的时候，你们就不要想活命了。"隋文帝杨坚听了，便废止了这条法律。

隋文帝杨坚曾经乘怒气正盛的时候，想在六月杖杀人，大理少卿河东人赵绰竭力辩争说："盛夏季节，天地间万物正蓬勃生长，不可以在这个时节杀人。"隋文帝杨坚回答说："六月虽然是生长万物的季节，但此时一定会有雷霆；我效法天道来行事，有什么不可以的呢!"于是将要杀的人杀了。

大理掌固来旷上言大理官司太宽，帝以旷为忠直，遣每旦于五品行中参见。旷又告少卿赵绰滥免徒囚，帝使信臣推验，初无阿曲，帝怒，命斩之。绰固争，以为旷不合死，帝拂衣入阁。绰矫言，"臣更不理旷，自有它事，未及奏闻。"帝命引入阁，绰再拜请曰:"臣有死罪三,臣为大理少卿,不能制驭掌固,使旷触挂天刑,一也。囚不合死,而臣不能死争,二也。臣本无它事,而妄言求入,三也。"帝解颜。会独孤后在坐,命赐绰二金杯酒,并杯赐之。旷因免死,徙广州。

萧摩诃子世略在江南作乱,摩诃当从坐,上曰:"世略年未二十,亦何能为,以其名将之子,为人所逼耳。"因赦摩诃。绰固谏不可,上不能夺,欲绰去而赦之,因命绰退食。绰曰:"臣奏狱未决,不敢退。"上曰:"大理其为朕特舍摩诃也!"因命左右释之。

【译文】大理掌固来旷上奏说大理官署的人判刑太宽,隋文帝杨坚认为来旷为人忠直,让他在每天朝参时,站在五品官员的行列,以示优遇。来旷又控告少卿赵绰随便免除囚犯的刑罚,隋文帝杨坚便派亲信的臣子去验看,结果没有滥免徒囚的事情,隋文帝杨坚十分生气,就下令要将来旷处死。赵绰力争,认为来旷不应当处死,隋文帝振衣起身入阁,表示不愿意再听他说话。赵绰便假托说:"臣不再理会来旷的事情,是另有别的要事,还没有来得及奏报。"隋文帝杨坚于是下令带他入阁,赵绰再拜请罪说:"臣有三个死罪:臣任职大理少卿,不能驾驭控制掌固,使来旷触犯国家法律,这是第一件。囚犯不应当死,臣不能够以死相争,使陛下不杀囚犯,这是第二件。臣本来没有别的事情,而乱说有事请求入见,这是第三件。"隋文帝杨坚听了,脸色缓和下来。碰巧独孤后坐在旁边,命令赏赐给赵绰两金杯的酒,连同金杯一起赏赐他。来旷因此被免除死罪,流放到广州。

萧摩诃的儿子萧世略在江南叛乱,萧摩诃应该牵连坐罪,隋文帝杨坚说:"萧世略年龄还不满二十岁,能有什么作为呢?只是由于他是名将的儿子,被人逼迫罢了!"因此下诏赦免萧摩诃。赵绰力争，认为不可以这样做，隋文帝杨坚不肯改变心意，想让赵绰离去，以赦免萧摩诃，于是命令赵绰退朝回家吃饭。赵绰说："臣呈奏的狱案还没有结果，不敢退朝。"隋文帝杨坚说："大理，你就为朕特别宽恕萧摩诃吧!"因此命令身边的人释放萧摩诃。

　　刑部侍郎辛亶尝衣绯裈，俗云利官;上以为厌蛊，将斩之。绰曰："法不当死，臣不敢奉诏。"上怒甚，曰："卿惜辛亶而不自惜也!"命引绰斩之。绰曰："陛下宁杀臣，不可杀辛亶。"至朝堂，解衣当斩，上使人谓绰曰："竟何如?"对曰："执法一心，不敢惜死。"上拂衣而入，良久，乃释之。明日谢绰，劳勉之，赐物三百段。

　　时上禁行恶钱，有二人在市，以恶钱易好者，武候执以闻，上令悉斩之，绰进谏曰："此人所坐当杖，杀之非法。"上曰："不关卿事。"绰曰："陛下不以臣愚暗，置在法司，欲妄杀人，岂得不关臣事!"上曰："撼大木，不动者当退。"对曰："臣望感天心，何论动木。"上复曰："啜羹者热则置之，天子之威，欲相挫邪!"绰拜而益前，诃之，不肯退，上遂入。治书侍御史柳彧复上奏切谏，上乃止。

　　【译文】刑部侍郎辛亶曾经身穿红色襐衣，习俗认为有利于官务;隋文帝杨坚认为这是厌胜巫蛊一类的事情，准备处死他。赵绰说："在法理上他不应当死，臣不敢接受诏命。"隋文帝杨坚很生气，说："卿怜惜辛亶，不怜惜自身吗?"下令带走赵绰，要将他斩了。赵绰说："陛下可以杀臣，但不可杀辛宣。"到了朝堂，脱下外衣，将要杀他，隋文帝杨坚派人告诉他说："最终抉择如何?"赵绰回答说："执法专一，不敢吝惜死亡。"隋文帝杨坚振衣起身入内，过了许久，才释放他。第二天隋文帝杨坚向赵绰道歉，慰勉他，赏赐丝帛三百匹。

当时隋文帝杨坚禁止通行劣质钱币，有两个人在集市上，用劣质钱币交换好的钱币，负责巡察的武候抓住他们上奏，隋文帝杨坚命令全部斩杀。赵绰上前劝谏说："这两个人所犯的罪，应该处以刑杖，处死他们是不合法的。"隋文帝杨坚说："这不关你的事。"赵绰说："陛下不因为臣愚笨，将臣安置在掌管司法的机关，如今陛下想要随便胡乱杀人，怎么能说不关臣的事情呢？"隋文帝杨坚说："摇撼大树，摇不动的就应该退下。"赵绰回答说："臣希望感动君王的心，岂止摇动大树！"隋文帝杨坚又说："喝羹汤的人，汤太热就先放一放，天子的威仪，竟想打击它吗？"赵绰下拜，又向前移动，隋文帝杨坚呵骂他，赵绰也不肯退后，隋文帝杨坚于是入内。治书侍御史柳彧又再次上奏，殷切进谏，隋文帝杨坚才作罢。

【乾隆御批】盗一瓜一钱皆柢死，而行旅之戒心如故，是峻法固不足以遏奸徒，见其滥刑耳。赵绰彼时未闻一言匡弼，而于来旷辛亶之死，哓哓争执，其意不过市恩沽，直非真能赞饮恤而底明允者也。

【译文】偷盗一瓜一钱就判死刑，而往来行旅之人依旧充满戒心，这表明严厉的法律本来就不足以遏止奸徒，只不过是滥用刑罚罢了。在那时没听赵绰说过一句匡正朝廷的话，可是对于来旷和辛亶的死，他却喋喋不休地争执，他的用意不过是获取皇恩和沽名钓誉罢了，并不是真能领会皇帝的温恤之心而达到清明公允的人。

上以绰有诚直之心，每引入阁中，或遇上与皇后同榻，即呼绰坐，评论得失，前后赏赐万计。与大理卿薛胄同时，俱名平恕；

然胄断狱以情而绰守法，俱为称职。胄，端之子也。

帝晚节用法益峻，御史于元日不劾武官衣剑之不齐者，帝曰："尔为御史，纵舍自由。"命杀之，谏议大夫毛思祖谏，又杀之。将作寺丞以课麦翙迟晚，武库令以署庭荒芜，左右出使，或授牧宰马鞭、鹦鹉，帝察知，并亲临斩之。

帝既喜怒不恒，不复依准科律。信任杨素，素复任情不平，与鸿胪少卿陈延有隙，尝经蕃客馆，庭中有马屎，又众仆于毡上樗蒲，以白帝。帝大怒，主客令及樗蒲者皆杖杀之，棰陈延几死。

【译文】隋文帝杨坚因为赵绰有忠诚正直的心，常常带他进入殿中，有时遇到皇上与皇后同坐一榻，就呼叫赵绰侍坐，谈论政治的得失，前后赏赐多的用万来计算。赵绰与大理卿薛胄同时都以公平仁恕著称，但薛胄断案依据情理，而赵绰谨守法令，都能够胜任职责。薛胄是薛端的儿子。

隋文帝杨坚晚年用法更加严峻，御史在正月元旦没有弹劾着衣佩剑不齐整的武官，隋文帝杨坚说："你是御史，却随意放纵不管这件事。"于是下令将他杀了；谏议大夫毛思祖诤谏，又被处死。将作寺丞由于征收麦秸较晚，武库令由于办公处所生长杂草，身边的人出使外地，有的接受州牧、县宰马鞭、鹦鹉等馈赠，隋文帝杨坚察觉了，都亲自督监斩杀他们。

隋文帝杨坚喜怒无常，不再依据法律，而是信任杨素。杨素又放任性情，不求公平。杨素与鸿胪少卿陈延有嫌隙，曾经路过蕃人的客馆，发现庭中有马屎，同时看到有许多仆人在地毡上赌博，便去告诉隋文帝。隋文帝杨坚大为生气，统典客令的鸿胪卿与参加赌博的人都用杖捶杀，并且捶打陈延，打得都快要死了。

帝遣新卫大都督长安屈突通往陇西检覆群牧，得隐匿马二万馀匹，帝大怒，将斩太仆卿慕容悉达及诸监官千五百人。通谏曰："人命至重，陛下奈何以畜产之故杀千有馀人！臣敢以死请！"帝瞋目叱之，通又顿首曰："臣一身分死，就陛下匄千馀人命。"帝感寤，曰："朕之不明，以至于此！赖有卿忠言耳。"于是，悉达等皆减死论，擢通为右武候将军。

上柱国彭公刘昶与帝有旧，帝甚亲之；其子居士，任侠不遵法度，数有罪，上以昶故，每原之。居士转骄恣，取公卿子弟雄健者，辄将至家，以车轮括其颈而棒之，殆死能不屈者，称为壮士，释而与交。党与三百人，殴击路人，多所侵夺，至于公卿妃主，莫敢与校。或告居士谋为不轨，帝怒，斩之，公卿子弟坐居士除名者甚众。

资治通鉴

【译文】隋文帝杨坚派亲卫大都督长安人屈突通前去陇西检校复核所有的畜牧成果，查得隐匿的马匹两万多匹，隋文帝杨坚大为生气，准备斩杀太仆卿慕容悉达与其他的监官一千五百人。屈突通进谏说："人命十分重要，陛下为什么要因为牲畜牧养的缘故杀害一千多人！臣胆敢以死请命。"隋文帝杨坚怒目看他。屈突通又叩头说："臣一个人该死，请陛下宽恕一千多人的性命。"隋文帝杨坚受了感动而觉悟，说："朕不明察，以至于到了这般地步，幸亏有卿忠言进谏。"于是悉达等人全都被减免死罪，又擢升屈突通为左武候将军。

上柱国彭公刘昶与隋文帝杨坚有旧情，隋文帝十分亲信他；他的儿子刘居士，恣意行侠，不遵守法令，多次犯罪，隋文帝杨坚因为刘昶的缘故，每次都宽恕了他。于是刘居士变得骄纵放肆，常常绑缚身体雄健的公卿子弟，将他们带到家里，把车轮挂在他们的脖子上，用棒捶击打，等到快要死了却能不屈服的，就称其为壮士，放开他而后与他结交。同党的一共有三百人，经常殴打路人，并加以侵掠欺侮，连公卿妃主也不敢跟他计较。后来有人控告刘居士有阴谋不轨的行为，隋文帝杨坚十分生气，便将他处死了。公卿子弟因为刘居士的罪行连坐而被除名的有许多人。

杨素、牛弘等复荐张胄玄历术。上令杨素与术数人立议六十一事，皆旧法久难通者，令刘晖等与胄玄等辩析之。晖杜口一无所答，胄玄通者五十四，上乃拜胄玄员外散骑侍郎兼太史令，赐物千段，令参定新术。至是，胄玄历成。夏，四月，戊寅，诏颁新历；前造历者刘晖等四人并除名。

秋，七月，桂州人李世贤反，上议讨之。诸将数人请行，上不许，顾右武候大将军虞庆则曰："位居宰相，爵乃上公，国家有贼，遂无行意，何也？"庆则拜谢，恐惧，乃以庆则为桂州道行军总管，讨平之。

【译文】杨素、牛弘等人再次推荐张胄玄的历法。隋文帝杨坚命令杨素与学术数的人商量确定六十一件事，都是些长久难以弄懂的旧法，下令刘晖等人与张胄玄等人加以辩析。刘晖闭着嘴巴，丝毫不能回答；张胄玄通晓的有五十四件事，隋文帝杨坚于是授予张胄玄员外散骑侍郎兼太史令，赏赐丝帛千匹，并命他参酌制定新的历法。于是张胄玄的历法便最终完成。夏季，四月，戊寅日（初二），隋文帝杨坚诏令颁布新的历术。以前制定历法的刘晖等四人都被罢除官职。

秋季，七月，桂州人李世贤叛乱，隋文帝杨坚立即召集大臣商议去讨伐他。众将中有几个人请求前往，隋文帝杨坚没有答应，回头看着右武候大将军虞庆则说："你官居宰相，爵属上公，国家有反贼，竟没有讨伐的意思，是什么缘故呢？"虞庆则叩拜谢罪，特别恐惧，于是任命虞庆则担任桂州道行军总管，讨平寇乱。

秦王俊，幼仁恕，喜佛教，尝请为沙门，不许。及为并州总管，渐好奢侈，违越制度，盛治宫室。俊好内，其妃崔氏，弘度之妹也，性妒，于瓜中进毒，由是得疾，徵还京师。上以为奢纵，丁亥，免俊官，以王就第。崔妃以毒王，废绝，赐死于家。左武卫将军刘昇谏曰："秦王非有它过，但费官物，营廨舍而已，臣谓可容。"上曰："法不可违。"杨素复谏曰："秦王之过，不应至此，愿陛下详之！"上曰："我是五儿之父，非兆民之父？若如公意，何不别制天子儿律！以周公之为人，尚诛管、蔡，我诚不及周公远矣，安能亏法乎！"卒不许。

戊戌，突厥突利可汗来逆女，上舍之太常，教习六礼，妻以宗女安义公主。上欲离间都蓝，故特厚其礼，遣太常卿牛弘、纳言苏威、民部尚书斛律孝卿相继为使。

【译文】秦王杨俊，年幼时仁慈宽厚，喜好佛教，曾经请求去当和尚，没有得到同意。等到担任并州总管，渐渐喜好奢靡豪侈，违越规制，极力装饰宫室。杨俊喜欢娶妻纳妾，他的妃子崔氏，是崔弘度的妹妹，性情善妒，有次在瓜里放进毒药，杨俊因此得了病，被调回京师。隋文帝杨坚因为杨俊骄奢放纵，丁亥日（十三日），罢免杨俊的官职，杨俊以王爷的身份闲居在家。崔妃因为毒害秦王，被废，赐死在家里。左武卫将军刘昇进谏说："秦王没有别的过错，只是浪费官府的钱财，修造房舍而已，臣认为可以宽恕他。"隋文帝杨坚说："法律是不可违反的。"杨素进谏说："秦王的过错，不应当到这地步，希望皇上详察。”隋文帝杨坚说：“我是五个儿子的父亲，难道不是亿万人民的父亲吗？假如像你说的意思，为什么不另外制定天子儿子的法律呢？以周公的为人，尚且诛杀管、蔡，我的确远不如周公，怎么能破坏律法呢？”最后仍旧没有答应。

戊戌日（二十四日），突厥的突利可汗前来迎娶公主，隋文帝杨坚让他住在太常寺，让他学习六礼（指纳采、问名、纳吉、纳征、请期、亲迎），将宗室的女子安义公主嫁他为妻。隋文帝杨坚想离间都蓝，所以待他的礼数非常优厚，派遣太常卿牛弘、纳言苏威、民部尚书斛律孝卿相继担任使臣。

突利本居北方，既尚主，长孙晟说其帅众南徙，居度斤旧镇，锡赉优厚。都蓝怒曰：“我，大可汗也，反不如染干！”于是，朝贡遂绝，亟来抄掠边鄙。突利伺知动静，辄遣奏闻，由是边鄙每先有备。

九月，甲申，上至自仁寿宫。

何稠之自岭南还也，宁猛力请随稠入朝，稠见其疾笃，遣还钦州，与之约曰：“八九月间，可诣京师相见。”使还，奏状，上意不怿。冬，十月，猛力病卒。上谓稠曰：“汝前不将猛力来，今竟死矣！”稠曰：“猛力与臣约，假令身死，当遣子入侍。越人性直，其子必来。”猛力临终，果戒其子长真曰：“我与大使约，不可失信，汝葬我毕，即宜登路。”长真嗣为刺史，如言入朝。上大悦曰：“何稠著信蛮夷，乃至于此！”

【译文】突利可汗原本住在北方，既然与安义公主结婚，长孙晟便游说他，让他带领部属向南迁徙，居住在度斤的旧镇，赏赐他十分优厚。都蓝生气地说：“我是大可汗，反而比不上染干！”因此停止了朝贡，并多次来边境抢劫。突利可汗窥知都蓝可汗的意图，就派人奏报上闻，因此边境每次都预先作了防备。

九月，甲申日（十一日），隋文帝杨坚从仁寿宫回来。

何稠从岭南返回京城，宁猛力请求跟从何稠入朝，何稠看他病重，就送他返回钦州，与他相约说：“八九月间，可以到京师相见。”何稠回到京城，上奏情形，隋文帝杨坚很不高兴。冬季，十月，宁猛力生病去世。隋文帝杨坚告诉何稠说：“你前些时候不带宁猛力来，现在他竟然去世了。”何稠说：“宁猛力与臣约定，倘若他死了，要派他儿子入朝侍奉。越人性情很刚直，他的儿子一定会前来。”宁猛力临死时，果然告诉他的儿子宁长真说：“我与大使约定，不能失掉信用，你埋葬完我，应当立即上路。”宁长真继承父亲职位担任刺史，依照宁猛力的话入朝。隋文帝杨坚非常高兴地说：“何稠对蛮夷特别讲信用，竟到了这地步！”

鲁公虞庆则之讨李世贤也，以妇弟赵什住为随府长史。什住通于庆则爱妾，恐事泄，乃宣言庆则不欲此行，上闻之，礼赐甚薄。庆则还，至潭州临桂岭，观眺山川形势，曰：“此诚险固，加以足粮，若守得其人，攻不可拔。”使什住驰诣京师奏事，观上颜色，什住因告庆则谋反，下有司案验。十二月，壬子，庆则坐死，拜什住为柱国。

高丽王汤闻陈亡，大惧，治兵积谷，为拒守之策。是岁，上赐汤玺书，责以“虽称藩附，诚节未尽”。且曰：“彼之一方，虽地狭人少，今若黜王，不可虚置，终须更选官属，就彼安抚。王若洒心易行，率由宪章，即是朕之良臣，何劳别遣才彦！王谓辽水之广，何如长江？高丽之人，多少陈国？朕若不存含育，责王前愆，命一将军，何待多力！殷勤晓示，许王自新耳。”汤得书，惶恐，将奉表陈谢。会病卒，子元嗣立，上使使拜元为上开府仪同三司，袭爵辽东公。元奉表谢恩，因请封王，上许之。

吐谷浑大乱，国人杀世伏，立其弟伏允为主，遣使陈废立之事，并谢专命之罪，且请依俗尚主；上从之。自是朝贡岁至。

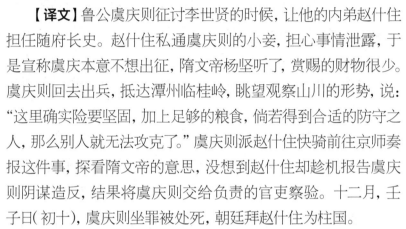

【译文】鲁公虞庆则征讨李世贤的时候，让他的内弟赵什住担任随府长史。赵什住私通虞庆则的小妾，担心事情泄露，于是宣称虞庆本意不想出征，隋文帝杨坚听了，赏赐的财物很少。虞庆则回去出兵，抵达潭州临桂岭，眺望观察山川的形势，说："这里确实险要坚固，加上足够的粮食，倘若得到合适的防守之人，那么别人就无法攻克了。"虞庆则派赵什住快骑前往京师奏报这件事，探看隋文帝的意思，没想到赵什住却趁机报告虞庆则阴谋造反，结果将虞庆则交给负责的官吏察验。十二月，壬子日（初十），虞庆则坐罪被处死，朝廷拜赵什住为柱国。

高丽王高汤听闻陈朝灭亡，十分害怕，于是训练部队，积存粮草，订了防守抵抗的计策。这一年，隋文帝杨坚颁下诏敕给高汤，责备他"虽然称藩归降，忠诚的心意却还没有尽到"。而且说："你们那一地区，虽然地方狭窄，人口很少，现在假如黜免你的王位，也不能将位置虚悬在那里，不予理睬，最后还须另外选派官员，到那里去安抚你们的吏民。你倘若洗除杂念，改变行为，遵守典章，就是朕的好臣子，何必劳烦朕另外派遣有才智俊彦的人前去呢？你认为广阔的辽河，比起长江来怎么样呢？高丽的百姓，比起陈朝来又怎么样呢？朕倘若不存着包容化育的心怀，而指责你从前的过失，只需命令一名将军前去征讨，又何必花费这许多的力气呢？这样深切的指示晓谕，只为给你自新的机会罢了。"高汤得了玺书，特别惶恐，准备上表陈情谢罪。恰巧此时病死，由他的儿子高元继位，于是隋文帝杨坚派使者拜高元为上开府仪同三司，承袭爵位担任辽东公。高元奉上奏章道谢恩典，顺便请求封他为王，隋文帝杨坚同意了。

吐谷浑国内大乱，国人杀死世伏，拥立他的弟弟伏允为君主，接着派使者前来陈述废立的事情，并为专擅废立而向隋朝谢罪，而且请求依照旧例以公主嫁他为妻，隋文帝杨坚同意了。从此吐谷浑入朝纳贡，年年不断。

开皇十八年(戊午，公元五九八年)春，二月，甲辰，上幸仁寿宫。

高丽王元帅靺鞨之众万馀寇辽西，营州总管冲击韦走之。上闻而大怒，乙巳，以汉王谅、王世积并为行军元帅，将水陆三十万伐高丽，以尚书左仆射高颎为汉王长史，周罗睺为水军总管。

【译文】开皇十八年(戊午，公元598年)春季，二月，甲辰日(初三)，隋文帝杨坚临幸仁寿宫。

高丽王高元带领靺鞨的士众一万多人侵略辽西，营州总管韦冲将他们击退。隋文帝听了十分生气，乙巳日(初四)，隋文帝杨坚任命汉王杨谅、王世积同时担任行军元帅，率领水陆军三十万人征讨高丽，任命尚书左仆射高颎担任汉王长史，周罗睺担任水军总管。

延州刺史独孤陀有婢曰徐阿尼，事猫鬼，能使之杀人，云每杀人，则死家财物潜移于畜猫鬼家。会独孤后及杨素妻郑氏俱有疾，医皆曰："猫鬼疾也。"上以陀，后之异母弟，陀妻，杨素异母妹，由是意陀所为，令高颎等杂治之，具得其实。上怒，令以轹车载陀夫妻，将赐死于家。独孤后三日不食，为之请命曰："陀若蛊政害民者，妾不敢言；今坐为妾身，敢请其命。"陀弟司勋侍郎整诣阙求哀，于是免陁死，除名为民，以其妻杨氏为尼。先是，有人讼其母为猫鬼所杀者，上以为妖妄，怒而遣之。至是，诏诛被讼行猫鬼家。夏，四月，辛亥，诏："畜猫鬼、蛊毒、厌媚野道之家，并投于四裔。"

六月，丙寅，下诏黜高丽王元官爵。汉王谅军出临渝关，值水潦，馈运不继，军中乏食，复遇疾疫。周罗睺自东莱泛海趣平壤城，亦遭风，船多飘没。秋，九月，己丑，师还，死者什八九。高丽王元亦惶惧遣使谢罪，上表称"辽东粪土臣元"，上于是罢兵，待之如初。

【译文】延帅史独孤陀，有位婢女名叫徐阿尼，事奉猫鬼，能让猫鬼杀人，说每次杀了人，死人家里的财物就暗中转移到养猫鬼人的家里。恰巧独孤后与杨素妻子郑氏都染上疾病，医生都说："是猫鬼引起的疾病。"隋文帝杨坚因为独孤陀是皇后异母的弟弟，他的妻子是杨素异母的妹妹，因此认为这件事是独孤陀做的，便命令高颎等人一同审理，查出全部实情。隋文帝杨坚很生气，命令用牛车载着独孤陀夫妇，准备将他们赐死。独孤后三天不吃食物，替他们请求活命，说："独孤陀倘若败坏政事，伤害百姓，妾不敢替他说话，现在由于妾身的缘故犯罪，胆敢请求给他们生路。"独孤陀的弟弟司勋侍郎独孤整来到宫阙下请求隋文帝杨坚哀怜他们。于是免除独孤陀的死罪，夺去爵名，成为普通百姓，并让他的妻子杨氏去做尼姑。此前，有人告状说他的母亲被猫鬼杀死，隋文帝杨坚认为是妖妄无稽，很生气地遣放他回去。到了此时，才下令杀死那利用猫鬼杀人的人家。夏季，四月，辛亥日（十一日），隋文帝杨坚下诏说："畜养猫鬼、蛊毒、厌媚、野道的人家，都流放到边陲地区。"

六月，丙寅日（二十七日），隋文帝杨坚下诏令废黜高丽王高元的官爵。汉王杨谅的部队从临渝关出发，正赶上发生水灾，粮运不能接续，军中缺乏食物，又遇到疾病流行。周罗睺从东莱渡海前往平壤城，也遇到大风。船只多被吹走沉没。秋季，九月，己丑日（二十一日），军队返回，死了十分之八九。高丽王高元也很害怕惶恐，派使者前来谢罪，上表章自称"辽东贱恶如粪土的臣子高元"，隋文帝杨坚因此停止进兵，对待他和从前一样。

百济王昌遣使奉表，请为军导，帝下诏谕以"高丽服罪，朕已赦之，不可致伐。"厚其使而遣之。高丽颇知其事，以兵侵掠其境。

辛卯，上至自仁寿宫。

冬，十一月，癸未，上祀南郊。

十二月，自京师至仁寿宫，置行宫十有二所。

南宁夷爨玩复反。蜀王秀奏"史万岁受赂纵贼，致生边患。"上责万岁，万岁诋谰；上怒，命斩之。高颎及左卫大将军元旻等固请曰："万岁雄略过人，将士乐为致力，虽古名将，未能过也。"上意少解，于是除名为民。

【译文】百济王馀昌派使者奉上表章，请求担任军队的前导，隋文帝杨坚下令晓谕他，由于"高丽认罪，朕已宽恕他们，不再加以征讨"。因此厚待百济使者，并遣放回去。高丽后来知晓这件事，派出军队去侵略掠夺百济边境。

辛卯日（二十三日），隋文帝杨坚从仁寿宫回来。

冬季，十一月，癸未日（十六日），隋文帝杨坚在南郊祭祀。

十二月，隋文帝杨坚从京师到仁寿宫，设置十二所行宫。

南宁夷爨玩又叛乱。蜀王杨秀上奏"史万岁收受贿赂，纵放贼兵，所以产生边疆的祸患"。隋文帝杨坚责备史万岁，史万岁抵赖，不肯承认，隋文帝杨坚很生气，下令要杀死他。高颎与左卫大将军元旻等人坚持请求说："史万岁雄才大略超过一般人，将士乐意为他效命，就算是古代的名将，也不能超过他。"隋文帝杨坚的怒意稍为宽解，因此废掉他的爵名，成为普通百姓。

开皇十九年(己未，公元五九九年)春，正月，癸酉，赦天下。

二月，甲寅，上幸仁寿宫。

突厥突利可汗因长孙晟奏言都蓝可汗作攻具，欲攻大同城。诏以汉王谅为元帅，尚书左仆射高颎出朔州道，右仆射杨素出灵州道，上柱国燕荣出幽州道以击都蓝，皆取汉王节度；然汉王竟不临戎。

【译文】开皇十九年(己未，公元 599 年)春季，正月，癸酉日(初七)，隋文帝杨坚大赦天下。

二月，甲寅日(十九日)，隋文帝杨坚临幸仁寿宫。

突厥的突利可汗通过长孙晟上奏说都蓝可汗制造攻城工具，想要进攻大同城。隋文帝杨坚下令让汉王杨谅担任元帅，尚书左仆射高颎从朔州道出兵，右仆射杨素从灵州道出兵，上柱国燕荣从幽州道出兵，去攻打都蓝可汗，一律接受汉王的调度节制，但是汉王自始至终没有亲临军阵。

都蓝闻之，与达头可汗结盟，合兵掩袭突利，大战长城下，突利大败。都蓝尽杀其兄弟子侄，遂渡河入蔚州。突利部落散亡，夜，与长孙晟以五骑南走，比旦，行百馀里，收得数百骑。突利与其下谋曰："今兵败入朝，一降人耳，大隋天子岂礼我乎! 玷厥虽来，本无冤隙，若往投之，必相存济。"晟知之，密遣使者入伏远镇，令速举烽。突利见四烽俱发，以问晟，晟绐之曰："城高地迥，必遥见贼来。我国家法，若贼少，举二烽；来多，举三烽；大逼，举四烽。彼见贼多而又近耳。”突利大惧，谓其众曰：“追兵已逼，且可投城。”既入镇，晟留其达官执室领其众，自将突利驰驿入朝。夏，四月，丁酉，突利至长安。帝大喜，以晟为左勋卫票骑将军，持节护突厥。

上令突利与都蓝使者因头特勒相辩诘，突利辞直，上乃厚待之。都蓝弟都速六弃其妻子，与突利归朝，上嘉之，使突利多遗之珍宝以慰其心。

【译文】都蓝可汗听闻这个消息，与达头可汗缔结同盟，联合兵力袭击突利可汗，在长城下展开大战，突利可汗大败。都蓝可汗将他的兄弟、子侄全都杀了，于是渡过黄河进入蔚州。突利可汗的部队被迫离散逃亡，在夜里，他与长孙晟带领五名骑兵向南逃走，等到天明，跑了一百多里，找回数百名骑兵。突利可汗与他的属下商议说："现在打了败仗，而投奔朝廷，只是一名投降的人罢了，大隋天子怎么会礼遇我呢？玷厥虽然来进攻我，但是我与他们本来没有冤仇，假如前往投靠他，必定会设法安顿我们。"长孙晟知晓了这一情况，便暗中派遣使者进入伏远镇，命他们赶快举烽火。突利可汗看到四个烽火都举发，就询问长孙晟，长孙晟蒙骗他说："城墙很高，地势旷远，一定是从很远的地方就看到贼兵来了。我们大隋的法令是这样的：假如贼兵少，只举起两个烽火；如果来得很多，就举起三个烽火；大军逼近，则举起四个烽火。这是他们看见贼兵很多且又靠近了呀！"突利可汗非常害怕，告诉他的部属说："追兵已经逼近了，只能进入城里。"在进入城镇以后，长孙晟留下突利可汗的高级官吏领导他的部属，自己带领突利可汗快车入朝。夏季，四月，丁酉日（初二），突利可汗到了长安。隋文帝杨坚特别高兴，任命长孙晟担任左勋卫骠骑将军，持拿符节监护突厥。

隋文帝杨坚命令突利可汗与都蓝可汗的使者因头特勒相互辩难诘问，突利可汗的言辞爽直，隋文帝杨坚因此很厚待他。都蓝可汗的弟弟郁速六抛弃他的妻子儿女，与突利可汗归顺朝廷，隋文帝杨坚嘉勉他，派突利可汗送他许多珍珠宝贝，来抚慰他的心意。

高颎使上柱国赵仲卿将兵三千为前锋，至族蠡山，与突厥遇，交战七日，大破之；追奔至乞伏泊，复破之，虏千馀口，杂畜万计。突厥复大举而至，仲卿为方陈，四面拒战，凡五日。会高颎大兵至，合击之，突厥败走，追度白道，逾秦山七百馀里而还。杨素军与达头遇。先是诸将与突厥战，虑其骑兵奔突，皆以戎车步骑相参，设鹿角为方陈，骑在其内。素曰："此乃自固之道，未足以取胜也。"于是悉除旧法，令诸军为骑陈。达头闻之，大喜曰："天赐我也！"下马仰天而拜，帅骑兵十馀万直前。上仪同三司周罗睺曰："贼陈未整，请击之。"先帅精骑逆战，素以大兵继之，突厥大败，达头被重创而遁，杀伤不可胜计，其众号哭而去。

【译文】高颎派上柱国赵仲卿率领三千军士作为前锋，到了族蠡山，与突厥人相遇，交战七天，大败突厥。又追击逃敌直到乞伏泊，再次击败突厥兵，共俘获一千多人及数以万计的牲畜。突厥人又大举进犯，赵仲卿摆开方阵，四面抵抗作战，一共交战了五天。适逢高颎大军到达，一同攻击敌人，突厥人战败逃跑，追击到白道，翻过秦山七百多里才返回。杨素的军队则与达头相遇。此前诸将和突厥人作战，害怕他们的骑兵急驰来犯，都将兵车和步将掺杂在一起，布设成像鹿角一样的方形阵势，让骑兵留在里面。杨素说："这是自保的办法，不能够取得胜利。"于是完全废除陈旧的阵法，下令各军摆出骑兵的阵势。达头听了，十分高兴地说："这是上天赏赐给我的时机呀！"于是下马仰天叩拜，带领骑兵十多万直奔向前。上仪同三司周罗睺说："贼军的阵势还没有齐整，请下令进攻。"于是周罗睺率领精良的骑兵迎战，杨素率领大军跟随其后，突厥人大败，达头可汗身受重伤逃跑，被杀伤的人难以计数，达头的部属都哭号着逃走。

资治通鉴

六月，丁酉，以豫章王暕为内史令。

宜阳公王世积为凉州总管，其亲信安定皇甫孝谐有罪，吏捕之，亡抵世积，世积不纳。孝谐配防桂州，因上变，称"世积尝令道人相其贵不，道人答曰：'公当为国主，又将之凉州。'其所亲谓世积曰：'河西天下精兵处，可图大事。'世积曰：'凉州土旷人希，非用武之国。'"世积坐诛，拜孝谐上大将军。

独孤后性妒忌，后宫莫敢进御。尉迟迥女孙，有美色，先没宫中，上于仁寿宫见而悦之，因得幸。后伺上听朝，阴杀之。上由是大怒，单骑从苑中出，不由径路，入山谷间二十馀里。高颎、杨素等追及上，扣马苦谏。上太息曰："吾贵为天子，不得自由！"高颎曰："陛下岂以一妇人而轻天下！"上意少解，驻马良久，中夜方还宫。后俟上于阁内，及至，后流涕拜谢，颎、素等和解之，因置酒极欢。先是后以高颎父之家客，甚见亲礼，至是，闻颎谓己为一妇人，遂衔之。

【译文】六月，丁酉日（初三），隋文帝杨坚任命豫章王杨暕担任内史令。

宜阳公王世积担任凉州总管，他的亲信安定人皇甫孝谐犯罪，官吏缉捕他，皇甫孝谐便逃到王世积那里，王世积没有接纳他。皇甫孝谐因而被配隶军伍，防守桂州，因此上书禀告王世积叛变，说："王世积曾经让道士给他看相，算他显贵不显贵，道士答复说：'您应该会是一国的君主，又将要到凉州。'他的亲信告诉他说：'河西是天下兵力精良的地方，能够图谋大事。'王世积说：'凉州土地辽阔，人口稀少，不是能够用武的地方'。"于是王世积坐罪被杀，任命皇甫孝谐为上大将军。

独孤后生性善妒，后宫没人敢亲近天子，接受御幸。尉迟迥的孙女，有美丽的容貌，先前被籍没而配入宫中，后来隋文帝杨坚在仁寿宫见了，十分喜欢，因而得到宠幸。独孤皇后却伺机在隋文帝听朝的时候，暗中将她杀了。隋文帝杨坚因此大发脾气，一个人骑马从宫苑中跑出去，不沿着道路，随意乱走，走到山谷中二十多里的地方。高颎、杨素等人追上隋文帝，拦住马头苦苦诤谏。隋文帝杨坚叹息说："我贵为天子，不得自由！"高颎说："陛下怎么能够因为一个妇人而轻弃天下！"隋文帝杨坚的心意稍稍宽解，停马良久，半夜才返回宫里。独孤皇后在内阁等候隋文帝，等到隋文帝回来了，独孤皇后流泪跪拜谢罪，高颎、杨素等人从中调解劝说，于是摆设酒宴，极尽欢娱。此前，独孤皇后因为高颎是父亲家中的常客，对他非常亲善礼遇，这时，听闻高颎说自己是一名妇人，于是衔恨在心。

时太子勇失爱于上，潜有废立之志，从容谓颎曰："有神告晋王妃，言王必有天下，若之何？"颎长跪曰："长幼有序，其可废乎！"上默然而止。独孤后知颎不可夺，阴欲去之。

会上令选东宫卫士以入上台，颎奏称："若尽取强者，恐东宫宿卫太劣。"上作色曰："我有时出入，宿卫须得勇毅。太子毓德东宫，左右何须壮士！此极弊法。如我意者，恒于交番之日，分向东宫，上下团伍不别，岂非佳事! 我熟见前代，公不须仍蹈旧风。"颎子表仁，娶太子女，故上以此言防之。

颎夫人卒，独孤后言于上曰："高仆射老矣，而丧夫人，陛下何能不为之娶!"上以后言告颎。颎流涕谢曰："臣今已老，退朝，唯斋居读佛经而已。虽陛下垂哀之深，至于纳室，非臣所愿。"上乃止。既而颎爱妾生男，上闻之，极喜，后甚不悦。上问其故，后曰："陛下尚复信高颎邪? 始，陛下欲为颎娶，颎心存爱妾，面欺陛下。今其诈已见，安得信之!"上由是疏颎。

【译文】当时太子杨勇失去隋文帝的宠爱，隋文帝暗中有将杨勇废黜而另立的心意，于是独孤皇后很和气地告诉高颎说："有神明告诉晋王的王妃，说晋王一定会拥有天下，你怎么看?"高颎跪拜说："长幼有秩序，怎么能够废除呢?"独孤后知道不能改变高颎的心意，便想要暗中除掉他。

恰巧隋文帝杨坚下令选拔东宫的卫士进到宫禁与省台，高颎上奏说："假如全部取用强壮的，担心东宫的宿卫就太弱了。"隋文帝杨坚变了脸色说："我经常要进出，宿卫一定是要骁勇强悍的。太子在东宫砥砺德行，身边的人何必要壮士呢? 这是最有弊端的制度。依照我的意思，经常在交接番代的时候，分一部分士兵去宿卫东宫，使上台与东宫的卫士，没有什么分别，难道不是很好的事情吗? 我很清楚前代有关此事的利弊，您不必坚持仍旧沿袭旧制。"高颎的儿子高表仁，娶了太子的女儿，因此隋文帝杨坚用这些话来警戒他。

高颎的夫人死了，独孤后告诉隋文帝杨坚说："高仆射年纪老了，又死了夫人，陛下怎么能不替他再娶一个?"隋文帝杨坚将皇后的话告诉高颎。高颎流着泪道谢说："臣如今已经老了，退朝之后，只有斋戒而居，诵读佛经而已，虽然承蒙陛下垂怜，只是纳妾这件事，却不是微臣所愿意的。"隋文帝杨坚因此作罢。后来高颎的爱妾生了男孩儿，隋文帝杨坚听了，极为欣喜，皇后却十分不高兴。隋文帝杨坚问她原因，皇后说："陛下还能信任高颎吗？之前，陛下想为高颎再娶，高颎说他心里顾念爱妾，当面欺骗陛下。现在他的欺诈已经显露出来了，怎么可以信任他呢？"隋文帝杨坚因此疏远高颎。

伐辽之役，颎固谏，不从，及师无功，后言于上曰："颎初不欲行，陛下强遣之，妾固知其无功矣！"又，上以汉王年少，专委军事于颎，颎以任寄隆重，每怀至公，无自疑之意，谅所言多不用。谅甚衔之，及还，泣言于后曰："儿幸免高颎所杀。"上闻之，弥不平。

及击突厥，出白道，进图入碛，遣使请兵，近臣缘此言颎欲反。上未有所答，颎已破突厥而还。及王世积诛，推核之际，有宫禁中事，云于颎处得之，上大惊。有司又奏"颎及左右卫大将军元旻、元胄，并与世积交通，受其名马之赠。"旻、胄坐免官。上柱国贺若弼、吴州总管宇文㢸、刑部尚书薛胄、民部尚书斛律孝卿、兵部尚书柳述等明颎无罪，上愈怒，皆以属吏，自是朝臣无敢言者。秋，八月，癸卯，颎坐免上柱国、左仆射，以齐公就第。

【译文】隋文帝杨坚攻打高丽的战役，高颎坚决进谏，不被采纳，等到军队无功而返，独孤皇后便告诉隋文帝杨坚说："高颎当初不愿出征，陛下强迫派遣他去，妾本来就知道他是不会有成果的。"同时，隋文帝杨坚认为汉王杨谅年纪小，将军事全部委任高颎处理，高颎因为责任十分深重，时常怀着至公的心意办事，没有自避嫌疑的心思，因此杨谅所说的话多不被采纳。这使杨谅非常衔恨，等到回来之后，哭着告诉皇后说："儿很侥幸没有被高颎杀死。"隋文帝杨坚听了,心里更加不快。

等到进攻突厥时,高颎从白道出发,计划进军深入大漠,于是派使者向朝廷请求增援兵力,近幸的臣子却因而说高颎想要谋反。隋文帝杨坚没有回答,而高颎却已击败突厥回来了。等到王世积被杀,在拷问审查的时候,牵涉有宫禁中的事情,说是在高颎那里听说的,令隋文帝杨坚大为惊讶,负责的官吏又上奏"高颎与左右卫大将军元旻、元胄,都与王世积有联络,接受了他赠送的名马"。元旻、元胄都获罪免官。上柱国贺若弼、吴州总管宇文㢸、刑部尚书薛胄、民部尚书斛律孝卿、兵部尚书柳述等人申明高颎没有罪过,隋文帝杨坚更加生气,将他们全部下狱,从此朝中大臣没有人再敢讲话。秋季,八月,癸卯日(初十),高颎坐罪被免除上柱国、左仆射的官职,以齐公的身份回家养老。

未几,上幸秦王俊第,召颎侍宴。颎歔欷悲不自胜,独孤后亦对之泣。上谓颎曰:"朕不负公,公自负也。"因谓侍臣曰:"我于高颎,胜于儿子,虽或不见,常似目前;自其解落,瞑然忘之,如本无高颎。人臣不可以身要君,自云第一也。"

顷之,颎国令上颎阴事,称其子表仁谓颎曰:"司马仲达初托疾不朝,遂有天下,公今遇此,焉知非福!"于是上大怒,囚颎于内史省而鞫之。宪司复奏沙门真觉尝谓颎云:"明年国有大丧。"尼令晖复云:"十七、十八年,皇帝有大厄,十九年不可过。"上闻而益怒,顾谓群臣曰:"帝王岂可力求!孔子以大圣之才,犹不得天下。颎与子言,自比晋帝,此何心乎!"有司请斩之。上曰:"去年杀虞庆则,今兹斩王世积,如更诛颎,天下其谓我何!"于是除名为民。

【译文】没过多久，隋文帝杨坚临幸秦王杨俊的宅第，召令高颎陪侍酒宴。高颎不免嗟叹，非常悲伤，独孤后也面对着他哭泣。隋文帝杨坚告诉高颎说："朕没有对不起你，是你自己对不起自己。"于是隋文帝杨坚告诉侍臣说："我对高颎，超过对自己的儿子，有时虽然没有见到他，却仿佛常在眼前一样。自从他被解除官职，便淡忘模糊，如同本来就没有高颎一般。人臣不可以使自身要挟到君王，说自己是天下第一。"

不久，高颎的国令上奏高颎隐秘的事情，说他的儿子高表仁告诉高颎说："司马仲达起先称病不上朝，于是拥有了天下。您今天遇到这件事，怎么知晓不是福分呢？"隋文帝杨坚因此大怒，将高颎囚禁在内史令省进行审问。法司又上奏和尚真觉曾经告诉高颎说："明年，国家将有大的丧事。"尼姑令晖又说："开皇十七年、十八年，陛下有大的厄运，十九年是过不了的。"隋文帝杨坚听了更生气，回头告诉群臣说："帝王哪里是可以用蛮力求得的呢？孔子凭借大圣的才华，尚且不能够得到天下。高颎与他儿子说的话，将自己比为晋帝，这是什么心理呢？"掌法的官吏请求将他杀了。隋文帝杨坚说："去年处死虞庆则，今年处死王世积，假如再杀高颎，天下会怎样说我呢？"因此削除高颎的爵名，成为普通百姓。

颎初为仆射，其母戒之曰："汝富贵已极，但有一斫头耳，尔其慎之！"颎由是常恐祸变。至是，颎欢然无恨色。先是国子祭酒元善言于上曰："杨素粗疏，苏威怯懦，元胄、元旻正似鸭耳。可以付社稷者，唯独高颎。"上初然之。及颎得罪，上深责之，善忧惧而卒。

九月，乙丑，以太常卿牛弘为吏部尚书。弘选举先德行而后文才，务在审慎，虽致停缓，其所进用，并多称职。吏部侍郎高孝基鉴赏机晤，清慎绝伦，然爽俊有馀，迹似轻薄，时宰多以此疑之；唯弘深识其真，推心任委。隋之选举得人，于斯为最，时论弥服弘识度之远。

【译文】高颎担任尚书仆射时，他的母亲告诫他说："你的富贵已经达到极点，只剩下一件砍头的事情罢了，你要谨慎啊！"高颎因此经常担心发生灾祸变故。到了这个时候，心中反而高兴，没有怨恨的神色。此前，国子祭酒元善告诉隋文帝杨坚说："杨素为人疏忽粗略，苏威个性懦弱胆怯，元胄、元曼好比鸭子一样，随波上下，缺少主见。可以托付国家的，只有高颎罢了。"隋文帝杨坚起初同意他的话。等到高颎获罪，隋文帝杨坚深深地责备他，元善忧心畏惧而死。

九月，隋文帝杨坚任命太常卿牛弘担任吏部尚书。牛弘选任人才，先求德行，然后再看文才，务求谨慎持重，虽然使得进用人才的速度迟缓下来，但是经他选用的人，多半可以胜任职务。吏部侍郎高孝基鉴别人才，明晤机警，清平谨慎，超过一般人，只是豪爽清俊有余，而行迹却稍嫌轻薄，当时执政的人多因此而猜疑他；只有牛弘深深了解他的真情，推心置腹，委以重任。隋朝所选用的真正人才，以这时最多，当时的舆论都很佩服牛弘器度识见的高远。

冬，十月，甲午，以突厥突利可汗为意利珍豆启民可汗，华言意智健也。突厥归启民者男女万馀口，上命长孙晟将五万人于朔州筑大利城以处之。时安义公主已卒，复使晟持节送宗女义成公主以妻之。

晟奏："染干部落，归者益众，虽在长城之内，犹被雍虞间抄掠，不得宁居。请徙五原，以河为固，于夏、胜两州之间，东西至河，南北四百里，掘为横堑，令处其内，使得任情畜牧。"上从之。

【译文】冬季，十月，甲午日（初二），隋文帝杨坚任命突厥突利可汗为意利珍豆启民可汗，汉语的意思是"心智康健"。突厥归顺到启民的男女有一万多人，隋文帝杨坚命令长孙晟率领五万人到朔州，修建大利城，用来安置他们。当时安义公主已经过世，又派长孙晟持节送宗室的女子义成公主嫁给突利可汗为妻。

长孙晟上奏："染干的部落，归降的人越来越多，虽然在长城以内，仍旧被雍虞闾抄袭掳掠，无法安居。请求迁徙到五原，凭借黄河做险固的屏障，在夏、胜两州之间，东西以黄河河曲为界，南北相距四百里，挖成横的沟堑，命令他们居处在这个范围之内，使他们能够随便畜养牲畜。"隋文帝杨坚听从了他的意见。

又令上柱国赵仲卿屯兵二万为启民防达头，代州总管韩洪等将步骑一万镇恒安。达头骑十万来寇，韩洪军大败，仲卿自乐宁镇邀击，斩首虏千馀级。

帝遣越公杨素出灵州，行军总管韩僧寿出庆州。太平公史万岁出燕州，大将军武威姚辩出河州，以击都蓝。师未出塞，十二月，乙未，都蓝为部下所杀，达头自立为步迦可汗，其国大乱。长孙晟言于上曰："今官军临境，战数有功，虏内自携离，其主被杀，乘此招抚，可以尽降。请遣染干部下分道招慰。"上从之。降者甚众。

【译文】隋文帝杨坚又命令上柱国赵仲卿屯驻军队两万人替启民防备达头可汗，代州总管韩洪等人率领一万步、骑兵镇守恒安。达头可汗十万骑兵来侵，韩洪的军队战败。赵仲卿从乐宁镇出兵迎击，杀死一千多人。

隋文帝杨坚派遣越公杨素从灵州出兵，行军总管韩僧寿从庆州出兵，太平公史万岁从燕州出兵，大将军武威人姚辩从河州出兵，攻打都蓝可汗。部队还没有离开关塞，十二月，乙未日（初四），都蓝可汗被部下所杀，达头可汗自立为步迦可汗，使得国内大乱。长孙晟告诉隋文帝说："现在官军抵达边境，立了好几次战功，敌人内部本身已经分崩离析，而他们的君主也被杀死，假如利用这个机会去招抚他们，一定可以让他们全部投降。请求派遣染干的属下，分路去招降抚慰。"隋文帝杨坚听从了他的意见。投降的人果然很多。

资治通鉴卷第一百七十九　隋纪三

起上章滩，尽昭阳大渊献，凡四年。

【译文】起庚申（公元 600 年），止癸亥（公元 603 年），共四年。

【题解】本卷记录了公元 600 年至 603 年共四年间的史事。当时正值隋文帝开皇二十年至仁寿三年。这一时期是隋文帝杨坚执政从开明到昏庸的一个转折期，最大的事件就是废太子一事。太子杨勇没有什么大恶之事，本不至于废黜，并且他能友爱兄弟，性格宽厚，直率坦诚，没有伪饰虚矫的行为，没有嫉恨报复之心，他的过错远远小于后立的太子杨广。本卷对隋文帝杨坚废掉太子杨勇而改立太子杨广这一人为大冤案做了详细记载，主要围绕隋朝太子的更替而进行。

高祖文皇帝中

开皇二十年（庚申，公元六〇〇年）春，二月，熙州人李英林反。三月，辛卯，以扬州总管司马河内张衡为行军总管，帅步骑五万讨平之。

贺若弼复坐事下狱，上数之曰："公有三太猛：嫉妒心太猛，自是、非人心太猛，无上心太猛。"既而释之。佗日，上谓侍臣曰："弼将伐陈，谓高颎曰：'陈叔宝可平也。不作高鸟尽、良弓藏邪？'颎云'必不然。'及平陈，遽索内史，又索仆射。我语颎曰：

'功臣正宜授勋官，不可预朝政。' 弼后语颖：'皇太子于己，出口入耳，无所不尽。公终久何必不得弼力，何脉脉邪！' 意图广陵，又图荆州，皆作乱之地，意终不改也。"

夏，四月，壬戌，突厥达头可汗犯塞，诏命晋王广、杨素出灵武道，汉王谅、史万岁出马邑道以击之。

【译文】 开皇二十年（庚申，公元 600 年）春季，二月，熙州人李英林造反。三月，辛卯日（初二），隋文帝杨坚任命扬州总管司马河内人张衡担任行军总管，带领步、骑兵五万人，平定了叛乱。

贺若弼又因犯罪被判下狱，隋文帝杨坚责备他说："你有三个方面太猛烈了：妒忌的心太猛烈、自以为是与抨击别人的心太猛烈、目中无君的心太猛烈。"不久，将他放了。有一天，隋文帝杨坚告诉侍臣说："贺若弼在征讨陈国时，告诉高颖说：'陈叔宝是可以将他讨平的，但能够不遭到鸟尽弓藏的下场吗？'高颖说：'必定不会如此。'等到讨平陈国，急着索求内史的职位，又索求仆射的职位。我告诉高颖说：'功臣只应当授予上柱国等勋官，不可以干预朝政。'贺若弼后来告诉高颖说：'皇太子对我，十分亲密，即使特别私密的事，也无话不谈。您将来怎么知道不会依靠我的力量呢？为什么有话却不说呢？'他一心想谋取广陵，又想谋取荆州，这些都是犯上作乱的地方，他的心思是始终没有改变的。"

夏季，四月，壬戌日（初四），突厥达头可汗进犯边塞，隋文帝杨坚下诏命令晋王杨广、杨素从灵武道出兵，汉王杨谅、史万岁从马邑道出兵，攻击突厥。

长孙晟帅降人为秦州行军总管，受晋王节度。晟以突厥饮泉，易可行毒，因取诸药毒水上流，突厥人畜饮之多死，于是大惊曰："天雨恶水，其亡我乎!"因夜遁。晟追之，斩首千馀级。

史万岁出塞，至大斤山，与虏相遇。达头遣使问："隋将为谁?"候骑报："史万岁也。"突厥复问："得非燉煌戍卒乎?"候骑曰："是也。"达头惧而引去。万岁驰追百馀里，纵击，大破之，斩数千级；逐北，入碛数百里，虏远遁而还。诏遣长孙晟复还大利城，安抚新附。

达头复遣其弟子俟利伐从碛东攻启民，上又发兵助启民守要路；俟利伐退走入碛。启民上表陈谢曰："大隋圣人可汗怜养百姓，如天无不覆，地无不载。染干如枯木更叶，枯骨更肉，千世万世，常为大隋典羊马也。"帝又遣赵仲卿为启民筑金河、定襄二城。

【译文】长孙晟带领投降的人做了秦州的行军总管，接受晋王的调度节制。长孙晟因为突厥人习惯喝泉水，容易下毒，所以拿了许多毒药放入水的上流，突厥人与牲畜喝了水以后，死亡很多，因此大惊说："上天降下毒水，难道是想要灭亡我们突厥人吗?"于是在夜里逃跑了。长孙晟加以追击，杀死一千多人。

史万岁离开关塞，抵达大斤山，与敌人相遇。达头可汗派使者问："大隋的将领是谁?"侦候的骑兵回报："是史万岁。"突厥又问："莫非是那位戍守敦煌的将军?"侦候的骑兵说："是啊!"达头可汗害怕地率军离去。史万岁快骑追击一百多里，出兵攻打，大败他们，杀死了几千人；又向北追击，进入大漠几百里，等到敌人逃到很远的地方才返回。隋文帝杨坚下令派遣长孙晟再回到大利城，安抚新归降的人。

达头可汗又派遣他的侄子俟利伐从大漠的东边进攻启民，隋文帝杨坚便又出兵协助启民防守重要的路径，于是俟利伐退军进入大漠。启民上奏章陈述谢意说："大隋的圣明皇帝，体恤顾念百姓，如同天无不覆照、地无不载承一样。染干好比枯萎的树更换了新叶，枯干的骨头再长了新肉，千世万代，常替大隋掌管畜牧羊马的事情。"隋文帝杨坚又派赵仲卿为启民修筑金河、定襄二城。

秦孝王俊久疾未能起，遣使奉表陈谢。上谓其使者曰："我戮力创兹大业，作训垂范，庶臣下守之；汝为吾子而欲败之，不知何以责汝！"俊惭怖，疾遂笃，乃复拜俊上柱国；六月，丁丑，俊薨。上哭之，数声而已。俊所为侈丽之物，悉命焚之。王府僚佐请立碑，上曰："欲求名，一卷史书足矣，何用碑为！若子孙不能保家，徒与人作镇石耳。"俊子浩，崔妃所生也；庶子曰湛。群臣希旨，奏称："汉之栗姬子荣、郭后子强皆随母废，今秦王二子，母皆有罪，不合承嗣。"上从之，以秦国官为丧主。

初，上使太子勇参决军国政事，时有损益，上皆纳之。勇性宽厚，率意任情，无矫饰之行。上性节俭，勇尝文饰蜀铠，上见而不悦，戒之曰："自古帝王未有好奢侈而能久长者。汝为储后，当以俭约为先，乃能奉承宗庙。吾昔日衣服，各留一物，时复观之以自警戒。恐汝以今日皇太子之心忘昔时之事，故赐汝以我旧所带刀子一枚，并菹酱一合，汝昔作上士时常所食也。若存记前事，应知我心。"

【译文】秦孝王杨俊久病无法起床，派遣使者奉上奏表，陈情谢罪。隋文帝杨坚告诉他的使者说："我努力开创这个基业，制作典章，垂示模范，希望大臣遵循；你是我的儿子，却想要毁坏它，不晓得要怎样责备你才好。"杨俊害怕羞愧，病情变得更重，最终朝廷又拜杨俊为上柱国；六月，丁丑日（二十日），杨俊过世。隋文帝杨坚伤心地哭了几声。杨俊所玩乐的奢侈华丽的东西，全都命令焚毁。王府幕僚的官员请求立碑，隋文帝杨坚说：“想要求得声名，有一卷史书就足够了，何必要有石碑呢？假如子孙不能保有家业，只是为别人做镇石而已。”杨俊的儿子杨浩，是崔妃所生；庶子名叫杨湛。群臣迎合隋文帝杨坚的旨意，奏言："汉朝栗姬的儿子刘荣、郭后的儿子刘强，都跟着母亲被废除，现在秦王的两个儿子，母亲各自有罪，不应当承继嗣位。"隋文帝杨坚听从他们的意见，派遣秦王府的官吏担任丧主。

起初，隋文帝杨坚派太子杨勇参与决定军务、朝政大事，经常有增减修正的意见，隋文帝杨坚全都采纳了。杨勇性格宽厚，直率坦诚，没有伪饰虚矫的行为。隋文帝杨坚生性节俭，杨勇曾经将蜀人制作的精美铠甲又加文饰，隋文帝杨坚看了很不高兴，告诫他说："自古以来的帝王，没有喜好奢侈而能久长的。你是储君，应该以俭约为先务，才能承嗣宗庙。我以前的衣服，各留下一件，常常拿出来看，用来自我警惕。担心你以今天皇太子的心，忘记以前的事，因此赏赐给你我旧时的佩刀一把，以及腌菜、豆酱一罐，这是你以前做上士时常吃的东西。假如你记得以前的事，应当知道我的心意。"

后遇冬至，百官皆诣勇，勇张乐受贺。上知之，问朝臣曰："近闻至日内外百官相帅朝东宫，此何礼也？"太常少卿辛亶对曰："于东宫，乃贺也，不得言朝。"上曰："贺者正可三数十人，随情各去，何乃有司徵召，一时普集！太子法服设乐以待之，可乎？"因下诏曰："礼有等差，君臣不杂。皇太子虽居上嗣，义兼臣子，而诸方岳牧正冬朝贺，任土作贡，别上东宫；事非典则，宜悉停断！"自是恩宠始衰，渐生猜阻。

勇多内宠，昭训云氏尤幸。其妃元氏无宠，遇心疾，二日而薨，独孤后意有佗故，(其)〔甚〕责望勇。自是云昭训专内政，生长宁王俨、平原王裕、安成王筠；高良娣生安平王嶷、襄城王恪；王良媛生高阳王该、建安王韶；成姬生颍川王煚；后宫生孝实、孝范。后弥不平，颇遣人伺察，求勇过恶。

【译文】后来遇到冬至节，百官都前往杨勇那里，杨勇设乐接受道贺。隋文帝杨坚知道了，问朝臣说："最近听闻在冬至那一天，朝廷内外大臣相互带头去朝谒东宫，这是什么礼数呢？"太常少卿辛亶回复说："在东宫，是道贺，不能说是朝见。"隋文帝杨坚说："道贺的意思，应当是三五人或数十人，随意各自前往，怎么由有关的官员征令，同时齐聚呢？况且太子穿法服，摆设音乐，来款待大家，这可以吗？"因此隋文帝杨坚下诏令说："礼仪有等级的差别，君臣是不能够杂乱的。皇太子虽然居于上位，在关系上，仍兼有臣子的身份，朝廷内外的大臣，在冬至前去朝贺，献出各地所产，作为贡品，分别送往东宫，这种事情不合乎典制，应当全部停止断绝。"从此隋文帝杨坚对太子的恩宠便开始衰减，逐渐产生了猜忌的心理。

杨勇内宫里有许多受宠爱的女子，昭训云氏尤其得到宠幸。他的妃子元氏得不到恩宠，染患心病，两天就死了，独孤后认为有别的原因，便严厉责备杨勇。从此云昭训专管内政，生了长宁王杨俨、平原王杨裕、安成王杨筠；高良娣生了安平王杨嶷、襄城王杨恪；王良媛生了高阳王杨该、建安王杨韶；成姬生了颍川王杨煚；另有宫女生了杨孝实、杨孝范。独孤皇后更加不高兴，常常派人窥伺察看，查找杨勇的过失。

晋王广知之，弥自矫饰，唯与萧妃居处，后庭有子皆不育，后由是数称广贤。大臣用事者，广皆倾心与交。上及后每遣左右至广所，无贵贱，广必与萧妃迎门接引，为设美馔，申以厚礼；婢仆往来者，无不称其仁孝。上与后尝幸其第，广悉屏匿美姬于别室，唯留老丑者，衣以缦彩，给事左右；屏帐改用缣素；故绝乐器之弦，不令拂去尘埃。上见之，以为不好声色，还宫，以语侍臣，意甚喜，侍臣皆称庆，由是爱之特异诸子。

上密令善相者来和遍视诸子，对曰："晋王眉上双骨隆起，贵不可言。"上又问上仪同三司韦鼎："我诸儿谁得嗣位？"对曰："至尊、皇后所最爱者当与之，非臣敢预知也。"上笑曰："卿不肯显言邪！"

【译文】晋王杨广更加小心地伪装自己以求掩饰，只与萧妃生活一处，后宫有了小孩都不抚养，独孤皇后因此好几次称赞杨广贤德。凡是当政的大臣，杨广都全心全意地与他们交往。隋文帝杨坚与独孤皇后每次派遣身边的人到杨广的地方，不分贵贱，杨广一定与萧妃在门口迎候招待，为他们准备精美的食物，并赠送丰厚的礼物。来往的婢仆，没有一个不夸赞他的仁德与孝心。隋文帝杨坚和独孤皇后曾经临幸他的宅第，杨广将美丽的女子全都屏退，藏匿在别的房中，只留下又老又丑的，穿着朴素无华的丝织品，在左右侍候；屏帐改为白色的丝绢；故意割断乐器的弦索，不让人擦去尘埃。隋文帝杨坚见了，认为他不好声乐女色，回到宫里，告诉侍臣，心里非常喜欢，侍臣全都称赞道贺，因此隋文帝杨坚特别宠爱他，和对待其他的儿子不一样。

隋文帝杨坚暗中命令会看相的人前来给所有的儿子都看了相，回答说："晋王眉上两个头骨高起，十分尊贵。"隋文帝杨坚又问上仪同三司韦鼎说："在我的几个儿子中，谁能承继帝位呢？"韦鼎回答说："至尊与皇后最喜欢的人，可以给他承继帝位，这不是微臣敢预先测知的。"隋文帝杨坚笑着说："卿不肯明说吗？"

晋王广美姿仪，性敏慧，沉深严重；好学，善属文；敬接朝士，礼极卑屈；由是声名籍甚，冠于诸王。

广为扬州总管，入朝，将还镇，入宫辞后，伏地流涕，后亦泫然泣下。

广曰："臣性识愚下，常守平生昆弟之意，不知何罪失爱东宫，恒蓄盛怒，欲加屠陷。每恐谗谮生于投杼，鸩毒遇于杯勺，是用勤忧积念，惧履危亡。"后忿然曰："睍地伐渐不可耐，我为之娶元氏女，竟不以夫妇礼待之，专宠阿云，使有如许豚犬。前新妇遇毒而夭，我亦不能穷治，何故复于汝发如此意！我在尚尔，我死后，当鱼肉汝乎！每思东宫竟无正嫡，至尊千秋万岁之后，遣汝等兄弟向阿云儿前再拜问讯，此是几许苦痛邪！"广又拜，呜咽不能止，后亦悲不自胜。自是后决意欲废勇立广矣。

【译文】晋王杨广的姿容仪态十分优美，赋性聪慧，深沉稳重，喜欢求学，擅长作文，能恭敬地对待朝臣士人，执礼极为谦下。因而声名很盛，为诸王第一。

杨广担任扬州总管，上了朝，将要返回镇所，便进入内宫向独孤皇后辞行，伏在地上流泪，独孤皇后也伤心地流泪了。

杨广说："臣的禀赋才识，愚昧卑下，常谨守平时兄弟的情意，不知什么事情使太子不喜欢我，经常存有很大的怒气，想要诬陷加害我。我常担心逸言谮诬，如同曾子的母亲连续听说曾子杀人，便动摇了信念，投杼逾墙而走一般，使我在杯酒中不知不觉间遭遇毒害，因而忧劳挂念，生怕陷入危亡的境地。"独孤皇后生气地说："睍地伐（杨勇小字）渐渐使人无法忍受，我为他娶元氏的女子，他竟然不以夫妇的礼数对待她，单单宠爱阿云，以致生了许多的小孩。从前新娶的妇人遭到毒害而死，我也没有深入追查，为什么又在你的身上动这种念头呢！我在的时候，尚且这样，我死了以后，要将你当鱼肉吃掉吗？每次想到太子竟然没有嫡生的长子，皇上去世以后，要你们兄弟在阿云的儿子面前，行再拜礼问候，这是多么令人痛苦的事情啊！"杨广再拜，伤心哭泣而不能自持，独孤皇后也十分悲伤。从此独孤皇后便决心要废掉杨勇，册立杨广了。

【申涵煜评】后妒杀宫婢，逼帝单骑出走，又妒及臣下高颎，以爱妾被谮，妒及儿孙，太子以阿云见废。妒固常情，此更出于常情之外，可谓奇妒。

【译文】 独孤后因为嫉妒杀死宫女，逼迫皇帝单人匹马出走，又嫉妒臣下高颎，因为爱妾被谗言，嫉妒甚至到了儿孙，太子杨勇因为阿云而被废除。嫉妒固然是人之常情，而独孤后更出于常情之外，可以说嫉妒得出奇。

广与安州总管宇文述素善，欲述近己，奏为寿州刺史。广尤亲任总管司马张衡，衡为广画夺宗之策。广问计于述，述曰："皇太子失爱已久，令德不闻于天下。大王仁孝著称，才能盖世，数经将领，频有大功；主上之与内宫，咸所钟爱，四海之望，实归大王。然废立者国家大事，处人父子骨肉之间，诚未易谋也。归大王。然能移主上意者，唯杨素耳，素所与谋者唯其弟约。述雅知约，请朝京师，与约相见，共图之。"广大悦，多赉金宝，资述入关。

【译文】杨广与安州总管宇文述平时非常友好，想使宇文述接近自己，便奏请让他担任寿州刺史。杨广尤其亲近信任总管司马张衡,张衡为杨广谋划夺取宗子地位的计策。杨广向宇文述询问计策,宇文述说:"皇太子失掉宠爱已经很久了,他的美德,天下无人知道。而大王以仁心孝行出名,能力才华,冠盖世人,多次带领军队,立下不少大功。皇上与皇后,都十分喜欢你,四海的声望,确实已经归向大王。但是废立太子,是国家大事,我处在别人父子骨肉之间,确实不容易计谋。可以改变皇上心意的,只有杨素,而杨素所能商量的人,只有他的弟弟杨约一个人。我非常了解杨约,请让我前往京师,与杨约见面,一起商量。"杨广特别高兴,送他许多金宝,作为入关的花费。

约时为大理少卿,素凡有所为,皆先筹于约而后行之。述请约,盛陈器玩,与之酣畅,因而共博,每阳不胜,所赍金宝尽输之约。约所得既多,稍以谢述。述因曰:"此晋王之赐,令述与公为欢乐耳。"约大惊曰:"何为尔?"述因通广意,说之曰:"夫守正履道,固人臣之常致;反经合义,亦达者之令图。自古贤人君子,莫不与时消息以避祸患。公之兄弟,功名盖世,当途用事有年矣,朝臣为足下家所屈辱者,可胜数哉!又,储后以所欲不行,每切齿于执政;公虽自结于人主,而欲危公者固亦多矣!主上一旦弃群臣,公亦何以取庇!今皇太子失爱于皇后,主上素有废黜之心,此公所知也。今若请立晋王,在贤兄之口耳。诚能因此时建大功,王必永铭骨髓,斯则去累卵之危,成太山之安也。"约然之,因以白素。素闻之,大喜,抚掌曰:"吾之智思,殊不及此,赖汝启予。"约知其计行,复谓素曰:"今皇后之言,上无不用,宜因机会早自结托,则长保荣禄,传祚子孙。兄若迟疑,一旦有变,令太子用事,恐祸至无日矣!"素从之。

【译文】杨约当时任大理少卿,杨素凡是要有所作为,都先与杨约商量，然后才做。宇文述邀请杨约，陈列了许多器玩，与他一起畅饮，和他一同赌博，每次都假装不能赢他，将所带的金宝全都输给杨约。杨约所得已经很多，非常感谢宇文述，宇文述趁机说："这是晋王的恩赐，命令我与您一起欢乐的呀！"杨约大吃一惊说："为什么要这样做呢？"于是宇文述转达杨广的意思，告诉他说："坚守正道，固然是人臣常要做的事情；违背常规，而不失义理，也是通达权变者的好谋略。自古以来的贤人君子，没有不是跟随时机消长，来逃避祸患的。您的兄弟，功名超过世人，位居要职，执掌政事已经很多年，朝廷大臣被你府上所屈辱的，能计算得清楚吗？同时，皇太子由于所要求的每每做不成，便经常痛恨执政的人；您虽然自己结纳陛下，可是想要伤害您的人本来就很多，陛下一旦驾崩，抛下群臣，您又用什么来庇护呢？现在皇太子失去独孤皇后的宠爱，陛下也一直有废掉他的心思，这是您所知晓的。现在能否请求册立晋王，就在你哥哥的言语上了。倘若真的能够利用这个时机建立大功，晋王必定会永远记在心里，那么就能够免除累卵一般的危险，而成就泰山的安定了。"杨约认为说得正确，因此去告诉杨素。杨素听了，十分高兴，拍着手掌说："我的智慧谋略，还没想到要废立太子的事情，幸亏你来提醒我。"杨约知晓他的计谋达成，又告诉杨素说："现在独孤皇后说的话，陛下没有不听的，应当利用机会早一点结纳托附，就能永保荣华福禄，将禄位传给子孙。哥哥倘若犹豫，一旦发生变化，让太子执掌大权，恐怕不久就要遭祸了。"杨素采纳了他的意见。

后数日，素入侍宴，微称"晋王孝悌恭俭，有类至尊"。用此揣后意。后泣曰："公言是也！吾儿大孝爱，每闻至尊及我遣内使到，必迎于境首；言及违离，未尝不泣。又其新妇亦大可怜，我使婢去，常与之同寝共食。岂若睍地伐与阿云对坐，终日酣宴，昵近小人，疑阻骨肉！我所以益怜阿麽者，常恐其潜杀之。"素既知后意，因盛言太子不才。后遂遗素金，使赞上废立。

勇颇知其谋，忧惧，计无所出，使新丰人王辅贤造诸厌胜；又于后园作庶人村，室屋卑陋，勇时于中寝息，布衣草褥，冀以当之。上知勇不自安，在仁寿宫，使杨素观勇所为。素至东宫，偃息未入，勇束带待之，素故久不进以激怒勇；勇衔之，形于言色。素还言："勇怨望，恐有佗变，愿深防察！"上闻素谮毁，甚疑之。后又遣人伺觇东宫，纤介事皆闻奏，因加诬饰以成其罪。

【译文】 过了几天，杨素入侍酒宴，不经意地夸赞说："晋王孝敬友悌，节俭恭敬，有些像陛下。"借此揣摩独孤皇后的心意。独孤皇后哭着说："您说的话很对，我的儿子十分孝敬友爱，每次听到陛下和我派遣内使到达，必定到边境迎接；内使说要告别返回，没有不哭泣的。还有他新娶的媳妇，也十分可爱，我派婢女前往，新妇常与她们同寝共食。哪里像睍地伐与阿云相对坐着，整天酣饮宴乐，亲信小人，猜忌自己的父子兄弟。我更加怜爱阿麽（杨广小字）的原因，是常常担心睍地伐会暗杀他啊！"杨素既然明白皇后的心意，便说了许多太子不成才的事情。独孤皇后于是馈赠杨素金子，让他辅助陛下，废立太子。

杨勇知晓一些他们的计谋，忧虑恐惧，没有什么计策可以想得出来，便让新丰人王辅贤造设许多咒诅，用来镇伏。又将后面的园子建成庶人村，房子盖得十分简陋，杨勇经常在这里面休息睡觉，穿粗布衣服，坐草编的褥席，希望以此抵挡流言。隋文帝杨坚知道杨勇自感不安，在仁寿宫，派杨素观察杨勇的行为。杨素来到东宫，只坐下休息，而不进入内室，杨勇衣冠整齐地等候，杨素故意很长时间不进去，来激怒杨勇，杨勇怀恨在心，便表现在脸色语言上面。杨素于是回奏说："杨勇有怨恨的心思，担心会有其他变故，希望要深加提防观察。"隋文帝杨坚听到杨素的诬陷毁谤，非常疑心。而独孤皇后又派人监视东宫，连极小的事情也都上奏给隋文帝杨坚知道，而且加以诬陷增饰，来构成太子的罪状。

上遂疏忌勇，乃于玄武门达至德门量置候人，以伺动静，皆随事奏闻。又，东宫宿卫之人，侍官以上，名籍悉令属诸卫府，有勇健者咸屏去之。出左卫率苏孝慈为淅州刺史，勇愈不悦。太史令袁充言于上曰："臣观天文，皇太子当废。"上曰："玄象久见，群臣不敢言耳。"充，君正之子也。

晋王广又令督王府军事姑臧段达私赂东宫幸臣姬威，令伺太子动静，密告杨素；于是内外喧谤，过失日闻。段达因胁姬威曰："东宫过失，主上皆知之矣。已奉密诏，定当废立；君能告之，则大富贵！"威许诺，即上书告之。

【译文】隋文帝杨坚于是疏远并猜忌杨勇，并且在玄武门到至德门中间，酌量安排侦候的人，来窥伺太子的动静，有事时，便立即奏报上闻。又下令在东宫担任宿卫的人，凡是侍官以上的，姓名簿籍全都改为隶属各个衙府，有雄健勇壮的，全部调走。并且外放左卫率苏孝慈为淅州刺史，于是杨勇更加不高兴。太史令袁充告诉隋文帝杨坚说："臣观看天象，应该废掉皇太子。"隋文帝杨坚说："天上的气象已经出现很久，群臣不敢说明罢了。"袁充是袁君正的儿子。

晋王杨广又下令督王府军事姑臧人段达，私下贿赂太子宠幸的臣子姬威，让他窥伺太子动静，暗中禀告杨素。因此朝廷内外喧闹谤毁，有关太子的过错，天天都能够听到。段达于是逼迫姬威说："太子的过错，陛下都知道了。已经接到秘密的诏令，决定要废掉太子，你能揭发太子的罪过，就能够大富大贵。"姬威应允，就上奏书告发太子。

秋，九月，壬子，上至自仁寿宫。翌日，御大兴殿，谓侍臣曰："我新还京师，应开怀欢乐；不知何意翻邑然愁苦！"吏部尚书牛弘对曰："臣等不称职，故至尊忧劳。"上既数闻谮毁，疑朝臣悉知之，故于众中发问，冀闻太子之过。弘对既失旨，上因作色，谓东宫官属曰："仁寿宫此去不远，而令我每还京师，严备仗卫，如入敌国。我为下痢，不解衣卧。昨夜欲近厕，故在后房恐有警急，还移就前殿，岂非尔辈欲坏我家国邪！"于是，执太子左庶子唐令则等数人付所司讯鞫；命杨素陈东宫事状以告近臣。

【译文】秋季，九月，壬子日(二十六日)，隋文帝杨坚从仁寿宫返回。第二天，隋文帝杨坚御临大兴殿，告诉侍臣说："我刚刚回到京师，应当敞开胸怀欢乐才对，却不知晓什么原因反而悒悒愁苦?"吏部尚书牛弘回复说："臣等没有尽到职责，所以使陛下忧心劳苦。"隋文帝杨坚已经多次听到对太子的诬罔谤毁，推想朝臣都已经知道了，因此在众人中发问，希望听到太子的过错。牛弘的答复没有迎合旨意，隋文帝杨坚因此变了脸色，告诉东宫的官员说："仁寿宫距离这里没有多远，而让我每次返回京师，都要严密准备军队护卫，仿佛进入敌国一样。我由于得了下痢，没有解衣服睡觉。昨天晚上想去厕所，原本在后房，担心有紧急的事发生，因此又转移到前殿，难道不是你们这些人想要搞垮我的国家吗?"所以抓住太子左庶子唐令则等几位官员交给司法官吏查问。隋文帝杨坚命令杨素陈述东宫的种种事情，说给亲近的大臣听。

素乃显言之曰："臣奉敕向京，令皇太子检校刘居士馀党。太子奉诏，作色奋厉，骨肉飞腾，语臣云：'居士党尽伏法，遣我何处穷讨！尔作右仆射，委寄不轻，自检校之，何关我事！'又云：'昔大事不遂，我先被诛，今作天子，竟乃令我不如诸弟，一事以上，不得自遂！'因长叹回视云：'我大觉身妨。'"上曰："此儿不堪承嗣久矣，皇后恒劝我废之。我以布衣时所生，地复居长，望其渐改，隐忍至今。勇尝指皇后侍儿谓人曰：'是皆我物。'此言几许异事！其妇初亡，我深疑其遇毒，尝责之，勇即忿曰：'会杀元孝矩。'此欲害我而迁怒耳。长宁初生，朕与皇后共抱养之，自怀彼此，连遣来索。且云定兴女，在外私合而生，想此由来，何必是其体胤！昔晋太子取屠家女，其儿即好屠割。今倘非类，便乱宗祐。我虽德惭尧、舜，终不以万姓付不肖子！我恒畏其加害，如防大敌；今欲废之以安天下！"

左卫大将军五原公元旻谏曰："废立大事，诏旨若行，后悔无及。谗言罔极，惟陛下察之。"

【译文】杨素于是对众位大臣公开说："臣奉敕令前往长安，命令皇太子追查刘居士的余党。太子接到敕令，就脸色大变，奋眉厉目，全身骨骼颤动，告诉臣说：'刘居士的党羽全都受到制裁，让我到哪里穷加追查？你担任右仆射，所担负的责任不轻，由你自己去查究好了，这与我又有什么干系？'又说：'以前大事不能成功的时候，我先遭到责罚，现在做了皇太子，竟然要我比不上其他的弟弟，任何一件事，都不能自己做主。'因此长吁短叹，回头看着云诏训说：'我深感行动受到限制。'"隋文帝杨坚说："我很早就看出这个儿子不能继承帝位，皇后经常劝我废掉他。由于他是我还是平民时所生的孩子，排行又最长，总希望他能逐渐改过，因此隐忍到今天。杨勇曾经指着皇后的侍婢告诉别人说：'这些全都是我的属物。'这句话说得多么怪诞呀！他的妃子（指元妃）刚死时，我深深怀疑是遭受毒害的，曾经责罚他，他就抱怨说：'将来要杀死元孝矩（元妃的父亲）。'这是想要害死我，却迁怒旁人罢了。长宁（杨勇的长子杨俨，封长宁王）刚刚出生的时候，朕与皇后一起抱养他，杨勇心存隔阂，几次派人前来索回。况且云定兴的女儿（即勇妃云昭训），是在外头与人私自结合生下的儿子，想想这个来历，怎么能够断定是他的亲血统？以前晋代太子娶了屠夫家的女子，他的儿子就喜欢杀猪。现在如果所传非人，便会乱了宗庙主祧。我虽然德行比不上尧、舜，终不会将兆民百姓交付给不肖的儿子。我常常担心他来加害于我，就像防卫大敌一样，现在想要废掉他，来安定天下。"

左卫大将军五原公元曼进谏说："废掉太子是件大事，圣旨一下，后悔就晚了。奸邪的话太多，希望皇上详察。"

上不应，命姬威悉陈太子罪恶。威对曰："太子由来与臣语，唯意在骄奢，且云：'若有谏者，正当斩之，不下杀百许人，自然永息。'营起台殿，四时不辍。前苏孝慈解左卫率，太子奋髯扬肘曰：'大丈夫会当有一日，终不忘之，决当快意。'又宫内所须，尚书多执法不与，辄怒曰：'仆射以下，吾会戮一二人，使知慢我之祸。'每云：'至尊恶我多侧庶，高纬、陈叔宝岂孽子乎！'尝令师姥卜吉凶，语臣云：'至尊忌在十八年，此期促矣。'"上泫然曰："谁非父母生，乃至于此！朕近览《齐书》，见高欢纵其儿子，不胜忿愤，安可效尤邪！"于是，禁勇及诸子，部分收其党与。杨素舞文巧诋,锻炼以成其狱。

居数日,有司承素意,奏元旻常曲事于勇,情存附托,在仁寿宫,勇使所亲裴弘以书与旻,题云:"勿令人见"。上曰:"朕在仁寿宫,有纤介事,东宫必知,疾于驿马,怪之甚久,岂非此徒邪!"遣武士执旻于仗。右卫大将军元胄时当下直,不去,因奏曰:"臣向不下直者,为防元旻耳。"上以旻及裴弘付狱。

【译文】隋文帝杨坚不回答他的话,命令姬威将太子的罪过都陈述出来。姬威回奏说:"太子与臣说话,从来只意存骄纵淫奢,并且说:'假如有人谏诤,应该被斩杀,不必等杀到一百多人,自然永远停息。'东宫营造台楼殿阁,一年四季都没有停止过。以前苏孝慈被解除左卫率,太子愤怒地吹须扬臂,说:'大丈夫终会有得意的一天,我是不会忘掉这件事的,必定要杀死谗毁的人,以快心意。'还有宫内所需求的,尚书很多遵照法规不给,太子就生气地说:'仆射以下,我要杀掉一两个,使人家知晓怠慢我的灾祸。'并且每每说:'陛下嫌恶我有太多侧出的庶子,看看高纬与陈叔宝,哪一位是庶子呢?'又曾命令巫媪卜问吉凶,告诉臣说:'陛下的死期是在开皇十八年,这个期限很快就要到了。'"隋文帝杨坚流泪说:"谁不是父母所生,竟到如此地步!朕最近阅读《齐书》,看到高欢放纵他的儿子,便特别气愤,我怎能效法他呢?"因此幽禁杨勇与他的几个儿子,并分派人收拿他的党羽。杨素舞文弄法,巧加诋毁,罗织罪名,来构成他的狱案。

过了几天,司法官吏曲意迎合杨素的心意,上奏元旻常常曲意事奉杨勇,意存巴结攀附,在仁寿宫时,杨勇派亲信裴弘带信给元旻,上面写着"不要给别人看到"。隋文帝杨坚说:"朕在仁寿宫,发生一点微小的事,东宫必定知道,速度比驿马还快,很长时间以来朕就觉得奇怪，难道不是这些人的原因吗？"于是派武装卫士缉拿元曼交给左卫仗。右卫大将军元胄当时恰好下朝，没有离开，因此上奏说："臣刚才没有下朝的原因，是为了防备元曼。"隋文帝将元曼与裴弘送进牢狱。

先是，勇见老枯槐，问："此堪何用？"或对曰："古槐尤宜取火。"时卫士皆佩火燧，勇命工造数千枚，欲以分赐左右；至是，获于库。又药藏局贮艾数斛，索得之，大以为怪，以问姬威，威曰："太子此意别有所在，至尊在仁寿宫，太子常饲马千匹，云：'径往守城门，自然饿死。'"素以威言诘勇，勇不服，曰："窃闻公家马数万匹，勇忝备太子，马千匹，乃是反乎！"素又发东宫服玩，似加瑌饰者，悉陈之于庭，以示文武群官，为太子之罪。上及皇后迭遣使责问勇，勇不服。

冬，十月，乙丑，上使人召勇，勇见使者，惊曰："得无杀我邪？"上戎服陈兵，御武德殿，集百官立于东面，诸亲立于西面，引勇及诸子列于殿庭，命内史侍郎薛道衡宣诏，废勇及其男、女为王、公主者，并为庶人。勇再拜言曰："臣当伏尸都市，为将来鉴戒；幸蒙哀怜，得全性命！"言毕，泣下流襟，既而舞蹈而去，左右莫不闵默。长宁王俨上表乞宿卫，辞情哀切；上览之闵然。杨素进曰："伏望圣心同于蝥手，不宜复留意。"

【译文】起初，杨勇看到枯老的槐树，问说："这能做些什么用呢？"有人答复说："古槐木最适合取火。"当时卫士全都佩带取火的木头，杨勇命令工人制造几千根木头，想要分赐给身边的人。此时在仓库里都一一寻获了。又在贮藏药物的地方储存艾草数斛，也搜寻到了，隋文帝杨坚大为奇怪，询问姬威，姬威说："太子这样做，是另有图谋，陛下在仁寿宫，太子经常饲养一千匹马，说：'直接前往守住城门，陛下自然会饿死。'"杨素用姬威的话来责问杨勇，杨勇心中不服，说："我听闻你家中有数万匹马，我杨勇贵为太子，有一千匹马，算是谋反吗？"杨素又取出东宫里看起来是经过雕琢修饰的服饰珍玩，全都陈列在朝廷，呈献给文武百官看，当作太子的罪状。隋文帝杨坚和独孤皇后多次派使者责问杨勇，杨勇都不认罪。

　　冬季，十月，乙丑日（初九），隋文帝杨坚派使者召见杨勇，杨勇看见使者惊惧地说："难道是要杀我了吗？"隋文帝杨坚穿上军服，列好军阵，驾临武德殿，集合文武百官站在东边，所有的亲族站在西边，带领杨勇与他的所有儿子站在殿庭中，命令内史侍郎薛道衡宣读诏令，废掉杨勇及他有王爵和公主封号的儿女为百姓。杨勇再拜说："臣应当陈尸在国都的闹市，成为后来人的戒惕，有幸蒙陛下怜悯，得以保全性命！"说完，泪流满襟，行朝拜礼离去，身边的人没有不默然哀怜的。长宁王杨俨呈上奏章，乞求担任宿卫，辞意非常哀伤恳切，隋文帝杨坚看了十分同情。杨素上前说："希望圣上的心如手被毒蛇咬伤，壮士断腕一样，不应当再有挽留的心意。"

　　己巳，诏："元旻、唐令则及太子家令邹文腾、左卫率司马夏侯福、典膳监元淹、前吏部侍郎萧子宝、前主玺下士何𫗧并处斩，妻妾子孙皆没官。车骑将军榆林阎毗、东郡公崔君绰、游骑尉沈福宝、瀛州术士章仇太翼，特免死，各杖一百，身及妻子、资财、田宅皆没官。副将作大匠高龙叉、率更令晋文建、通直散骑侍郎元衡皆处尽。"于是，集群官于广阳门外，宣诏戮之。乃移勇于内史省，给五品料食。赐杨素物三千段，元胄、杨约并千段，赏鞫勇之功也。

文林郎杨孝政上书谏曰："皇太子为小人所误，宜加训诲，不宜废黜。"上怒，挞其胸。

【译文】己巳日（十三日），隋文帝杨坚诏令："元旻、唐令则与太子家令邹文腾、左卫率司马夏侯福、典膳监元淹、前吏部侍郎萧子宝、前主玺下士何竦，全部处以死刑，妻妾子孙全都籍没入官为奴。车骑将军榆林人阎毗、东郡公崔君绰、游骑尉沈福宝、瀛州术士章仇太翼，特旨免除死罪，各自杖罚一百下，本人与妻子儿女、家财、田地、住宅，全都籍没入官府。副将作大匠高龙叉、率更令晋文建、通直散骑侍郎元衡，都判决自尽。"于是集合文武众官到广阳门外，宣读诏令行刑。然后移送杨勇前往内史省，给他五品的官粮。赏赐杨素丝帛三千匹，元胄、杨约各一千匹，奖励他们审判杨勇的功劳。

文林郎杨孝政上奏书进谏说："皇太子被小人所谗害，应当加以训斥教诲，不应当被废除。"隋文帝杨坚十分生气，捶挞他的胸部。

初，云昭训父定兴，出入东宫无节，数进奇服异器以求悦媚；左庶子裴政屡谏，勇不听。政谓定兴曰："公所为不合法度。又，元妃暴薨，道路籍籍，此于太子，非令名也。公宜自引退，不然，将及祸。"定兴以告勇，勇益疏政，由是出为襄州总管。唐令则为勇所昵狎，每令以弦歌教内人，右庶子刘行本责之曰："庶子当辅太子以正道，何有取媚于房帷之间哉！"令则甚惭而不能改。时沛国刘臻、平原明克让、魏郡陆爽，并以文学为勇所亲；行本怒其不能调护，每谓三人曰："卿等正解读书耳！"夏侯福尝于阁内与勇戏，福大笑，声闻于外。行本闻之，待其出，数之曰："殿下宽容，赐汝颜色。汝何物小人，敢为亵慢！"因付执法者治之。

数日，勇为福致请，乃释之。勇尝得良马，欲令行本乘而观之，行本正色曰："至尊置臣于庶子，欲令辅导殿下，非为殿下作弄臣也。"勇惭而止。及勇败，二人已卒，上叹曰："向使裴政、刘行本在，勇不至此。"

【译文】起初，云昭训的父亲云定兴，出入东宫，没有礼数，专门进奉一些奇怪的器物衣服，来求得太子的悦爱。左庶子裴政多次劝谏，杨勇都不听从。裴政告诉云定兴说："您的所作所为，是不合乎礼法的，况且元妃突然死了，路途上议论纷纷，这对太子来说，并不是好的名声。您应当自己引退，不然的话，将会遭遇祸患。"云定兴去告诉杨勇，杨勇更加疏远裴政，因而裴政被调去出任襄州总管。唐令则一直受到杨勇亲近宠爱，经常命令他教宫人弹琴唱歌，右庶子刘行本责怪他说："庶子应当用正当的道理来辅佐太子，怎么去做取悦内宫的事情呢？"唐令则很羞愧，却不能改过。当时沛国的刘臻、平原人明克让、魏郡的陆爽，都由于擅长文学而被杨勇所亲近。刘行本气他们不能辅佐护持，经常告诉他们说："你们只晓得读死书罢了！"夏侯福曾在内阁与杨勇游戏，夏侯福大笑，声音传往外面。刘行本听到了，等夏侯福出来，责怪他说："殿下为人宽厚大度，才给你好脸色。你是什么样的小角色，竟敢怠慢轻亵！"因此交给司法人员审理。过了几天，杨勇替夏侯福说情，才被释放出来。杨勇曾经得到一匹好马，想让刘行本骑着来赏玩。刘行本神色端正地说："陛下将臣安置在这里，是要臣辅佐教导殿下，并不是给殿下当戏弄的佞臣。"杨勇感到羞愧而作罢。等到杨勇被废时，裴政与刘行本这两人已经死了，隋文帝叹息说："如果裴政、刘行本还在的话，杨勇是不会落到这步田地的。"

勇尝宴宫臣，唐令则自弹琵琶，歌《妩媚娘》。洗马李纲起白勇曰："令则身为宫卿，职当调护；乃于广座自比倡优，进淫声，秽视听。事若上闻，令则罪在不测，岂不为殿下之累邪！臣请速治其罪！"勇曰："我欲为乐耳，君勿多事。"纲遂趋出。及勇废，上召东宫官属切责之，皆惶惧无敢对者。纲独曰："废立大事，今文武大臣皆知其不可而莫肯发言，臣何敢畏死，不一为陛下别白言之乎！太子性本中人，可与为善，可与为恶。向使陛下择正人辅之，足以嗣守鸿基。今乃以唐令则为左庶子，邹文腾为家令，二人唯知以弦歌鹰犬娱悦太子，安得不至于是邪！此乃陛下之过，非太子之罪也。"因伏地流涕呜咽。上惨然良久曰："李纲责我，非为无理，然徒知其一，未知其二；我择汝为宫臣，而勇不亲任，虽更得正人，何益哉！"对曰："臣所以不被亲任者，良由奸臣在侧故也。陛下但斩令则、文腾，更选贤才以辅太子，安知臣之终见疏弃也！自古国家废立冢嫡，鲜不倾危，愿陛下深留圣思，无贻后悔。"上不悦，罢朝，左右皆为之股栗。会尚书右丞缺，有司请人，上指纲曰："此佳右丞也！"即用之。

【译文】杨勇曾经宴请宫中臣子，唐令则自己演奏琵琶，唱《妩媚娘》。洗马李纲站起来劝谏杨勇说："唐令则身为宫卿，职责应当调护太子，竟然在众人集会的场合自比倡优，唱出淫邪的歌声，秽乱太子视听。这件事假如给陛下听到，唐令则的罪过是很重的，这难道不会成为殿下的累赘吗？臣请求赶快治他的罪。"杨勇说："我自己想要作乐，你不要多事。"李纲于是快步退出。等到杨勇被废时，隋文帝杨坚召集东宫官员，深切地责备他们，大家都畏惧惶恐，不敢作答。只有李纲说："废掉太子是件大事，现在文武大臣都知晓这件事情是不可以的，却没有人肯讲话，微臣怎么敢因为怕死，而不向陛下陈言呢？太子的材质，本来是属于中等的，可以让他为善，可以让他为恶。以前陛下如果选择正直的人去教导他，就能够承继守护国家巨大的基业。现在竟然让唐令则担任左庶子，邹文腾担任家令，这两个人只知晓以歌声音乐、打猎的事来取悦太子，怎么能不沦落到这地步呢？这是陛下的过错，不是太子的罪过。"于是伏在地上流泪痛哭。隋文帝杨坚难过了很久，说："李纲责怪我，不能说没有道理，只是只知其一，不知其二。我选拔你做宫臣，而杨勇却不亲近你，就算另有正直的人，又有什么用呢？"李纲回答说："臣不被亲信的原因，实在是因为有奸邪之人在太子身边的缘故。陛下只要处死唐令则、邹文腾，另外选拔贤良的人才来辅佐太子，怎么知晓臣会仍旧被疏远弃置呢？自古以来，废立太子，没有倾覆危险的很少，希望陛下深思熟虑，莫要日后留下悔恨才好。"隋文帝杨坚不高兴，退朝，身边的人都因此战栗惊惧。恰巧尚书右丞出缺，负责的官吏请求皇上派任人选，隋文帝杨坚指着李纲说："这就是好的右丞。"于是就任用了李纲。

【乾隆御批】广窥窃主鬯，骄饰希宠，隋文不觉，堕其术中。而独孤之爱广恶勇，则以勇宠昭训而多男，广使后庭不育子，隐中其妒嫉险刻之心。遂使储位中移，国祚不享，隋之天下亡于广，而实亡于独孤。然隋文受制妇人，纲常不振，殆亦自亡而已耳。

【译文】杨广想谋取太子之位，矫饰自己以求宠爱，隋文帝没能察觉，堕入他的谋术之中。而独孤皇后喜爱杨广讨厌杨勇，是因为杨勇宠爱昭训生了很多儿子，杨广却让后宫的女子不生育，暗中符合了她妒忌而阴险刻薄的心，于是使得储君之位中途转移，国运受挫，隋朝天下看上去是灭亡在杨广手上，实际上是亡于独孤皇后。然而隋文帝受制于一个妇人,致使纲常不能振兴,也只能说是他自取灭亡罢了。

太平公史万岁还自大斤山,杨素害其功,言于上曰:"突厥本降,初不为寇,来塞上畜牧耳。"遂寝之。万岁数抗表陈状,上未之悟。上废太子,方穷东宫党与。上问万岁所在,万岁实在朝堂,杨素曰:"万岁谒东宫矣!"以激怒上。上谓为信然,令召万岁。时所将士在朝堂称冤者数百人,万岁谓之曰:"吾今日为汝极言于上,事当决矣。"既见上,言"将士有功,为朝廷所抑!"词气愤厉。上大怒,令左右撾杀之。既而追之,不及,因下诏陈其罪状,天下共冤惜之。

十一月,戊子,立晋王广为皇太子。天下地震,太子请降章服,宫官不称臣。十二月,戊午,诏从之。以宇文述为左卫率。始,太子之谋夺宗也,洪州总管郭衍预焉,由是徵衍为左监门率。

【译文】太平公史万岁从大斤山返回,杨素嫉妒他的功劳,告诉隋文帝杨坚说:"突厥本来已经投降,这回根本不是入侵,只是来塞上放牧罢了。"于是将封赏的事情搁置不理。史万岁多次上表陈述功状,隋文帝杨坚完全不晓得。隋文帝要废掉太子,正在穷究东宫的党羽。隋文帝杨坚问史万岁在哪里,史万岁实际在朝中,杨素却说:"史万岁拜见东宫去了。"以此来激怒隋文帝。隋文帝杨坚信以为真,便下令召回史万岁。当时他所带领的将士在朝堂声称冤情的有几百人,史万岁告诉他们说:"我今天为你们尽量向陛下说明,事情就会有结果。"见了隋文帝,说:"将士有功勋,却被朝廷压制!"语气十分愤激严厉。隋文帝杨坚大为生气,下令身边的人击杀他。后来追悔不及,因此下诏陈述史万岁的罪状,天下百姓都为他的冤情惋惜。

十一月,戊子日(初三),隋文帝杨坚册立晋王杨广为皇太子。各地都发生地震，太子杨广请求降减舆服徽章，而宫官拜见太子时也不必自称为臣。十二月，戊午日（初三），隋文帝杨坚下诏采纳他的意见。任命宇文述担任左卫率。起初，太子密谋夺取宗子地位时，洪州总管郭衍曾经参与此事，因此征调郭衍担任左监门率。

帝囚故太子勇于东宫，付太子广掌之。勇自以废非其罪，频请见上申冤，而广遏之不得闻。勇于是升树大叫，声闻帝所，冀得引见。杨素因言勇情志昏乱，为癫鬼所著，不可复收。帝以为然，卒不得见。

初，帝之克陈也，天下皆以为将太平，监察御史房彦谦私谓所亲曰：“主上忌刻而苛酷，太子卑弱，诸王擅权，天下虽安，方忧危乱。”其子玄龄亦密言于彦谦曰：“主上本无功德，以诈取天下，诸子皆骄奢不仁，必自相诛夷，今虽承平，其亡可翘足待。”彦谦，法寿之玄孙也。

玄龄与杜（果）〔杲〕之兄孙如晦皆预选，吏部侍郎高孝基名知人，见玄龄，叹曰：“仆阅人多矣，未见如此郎者，异日必为伟器，恨不见其大成耳！”见如晦，谓曰：“君有应变之才，必任栋梁之重。”俱以子孙托之。

【译文】隋文帝杨坚把前太子杨勇囚禁在东宫，交付太子杨广看管。杨勇自认为被废不是他的罪，多次请求拜见隋文帝申诉冤情，但是杨广阻遏他，使事情不能上闻。于是杨勇就爬到树上大叫，声音传到隋文帝杨坚的住所，希望能得到接见的机会。杨素却趁机说杨勇的情志已经昏乱，已被癫疯的鬼魔附身，不能再立为太子。隋文帝杨坚同意他的看法，始终不与杨勇见面。

起初，隋文帝杨坚攻陷陈朝时，天下百姓都以为将要太平，监察御史房彦谦私下告诉亲近的人说："陛下为人嫉妒刻薄，苛刻残暴，太子懦弱卑微，诸王擅自专权，天下虽然太平，我却担心会有危乱。"他的儿子房玄龄也暗中对房彦谦说："皇上本来没有什么功德，专靠欺诈的手段得到天下，几个儿子都骄纵奢侈，没有仁德，必定会彼此相互残杀，现在虽然政治清平，但它的灭亡是可以很快见到的。"房彦谦是房法寿的玄孙。

房玄龄与杜果哥哥的孙子杜如晦，都参加吏部选拔，吏部侍郎高孝基以能知人闻名，看到房玄龄，叹气说："我看过的人很多了，没有见到过像你这样的年轻人，将来必定会成为伟大的人才，只恨不能看到你的大成就罢了。"看到杜如晦，告诉他说："你有随机应变的才华，必定会担负起国家栋梁的大任。"于是将子孙都托付给他。

帝晚年深信佛道鬼神，辛巳，始诏"有盗毁佛及天尊、岳、镇、海、渎神像者，以不道论；沙门毁佛像，道士毁天尊像者，以恶逆论。"

是岁，徵同州刺史蔡王智积入朝。智积，帝之弟子也。性修谨，门无私谒，自奉简素，帝甚怜之。智积有五男，止教读《论语》《孝经》，不令交通宾客。或问其故，智积曰："卿非知我者！"其意恐诸子有才能以致祸也。

【译文】隋文帝杨坚晚年深信佛道鬼神，辛巳日（二十六日），隋文帝杨坚第一次颁布诏令："有毁坏佛像与天尊、山镇、大海、四渎神像的人，依照不守正道论罪；和尚毁损佛像，道士损毁天尊像的，依照恶逆论罪。"

这一年，朝廷徵调同州刺史蔡王杨智积入朝。杨智积是隋文帝杨坚的侄子，性格修饬谨慎，除非有公事，不准许人私自来谒见自己，对待自己非常简朴，隋文帝杨坚很怜惜他。杨智积有五个儿子，只让他们读《论语》，不教他们与宾客交往。有人询问原因，杨智积便说："你是不能理解我的。"他的意思大概是担心几个儿子因为有才能而招惹灾祸吧！

齐州行参军章武王伽送流囚李参等七十馀人诣京师，行至荥阳，哀其辛苦，悉呼谓曰："卿辈自犯国刑，身婴缧绁，固其职也；重劳援卒，岂不愧心哉！"参等辞谢。伽乃悉脱其枷锁，停援卒，与约曰："某日当至京师，如致前却，吾当为汝受死。"遂舍之而去。流人感悦，如期而至，一无离叛。上闻而惊异，召见与语，称善久之。于是悉召流人，令携负妻子俱入，赐宴于殿庭而赦之。因下诏曰："凡在有生，含灵禀性，咸知善恶，并识是非。若临以至诚，明加劝导，则俗必从化，人皆迁善。往以海内乱离，德教废绝，吏无慈爱之心，民怀奸诈之意。朕思遵圣法，以德化民，而伽深识朕意，诚心宣导，参等感悟，自赴宪司：明是率土之人，非为难教。若使官尽王伽之俦，民皆李参之辈，刑厝不用，其何远哉！"乃擢伽为雍令。

【译文】齐州行参军章武人王伽，送流放囚犯李参等七十多人前往京师，走到荥阳，同情他们的辛苦，将所有人叫来告诉他们说："你们犯了国法，身体被黑色绳索绑缚，本来是罪有应得，却还要劳动押送的狱卒，内心难道不感到羞愧吗？"李参等人纷纷向他谢罪。王伽于是将他们的枷锁全部卸下，停用押送的狱卒，与他们约定说："在某一天应该到达京师，假如不能如期抵达，我将替你们受死。"于是舍下他们而离开。被流放的人感动喜悦，按照约定日期到达，没有一个逃跑的。隋文帝杨坚听了很惊讶，召见王伽，与他说话，称赞很久。于是将流放的人全都召入，命令带着妻子儿女一同入朝，在殿庭上赐宴，并宽恕了他们的罪。因此下诏书说："凡是有生命的人都含有灵气，秉承善性，都知晓善恶，也认识是非。假如待以至诚，明加规劝，那么习俗必定能变化，也一定能达到至善的境界。以前因为海内丧乱离析，道德教化荒废断绝，官员没有慈爱的心，百姓怀着奸邪欺诈的意念。朕想遵照圣人的方法，用道德教化百姓，而王伽深深懂得朕的心意，诚心教导宣谕，让李参等人感悟，主动前往有司自首：很明显，天下的百姓，并不是难以教化。倘若所有的官吏都与王伽一样，而百姓也都是李参这样的人，那么刑罚废止不用的日子，哪里还会很远呢？"于是隋文帝杨坚擢拔王伽担任雍城县令。

【乾隆御批】流囚本皆罪人，援卒亦奉公遣，王伽矫情于誉。遂为唐时纵囚者所滥觞。欧阳修著论惜未推本及此。

　　【译文】流刑罪囚本来都是罪人，押送罪犯的兵卒也是奉命执行公务，王伽违反常情追求名誉。于是成为唐代放纵囚犯事件的源起。欧阳修作《纵囚论》时可惜没有追根溯源到这件事上来。

　　太史令袁充表称："隋兴已后，昼日渐长，开皇元年，冬至之景长一丈二尺七寸二分；自尔渐短，至十七年，短于旧三寸七分。日去极近则景短而日长，去极远则景长而日短；行内道则去极近，行外道则去极远。谨按《元命包》云：'日月出内道，璇玑得其常。'《京房别对》曰：'太平，日行上道；升平，行次道；霸代，行下道。'伏惟大隋启运，上感乾元，景短日长，振古希有。"

　　上临朝，谓百官曰："景长之庆，天之祐也。今太子新立，当须改元，宜取日长之意以为年号。"是后百工作役，并加程课，以日长故也。丁匠苦之。

【译文】太史令袁充上奏章声称："大隋兴起以后，白昼渐渐增加，开皇元年，冬至日的日影长一丈二尺七寸二分，从此逐渐缩短，到了十七年，比以前减短三寸七分。太阳离得近，日影就减短而白昼加长，太阳离得远，日影就增长而白昼减短。太阳行走内侧轨道就离得近，太阳行走外侧轨道就离得远。谨按《元命包》说：'日月离开内侧轨道，测量天文的玉器璇玑就正常不偏。'《京房别对》说：'太平的时候，太阳在上面的轨道行走；升平的时候，太阳在其次的轨道行走；霸权的时代，太阳在下面的轨道行走。'私下考虑大隋开拓机运，感动苍天，日影减短，白昼增长，这是自上古以来所少有的。"

隋文帝杨坚莅临朝廷，告诉百官说："日影增长的吉庆，是来自上天的福音。如今太子刚刚册立，应当要改年号，可以取用白昼增长的意思当作年号。"此后百工的工作时间加长，工作分量加重，这都是白昼增长的缘故。官府的工匠都感到烦苦。

【乾隆御批】南陆北陆，日道自有常行，而景即随之。以好言吉祥而贡谀，荒怪若此，与再中却行何异。工后加课其妄更不待言。

【译文】南、北半球，太阳自有固定的运行轨道，而影子也自然随之长短变化。因为处上位者好说吉祥类的话语，处下位的也就献上阿谀奉承之辞，荒诞怪异到了这种地步，与射箭再次射中后的倒步退行有何不同。给工役们增加劳动定额就更不必说了。

仁寿元年(辛酉, 公元六〇一年)春, 正月, 乙酉朔, 赦天下, 改元。

以尚书右仆射杨素为左仆射, 纳言苏威为右仆射。

丁酉, 徙河南王昭为晋王。

突厥步迦可汗犯塞, 败代州总管韩洪于恒安。

以晋王昭为内史令。

二月, 乙卯朔, 日有食之。

夏, 五月, 己丑, 突厥男女九万口来降。

六月, 乙卯, 遣十六使巡省风俗。

乙丑, 诏以天下学校生徒多而不精, 唯简留国子学生七十人, 太学、四门及州县学并废。前殿内将军河间刘炫上表切谏, 不听。秋, 七月, 戊戌, 改国子学为太学。

【译文】仁寿元年(辛酉, 公元601年)春季, 正月, 乙酉朔日(初一), 隋文帝杨坚大赦天下, 改年号为仁寿。

隋文帝杨坚任命尚书右仆射杨素担任左仆射, 纳言苏威担任右仆射。

丁酉日(十三日), 隋文帝杨坚改命河南王杨昭为晋王。

突厥步迦可汗进犯边塞, 在恒安击败代州总管韩弘。

隋文帝杨坚任命晋王杨昭为内史令。

二月, 乙卯朔日(初一), 发生日食。

夏季, 五月, 己丑日(初七), 突厥男女九万人前来投降。

六月, 乙卯日(初三), 隋文帝杨坚派遣十六名使者巡视察看各地风俗。

乙丑日(十三日), 隋文帝杨坚诏令鉴于天下学校生徒众多而学业却不精, 只选拔保留国子学生七十人, 太学、四门与州县学都废除。殿内将军河间人刘炫, 呈上奏章, 恳切进谏, 隋文帝杨坚不听。秋季，七月，隋文帝杨坚改国子学为太学。

初，帝受周禅，恐民心未服，故多称符瑞以耀之，其伪造而献者，不可胜计。冬，十一月，己丑，有事于南郊，如封禅礼，板文备述前后符瑞以报谢云。

山獠作乱，以卫尉少卿洛阳卫文升为资州刺史镇抚之。文升名玄，以字行。初到官，獠方攻大牢镇，文升单骑造其营，谓曰：“我是刺史，衔天子诏，安养汝等，勿惊惧也！”群獠莫敢动。于是，说以利害，渠帅感悦，解兵而去，前后归附者十馀万口。帝大悦，赐缣二千匹。壬辰，以文升为遂州总管。

潮、成等五州獠反，高州酋长冯盎驰诣京师，请讨之。帝敕杨素与盎论贼形势，素叹曰：“不意蛮夷中有如是人！”即遣盎发江、岭兵击之。事平，除盎汉阳太守。

诏以杨素为云州行军元帅，长孙晟为受降使者，挟启民可汗北击步迦。

【译文】起初，隋文帝杨坚接受周朝禅让，担心民心不归服，因此多次声称有符瑞来炫耀这件事，那些伪造而呈献上来的祥瑞，多得不计其数。冬季，十一月，己丑日（初九），隋文帝杨坚在南郊举行祭祀，跟封禅的礼仪一样，将祭文刻在版上，详细记述前后各种符瑞来报谢上天。

山中獠人叛乱，隋文帝杨坚任命卫尉少卿洛阳人卫文昇担任资州刺史，前往镇抚他们。卫文昇名玄，却用字通行于世。卫文昇刚到官府，正赶上獠人来进攻大牢镇，卫文昇一个人骑马来到他们营地，告诉他们说：“我是刺史，奉天子诏令，来安抚你们，不要慌乱畏惧。”成群的獠人没有人敢随意乱动。于是卫文昇分析利害给他们听，贼兵元帅又感动又喜悦，撤兵离开，前后归降的有十多万人。隋文帝杨坚十分高兴，赏赐卫文昇绢帛二千匹。壬辰日（十二日），隋文帝杨坚任命卫文昇担任遂州总管。

潮、成等五州獠人叛乱，高州酋长冯盎快骑抵达京师，请求征讨獠人。隋文帝杨坚敕令杨素与冯盎讨论贼兵形势，杨素叹息着说："没想到蛮夷中还有这样的人。"隋文帝杨坚立刻派遣冯盎调动江南、岭南的军队去攻打他们。乱事讨平后，隋文帝杨坚任命冯盎担任汉阳太守。

隋文帝杨坚诏令让杨素担任云州道行军元帅，长孙晟担任受降使者，带领启民可汗向北攻打步迦可汗。

仁寿二年（壬戌，公元六〇二年）春，三月，己亥，上幸仁寿宫。

突厥思力俟斤等南渡河，掠启民男女六千口、杂畜二十馀万而去。杨素帅诸军追击，转战六十馀里，大破之，突厥北走。素复进追，夜，及之，恐其越逸，令其骑稍后，亲引两骑并降突厥二人与虏并行，虏不之觉；候其顿舍未定，趣后骑掩击，大破之，悉得人畜以归启民。自是突厥远遁，碛南无复寇抄。素以功进子玄感柱国，赐玄纵爵淮南公。

兵部尚书柳述，庆之孙也，尚兰陵公主，怙宠使气，自杨素之属皆下之。帝问符玺直长万年韦云起："外间有不便事，可言之。。"述时侍侧，云起奏曰："柳述骄豪，未尝经事，兵机要重，非其所堪。徒以主婿，遂居要职。臣恐物议以陛下为'官不择贤，专私所爱'，斯亦不便之大者。"帝甚然其言，顾谓述曰："云起之言，汝药石也，可师友之。"秋，七月，丙戌，诏内外官各举所知。柳述举云起，除通事舍人。

【译文】仁寿二年(壬戌，公元 602 年)春季，三月，己亥日(二十一日)，隋文帝杨坚临幸仁寿宫。

突厥思力俟斤等人向南渡过黄河，掳掠启民部落男女百姓六千人、杂畜二十多万头后离去。杨素带领各军前去追击，辗转作战六十多里，击败他们，突厥向北逃跑。杨素又进军追击，夜里追上了突厥兵。杨素担心他们越险逃逸，下令骑兵守在后面，亲自率领两名骑兵与两名投降的突厥人，与敌人并路行走，敌人没有发觉。等到他们停军安营还没有完成的时候，杨素命后面的骑兵赶快进攻，大败突厥，将所有的人畜都归还启民可汗。自此突厥人逃到很远的地方，大漠以南不再有侵犯偷袭的乱事。因为这次战功，隋文帝杨坚进封杨素的儿子杨玄感为柱国，赏赐杨玄纵的爵位为淮南公。

兵部尚书柳述是柳庆的孙子，与兰陵公主结婚，于是倚仗尊宠，颐指气使，自杨素而下，一般人都不敢得罪他。隋文帝杨坚询问符玺直长万年人韦云起：“外面有什么不合理的事情，都可以讲出来。”当时柳述侍候在身旁，韦云起上奏说：“柳述骄纵豪奢，不曾经历事故，军事机要的重担，不是他能承当的，只是因为他是陛下的女婿，所以担当重要职务。臣担心大家非议，认为陛下‘任命官员不选择贤良的人，专门偏私所宠幸的人’。这是不合理的事情里面比较大的。”隋文帝杨坚非常同意他的话，回头告诉柳述说：“韦云起的话，是治疗你缺点的良药，可以将他当成师友看待。”秋季，七月，丙戌日(初十)，隋文帝杨坚诏令朝廷内外官吏各自推举所熟悉的贤才。柳述举荐韦云起，隋文帝杨坚任命韦云起为通事舍人。

益州总管蜀王秀，容貌瑰伟，有胆气，好武艺。帝每谓独孤后曰:"秀必以恶终,我在当无虑,至兄弟,必反矣。"大将军刘哙之讨西爨也,帝令上开府仪同三司杨武通将兵继进。秀以嬖人万智光为武通行军司马。帝以秀任非其人,谴责之,因谓群臣曰:"坏我法者,子孙也。譬如猛虎,物不能害,反为毛间虫所损食耳。"遂分秀所统。

自长史元岩卒后,秀渐奢僭,造浑天仪,多捕山獠充宦者,车马被服,拟于乘舆。

资治通鉴

【译文】益州总管蜀王杨秀,容貌雄伟瑰奇,有气魄胆量,爱好武艺。隋文帝杨坚每次告诉独孤后说:"杨秀必定会有凶恶的下场,我还健在时,应该没有忧虑,等到他兄弟执政的时候,必定会造反的。"大将军刘哙征讨西爨时,隋文帝杨坚命令上开府仪同三司杨武通率领军队跟着前进。杨秀让嬖幸的小人万智光担任杨武通的行军司马。隋文帝杨坚因为杨秀所任用的不是合适人选,便谴责他,并趁机告诉群臣说:"败坏我的法律的,是我的子孙。就好比凶猛的老虎,别的动物不能伤他,反被猛虎皮毛间所生的小虫伤害。"隋文帝杨坚于是分散了杨秀所统率的军队。

自从长史元岩去世后,杨秀渐渐奢侈越礼,自己制造浑天仪,抓捕很多山上的獠人充任宦官,车马被服,与天子相类似。

及太子勇以谗废,晋王广为太子,秀意甚不平。太子恐秀终为后患,阴令杨素求其罪而谮之。上遂徵秀,秀犹豫,欲谢病不行。总管司马源师谏,秀作色曰:"此自我家事,何预卿也!"师垂涕对曰:"师忝参府幕,敢不尽心!圣上有敕追王,以淹时月,今乃迁延未去。百姓不识王心,悦生异议,内外疑骇,发雷霆之诏,降一介之使,王何以自明?愿王熟计之!"朝廷恐秀生变,戊子, 以原州总管独孤楷为益州总管, 驰传代之。楷至, 秀犹未肯行; 楷讽谕久之, 乃就路。楷察秀有悔色, 因勒兵为备; 秀行四十馀里, 将还袭楷, 觇知有备, 乃止。

八月, 甲子, 皇后独孤氏崩。太子对上及宫人哀恸绝气, 若不胜丧者; 其处私室, 饮食言笑如平常。又, 每朝令进二溢米, 而私令外取肥肉脯鲊, 置竹桶中, 以蜡闭口, 衣襆裹而纳之。

【译文】等到太子杨勇因为谗言被废, 晋王杨广成为太子, 杨秀心里很不平。太子杨广担心杨秀最后会成为后患, 暗中下令杨素寻找他的罪行, 而后用谗言陷害他。隋文帝杨坚于是征召杨秀, 杨秀迟疑不定, 想要推说生病, 而不前往。总管司马源师劝谏, 杨秀变了脸色说:"这只是我家中的事, 卿何必来干涉呢?"源师流着泪回复说:"源师忝为王府僚佐, 敢不竭尽忠心吗? 陛下有敕令催促大王, 现在已经逾越时日, 却还拖延不去。百姓不了解大王的心思, 倘若产生不好的议论, 让朝廷内外疑惑震骇, 发布严厉的诏令, 再派出一位使者, 大王到时怎样表明自己呢? 希望大王详细考虑。"朝廷担心杨秀发生变故, 戊子日(十二日), 隋文帝杨坚任命原州总管独孤楷担任益州总管, 快骑传驿去接替杨秀。独孤楷抵达, 杨秀还不愿前行, 独孤楷规劝他良久, 杨秀才上路。独孤楷察觉杨秀露出后悔的神色, 因此部勒军队, 加以防范。杨秀走了四十多里, 预备回去偷袭独孤楷, 窥知已经有了戒备, 才作罢。

八月, 甲子日(十九日), 皇后独孤氏去世。太子当着隋文帝和宫人的面假装哀伤悲痛, 呼吸断绝, 仿佛不能承受这件丧事一样, 但一返回自己的房里, 饮食谈笑就与平时一样。又每天早晨命人拿进四十两米, 而私下再让人取来肥肉、肉干、酿鱼等, 装在竹筒里, 用蜡封口, 用包头巾裹着送进去。

著作郎王劭上言："佛说：'人应生天上及生无量寿国之时，天佛放大光明，以香花妓乐来迎。'伏惟大行皇后福善祯符，备诸秘记，皆云是妙善菩萨。臣谨案八月二十二日，仁寿宫内再雨金银花；二十三日，大宝殿后夜有神光；二十四日卯时，永安宫北有自然种种音乐，震满虚空；至夜五更，奄然如寐，遂即升遐，与经文所说，事皆符验。"上览之悲喜。

九月，丙戌，上至自仁寿宫。

冬，十月，癸丑，以工部尚书杨达为纳言。达，雄之弟也。

闰月，甲申，诏杨素、苏威与吏部尚书牛弘等修定五礼。

【译文】著作郎王劭上奏说："佛说：'人在要升上天和进入极乐世界时，天上的佛会大放光明，用香花女乐来迎接。'臣私下看大行皇后的善果福缘，祯祥瑞应，一一记载在各种秘录里，都说是妙善菩萨。臣谨查八月二十二日，仁寿宫内再次降下金银花。二十三日，大宝殿后面夜晚有神异的光彩。二十四日卯时，永安宫北有天然的各种音乐，音乐声响彻整个天空。到了夜晚五更，剩下轻微的声音，如同人在睡寐，不久独孤皇后就过世，与佛家经文所说的事情，全部符合应验。"隋文帝杨坚看了又悲又喜。

九月，丙戌日（十一日），隋文帝杨坚从仁寿宫回来。

冬季，十月癸丑日（初九），隋文帝杨坚任命工部尚书杨达担任纳言。杨达是杨雄的弟弟。

闰月，甲申日（初十），隋文帝杨坚诏令杨素、苏威与吏部尚书牛弘等人修订五礼。

上令上仪同三司萧吉为皇后择葬地，得吉处，云："卜年二千，卜世二百。”上曰：“吉凶由人，不在于地。高纬葬父，岂不卜乎！俄而国亡。正如我家墓田，若云不吉，朕不当为天子；若云不凶，我弟不当战没。”然竟从吉言。吉退，告族人萧平仲曰：“皇太子遣宇文左率深谢余云：‘公前称我当为太子，竟有其验，终不忘也。今卜山陵，务令我早立。我立之后，当以富贵相报。’吾语之曰：‘后四载，太子御天下。’若太子得政，隋其亡乎！吾前给云‘卜年二千’者，三十字也；‘卜世二百’者，取世二传也。汝其识之！”

壬寅，葬〔文〕献皇后于太陵。诏以“杨素经营葬事，勤求吉地，论素此心，事极诚孝，岂与夫平戎定寇比其功业！可别封一子义康公，邑万户。”并赐田三十顷，绢万段，米万石，金珠绫锦称是。

【译文】隋文帝杨坚命令上仪同三司萧吉为皇后选择下葬地点，萧吉找到一块吉利的地方，说：“依据占时能享二千年，二百世。”隋文帝说：“吉凶是因为人为，不在于地理。高纬埋葬父亲，哪里会不选择葬地呢？不久国家就灭亡了。正好比我家里的墓田，假如说不吉利，朕便不能成为天子；假如说不是凶恶，我的弟弟不应当作战身死。”但是最终还是听从萧吉的意见。萧吉退出，告诉他的族人萧平仲说：“皇太子派宇文左率答谢我说：‘您前次说我会成为太子，真的灵验了，我终不会忘记。现在占卜选择皇后的山陵，一定要能使我早一点即位。我即位以后，会拿富贵来酬报你。’我答复他说：‘四年以后，太子将要君临天下。’倘若太子得到政权，大隋就要灭亡了呀！我上次欺骗说：‘据占卜，能享二千年’，其实是‘三十’两字；‘据占卜，能享二百世’，是能够传二世的意思，你要记住！”

壬寅日(二十八日)，隋文帝杨坚将文献皇后埋葬在太陵。

下诏说:"杨素处置埋葬的事情,努力去寻找吉利的地理,考察杨素的这分心意,实是极为孝顺诚恳,哪里是讨平敌寇的功业所可比拟的呢?因此可以另外封他一个儿子为义康公,享邑一万户。"并且赏赐杨素田地三十顷,绢丝一万匹,米一万石,以及许多的金珠绫锦。

【乾隆御批】萧吉既习择地之术,乃听逆子之言谋害君父,非乱臣贼子而何。秉史笔者所当深恶而痛绝之,顾曲为称述,且若艳其前知者,然可谓好奇而不衷于理矣。

【译文】萧吉既然熟悉选择地势的学问,却听从逆子的话谋害父君,不是乱臣贼子又是什么?那些写史的执笔者对此理当深恶痛绝,反而违心地进行称扬,还把他美化成一个预知未来的人,这只能说是喜好猎奇却不合乎事理了。

蜀王秀至长安,上见之,不与语;明日,使使切让之。秀谢罪,太子诸王流涕庭谢。上曰:"顷者秦王糜费财物,我以父道训之。今秀蠹害生民,当以君道绳之。"于是付执法者。开府仪同三司庆整谏曰:"庶人勇既废,秦王已薨,陛下见子无多,何至如是!蜀王性甚耿介,今被重责,恐不自全。"上大怒,欲断其舌,因谓群臣曰:"当斩秀于市以谢百姓。"乃令杨素等推治之。

太子阴作偶人,缚手钉心,枷锁杻械,书上及汉王姓名,仍云"请西岳慈父圣母神兵收杨坚、杨谅神魂,如此形状,勿令散荡。"密埋之华山下,杨素发之;又云秀妄述图谶,称京师妖异,造蜀地〔徵〕祥;并作檄文,云"指期问罪",置秀集中,俱以闻奏。上曰:"天下宁有是邪!"十二月,癸巳,废秀为庶人,幽之内侍省,不听与妻子相见,唯獠婢二人驱使,连坐者百馀人。秀上表摧谢，且曰："伏愿慈恩，赐垂矜愍，残息未尽之间，希与孤子相见；请赐一穴，令骸骨有所。"瓜子，其爱子也。上因下诏数其十罪，且曰："我今不知杨坚、杨谅是汝何亲?"后乃听与其子同处。

【译文】蜀王杨秀抵达长安，隋文帝杨坚见了他，不与他说话，第二天，派使者痛切地谴责他。杨秀认错谢罪，太子诸王也流着泪在庭上谢罪。隋文帝杨坚说："不久以前秦王浪费钱财，我以做父亲的规矩训诫他。现在杨秀残害百姓，应该要以国君的规矩来惩罚他。"于是将杨秀交给执法官吏。开府仪同三司庆整进谏说："杨勇已经被废，秦王已经过世，陛下现有的儿子已经不多，何必要如此呢? 蜀王性情十分耿直端正，现在受到严厉的谴责，恐怕不能安然无事。"隋文帝杨坚十分生气，想要割断他的舌头，因此告诉群臣说："应该将杨秀斩死在市集，来向老百姓谢罪。"于是命令杨素等人审理处治。

太子暗中制作木偶人，绑着手，钉住心，戴上枷锁器械，书写隋文帝杨坚和汉王杨谅的姓名，并且说："请求西岳的慈父圣母，缉拿杨坚、杨谅的神魂，就像这个样子，不要使他们的神魂游荡散逸。"并暗中将木偶人埋在华山下面，杨素将它发掘出来；又说："杨秀胡乱称述图谶，声称京城有妖孽怪异，自己制造蜀地祥瑞的征兆"；并且作檄文，说什么"约定日期兴师问罪"，安插在杨秀的文集里，将这些全部奏报上闻。隋文帝说："天下哪有这样的事情呢?"十二月，癸巳日(二十日)，隋文帝杨坚废杨秀为普通百姓，幽禁在内侍省，不让他与妻子儿女见面，只允许两个獠女供他使唤，连坐犯罪的有一百多人。杨秀呈上奏章谢罪说："深愿圣主仁慈垂下爱心，矜悯哀怜，在残余的生命还没有结束之时，能够与瓜子相见；并请求赐予一个墓穴，让骸骨有安放的地方。"瓜子是他喜爱的儿子。隋文帝杨坚于是下诏书谴责他的十个罪状，并且说："我不知晓杨坚、杨谅，是你的什么亲人。"后来还是让他与儿子同住一起。

初，杨素尝以少谴敕送南台，命治书侍御史柳彧治之。素恃贵，坐彧床。彧从外来见之，于阶下端笏整容谓素曰："奉敕治公之罪！"素遽下。彧据案而坐，立素于庭，辨诘事状。素由是衔之。蜀王秀尝从彧求李文博所撰《治道集》，彧与之；秀遗彧奴婢十口。及秀得罪，素奏彧以内臣交通诸侯，除名为民，配戍怀远镇。

【译文】起初，杨素曾经因为一点点罪责，被敕令押送御史台，命令治书侍御史柳彧审问。杨素倚仗尊贵，坐在柳彧的床上。柳彧从外面进来，站在台阶下端持笏板，整肃仪容，对杨素说："接奉敕令审问您的罪刑。"杨素赶快下床，柳彧坐在文案后面，让杨素站在庭上回答事状。杨素因而衔恨在心。蜀王杨秀曾经向柳彧索要李文博所撰写的《治道集》，柳彧给了杨秀；杨秀赠送柳彧十名奴婢。等到杨秀获罪，杨素奏准柳彧以朝内的臣子与诸侯交往，柳彧被除去名籍成为普通百姓，流放戍守怀远镇。

帝使司农卿赵仲卿往益州穷案秀事，秀之宾客经过之处，仲卿必深文致法，州县长吏坐者太半。上以为能，赏赐甚厚。

久之，贝州长史裴肃遣使上书，称："高颎以天挺良才，元勋佐命，为众所疾，以至废弃；愿陛下录其大功，忘其小过。又二庶人得罪已久，宁无革心！愿陛下弘君父之慈，顾天性之义，各封小国，观其所为：若能迁善，渐更增益；如或不悛，贬削非晚。今者自新之路永绝，愧悔之心莫见，岂不哀哉！"书奏，上谓杨素曰：“裴肃忧我家事，此亦至诚也。”于是征肃入朝。太子闻之，谓左庶子张衡曰：“使勇自新，欲何为也?”衡曰：“观肃之意，欲令如吴太伯、汉东海王耳。”肃至，上面谕以勇不可复收之意而罢遣之。肃，侠之子也。

【译文】隋文帝杨坚派司农卿赵仲卿去往益州详查杨秀的犯罪事实，凡是与杨秀的宾客来往的人家，赵仲卿一定苛刻地曲解法律条文，罗织罪名，以致州县长吏有一半以上遭到连坐。隋文帝杨坚认为他很能干，赏赐他十分丰厚。

很久之后，贝州长史裴肃派使者呈上奏书说：“高颎凭借他那天生杰出的好才能，成为辅佐王命的元勋，却遭受大众的嫉恶，以至于被废弃，希望陛下记住他的大功劳，忘掉他的小过错。还有杨勇、杨秀这两个被废弃为民的人，获罪已经很长时间了，怎会没有改过之心呢? 希望陛下恢弘君父的仁心，顾念父子的情义，分别封赏小小的国土，考察他们的作为：假如能够改过迁善，便逐渐改封大国；假如还是无法改过，再贬斥削爵也不晚。现在永远阻断他们自新的路，忏悔羞愧的心无法看见，这不是悲哀吗?”奏书呈上以后，隋文帝杨坚告诉杨素说：“裴肃担忧我的家事，这也是十分诚恳的。”因此征调裴肃进入朝廷。太子杨广听了，告诉左庶子张衡说：“让杨勇自新，想要干什么呢?”张衡说：“我观察裴肃的意思，想要使他像吴国的太伯、汉代的东海王那样吧!”裴肃到达的时候，隋文帝杨坚当面告诉他，杨勇不能再被立为太子，就打发他回去了。裴肃是裴侠的儿子。

杨素弟约及从父文思、文纪、族父忌并为尚书、列卿，诸子无汗马之劳，位至柱国、刺史；广营资产，自京师及诸方都会处，邸店、碾硙、便利田宅，不可胜数；家僮数千，后庭妓姜曳绮罗者以千数；第宅华侈，制拟宫禁；亲故吏布列清显。既废一太子及一王，威权愈盛。朝臣有违忤者，或至诛夷；有附会及亲戚，虽无才用，必加进擢，朝廷靡然，莫不畏附。敢与素抗而不桡者，独柳或及尚书右丞李纲、大理卿梁毗而已。

始，毗为西宁州刺史，凡十一年，蛮夷酋长皆以金多者为豪俊，递相攻夺，略无宁岁，毗患之。后因诸酋长相帅以金遗毗，毗置金坐侧，对之恸哭，而谓之曰："此物饥不可食，寒不可衣，汝等以此相灭，不可胜数，今将此来，欲杀我邪！"一无所纳。于是，蛮夷感悟，遂不相攻击。上闻而善之，和，徵为大理卿，处法平允。

【译文】杨素的弟弟杨约与叔父杨文思、杨文纪、同族的伯父杨忌都担当尚书、列卿，几个儿子没有作战的功勋，地位也达到柱国、刺史。他们广置家产，从京师到各大都会，邸舍、庄店、碾磨、良好的田宅，多得不计其数。家奴有一千多人，后院穿罗绮的姬妾也有一千多人。住宅十分华丽奢侈，规模制度足以与宫廷相比。亲戚、旧官属，都安排在显要的地位。当朝廷废除了一个太子和一个王以后，杨素家族的权势声威越来越盛。朝廷的臣子有违反他的，甚至遭到诛杀的命运；有攀附他及沾亲带故的人，就算没有才干，也一定加以任用提拔。朝廷官员随风一边倒，没有不畏惧、亲附他的。敢与杨素对抗而不屈服的，只有柳或与尚书右丞李纲、大理卿梁毗罢了。

起初，梁毗担任西宁州刺史，一共做了十一年，蛮夷的酋长都将金子多的人当作英豪俊杰，相互攻击夺取，毫无安宁的年月，梁毗深感担忧。后来由于所有的酋长互相争着拿金子送给梁毗，梁毗便将金子放在座位旁边，面对他们恸哭，并告诉他们说:"这东西饿了不能拿来吃,冷了不能拿来穿,你们因此而相互攻杀,死了无数的人,今天又拿这种东西来到我这里,是想害死我吗?"梁毗全都不予接纳。于是蛮夷人全都感动觉悟,不再相互攻击。隋文帝杨坚听了很嘉许,征调他担任大理卿,梁毗到任后处理法令,非常公平允当。

毗见杨素专权,恐为国患,乃上封事曰:"臣闻臣无有作威作福,其害于而家,凶于而国。窃见左仆射越国公素,幸遇愈重,权势日隆,搢绅之徒,属其视听。忤旨者严霜夏零,阿旨者膏雨冬澍;荣枯由其唇吻,废兴候其指麾;所私皆非忠谠,所进咸是亲戚,子弟布列,兼州连县。天下无事,容息异图;四海有虞,必为祸始。夫奸臣擅命,有渐而来,王莽资之于积年,桓玄基之于易世,而卒珍汉祀,终倾晋祚。陛下若以素为阿衡,臣恐其心未必伊尹也。伏愿揆鉴古今,量为处置,俾洪基永固,率土幸甚!"书奏,上大怒,收毗系狱,亲诘之。毗极言"素擅宠弄权,将领之处,杀戮无道。又太子、蜀王罪废之日,百僚无不震悚,唯素扬眉奋肘,喜见容色,利国家有事以为身幸。"上无以屈,乃释之。

其后上亦浸疏忌素,乃下敕曰:"仆射国之宰辅,不可躬亲细务,但三五日一向省,评论大事。"外示优崇,实夺之权也。素由是终仁寿之末,不复通判省事。出杨约为伊州刺史。

【译文】梁毗看到杨素专横夺权,担心他成为国家的祸患,于是上了封事说:"臣听闻人臣不可以凭借权势来欺压别人,从而损伤你的家,残害你的国(《尚书·洪范》)。臣私下看到左仆射越国公杨素,所受的宠幸恩遇,越来越重,权柄势力一天隆盛一天,在朝为官的人,全都要竖起耳朵,擦亮眼睛,来注意他的一言一行。违反他的，如同夏天降寒霜，逢迎他的，如同冬天下甘雨；一个人的荣贵或者枯败，全听他的一张嘴，一个人的兴盛或者衰废，全凭他的指挥；他所私爱的都不是忠心正直的人，他所选用的都是自己的亲戚，为子弟安排位置，由州到县，遍及各地。天下太平无事，或许会止息叛乱的企图；四海如果不安宁，必定会成为祸害的根源。谈到奸佞的臣子擅弄天命，是渐渐而来的，王莽依靠的是多年累积的成果，桓玄凭借的是两代建立的基业，最后才殄灭汉朝的宗祀，颠覆晋朝的福祚。陛下假如让杨素担任阿衡（官名，宰辅的意思），臣担心他的心未必能像伊尹。臣恳切希望陛下明察古今，考量处置，使得大隋宏大的基业永远稳固，让全国的百姓蒙受无边的福泽。"封事上奏以后，隋文帝杨坚大为生气，收押梁毗，下在牢里，亲自审问。梁毗极尽所知说："杨素擅专宠爱，玩弄权术，领兵所到的地方，杀戮都非常惨烈，全不顾人道。还有太子、蜀王犯罪被废掉的时候，百官无不震惊悚惧，只有杨素洋洋得意，喜悦的心情显露在脸上，将国家所发生的变故，当成是自身幸运的事情。"隋文帝无法使他屈服，于是将他放了。

后来隋文帝杨坚也渐渐对杨素疏远猜忌，于是下诏令说："仆射是国家的宰辅，不必亲自处置细微的事务，只要三五天到一次尚书省，讨论大的事情就可以了。"从外表看是对他尊崇优遇，实际是削夺他的权力。杨素因此到了仁寿末年，不再总管尚书省的事情。隋文帝又将杨约派出去担任伊州刺史。

素既被疏，吏部尚书柳述益用事，摄兵部尚书，参掌机密；素由是恶之。

太子问于贺若弼曰："杨素、韩擒虎、史万岁皆称良将，其优劣何如?"弼曰:"杨素猛将,非谋将;韩擒虎斗将,非领将;史万岁骑将,非大将。"太子曰:"然则大将谁也?"弼拜曰:"唯殿下所择!"弼意自许也。

交州俚帅李佛子作乱,据越王故城,遣其兄子大权据龙编城,其别帅李普鼎据乌延城。杨素荐瓜州刺史长安刘方有将帅之略,诏以方为交州道行军总管,统二十七营而进。方军令严肃,有犯必斩;然仁爱士卒,有疾病者亲临抚养,士卒亦以此怀之。至都隆岭,遇贼,击破之。进军临佛子营,先谕以祸福。佛子惧,请降,送之长安。

【译文】杨素被疏远之后,吏部尚书柳述更加专权,暂时代理兵部尚书,参与掌管朝廷机密;杨素因而忌恨他。

太子杨广询问贺若弼说:"杨素、韩擒虎、史万岁,都被人称作良将,他们的优劣究竟怎样呢?"贺若弼说:"杨素是勇猛的战将,不是富有韬略的将军;韩擒虎是打仗的将军,不是统管众将的将军;史万岁是骑兵的将领,不是统领大军的将军。"太子杨广说:"那么谁才是统领大军的将才?"贺若弼说:"只有依靠殿下自己选择了。"贺若弼的意思是希望太子期许自己。

交州俚人元帅李佛子叛乱,占据越王旧城,派他的侄子李大权屯驻龙编城,他的别帅李普鼎屯驻乌延城。杨素举荐瓜州刺史长安人刘方,说他有将帅的才略。隋文帝杨坚于是诏令刘方任交州道行军总管,统率二十七营兵众进击俚人。刘方军令十分严格,有犯罪的必定斩杀;但是对士兵却非常仁爱,有患了疾病的人,必定亲自去慰问照料,士兵也因而感怀他。到了都隆岭,遭遇贼兵,击败了他们。等到进军逼近李佛子的营区,先用利害祸福关系来晓谕他。李佛子害怕,请求归降,被押解到长安。

仁寿三年(癸亥，公元六〇三年)秋，八月，壬申，赐幽州总管燕荣死。荣性严酷，鞭挞左右，动至千数。尝见道次丛荆，以为堪作杖，命取之，辄以试人。人或自陈无罪，荣曰："后有罪，当免汝。"既而有犯，将杖之，人曰："前日被杖，使君许以有罪宥之。"荣曰："无罪尚尔，况有罪邪！"杖之自若。

观州长史元弘嗣迁幽州长史，惧为荣所辱，固辞。上敕荣曰："弘嗣杖十已上罪，皆须奏闻。"荣忿曰："竖子何敢玩我！"于是，遣弘嗣监纳仓粟，飏得一糠一秕，辄罚之。每笞虽不满十，然一日之中，或至三数。如是历年，怨隙日构。荣遂收弘嗣付狱，禁绝其粮，弘嗣抽衣絮杂水咽之。其妻诣阙称冤，上遣使案验，奏荣暴虐，赃秽狼籍；徵还，赐死。元弘嗣代荣为政。酷又甚之。

【译文】仁寿三年(癸亥，公元603年)秋季，八月，壬申日(初三)，隋文帝杨坚赐幽州总管燕荣自杀。燕荣性情严厉残暴，常鞭打身边的人，一打就是一千多下。他曾经看到路边丛生的荆棘，认为可以用来做刑杖，便下令割下来，常常在人身上做试验。假如有人自己陈述没有犯罪，燕荣就说："以后有罪，就用这次的抵免。"后来有个犯罪的，将要施用刑杖，那人说："前些时候被杖刑，刺史应允有罪的时候可以宽宥。"燕荣就说："没有罪的时候尚且要这样，何况是有罪呢？"仍然照旧施用杖刑。

观州长史元弘嗣调任幽州长史，担心被燕荣所凌辱，坚持推辞。隋文帝杨坚敕令燕荣说："元弘嗣假如犯了要杖打十下以上的罪过，都要上奏。"燕荣生气地说："这个小子怎么敢戏弄我！"于是派元弘嗣监管收纳仓库的粟谷，假如有粟谷不饱满，

资治通鉴

被风吹起枇糠的，都要惩罚他。每次鞭打虽然不满十下，但是一天之中，有时到了三四次。这样过了一年，怨恨嫌隙，日渐形成。燕荣于是缉拿元弘嗣交付牢狱，断绝他的粮食，元弘嗣抽出棉絮，夹杂着水吞食。他的妻子前往宫里陈述冤情，隋文帝杨坚便派使臣前去查验，结果上奏燕荣残忍苛虐，贪赃枉法，情形严重。隋文帝征调他回来，赐他自尽。元弘嗣接替燕荣主持政事，结果他残酷的情形更加厉害。

【申涵煜评】弘嗣为燕荣长史，不堪笞辱，奏荣赐死。及代酷，又甚之。身方离于汤火，遽以汤火加人，不知是何等肺肠。宋明帝、齐文宣大都类此。

【译文】元弘嗣为燕荣长史，不能忍受鞭笞侮辱，奏报燕荣赐死。等到自己代行酷刑，反而更加严酷。自身刚刚离于汤火，就以汤火加到他人身上，不知道他是何等肺肠。刘宋明帝、北齐文宣帝大都类似如此。

　　九月，壬戌，置常平官。

　　是岁，龙门王通诣阙献《太平十二策》，上不能用，罢归。通遂教授于河、汾之间，弟子自远至者甚众，累徵不起。杨素甚重之，劝之仕，通曰："通有先人之弊庐足以庇风雨，薄田足以具饘粥，读书谈道足以自乐。愿明公正身以治天下，使时和岁丰，通也受赐多矣，不愿仕也。"或谮通于素曰："彼实慢公，公何敬焉？"素以问通，通曰："使公可慢，则仆得矣；不可慢，则仆失矣：得失在仆，公何预焉！"素待之如初。

　　弟子贾琼问息谤，通曰："无辩。"问止怨，曰："不争。"通尝称："无赦之国，其刑必平；重敛之国，其财必贫。"又曰："闻谤而怒者，谗之囮也；见誉而喜者，佞之媒也；绝囮去媒，谗佞远矣。"

大业末，卒于家，门人谥曰文中子。

突厥步迦可汗所部大乱，铁勒仆骨等十余部，皆叛步迦降于启民。步迦众溃，西奔吐谷浑；长孙晟送启民置碛口，启民于是尽有步迦之众。

【译文】九月，壬戌日(二十三日)，隋文帝杨坚设置常平官，掌管义仓。

这一年，龙门人王通来到阙下呈献《太平十二策》，隋文帝杨坚没有采纳，王通便心灰意冷地回去了。王通于是在黄河、汾水一带教授学生，有很多弟子从远处而来，朝廷多次征召都不任官。杨素十分尊重他，劝他出仕，王通说："我王通有先人破败的屋子可以遮风避雨，瘠薄的田地足以提供厚稠的粥饭，阅览群书，谈论义理，足以使自己快乐。希望明公端正身心，用来治理天下，四季和顺，年成丰穰，那么我王通所接受的赏赐就已经很多了，做官是不愿意的。"有人对杨素说王通的坏话，说："他确实是怠慢了您，您何必尊崇他呢？"杨素去询问王通，王通说："如果您可以被怠慢，那么我的怠慢是对的；如果您是不可以怠慢的，那么我的怠慢就错了；是对或者是错，都在我自己，与您有什么相干呢？"杨素对他像从前一样。

王通的弟子贾琼询问止息毁谤的方法，王通说："不要争辩。"贾琼询问止息怨恨的方法，王通说："不要与人相争。"王通曾经说："没有下过大赦令的国家，他们的刑罚必定公平；横征暴敛的国家，他们的财物一定削减。"又说："听闻别人毁谤就生气的人，是招来谗言的媒介；看到别人赞誉就高兴的人，是招来诌佞的媒介。断绝媒介，谗佞就远离了。"大业末年，王通死在家里，他的学生为他取了谥号叫文中子。

突厥步迦可汗所统领的部落发生大乱，铁勒仆骨等十多个部落都背叛步迦向启民归降。步迦可汗的部属溃散后，向西逃跑到吐谷浑。长孙晟在启民设置碛口，启民因此拥有了步迦的部属。

资治通鉴卷第一百八十　隋纪四

起阏逢困敦，尽强圉单阏，凡四年。

【译文】起甲子（公元604年），止丁卯（公元607年），共四年。

【题解】本卷记录了公元604年至607年间的史事。当时正值隋文帝仁寿四年至隋炀帝大业三年。这是隋朝的多事时期，同时也是隋朝盛衰的一个转折期。在这期间，隋文帝杨坚病重，欲改立废黜的太子杨勇为继承人，却无奈整个皇宫被太子杨广所控制，遂抱憾而终，太子杨广继位，即隋炀帝。隋炀帝杨广平定汉王杨谅的反叛后，大肆杀戮流放达二十万人，使国家遭受了深重的劫难。隋炀帝杨广又大兴土木，极尽奢华，建东宫、修运河、筑长城、游江都；同时又在北疆炫耀国力，为通西域无节制的加以赏赐，耗费了大量资财，只因当时天下无事才得以勉强支撑。

高祖文皇帝下

仁寿四年（甲子，公元六〇四年）春，正月，丙午，赦天下。

帝将避暑于仁寿宫，术士章仇太翼固谏；不听，太翼曰："是行恐銮舆不返！"帝大怒，系之长安狱，期还而斩之。甲子，幸仁寿宫。乙丑，诏赏赐支度，事无巨细，并付皇太子。夏，四月，乙卯，上不豫。六月，庚申，赦天下。秋，七月，甲辰，上疾甚，卧与百僚辞诀，并握手歔欷，命太子赦章仇太翼。丁未，崩于大宝殿。

高祖性严重，令行禁止，勤于政事。每旦听朝，日昃忘倦。虽啬于财，至于赏赐有功，即无所爱；将士战没，必加优赏，仍遣使者劳问其家。爱养百姓，劝课农桑，轻徭薄赋。其自奉养，务为俭素，乘舆御物，故弊者随令补用；自非享宴，所食不过一肉；后宫皆服澣濯之衣。天下化之，开皇、仁寿之间，丈夫率衣绢布，不服绫绮，装带不过铜铁骨角，无金玉之饰。故衣食滋殖，仓库盈溢。受禅之初，民户不满四百万，末年，逾八百九十万，独冀州已一百万户。然猜忌苛察，信受谗言，功臣故旧，无始终保全者；乃至子弟，皆如仇敌，此其所短也。

【译文】仁寿四年（甲子，604）春季，正月，丙午日（初九），隋文帝杨坚大赦天下。

隋文帝杨坚准备到仁寿宫避暑，术士章仇太翼极力进谏，隋文帝杨坚不听。章仇太翼说："这次出行，担心御驾不能回来！"隋文帝杨坚大为生气，将他关进长安的牢里，打算回来之后将他斩杀。甲子日（二十七日），隋文帝杨坚临幸仁寿宫。乙丑日（二十八日），隋文帝杨坚下令凡是赏赐和财政支出，事情不论大小，全都交付皇太子掌理。夏季，四月，乙卯日（四月无此日），隋文帝杨坚感觉不适。六月，庚申日（六月无此日），隋文帝杨坚大赦天下。秋季，七月，甲辰日（初十），隋文帝杨坚病情变得十分沉重，卧着与百官辞别，并且握手叹息，命太子赦免章仇太翼。丁未日（十三日），隋文帝杨坚在大宝殿驾崩。

隋文帝杨坚性情严谨持重，所令即行，所禁即止。每天一早开始听政，直到过午才停止，常常忘了疲倦。虽然吝惜钱财，但对于奖赏有功的人，却十分慷慨。军兵战死，必定给予优渥的抚恤，同时派使者去慰劳死者的家属。隋文帝杨坚爱护百姓，勉励农桑，减轻徭役，减收税赋。可是奉养自己，却力求朴素节俭，乘坐的车与所用的东西，破败了，就随意凑合，补修之后继续使用；除了宴会，平时所吃不会超过一个肉菜。后妃全都穿洗过的衣服。天下百姓受到教化，在开皇、仁寿年间，男人大多穿绢布衣服，不穿华美的丝织品，装饰的物品，不过是铜铁骨角，不用金玉。因此衣料食物生产得很多，塞满了整个仓库。接受禅让的第一年，百姓的户口不到四百万，到了末年，户口超过八百九十万，单冀州就有一百万户人家。只是猜忌心很重，喜欢细察苛求，并相信谗佞的言辞，有功勋的旧臣，没有谁能从始至终得到保全的；甚至是自己的子弟，也如同仇敌一样，这是隋文帝的短处。

初，文献皇后既崩，宣华夫人陈氏、容华夫人蔡氏皆有宠。陈氏，陈高宗之女；蔡氏，丹杨人也。上寝疾于仁寿宫，尚书左仆射杨素、兵部尚书柳述、黄门侍郎元岩皆入阁侍疾，召皇太子入居大宝殿。太子虑上有不讳，须预防拟，手自为书，封出问素；素条录事状以报太子。宫人误送上所，上览而大恚。陈夫人平旦出更衣，为太子所逼，夫人拒之，得免，归于上所；上怪其神色有异，问其故。夫人泫然曰："太子无礼！"上恚，抵床曰："畜生何足付大事！独孤误我！"乃呼柳述、元岩曰："召我儿！"述等将呼太子，上曰："勇也。"述、岩出阁为敕书。杨素闻之，以白太子，矫诏执述、岩，系大理狱；追东宫兵士帖上台宿卫，门禁出入，并取宇文述、郭衍节度；令右庶子张衡入寝殿侍疾，尽遣后宫出就别室；俄而上崩。故中外颇有异论。陈夫人与后宫闻变，相顾战栗失色。晡后，太子遣使者赍小金合，帖纸于际，亲署封字，以赐夫人。夫人见之，惶惧，以为鸩毒，不敢发。使者促之，乃发，合中有同心结数枚，宫人咸悦，相谓曰："得免死矣！"陈氏恚而却坐，不肯致谢；诸宫人共逼之，乃拜使者。其夜，太子蒸焉。

【译文】起初，文献皇后死后，宣华夫人陈氏、容华夫人蔡氏都得到宠幸。陈氏是陈高宗的女儿；蔡氏是丹杨郡人。隋文帝杨坚在仁寿宫生重病，尚书左仆射杨素、兵部尚书柳述、黄门侍郎元岩，全都进入内阁服侍，并宣召皇太子杨广住在大宝殿。太子杨广忧虑隋文帝有不测的事，必须预先防备，亲自写信密封送出去询问杨素，杨素逐条记录情状向太子报告。宫人误送到隋文帝那里，隋文帝杨坚看了大为患恨。陈夫人天亮时出去上厕所，被太子杨广逼迫，陈夫人加以抗拒，才能逃免，回到隋文帝居住的地方。隋文帝杨坚奇怪她的脸色为什么不一样，询问原因。陈夫人流泪说："太子无礼。"隋文帝杨坚十分气愤，打着床说："这个畜生怎么能够托付国家大事？独孤氏误了我。"于是召唤柳述、元岩说："召入我的儿子。"柳述等人准备召唤太子，隋文帝杨坚说："是勇儿。"柳述、元岩出去撰写诏书。杨素听了，去禀告太子，太子便矫诏缉拿柳述、元岩，关在大理狱；急令东宫军士赶赴台省宿卫，门禁的出入，全部由宇文述、郭衍调度节制；并命令右庶子张衡进入寝殿服侍皇上，将后宫宫女全都遣出，关在别的房里。不久，隋文帝崩逝。因此朝廷内外产生了许多不同议论。陈夫人与后宫的女子听到变故，相互对看，害怕得发抖，变了脸色。下午申时（三时至五时）以后，太子杨广派使者送来一个小金盒，盒子上下两扇的缝隙贴着纸条，上有杨广亲自题字签名，赠给夫人。陈夫人看了，十分惶恐畏惧，认为是毒药，不敢打开。使者催促，陈夫人才打开，没想到盒子中有几个同心结，宫女都非常喜悦，互相说："可以免除死罪了。"陈氏十分生气地退坐下来，不肯答谢。几个宫女一起逼迫她，才拜了使者。当天晚上，太子就去淫辱了陈夫人。

乙卯，发丧，太子即皇帝位。会伊州刺史杨约来朝，太子遣约入长安，易留守者，矫称高祖之诏，赐故太子勇死，缢杀之；然后陈兵集众，发高祖凶问。炀帝闻之，曰："令兄之弟，果堪大任。"追封勇为房陵王，不为置嗣。八月，丁卯，梓宫至自仁寿宫；丙子，殡于大兴前殿。柳述、元岩并除名，述徙龙川，岩徙南海。帝令兰陵公主与述离绝，欲改嫁之；公主以死自誓，不复朝谒，上表请与述同徙，帝大怒。公主忧愤而卒，临终，上表请葬于柳氏，帝愈怒，竟不哭，葬送甚薄。

太史令袁充奏言："皇帝即位，与尧受命年合。"讽百官表贺。礼部侍郎许善心议，以为"国哀甫尔，不宜称贺。"左卫大将军宇文述素恶善心，讽御史劾之；左迁给事郎，降品二等。

【译文】乙卯日(二十一日)，朝廷发布丧闻，太子杨广即皇帝位。恰巧伊州刺史杨约前来朝见，太子杨广便派遣杨约进入长安，更换留守的人，矫命声称高祖有诏令，赐死废太子杨勇，将他绞杀了；然后陈列军队，集合众官，宣布高祖崩逝的消息。隋炀帝杨广听了，说："杨素的弟弟，果然能够担当大任。"隋炀帝杨广于是追封杨勇为房陵王，但不为他立后嗣。八月，丁卯日(初三)，隋文帝杨坚的棺椁从仁寿宫送到；丙子日(十二日)，在大兴前殿出殡。柳述、元岩全都被除去爵名，柳述被迁徙龙川，元岩被迁徙南海。隋炀帝杨广命令兰陵公主与柳述离异，断绝关系，想要将她改嫁。公主以死来自誓，不再朝拜天子，并上奏请求与柳述一起迁徙，隋炀帝杨广大为生气。结果公主悲愤忧愁而死，临死时，上奏请求安葬在柳氏的坟地，隋炀帝杨广更加生气，竟然不去哭丧，所送葬礼十分微薄。

太史令袁充上奏说："陛下登基，与尧接受天命的年龄相同。"袁充讽请百官拜表奉贺。礼部侍郎许善心建议，认为"现在恰好有全国哀伤的事，不应当称贺"。左卫大将军宇文述平日很讨厌许善心，讽请御史弹劾他；将他贬官为给事郎，降了二品的官职。

汉王谅有宠于高祖，为并州总管，自山以东，至于沧海，南距黄河，五十二州皆隶焉；特许以便宜从事，不拘律令。谅自以所居天下精兵处，见太子勇以谗废，居常怏怏，及蜀王秀得罪，尤不自安，阴蓄异图。言于高祖，以"突厥方强，宜修武备。"于是，大发工役，缮治器械，招集亡命，左右私人殆将数万。突厥尝寇边，高祖使谅御之，为突厥所败；其所领将帅坐除解者八十馀人，皆配防岭表。谅以其宿旧，奏请留之，高祖怒曰："尔为藩王，惟当敬依朝命，何得私论宿旧，废国家宪法邪！嗟乎小子，尔一旦无我，或欲妄动，彼取尔如笼内鸡雏耳，何用腹心为！"

王颎者，僧辩之子，倜傥好奇略，为谅谘议参军，萧摩诃，陈氏旧将，二人俱不得志，每郁郁思乱，皆为谅所亲善，赞成其阴谋。

【译文】汉王杨谅深受高祖宠幸，担任并州总管，从吕梁山以东，直到沧海，南边到达黄河，五十二州全都隶属于他，特别容许他可以自己依据情形处理事情，不必拘守法令条文。杨谅因为自己所管辖的是天下精兵所在的地方，看到太子杨勇因为谗言被废，平日居家常常闷闷不乐；等到蜀王杨秀获罪，尤其无法自安，于是暗中存了叛离的心思。他向高祖说，因为"突厥正强盛，应当整顿军事防备"，所以大兴工役，修治器械，招募逃亡的人，而且安置在身边的私人武装就将近几万名。突厥曾侵犯边境，高祖派杨谅去守御，被突厥击败，他所统领的将帅，因为连坐而被除名解官的有八十多人，都被发配去戍守岭南。杨谅因为都是自己的老部属，上奏请求留用他们，隋文帝杨坚生气地说："你是藩镇之王，只应敬谨地听从朝廷诏令，怎么能够私论故旧关系，荒废国家的法律呢？唉！你这小子，一旦我去世以后，倘若想要轻举妄动，太子杨广将缉拿你，就像抓捕笼子里的鸡一样容易，何必费尽心机呢？"

王頍是王僧辩的儿子，性情疏阔，喜欢奇特的谋略，担任杨谅的谘议参军；萧摩诃是陈朝旧将。二人都不得志，心里经常闷闷不乐，想要叛乱，都被杨谅收为心腹，对待他们极亲近友善，两人都附和杨谅的阴谋。

会荧惑守东井，仪曹邺人傅奕晓星历，谅问之曰："是何祥也？"对曰："天上东井，黄道所经，荧惑过之，乃其常理，若入地上井，则可怪耳。"谅不悦。

及高祖崩，炀帝遣车骑将军屈突通以高祖玺书徵之。先是，高祖与谅密约："若玺书召汝，敕字傍别加一点，又与玉麟符合者，当就徵。"及发书无验，谅知有变。诘通，通占对不屈，乃遣归长安。谅遂发兵反。

总管司马安定皇甫诞切谏，谅不纳。诞流涕曰："窃料大王兵资非京师之敌；加以君臣位定，逆顺势殊，士马虽精，难以取胜。一旦陷身叛逆，絓于刑书，虽欲为布衣，不可得也。"谅怒，囚之。

【译文】恰巧荧惑星守在东井，仪曹邺人傅奕通晓星历，杨谅询问他说："这是什么祥兆？"傅奕回答说："天上东井八星，是黄道所经，荧惑星经过，是正常的现象，假如到地上再上东井，就令人惊奇了。"杨谅听了十分不高兴。

等到隋文帝杨坚崩殂，隋炀帝杨广派车骑将军屈突通用高祖的玺书征调杨谅。起初，高祖与杨谅暗中约定："倘若用玺书征召你，敕字旁边另外加有一点，而又与玉麟符相合的，就应接受征召。"等到杨谅打开信一看没有符验，杨谅便知晓有了变故。于是责问屈突通，屈突通不肯屈服，据实答复，于是遣放他回长安。杨谅因此调动军队造反。

总管司马安定人皇甫诞恳切劝谏，杨谅不予采纳。皇甫诞流泪说："我私下料想大王的兵力与军需，无法与京师抗衡；加上君臣的位子已定，逆顺的情形不同，军队虽然精锐，却很难取得胜利。万一陷身成为叛逆，被刑律制裁，纵然想成为平民百姓，也不可能了！"杨谅十分生气，将他囚禁起来。

岚州刺史乔钟葵将赴谅，其司马京兆陶模拒之曰："汉王所图不轨，公荷国厚恩，位为方伯，当竭诚效命，岂得身为厉阶乎！"钟葵失色曰："司马反邪！"临之以兵，辞气不挠，钟葵义而释之。军吏曰："若不斩模，无以压众心。"乃囚之。于是，从谅反者凡十九州。

王頍说谅曰："王所部将吏，家属尽在关西，若用此等，则宜长驱深入，直据京都，所谓疾雷不及掩耳；若但欲割据旧齐之地，宜任东人。"谅不能决，乃兼用二策，唱言杨素反，将诛之。

总管府兵曹闻喜裴文安说谅曰："井陉以西，在王掌握之内，山东士马，亦为我有，宜悉发之；分遣赢兵屯守要害，仍命随方略地，帅其精锐，直入蒲津。文安请为前锋，王以大军继后，风行雷击，顿于霸上。咸阳以东，可指麾而定。京师震扰，兵不暇集，上下相疑，群情离骇；我陈兵号令，谁敢不从！旬日之间，事可定矣。"谅大悦，于是遣所署大将军余公理出太谷，趣河阳，大将军綦良出滏口，趣黎阳，大将军刘建出井陉，略燕、赵，柱国乔钟葵出雁门，署文安为柱国，与柱国纥单贵、王耼等直指京师。

【译文】岚州刺史乔钟葵将要前去杨谅那里，他的司马京兆人陶模阻拦说："汉王所图谋的不符合正道，您深受国家厚重的恩惠，应该竭尽诚心，为国家效命，怎么可以让自身成为罪恶的阶梯呢?"乔钟葵变了脸色说："司马是造反了吗?"用利刃威胁他，陶模言辞气势，丝毫不屈，乔钟葵被他的道义感动，将他释放。军吏说："倘若不斩杀陶模，无法压服众人的心意。"因此将他囚禁起来。跟随杨谅造反的，一共有十九州。

王頍告诉杨谅说："大王所统领的将吏，家属都在蒲津关西面，倘若任用这些人，就应当长驱直入，直接进驻京都，这就是所谓迅雷不及掩耳之势;倘若只是想割据旧时齐国的土地，则应当任用关东的人。"杨谅不能抉择，于是兼用两个策略，声称杨素造反，要去诛杀他。

总管府兵曹闻喜人裴文安告诉杨谅说："井陉以西地区，全都在大王掌握范围内，山东的军兵战马，也是我们所有，应当全部发动，可分派残弱兵力驻守在险要地方，同时命令他们趁机扩展土地，并带领那些精锐部队，直接进入蒲津。文安请求担任前锋，大王率领大军，跟在后面，如同迅雷一般，屯兵在霸上。咸阳以东地区，可以从容指挥，讨平它们。京师受了震撼骚扰，兵力无暇聚集，上下相互疑虑，众情支离震骇，这样，我们陈设兵力而发号施令，谁敢不从命呢? 十日以内，事情就可以成功了。"杨谅大为高兴，于是派遣所署任的大将军余公理从太谷出兵，前往河阳，大将军綦良从滏口出兵，前往黎阳，大将军刘建从井陉出兵，攻略燕、赵地区，柱国乔钟葵从雁门出兵，署任裴文安担任柱国，与柱国纥单贵、王耼等人，领军直指京师。

帝以右武卫将军洛阳丘和为蒲州刺史，镇蒲津。谅简精锐数百骑戴（羃离）〔羃〕，诈称谅宫人还长安，门司弗觉，径入蒲州，城中豪杰亦有应之者；丘和觉其变，逾城，逃归长安。蒲州长史勃海高义明、司马北平荣毗皆为反者所执。裴文安等未至蒲津百馀里，谅忽改图，令纥单贵断河桥，守蒲州，而召文安还。文安至，谓谅曰："兵机诡速，本欲出其不意。王既不行，文安又返，使彼计成，大事去矣。"谅不对。以王聃为蒲州刺史，裴文安为晋州刺史，薛粹为绛州刺史，梁菩萨为潞州刺史，韦道正为韩州刺史，张伯英为泽州刺史。代州总管天水李景发兵拒谅，谅遣其将刘嵩袭景；景击斩之。谅复遣乔钟葵帅劲勇三万攻之，景战士不过数千，加以城池不固，为钟葵所攻，崩毁相继，景且战且筑，士卒皆殊死斗；钟葵屡败。司马冯孝慈、司法吕玉并骁勇善战，仪同三司侯莫陈乂多谋画，工拒守之术，景知三人可用，推诚任之，己无所关预，唯在阁持重，时抚循而已。

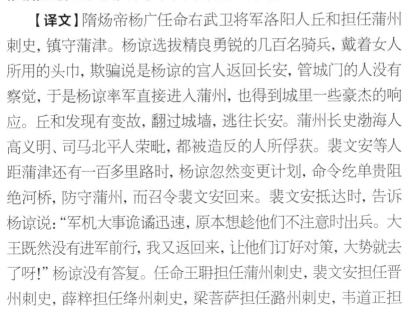

【译文】隋炀帝杨广任命右武卫将军洛阳人丘和担任蒲州刺史，镇守蒲津。杨谅选拔精良勇锐的几百名骑兵，戴着女人所用的头巾，欺骗说是杨谅的宫人返回长安，管城门的人没有察觉，于是杨谅率军直接进入蒲州，也得到城里一些豪杰的响应。丘和发现有变故，翻过城墙，逃往长安。蒲州长史渤海人高义明、司马北平人荣毗，都被造反的人所俘获。裴文安等人距蒲津还有一百多里路时，杨谅忽然变更计划，命令纥单贵阻绝河桥，防守蒲州，而召令裴文安回来。裴文安抵达时，告诉杨谅说："军机大事诡谲迅速，原本想趁他们不注意时出兵。大王既然没有进军前行，我又返回来，让他们订好对策，大势就去了呀！"杨谅没有答复。任命王聃担任蒲州刺史，裴文安担任晋州刺史，薛粹担任绛州刺史，梁菩萨担任潞州刺史，韦道正担任韩州刺史，张伯英担任泽州刺史。代州总管天水人李景调动军队抵抗杨谅，杨谅派他的将军刘嵩袭击李景，李景将刘嵩击败杀死。杨谅又派乔钟葵带领三万强劲勇敢的士兵去进攻李景，李景的士兵不过几千人，加上城墙不坚固，乔钟葵一进攻，城墙就相继崩塌毁坏，李景一面作战，一面修筑，士兵都拼死抵抗，乔钟葵多次被击退。司马冯孝慈、司法吕玉都勇敢强悍，精于作战，仪同三司侯莫陈乂有许多谋略计策，擅长防守战术。李景知晓这三人可以重用，便推心置腹，任用他们，自己一点也不加干涉，只在衙内主持大计，并常常去巡视抚慰而已。

杨素将轻骑五千袭王聃、纥单贵于蒲州，夜，至河际，收商贾船，得数百艘，船内多置草，践之无声，遂衔枚而济；迟明，击之；纥单贵败走，聃惧，以城降。有诏徵素还。初，素将行，计日破贼，皆如所量，于是以素为并州道行军总管、河北道安抚大使，帅众数万以讨谅。

谅之初起兵也，妃兄豆卢毓为府主簿，苦谏，不从，私谓其弟懿曰："吾匹马归朝，自得免祸，此乃身计，非为国也。不若且伪从之，徐伺其使。"毓，勣之子也。毓兄显州刺史贤言于帝曰："臣弟毓素怀志节，必不从乱，但逼凶威，不能自遂，臣请从军，与毓为表里，谅不足图也。"帝许之。贤密遣家人赍敕书至毓所，与之计议。

【译文】杨素率领五千名轻骑兵在蒲州攻击王聃、纥单贵，夜里，抵达河边，获得商人的船只，共几百艘，他们在船中放置很多草，以免踏在上面会有响声，又命士兵口含木片，以使大家不能出声，然后渡河；等到天快亮时，发起攻击。纥单贵战败逃跑，王聃恐惧，便打开城门投降。不久，朝廷传下圣旨征调杨素回去。起初，杨素将要出征时，曾经计算好日期击破贼兵，结果都与他所预料的一样，因此隋炀帝杨广便任命杨素担任并州道行军总管、河北道安抚大使，带领几万将士去讨伐杨谅。

杨谅刚起兵时，王妃的哥哥豆卢毓担任王府主簿，苦苦进谏，却不被采纳，于是私下告诉他的弟弟豆卢懿说："我一个人骑马返回朝廷，自然可以免掉祸患，但这只是为自己打算，不是为国家考虑，不如暂且伪装依附他，以便慢慢窥伺合适的机会。"豆卢毓是豆卢勣的儿子。豆卢毓的哥哥显州刺史豆卢贤告诉隋炀帝杨广说："我的弟弟豆卢毓平时就坚守志节，必定不会跟着作乱，只是被凶人的威势所胁迫，自己不能顺遂如意罢了，臣请跟从军队，与豆卢毓里应外合，这样，杨谅是不值得忧虑的。"隋炀帝杨广答应了。豆卢贤暗中派遣家人送达敕书到豆卢毓的居所，与他计划商议。

谅出城，将往介州，令毓与总管属朱涛留守。毓谓涛曰："汉王构逆，败不旋踵，吾属岂可坐受夷灭，孤负国家邪！当与卿出兵拒之。"涛惊曰："王以大事相付，何得有是语！"因拂衣而去，毓追斩之。出皇甫诞于狱，与之协计，及开府仪同三司宿勤武等闭城拒谅。部分未定，有人告谅，谅袭击之。毓见谅至，绐其众曰："此贼军也！"谅攻城南门，稽胡守南城，不识谅，射之；矢下如雨；谅移攻西门，守兵识谅，即开门纳之，毓、诞皆死。

綦良攻慈州刺史上官政，不克，引兵攻行相州事薛胄，又不克，遂自滏口攻黎州，塞白马津。余公理自太行下河内，帝以右卫将军史祥为行军总管，军于河阴。祥谓军吏曰："余公理轻而无谋，恃众而骄，不足破也。"公理屯河阳，祥具舟南岸，公理聚兵当之。祥简精锐于下流潜济，公理闻之，引兵拒之，战于须水。

公理未成列, 祥击之, 公理大败。祥东趣黎阳, 綦良军不战而溃。祥, 宁之子也。

帝将发幽州兵, 疑幽州总管窦抗有贰心, 问可使取抗者于杨素, 素荐前江州刺史勃海李子雄, 授上大将军, 拜广州刺史。又以左领军将军长孙晟为相州刺史, 发山东兵, 与李子雄共经略之。晟辞以男行布在谅所部, 帝曰: "公体国之深, 终不以儿害义, 朕今相委, 公其勿辞。" 李子雄驰至幽州, 止传舍, 召募得千馀人。抗来诣子雄, 子雄伏甲擒之。抗, 荣定之子也。

资治通鉴

【译文】杨谅离开并州城, 准备前往介州, 命令豆卢毓与总管属朱涛留守。豆卢毓告诉朱涛说: "汉王叛乱, 很快就将失败, 我们怎能坐以待毙, 对不起朝廷呢? 我们应该出兵抵抗。" 朱涛惊讶地说: "汉王以大事相托, 怎么能说这种话?" 因此拂袖而去, 豆卢毓追去将他杀了。豆卢毓又将皇甫诞从狱中放出来, 与他协商计议, 又与开府仪同三司宿勤武等人, 关闭城门抵抗杨谅。部署还没有周全, 就有人禀告杨谅, 杨谅立即加以袭击。豆卢毓看到杨谅到达, 骗他的部属说: "这是贼兵。" 杨谅进攻城南门, 稽胡驻守南城, 不认识杨谅, 拿箭射他, 箭像下雨一般落下; 杨谅改攻西城门, 防守的军兵认识杨谅, 就打开城门让他进来, 豆卢毓、皇甫诞都战死。

綦良进攻慈州刺史上官政, 没有攻克, 便带兵进攻代理相州事务的薛胄, 又没有攻克, 于是从滏口进攻黎州, 阻断白马津。余公理从太行直奔河内, 隋炀帝杨广派右卫将军史祥担任行军总管, 屯军在河阴。史祥告诉军兵说: "余公理轻率又无计谋, 倚仗人多而骄傲, 很容易就可以击败他。" 余公理镇守河阳, 史祥在南岸准备船只, 余公理便聚集兵力抵抗他。史祥选拔精锐军兵在下流暗中渡河, 余公理听了, 领军抵抗他, 在须水交战。余公理还没有排成战阵，史祥就乘机进攻，大败余公理。史祥率军向东前往黎阳，綦良的军队没有作战就溃逃了。史祥是史宁的儿子。

隋炀帝杨广要调动幽州军队，怀疑幽州总管窦抗有叛乱的心意，询问杨素谁能取代窦抗，杨素举荐前任江州刺史渤海人李子雄，隋炀帝杨广便任命李子雄为上大将军，拜为广州刺史。又任命左领军将军长孙晟担任相州刺史，调动山东军队，与李子雄一同谋划经营。长孙晟由于自己的儿子在杨谅所管辖的地方，所以向隋炀帝辞谢，隋炀帝杨广说："你考虑国家是如此深远，必定不会因为儿子而损害大义，朕今天交托给您，您不要辞谢。"李子雄驰马来到幽州，停驻在传舍，招募军兵，得到一千多人。窦抗来拜见李子雄，李子雄埋伏士兵将他抓起来。窦抗是窦荣定的儿子。

子雄遂发幽州兵步骑三万，自井陉西击谅。时刘建戍将京兆张祥于井陉，子雄破建于抱犊山下，建遁去。李景被围月馀，诏朔州刺史代人杨义臣救之。义臣帅马步二万，夜出西陉，乔钟葵悉众拒之。义臣自以兵少，悉取军中牛驴，得数千头，复令兵数百人，人持一鼓潜驱之，匿于涧谷间。晡后，义臣复与钟葵战，兵初合，命驱牛驴者疾进，一时鸣鼓，尘埃张天，钟葵军不知，以为伏兵发，因而奔溃；义臣纵击，大破之。晋、绛、吕三州皆为谅城守，杨素各以二千人縻之而去。谅遣其将赵子开拥众十馀万，栅绝径路，屯据高壁，布陈五十里。素令诸将以兵临之，自引奇兵潜入霍山，缘崖谷而进。素营于谷口，自坐营外，使军司入营简留三百人守营，军士惮北兵之强，不欲出战，多愿守营，因尔致迟。素责所由，军司具对，素即召所留三百人出营，悉斩之；更令简留，人皆无愿留者。素乃引军驰进，出北军之北，直指其营，鸣鼓纵火；北军不知所为，自相蹂践，杀伤数万。谅所署介州刺史梁修罗屯介休，闻素至，弃城走。

【译文】李子雄于是调动幽州军队，统共步兵与骑兵三万人，从井陉向西进攻杨谅。此时，刘建在井陉围攻戍守的将军京兆人张祥，李子雄在抱犊山下击败刘建，刘建遁逃而去。李景被围困一个多月，隋炀帝杨广诏令朔州刺史代人杨义臣去救助他。杨义臣带领两万名骑兵与步兵，夜里从西陉出兵，乔钟葵倾全力抵抗。杨义臣自己因为军兵少，将军营里所有牛、驴集中起来，统共几千头，又下令几百名士兵每人持拿一个鼓，暗中驱使牛、驴，躲藏在山谷中。下午三时左右，杨义臣又与乔钟葵交战，两军刚刚交战，立即命人驱赶牛、驴快速前进，一起击鸣战鼓，尘土弥漫空中，乔钟葵的军队不知实情，认为是敌人埋伏的军兵发动了，因此溃散奔逃；杨义臣进军攻击，击败他们。晋、绛、吕三州都由杨谅的部队驻城防守，杨素各用两千人牵制，然后离开。杨谅派遣他的将军赵子开带领十余万军士，在路途上设置栅栏，断绝通路，屯兵驻守高壁，布列军阵，长达五十里。杨素命令众将将军队开往那里，自己则率领突击军队暗中进入霍山，沿着崖谷进军。杨素在谷口安营，自己坐在营外，让军司马到军营里选拔三百人留下来驻守军营，战士担忧北方军队强大，不愿交战，多愿守营，因此耽误了时间。杨素追问原因，军司马据实回复，杨素立刻召集所留下的三百人从军营出来，全都处死；再命令选拔留下的人，此时大家都不愿意留下了。杨素于是率领军队快速前进，到达杨谅军队的北边，直接指向他们的营区，擂鼓放火；杨谅军队不知所措，相互蹂躏践踏，伤亡几万人。杨谅所任命的介州刺史梁修罗驻守介休，听闻杨素到达，弃城逃跑。

谅闻赵子开败，大惧，自将众且十万，拒素于蒿泽。会大雨，谅欲引军还，王頍谏曰："杨素悬军深入，士马疲弊，王以锐卒自将击之，其势必克。今望敌而退，示人以怯，沮战士之心，益西军之气，愿王勿还。"谅不从，退守清源。

王頍谓其子曰："气候殊不佳，兵必败，汝可随我。"杨素进击谅，大破之，擒萧摩诃。谅退保晋阳，素进兵围之，谅穷蹙，请降，馀党悉平。帝遣杨约赍手诏劳素。王頍将奔突厥，至山中，径路断绝，知必不免，谓其子曰："吾之计数不减杨素，但坐言不见从，遂至于此，不能坐受擒获，以成竖子名。吾死之后，汝慎勿过亲故。"于是自杀，瘗之石窟中。其子数日不得食，遂过其故人，竟为所擒；并获頍尸，枭于晋阳。

【译文】杨谅听闻赵子开战败，十分害怕，自己率领将近十万名将士，在蒿泽对抗杨素。碰巧下了大雨，杨谅想要率军回去，王頍进谏说："杨素孤军远征，军兵战马都已疲惫，大王亲自率领精锐的军队去攻击，看情势必定能够成功。现在看到敌人而退走，向人表示胆怯，打击军兵的斗志，增强了杨素军队的气势，希望大王不要撤退。"杨谅不采纳他的意见，退兵驻守清源。

王頍对他的儿子说："局势实在不好，军队必定会失败，你要跟随我。"杨素进兵攻打杨谅，将他打得大败，俘虏了萧摩诃。杨谅退兵保守晋阳，杨素进军围攻，最终杨谅势穷力绌，请求投降，而其余的党羽也全部扫平。于是隋炀帝杨广派遣杨约送来亲手写的诏令慰问杨素。而王頍预备逃奔突厥，逃到山中，道路断了，知道必定不能免难，告诉他的儿子说："我的谋略不比杨素少，但是由于言论不被采纳，才弄到如此地步，不能坐着被人俘虏，招致胆怯无能的骂名，我死了之后，你要小心，不要拜访亲戚故旧。"于是自杀身死，儿子把他安葬在石窟里。他的儿子好几天没有东西吃，于是去造访他的老朋友，竟然被俘虏了，同时找到王頍的尸首，将他在晋阳枭首示众。

群臣奏汉王谅当死，帝不许，除名为民，绝其属籍，竟以幽死。谅所部吏民坐谅死徙者二十餘万家。初，高祖与独孤后甚相爱重，誓无异生之子，尝谓群臣曰："前世天子，溺于嬖幸，嫡庶分争，遂有废立，或至亡国；朕旁无姬侍，五子同母，可谓真兄弟也，岂有此忧邪！"帝又惩周室诸王微弱，故使诸子分据大镇，专制方面，权侔帝室。及其晚节，父子兄弟迭相猜忌，五子皆不以寿终。

◆臣光曰：昔辛伯谂周桓公曰："内宠并后，外宠贰政，嬖子配嫡，大都偶国，乱之本也。"人主诚能慎此四者，乱何自生哉！隋高祖徒知嫡庶之多争，孤弱之易摇，曾不知势钧位逼，虽同产至亲，不能无相倾夺。考诸辛伯之言，得其一而失其三乎！◆

【译文】群臣上奏汉王杨谅应当处死，隋炀帝杨广不答应，只除掉他的爵名，成为普通百姓，并断绝他宗属的簿册，最终被幽禁而死。杨谅所管辖的官吏人民，因为牵连而被处死、迁移的，有二十多万家。起初，高祖杨坚与独孤后彼此十分恩爱尊重，发誓不会有不同母亲所生的儿子，曾经对群臣说："前代的君王，沉溺于宠爱的姬姜，嫡子庶子相互分立争夺，于是有废掉太子的事，险些灭亡国家；朕没有别的妃嫔，五个儿子只有一位母亲，可以说是真兄弟了，哪里会有这个担忧呢？"隋文帝杨坚又鉴于周代各王力量微小，所以让各个儿子分别驻守大的藩镇，独当一面，权力与皇室相当。却没想到到了他晚年，父子兄弟相互猜忌，五个儿子都没有享尽天年就死去。

◆臣司马光说：以前辛伯进谏周桓公说："内宫妃嫔的宠幸与皇后相当，朝廷所宠爱的佞臣并参国政，嬖幸的庶孽与嫡子并列，大都城与国都相等，是祸乱的根源。"人君假如真的能够谨慎这四件事，祸乱怎么会发生呢？隋高祖只知晓嫡子庶子会发生争夺，孤弱的人容易受侵害，却不知晓势力地位相同、接近，就算是同一母亲的至亲兄弟，也不可能不产生互相倾轧争夺的祸事。按照辛伯的话看来，隋高祖只是晓得其中的一项，却忽视了其他的三项啊！◆

冬，十月，己卯，葬文皇帝于太陵，庙号高祖，与文献皇后同坟异穴。

诏除妇人及奴婢、部曲之课，男子二十二成丁。

章仇太翼言于帝曰："陛下木命，雍州为破木之冲，不可久居。又谶云：'修治洛阳还晋家。'"帝深以为然。十一月，乙未，幸洛阳，留晋王昭守长安。杨素以功拜其子万石、仁行、侄玄挺为仪同三司，赉物五万段，绮罗千匹，谅妓姜二十人。

丙申，发丁男数十万掘堑，自龙门东接长平、汲郡，抵临清关，渡河至浚仪、襄城，达于上洛，以置关防。

【译文】冬季，十月，己卯日（十六日），隋炀帝杨广在太陵埋葬文皇帝，庙号称作高祖，与文献皇后同叫文地，却不同墓穴。

隋炀帝杨广下诏除去妇人、奴婢、部属的课役，男子二十二岁才成为丁壮。

章仇太翼告诉隋炀帝杨广说："陛下的命相属木，雍州是破木的要冲，不宜长久居住。又谶言说：'修复洛阳，回复晋朝的天下。'"隋炀帝杨广认为很对。十一月，乙未日（初三），隋炀帝杨广临幸洛阳，留下晋王杨昭驻守长安。杨素由于著有功劳，隋炀帝杨广任命他的儿子杨万石、杨仁行、侄子杨玄挺担任仪同三司，赏赐丝帛五万匹、绮罗一千匹、杨谅的妓妾二十人。

资治通鉴

丙申日（初四），隋炀帝杨广调动丁男几十万人挖掘壕沟，从龙门向东连接长平、汲郡，抵达临清关，渡过黄河直到浚仪、襄城，直达上洛，来设置关防。

壬子，陈叔宝卒；赠大将军、长城县公，谥曰炀。

癸丑，下诏于伊洛营建东京，仍曰："宫室之制，本以便生，今所营构，务从俭约。"

蜀王秀之得罪也，右卫大将军元胄坐与交通除名，久不得调。时慈州刺史上官政坐事徙岭南，将军丘和以蒲州失守除名，胄与和有旧，酒酣，谓和曰："上官政，壮士也，今徙岭表，得无大事乎！"因自拊腹曰："若是公者，不徒然矣。"和奏之，胄竟坐死。于是，徵政为骁卫将军，以和为代州刺史。

【译文】壬子日（二十日），陈叔宝去世，隋炀帝杨广赠封他为大将军、长城县公，谥号为炀。

癸丑日（二十一日），隋炀帝杨广下令在伊洛建立东京，同时说："宫室的建制，原本是为方便而产生的，现在所营建构造的，务必要省约节俭。"

蜀王杨秀获罪时，右卫大将军元胄因为与他交往，连坐获罪被除去官爵，很长时间不能更调。此时慈州刺史上官政因事获罪，被流放岭南，将军丘和由于蒲州没有守住，被除掉官爵，元胄与丘和有旧交，一次酒喝得有些酣醉，对丘和说："上官政是一位壮士，现在流放岭南，会不趁机举大事吗？"因而自己拍打着腹部说："假如是此公，是不会无所作为的。"丘和上奏这件事，元胄竟然坐罪而死。于是朝廷征调上官政担任骁卫将军，任命丘和担任代州刺史。

炀皇帝上之上

大业元年（乙丑，公元六〇五年）春，正月，壬辰朔，赦天下，改元。

立妃萧氏为皇后。

废诸州总管府。

丙辰，立晋王昭为皇太子。

高祖之末，群臣有言林邑多奇宝者。时天下无事，刘方新平交州，乃授方驩州道行军总管，经略林邑。方遣钦州刺史宁长真等以步骑万馀出越裳，方亲帅大将军张逊等以舟师出比景，是月，军至海口。

【译文】大业元年（乙丑，公元605年）春季，正月，壬辰朔日（初一），隋炀帝杨广大赦天下，改年号为大业。

隋炀帝杨广册立妃子萧氏为皇后。

隋炀帝杨广废除各州的总管府。

丙辰日（二十五日），隋炀帝杨广册立晋王杨昭为皇太子。

高祖末年，朝臣中有人说林邑有许多奇特的宝物。那时天下没有什么大事，刘方刚刚平定交州，于是朝廷授刘方为驩州道行军总管，治理林邑。刘方派钦州刺史宁长真等人率领一万多名步、骑兵离开越裳，并由刘方亲自带领大将军张逊等人率领船队从比景出发，就在这个月，军队抵达林邑国的出海口。

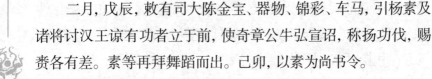

二月，戊辰，敕有司大陈金宝、器物、锦彩、车马，引杨素及诸将讨汉王谅有功者立于前，使奇章公牛弘宣诏，称扬功伐，赐赉各有差。素等再拜舞蹈而出。己卯，以素为尚书令。

诏天下公除，惟帝服浅色黄衫、铁装带。

三月，丁未，诏杨素与纳言杨达、将作大匠宇文恺营建东京，每月役丁二百万人，徙洛州郭内居民及诸州富商大贾数万户以实之。废二崤道，开蒉册道。

【译文】二月，戊辰日（初七），隋炀帝杨广敕令有关官吏大量陈列金银珠宝、器物、锦彩、车马，率领杨素与征讨汉王杨谅有功的众将站在前面，派遣奇章公牛弘宣读诏令，称扬功勋，赏赐各有等级。杨素等人再拜行礼，然后离去。己卯日（十八日），隋炀帝杨广任命杨素担任尚书令。

隋炀帝杨广诏令天下都脱掉国家的丧服，只有皇上穿浅色黄衫、系黑色腰带。

三月，丁未日（十七日），隋炀帝杨广诏令杨素与纳言杨达、将作大匠宇文恺营建东京，每月的丁役有二百万人，另外迁移洛州城里的居民与各州富商、大贾数万户用以充实东京。废掉二崤道，开通蒉册道。

戊申，诏曰："听采舆颂，谋及庶民，故能审刑政之得失；今将巡历淮、海，观省风俗。"

敕宇文恺与内史舍人封德彝等营显仁宫，南接皂涧，北跨洛滨。发大江之南、五岭以北奇材异石，输之洛阳；又求海内嘉木异草，珍禽奇兽，以实园苑。辛亥，命尚书右丞皇甫议发河南、淮北诸郡民，前后百馀万，开通济渠。自西苑引谷、洛水达于河；复自板渚引河历荥泽入汴；又自大梁之东引汴水入泗，达于淮；

又发淮南民十馀万开邗沟，自山阳至杨子入江。渠广四十步，渠旁皆筑御道，树以柳；自长安至江都，置离宫四十馀所。庚申，遣黄门侍郎王弘等往江南造龙舟及杂船数万艘。东京官吏督役严急，役丁死者什四五，所司以车载死丁，东至城皋，北至河阳，相望于道。又作天经宫于东京，四时祭高祖。

【译文】戊申日(十八日)，隋炀帝杨广下诏说："采听百姓言论，虑及百姓，才能明白刑政的得失；现在计划巡历淮、海，视察各地的风俗。"

隋炀帝杨广敕令宇文恺与内史舍人封德彝等人修造显仁宫，南面连到皂涧，北面跨越洛水之滨。开采大江南面、五岭北面的奇特木材、珍异石头，运到洛阳；又寻找海内嘉美的树、珍奇的草与珍贵奇异的禽兽，来充实园囿花圃。辛亥日(二十一日)，隋炀帝杨广任命尚书右丞皇甫议调动河南、淮北各郡百姓，前后一百多万，开挖通济渠。从西面的城苑，引导谷、洛的河水直到黄河；又从板渚引导黄河的水，通过荥泽进入汴水；又从大梁的东面引导汴水进入泗水，抵达淮河；又调动淮南十多万百姓开通邗沟，从山阳通到杨子进入长江。渠水有四十步宽，渠的旁边都修筑御道，种植柳树；从长安到江都，设立四十多个别宫。庚申日(三十日)，隋炀帝杨广派遣黄门侍郎王弘等人前去江南制造龙舟与杂用的船只几万艘。东京的官员督导劳役严厉急切，丁役死的有十分之四五，管理事务的官员，用车子装载死去的丁役，东面到城皋，北面到河阳，满路都是。又在东京修建天经宫，四季祭祀高祖。

林邑王梵志遣兵守险，刘方击走之。师渡阇黎江，林邑兵乘巨象，四面而至。方战不利，乃多掘小坑，草覆其上，以兵挑之，既战，伪北；林邑逐之，象多陷地颠踬，转相惊骇，军遂乱。方以弩射象，象却走，蹂其阵，因以锐师继之。林邑大败，俘馘万计。方引兵追之，屡战皆捷，过马援铜柱南，八日至其国都。夏，四月，梵志弃城走入海。方入城，获其庙主十八，皆铸金为之；刻石纪功而还。士卒肿足，死者什四五，方亦得疾，卒于道。

初，尚书右丞李纲数以异议忤杨素及苏威，素荐纲于高祖，以为方行军司马。方承素意，屈辱之，几死。军还，久不得调，威复遣纲诣南海应接林邑，久而不召。纲自归奏事，威劾奏纲擅离所职，下吏案问；会赦，免官，屏居于鄠。

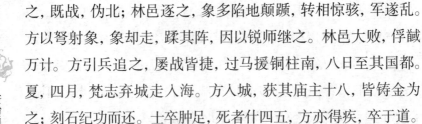

【译文】林邑王梵志，派军防守险要地方，刘方将他击败赶走。部队渡过阇黎江，林邑的军兵乘坐大象，从四面来到。刘方交战失利，于是挖了许多小坑，拿草覆盖在上面，命士兵去挑战，等到一作战，便假装战败，林邑人追赶他们，大象大多陷入坑内跌倒，彼此惊慌害怕，部队因此混乱。刘方用箭射大象，让大象退走，践踏林邑的阵地，然后派精锐军队去进攻，林邑因此大败，被俘虏与杀头的有一万人。刘方率军追赶，多次作战都获得胜利，路经马援所铸铜柱的南方，八天就到达他们的国都。夏季，四月，梵志放弃城池，逃入海中。刘方进入城池，得到十八个庙主，全是铸金做成的。刘方刻石记述功绩返回。军兵因为脚肿，死了十分之四五，刘方也患了疾病，死在路上。

起初，尚书右丞李纲几次由于意见不同，忤逆了杨素与苏威，杨素举荐李纲给隋高祖，担任刘方的行军司马。刘方迎合杨素的心意，凌辱他，几乎至死。军队凯旋，很长时间不予迁调，苏威又派遣李纲到南海担任接应林邑的使者，又很长时间不召他回来。李纲自己返回奏事，苏威就上奏弹劾李纲私自离开任所，将他交给司法官员审问；适逢大赦，被解除了官职，李纲于是摒绝人事，住在鄠县。

　　五月，筑西苑，周二百里；其内为海，周十馀里；为方丈、蓬莱、瀛洲诸山，高出水百馀尺，台观宫殿，罗络山上，向背如神。海北有龙鳞渠，萦纡注海内。缘渠作十六院，门皆临渠，每院以四品夫人主之，堂殿楼观，穷极华丽。宫树秋冬凋落，则剪彩为华叶，缀于枝条，色渝则易以新者，常如阳春。沼内亦剪彩为荷芰菱芡，乘舆游幸，则去冰而布之。十六院竞以淆羞精丽相高，求市恩宠。上好以月夜从宫女数千骑游西苑，作《清夜游曲》，于马上奏之。

　　帝待诸王恩薄，多所猜忌；滕王纶、卫王集内自忧惧，呼术者问吉凶及章醮求福。或告其怨望咒诅，有司奏请诛之；秋，七月，丙午，诏除名为民，徙边郡。纶，瓒之子；集，爽之子也。

　　【译文】五月，朝廷修筑西苑，周围有二百里；内部挖成湖海，周围有十多里；筑成蓬莱、方丈、瀛洲几座山，高出水面一百多尺，楼台殿阁，如同星罗棋布地建造在山上，三座山的前前后后做得好像神山一样。北面有龙鳞渠，环绕着注入海内。沿着河渠建造十六处宫院，大门都面临着河渠，每院命一个四品夫人负责管理，殿堂楼观，极为华丽奢靡。宫里的树在秋冬凋落了，就剪彩带当作华叶，点缀在树枝上，颜色变了，就换成新的，经常像阳春一样。池沼里也剪彩带做成菱角、荷叶，隋炀帝杨广乘车前来游玩，就除去冰凌，将剪制的荷芰菱芡布裹在里面。十六院争相以食物的精美互较高下，以求得隋炀帝杨广的恩宠。隋炀帝杨广喜欢在有月亮的晚上与几千名宫女骑马游西苑，制作《清夜游曲》，在马上演奏。

　　隋炀帝杨广对待诸王，十分薄情寡恩，颇多猜忌，滕王杨纶、卫王杨集心里感到畏惧忧虑，就唤来术士询问吉凶，并设坛祈福。有人告发他们心存怨恨，诅咒别人遭遇凶事，主管司法的官吏因而奏请处决他们；秋季，七月，丙午日（十八日），隋炀帝杨广下令免去他们的官爵，成为普通百姓，迁移到边远郡城。杨纶是杨瓒的儿子；杨集是杨爽的儿子。

八月，壬寅，上行幸江都，发显仁宫，王弘遣龙舟奉迎。乙巳，上御小朱航，自漕渠出洛口，御龙舟。龙舟四重，高四十五十尺，长二百丈。上重有正殿、内殿、东、西朝堂，中二重有百二十房，皆饰以金玉，下重内侍处之。皇后乘翔螭舟，制度差小，而装饰无异。别有浮景九艘，三重，皆水殿也。又有漾彩、朱鸟、苍螭、白虎、玄武、飞羽、青凫、陵波、五楼、道场、玄坛、楼船、板𦩷、黄篾等数千艘，后宫、诸王、公主、百官、僧、尼、道士、蕃客乘之，及载内外百司供奉之物，共用挽船士八万馀人，其挽漾彩以上者九千馀人，谓之殿脚，皆以锦彩为袍。又有平乘、青龙、艨艟、艚艟、八棹、艇舸等数千艘，并十二卫兵乘之，并载兵器帐幕，兵士自引，不给夫。舳舻相接二百馀里，照耀川陆，骑兵翊两岸而行，旌旗蔽野。所过州县，五百里内皆令献食，多者一州至百舆，极水陆珍奇；后宫厌饫，将发之际，多弃埋之。

【译文】八月，壬寅日（十五日），隋文帝杨广临幸江都，从显仁宫出发，王弘派龙舟迎接。乙巳日（十八日），隋炀帝杨广坐小的红色船，从漕渠离开洛水进入黄河河口，坐上龙舟。龙舟共有四层，高四十五尺，长二百丈。上层有正殿、内殿、东西朝堂，中间两层有一百二十个房间，都拿金玉装饰，下层是内侍所居住的地方。皇后乘坐翔螭舟，规模稍为小一些，而装饰则没有区别。另外有浮影（快速的船）九艘，三层，都堪称水中宫殿。又有漾彩、朱鸟、苍螭、白虎、玄武、飞羽、青凫、陵波、五楼、道场、玄坛、楼船、板𦪅、黄篾(以上都是船名)等几千艘，供后宫、诸王、公主、百官、僧、尼、道士、蕃客等乘坐，也用来装载朝廷内外百官所使用的东西。单单用来挽船的人就有八万多，其中拉漾彩以上船只的纤夫有九千多人，称作殿脚(挽水殿的脚夫)，都用彩布锦缎为袍。又有平乘、青龙、艨艟、艒艟、八棹、艇舸(都是船名)等几千艘，都由十二名兵士乘坐，同时装载帐幕兵器，全由士兵自己挽引，不配给脚夫。前后舳舻相接，长达二百余里，灯火照耀河面及两岸陆地，骑兵在两岸护卫行走，军旗遍布原野。所路过的州县，五百里以内的地方都下令贡献食物，多的甚至需要州县用一百辆车来载运，极尽水陆珍奇物品，等到后宫吃得饱足，将要出发时，未吃完的食物大多丢弃掩埋。

契丹寇营州，诏通事谒者韦云起护突厥兵讨之，启民可汗发骑二万，受其处分。云起分为二十营，四道俱引，营相去一里，不得交杂，闻鼓声而行，闻角声而止，自非公使，勿得走马，三令五申，击鼓而发。有纥干犯约，斩之，持首以徇。于是，突厥将帅入谒，皆膝行股栗，莫敢仰视。契丹本事突厥，情无猜忌。云起既入其境，使突厥诈云向柳城与高丽交易，敢漏泄事实者斩。契丹不为备，去其营五十里，驰进袭之，尽获其男女四万口，杀其男子，以女子及畜产之半赐突厥，馀皆收之以归。帝大喜，集百官曰："云起用突厥平契丹，才兼文武，朕今自举之。"擢为治书侍御史。

【译文】契丹侵犯营州，隋文帝杨广诏令通事谒者韦云起监领突厥的军队前去征讨，启民可汗调动骑兵两万人，接受他的节制。韦云起将军队分为二十个军营，四路一齐前进，每营距离一里，不能相互混杂，听到鼓声就前进，听到角声则停止。假如不是因公派遣出去，不能骑马疾行，并再三叮嘱，击鼓就前进。有个纥干（突厥的小官）违背约定，就将他杀了，并拿着他的首级四处示众。因此突厥的将帅进入拜见，全都跪着前行，两腿发抖，不敢抬起头看。契丹原本是事奉突厥的，没有猜疑的心理。韦云起已经进入契丹的境内，叫突厥欺骗说是要前往柳城，与高丽做生意，假如有人敢泄露实情就要处死。契丹果真没有防备，在距离契丹军营五十里时，突厥快骑进兵袭击，俘虏了他们的全部男女共四万人，把男人都杀死，将女子与畜产的一半赏赐给突厥，其余的全部带回。隋炀帝杨广大为高兴，聚集百官说："韦云起借突厥人平定了契丹，兼具文武才能，朕今天要亲自提拔他。"于是擢拔韦云起担任治书侍御史。

初，西突厥阿波可汗为叶护可汗所虏，国人立鞅素特勒之子，是为泥利可汗。泥利卒，子达漫立，号处罗可汗。其母向氏，本中国人，更嫁泥利之弟婆实特勒。开皇末，婆实与向氏入朝，遇达头之乱，遂留长安，舍于鸿胪寺。处罗多居乌孙故地，抚御失道，国人多叛，复为铁勒所困。铁勒者，匈奴之遗种，族类最多，有仆骨、同罗、契苾、薛延陀等部，其酋长皆号俟斤。

族姓虽殊，通谓之铁勒，大抵与突厥同俗，以寇抄为生，无大君长，分属东、西两突厥。是岁，处罗引兵击铁勒诸部，厚税其物，又猜忌薛延陀，恐其为变，集其酋长数百人，尽杀之。于是铁勒皆叛，立俟利发俟斤契苾歌楞为莫何可汗，又立薛延陀俟斤字也咥为小可汗，与处罗战，屡破之。莫何勇毅绝伦，甚得众心，为邻国所惮，伊吾、高昌、焉耆皆附之。

【译文】起初，西突厥阿波可汗被叶护可汗所俘获，西突厥国人拥立鞅素特勒的儿子，他就是泥利可汗。泥利可汗死了，他的儿子达漫继承汗位，号称处罗可汗。他的母亲向氏，原本是中国人，改嫁给泥利可汗的弟弟婆实特勒。开皇末年，婆实特勒与向氏入朝，遇到达头叛乱，于是留居长安，住在鸿胪寺。处罗多居住在乌孙的旧地，安抚统御，违背正道，国人有很多起来叛乱，又被铁勒所困。铁勒是匈奴人的后裔，族类最多，有仆骨、同罗、契苾、薛延陀等部落，他们的酋长都号为俟斤。

族姓虽然不同，但都通称为铁勒，大抵与突厥人的习俗相同，以抢掠作为生计，没有大君长，分别属于东、西两突厥。这一年，处罗率军攻打铁勒各部，加重他们的租税，又猜忌薛延陀，担心他发生变故，集合他们的几百名酋长，将他们全都杀了。因此铁勒都一一背叛，一起拥立俟利发俟斤契苾歌楞为莫何可汗，又拥立薛延陀俟斤字也咥为小可汗，与处罗交战，多次将他打败。莫何强毅勇敢，超过一般人，深得众人拥戴，让邻国感到畏惧，于是伊吾、高昌、焉耆全都先后归顺他。

大业二年（丙寅，公元六〇六年）春，正月，辛酉，东京成，进将作大匠宇文恺位开府仪同三司。

丁卯，遣十使并省州省。

二月，丙戌，诏吏部尚书牛弘等议定舆服、仪卫制度。以开府仪同三司何稠为太府少卿，使之营造，送江都。稠智思精巧，博览图籍，参会古今，多所损益；衮冕画日、月、星、辰，皮弁用漆纱为之。又作黄麾三万六千人仗，及辂辇车舆，皇后卤簿，百官仪服，务为华盛，以称上意。课州县送羽毛，民求捕之，网罗被水陆，禽兽有堪氅毦之用者，殆无遗类。乌程有高树，逾百尺，旁无附枝，上有鹤巢，民欲取之，不可上，乃伐其根；鹤恐杀其子，自拔氅毛投于地，时人或称以为瑞，曰："天子造羽仪，鸟兽自献羽毛。"所役工十万馀人，用金银钱帛巨亿计。帝每出游幸，羽仪填街溢路，亘二十馀里。三月，庚午，上发江都，夏，四月，庚戌，自伊阙陈法驾，备千乘万骑入东京。辛亥，御端门，大赦，免天下今年租赋。制五品以上文官乘车，在朝弁服，佩玉；武官马加珂，戴帻，服袴褶。文物之盛，近世莫及也。

【译文】大业二年（丙寅，公元606年）春季，正月，辛酉日（初六），东京修造完成，进升将作大匠宇文恺为开府仪同三司。

丁卯日（十二日），隋炀帝杨广派遣十名使者一同巡视州县。

二月，丙戌日（初一），隋炀帝杨广诏令吏部尚书牛弘等人商量制定舆服、仪卫制度。并且任命开府仪同三司何稠担任太府少卿，让他负责制造，送往江都。何稠智虑精深细巧，博览典籍图书，参照古今式样，多方增减：衣衮冠冕画上日、月、星、辰，皮弁用漆纱制成；又制作朝会所用三万六千人的黄麾仪仗，以及君主的车驾坐舆、皇后的仪仗、百官的朝服，无不力求隆盛华美，以满足隋炀帝的心意；并且督责州县呈送羽毛，于是百姓设法捕捉禽兽，罗网遍及水陆各地，有能作为羽毛饰品用途的禽兽，都捕捉殆尽。乌程有一棵高树，高度超过一百尺，旁边没有攀爬的树枝，树上有鹤的巢穴，人们想要取得鹤的羽毛，无法上去，于是砍伐树根；老鹤害怕伤了小鹤，自己拔掉氅毛丢到地上，当时有人称作吉瑞的征兆，说："天子修造羽饰的仪仗，连鸟兽都自动献出羽毛。"参加劳役的有十万多人，花掉的金银钱帛多得用亿来计算。隋炀帝杨广每次出游临幸，仪仗塞满街道，连接二十多里。三月，庚午日（十六日），隋炀帝杨广从江都出发；夏季，四月，庚戌日（二十六日），从伊阙摆开天子的车驾，备有一千辆车乘，一万名骑兵，进入东京。辛亥日（二十七日），隋炀帝杨广御驾端门，举行大赦，免除天下百姓当年的租税。规定五品以上文官乘坐车子，上朝穿弁服，戴玉佩；武官的马勒加上白色的海螺作为装饰，戴包头巾，穿着骑马专用的衣裤。文物的隆盛，近代没有能比得上的。

六月，壬子，以杨素为司徒，进封豫章王暕为齐王。

秋，七月，庚申，制百官不得计考增级，必有德行、功能灼然显著者进擢之。

帝颇惜名位，群臣当进职者，多令兼假而已；虽有阙员，留而不补。时牛弘为吏部尚书，不得专行其职，别敕纳言苏威、左翊卫大将军宇文述、左骁卫大将军张瑾、内史侍郎虞世基、御史大夫裴蕴、黄门侍郎裴矩参掌选事，时人谓之"选曹七贵"。虽七人同在坐，然与夺之笔，虞世基独专之，受纳贿赂，多者超越等伦，无者注色而已。蕴，邃之从曾孙也。

元德太子昭自长安来朝，数月，将还，欲乞少留；帝不许。拜请无数，体素肥，因致劳疾，甲戌，薨。帝哭之，数声而止，寻奏声伎，无异平日。

【译文】六月，壬子日（二十九日），隋炀帝杨广任命杨素担任司徒；加封豫章王杨暕为齐王。

秋季，七月，庚申日（初八），制定百官不能凭借考核功过来升迁，一定要德行、功业、才能都十分显著，才可以进升。

隋炀帝杨广十分吝惜名分地位，群臣应该提升职等的，大多命令兼摄代理；虽有缺额，却保留而不予以补足。当时牛弘是吏部尚书，无法单独行使他的职权，隋炀帝另外敕令纳言苏威、左翊卫大将军宇文述、左骁卫大将军张瑾、内史侍郎虞世

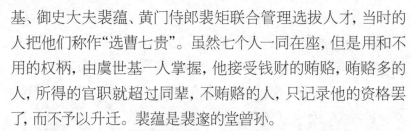

基、御史大夫裴蕴、黄门侍郎裴矩联合管理选拔人才，当时的人把他们称作"选曹七贵"。虽然七个人一同在座，但是用和不用的权柄，由虞世基一人掌握，他接受钱财的贿赂，贿赂多的人，所得的官职就超过同辈，不贿赂的人，只记录他的资格罢了，而不予以升迁。裴蕴是裴邃的堂曾孙。

元德太子杨昭从长安前来朝见，几个月后，将要回去了，请求稍微停留一些时日，隋炀帝杨广却不答应。他叩拜请求了数次，因为身体本来就十分肥胖，以致过于劳累而引发疾病，在甲戌日（二十二日）去世。隋炀帝杨广悲哭，只有几声就停了，不久就命令女伎演奏音乐，与平日没有什么不同。

楚景武公杨素，虽有大功，特为帝所猜忌，外示殊礼，内情甚薄。太史言隋分野有大丧，乃徙素为楚公，意言楚与隋同分，欲以厌之。素寝疾，帝每令名医诊候，赐以上药，然密问医者，恒恐不死。素亦自知名位已极，不肯饵药，亦不将慎，谓弟约曰："我岂须更活邪！"乙亥，素薨，赠太尉公、弘农等十郡太守，葬送甚盛。

八月，辛卯，封皇孙倓为燕王，侗为越王，侑为代王，皆昭之子也。

九月，乙丑，立秦孝王子浩为秦王。

帝以高祖末年，法令峻刻，冬，十月，诏改修律令。

置洛口仓于巩东南原上，筑仓城，周回二十馀里，穿三千窖，窖容八千石以还，置监官并镇兵千人。十二月，置回洛仓于洛阳北七里，仓城周回十里，穿三百窖。

【译文】楚景武公杨素，虽然立有大的功勋，但也特别受到隋炀帝杨广的疑忌，隋炀帝杨广表面对他十分礼遇，而内心却非常苛薄。太史说大隋的境内会有大的丧事，因而迁徙杨素为楚公，意思是说楚与隋同分天下，想要拿他来抵挡。杨素生了重病，隋炀帝杨广每次都下令名医去诊治，赏赐上等的药材，却暗中询问医生，常常担心他不会死。杨素也知晓自己名位已到了极点，不肯吃药，也不细心调养，告诉他的弟弟杨约说："我哪里需要再活下去呢?"乙亥日(二十三日)，杨素病逝，追赠太尉公、弘农等十郡太守，葬送的礼赐十分隆盛。

八月，辛卯日(初九)，隋炀帝杨广封皇孙杨倓为燕王、杨侗为越王、杨侑为代王，他们都是杨昭的儿子。

九月，乙丑日(十四日)，隋炀帝杨广立秦孝王的儿子杨浩为秦王。

隋炀帝杨广因为隋高祖末年法令太苛刻严峻，于是在冬季十月，诏令修改法令。

朝廷在巩县东南原野上设立洛口仓，修筑仓城，周围二十多里，开挖三千个地窖，每个地窖能够容纳八千石以上粮食，并设立监督官员及镇守兵士一千人。十二月，朝廷在洛阳城北七里设立回洛仓，仓城周围十里，开挖了三百个地窖。

初，齐温公之世，有鱼龙、山车等戏，谓之散乐，周宣帝时，郑译奏徵之。高祖受禅，命牛弘定乐，非正声清商及九部四舞之色，悉放遣之。

帝以启民可汗将入朝，欲以富乐夸之。太常少卿裴蕴希旨，奏括天下周、齐、梁、陈乐家子弟皆为乐户；其六品以下至庶人，有善音乐者，皆直太常。帝从之。于是，四方散乐，大集东京，阅之于芳华苑积翠池侧。有舍利兽先来跳跃，激水满衢，鼋鼍、龟鳖、水人、虫鱼，遍覆于地。又有鲸鱼喷雾翳日，倏忽化成黄龙，长七八丈。又二人戴竿，上有舞者，欻然腾过，左右易处。又有神鳌负山，幻人吐火，千变万化。伎人皆衣锦绣缯彩，舞者鸣环佩，缀花毦；课京兆、河南制其衣，两京锦彩为之空竭。帝多制艳篇，令乐正白明达造新声播之，音极哀怨。帝甚悦，谓明达曰："齐氏偏隅，乐工曹妙达犹封王；我今天下大同，方且贵汝，宜自修谨！"

【译文】起初，齐温公高纬在位时，有鱼龙、山车等戏，称作散乐，周宣帝时，郑译奏请征用。隋高祖接受禅位，下令牛弘制定音乐，不是正声清商与九部、四舞的色样，全都遗弃。

隋炀帝杨广由于启民可汗将要入朝，想向他夸耀隋朝的安乐富庶。太常少卿裴蕴便迎合旨意，奏请搜罗天下周、齐、梁、陈的乐家子弟都编为乐户；而六品以下的官员以至于庶人，有精通音乐的都隶属太常。隋炀帝杨广采纳了他的意见。因此四方的散乐，大量聚集东京，在芳华苑积翠池旁让人观赏。有舍利兽先来跳跃，将衢道激满了水，鼋鼍、龟鳖、会泅水的人、虫鱼，遍及地上。又有鲸鱼喷雾蔽天，一下子变成黄龙，长七八丈。又有两个人头顶竹竿，上面有人跳舞，迅速地腾跳而过，左右交换地方。又有神鳌背负山丘，魔术师口中吐火，真是变化万千，无奇不有。耍把戏的人全都穿着锦绣的绘彩，跳舞的人鸣动环佩，拿花色的羽毛做装饰；并督责京兆、河南的百姓制作衣服，使两京的丝绸因此而用光。隋炀帝杨广写了许多冶艳的篇章，命令乐正白明达编制新的乐曲唱出，声音极为哀怨。皇上非常高兴，告诉白明达说："齐氏偏处一隅，乐工曹妙达尚且封王；我现在天下大同，正要让你显贵，你应当谨慎地涵养自己！"

大业三年(丁卯，公元六〇七年)春，正月，朔旦，大陈文物。

时突厥启民可汗入朝，见而慕之，请袭冠带，帝不许。明日，又帅其属上表固请，帝大悦，谓牛弘等曰："今衣冠大备，致单于解辫，卿等功也！"各赐帛甚厚。

三月，辛亥，帝还长安。

癸丑，帝使羽骑尉朱宽入海求访异俗，至流求国而还。

初，云定兴、阎毗坐媚事太子勇，与妻子皆没官为奴婢。上即位，多所营造，闻其有巧思，召之，使典其事，以毗为朝请郎。时宇文述用事，定兴以明珠络帐赂述，并以奇服新声求媚于求；述大喜，兄事之。上将有事四夷，大造兵器，述荐定兴可使监造，上从之。述谓定兴曰："兄所作器仗，并合上心，而不得官者，为长宁兄弟犹未死耳。"定兴曰："此无用物，何不劝上杀之。"述因奏："房陵诸子年并成立，今欲兴兵征讨，若使之从驾，则守掌为难；若留于一处，又恐不可。进退无用，请早处分。"

帝然之，乃鸩杀长宁王俨，分徙其七弟于岭表，仍遣间使于路尽杀之。襄城王恪之妃柳氏自杀以从恪。

【译文】大业三年（丁卯，公元607年）春季，正月，朔日（初一）早晨，大量陈列文物。当时突厥启民可汗入朝，看了十分羡慕，请求沿用冠带，隋炀帝杨广不答应。第二天，又带领他的部属上了奏表，坚持请求，隋炀帝杨广大为喜悦，告诉牛弘等人说："现在衣冠大为齐备，以致单于要解掉辫子，这是你们的功劳。"于是分别赐给他们丰厚的丝帛。

三月，辛亥日（初二），隋炀帝杨广回到长安。

癸丑日（初四），隋炀帝杨广派羽骑尉朱宽前往海中访求异地的习俗，朱宽到达流求国后返回。

起初，云定兴、阎毗由于极力讨好太子杨勇而连坐获罪，与妻子儿女都没入官府成为奴婢。隋炀帝杨广即位后，大事营造，听说他们有精密的心思，便召见他们，让他们负责这些事，并任命阎毗担任朝请郎。当时宇文述掌权，云定兴用明珠穿络的帐子贿赂宇文述，并用珍奇的衣服、新造的音乐向宇文述讨好；宇文述十分高兴，将他当成哥哥看待。隋炀帝杨广准备对四夷作战，要大量修造兵器，宇文述便举荐云定兴，说可以让他来监造，隋炀帝杨广同意了这件事。宇文述告诉云定兴说："大哥所制造的武器兵仗，都符合陛下的心意，可是不能得到官职的原因，是长宁兄弟还没有死啊！"云定兴说："这几个没用的东西，为什么不劝陛下将他们杀了呢？"宇文述因此上奏说："房陵（太子杨勇被废，追封房陵王）的几个儿子，都已经成年，现在想要起兵征讨四夷，假如让他们跟随御驾，很难加以监视；假如留在一个地方，又怕不妥。进退两难，请早作处置。"隋炀帝杨广同意他的看法，于是毒杀了长宁王杨俨，分别流放他的七个弟弟到岭外，再派密使在路上将他们全都杀死。襄城王杨恪的妃子柳氏自尽殉夫。

夏，四月，庚辰，下诏欲安辑河北，巡省赵、魏。

牛弘等造新律成，凡十八篇，谓之《大业律》；甲申，始颁行之。民久厌严刻，喜于宽政。其后征役繁兴，民不堪命，有司临时迫胁以求济事，不复用律令矣。旅骑尉刘炫预修律令，弘尝从容问炫曰：《周礼》士多而府史少，今令史百倍于前，减则不济，其故何也？"炫曰："古人委任责成，岁终考其殿最，案不重校，文不繁悉，府史之任，掌要目而已。今之文簿，恒虑覆治，若锻炼不密，则万里追证百年旧案。故谚云：'老吏抱案死。'事繁政弊，职此之由也。"弘曰："魏、齐之时，令史从容而已，今则不遑宁处，何故？"炫曰："往者州唯置纲纪，郡置守、丞，县置令而已。

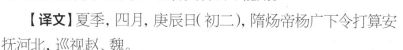

其餘具僚則长官自辟，受诏赴任，每州不过数十。今则不然，大小之官，悉由吏部，纤介之迹，皆属考功。省官不如省事，官事不省而望从容，其可得乎!"弘善其言而不能用。

【译文】夏季，四月，庚辰日(初二)，隋炀帝杨广下令打算安抚河北，巡视赵、魏。

牛弘等修订新律完成，一共十八篇，称为《大业律》；甲申日(初六)，朝廷正式颁布施行。百姓厌恶严厉苛刻的旧律已经很久了，十分喜欢仁宽的政治。后来徭役变得频繁，百姓忙于奔命，无法担负，而有关官员临时又加胁迫，以求完成任务，便不再使用法令。旅骑尉刘炫参加修订律令的工作，牛弘曾经和缓地询问刘炫说："《周礼》记载的士人多而府史少，而今令史一百倍于从前，事情减少却不能成功，这是什么缘故呢?"刘炫说："古人任用官吏，责求成绩，年末考核他们的优劣，案件不重复检验，公文不烦琐，府史的职责，只是管理重要的事情而已。现在的文案，经常考虑重复研判，假如审理不周密，虽然地隔万里，也会前去追查，时过百年，也会旧案重提。因此谚语说：'老吏抱着案牍而累死。'事情繁杂，政治衰弊，主要是这个缘故。"牛弘说："魏、齐时，令史常常悠闲自在，而今却没有空暇闲居的时间，这是什么缘故呢?"刘炫说："以前州只设置长史、司马，郡设置守、丞，县设置令，仅此而已。其余的僚属，则由长官自行征召，接受诏令，前往任所，每州不过几十人而已。现在却不这样，大小官员，都由吏部尚书加以选任，极小的事情，都要考核功过。裁减官吏不如减少事务，官吏的事情不减少，而希望轻松悠闲，怎么可能呢?"牛弘觉得他的话很有道理，却不能采纳。

【乾隆御批】夏商，尚质，至周，文胜，已难如夏商之旧。盖运会使然。倘执省官省事之说，有案不须重校，覆治则舞文弄法者乘之矣。不揣澄清吏治之本，但知是古非今，自号宽政者，徒养奸耳。

【译文】 夏朝和商朝时，崇尚质朴，到了周朝，过于崇尚文采，已经难有夏商时的旧制了。这大概是社会不断发展形成的。如果坚持省官省事的说法，对案件不重新校正，再次审理，那些玩弄文字扰乱法纪的人就有机可乘了。不研究澄清吏治的根本，只知道肯定古代否定现在，这样自称实行宽松政治的人，只是在姑息养奸罢了。

【申涵煜评】 炫谓牛弘曰：省官不如省事。斯言似当，但省官是吏部事，省事是宰相事。事省则官自少，官少则事益省。此相因之理，非二致也。若朝廷，则只合省心为上。

【译文】 刘炫对牛弘说：省官不如省事。这句话似乎很恰当，但省官是吏部的事，省事是宰相的事。事情减少少则官员数量自然减少，官员减少自然事情就更减少。两者相因的道理，是一样的。如果就朝廷而言，省心才是上策。

壬辰，改州为郡；改度量权衡，并依古式。改上柱国以下官为大夫；置殿内省，与尚书、门下、内史、秘书为五省；增谒者、司隶台，与御史为三台；分太府寺置少府监，与长秋、国子、将作、都水为五监；又增改左、右翊卫等为十六府；废伯、子、男爵，唯留王、公、侯三等。

丙寅，车驾北巡；己亥，顿赤岸泽。五月，丁巳，突厥启民可汗遣其子拓特勒来朝。戊午，发河北十余郡丁男凿太行山，达于并州，以通驰道。丙寅，启民遣其兄子毗黎伽特勒来朝。辛未，启民遣使请自入塞奉迎舆驾，上不许。

【译文】 壬辰日(十四日)，朝廷改州为郡；改革度量衡，全部依照古制。改上柱国以下的官为大夫；设立殿内、尚书、门下、内史、秘书五省；增加谒者、司隶台、御史三台；分太府寺，设立少府、长秋、国子、将作、都水五监；又增改左、右翊卫等为十六府；废除伯、子、男的爵位，保留王、公、侯三级。

丙寅日(四月无此日)，隋炀帝杨广到北方巡行；己亥日(二十一日)，隋炀帝杨广暂停在赤岸泽。五月，丁巳日(初九)，突厥启民可汗派遣他的儿子拓特勒来朝见。戊午日(初十)，隋炀帝杨广调动河北十多郡的丁男开凿太行山，抵达并州，用来开通御行的大道。丙寅日(十八日)，启民可汗派他的侄子毗黎伽特勒前来朝见。辛未日(二十三日)，启民可汗派遣使者请求亲自入塞奉接御驾，隋炀帝杨广没有答应。

初，高祖受禅，唯立四亲庙，同殿异室而已，帝即位，命有司议七庙之制。礼部侍郎摄太常少卿许善心等奏请为太祖、高祖各立一殿，准周文、武二祧，与始祖而三，馀并分室而祭，从迭毁之法。至是，有司请如前议，于东京建宗庙。帝谓秘书监柳䚮曰：“今始祖及二祧已具，后世子孙处朕何所？”六月，丁亥，诏为高祖建别庙，仍修月祭礼。既而方事巡幸，竟不果立。

帝过雁门，雁门太守丘和献食甚精；至马邑，马邑太守杨廓独无所献，帝不悦。以和为博陵太守，仍使廓至博陵观和为式。由是所至献食，竞为丰侈。

【译文】起初，隋高祖接受禅位，只设立四个亲庙，在同一殿堂里，只是房间不同而已。隋炀帝即位，命令有关官员议订七庙仪制。礼部侍郎摄理太常少卿许善心等人，上奏请求为太祖、高祖各立一个殿，依照周代文、武两个祖庙，与始祖成为三座祖庙，其余的分开房室来祭祀，按照更迭毁废的方法，后代每添一主，就将最先的一祖撤去，永远保持七庙之数。于是，有关官吏请求依照先前的建议，在东京设立宗庙。隋炀帝杨广告诉秘书监柳晉说："现在始祖与两个祖庙已经具备了，后代的子孙将朕放在什么地方呢?"六月，丁亥日(初十)，隋炀帝杨广诏令为高祖另外建立一庙，仍旧践行月祭的礼节。后来因为正从事巡幸，最终没有建立。

隋炀帝杨广经过雁门，雁门太守丘和贡献的食物非常精美；抵达马邑，马邑太守杨廓唯独没有东西呈现，隋炀帝杨广很不高兴。于是任命丘和担任博陵太守，仍旧派遣杨廓到博陵，看丘和所献的东西作为法式。从此隋炀帝杨广所到的地方，竞相贡献食物，互比丰盛侈靡。

戊子，车驾顿榆林郡。帝欲出塞耀兵，径突厥中，指于涿郡，恐启民惊惧，先遣武卫将军长孙晟谕旨。启民奉诏，因召所部诸国奚、霤、室韦等酋长数十人咸集。晟见牙帐中草秽，欲令启民亲除之，示诸部落，以明威重，乃指帐前草曰："此根大香。"启民遽嗅之，曰："殊不香也。"晟曰："天子行幸所在，诸侯躬自洒扫，耕除御路，以表至敬之心；今牙内芜秽，谓是留香草耳!"启民乃悟曰："奴之罪也! 奴之骨肉皆天子所赐，得效筋力，岂敢有辞。特以边人不知法耳，赖将军教之；此将军之惠，奴之幸也。"遂拔所佩刀，自芟庭草。其贵人及诸部争效之。于是，发榆林北境，至其牙，东达于蓟，长三千里，广百步，举国就役，开为御道。帝闻晟策，益嘉之。

【译文】戊子日(十一日)，隋炀帝杨广御驾暂停榆林郡。隋炀帝杨广想要出边塞炫耀武力，取道突厥境内，直达涿郡，因为担心启民畏惧惊慌，便先派武卫将军长孙晟宣读旨意。启民接受诏令，召集所统率的奚、霤、室韦等国的几十位酋长聚集在一起。长孙晟看到牙帐里长了很多草，想要下令启民亲自割除，显示给各个部落看，来彰显天子的威势，于是指着帐前的草说："这一棵草很香。"启民急忙去闻一闻，说："这草一点也不香。"长孙晟说："天子行幸所到的处所，诸侯亲自洒扫，清净天子车驾所经过的道路，来显示十分诚敬的心意；现在牙帐里面的青草荒芜，这不是保留香草来供御用吗？否则为什么不拔除呢？"启民可汗于是觉悟说："这是奴的过错！奴的骨肉都是天子赏赐，有机会报效筋骨体力，哪里敢推脱呢？只由于边区的人不知晓礼数罢了，幸赖将军教诲；将军赐予恩惠，是奴的幸运。"于是启民可汗拔出佩刀，亲自割除庭中的杂草。其他贵族与各部酋长竞相效法。于是从榆林北境起，直到他的牙帐，东面到达蓟城，长三千里，宽一百步，调动全民参加劳役，开通成为御驾的车道。隋炀帝杨广得知长孙晟的计策，更加赞赏他。

丁酉，启民及义成公主来朝行宫。己亥，吐谷浑、高昌并遣使入贡。

甲辰，上御北楼观渔于河，以宴百僚。定襄太守周法尚朝于行宫，太府卿元寿言于帝曰："汉武出关，旌旗千里。今御营之外，请分为二十四军，日别遣一军发，相去三十里，旗帜相望，钲鼓相闻，首尾相属，千里不绝，此亦出师之盛者也。"法尚曰："不然，兵亘千里，动间山川，猝有不虞，四分五裂；腹心有事，首尾未知，道路阻长，难以相救，虽有故事，乃取败之道也。"帝不怿，曰："卿意如何？"法尚曰："结为方陈，四面外拒，六宫及百官家属并在其内；若有变起，所当之面，即令抗拒，内引奇兵，出外奋击，车为壁垒，重设钩陈，此与据城，理亦何异！若战而捷，抽骑追奔，万一不捷，屯营自守，臣谓此万全之策也。"帝曰："善!"因拜法尚左武卫将军。

【译文】丁酉日(二十日)，启民可汗与义成公主来行宫朝见。己亥日(二十二日)，吐谷浑、高昌都派遣使者入贡。

甲辰日(二十七日)，隋炀帝杨广御临榆林城北门城楼，观赏黄河里的捕鱼情景，宴请百官。定襄太守周法尚来到行宫朝见，太府卿元寿告诉隋炀帝杨广说："汉武帝出关时，旌旗绵延千里。现在御营之外，请分为二十四军，每天分别派一军出发，相距三十里，旌旗前后相互可以望见，铙鼓的声音相互可以听见，前后遥相连接，千里相连，这也是出师的盛举。"周法尚说："不可以! 军队绵延千里，有时被山川所阻隔，忽然有预料不到的事情发生，那么将四分五裂，无法收拾；再有中间的地方遭到攻击，前后都不知晓，道途漫长险阻，是很难相互救济的，虽然前有旧例，却是自取灭亡的途径啊!"隋炀帝杨广不高兴地说："卿的意思怎么样呢?"周法尚说："结成四方军阵，四面向外抵拒，六宫与百官的家属都在里面；假如有变乱发生，所面对的一方，就下令抵抗，内部调动奇兵，出外奋力进攻，用车辆作为壁垒，再安排如钩的曲阵，这与据守城池，道理有什么不同呢? 假如作战获胜，抽调骑兵追击，万一不能得胜，屯据营垒自守，臣以为这是万全的策略。"隋炀帝说："好极了!"于是任命周法尚担任左武卫将军。

启民可汗复上表，以为"先帝可汗怜臣，赐臣安义公主，种种无乏。臣兄弟嫉妒，共欲杀臣。臣当是时，走无所适，仰视唯天，俯视唯地，奉身委命，依归先帝。先帝怜臣且死，养而生之，以臣为大可汗，还抚突厥之民。至尊今御天下，还如先帝养生臣

294

及突厥之民，种种无乏。臣荷戴圣恩，言不能尽。臣今非昔日突厥可汗，乃是至尊臣民，愿帅部落变改衣服，一如华夏。"帝以为不可。秋，七月，辛亥，赐启民玺书，谕以"碛北未静，犹须征战，但存心恭顺，何必变服？"

帝欲夸示突厥，令宇文恺为大帐，其下可坐数千人；甲寅，帝于城东御大帐，备仪卫，宴启民及其部落，作散乐。诸胡骇悦，争献牛羊驼马数千万头。帝赐启民帛二千万段，其下各有差。又赐启民路车乘马，鼓欢幡旗，赞拜不名，位在诸侯王上。

【译文】启民可汗又呈上奏表，认为："先帝可汗哀怜臣，赐给臣安义公主，各种物品，都没有缺乏。臣的兄弟猜忌臣，联合起来想要杀死臣。那个时候，臣想逃跑却没有地方可逃，抬头仰望只有苍天，低头俯看只有大地，一点办法都没有，因而把自身托付给先帝。先帝怜悯臣将被害死，收养了臣，使臣活命，任命臣担任大可汗，回来抚慰突厥百姓。陛下如今统御天下，还请像先帝养活臣与突厥百姓一样，使我们各种物品都无缺乏。臣承受仰戴圣主的恩惠，是言语所不能完全表达的。臣现在不是以前的突厥可汗，而是陛下的臣民，希望带领部落改换服制，完全与华夏一样。"隋炀帝杨广认为不可以这样做。秋季，七月，辛亥日(初四)，隋炀帝杨广赐给启民可汗玺书，告诉他："大漠北面还没有平静，还需出兵作战，只要存心顺服恭敬，何必要改换服制呢？"

隋炀帝杨广想向突厥夸耀，下令宇文恺做大的营帐，营帐里面可以容纳几千个人；甲寅日(初七)，隋炀帝杨广在榆林郡城东，御坐大帐里面，准备仪卫，宴请启民可汗与他的部落，表演各类歌舞节目。各个胡族惊骇喜悦，竞相贡献牛羊驼马达数千万头。隋炀帝杨广赏赐启民可汗丝帛两千万匹，他的部属也有不同的赏赐。又赏赐启民可汗路车乘马，鼓吹旌旗，在参拜君王时，不必自呼姓名，爵位在诸位侯王以上。

【乾隆御批】长孙晟欲示诸蕃威重，未尝不可以礼谕之。乃设香草诡词肆其口给，殊失诚待远人之道。

【译文】长孙晟想对诸蕃属显示威严庄重之势，未尝不可通过礼教来使他们知晓。但他却弄了香草的假话来显示口才敏捷，殊不知，这失去了对远道之人的以诚相待之道。

又诏发丁男百馀万筑长城，西拒榆林，东至紫河。尚书左仆射苏威谏，帝不听，筑之二旬而毕。帝之徵散乐也，太常卿高颎谏，不听。颎退，谓太常丞李懿曰："周天元以好乐而亡，殷鉴不远，安可复尔！"颎又以帝遇启民过厚，谓太府卿何稠曰："此虏颇知中国虚实，山川险易，恐为后患。"又谓观王雄曰："近来朝廷殊无纲纪。"礼部尚书宇文弼私谓颎曰："天元之侈，以今方之，不亦甚乎？"又言："长城之役，幸非急务。"光禄大夫贺若弼亦私议宴可汗太侈。并为人所奏。帝以为诽谤朝政，丙子，高颎、宇文弼、贺若弼皆坐诛，颎诸子徙边，弼妻子没官为奴婢。事连苏威，亦坐免官。颎有文武大略，明达世务，自蒙寄任，竭诚尽节，进引贞良，以天下为己任；苏威、杨素、贺若弼、韩擒虎皆颎所推荐，自馀立功立事者不可胜数；当朝执政将二十年，朝野推服，物无异议，海内富庶，颎之力也。及死，天下莫不伤之。先是，萧琮以皇后故，其见亲重，为内史令，改封梁公，宗族缌麻以上，皆随才擢用，诸萧昆弟，布列朝廷。琮性澹雅，不以职务为意，身虽羁旅，见北间豪贵，无所降下。与贺若弼善，弼既诛，又有童谣曰:"萧萧亦复起。"帝由是忌之,遂废于家,未几而卒。

【译文】隋炀帝杨广又诏令调动丁男一百多万人去修筑长城,西面抵榆林,东面到紫河。尚书左仆射苏威劝谏,隋炀帝杨广不听,共修筑二十天而完成。隋炀帝杨广征调百戏玩乐时,太常卿高颎进谏,隋炀帝杨广不听。高颎退下,告诉太常丞李懿说:"周天元(即周宣帝)由于喜爱玩乐而亡国,这个失败的教训为时没有多远,怎么能够再如此呢?"高颎又因隋炀帝杨广对待启民可汗太过优厚,告诉太府卿何稠说:"这个奴虏很知道中国国势的虚实、山川形势的险易,担心会成为后患。"又告诉观王杨雄说:"近来朝廷非常没有纲纪。"礼部尚书宇文弼私下告诉高颎说:"拿今天与周天元的奢侈比较,不是更严重吗?"又说:"长城的劳役,实在不是紧要的事务。"光禄大夫贺若弼也私下议论宴请可汗太过奢侈。这些议论全部被人上奏。隋炀帝杨广认为是在谤毁朝政。丙子日(二十九日),高颎、宇文弼、贺若弼都坐罪被诛杀,高颎的几个儿子流放边远地区,贺若弼的妻子儿女没入官府成为奴婢。事情牵连了苏威,也坐罪被免除官职。高颎有文武两方面的才能,通晓世务,自从承受重任以后,竭尽诚心,坚守节操,选拔一些贞干贤良的人,将治理天下当作自己的责任;苏威、杨素、贺若弼、韩擒虎都是高颎所举荐的,其他立功立事的人,更是多得数也数不清。高颎在朝掌权将近二十年,朝廷上下推重佩服,大家全都没有异议,海内财富丰裕,人口增多,是高颎的功劳。等到高颎死时,天下人没有不悲伤的。起初,萧琮由于皇后的缘故,很受敬重亲近,任职内史令,改封为梁公,宗族近亲,都依才能提拔进用,很多萧姓的兄弟,布列于朝堂。萧琮性格清澹雅致,不以职位俗事为念,身虽在羁旅之中,看到北方的豪族贵人,毫不屈卑折降。与贺若弼友善，贺若弼被诛杀后，又有童谣说："姓萧的又要兴起了。"隋炀帝杨广因此疑忌，将他废除在家里，不久就去世了。

八月，壬午，车驾发榆林，历云中，溯金河。时天下承平，百物丰实，甲士五十馀万，马十万匹，旌旗辎重，千里不绝。令宇文恺等造观风行殿，上容侍卫者数百人，离合为之，下施轮轴，倏忽推移。又作行城，周二千步，以板为榦，衣之以布，饰以丹青，楼橹悉备。胡人惊以为神，每望御营，十里之外，屈膝稽颡，无敢乘马。启民奉庐帐以俟车驾；乙酉，帝幸其帐，启民奉觞上寿，跪伏恭甚，王侯以下袒割于帐前，莫敢仰视。

帝大悦，赋诗曰："呼韩顿颡至，屠耆接踵来；何如汉天子，空上单于台！"皇后亦幸义成公主帐。帝赐启民及公主金瓮各一，并衣服被褥锦彩，特勒以下，受赐各有差。帝还，启民从入塞，己丑，遣归国。

【译文】八月，壬午日（初六），隋炀帝杨广御驾从榆林出发，经过云中，逆流而上金河。此时天下太平，各种货物都十分丰裕，军兵有五十多万，马十万匹，旗帜车辆，千里不绝。隋炀帝杨广命令宇文恺等人建造观赏风景的行殿，上面能容纳侍卫几百人，它既能拆开又可以复合，下面施用轮轴，能够很快地加以移动。又建造活动的城堡，周长二千步，用木板做支干，拿布包裹起来，以丹青藻绘，里面城楼与望远楼全部具备。胡人惊为神工，每次在十里以外的地方望见御用营帐，便弯膝磕头，没有人敢骑在马上。启民可汗恭奉庐帐来等待车驾；乙酉日（初九），隋炀帝杨广临幸他的庐帐，启民可汗恭奉酒杯向隋炀帝杨广祝贺长寿，跪伏在地上，非常恭敬；王侯以下官员，在帐前袒衣割肉，没有人敢抬头看。

隋炀帝杨广大为喜悦，吟诗说："呼韩邪用头叩地而至，匈奴屠耆接连而到；汉朝天子算什么呢？只能上单于台，北望匈奴罢了！"皇后也临幸义成公主营帐。隋炀帝杨广赏赐启民可汗与公主各一个金瓮，以及一些被褥衣服锦彩，特勒（官名）以下，也接受不同的赏赐。隋炀帝杨广返回，启民可汗跟随入塞，己丑日（十三日），隋炀帝杨广让启民可汗回国。

癸巳，入楼烦关；壬寅，至太原，诏营晋阳宫。帝谓御史大夫张衡曰："朕欲过公宅，可为朕作主人。"衡乃先驰至河内，具牛酒。帝上太行，开直道九十里，九月，己未，至济源，幸衡宅。帝悦其山泉，留宴三日，赐赉甚厚。衡复献食，帝令颁赐公卿，下至卫士，无不沾洽。己巳，至东都。

壬申，以齐王暕为河南尹；癸酉，以民部尚书杨文思为纳言。

冬，十月，敕河北诸郡送一艺户陪东都三千馀家，置十二坊于洛水南以处之。

【译文】癸巳日（十七日），隋炀帝杨广入楼烦关；壬寅日（二十六日），隋炀帝杨广抵达太原，诏令驻在晋阳宫。隋炀帝杨广告诉御史大夫张衡说："朕想要造访您的宅第，您可做主人来款待朕。"张衡因而预先快骑到河内，准备牛酒。隋炀帝杨广直上太行，开道九十里，直抵张衡居住的地方。九月，己未日（十三日），隋炀帝杨广抵达济源，临幸张衡的宅第。隋炀帝杨广喜欢那里的山泉，留下来欢宴三天，赏赐十分优厚。张衡又呈献食物，隋炀帝杨广下令颁赐公卿，下及卫士，没有不沾圣恩的。己巳日（二十三日），隋炀帝杨广抵达东都。

壬申日（二十六日），隋炀帝杨广任命齐王杨暕担任河南尹；癸酉日（二十七日），隋炀帝杨广任命民部尚书杨文思担任纳言。

冬季，十月，隋炀帝杨广敕令河南各郡选送一户擅长伎艺的人家，加上东都的三千多家，在洛水南方设立十二个坊邑来安置他们。

西域诸胡多至张掖交市，帝使吏部侍郎裴矩掌之。矩知帝好远略，诸商胡至者，矩诱访诸国山川风俗，王及庶人仪形服饰，撰《西域图记》三卷，合四十四国，入朝奏之。仍别造地图，穷其要害，从西倾以去，纵横所亘，将二万里，发自燉煌，至于西海，凡为三道，北道从伊吾，中道从高昌，南道从鄯善，总凑燉煌。且云："以国家威德，将士骁雄，泛濛汜而越昆仑，易如反掌。但突厥、吐浑分领羌、胡之国，为其壅遏，故朝贡不通。今并因商人密送诚款，引领翘首，愿为臣妾。若服而抚之，务存安辑，皇华遣使，弗动兵车，诸蕃既从，浑、厥可灭，混一戎、夏，其在兹乎！"帝大悦，赐帛百段，日引矩至御坐，亲问西域事。矩盛言"胡中多诸珍宝，吐谷浑易可并吞。"帝于是慨然慕秦皇、汉武之功，甘心将通西域；四夷经略，咸以委之。以矩为黄门侍郎，复使至张掖，引致诸胡，啖之以利，劝令入朝。自是西域诸胡往来相继，所经郡县，疲于送迎，糜费以万万计，卒令中国疲弊以至于亡，皆矩之唱导也。

铁勒寇边，帝遣将军冯孝慈出燉煌击之，不利。铁勒寻遣使谢罪，请降；帝使裴矩慰抚之。

【译文】西域的许多胡人到张掖做生意，隋炀帝杨广派吏部侍郎裴矩负责管理。裴矩知晓隋炀帝杨广喜欢远略，各国做生意的胡人到来，裴矩便请求他们带路访问各国的山川风俗，君王与庶人的仪表服饰，撰成《西域图记》三卷，一共记述四十四国，入朝上奏。同时另外编制地图，穷尽各地的山川险要，从西倾山以西，纵横绵延，将近二万里，从敦煌出发，抵达西海，一共三条道路，北路从伊吾，中路从高昌，南路从鄯善，一同在敦煌聚合。裴矩还说："凭借国家的威德，将士的雄壮骁勇，渡过瀚泣，翻越昆仑，易如反掌。只是突厥、吐谷浑分别控制羌人、胡人的国家，被他们从中阻遏，所以朝贡不能通畅。现在他们都通过商人暗中送达诚意，翘首以盼，希望成为大隋的臣民。假如使他们归服，加以安抚，促使他们安定和睦，我中华只需派遣使者，不必兴师动众，那些蕃属就会归服大隋，之后，吐谷浑、突厥就可以消灭。一统戎狄、华夏，就在此时吧！"隋炀帝杨广大悦，赏赐丝帛五百匹，每天引裴矩到自己的御座，亲自询问西域的事情。裴矩极尽其言，说"胡人中间有许多不同的珍宝，吐谷浑很容易就能吞并"。隋炀帝杨广因此非常羡慕秦皇、汉武的功业，将能通西域作为快事；将经略四方夷狄的事情，全部委托给裴矩。隋炀帝杨广任命裴矩担任黄门侍郎，又派他前往张掖，招引各个胡族，用利益来满足他们，劝诱他们入朝。从此西域的胡人相继往来，所途经的郡县，疲于迎来送往，损耗的钱财以亿计算，最终使得中国疲困凋敝，以至于灭亡，这都是裴矩一手造成的。

铁勒人侵犯边境，隋炀帝杨广派遣将军冯孝慈从敦煌出兵进攻，没有取胜。铁勒不久派使者谢罪，请求归降；隋炀帝派裴矩前去安抚慰问。

【乾隆御批】《隋书·地理志》谓：东西九千三百里，南北万四千八百十五里。盖统内外疆域而言。兹谓从西倾以去纵横将三〔二〕万里，其词未免夸大。盖由彼时惟访自商胡，非由测步，安足为实据哉。

【译文】《隋书·地理志》说：东西长九千三百里，南北长一万四千八百一十五里。这是统含内外疆域而说的。这里只从西倾山以下说纵横将近二万里，其词不免有些夸大。这是由于那时只是从胡商访问所知，并没有实地测量，怎么可以把它当成充分的真实依据呢？

资治通鉴卷第一百八十一　隋纪五

起著雍执徐,尽玄黓涒滩,凡五年。

【译文】起戊辰(公元608年),止壬申(公元612年),共五年。

【题解】本卷记录了公元608年至612年间的史事。当时正值隋炀帝大业四至八年。这五年中,隋炀帝杨广对内大兴土木,极尽奢华,扩建东都、洛阳宫、江都宫、汾阳宫,耗费了大量的人力、财力,超出了百姓所能承受的范围。对外大举征伐,除大业六年没有战事外,其他年间均生战事。其间招抚西突厥;出兵讨伐伊吾;南通赤土;御驾亲征吐谷浑;又举国动员出兵高丽,高丽未灭,却使隋朝百姓不堪忍受暴政而产生暴乱,同时隋朝的统治上层也离心离德,使国家陷入分崩离析的境地。隋炀帝杨广的暴政使隋朝由极度强盛走向没落。

炀皇帝上之下

大业四年(戊辰,公元六〇八年)春,正月,乙巳,诏发河北诸军百馀万众穿永济渠,引沁水南达于河,北通涿郡。丁男不供,始役妇人。

壬申,以太府卿元寿为内史令。

【译文】大业四年(戊辰,公元608年)春季,正月,乙巳日(初一),隋炀帝杨广诏令调动河北各军一百多万人开凿永济渠,引沁水向南抵达黄河,向北通到涿郡。丁男不足供给,开始用妇人充役。

壬申日(二十八日),隋炀帝杨广任命太府卿元寿担任内史令。

裴矩闻西突厥处罗可汗思其母,请遣使招怀之。二月,己卯,帝遣司朝谒者崔君肃赍诏书慰谕之。处罗见君肃甚倨,受诏不肯起,君肃谓之曰:"突厥本一国,中分为二,每岁交兵,积数十岁而莫能相灭者,明知其势敌耳。然启民举其部落百万之众,卑躬折节,入臣天子者,其故何也? 正以切恨可汗,不能独制,欲借兵于大国,共灭可汗耳。群臣咸欲从启民之请,天子既许之,师出有日矣。顾可汗母向夫人惧西国之灭,且夕守阙,哭泣哀祈,匍匐谢罪,请发使召可汗,令入内属。天子怜之,故复遣使至此。今可汗乃倨慢如是,则向夫人为诳天子,必伏尸都市,传首房庭。发大隋之兵,资东国之众,左提右挈以击可汗,亡无日矣! 奈何爱两拜之礼,绝慈母之命,惜一语称臣,使社稷为墟乎!"处罗矍然而起,流涕再拜,跪受诏书,因遣使者随君肃贡汗血马。

【译文】裴矩听闻西突厥处罗可汗思念他的母亲,便请求派遣使者招抚他。二月,己卯日(初五),隋炀帝杨广派遣司朝谒者崔君肃携带诏书去晓谕抚慰。处罗可汗看到崔君肃十分高傲,接受诏命时坐着不肯起来拜谢,崔君肃便说:"突厥原本是一个国家,却分为两个,每年作战,经过几十年仍然不能将对方消灭,很明显可以看出彼此是势均力敌的。但是启民可汗带着他的部落一百万人,屈身谦卑,入朝成为天子的臣子,原因是什么呢? 正由于他十分痛恨可汗,无法独自制服,想要向大国借用军兵,一同消灭可汗罢了。群臣都想要应允启民可汗的请求,

304

而皇帝也已经同意，看着很快将会出兵了。但是可汗的母亲向
夫人担心西突厥的灭亡，日夜守在宫阙，哭泣哀求，爬着跪着
谢罪，请求派遣使者召唤可汗，命令可汗入朝归附。天子哀怜
她，所以又派使者到这里。现在可汗竟然这样傲慢，那是向夫
人蒙骗圣主，必定会将她陈尸于京都的市街，将她的首级传送
到启民可汗的宫廷。调动大隋的兵力，帮助东突厥的军队，让
两国的军队相互辅助呼应，来攻打可汗，不久就会将可汗灭亡！
为什么吝惜两个跪拜的礼仪，断送慈母的性命，爱惜称臣的一
句话，让国家成为废墟呢？”处罗可汗非常惊讶地站起来，流着
眼泪再拜，跪着接受诏命，于是派遣使者跟从崔君肃入朝进贡
汗血马。

三月，壬戌，倭王多利思比孤遣使入贡，遗帝书曰：“日出处
天子致书日没处天子无恙。”帝览之，不悦，谓鸿胪卿曰：“蛮夷
书无礼者，勿复以闻。”

乙丑，车驾幸五原，因出塞巡长城。行宫设六合板城，载以
枪车。每顿舍，则外其辕以为外围，内布铁菱；次施弩床，床皆
插钢锥，外向；上施旋机弩，以绳连机，人来触绳，则弩机旋转，
向所处而发。其外又以罾周围，施铃柱、槌磬以知所警。

【译文】三月，壬戌日（十九日），倭王多利思比孤进贡，送信
给隋炀帝杨广说：“日出地方的天子送信给日落地方的天子，问
候近来安好。”隋炀帝杨广看了，很不高兴，告诉鸿胪卿说：“蛮
夷的书信凡是无礼的，无需再拿给朕看。”

乙丑日（二十二日），隋炀帝杨广御驾临幸五原，顺便出塞
巡察长城，行宫设立六合板城，以枪车来装载。每次暂停驻
扎，就将车辕向外作为外围，里面包裹铁菱；其次施用弩床，全

都插以钢锥，朝向外面；上面施装能够旋转的箭弩，以绳子连接机器，人来便拉动绳子，箭弩的机器就会旋转，向触动的方向发射。它的外面又以矢镝围绕，加装铃柱、槌磬，以便知晓警讯。

帝募能通绝域者，屯田主事常骏等请使赤土，帝大悦。丙寅，命骏等赍物五千段，以赐其王。赤土者，南海中远国也。

帝无日不治宫室，两京及江都，苑囿亭殿虽多，久而益厌。每游幸，左右顾瞩，无可意者，不知所适。乃备责天下山川之图，躬自历览，以求胜地可置宫苑者。夏，四月，诏于汾州之北汾水之源，营汾阳宫。

【译文】隋炀帝杨广募集可以通达绝远地区的人才，屯田主事常骏等人上奏请求出使赤土，隋炀帝杨广大为高兴。丙寅日（二十三日），隋炀帝杨广命令常骏带着丝帛五千匹，用以赏赐赤土国的君主。赤土，是南海中偏远的国家。

隋炀帝杨广没有一天不修建宫室，两京与江都，花苑、园亭和宫殿虽然很多，但时日一久，厌倦反感，每次游历巡幸，左右顾盼，没有令他满意的所在，不知该去往何处才好。于是遍求天下山川地图，亲身观看，寻求风景秀丽可以修建宫苑的地方。夏季，四月，隋炀帝杨广诏令在汾州北面汾水的源头，营建汾阳宫。

初，元德太子薨，河南尹齐王𬀩次当为嗣，元德吏兵二万馀人，悉隶于𬀩，帝为之妙选僚属，以光禄少卿柳謇之为齐王长史，且戒之曰："齐王德业修备，富贵自钟卿门；若有不善，罪亦相及。"謇之，庆之从子也。𬀩宠遇日隆，百官趋谒，阗咽道路。𬀩以是骄恣，昵近小人，所为多不法。遣左右乔令则、库狄

仲锜、陈智伟等求声色。令则等因此放纵，访人家有美女，辄矫
瓎命呼之，载入瓎第，淫而遣之。仲锜、智伟诣陇西，挝炙诸胡，
责其名马，得数匹以进瓎；瓎令还主，仲锜等诈言王赐，取归其
家，瓎不知也。乐平公主尝奏帝，言柳氏女美，帝未有所答。久
之，主复以柳氏进瓎，瓎纳之。其后，帝问主："柳氏女安在？"主
曰："在齐王所。"帝不悦。瓎从帝幸汾阳宫，大猎，诏瓎以千骑入
围，瓎大获麋鹿以献；而帝未有得也，乃怒从官，皆言为瓎左右
所遏，兽不得前。帝于是发怒，求瓎罪失。时制：县令无故不得
出境。有伊阙令皇甫诩，得幸于瓎，违禁，携之至汾阳宫。

【译文】起初，元德太子杨昭死了，河南尹齐王杨瓎依次应
当嗣立，元德太子的官兵两万多人，全都隶属杨瓎，隋炀帝杨广
为他精选僚官，任命光禄少卿柳謇之担任齐王长史，并且告诫
他说："齐王的道德勋业都非常完美，富贵自然会聚集在家门，
假如有不好的行为，罪过也会及身。"柳謇之是柳庆之的侄子。
杨瓎受到的宠爱恩遇，一天比一天多，百官去叩拜的，充塞在
路途中间，杨瓎因而变得骄纵恣肆，亲近小人，所为多是不合
法令的事情。曾派遣身边的乔令则、库狄仲锜、陈智伟出去寻
找美女。乔令则等人因此特别放肆骄纵，访到人家家里有美丽
的女子，常常假托杨瓎的命令叫出来，以车载到杨瓎的府第，奸
淫之后放回去。有一回库狄仲锜、陈智伟前往陇西，毒打很多
胡人，责求他们献上名马，最终得到几匹，进贡给杨瓎；杨瓎下
令还给主人，库狄仲锜等人欺骗说是齐王赏赐的，取回自己家
中，杨瓎完全不知晓这件事。乐平公主曾经上奏隋炀帝，说柳
家的女子很美，隋炀帝杨广没有答话。后来，公主又将柳氏女
子进献给杨瓎，杨瓎接纳了。不久，隋炀帝问公主："柳氏女子
在哪里？"公主回答说："在齐王那里。"隋炀帝很不高兴。杨瓎

跟随隋炀帝临幸汾阳宫，举行规模宏大的田猎，隋炀帝杨广诏令杨暕率领一千名骑兵去围猎，杨暕俘获很多麋鹿进献给隋炀帝，而隋炀帝却没有什么收获，便向跟随的官吏发脾气，都说被杨暕身边的人所遏止，以致野兽不能呈献。隋炀帝于是十分生气，要搜寻杨暕的罪过。当时的制度是这样的：县令没有缘故，不能擅离境内。有一位伊阙令皇甫诩，得到杨暕的宠爱，杨暕违反禁令，把他带到汾阳宫。

资治通鉴

御史韦德裕希旨劾奏暕，帝令甲士千馀人大索暕第，因穷治其事。暕妃韦氏早卒，暕与妃姊元氏妇通，产一女。暕召相工令遍视后庭，相工指妃姊曰："此产子者当为皇后。"暕以元德太子有三子，恐不得立，阴挟左道为厌胜，至是皆发。帝大怒，斩令则等数人，赐妃姊死，暕府僚皆斥之边远。柳謇之坐不能匡正，除名。时赵王杲尚幼，帝谓侍臣曰："朕唯有暕一子，不然者，当肆诸市朝以明国宪。"暕自是恩宠日衰，虽为京尹，不复关预时政。帝恒令虎贲郎将一人监其府事，暕有微失，虎贲辄奏之。帝亦常虑暕生变，所给左右，皆以老弱，备员而已。太史令庾质，季才之子也，其子为齐王属，帝谓质曰："汝不能一心事我，乃使儿事齐王，何向背如此！"对曰："臣事陛下，子事齐王，实是一心，不敢有二。"帝犹怒，出为合水令。

【译文】御史韦德裕迎合旨意，弹劾杨暕，隋炀帝杨广命令一千多名武士去大肆搜查杨暕的宅第，尽力查究他的事情。杨暕的妃子韦氏早已经死了，杨暕与妃子的姐姐元氏私通，生下一个女孩。杨暕召令相士，命令他一个一个地去相看后宫的女子，相士指着妃子韦氏的姐姐说："这个生小孩的会成为皇后。"杨暕由于元德太子有三个儿子，担心自己不能继立，暗中采用邪术，用诅咒去压伏他们，到这时，全部被告发。隋炀帝杨广大为生气，处死了乔令则等几人，并将杨暕妃子的姐姐赐死，又把杨暕的府官都贬斥到边远的地方。柳謇之由于不能纠正杨暕的过失，也坐罪，被除去名籍。当时赵王杨杲年纪还小，隋炀帝杨广告诉侍臣说："朕只有杨暕一个儿子，不然的话，就应当将他在市朝行刑弃尸，来彰明国法。"杨暕从此恩宠一日比一日衰微，虽然担任京兆尹，但是不再参预朝政。隋炀帝杨广常派一名虎贲郎将监视他府中的情形，杨暕有一点点小过错，虎贲就上奏。隋炀帝杨广也常担心杨暕会发动变乱，因此安排给他的亲近臣子，都是年老体弱的，只是备充员额而已。太史令庾质，是庾季才的儿子，他的儿子是齐王的僚属，隋炀帝杨广告诉庾质说："你不能一心奉事我，竟使你的儿子侍奉齐王，为什么要厚彼薄此？"庾质回答说："臣事奉陛下，儿子奉事齐王，实在是一个心意，不敢有其他的想法。"隋炀帝余怒未消，将他派出去担任合水令。

乙卯，诏以突厥启民可汗遵奉朝化，思改戎俗，宜于万寿戍置城造屋，其帷帐床褥以上，务从优厚。

秋，七月，辛巳，发丁男二十余万筑长城，自榆谷而东。

裴矩说铁勒，使击吐谷浑，大破之。吐谷浑可汗伏允东走，入西平境内，遣使请降求救；帝遣安德王雄出浇河，许公宇文述出西平迎之。述至临羌城，吐谷浑畏述兵盛，不敢降，帅众西遁，述引兵追之，拔曼头、赤水二城，斩三千余级，获其王公以下二百人，虏男女四千口而还。伏允南奔雪山，其故地皆空，东西四千里，南北二千里，皆为隋有，置州、县、镇、戍，天下轻罪徙居之。

【译文】乙卯日(十三日)，隋炀帝杨广下诏令说，由于突厥启民可汗遵从朝廷教化，想要变更戎夷习俗，可以在万寿戍修建城池，修造屋子，他们所需的帷帐床褥等物品，依照需要酌量给予，力求优厚。

秋季，七月，辛巳日(初十)，隋炀帝杨广调动丁男二十多万人修筑长城，从榆谷向东筑起。

裴矩说动铁勒，让他进攻吐谷浑，将吐谷浑打得大败。吐谷浑可汗伏允向东逃跑，到西平境内，派遣使者请求归降，并求派援兵；隋炀帝杨广派安德王杨雄从浇河出兵，许公宇文述从西平出兵迎接。宇文述抵达临羌城，吐谷浑担心宇文述兵力强盛，不敢归降，带领部众向西逃跑；宇文述率领军队追击，拔取曼头、赤水二城，杀死三千多人，俘虏王公以下二百人，俘获男女四千人回来。伏允向南逃到雪山，将他旧有的土地都空出来，东西四千里，南北二千里，全被隋朝占领，设立州、县、镇、戍，将天下犯轻罪的人都迁徙那里。

八月，辛酉，上亲祠恒岳，赦天下。河北道郡守毕集，裴矩所致西域十馀国皆来助祭。

九月，辛未，徵天下鹰师悉集东京，至者万余人。

冬，十月，乙卯，颁新式。

常骏等至赤土境，赤土王利富多塞遣使以三十舶迎之，进金锁以缆骏船，凡泛海百馀日，入境月馀，乃至其都。其王居处器用，穷极珍丽，待使者礼亦厚，遣其子那邪迦随骏入贡。

帝以右翊卫将军河东薛世雄为玉门道行军大将，与突厥启民可汗连兵击伊吾，师出玉门，启民不至。世雄孤军度碛，伊吾初谓隋军不能至，皆不设备；闻世雄军已度碛，大惧，请降。世雄乃于汉故伊吾城东筑城，留银青光禄大夫王威以甲卒千馀人戍之而还。

【译文】八月，辛酉日（二十一日），隋炀帝亲自祭北岳恒山，大赦天下。河北道郡守全都到齐，而且裴矩所招致的西域十多国也全都来助祭。

九月，辛未日（初一），隋炀帝杨广征召天下善于调习鹰隼的师傅，全部集中在东京，来了一万多人。

冬季，十月，乙卯日（十六日），隋炀帝杨广颁布新的度量衡标准。

常骏等人来到赤土境内，赤土王利富多塞派遣使者率领三十艘大船迎接，进献金制的锁链来系缆常骏的坐船，渡海一百多天，进入国境一个多月，才抵达他们的都城。他们君主住的地方、用的器物，都极为华丽珍贵，对待使者的礼数也十分优厚，并派遣他的儿子那邪迦跟从常骏入朝纳贡。

隋炀帝杨广任命右翊卫将军河东人薛世雄担任玉门道行军大将，与突厥的启民可汗联合兵力，攻打伊吾，军队离开玉门时，启民可汗还没有到来。因此薛世雄便孤军渡过大漠，伊吾起先认为隋朝的军队不能抵达，没有防范；听闻薛世雄已穿过大漠，大为恐惧，请求归降。薛世雄于是在汉代旧伊吾城的东面筑城，留下银青光禄大夫王威统率士兵一千多人戍守，然后返回。

大业五年（己巳，公元六〇九年）春，正月，丙子，改东京为东都。

突阙启民可汗来朝，礼赐益厚。

癸未，诏天下均田。

戊子,上自东都西还。

己丑,制民间铁叉、搭钩、攒刃之类皆禁之。

二月,戊申,车驾至西京。

三月,己巳,西巡河右;乙亥,幸扶风旧宅。夏,四月,癸亥,出临津关,渡黄河,至西平,陈兵讲武,将击吐谷浑。五月,乙亥,上大猎于拔延山,长围周亘二十里。庚辰,入长宁谷,度星岭;丙戌,至浩亹川。以桥未成,斩都水使者黄亘及督役者九人,数日,桥成,乃行。

【译文】大业五年(己巳,公元 609 年)春季,正月,丙子日(初八),隋炀帝杨广改东京为东都。

突厥启民可汗前来朝贡,礼遇与赏赐更加优厚。

癸未日(十五日),隋炀帝杨广诏令天下实行均田制。

戊子日(二十日),隋炀帝杨广从东都返回西京长安。

己丑日(二十一日),隋炀帝杨广制令民间凡是铁叉、搭钩、钻刀一类的东西都禁止使用。

二月,戊申日(十一日),隋炀帝杨广车驾返回西京。

三月,己巳日(初二),隋炀帝杨广向西巡视河西;乙亥日(初八),隋炀帝杨广临幸扶风旧宅。夏季,四月,癸亥日(二十七日),隋炀帝杨广离开临津关,渡过黄河,抵达西平,陈列军阵,讲习武功,准备攻打吐谷浑。五月,乙亥日(初九),隋炀帝杨广在拔延山举行规模盛大的田猎,所设的长围绵延二十里。庚辰日(十四日),隋炀帝杨广进入长宁谷,翻过星岭;丙戌日(二十日),隋炀帝杨广抵达浩亹川。由于桥没有搭好,斩杀都水使者黄亘与九名监督劳役的人。几天以后,桥完工了,才继续前进。

吐谷浑可汗伏允帅众保覆袁川，帝分命内史元寿南屯金山，兵部尚书段文振屯北雪山，太仆卿杨义臣东屯琵琶峡，将军张寿西屯泥岭，四面围之。伏允以数十骑遁出，遣其名王诈称伏允，保车我真山。

壬辰，诏右屯卫大将军张定和往捕之。定和轻其众少，不被甲，挺身登山，吐谷浑伏兵射杀之；其亚将柳武建击吐谷浑，破之。甲午，吐谷浑仙头王穷蹙，帅男女十馀万口来降。六月，丁酉，遣左光禄大夫梁默等追讨伏允，兵败，为伏允所杀。卫尉卿彭城刘权出伊吾道，击吐谷浑，至青海，虏获千馀口，乘胜追奔，至伏俟城。

【译文】吐谷浑可汗伏允带领部属保卫覆袁川，隋炀帝杨广分别命令内史元寿向南驻守金山，兵部尚书段文振向北驻守雪山，太仆卿杨义臣向东驻守琵琶峡，将军张寿向西驻守泥岭，四面加以围攻。伏允带领几十名骑兵逃遁出去，派遣手下一个名王假称自己是伏允，保卫车我真山。

壬辰日（二十六日），隋炀帝杨广诏令右屯卫大将军张定和前往抓捕。张定和藐视他们兵力少，不披戴战甲，奋不顾身地登山，吐谷浑埋伏军队将他射杀了；张定和的次将柳武建立即进攻吐谷浑，击败了他们。甲午日（二十八日），吐谷浑仙头王惨败，带领男女十多万人前来投降。六月，丁酉日（初二），隋炀帝杨广派遣左光禄大夫梁默等人追击讨伐伏允，战败，被伏允所杀。卫尉卿彭城人刘权从伊吾道出兵，攻打吐谷浑，抵达青海，俘虏一千多人，乘胜追赶，到了伏俟城。

辛丑，帝谓给事郎蔡征曰："自古天子有巡狩之礼；而江东诸帝多傅脂粉，坐深宫，不与百姓相见，此何理也？"对曰："此其所以不能长世。"丙午，至张掖。帝之将西巡也，命裴矩说高昌王麹伯雅及伊吾吐屯设等，啖以厚利，召使入朝。壬子，帝至燕支山，伯雅、吐屯设等及西域二十七国谒于道左，皆令佩金玉，被锦罽，焚香奏乐，歌舞喧噪。帝复令武威、张掖士女盛饰纵观，衣服车马不鲜者，郡县督课之。骑乘嗔咽，周亘数十里，以示中国之盛。吐屯设献西域数千里之地，上大悦。癸丑，置西海、河源、鄯善、且末等郡，谪天下罪人为戍卒以守之。命刘权镇河源郡积石镇，大开屯田，扦御吐谷浑，以通西域之路。

【译文】辛丑日（初六），隋炀帝杨广告诉给事郎蔡徵说："自古以来，天子就有巡狩之日；可是江东各帝大多涂抹胭脂，坐在深宫，不与百姓见面，这是什么道理呢？"蔡徵回答说："这就是他们不能享国长久的原因。"丙午日（十一日），隋炀帝杨广到张掖。隋炀帝将要西巡时，命令裴矩告诉高昌王麹伯雅与伊吾的吐屯设等，以优厚的利益引诱，诏令他们入朝。壬子日（十七日），隋炀帝杨广到燕支山，伯雅、吐屯设等和西域二十七个国家，都在道旁朝谒，隋炀帝杨广命他们都佩戴金玉，披戴丝锦或毛织品，焚香奏乐，歌舞欢腾。隋炀帝杨广又命令武威、张掖的仕女装扮华丽，供人观赏，凡是衣服车马有不鲜艳的，全部交给郡县加以督导改进。又安排很多车骑，周围绵延几十里，来显示中国的强大。吐屯设奉献西域几千里的土地，隋炀帝大为喜悦。癸丑日（十八日），隋炀帝杨广设立西海、河源、鄯善、且末等郡，贬谪天下的罪人当作戍卒防守这个地方。又命令刘权驻守河源郡积石镇，大量开垦屯田，抵御吐谷浑，以确保西域道路的畅通。

是时天下凡有郡一百九十，县一千二百五十五，户八百九十万有奇。东西九千三百里，南北万四千八百一十五里。隋氏之盛，极于此矣。

帝谓裴矩有绥怀之略，进位银青光禄大夫。自西京诸县及西北诸郡，皆转输塞外，每岁巨亿万计；经途险远及遇寇钞，人畜死亡不达者，郡县皆徵破其家。由是百姓失业，西方先困矣。

初，吐谷浑伏允使其子顺来朝，帝留顺不遣。伏允败走，无以自资，帅数千骑客于党项。帝立顺为可汗，送至玉门，令统其馀众；以其大宝王尼洛周为辅。至西平，其部下杀洛周，顺不果入而还。

【译文】这时，天下共有一百九十郡，一千二百五十五县，八百九十多万户。东西有九千三百里，南北有一万四千八百一十五里。隋氏的强盛，这时达到了极点。

隋炀帝杨广认为裴矩有安绥怀柔的计谋，将他的爵位进为银青光禄大夫。从西京各县到西北各郡，都要转输物资到塞外，每年耗费要用亿万来计算；途经的路途危险遥远，又遇到敌寇的抢掠，人畜死亡不能到达指定地点的，郡县全都重新加以征收，让他们全都家破人亡。因而百姓丧失生计，西部郡县首先贫困。

起初，吐谷浑伏允可汗派遣他的儿子顺来朝贡，隋炀帝杨广留下顺，不放他回去。伏允战败逃跑，没有办法自给，带领几千名骑兵在党项做客。隋炀帝杨广立顺为可汗，送到玉门，命其统率残余部属，让吐谷浑的大宝王尼洛周担任辅佐。顺到了西平，他的部下杀了尼洛周，顺无法进入吐谷浑而返回。

丙辰，上御观风殿，大备文物，引高昌王麴伯雅及伊吾吐屯设升殿宴饮，其馀蛮夷使者陪阶庭者二十馀国，奏九部乐及鱼龙戏以娱之，赐赍有差。戊午，赦天下。

吐谷浑有青海，俗传置牝马于其上，得龙种。秋，七月，丁卯置马牧于青海，纵牝马二千匹于川谷以求龙种，无效而止。

车驾东还，行经大斗拔谷，山路隘险，鱼贯而出，风雪晦冥，文武饥馁沾湿，夜久不逮前营，士卒冻死者太半，马驴什八九，后宫妃、主或狼狈相失，与军士杂宿山间。九月，癸未，车驾入西京。冬，十一月，丙子，复幸东都。

【译文】丙辰日（二十一日），隋炀帝杨广临驾观风殿，准备大量文物，率领高昌王麴伯雅与伊吾的吐屯设到殿上饮宴，其他蛮夷使者在庭阶作陪的有二十多国。演奏九部乐，表演鱼龙戏，来欢庆娱乐，赏赐各有差别。戊午日（二十三日），隋炀帝杨广大赦天下。

吐谷浑拥有青海这个地方，俗传放置雌马在那里，能够得到龙种。秋季，七月，吐谷浑在青海养马，在川谷纵放两千匹雌马，希望求得龙种，后来因为没有成效而停止。

隋炀帝杨广车驾向东返回，经过大斗拔谷，山路狭窄，人马单行而出。因为风雪很大，天色晦暗，文武百官湿寒饥饿，夜深了还不能到达前面的营垒，士兵冻死的有一多半，马驴则多达十分之八九。后宫的妃子、公主，有的狼狈走失，和战士杂宿在山中。九月，癸未日（十九日），隋炀帝杨广车驾进入西京。冬季，十一月，丙子日（十三日），隋炀帝杨广又临幸东都。

民部侍郎裴蕴以民间版籍，脱漏户口及诈注老小尚多，奏令貌阅，若一人不实，则官司解职。又许民纠得一丁者，令被纠之家代输赋役。是岁，诸郡计帐进丁二十四万三千，新附口六十四万一千五百。帝临朝鉴状，谓百官曰："前代无贤才，致此阂冒；今户口皆实，全由裴蕴。"由是渐见亲委，未几，擢授御史大夫，与裴矩、虞世基参掌机密。蕴善候伺人主微意，所欲罪者，则曲法锻成其罪；所欲宥者，则附从轻典，因而释之。是后大小之狱，皆以付蕴，刑部、大理莫敢与争，必禀承进止，然后决断。蕴有机辩，言若悬河，或重或轻，皆由其口，剖析明敏，时人不能致诘。

突厥启民可汗卒，上为之废朝三日，立其子咄吉，是为始毕可汗；表请尚公主，诏从其俗。

初，内史侍郎薛道衡以才学有盛名，久当枢要，高祖末，出为襄州总管；帝即位，自番州刺史召之，欲用为秘书监。

【译文】民部侍郎裴蕴认为民间的方板与籍簿，脱漏户口与记注老少不实的情况很多，因此奏请查阅形貌来验老少，假如有一人不真实，执事的官员就被解除职务。又请求应允百姓纠劾一名丁壮的，命被纠劾的人家代为缴纳租税或代服劳役。这一年，各州郡计账进丁二十四万三千人，新登记的人口六十四万一千五百人。隋炀帝杨广临朝省览奏状，告诉百官说："前代没有贤德的人才，以致如此虚假；现在户口都非常确实，这全部是裴蕴的功劳。"由此裴蕴逐渐得到亲近信任，没有多久，裴蕴就升任御史大夫，与裴矩、虞世基参与管理朝廷机密大事。裴蕴善于随时窥察人主深微的心意，隋炀帝杨广想要加罪的人，裴蕴就歪曲法律，故意判处罪刑；隋炀帝杨广想要宽恕的人，裴蕴就依照从轻的法典，加以开释。此后大小讼案，都交给裴蕴，刑部、大理都不敢与他相争，必定先行禀告，并承受他或轻或重的旨意，之后才判决。裴蕴机智善辩，口若悬河，犯人罪名的轻重，全都随他解释，各有理由，因为分析敏锐清楚，所以当时的人全都无法提出诘问。

突厥启民可汗去世，隋炀帝杨广为他罢朝三天，册封他的儿子咄吉，即位为始毕可汗。他上表请求娶庶母义成公主，隋炀帝杨广下令依照旧俗办理。

起初，内史侍郎薛道衡因为有才学而享有盛名，长期担任机要工作，隋高祖末年，薛道衡出任襄州总管。隋炀帝杨广即位，把他从番州刺史任上征召回来，想要任命他为秘书监。

【乾隆御批】目为诽谤而高颎杀，诬为悖逆而道衡杀。实则杀道衡怒其惜颎，而杀颎报其诛丽华也。为妖色之故展转仇其臣，固不独空梁燕泥之忌才耳。

【译文】被视为诽谤而诛杀高颎，被诬为悖乱叛逆而诛杀道衡。实际杀道衡的原因是因为气愤他同情高颎，而杀高颎是为了报他诛杀张丽华之仇。为了一个妖艳美色就间接地仇杀自己的大臣，本来也不只因为一句"空梁落燕泥"的诗句而忌妒他的才华啊。

道衡既至，上《高祖文皇帝颂》，帝览之，不悦，顾谓苏威曰："道衡致美先朝，此《鱼藻》之义也。"拜司隶大夫，将置之罪。司隶刺史房彦谦劝道衡杜绝宾客，卑辞下气，道衡不能用。会议新令，久不决，道衡谓朝士曰："向使高颎不死，令决当久行。"有人奏之，帝怒曰："汝忆高颎邪！"付执法者推之。裴蕴奏："道衡负才恃旧，有无君之心，推恶于国，妄造祸端。论其罪名，似如隐昧；原其情意，深为悖逆。"帝曰："然。我少时与之行役，轻我童稚，与高颎、贺若弼等外擅威权；及我即位，怀不自安，赖天下无事，未得反耳。公论其逆，妙体本心。"道衡自以所坐非大过，保宪司早断，冀奏日帝必赦之，敕家人具馔，以备宾客来候者。及奏，帝令自尽，道衡殊不意，未能引决。宪司重奏，缢而杀之，妻子徙且末。天下冤之。

帝大阅军实，称器甲之美，宇文述因进言：“此皆云定兴之功。”帝即擢定兴为太府丞。

【译文】薛道衡到达后，呈上《高祖文皇帝颂》，隋炀帝杨广看了，很不高兴，回头告诉苏威说：“薛道衡极力赞美前朝，这是效法《诗·小雅·鱼藻》的意思来寄托讽刺啊。”于是拜他为司隶大夫，计划治他的罪。司隶刺史房彦谦劝告薛道衡闭门谢客，要措辞卑下，声气低微，薛道衡未能采纳他的建议。恰好要商议新的法令，很长时间不能决定，薛道衡就告诉朝中的人说：“如果高颎不死的话，旧法令一定能够长久实行，无需变革。”有人将这事上奏，隋炀帝杨广生气地说：“你思念高颎吗？”于是将他交付执法官员审问。裴蕴上奏：“薛道衡自负才华，倚仗旧恩，有不将国君看在眼中的心意，把过失推给天子，随意制造祸端。论他的罪过，好像隐昧不彰；推断他的心意，确实很悖逆无道。”隋炀帝杨广说：“对！我年少时与他一起作战，他藐视我年纪小，与高颎、贺若弼等人，在外面专擅威权；等到我即位之时，内心不安，幸好天下太平无事，才没有机会叛乱。您论述他的叛逆，正能精妙地体察出他原来的心思。”薛道衡自以为所犯的不是大过错，便督请司法机关早一点决断，预想在上奏的时候，隋炀帝杨广一定会赦免他，于是命令家中的人准备酒食，用来招待来探候的宾客。等到上奏时，隋炀帝杨广下令他自尽，薛道衡万万没料到会这样，所以未能自尽。主管司法的人再次上奏，最终将他绞杀，把他的妻子儿女流放到且末。天下人都认为他冤枉。

隋炀帝杨广大规模检查军用物资，特别夸赞器物战甲的精美，宇文述因而进言：“这全是云定兴的功劳。”隋炀帝杨广就提拔云定兴为太府丞。

大业六年(庚午，公元六一○年)春，正月，癸亥朔，未明三刻，有盗数十人，素冠练衣，焚香持华，自称弥勒佛，入自建国门，监门者皆稽首。既而夺卫士仗，将为乱；齐王暕遇而斩之。于是都下大索，连坐者千馀家。

帝以诸蕃酋长毕集洛阳，丁丑，于端门街盛陈百戏，戏场周围五千步，执丝竹者万八千人，声闻数十里，自昏达旦，灯火光烛天地；终月而罢，所费巨万。自是岁以为常。

诸蕃请入丰都市交易，帝许之。先命整饰店肆，檐宇如一，盛设帷帐，珍货充积，人物华盛，卖菜者亦藉以龙须席。胡客每过酒食店，悉令邀延就坐，醉饱而散，不取其直，给之曰："中国丰饶，酒食例不取直。"胡客皆惊叹。其黠者颇觉之，见以缯帛缠树，曰："中国亦有贫者，衣不盖形，何如以此物与之，缠树何为？"市人惭不能答。

【译文】大业六年(庚午，公元610年)春季，正月，癸亥朔日(初一)，天亮前三刻时，有几十名盗匪，戴着白色的帽子，穿着细软的白衣，持花燃香，自称是弥勒佛，自建国门进入，监守城门的人全都向他们磕头。不久这些人便趁机夺取了卫士的兵器，准备叛乱；齐王杨暕正好遇见，将他们杀死。于是在都城内大搜索，牵连坐罪的共有一千多家。

隋炀帝杨广将所有蕃族酋长全都集合在洛阳。丁丑日(十五日)，隋炀帝杨广在端门街大规模演出百戏，戏场方圆有五千步，演奏乐器的有一万八千人，声音传到几十里之外，从黄昏直到天亮，灯火的光芒映照天地；整整一个月才完结，所耗费的钱财有万万之多。从此，每年都如此。

各个蕃族请求进入丰都市集做生意，隋炀帝杨广同意了。先下令店主修饰店面，房檐、屋宇整齐划一，设置很多帷帐，珍贵的货物四处堆积，商人们衣饰盛美华丽，卖菜的人也坐在用龙须草织成的席子上。胡族的客人只要路过酒食店，全部命令店主邀请他们进店内就座，吃饱喝足就离开，不用他们付钱，并且欺骗他们说："中国物产丰富，吃饭喝酒向来是不花钱的。"胡族的客人全都赞叹惊奇。他们中间比较狡猾的人察觉了，看到用缯帛缠在树上，便说："中国也有贫穷的人，衣服不能遮蔽身体，何不将这些东西送给他们，缠在树上干什么呢？"城里的人羞愧地不能回答。

帝称裴矩之能，谓群臣曰："裴矩大识联意，凡所陈奏，皆朕之成算，未发之顷，矩辄以闻；自非奉国尽心，孰能若是！"是时矩与左翊卫大将军宇文述、内史侍郎虞世基、御史大夫斐蕴、光禄大夫郭衍皆以谄谀有宠。述善于供奉，容止便辟，侍卫者咸取则焉。郭衍尝劝帝五日一视朝，曰："无效高祖，空自勤苦。"帝益以为忠，曰："唯有郭衍心与朕同。"

帝临朝凝重，发言降诏，辞义可观；而内存声色，其在两都及巡游，常以僧、尼、道士、女官自随，谓之四道场。梁公萧矩，琮之弟子；千牛左右宇文晶，庆之孙也；皆有宠于帝。帝每日于苑中林亭间盛陈酒馔，敕燕王倓与钜、晶及高祖嫔御为一席，僧、尼、道士、女官为一席，帝与诸宠姬为一席，略相连接，罢朝即从之宴饮，更相劝侑，酒酣殽乱，靡所不至，以是为常。杨氏妇女之美者，往往进御。晶出入宫掖，不限门禁，至于妃嫔、公主皆有丑声，帝亦不之罪也。

【译文】隋炀帝杨广称赞裴矩能干，告诉群臣说："裴矩十分了解朕的心意，凡是他所奏报陈述的，全是朕所预先确定的计划，在还没有公布的时候，裴矩就已经上奏了；假如不是非常尽心地忠于国家，怎么能够这样呢?"这时裴矩与右翊卫大将军宇文述、内史侍郎虞世基、御史大夫裴蕴、光禄大夫郭衍全都由于阿谀谄媚，得到宠爱。宇文述善于伺候人，举止容貌，一一迎合人意，侍卫的士兵全都向他学习。郭衍曾劝说隋炀帝杨广五天才视朝一次，说："不要仿效高祖，徒然让自己劳苦。"隋炀帝杨广更加认为他很忠心，说："只有郭衍的心意与朕一样。"

隋炀帝杨广临朝时，态度非常严肃，讲话下诏令，义理文辞都有可取；但是内心喜好声乐女色，他在两都以及到各地巡游时，经常让僧、尼、道士、女官跟从自己，称作四个道场。梁公萧钜，是萧琮弟弟的儿子；千牛左右宇文皛，是宇文庆的孙子，都得到隋炀帝宠爱。隋炀帝每日在宫苑中、亭树间，摆设丰盛的酒宴，敕令燕王杨倓与萧钜、宇文皛及隋高祖的妃嫔，坐在一个桌席，僧、尼、道士、女官坐一个桌席，隋炀帝杨广与所有宠爱的妃嫔坐一个桌席，差不多相互连接，罢朝之后就这样聚在一起。宴饮的时候相互劝进酒食，酒喝多了，男女混杂，不管什么事都做得出来，习以为常。杨氏女子中有长得美丽的，往往受到御幸。宇文皛进出宫廷禁掖，不受门禁的限制，甚至与妃嫔、公主都有丑秽的事情，隋炀帝也不加治罪。

【申涵煜评】炀帝穷奢极欲，甚于桀纣。其他尚属人情所有，独巡幸燕享常以僧尼、道士、女官自随，谓之四道场，则所不解。此物日置眼前，岂不令人厌杀。

【译文】隋炀帝穷奢极欲，超过了夏桀、商纣。其他还属于人情所有，唯独巡幸燕享经常让僧、尼、道士、女官跟着自己，称之为四道场，则让人无法理解。这些人天天在眼前，难道不令人厌烦极了吗?

帝复遣朱宽招抚流求，流求不从，帝遣虎贲郎将庐江陈稜，朝请大夫同安张镇周发东阳兵万馀人，自义安泛海击之。行月馀，至其国，以镇周为先锋。流求王渴剌兜遣兵逆战；屡破之，遂至其都。渴剌兜自将出战，又败，退入栅；稜等乘胜攻拔之，斩渴剌兜，虏其民万馀口而还。二月，己巳，稜等献流求俘，颁赐百官，进稜位右光禄大夫，镇周金紫光禄大夫。

己卯，诏以"近世茅土妄假，名实相乖，自今唯有功勋乃得赐封；仍令子孙承袭。"于是，旧赐五等爵，非有功者皆除之。

庚申，以所徵周、齐、梁、陈散乐悉配太常，皆置博士弟子以相传授，乐工至三万馀人。

【译文】隋炀帝杨广又派遣朱宽前去招降安抚流求，流求不归降。隋炀帝杨广派遣虎贲郎将庐江人陈稜、朝请大夫同安人张镇周，调动东阳兵一万多人，从义安渡海攻打他们。走了一个多月，抵达流求，让张镇周担任先锋。流求王渴剌兜派军迎战；张镇周多次击败他们，于是抵达他们的都城。渴剌兜亲自率军出战，又被击败，只好退入栅栏；陈稜等人乘胜攻击，杀掉渴剌兜，俘获他们的百姓一万多人返回。二月，己巳日(十三日)，陈稜等人呈献流求的俘虏，隋炀帝杨广赏赐百官，加封陈稜为右光禄大夫，张镇周为金紫光禄大夫。

乙卯日(二十三日)，隋炀帝杨广下诏令："近代分封诸侯过于浮滥，名器与实绩，相互乖违，自今以后只有有功勋的人才能得到赐封，仍旧能够让子孙承袭爵位。"因此原来赏赐的五等爵位，不是有功的人全都免除了。

庚申日(二十八日)，隋炀帝杨广将所征调的周、齐、梁、陈的歌舞杂奏，全部配属太常，并一一设立博士弟子以相互传授，乐工多达三万多人。

三月，癸亥，帝幸江都宫。

初，帝欲大营汾阳宫，令御史大夫张衡具图奏之。衡承间进谏曰："比年劳役繁多，百姓疲弊，伏愿留神，稍加抑损。"帝意甚不平，后日衡谓侍臣曰："张衡自谓由其计画，令我有天下也。"乃录齐王暕携皇甫诩从驾及前幸涿郡祠恒岳时父老谒见者衣冠多不整，谴衡以宪司不能举正，出为榆林太守。久之，衡督役筑楼烦城，因帝巡幸，得谒帝。帝恶衡不损瘦，以为不念咎，谓衡曰："公甚肥泽，宜且还郡。"复遣之榆林。未几，敕衡督役江都宫。礼部尚书杨玄感使至江都，衡谓玄感曰："薛道衡真为枉死。"玄感奏之；江都郡丞王世充又奏衡频减顿具。帝于是发怒，锁诣江都市，将斩之，久乃得释，除名为民，放还田里。以王世充领江都宫监。

【译文】三月，癸亥日（初二），隋炀帝杨广临幸江都宫。

起初，隋炀帝杨广想要大力营建汾阳宫，下令御史大夫张衡准备样图上奏。张衡利用这个机会劝谏说："最近几年徭役繁多，老百姓疲惫衰敝，希望能够留意，稍稍加以抑制减损。"隋炀帝杨广心里非常不高兴，事后眼睛看着张衡，告诉侍臣说："张衡自己以为是因为他的计划，而让我拥有了天下。"于是隋炀帝翻出齐王杨暕带领皇甫诩跟随御驾以及上次临幸涿郡祭祀北岳恒山的时候，地方父老朝拜的人，衣冠多不齐整的事情，谴责张衡作为司法官吏（张衡当时为御史大夫）而不能匡正纠举，便将他外放为榆林太守。过了很久，张衡督导劳役修建楼烦城，因为隋炀帝巡行临幸，得以进谒隋炀帝。隋炀帝怪张衡的身体没有瘦下来，认为他没有反省过咎，告诉张衡说："您十分肥胖而有光泽，还是应当回到郡里。"于是又派遣他回到榆林。没过多久，敕令张衡在江都宫监督劳役。礼部尚书杨玄感奉命出使到江都，张衡告诉杨玄感说："薛道衡真的是受冤而死的。"杨玄感将这句话上奏；而江都郡丞王世充又上奏张衡经常减少供顿的器具。隋炀帝因此十分生气，将他锁往江都闹市，准备将他斩杀。过了许久才得到释放，削除爵名成为普通百姓，放归田里。而任命王世充管理江都宫监。

世充本西域胡人，姓支氏，父收，幼从其母嫁王氏，因冒其姓。世充性谲诈，有口辩，颇涉书传，好兵法，习律令。帝数幸江都，世充能伺候颜色为阿谀，雕饰池台，奏献珍物，由是有宠。

夏，六月，甲寅，制江都太守秩同京尹。

冬，十二月，己未，文安宪侯牛弘卒。弘宽厚恭俭，学术精博，隋室旧臣，始终信任，悔吝不及者，唯弘一人而已。弟弼，好酒而酗，尝因醉射杀弘驾车牛。弘来还宅，其妻迎谓之曰："叔射杀牛。"弘无所怪问，直答云："作脯。"坐定，其妻又曰："叔忽射杀牛，大是异事！"弘曰："已知之矣。"颜色自若，读书不辍。

敕穿江南河，自京口至馀杭，八百馀里，广十馀丈，使可通龙舟，并置驿宫、草顿，欲东巡会稽。

【译文】王世充原本是西域的胡人，姓支氏，父亲名收，幼年时跟随他的母亲嫁到王氏，因而冒用这个姓。王世充性格诡诈，有辩才，涉猎很多经书史传，喜欢兵法，通晓律令。隋炀帝杨广几次临幸江都，王世充都能窥伺脸色，加以阿谀谄媚，并且雕饰楼台池沼，呈献奇珍异宝，因此得到隋炀帝的宠幸。

夏季，六月，甲寅日（二十四日），朝廷规定江都太守的爵秩位同京尹。

　　冬季，十二月，己未日（初三），文安宪侯牛弘去世。牛弘为人厚重宽宏，节俭恭敬，学问广博精深，隋朝的旧臣，始终都被信用，没有罪咎的，只有牛弘一个人。弟弟牛弼，喜欢喝酒，喝醉酒经常闹事，曾经由于喝醉酒，射杀牛弘驾车的牛。牛弘返回宅第，他的妻子迎面告诉他说："小叔射死了牛。"牛弘没有惊怪发问，只是回答说："拿来做成干肉吧！"坐定之后，他的妻子又说："小叔突然射杀牛，真是奇怪的事情。"牛弘说："已经知晓了。"脸色不变，接着读书，没有中断下来。

　　隋炀帝杨广敕令开凿江南运河，从京口直到馀杭，八百多里，宽十多丈，可以通行龙舟，并设立驿站、行宫，与简单停顿的地方，准备东巡会稽。

　　上以百官从驾皆服袴褶，于军旅间不便，是岁，始诏"从驾涉远者，文武官皆戎衣，五品以上，通著紫袍，六品以下，兼用绯绿，胥史以青，庶人以白，屠商以皁，士卒以黄。"

　　帝之幸启民帐也，高丽使者在启民所，启民不敢隐，与之见帝。黄门侍郎裴矩说帝曰："高丽本箕子所封之地，汉、晋皆为郡县；今乃不臣，别为异域。先帝欲征之久矣，但杨谅不肖，师出无功。当陛下之时，安可不取，使冠带之境，遂为蛮貊之乡乎！今其使者亲见启民举国从化，可因其恐惧，胁使入朝。"帝从之，敕牛弘宣旨曰："朕以启民诚心奉国，故亲至其帐。明年当往涿郡，尔还日语高丽王：宜早来朝，勿自疑惧，存育之礼，当如启民。苟或不朝，将帅启民往巡彼土。"高丽王元惧。藩礼颇阙，帝将讨之；课天下富人买武马，匹至十万钱；简阅器仗，务令精新，或有滥恶，则使者立斩。

【译文】隋炀帝杨广因为百官跟随御驾，全都穿着衣裤相连的戎衣，在军旅间不方便，这一年，才诏令"跟随御驾到远地的文武官吏全都穿着戎衣，五品以上官员一律穿紫袍，六品以下官吏，兼用红绿色，办理文书的小官穿着青色，平民穿着白色，屠户商人穿着黑色，士兵穿着黄色"。

隋炀帝杨广临幸启民可汗营帐时，高丽使者正在启民可汗那里，启民可汗不敢隐瞒，与他一起拜见隋炀帝。黄门侍郎裴矩告诉隋炀帝说："高丽原本是箕子所封的地方，汉、晋全都是郡县；现在却不臣服，另外成为不同的国家。先帝想要去征讨已经很久了，但是杨谅不贤德，军队出征总不成功。今天陛下怎么可以不攻取，让冠带齐整的地方，成为野蛮种族的部落呢？现在他们的使者亲自看到启民可汗全国归从教化，可以利用他忧惧的心理，胁迫让他们入朝。"隋炀帝杨广听从他的意见，敕令牛弘宣布诏令说："朕由于启民可汗诚心尊奉国家，所以亲自抵达他的营帐。明年就要到达涿郡，你回去时告诉高丽王说：不要自己恐惧疑虑，存慰抚育的礼仪，应该像启民可汗一样。假如不朝贡，将带领启民可汗前往你们的国土巡视。"高丽王高元感到恐惧。因应尽的藩邦礼节多有欠缺，隋炀帝杨广准备征讨高丽。隋炀帝杨广下令课征天下有钱的人购买战马，一匹达到十万钱；拣选检阅兵仗武器，务求新颖精良，假如有粗制滥造的，立即将监造军械的使者斩杀。

大业七年（辛未，公元六一一年）春，正月，壬寅，真定襄侯郭衍卒。

二月，己未，上升钓台，临杨子津，大宴百僚。乙亥，帝自江都行幸涿郡，御龙舟，渡河入永济渠，仍敕选部、门下、内史、御史四司之官于前船选补，其受选者三千余人，或徒步随船三千馀里，不得处分，冻馁疲顿，因而致死者什一二。

【译文】大业七年(辛未，公元611年)春季，正月，壬寅日(十六日)，真定襄侯郭衍去世。

二月，己未日(初三)，隋炀帝杨广登上钓台，临幸杨子津，大宴文武百官。乙亥日(十九日)，隋炀帝杨广从江都巡幸涿郡，御驾龙舟，渡河进入永济渠，于是敕令尚书省的吏部、门下、内史、御史四司官员在船前选任补用，接受选任的有三千多人，有的徒步随船三千多里，不能得到选补，忍饥挨饿，困顿疲乏，因此导致死亡的有十分之一二。

壬午，下诏讨高丽。敕幽州总管元弘嗣往东莱海口造船三百艘，官吏督役，昼夜立水中，略不敢息，自腰以下皆生蛆，死者什三四。夏，四月，庚午，车驾至涿郡之临朔宫，文武从官九品以上，并令给宅安置。先是，诏总征天下之兵，无问远近，俱会于涿。又发江淮以南水手一万人，弩手三万人，岭南排镩手三万人，于是四远奔赴如流。五月，敕河南、淮南、江南造戎车五万乘送高阳，供载衣甲幔幕，令兵士自挽之，发河南、北民夫以供军须。秋，七月，发江、淮以南民夫及船运黎阳及洛口诸仓米至涿郡，舳舻相次千馀里，载兵甲及攻取之具，往还在道常数十万人，填咽于道，昼夜不绝，死者相枕，臭秽盈路，天下骚动。

山东、河南大水，漂没三十馀郡。冬，十月，乙卯，底柱崩，偃河逆流数十里。

【译文】壬午日(二十六日)，隋炀帝杨广下令征讨高丽。敕令幽州总管元弘嗣到东莱海口造船三百艘，官吏监督劳役，工匠日夜立在水中，一点儿也不敢歇息，腰部以下都生了蛆，死亡的有十分之三四。夏季,四月,庚午日(十五日),隋炀帝杨广车驾到涿郡的临朔宫,跟随的文武官吏在九品以上的,都下令给宅第安歇。此前,诏令征调天下的军队,不管远近,全都在涿郡会合。又征发江淮以南的水手一万人,弓箭手三万人,岭南擅长使用小槊而排击敌人的战士三万人,于是四方赶赴涿郡的人,有如流水。五月,隋炀帝杨广敕令河南、淮南、江南修造戎车五万乘送到高阳,用来装载衣服、战甲、帷幕,并下令由兵士自己挽拉,调动黄河南、北的民夫来供应军中的需用。秋季,七月,调动江、淮以南的民夫以及船只,运送黎阳与洛口各谷仓的米前往涿郡,船舶首尾相接达到一千多里;装载军队、武器与攻战的器具,来回奔走在途中的,经常有几十万人,堵塞道途,日夜不断,路途上死去的人相互枕压,臭气恶秽,塞满道路,天下骚动。

山东、河南发生大水灾,淹没三十多州郡。冬季,十月,乙卯日(初三),黄河底柱崩塌,堵塞了黄河水道,向上倒流几十里。

【乾隆御批】腰下生蛆,其人当已久死,安能立水中不息,且仅云什三四乎?史官张大其词,所谓纣之不善不如是之甚尔,然广之罪其实浮于纣矣。

【译文】腰部以下生蛆,这个人应该死了很长时间了,怎么还能站在水中不停地劳作,能说死去的只有三四成吗?这是编写史书的官员们在夸大其词,所谓殷纣的恶行也没有这么严重,然而实际上杨广的罪恶要远在殷纣之上。

初,帝西巡,遣侍御兄韦节召西突厥处罗可汗,令与车驾会大斗拔谷，国人不从，处罗谢使者，辞以佗故。帝大怒，无如之何。会其酋长射匮遣使来求婚，裴矩因奏曰："处罗不朝，恃强大耳。臣请以计弱之，分裂其国，即易制也。射匮者，都六之子，达头之孙，世为可汗，君临西面，今闻其失职，附属处罗，故遣使来以结援耳，愿厚礼其使，拜为大可汗，则突厥势分，两从我矣。"帝曰："公言是也。"因遣矩朝夕至馆，微讽谕之。帝于仁风殿召其使者，言处罗不顺之状，称射匮向善，吾将立为大可汗，令发兵诛处罗，然后为婚。帝取桃竹白羽箭一枚以赐射匮，因谓之曰："此事宜速，使疾如箭也。"使者返，路径处罗，处罗爱箭，将留之，使者谲而得免。射匮闻而大喜，兴兵袭处罗；处罗大败，弃妻子，将左右数千骑东走，缘道被劫，寓于高昌，东保时罗漫山。高昌王麴伯雅上状。帝遣裴矩与向氏亲要左右驰至玉门关晋昌城，晓谕处罗使入朝。十二月，己未，处罗来朝于临朔宫，帝大悦，接以殊礼。帝与处罗宴，处罗稽首，谢入见之晚。帝以温言慰芝之，备设天下珍膳，盛陈女乐，罗绮丝竹，眩曜耳目，然处罗终有怏怏之色。

【译文】起初，隋炀帝杨广向西巡行，派遣侍御史韦节诏令西突厥处罗可汗，命令他们与车驾在大斗拔谷相会，国人不愿听命，于是处罗拿别的理由辞谢了使者。隋炀帝杨广大为生气，但也无可奈何。适逢他的酋长射匮派遣使者前来求婚，裴矩因而上奏说："处罗不来朝拜，是倚仗他的强大罢了。臣请求用计谋使他的力量衰微，分裂他的国家，就容易控制了。射匮是都六的儿子，达头的孙子，世代是可汗，君临西面，现在听闻他失职，依附于处罗，因此派遣使者前来结交求助，希望厚待他的使者，拜他为大可汗，那么突厥势力分裂，射匮、处罗双方都要听命我隋朝。"隋炀帝说:"您说得有理。"于是派遣裴矩早晚都到使馆,委婉暗示使者。隋炀帝杨广在仁风殿召见使者,讲了处罗可汗不顺从的情状,声称射匮向来很好,我隋朝将要拥立他为大可汗,命令调动军队诛杀处罗,然后方才成婚。隋炀帝杨广拿了一支桃竹制的白羽箭,赏赐射匮,趁机告诉他说:"这件事要迅速,要快得如同箭一样。"使者返回,途经处罗的地方,处罗喜欢箭,准备要留下箭来,使者以话骗他,才保住箭。射匮听了使者的回报十分高兴,兴兵偷袭处罗;处罗大败,丢弃妻子儿女,率领几千名骑兵向东逃跑,沿路被打劫,最终寄居在高昌,东面据守时罗漫山。高昌王麴伯雅上表说明这些情况。隋炀帝杨广派遣裴矩与向氏(处罗可汗的母亲)的亲信、显要和亲近的人,驰马前往玉门关晋昌城,晓谕处罗,让他入朝。十二月,己未日(初八),处罗来到朔宫朝见,隋炀帝杨广大为高兴,用特别的礼仪接待他。隋炀帝杨广与处罗宴乐,处罗叩头,为拜见来迟而谢罪。隋炀帝杨广用温和的言辞安抚他,准备了天下珍美的食物,安排盛大的女子歌乐,华丽的衣饰和各种乐器,让人眼花缭乱,但是处罗始终面带不悦的神色。

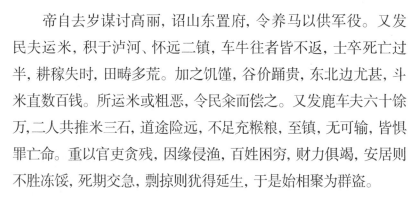

帝自去岁谋讨高丽,诏山东置府,令养马以供军役。又发民夫运米,积于泸河、怀远二镇,车牛往者皆不返,士卒死亡过半,耕稼失时,田畴多荒。加之饥馑,谷价踊贵,东北边尤甚,斗米直数百钱。所运米或粗恶,令民籴而偿之。又发鹿车夫六十馀万,二人共推米三石,道途险远,不足充糇粮,至镇,无可输,皆惧罪亡命。重以官吏贪残,因缘侵渔,百姓困穷,财力俱竭,安居则不胜冻馁,死期交急,剽掠则犹得延生,于是始相聚为群盗。

【译文】隋炀帝杨广自从去年就谋划讨伐高丽,诏令山东设府，下令饲养马匹来供应军用。又调动民夫运送粮米，存储在泸河、怀远二镇，车牛前去的都没有返回，军兵死亡超过一半，耕种失去适合的时机，田地多半荒废。加之发生灾荒，百姓没有饭吃，谷价飞涨，东北边境尤其严重，一斗米价值几百钱。运送的米，有的十分粗劣，便命令百姓买进，以资补偿。又调动鹿车夫六十余万人，两人一组，一同推三石米，道路遥远险阻，这三石米连充当车夫的干粮都不够，来到交粮的镇上，没有可以交纳的粮食，全都畏罪潜逃了。加上官吏残暴贪婪，借机剥削贪污，老百姓穷苦困顿，财力俱竭，在家做良善平民，却无法忍受挨饿受冻，死期近在眼前，劫掠还能延长性命，因此互相聚集，成为一群盗匪。

邹平民王薄拥众据长白山，剽掠齐、济之郊，自称知世郎，言事可知矣；又作《无向辽东浪死歌》以相感劝，避征役者多往归之。

平原东有豆子䴚，负海带河，地形深阻，自高齐以来，群盗多匿其中。有刘霸道者，家于其旁，累世仕宦，赀产富厚。霸道喜游侠，食客常数百人。及群盗起，远近多往依之，有众十馀万，号"阿舅贼"。

【译文】邹平的平民王薄聚集百姓，据守长白山，在齐郡、济北郡的郊野劫掠，自称知世郎，意思是说能知晓世事；又作《无向辽东浪死歌》，相互感发劝导，逃避徭役的人，大多前往归附他。

平原郡的东面有个叫豆子䴚的地方，绕河背海，地形险阻幽深，自高氏的齐国以来，群聚盗匪大多躲藏在这里。有一个名叫刘霸道的人，居住在这附近，几代全都做官，家产十分丰厚。刘霸道喜欢交游侠客，食客常有几百人之多，等到盗贼群聚而起，远近的人大多前去依附他，他拥有百姓十几万人，号称"阿舅贼"。

漳南人窦建德，少尚气侠，胆力过人，为乡党所归附。会募人征高丽，建德以勇敢选为二百人长。同县孙安祖亦以骁勇选为征士，安祖辞以家为水所漂，妻子馁死，县令怒笞之。安祖刺杀令，亡抵建德，建德匿之。官司逐捕，踪迹至建德家，建德谓安祖曰："文皇帝时，天下殷盛，发百万之众以伐高丽，尚为所败。今水潦为灾，百姓困穷，加之往岁西征，行者不归，疮痍未复；主上不恤，乃更发兵亲击高丽，天下必大乱。丈夫不死，当立大功，岂可但为亡虏邪！"乃集无赖少年，得数百人，使安祖将之，入高鸡泊中为群盗，安祖自号将军。时鄃人张金称聚众河曲，蓨人高士达聚众于清河境内为盗。群县疑建德与贼通，悉收其家属，杀之。建德帅麾下二百人亡归士达，士达自称东海公，以建德为司兵。顷之，孙安祖为张金称所杀，其众尽归建德，建德兵至万馀人。建德能倾身接物，与士卒均劳逸，由是人争附之，为之致死。

自是所在群盗蜂起，不可胜数，徒众多者至万馀人，攻陷城邑。甲子，敕都尉、鹰扬与郡县相知追捕，随获斩决；然莫能禁止。

【译文】漳南人窦建德，年少时，任侠尚义，气力胆量全都超过一般人，乡里人全都归心依附。正赶上朝廷招募人讨伐高丽，窦建德因为勇敢被选为二百人的官长。同县的孙安祖也凭借善战勇敢被选为征士，孙安祖由于家产被洪水冲走，妻子儿女全都饿死而要求免役，县令生气地鞭笞他。孙安祖就刺杀县令，逃往窦建德那里，窦建德将他藏匿起来。官府搜捕，循他的踪迹而找到窦建德家，窦建德告诉孙安祖："文皇帝时，天下兴盛殷实，调动百万军队去讨伐高丽，尚且被他们击败。现在水患成灾，百姓穷困，加上往年向西征讨吐谷浑，行旅的人没有回来，创伤还没有恢复；主上不体恤百姓，还再调动军队亲自进攻高丽，天下定然大乱。大丈夫不死的话，应该要建立大功，怎么能只做逃犯呢？"于是聚集一些无赖少年，一共得到几百人，命孙安祖来带领，进入高鸡泊里当了一群盗贼，孙安祖自称为将军。当时鄃人张金称在河曲聚集百姓，蓨人高士达在清河境内聚集百姓，成为盗匪。郡县怀疑窦建德与贼匪勾结，抓捕他的全部家属，杀掉了他们。

窦建德带领手下二百人逃奔高士达，高士达自称东海公，让窦建德担任司兵。不久，孙安祖被张金称所杀，他的部众全都归附窦建德，士兵增加到一万余人。窦建德谦卑待人，与士兵同甘共苦，因此大家竞相归附，为他卖命牺牲。

从此，各地群聚的盗匪蜂拥而起，数不胜数。徒众多的达到一万多人，到处攻克城邑。甲子日（十三日），隋炀帝杨广敕令都尉、鹰扬郎将与郡县相互配合追捕盗匪，随时捕获，立刻斩杀，依然无法遏止。

大业八年（壬申，公元六一二年）春，正月，帝分西突厥处罗可汗之众为三，使其弟阙达度设将羸弱万馀口，居于会宁，又使特勒大奈别将馀众居于楼烦，命处罗将五百骑常从车驾巡幸，赐号曷娑那可汗，赏赐甚厚。

初，嵩高道士潘诞自言三百岁，为帝合炼金丹。帝为之作嵩阳观，华屋数百间，以童男童女各一百二十人充给使，位视三品；

常役数千人，所费巨万。云金丹应用石胆、石髓，发石工凿嵩高大石深百尺者数十处。凡六年，丹不成。帝诘之，诞对以"无石胆、石髓，若得童男女胆髓各三斛六斗，可以代之。"帝怒，锁诣涿郡，斩之。且死，语人曰："此乃天子无福，值我兵解时至，我应生梵摩天"云。

【译文】大业八年(壬申，公元 612 年)春季，正月，隋炀帝杨广把西突厥处罗可汗的部众分为三部分，让他的弟弟阙达度设率领赢弱的一万多人，居住在会宁，又让特勒(突厥官名)大奈另外率领其余部众居住在楼烦，命令处罗可汗率领五百名骑士跟随车驾去巡幸，赏赐名号叫曷婆那可汗，赐赏非常优厚。

起初，嵩高山道士潘诞，自称已经三百岁，为隋炀帝合炼金丹。隋炀帝为他建造嵩阳观，华丽的屋子有数百间，让童男童女各一百二十人充任差役，地位视同三品官；经常役使几千人，所花费的有万万之多。他说冶炼金丹要用石胆、石髓，所以调动石工开凿嵩高山的大石，其中深到一百尺的，有几十处。一共花费六年，金丹却无法炼成。隋炀帝诘问，潘诞回答说："没有石胆、石髓，假如得到童男童女的胆髓各三斛六斗，可以代替。"隋炀帝十分生气，将他上了枷锁送到涿郡处死。临死，告诉人说："这是怪陛下没有福分，当我死于兵刃，解脱躯体的时候，我就升天成仙去了！"

四方兵皆集涿郡，帝徵合水令庾质，问曰："高丽之众不能当我一郡，今朕以此众伐之，卿以为克不？"对曰："伐之可克。然臣窃有愚见，不愿陛下亲行。"帝作色曰："朕今总兵至此，岂可未见贼而先自退邪？"对曰："战而未克，惧损威灵。若车驾留此，命猛将劲卒，指授方略，倍道兼行，出其不意，克之必矣。事机在速，

缓则无功。"帝不悦,曰:"汝既惮行,自可留此。"右尚方署监事
耿询上书切谏,帝大怒,命左右斩之,何稠苦救,得免。

【译文】四方的军队全都聚集涿郡,隋炀帝杨广征召合水令
庾质,询问他说:"高丽的军兵抵不过我的一个郡,现在朕动用
这么众多的军队去征讨,卿认为能够战胜吗?"庾质回答说:"攻
伐能够取胜,但臣私下有愚见,不希望陛下御驾亲征。"隋炀帝
杨广变了脸色说:"朕征调军队到这里,哪能没看到贼兵,自己
却先行撤退呢?"庾质回答说:"如果作战没有成功,臣担心会
损及陛下的威严。假如车驾留在这里,命令勇猛的将军、强劲
的军卒,依照指示倍速前行,趁敌方不注意时进攻,定能取胜。
战胜的关键在于迅速,慢了就没有功效了。"隋炀帝不高兴,说:
"你既然畏惧前行,可以留在这里。"右尚方署监事耿询上奏表
恳切谏阻讨伐高丽,隋炀帝杨广大怒,命令身边的人将他斩杀,
何稠苦苦解救,才得以免除。

壬午,诏左十二军出镂方、长岑、溟海、盖马、建安、南苏、
辽东、玄菟、扶馀、朝鲜、沃沮、乐浪等道,右十二军出粘蝉、含
资、浑弥、临屯、候城、提奚、蹋顿、肃慎、碣石、东暆、带方、襄
平等道,骆驿引途,总集平壤,凡一百一十三万三千八百人,号
二百万,其馈运者倍之。宜社于南桑乾水上,类上帝于临朔宫
南,祭马祖于蓟城北。帝亲授节度:每军大将、亚将各一人;骑
兵四十队,队百人,十队为团,步卒八十队,分为四团,团各有
偏将一人;其铠胄、缨拂、旗幡,每团异色;受降使者一人,承诏
慰抚,不受大将节制;其辎重散兵等亦为四团,使步卒挟之而
行;进止立营,皆有次叙仪法。癸未,第一军发;日遣一军,相去
四十里,连营渐进;终四十日,发乃尽,首尾相继,鼓角相闻,旌

旗亘九百六十里。御营内合十一卫、三台、五省、九寺,分隶内、外、前、后、左、右六军,次后发,又亘八十里。近古出师之盛,未之有也。

【译文】壬午日(初二),隋炀帝杨广诏令左翼十二军分别进兵镂方、长岑、溟海、盖马、建安、南苏、辽东、玄菟、扶馀、朝鲜、沃沮、乐浪,右翼十二军分别进兵粘蝉、含资、浑弥、临屯、候城、提奚、蹋顿、肃慎、碣石、东暆、带方、襄平,各路人马相继不绝,在平壤会集,军队共达一百一十三万三千八百人,号称二百万,那些担当运送的人数是军兵的两倍。隋炀帝在南边桑干水上举行宜祭仪式,祭祀社主,在临朔宫南面,举行类祭仪式,祭祀上帝,在蓟城北面祭祀马祖。隋炀帝杨广亲自颁令节度:每军大将、次将各一人;骑兵四十队,每队一百人,十队作为一团,步兵八十队,分成四团,每团各自有偏将一人;铠甲兜鍪、拂尘、旗帜,每团都有自己的颜色;接受归降的使者一人,承受诏令安抚投降的人,不接受大将的调度节制;其余的重装备、散兵等也分成四个团,命步兵在两边夹持前进;进军、停留、安营,全都有次序法度。癸未日(初三),第一军出兵;然后每日派遣一军,前后距离四十里,连接军营,逐次前进;共计四十天,才发兵结束,各军首尾彼此相接,鼓角相互听闻,旌旗绵延九百六十里。御营内一共有十二卫、三台、五省、九寺,各自隶属内、外、前、后、左、右六军,紧跟在后面出发,又绵延八十里。近代出动部队的盛大,从没有像这样的。

甲辰,内史令元寿薨。

二月,壬戌,观德王雄薨。

北平襄侯段文振为兵部尚书,上表,以为帝"宠待突厥太厚,处之塞内，资以兵食，戎狄之性，无亲而贪，异日必为国患，宜以时谕遣，令出塞外，然后明设烽候，缘边镇防，务令严重，此万岁之长策也。"兵曹郎斛斯政，椿之孙也，以器干明悟，为帝所宠任，使专掌兵事。文振知政险薄，不可委以机要，屡言于帝，帝不从。及征高丽，以文振为左候卫大将军，出南苏道。文振于道中疾笃，上表曰："窃见辽东小丑，未服严刑，远降六师，亲劳万乘。但夷狄多诈，深须防拟，口陈降款，毋宜遽受。水潦方降，不可淹迟。唯愿严勒诸军，星驰速发，水陆俱前，出其不意，则平壤孤城，势可拔也。若倾其本根，馀城自克；如不时定，脱遇秋霖，深为艰阻，兵粮既竭，强敌在前，靺鞨出后，迟疑不决，非上策也。"三月，辛卯，文振卒，帝甚惜之。

【译文】甲辰日（二十四日），内史令元寿去世。

二月，壬戌日（十二日），观德王杨雄去世。

北平襄侯段文振担任兵部尚书，上奏表，认为隋炀帝"对突厥的恩惠太过优厚，将他们安顿在塞内，供给食物兵器来帮助他们，可是戎狄的本性是没有亲情而贪婪的，将来必定会成为国家的祸患，应当及时加以晓谕，将他们遣回塞外，之后严设烽燧斥候，沿边塞防御镇守，务使严密，这才是万年长远的谋略。"兵曹郎斛斯政，是斛斯椿的孙子，因有器识才干聪明颖悟，得到隋炀帝杨广的宠信，让他专事掌握兵权。段文振知晓斛斯政为人苛薄阴险，不能委交他机密事务，多次向隋炀帝陈说，隋炀帝却不听从。等到征讨高丽，隋炀帝杨广任命段文振担任左候卫大将军，从南苏道出兵。段文振在路途中生了重病，上奏表说："臣私下看到辽东小丑，未能听服重典，致使朝廷大军长途跋涉，并且劳烦陛下御驾亲征。但是夷狄大多险诈，须深加预防，就算口中表达归降的诚意，也不要立即就接受。而今大水正在降下，不可滞留。希望严令各军，快速进发，水陆一同挺进，趁他们没有注意时加以袭击，那么平壤一座孤城，必可攻取。一旦颠覆了他们的根本，剩下的城市，自然就能攻陷；假如不能掌握时机讨平他们，万一赶上秋天的霖雨，遭遇重重艰难困阻，兵粮即将耗尽，强大的敌人在前面，靺鞨又出现在后面，势必陷入进退两难的处境，这不是上等的谋略。"三月，辛卯日(十二日)，段文振病逝，隋炀帝十分悼惜。

癸巳，上始御师，进至辽水。众军总会，临水为大陈，高丽兵阻水拒守，隋兵不得济。左屯卫大将军麦铁杖谓人曰："丈夫性命自有所在，岂能然艾灸颏，瓜蒂歕鼻，治黄不差，而卧死儿女手中乎!"乃自请为前锋，谓其三子曰："吾荷国恩，今为死日!我得良杀，汝当富贵。"帝命工部尚书宇文恺造浮桥三道于辽水西岸，既成，引桥趣东岸，桥短不及岸丈馀。高丽兵大至，隋兵骁勇者争赴水接战，高丽兵乘高击之，隋兵不得登岸，死者甚众。麦铁杖跃登岸，与虎贲郎将钱士雄、孟叉等皆战死。乃敛兵，引桥复就西岸。诏赠铁杖宿公，使其子孟才袭爵，次子仲才、季才并拜正议大夫。更命少府监何稠接桥，二日而成，诸军相次继进，大战于东岸，高丽兵大败，死者万计。诸军乘胜进围辽东城，即汉之襄平城也。车驾渡辽，引曷萨那可汗及高昌王伯雅观战处以慑惮之，因下诏赦天下。命刑部尚书卫文昇、尚书右丞刘士龙抚辽左之民，给复十年，建置郡县，以相统摄。

【译文】癸巳日(十四日)，隋炀帝开始亲自统御各军，进军到辽水。各军会合一处，靠临河水摆开庞大的阵势，高丽军队截断水流，对抗防守，使大隋的军队不能渡河。左屯卫大将军麦铁杖对人说："大丈夫的性命，自有适合的归宿，怎么可以燃艾草灸鼻颊，拿瓜蒂喷鼻孔，疗治热病无效，而卧死在儿女的手中呢！"于是自己请求担任前锋，并且告诉他的三个儿子说："我承受国家的恩惠，今天就是报效而死的时日！我能做有意义的牺牲，你们应当能够永享富贵。"隋炀帝杨广命令工部尚书宇文恺在辽水西岸建造三座浮桥，完成之后，将它们拿到东岸，因为桥身太短，距离对岸仍有一丈多。此时高丽军队大批涌到，隋军中骁勇的士兵竞相奔赴水中应战，高丽兵利用高处进攻，使大隋军队无法登岸，以致死伤很多人。麦铁杖跳上对岸，与虎贲郎将钱士雄、孟叉等人都战死。于是收兵，将浮桥又带到西岸。隋炀帝杨广诏令追赠麦铁杖为宿公，命他的儿子麦孟才承袭爵位，次子仲才、季才，全都拜为正议大夫。另外下令少府监何稠衔接浮桥，两天就完工了，各军依次继续进兵，在东岸交战，高丽军大败，死了一万余人。各军乘胜进军，围攻辽东城，辽东城也就是汉代的襄平城。车驾渡过辽河，率领曷萨那可汗与高昌王伯雅来到观战的地方，让他们心生畏惧，之后下诏令赦免天下的罪人。并且命令刑部尚书卫文昇、尚书右丞刘士龙抚慰辽东百姓，免除十年租赋徭役，设置郡县，以便统辖管理。

夏，五月，壬午，纳言杨达薨。

诸将之东下也，帝亲戒之曰："今者吊民伐罪，非为功名。诸将或不识朕意，欲轻兵掩袭，孤军独斗，立一身之名以邀勋赏，非大军行法。公等进军，当分为三道，有所攻击，必三道相知，毋得轻军独进，以致失亡。又，凡军事进止，皆须奏闻待报，毋得专擅。"辽东数出战不利，乃婴城固守，帝命诸军攻之。又敕诸将，高丽若降，即宜抚纳，不得纵兵。辽东城将陷，城中人辄言请降；诸将奉旨不敢赴机，先令驰奏，比报至，城中守御亦备，随出拒战。如此再三，帝终不悟。既而城久不下，六月，己未，帝幸辽东城南，观其城池形势，因召诸将诘责之曰："公等自以官高，又恃家世，欲以暗懦待我邪！在都之日，公等皆不愿我来，恐见病败耳。我今来此，正欲观公等所为，斩公辈耳！公今畏死，莫肯尽力，谓我不能杀公邪！"诸将咸战惧失色。帝因留止城西数里，御六合城。高丽诸城各坚守不下。右翊卫大将军来护儿帅江、淮水军，舳舻数百里，浮海先进，入自浿水，去平壤六十里，与高丽相遇，进击，大破之。护儿欲乘胜趣其城，副总管周法尚止之，请俟诸军至俱进。护儿不听，简精甲四万，直造城下。高丽伏兵于罗郭内空寺中，出兵与护儿战而伪败，护儿逐之入城，纵兵俘掠，无复部伍。伏兵发，护儿大败，仅而获免，士卒还者不过数千人。高丽追至船所，周法尚整陈待之，高丽乃退。护儿引兵还屯海浦，不敢复留应接诸军。

【译文】夏季，五月，壬午日（初四），纳言杨达去世。

众将领东征时，隋炀帝杨广亲自告诫他们说："今日出兵是为了抚慰百姓，征讨罪逆，不是为了建立功业。诸将有的不知晓朕的心意，想要趁他们不备时暗中袭击，孤军奋战，建立一己威名，来求取赏赐勋爵，这不是大军征行的法度。你们进军，应该分为三路，进攻时一定要三路相互联系，不能草率地孤军独自前进，导致损失败亡。同时，凡是要进军或者停兵，都需奏闻，等待回音，不能擅自做主。"辽东军队几次出战，没有取得胜利，于是据城固守，隋炀帝杨广只好命令各军加紧进攻。又敕令众将，高丽假如投降，就应接纳安抚，不能纵派军队进攻。辽东城快要失陷时，城里的人就说要请求归降；众将奉到圣旨，不敢利用这个时机攻城，先命令快骑上奏，等到回复的诏书到达，城中的守御又补充完备，随即出城抵抗作战。像这样的情况重演了好几次，隋炀帝杨广始终不省悟。后来城池久攻不下，六月，己未日(十一日)，隋炀帝杨广临幸辽东城南面，查看城池形势，因而召见众将责备他们说："你们自认为官位高，又倚仗家世，想把我看成是怯懦昏庸的人吗? 在京城时，你们全都不愿意我来，担心被我发现你们的缺点毛病。我今天来这里，正是要看你们的作为，处死你们这些人! 你们今日怕死，不肯尽心尽力，以为我不能杀你们吗?"众将全都恐惧战栗，变了脸色。隋炀帝杨广于是留在城西几里的地方，坐镇六合城指挥。高丽各城全都坚守无法攻下。右翊卫大将军来护儿带领江、淮水军，船只首尾连成数百里，渡海先行前进，从浿水进入，距离平壤六十里，与高丽军相遇，于是进兵攻打，大败高丽军。来护儿想要趁胜赶往他们的城堡，副总管周法尚阻止他，请他等待各军到达一同前进。来护儿不听，选拔精锐战士四万人，直接抵达城下。高丽埋伏军兵在外城的空寺里，出兵与来护儿作战，佯装战败，来护儿追逐入城，纵放士兵俘虏抢掠，弄乱了齐整的队伍。埋伏的军兵趁机发动攻击，来护儿大败，仅能保全性命，士兵返回的不超过数千人。高丽兵追击到停泊船只的地方，周法尚严阵以待，高丽才退兵。来护儿率军回去屯守海滨，不敢再停下来接应各军。

　　左翊卫大将军宇文述出扶馀道，右翊卫大将军于仲文出乐浪道，左骁卫大将军荆元恒出辽东道，右翊卫将军薛世雄出沃沮道，右屯卫将军辛世雄出玄菟道，右御卫将军张瑾出襄平道，右武将军赵孝才出碣石道，涿郡太守检校左武卫将军崔弘昇出遂城道，检校右御卫虎贲郎将卫文昇出增地道，皆会于鸭绿水西。述等兵自泸河、怀远二镇，人马皆给百日粮，又给排甲、枪稍并衣资、戎具、火幕，人别三石已上，重莫能胜致。下令军中："遗弃米粟者斩！"士卒皆于幕下掘坑埋之，才行及中路，粮已将尽。

【译文】左翊卫大将军宇文述出兵攻击扶馀，右翊卫大将军于仲文自乐浪道进兵，左骁卫大将军荆元恒自辽东道进兵，右翊卫将军薛世雄自沃沮道进兵，左屯卫将军辛世雄自玄菟道进兵，右御卫将军张瑾自襄平道进兵，右武候将军赵孝才自碣石道进兵，涿郡太守检校左武卫将军崔弘昇自遂城道进兵，检校右御卫虎贲郎将卫文昇自增地道进兵，全都会合在鸭绿水的西面。宇文述等人的军队，自泸河、怀远二镇前进，人马全都供给一百天的粮食，又供给排甲、枪稍，以及衣物、战具、寝息与作炊事的帐幕，每个人所背负的，全都在三石以上，因为重量不胜负荷，难以运到目的地。因此向军中下令："士兵有丢掉米粟的，就处死。"于是军兵都在营幕下挖掘坑穴埋藏，才走了一半的路，粮食已经快耗尽了。

高丽遣大臣乙支文德诣其营诈降，实欲观虚实。于仲文先奉密旨："若遇高元及文德来者，必擒之。"仲文将执之，尚书右丞刘士龙为慰抚使，固止之。仲文遂听文德还，既而悔之，遣人绐文德曰："更欲有言，可复来。"文德不顾，济鸭绿水而去。仲文与述等既失文德，内不自安，述以粮尽，欲还。仲文议以精锐追文德，可以有功。述固止之，仲文怒曰："将军仗十万之众，不能破小贼，何颜以见帝！且仲文此行，固知无功，何则？古之良将能成功者，军中之事，决在一人，今人各有心，何以胜敌！"时帝以仲文有计画，令诸军谘禀节度，故有此言。由是述等不得已而从之，与诸将渡水追文德。文德见述军士有饥色，故欲疲之，每战辄走。述一日之中，七战皆捷，既恃骤胜，又逼群议，于是遂进，东济萨水，去平壤城三十里，因山为营。文德复遣使诈降，请于述曰："若旋师者，当奉高元朝行在所。"述见士卒疲弊，不可复战，又平壤城险固，度难猝拔，遂因其诈而还。述等为方陈而行，高丽四面钞击，述等且战且行。秋，七月，壬寅，至萨水，军半济，高丽自后击其后军，右屯卫将军辛世雄战死。于是，诸军俱溃，不可禁止，将士奔还，一日一夜至鸭绿水，行四百五十里。将军天水王仁恭为殿，击高丽，却之。来护儿闻述等败，亦引还。唯卫文昇一军独全。

【译文】高丽派大臣乙支文德来到营地佯装投降，目的想要查看虚实。于仲文事先接到密旨："假如遇到高元与乙支文德来的话，一定要捉拿下来。"于仲文正要捉拿他时，担任慰抚使的尚书右丞刘士龙坚决阻止。于是于仲文就听凭乙支文德回去，后来后悔，派人骗乙支文德说："另外还有话说，请再回来。"乙支文德不愿回头，渡过鸭绿江而去。于仲文与宇文述等人已经让乙支文德回去了，内心深感不安，而宇文述又因粮食已尽，想要回去。于仲文建议用精锐的军队追赶乙支文德，可以建立大功，宇文述却坚决制止，于仲文生气地说："将军率领十万名军兵，不能击败小贼兵，哪有颜面见陛下呢？而且仲文此次出来，原本就知晓不会有功绩，这是什么缘故呢？因为古代的良将能成就功勋，是由于军队里的事情，全凭他一个人来决定，可是现在却人人各有意见，这样怎么能克敌制胜呢？"当时隋炀帝杨广因为于仲文富有谋略，下令各军要向于仲文禀告咨询行军计划，所以会这么说。因此宇文述等人在不得已下服从了他的意见，与其他将军渡河去追乙支文德。乙支文德看到宇文述的军兵带有饥饿的脸色，故意让他们疲乏，所以每次一接战就败退。宇文述在一天之中，交战七次都获得胜利，这时既倚仗多次胜利，又迫于群体的议论，于是进兵向东渡过萨水，距离平壤城三十里，依山安营。乙支文德又派使者佯装投降，向宇文述请求说："假如将军队调回去，就侍奉高元前往天子出巡所居的地方去朝见。"宇文述看到士兵疲惫困弊，不能再作战，况且平壤城险要坚固，估计很难一下拔取，于是借着他的假降撤军。宇文述等人采用方阵退军，高丽从四面包抄进攻，宇文述等人一边作战一边退走。秋季，七月，壬寅日（二十四日），宇文述等人到达萨水，军队渡过一半时，高丽从后面攻打他的后军，右屯卫将军辛世雄战败身亡。于是各军溃逃，无法阻止，将士逃奔回来，一天一夜抵达鸭绿江，一共走了四百五十里的路。将军天水人王仁恭殿后，反击高丽，将他们打退。来护儿听闻宇文述等人战败，也率军回来。只有卫文昇一军保全。

初，九军度辽，凡三十万五千，及还至辽东城，唯二千七百人，资储器械巨万计，失亡荡尽。帝大怒，锁系述等。癸卯，引还。

初，百济王璋遣使请讨高丽，帝使之觇高丽动静，璋内与高丽潜通。隋军将出，璋使其臣国智牟来请师期，帝大悦，厚加赏赐，遣尚书起部郎席律诣百济，告以期会。及隋军度辽，百济亦严兵境上，声言助隋，实持两端。

是行也，唯于辽水西拔高丽武历逻，置辽东郡及通定镇而已。八月，敕运黎阳、洛阳、太原等仓谷向望海顿，使民部尚书庐江樊子盖留守涿郡。

【译文】起初，九路军渡过辽河，共有三十万五千人，等到返回辽东城，只有二千七百人，而器械财物有万万之数，也都损失殆尽。隋炀帝大为生气，拿枷锁锁住宇文述等人。癸卯日

（二十五日），隋炀帝率军返回。

起初，百济王馀璋派遣使者请求讨伐高丽，隋炀帝杨广让他观察高丽的动静，馀璋却暗中与高丽勾结。隋军将要出动，馀璋派他的臣子国智牟前来请问出师的日期，隋炀帝杨广大为高兴，给予丰厚的赏赐，并派遣尚书起部郎席律到百济，告诉他们出兵的时间。等到大隋军队渡过辽河，百济也在边界上严整军队，说是要帮助大隋，实际持观望态度。

这一次出兵，隋军只在辽水西面攻取了高丽的武历逻，设立辽东郡与通定镇而已。八月，隋炀帝杨广敕令运送黎阳、洛阳、洛口、太原等地仓库的谷粮到望海顿，派遣民部尚书樊子盖在涿郡留守。

【乾隆御批】一日夜行四百五十里与度辽三十万及还惟二千余，皆记载者过甚之辞。此固由师老粮尽猝为敌乘所致。然究其偾辕之由皆以将多而事权不一，兵众而纪律不齐是，以一溃不可复止。如九节度之于河阳，苻秦之于淝水，皆同一覆辙耳。

【译文】一天一夜行军四百五十里以及度辽的时候三十万人等回来的时候仅剩两千余人，这都是写史书的人夸大其词。这次失败固然是由于军队疲劳粮食耗尽而给敌人提供可乘之机造成的。但深究其根源还在于将领太多而军事指挥意见不能统一，士兵众多而纪律不严，因此一溃而不可收。就像当年河阳的九节度，淝水之战中的苻坚一样，都是重蹈覆辙罢了。

九月，庚寅，车驾至东都。

冬，十月，甲寅，工部尚书宇文恺卒。

十一月，己卯，以宗女为华容公主，嫁高昌。

宇文述素有宠于帝，且其子士及尚帝女南阳公主，故帝不忍诛。甲申，与于仲文等皆除名为民，斩刘士龙以谢天下。萨水之败，高丽追围薛世雄于白石山，世雄奋击，破之，由是独得免官。以卫文昇为金紫光禄大夫。诸将皆委罪于于仲文，帝既释诸将，独系仲文。仲文忧患，发病困笃，乃出之，卒于家。

是岁，大旱，疫，山东尤甚。

张衡既放废，帝每令亲人觇衡所为。帝还自辽东，衡妾告衡怨望，谤讪朝政，诏赐尽于家。衡临死大言曰："我为人作何等事，而望久活！"监刑者塞耳，促令杀之。

【译文】九月，庚寅日（十三日），隋炀帝杨广车驾到东都。

冬季，十月，甲寅日（初八），工部尚书宇文恺去世。

十一月，己卯日（初三），隋炀帝杨广将宗室的女子封为华容公主，嫁给高昌王。

宇文述平日得到隋炀帝的宠幸，而且他的儿子宇文士及娶了隋炀帝的女儿南阳公主，因此隋炀帝不忍将他杀掉。甲申日（初八），宇文述与于仲文等人都被废除爵名，变成普通百姓，处死刘士龙以向天下谢罪。萨水之役失利，高丽在白石山追击围攻薛世雄，薛世雄奋力苦战，将他们击败，因此唯独他可以免去除官的处罚。另外，隋炀帝杨广任命卫文昇担任金紫光禄大夫。又因为众将都将罪过推诿给于仲文，隋炀帝便开释众将，只拘禁于仲文一人。于仲文因为忧心患恨，生了重病，被释放出来，死在家中。

这一年，发生大旱，瘟疫流行，山东地区特别严重。

张衡被免官放归乡田，隋炀帝常令亲近之人去窥探张衡的作为。隋炀帝杨广从辽东回来，张衡一名姬妾告发张衡有怨心，并毁谤朝廷政事，隋炀帝杨广于是诏令赐他在家自杀。张衡临死时，大声地说："我为人做的是什么样的事情，还能指望长久活命吗！"监刑的人堵住耳朵，不愿听见，立即下令将他杀死。

【乾隆御批】军行信赏必罚，犹恐不能集事。宇文述等，覆军之将。除名已难蔽罪，况重以私爱复官，将谁知有师律邪！

【译文】军队行动时赏罚分明，还恐怕不能成事。宇文述等败军之将，致使全军覆没，就算除名也很难掩盖他们的罪行，更何况又出于私情恢复了他的官职，以后谁还会把军纪当回事呢！

资治通鉴卷第一百八十二　隋纪六

起昭阳作噩，尽旃蒙大渊献，凡三年。

【译文】起癸酉（公元613年），止乙亥（公元615年），共三年。

【题解】本卷记录了公元613年至615年，共三年的史事。当时正值隋炀帝大业九至十一年。在这三年中，黄河中下游地区的民众暴乱越来越严重，江南地区也参与其中，民众发动起义的原因基本以生存为主，所以对隋朝政权还未构成致命的威胁。在此期间，隋炀帝杨广不听劝谏，又两次出征高丽。杨玄感之乱及隋炀帝被突厥围困雁门，使隋朝统治阶级内部发生了分裂，突厥再次对隋朝形成强大的威胁。隋朝在此时已处于四面楚歌的局面中，而隋炀帝仍然没有醒悟。

炀皇帝中

大业九年（癸酉，公元六一三年）春，正月，丁丑，诏徵天下兵集涿郡。始募民为骁果，修辽东古城以贮军粮。

灵武贼帅白瑜娑劫掠牧马，北连突厥，陇右多被其患，谓之"奴贼"。

戊戌，赦天下。

己亥，命刑部尚书卫文昇等辅代王侑留守西京。

二月，壬午，诏："宇文述以兵粮不继，遂陷王师；乃军吏失于支料，非述之罪，宜复其官爵。"寻又加开府仪同三司。

【译文】大业九年(癸酉,公元 613 年)春季,正月,丁丑日(初二),隋炀帝杨广下令征调天下的军队齐聚涿郡。并开始招募百姓担任骁果(兵种名),修整辽东的古城,用来贮存军粮。

灵武贼兵首领白瑜娑劫掠牧马,向北联合突厥,陇右地区大多遭到灾患,人们称之为"奴贼"。

戊戌日(二十三日),隋炀帝杨广大赦天下。

己亥日(二十四日),隋炀帝杨广命令刑部尚书卫文昇等人辅佐代王杨侑,留守西京。

二月,壬午日(无此日),隋炀帝杨广诏令:"宇文述由于兵粮接运不上,致使王师陷于困顿,这是军吏调度不善的过错,不是宇文述的罪过,应当恢复他的官爵。"不久又加封宇文述开府仪同三司。

帝谓侍臣曰:"高丽小虏,侮慢上国;今拔海移山,犹望克果,况此虏乎!"乃复议伐高丽。左光禄大夫郭荣谏曰:"戎狄失礼,臣下之事;千钧之弩,不为鼷鼠发机,奈何亲辱万乘以敌小寇乎!"帝不听。

三月,丙子,济阴孟海公起为盗,保据周桥,众至数万,见人称引书史,辄杀之。

丁丑,发丁男十万城大兴。

戊寅,帝幸辽东,命民部尚书樊子盖等辅越王侗留守东都。

【译文】隋炀帝杨广告诉侍臣说:"高丽那小贼酋,怠慢了我们大隋,现在就是像移山填海那样艰难的事情,尚且有希望取得成功,何况是这个贼虏呢!"于是又商议讨伐高丽。左光禄大夫郭荣进谏说:"戎狄无礼,是臣子的事情;千钧重的大弓,不为小老鼠而射出,为什么要劳动万乘去对付小小的贼寇呢?"隋炀帝杨广没有听从他的意见。

　　三月，丙子日(初二)，济阴的孟海公起来做盗贼，据守周桥，徒众增加到数万人，看到有人说话引经据典，就杀掉他们。

　　丁丑日(初三)，隋炀帝杨广调动丁男十万人在大兴筑城。戊寅日(初四)，隋炀帝杨广临幸辽东，命令民部尚书樊子盖等人，辅助越王杨侗留守东都。

　　时所在盗起，齐郡王薄、孟让、北海郭方预、清河张金称、平原郝孝德、河间格谦、勃海孙宣雅，各聚众攻剽，多者十馀万，少者数万人，山东苦之。天下承平日久，人不习兵，郡县吏每与贼战，望风沮败。唯齐郡丞阌乡张须陀得士众心，勇决善战，将郡兵击王薄于泰山下，薄恃其骤胜，不设备；须陀掩击，大破之。薄收馀兵北渡河，须陀追击于临邑，又破之。薄北连孙宣雅、郝孝德等十馀万攻章丘，须陀帅步骑二万击之，贼众大败。贼帅裴长才等众二万掩至城下，大掠。须陀未暇集兵，帅五骑与战，贼竞赴之，围百馀重，身中数创，勇气弥厉。会城中兵至，贼稍退却。须陀督众击之，长才等败走。庚子，郭方预等合军攻陷北海，大掠而去。须陀谓民属曰："贼恃其强，谓我不能救。吾今速行，破之必矣！"乃简精兵倍道进击，大破之，斩数万级，前后获贼辎重不可胜计。

　　【译文】此时各地盗匪蜂起：齐郡王薄、孟让，北海郭方预，清河张金称，平原郝孝德，河间格谦，渤海孙宣雅等各自聚集百姓攻城抢掠，徒众多的达到十多万，少的也有几万人，山东百姓多受其苦。天下太平无事的日子长了，大家都不通晓战事，郡县的官吏每次与贼兵交战，望见敌人就溃散逃跑。只有齐郡丞阌乡人张须陀，深得士民归心，果决勇敢，善于作战。率领郡兵

資治通鑑卷第一百八十二　隋紀六

在泰山下攻打王薄,王薄倚仗自己多次的胜利,不加防范;张须陀便突然予以袭击,将他们打得大败。王薄收拾残余部队,向北渡过黄河,张须陀追击到临邑,又击败了他们。王薄于是联合北面的孙宣雅、郝孝德等,一共十多万人,进攻章丘,张须陀带领步兵与骑兵共两万人攻击他们,打得贼兵大败。贼军的首领裴长才等人,带领百姓两万人,突然抵达城下,大肆劫掠,张须陀没有来得及集中军队,只率领五名骑兵与他们交战,贼军竞相赴前,围困一百多层,张须陀身上受了数处创伤,勇气更加奋厉。恰巧城中军队到达,贼兵稍稍退却,张须陀督导部属进攻,裴长才等人才战败逃走。庚子日(二十六日),郭方预等联合军力,攻克北海,大肆劫掠,然后离开。张须陀告诉官员们说:"贼兵倚仗他们的强大,以为我们不能去救助,我们现在快速进军,一定能击败他们。"于是选拔精锐的军队加速前去进攻,大败贼军,并斩杀几万人,前后缴获贼兵的辎重装备难以计数。

历城罗士信,年十四,从须陀击贼于潍水上。贼始布陈,士信驰至陈前,刺杀数人,斩一人首,掷空中,以矟盛之,揭以略陈;贼徒愕眙,莫敢近。须陀因引兵奋击,贼众大溃。士信逐北,每杀一人,劓其鼻怀之,还,以验杀贼之数;须陀叹赏,引置左右。每战,须陀先登,士信为副。帝遣使慰谕,并画须陀、士信战陈之状而观之。

夏,四月,庚午,车驾渡辽。壬申,遣宇文述与上大将军杨义臣趣平壤。

左光禄大夫王仁恭出扶馀道。仁恭进军至新城,高丽兵数万拒战,仁恭帅劲骑一千击破之,高丽婴城固守。帝命诸将攻辽东，听以便宜从事。飞楼、（撞）〔橦〕、云梯、地道四面俱进，昼夜不息，而高丽应变拒之，二十馀日不拔，主客死者甚众。冲梯竿长十五丈，骁果吴兴沈光升其端，临城与高丽战，短兵接，杀十数人，高丽竞击之而坠；未及地，适遇竿有垂絙，光接而复上。帝望见，壮之，即拜朝散大夫，恒置左右。

【译文】历城的罗士信，年纪只有十四岁，跟随张须陀在潍水畔攻打贼军。贼军才开始排开阵势，罗士信快骑来到阵地前面，刺死了几个人，斩下了一个人的首级，掷向半空，用长矛接住，他挑着首级进攻敌人的阵地；贼军惊讶得目瞪口呆，没有人敢接近他。张须陀因此率军奋力进攻，使得贼兵大败溃逃。罗士信追赶战败的贼军，每杀一个人便割下鼻子放进怀里，返回以后，再拿出来查验杀死贼军的人数；张须陀非常叹赏，将他安置在自己身边。每次交战，张须陀冲锋在前，罗士信紧随其后。隋炀帝杨广派使者奖谕抚慰，并且绘出张须陀、罗士信在阵地交战的情状来观赏。

夏季，四月，庚午日（二十七日），隋炀帝杨广车驾渡过辽河。壬申日（二十九日），隋炀帝杨广派遣宇文述与上大将军杨义臣前往平壤。

左光禄大夫王仁恭自扶馀道出兵。王仁恭进军到新城，高丽军队几万人进行抵抗，王仁恭带领强劲的骑兵一千人，将他们击败，高丽人只得绕城防守。隋炀帝杨广命令众将进攻辽东，听凭他们依据实际情况去自由做事。于是隋军用高耸的飞楼、冲车，以及云梯、地道，绕城从四面一同进攻，日夜不断，而高丽以随机应变的方式对抗，经过二十几天也没有攻下来，双方死伤都很惨重。冲城的梯子竿子，长达十五丈，骁果吴兴人沈光爬到顶端，到城上与高丽兵交战，短兵相接，沈光杀了十几人，高丽士兵群起攻击沈光，将他打落下来；还没有落到地上，恰巧遇到竿子有下垂的绳子，沈光拉住它，又爬上去。隋炀帝杨广看了，认为沈光十分勇壮，就拜为朝散大夫，经常安置在自己身边。

礼部尚书杨玄感，骁勇，便骑射，好读书，喜宾客，海内知名之士多与之游。与薄山公李密善，密，弼之曾孙也，少有才略，志气雄远，轻财好士，为左亲侍。帝见之，谓宇文述曰："向者左仗下黑色小儿，瞻视异常，勿令宿卫！"述乃讽密使称病自免，密遂屏人事，专务读书。尝乘黄牛读《汉书》，杨素遇而异之，因召至家，与语，大悦，谓其子玄感等曰："李密识度如此，汝等不及也！"由是玄感与为深交。时或侮之，密曰："人言当指实，宁可面谀！若决机两陈之间，暗呜叱嗟，使敌人震慑，密不如公；驱策天下贤俊，各申其用，公不如密：岂可以阶级稍崇而轻天下士大夫邪！"玄感笑而服之。

素恃功骄倨，朝宴之际，或失臣礼，帝心衔而不言，素亦觉之。及素薨，帝谓近臣曰："使素不死，终当族灭。"玄感颇知之，且自以累世贵显，在朝文武多父之故吏，见朝政日紊，而帝多猜忌，内不自安，乃与诸弟潜谋作乱。帝方事征伐，玄感自言："世荷国恩，愿为将领。"帝喜曰："将门必有将，相门必有相，固不虚也。"由是宠遇日隆，颇预朝政。

【译文】礼部尚书杨玄感，非常勇敢，擅长骑马射箭，酷爱读书，喜好结交宾客，海内知名的人士多与他交往。杨玄感尤其与蒲山公李密交好，李密是李弼的曾孙，年少而有谋略才能，志气十分远大，看轻钱财，喜爱结交宾客，担任左亲侍的官职。

隋炀帝杨广看了，告诉宇文述说："刚才左仪卫仗下那个黑色的小孩，眼神异于常人，不要让他担当侍卫。"宇文述于是暗示李密，命他推说有病，自请解除职务，李密于是摈除世事，一心读书。李密曾经骑着黄牛读《汉书》，杨素遇见了，觉得十分奇怪，因而召唤他到家里，与他谈话，谈得特别高兴，告诉他的儿子杨玄感说："李密有这样的气度见识，你们是比不上的！"因此杨玄感与他成为亲密的朋友。有时杨玄感故意欺侮他，李密说："人所讲的话，应当诚实，怎么能够当面阿谀！假如在两军之中，决定成败的机运，发怒狂喊，使敌人害怕震惊，李密是比不上您的；假如要驱使天下的贤明才俊人士，各自发挥他的才能，您是比不上我的；怎么能够因为阶位稍微高一点，就轻视天下的士大夫呢？"杨玄感笑了笑，更加敬佩他。

杨素倚仗功劳而骄纵傲慢，在朝廷宴会上，有时失掉人臣的礼节，隋炀帝杨广心里衔恨却不说出来，杨素也觉察到了。等到杨素死了，隋炀帝杨广告诉亲近的臣子说："如果杨素不死，最后必定会被夷灭家族。"杨玄感也非常清楚这情形，而且自己由于历代都十分尊贵显赫，在朝廷里的文武官员，多半是父亲的旧部，看到朝政一日比一日紊乱，而隋炀帝杨广又多妒忌猜疑，内心实在无法安宁，于是与几个弟弟暗中计划叛乱。隋炀帝这时正忙于征伐，杨玄感便自请说："世代承受国家恩惠，愿意担任将领。"隋炀帝杨广很高兴地说："将军的家门必定再会有将军，宰相的家门必定再会有宰相，一点也不错。"因此宠爱恩遇一日比一日隆盛，经常参与朝廷政事。

帝伐高丽，命玄感于黎阳督运，遂与虎贲郎将王仲伯、汲郡赞治赵怀义等谋，故逗遛漕运，不时进发，欲令度辽诸军乏食；

帝遣使者促之，玄感扬言水路多盗，不可前后而发。玄感弟虎贲郎将玄纵，鹰扬郎将万石，并从幸辽东，玄感潜遣人召之，二人皆亡还。万石至高阳，为监事许华所执，斩于涿郡。

时右骁卫大将军来护儿以舟师自东莱将入海趣平壤，玄感遣家奴伪为使者从东方来，诈称护儿反。六月，乙巳，玄感入黎阳县，闭城，大索男夫，取帆布为牟、甲，署官属，皆准开皇之旧。移书傍郡，以讨护儿为名，各令发兵会于仓所。郡县官有干用者，玄感皆以运粮追集之，以赵怀义为卫州刺史，东光尉元务本为黎州刺史，河内郡主簿唐祎为怀州刺史。

【译文】隋炀帝杨广征伐高丽，命令杨玄感在黎阳监管搬运工作。杨玄感于是与虎贲郎将王仲伯、汲郡赞治赵怀义等人谋划，故意拖延漕运，不按时出发，想让渡辽河的各路隋军缺少粮食物。隋炀帝杨广派使者催促，杨玄感声称水路有许多盗匪，不能前后接连出发。杨玄感的弟弟虎贲郎将杨玄纵，鹰扬郎将杨万石，都跟随隋炀帝杨广临幸辽东，杨玄感暗中派人召唤他们，二人全都逃回来。杨万石来到高阳，被监事许华捉到，在涿郡处决。

当时右骁卫大将军来护儿带着水师自东莱准备入海前往平壤，杨玄感派遣家奴佯装使者从东方来，谎称来护儿造反。六月，乙巳日(初三)，杨玄感进入黎阳，关闭城门，大量搜求可充兵役的男子，用帆布做兜牟、铠甲，署任官吏，完全按照隋文帝开皇年间的旧制，行文给附近州郡，用讨伐来护儿的名义，命他们各自调动军队到黎阳仓会合。郡县官吏中有才干的，杨玄感就用运粮的名义，召唤他们集聚一起，并任命赵怀义担任卫州刺史，东光县尉元务本担任黎州刺史，河内郡主簿唐祎担任怀州刺史。

治书侍御史游元，督运在黎阳，玄感谓曰："独夫肆虐，陷身绝域，此天亡之时也。我今亲帅义兵以诛无道，卿意如何？"元正色曰："尊公荷国宠灵，近古无比，公之弟兄，青紫交映，当谓竭诚尽节上答鸿恩。岂意坟土未干，亲图反噬！仆有死而已，不敢闻命！"玄感怒而囚之，屡胁以兵，不能屈，乃杀之。元，明根之孙也。

玄感选运夫少壮者得五千馀人，丹阳、宣城篙梢三千馀人，刑三牲誓众，且谕之曰："主上无道，不以百姓为念，天下骚扰，死辽东者以万计。今与君等起兵以救兆民之弊，何如？"众皆踊跃称万岁。乃勒兵部分。唐祎自玄感所逃归河内。

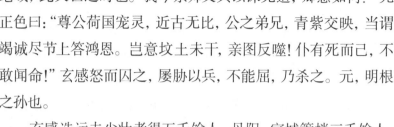

【译文】治书侍御史游元，因为监督粮运，此时正在黎阳，杨玄感告诉他说："独夫（指炀帝）纵肆残暴，陷身在荒僻的地域，这是上天将要灭亡他的时候。我现在亲自带领正义之军去诛杀那无道的国君，您意下如何呢？"游元端正脸色说："尊公（指杨素）承受国家的恩宠，近代是没有人能与他相比的，您的弟兄，青绶、紫绶，相互辉映，应该要竭尽节义诚心，对陛下报答大恩才是。哪里料到尊公的坟土还没有干，你却亲自密谋造反！我只有一死罢了，不敢听从你的号令。"杨玄感大怒，将他拘禁起来，多次用兵器威胁他，却不能让他屈服，这才将他杀死。游元是游明根的孙子。

杨玄感选拔年少力壮的运夫五千多人，丹阳、宣城一带擅长掌船的船夫三千多人，宰杀三牲，与徒众盟誓，并且告谕他们说："主上不讲仁义，不以天下百姓为念，天下动乱，死在辽东的有好几万人。现在与你们起兵救助天下百姓的困弊，怎么样？"大家都欢呼万岁。于是杨玄感率领军队妥加布置。没想到唐祎却从杨玄感管辖的地方逃回河内。

先是玄感阴遣家僮至长安，召李密及弟玄挺赴黎阳。及举兵，密适至，玄感大喜，以为谋主，谓密曰："子常以济物为己任，今其时矣！计将安出？"密曰："天子出征，远在辽外，去幽州犹隔千里。南有巨海，北有强胡，中间一道，理极艰危。公拥兵出其不意，长驱入蓟，据临渝之险，扼其咽喉。归路既绝，高丽闻之，必蹑其后。不过旬月，资粮皆尽，其众不降则溃，可不战而擒，此上计也。"玄感曰："更言其次。"密曰："关中四塞，天府之国，虽有卫文昇，不足为意。今帅众鼓行而西，经城勿攻，直取长安。收其豪杰，抚其士民，据险而守之。天子虽还，失其根本，可徐图也。"玄感曰："更言其次。"密曰："简精锐，昼夜倍道，袭取东都，以号令四方。但恐唐祎告之，先己固守。若引兵攻之，百日不克，天下之兵四面而至，非仆所知也。"玄感曰："不然，今百官家口并在东都，若先取之，足以动其心。且经城不拔，何以示威！公之下计，乃上策也。"遂引兵向洛阳，遣杨玄挺将骁勇千人为前锋，先取河内。唐祎据城拒守，玄挺无所获。

【译文】此前，杨玄感暗中派遣家僮前往长安，召唤李密与弟弟杨玄挺来到黎阳。等到举事时，李密恰巧到达，杨玄感大为高兴，将他看成主要谋划人，告诉李密说："你经常将救济百姓当作自己的责任，现在正是时候，计策要怎样拟订呢？"李密说："天子出征，远在辽水以外的地方，距离幽州，还有一千里。南面有大海，北面有强大的胡族，中间只有一条大道，情况是极为危险艰难的。您率领军队，趁他不注意时，长途奔入蓟县，占据临渝的要害，扼守他的咽喉。归路已经断绝，高丽听了，必定会跟从在后面，不到十天一个月，物资粮草都耗尽，他的部属不是投降，就是溃逃，可以不必作战就擒获了，这是上等的计谋。"杨玄感说："再说其次的。"李密说："关中四处闭塞，

资治通鉴

被称为天府之国，虽然有卫文昇，但不值得在意。现在带领军队，击鼓向西进军，路过城池而不攻打，直取长安，招收那里的英雄豪杰，安抚那里的士民，屯驻险要的所在而加以防守。天子就算回来，也失掉了根本，我们也能够慢慢图谋。"杨玄感说："再说其次的。"

李密说："挑选精锐之兵，日夜兼程，袭取东都，以号令四方豪杰。但是担心唐祎告密，已经预先坚固防守。假如率军去攻打，一百天没有取胜，天下的军队从四面而来，胜败的结果，就不是我能够预料的了。"杨玄感说："不对！现在百官的家属全在东都，假如先拿下来，足以动摇他们的心意。而且途经城池而不攻拔，怎样显示威武呢？您说的下策，才是上策。"于是率军指向洛阳，派杨玄挺率领骁勇士兵一千名作为前锋，先攻取河内。唐楠驻守城池抵抗，杨玄挺无所收获。

祎又使人告东都越王侗与樊子盖等勒兵为备，修武民相帅守临清关。玄感不得度，乃于汲郡南渡河，从之者如市。使弟积善将兵三千自偃师南缘洛水西入，玄挺自白司马坂逾邙山南入，玄感将三千馀人随其后，相去十里许，自称大军。其兵皆执单刀柳楯，无弓矢甲胄。东都遣河南令达奚善意将精兵五千人拒积善，将作监、河南赞治裴弘策将八千人拒玄挺。善意渡洛南，营于汉王寺；明日，积善兵至，不战自溃，铠仗皆为积善所取。弘策出至白司马坂，一战，败走，弃铠仗者太半，玄挺亦不追。弘策退三四里，收散兵，复结陈以待之；玄挺徐至，坐息良久，忽起击之，弘策又败，如是五战。丙辰，玄挺直抵太阳门，弘策将士馀骑驰入宫城，自馀无一人返者，皆归于玄感。

玄感屯上春门，每誓众曰："我身为上柱国，家累巨万金，至于富贵，无所求也。今不顾灭族者，但为天下解倒悬之急耳!"众皆悦。父老争献牛酒，子弟诣军门请自效者，日以千数。

【译文】唐祎又派人告诉东都的越王杨侗与樊子盖等人，布置军兵加以防备，修武县的百姓相互带头防守临清关，杨玄感无法过去，于是在汲郡的南面渡河，跟随他的人好像赶市集一样。另外派他的弟弟杨积善率领军队三千人，自偃师县南边，沿着洛水向西深入，杨玄挺自白司马坂，翻过邙山，向南深入，杨玄感则率领三千多人紧随其后，相距十几里，自称为大军。他的士兵全都拿着单刀、柳制的楯，没有战甲弓箭。此时东都派遣河南令达奚善意率领精兵五千对抗杨积善，将作监、河南赞治裴弘策率领八千人对抗杨玄挺。达奚善意渡过洛水，在南岸汉王寺扎营。第二天，杨积善的军队抵达，官兵还没有作战就自行溃散，器仗铠甲都被杨积善的军队缴获。裴弘策出军抵达白司马坂，一交战，便战败逃跑，士兵抛弃铠甲器仗的有一大半，杨玄挺也不追赶。裴弘策败走三四里，收拾溃逃的士兵，又集结军阵等待。杨玄挺慢慢抵达，坐下休息了很久，突然起兵进攻，裴弘策又战败，如此经过五次交战。丙辰日(十四日)，杨玄挺直抵太阳门，裴弘策率领十多名骑兵，快骑进入宫城，其余没有一个人回去，全都归附了杨玄感。

杨玄感屯兵驻守上春门，每次与部属盟誓说："我身为上柱国，家中积有数万的金子，对于富贵，已经没有什么可以再追求的了。现在不顾被灭族的原因，只是要为天下的百姓解除困苦罢了。"大家都十分高兴。地方的父老竞相奉献牛酒，子弟青年来到军门请求效力的，每天有一千多人。

内史舍人韦福嗣，洸之兄子也，从军出巨玄感，为玄感所获;

玄感厚礼之，使与其党胡师耽共掌文翰。玄感令福嗣为书遗樊子盖，数帝罪恶，云：“今欲废昏立明，愿勿拘小礼，自贻伊戚。”樊子盖新自外藩入为京官，东都旧官多慢之，至于部分军事，未甚承禀。裴弘策与子盖同班，前出讨贼失利，子盖更使出战，不肯行，子盖命引出斩之以徇。国子祭酒河东杨汪，小有不恭，子盖又将斩之；汪顿首流血，乃得免。于是，将吏震肃，无敢仰视，令行禁止。玄感尽锐攻城，子盖随方拒守，玄感不能克。然达官子弟应募从军者，闻弘策死，皆不敢入城。韩擒虎子世咢、观王雄子恭道、虞世基子柔、来护儿子渊、裴蕴子爽、大理卿郑善果子俨、周罗睺子仲等四十馀人皆降于玄感，玄感悉以亲要重任委之。善果，译之兄子也。

【译文】内史舍人韦福嗣，是韦洸的侄子，跟从军队出去对抗杨玄感，被杨玄感俘虏。杨玄感以优厚的礼遇对待他，让韦福嗣与他的同乡胡师耽一同掌理文书。杨玄感命韦福嗣写信给樊子盖，指责隋炀帝杨广的罪恶，说：“现在想要废掉昏君，拥立明主，希望不要拘泥小节，自己留下忧戚。”樊子盖刚从外面的藩地入京担任京官，东都旧官中有很多人怠慢他，甚至有一部分军机大事，都不太请示他。裴弘策与樊子盖官居同列，裴弘策前几天出兵征讨贼兵，没有取得胜利，樊子盖又派他出兵交战，裴弘策不肯前行，樊子盖命令将他带出去斩首示众。国子祭酒河东人杨汪，对樊子盖稍稍有点不恭敬，樊子盖又准备处死他；杨汪磕头到流血，才得以免除。因此将吏全都畏惧震动，没有人敢抬头看他，有令则行，有禁则止。杨玄感倾尽精锐去进攻城池，樊子盖依随情势，来抵抗防守，杨玄感无法将它攻下。但是应征从军的达官子弟，听闻裴弘策已死，全都不敢进入城里。韩擒虎的儿子韩世咢、观王杨雄的儿子杨恭道、虞

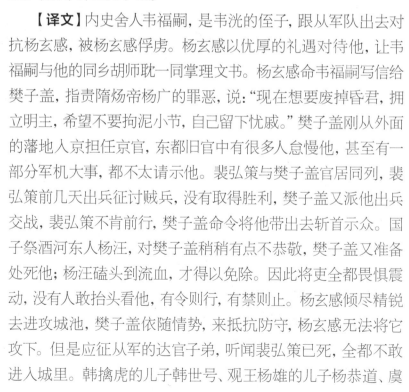

世基的儿子虞柔、来护儿的儿子来渊、裴蕴的儿子裴爽、大理卿郑善果的儿子郑俨、周罗睺的儿子周仲等四十余人，全都向杨玄感投降。杨玄感都拿显贵亲近的重要职务委任他们。郑善果是郑译的侄子。

玄感收兵得五万馀人，发五千守慈磵道，五千守伊阙道，遣韩世咢将三千人围荥阳，顾觉将五千人取虎牢。虎牢降，以觉为郑州刺史，镇虎牢。

代王侑使刑部尚书卫文昇帅兵四万救东都，文昇至华阴，掘杨素冢，焚其骸骨，示士卒以必死，遂鼓行出崤、渑，直趋东都城北。玄感逆拒之；文昇且战且行，屯于金谷。

【译文】杨玄感征集军兵，得到五万多人，分出五千人防守慈磵道，五千人驻守伊阙道，并派遣韩世咢率领三千人围攻荥阳，顾觉率领五千人攻取虎牢。虎牢归降后，任命顾觉担任郑州刺史，镇守虎牢。

代王杨侑派遣刑部尚书卫文昇率军四万援救东都。卫文昇到了华阴，挖掘杨素的坟墓，焚毁他的骸骨，向士卒显示必死的决心，于是击鼓进军，离开崤谷、渑池，直接赶到东都的城北。杨玄感迎击交战；卫文昇一边作战，一边前进，驻守金谷。

辽东城久不拔，帝遣造布囊百馀万口，满贮土，欲积为鱼梁大道，阔三十步，高与城齐，使战士登而攻之，又作八轮楼车，高出于城，夹鱼梁道，欲俯射城内，指期将攻，城内危蹙。会杨玄感反书至，帝大惧，引纳言苏威入帐中，谓曰："此儿聪明，得无为患？"威曰："夫识是非，审成败，乃谓之聪明，玄感粗疏，必无所虑。但恐因此寝成乱阶耳。"帝又闻达官子弟皆在玄感所，益忧之。兵部侍郎斛斯政素与玄感善，玄感之反，政与之通谋，玄纵兄弟亡归，政潜遣之。帝将穷治玄纵等党与，政内不自安，戊辰，亡奔高丽。庚午，夜二更，帝密召诸将，使引军还，军资、器械、攻具，积如丘山，营垒、帐幕、案堵不动，皆弃之而去。众心恟惧，无复部分，诸道分散。高丽即时觉之，然不敢出，但于城内鼓噪。至来日午时，方渐出外，四远觇侦，犹疑隋军诈之。经二日，乃出数千兵追蹑，畏隋军之众，不敢逼，常相去八九十里，将至辽水，知御营毕渡，乃敢逼后军。时后军犹数万人，高丽随而抄击，最后羸弱数千人为所杀略。

【译文】辽东城很长时间不能攻下，隋炀帝杨广派人制造一百多万个布袋，装满泥土，想要筑成像鱼梁一般的大道，宽三十步，高与城相齐，让战士登上去进攻，又制作八轮的楼车，比城墙还高，夹在鱼梁道，想要俯射城里的敌人，并约好日期，准备进攻，城里的人感到忧虑危急。恰巧杨玄感造反的信送达，隋炀帝大为惊惧，引进纳言苏威来到营帐，告诉他说："这个小子十分聪明，能不成为忧患吗？"苏威说："能知晓是非，熟悉成败，才称作聪明，杨玄感为人十分粗心疏略，不值得忧虑。只是担心因此渐渐成为变乱的根源。"隋炀帝杨广又听说达官子弟全在杨玄感那里，更加忧虑。兵部侍郎斛斯政平日与杨玄感交好，杨玄感造反，斛斯政与他互通计谋，杨玄纵兄弟能够逃亡回去，是斛斯政暗中遣放的。隋炀帝杨广准备严处杨玄纵等同党，斛斯政内心深感不安，于是在戊辰日（二十六日），逃到高丽。庚午日（二十八日），夜里二更，隋炀帝杨广暗中召令众将，让他们率军回来，军用物资、器械、攻城用具，堆积如山，营垒、帐幕，都放着不搬动，全部丢弃而去。隋军人心惶恐不安，组织涣散，不能再维持齐整的队伍，各路分散。高丽很快就察觉了，但是不敢出击，只是在城里击鼓喧闹。到了第二天中午，才逐渐敢外出，四处远远地侦察，还是怀疑大隋军队使诈。过了两天，才出动几千名军兵追踪，却畏惧隋朝军队众多，不敢逼近，经常相离八九十里；快要抵达辽水，知道隋炀帝的营兵全部渡过，才敢逼近后面的军队。当时后面的军兵还有几万人，高丽兵跟在后面从两侧抄击进攻，杀死了走在最后面的几千名残弱隋兵。

　　初，帝再征高丽，复问太史令庾质曰："今段何如？"对曰："臣实愚迷，犹执前见，陛下若亲动万乘，劳费实多。"帝怒曰："我自行犹不克，直遣人去，安得有功！"及还，谓质曰："卿前不欲我行，当为此耳。玄感其有成乎？"质曰："玄感地势虽隆，素非人望，因百姓之劳，冀幸成功。今天下一家，未易可动。"

　　帝遣虎贲郎将陈棱攻元务本于黎阳，又遣左翊卫大将军宇文述、左候卫将军屈突通乘传发兵以讨玄感。来护儿至东莱，闻玄感围东都，召诸将议旋军救之。诸将咸以无敕，不宜擅还，固执不从，护儿厉声曰："洛阳被围，心腹之疾；高丽逆命，犹疥癣耳。公家之事，知无不为，专擅在吾，不关诸人，有沮议者，军法从事！"即日回军。令子弘、整驰驿奏闻。帝时还至涿郡，已敕护儿救东都，见弘、整，甚悦，赐护儿玺书曰："公旋师之时，是朕敕公之日，君臣意合，远同符契。"

　　【译文】起初，隋炀帝要再度征讨高丽，又问太史令庾质说："今后一段情况将怎样呢？"庾质回答说："臣确实很执迷愚钝，仍旧坚持从前的看法，陛下假如御驾亲征，辛苦耗费必然很多。"隋炀帝杨广生气地说："我亲自出征尚且不能成功，只派遣别人去，怎么会成功呢？"等到回来，告诉庾质说："您前次不愿我前行，应该是为这件事吧！杨玄感能成功吗？"庾质说："杨玄感地位声势虽然十分隆盛，平日却不得人望，只是利用百姓的劳苦，希望侥幸能够成功而已。如今天下依然一家，是不容易动摇的。"

隋炀帝杨广派遣虎贲郎将陈棱在黎阳攻击元务本，又派遣左翊卫大将军宇文述、右候卫将军屈突通，乘坐传车，调动军队去讨伐杨玄感。来护儿抵达东莱，听闻杨玄感围攻东都，召令众将商量调回军队去援救。众将全都认为没有敕令，不应擅自回去，坚持不肯听命，来护儿以十分严厉地说："洛阳被围，是心腹之患；高丽抗命，好比疥癣一样的小毛病。国家的事情，我知晓了，怎能不行动？专自擅权的是我一人，与各位不相关，再有阻拦回师之事的，要用军法处置。"于是即日回师。来护儿命令他的儿子来弘、来整快马奏报上闻。隋炀帝杨广当时回到涿郡，已经敕令来护儿援救东都，看到来弘、来整，非常高兴，赐来护儿玺书说："您将军队调回来的时间，正是朕敕令您的日子，君臣心意相同，相距虽远，却相合得好像符契一样。"

先是，右武候大将军李子雄坐事除名，令从军自效，从来护儿在东莱，帝疑之，诏锁子雄至行在所。子雄杀使者，逃奔玄感。卫文昇以步骑二万渡瀍水，与玄感战，玄感屡破之。玄感每战，身先士卒，所向摧陷，又善抚悦其下，皆乐为致死，由是每战多捷，众益盛，至十万人。文昇众寡不敌，死伤太半且尽，乃更进屯邙山之阳，与玄感决战，一日十馀合。会杨玄挺中流矢死，玄感军乃稍却。

【译文】此前，右武候大将军李子雄因事坐罪，被革除爵位，让他在军中效力，他跟随来护儿到东莱，隋炀帝杨广对他还有怀疑，诏令锁拿李子雄，送到自己的行宫。李子雄杀死使者，逃到杨玄感那里。卫文昇率领步骑两万人渡过湟水，与杨玄感交战，杨玄感多次将他击败。杨玄感每次交战，自己都身先士卒，所到之处，都将敌人摧败攻陷。他又善于统御安抚部下，部下都愿意为他牺牲生命，因此每次作战大多能够胜利，而徒众也越来越多，增加到十万人。卫文昇兵少，不是杨玄感的对手，部下伤亡大半，将要全军覆没，于是再进军屯守邙山的南边，与杨玄感决战，一天之内双方交战十多个回合。恰巧杨玄挺被流箭射中而死，杨玄感的军队才稍微退却。

【乾隆御批】密为元感划策，以入蓟为上，取长安为次。及提兵经营大业，柴孝和劝以早定关中，徐洪客劝以先取，独夫又皆不能自决，若唐高祖初举事，即定入关之计，据险养威，卒能混一，区宇所见同而所用异，虽曰天命，岂非人事哉？

【译文】李密为杨元感出谋划策，以进攻蓟郡为上策，夺取长安为其次。等到领兵打开战局时，柴孝和劝他及早夺取关中，徐洪客劝他先捉拿皇帝，可是他左右为难，不能自作决定。像唐高祖开始举事的时候，就确定了入关的计划，凭借险要地势，保养了自己的威力，终于统一全国，天下一统的看法虽然相同但实效不同，虽说是天命，难道不也是人事吗？

秋，七月，癸未，馀杭民刘元进起兵以应玄感。元进手长尺馀，臂垂过膝，自以相表非常，阴有异志。会帝再发三吴兵徵高丽，三吴兵皆相谓曰："往岁天下全盛，吾辈父兄征高丽者犹太半不返；今已罢弊，复为此行，吾属无遗类矣！"由是多亡命。郡县捕之急，闻元进举兵，亡命者云集，旬月间，众至数万。

【译文】秋季，七月，癸未日（十一日），馀杭的百姓刘元进起兵响应杨玄感。刘元进手掌有一尺多长，手臂下垂，超过膝盖，自己因为相貌不同平常，暗中有叛乱的心意。恰巧隋炀帝杨广调动三吴的军队讨伐高丽，三吴的军队全都互相说："往年天下最盛的时候，我们的父兄去讨伐高丽尚且大半没有返回；现在已经疲惫凋敝，再有此次征行，我们这些人没有活命的希望了。"因此有许多人逃亡。郡县缉拿得很急切，听说刘元进兴兵，逃命的人全都群聚到他那里，一月之间，徒众达到几万人。

　　始，杨玄感至东都，自谓天下响应，功在朝夕。得韦福嗣，委以心膂，不复专任李密。福嗣每画策，皆持两端；密揣知其意，谓玄感曰："福嗣元非同盟，实怀观望；明公初起大事而奸人在侧，听其是非，必为所误，请斩之！"玄感曰："何至于此！"密退，谓所亲曰："楚公好反而不欲胜，吾属今为虏矣！"

　　李子雄劝玄感速称尊号，玄感以问密，密曰："昔陈胜自欲称王，张耳谏而被外；魏武将求九锡，荀彧止而见诛。今者密欲正言，还恐追踪二子；阿谀顺意，又非密之本图。何者？兵起以来，虽复频捷，至于郡县，未有从者；东都守御尚强，天下救兵益至，公当挺身力战，早定关中，乃亟欲自尊，何示人不广也！"玄感笑而止。

【译文】起初，杨玄感抵达东都，自以为天下的人全都响应他。得到韦福嗣，便将他当为腹心，不再单信李密。韦福嗣每次谋略计划，都持观望态度。李密测知他的心思，就告诉杨玄感说："韦福嗣原本不是同盟的人，的确存着观望的心理；明公刚刚举发大事，而奸邪的人在身边，听他搬弄是非，必会因他误事，请求将他斩杀。"杨玄感说："哪里到了这地步呢？"李密退出来，告诉亲信的人说："楚公喜好造反却不想求胜，我们而今尽成俘虏了。"

李子雄劝说杨玄感赶快称尊号，杨玄感去询问李密，李密说："以前陈胜自己想要称王，张耳进谏而被外调；魏武帝准备取得九锡，荀彧阻止而被杀。现在李密想要依据事理而直言，还担心会追随以上两人的情形，被流放杀死；讲好听的话，顺遂你的心意，又非李密的本意。怎么说呢? 兴兵以来，虽然一再取得胜利，但是郡县，却还没有归附；东都的防御守备还很强，天下的援兵增援而来，您应当奋力交战，早一点讨平关中，而今竟然急着想要自称尊号，怎么能展示给人看自己的志气短小呢?"杨玄感一笑作罢。

屈突通引兵屯河阳，宇文述继之，玄感问计于李子雄，子雄曰："通晓习兵事，若一得渡河，则胜负难决，不如分兵拒之。通不能济，则樊、卫失援。"玄感然之，将拒通；樊子盖知其谋，数击其营，玄感不得往。通济河，军于破陵。玄感分为二军，西抗文升，东拒通。子盖复出兵大战，玄感军屡败，与其党谋之，李子雄曰："东都援军益至，我军数败，不可久留，不如直入关中，开永丰仓以振贫乏，三辅可指麾而定，据有府库，东面而争天下，亦霸王之业也。"李密曰："弘化留守元弘嗣握强兵在陇右，可声言其反，遣使迎公，因此入关，可以给众。"

【译文】屈突通率军屯守河阳，宇文述跟随其后，杨玄感向李子雄询问计策，李子雄说："屈突通通晓军事，假如能渡过黄河，那么胜败就难以决定，不如分派军队对抗。屈突通无法渡河，樊子盖、卫文昇就失掉援助了。"杨玄感赞同他的看法，将要对抗屈突通；樊子盖知晓他的计谋，几次攻打他的军营，杨玄感无法前往。屈突通渡过黄河，驻兵在破陵。杨玄感分为两军，西军抵抗卫文昇，东军抵抗屈突通。樊子盖又出军大战，杨玄感的军队多次战败，便与他的心腹谋划，李子雄说："东都援军大量涌到，我军屡次战败，不能久留，不如直接进入关中，打开永丰仓来赈助贫困，三辅地区就可很快平定，据有府库，面东而争天下，也是霸王的事业。"李密说："弘化郡的留守元弘嗣在陇右握有强大的兵力，可以宣称他造反，派遣使者迎接您，因而进入关中，可以这样蒙蔽百姓。"

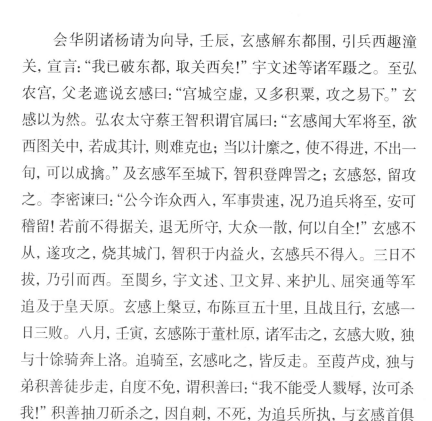

会华阴诸杨请为向导，壬辰，玄感解东都围，引兵西趣潼关，宣言："我已破东都，取关西矣！"宇文述等诸军蹑之。至弘农宫，父老遮说玄感曰："宫城空虚，又多积粟，攻之易下。"玄感以为然。弘农太守蔡王智积谓官属曰："玄感闻大军将至，欲西图关中，若成其计，则难克也；当以计縻之，使不得进，不出一旬，可以成擒。"及玄感军至城下，智积登陴詈之；玄感怒，留攻之。李密谏曰："公今诈众西入，军事贵速，况乃追兵将至，安可稽留！若前不得据关，退无所守，大众一散，何以自全！"玄感不从，遂攻之，烧其城门，智积于内益火，玄感兵不得入。三日不拔，乃引而西。至阌乡，宇文述、卫文昇、来护儿、屈突通等军追及于皇天原。玄感上槃豆，布陈亘五十里，且战且行，玄感一日三败。八月，壬寅，玄感陈于董杜原，诸军击之，玄感大败，独与十馀骑奔上洛。追骑至，玄感叱之，皆反走。至葭芦戍，独与弟积善徒步走，自度不免，谓积善曰："我不能受人戮辱，汝可杀我！"积善抽刀斫杀之，因自刺，不死，为追兵所执，与玄感首俱送行在所。磔玄感尸于东都市，三日，复脔而焚之。玄感弟玄奖为义阳太守，将赴玄感，为郡丞周旋玉所杀；仁行为朝请大夫，伏诛于长安。

【译文】恰巧华阴许多杨姓的人请求担任向导，壬辰日（二十一日），杨玄感解除东都的围困，率军向西赶往潼关，宣称："我已攻陷东都，来夺取关西了。"宇文述等各军跟从在后。到了弘农宫，父老全都阻路劝杨玄感说："宫城空虚，又堆积许多的粟粮，容易攻克下来。"杨玄感赞同他们的看法。弘农太守蔡王杨智积告诉官属说："杨玄感听闻大军将要到达，想要向西图谋关中，假如让他的计谋成功，就很难获胜了；应该用计牵制他，让他不能前进，不到十天，就能将他擒住。"等到杨玄感的军队来到城下，杨智积登上城池的墙垣责骂他，杨玄感十分生气，留下来进攻他。李密进谏说："您现在佯称众军向西直入，兵贵神速，又何况追兵将至，怎么能停留呢？假如前进不能驻守潼关，退后没有能够防守的地方，大军一溃败，怎样保全自己呢？"杨玄感不采纳他的意见，于是进行攻击，焚毁他们的城门，杨智积在城内放火，杨玄感的军队无法直入。一连三日都没有攻下，这才率军向西。到达阌乡，宇文述、卫文昇、来护儿、屈突通等军队在皇天原追上了杨玄感。杨玄感到达盘豆，排列阵势，绵延五十里，一边作战，一边退走，一天之内败了三次。八月，壬寅日（初一），杨玄感在董杜原布阵，各军进攻他，杨玄感大败，独自与十几名骑兵逃奔上洛。追赶的骑兵抵达，杨玄感大声呵斥，全都回头逃走。到了葭芦戍，独自与弟弟杨积善徒步走路，料想不免于难，便告诉杨积善说："我不能受到别人的侮辱杀戮，你可将我杀掉！"杨积善抽出刀，将他砍死，然后刺杀自己，没有死，被追兵捉住，与杨玄感的首级一同送到隋炀帝的行宫。隋炀帝下令在东都市上磔裂杨玄感的尸骸，三天以后，又切成肉块，将他焚烧了。杨玄感的弟弟杨玄奖担任义阳太守，准备奔赴杨玄感那里，被郡丞周旋玉格杀；杨仁行担任朝请大夫，在长安被处死。

玄感之围东都也，梁郡民韩相国举兵应之，玄感以为河南道元帅，旬月间众十馀万，攻剽郡县；至襄城，闻玄感败，众稍散，为吏所获，传首东都。

帝以元弘嗣，斛斯政之亲也，留守弘化郡，遣卫尉少卿李渊驰往执之，因代为留守，关右十三郡兵皆受征发。渊御众宽简，人多附之。帝以渊相表奇异，又名应图谶，忌之。未几，征诣行在所，渊遇疾未谒，其甥王氏在后宫，帝问曰："汝舅来何迟？"王氏以疾对，帝曰："可得死否？"渊闻之，惧，因纵酒纳赂以自晦。

【译文】杨玄感围攻东都时，梁郡的百姓韩相国举兵响应他，杨玄感任命韩相国担任河南道元帅，整整一月之间，拥有十多万徒众，四处攻掠郡县；到了襄城，听闻杨玄感战败，徒众稍有溃散，韩相国被郡吏抓获杀死，将他的首级送到东都。

隋炀帝杨广因为元弘嗣是斛斯政的亲人，留守在弘化郡，就派遣卫尉少卿李渊快骑前往捉拿他，就此代为留守，关右十三郡的军队全都接受他的调度节制。李渊统御军队，清简宽恕，一般人多愿归附他。隋炀帝杨广因为李渊的相貌、外表十分奇特怪异，又由于他的名字与图箓谶纬相应，就猜忌他。没过多久，将他征调到行在所，李渊因为生病，没有前去谒见，他的外甥女王氏在后宫，隋炀帝询问她说："你的舅舅怎么来得这样迟呢？"王氏用生病回答，隋炀帝说："会不会死啊？"李渊听了，十分害怕，因此饮酒放纵，广进贿赂，以求隐晦。

癸卯，吴郡朱燮、晋陵管崇聚众寇掠江左。燮本还俗道人，涉猎经史，颇知兵法，形容眇小，为昆山县博士，与数十学生起兵，民苦役者赴之如归。崇长大，美姿容，志气倜傥，隐居常熟，自言有王者相，故群盗相与奉之。时帝在涿郡，命虎牙郎将赵六儿将兵万人屯杨子，分为五营以备南贼。崇遣其将陆颉度江，夜，袭六儿，破其两营，收其器械军资而去，众益盛，至十万。

辛酉，司农卿云阳赵元淑坐杨玄感党伏诛。帝使大理卿郑善果、御史大夫裴蕴、刑部侍郎骨仪、与留守樊子盖推玄感党与。仪，本天竺胡人也。帝谓蕴曰："玄感一呼而从者十万，益知天下人不欲多，多即相聚为盗耳。不尽加诛，无以惩后。"子盖性既残酷，蕴复受此旨，由是峻法治之，所杀三万馀人，皆籍没其家，枉死者太半，流徙者六千馀人。玄感之围东都也，开仓赈给百姓。凡受米者，皆坑之于都城之南。玄感所善文士会稽虞绰、琅邪王胄俱坐徙边，绰、胄亡命，捕得，诛之。

【译文】癸卯日（初二），吴郡的朱燮、晋陵的管崇聚集百姓抢掠江东。朱燮原本是还俗的道士，粗读经史，颇晓兵法，身体瘦小，担任昆山县的博士，与几十名学生起兵，百姓不堪劳役的，如同归市一样去投奔他。管崇身体高大，姿容俊美，志气高放，不受拘束，在常熟隐居，自称有王者之相，因此群盗都相互尊奉他为首领。当时隋炀帝杨广在涿郡，命令虎牙郎将赵六儿率领军队一万人驻守杨子，分为五营来防范南面的贼兵。管崇派遣他的将军陆颉横渡长江，夜晚，偷袭赵六儿，击败他的两个营垒，收缴他们的器械、军用物品，然后离去。管崇的徒众越来越多，达到十万人。

辛酉日（二十日），司农卿云阳人赵元淑，因为坐杨玄感同党的罪，被诛杀。隋炀帝杨广派遣大理卿郑善果、御史大夫裴蕴、刑部侍郎骨仪与留守樊子盖查究杨玄感的同党。骨仪原本是天竺的胡人。隋炀帝杨广告诉裴蕴说："杨玄感振臂一呼，响应的就有十万人，越发知晓天下的人不要太多，多了就会相互聚合为盗匪。不将他们这班人全都诛灭，就无法惩戒后来的人。"樊子盖的性情已经十分残酷，裴蕴又接受这个意旨，因而用严刑峻法处理杨玄感的同党，杀了三万余人，全都依照簿籍没收他们的妻孥与财产，冤死的有一多半，被迁徙流放的有六千余人。杨玄感围困东都时，打开粮仓赈济百姓。凡接受粮米的，全都活埋在都城的南边。杨玄感所交往的文士，会稽的虞绰、琅邪的王胄，全都坐罪被迁徙到边区，虞绰、王胄伺机逃跑，被捕处死。

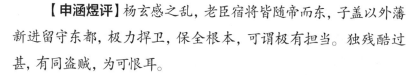

【申涵煜评】杨玄感之乱，老臣宿将皆随帝而东，子盖以外藩新进留守东都，极力捍卫，保全根本，可谓极有担当。独残酷过甚，有同盗贼，为可恨耳。

【译文】杨玄感之乱，老臣宿将都跟随隋炀帝去了东方，樊子盖以外藩新进而留守东都，极力捍卫都城，保全根本，可以说特别有担当。唯独可惜的是他是残酷太过，如同盗贼一般，令人可恨。

帝善属文，不欲人出其右。薛道衡死，帝曰："更能作'空梁落燕泥'否！"王胄死，帝诵其佳句曰："'庭草无人随意绿，'复能作此语邪！"帝自负才学，每骄天下之士，尝谓侍臣曰："天下皆谓朕承藉绪馀而有四海，设令朕与士大夫高选，亦当为天子矣。"

帝从容谓秘书郎虞世南曰："我性不喜人谏，若位望通显而谏以求名者，弥所不耐。至于卑贱之士，虽少宽假，然卒不置之地上。汝其知之！"世南，世基之弟也。

帝使裴矩安集陇右，因之会宁，存问曷萨那可汗部落，遣阙达度设寇掠吐谷浑以自富，还而奏状，帝大赏之。

【译文】隋炀帝杨广善于做文章，不愿别人写得比他好。薛道衡去世，隋隋炀帝说："还能作'空梁落燕泥'的句子吗？"王胄被处死，隋炀帝诵读他的好句，说："'庭草无人随意绿'，还能作这样的诗句吗？"隋炀帝自恃有才学，经常傲视天下的读书人，曾告诉侍臣说："天下的人全都以为朕凭借先帝的余业，而拥有天下，假如让朕与士大夫一起选拔，也应该是天子。"

隋炀帝杨广闲谈时对秘书郎虞世南说："我的性情不喜欢别人劝谏，假如声望地位已经通达显贵，而还以劝谏求取声名，更加令人不能容忍。至于地位低贱的人，虽然稍微可以原谅宽容，但是最终也不能免除罪刑。你要知晓呀！"虞世南是虞世基的弟弟。

隋炀帝杨广派裴矩去抚慰聚集在陇右的人，裴矩因此抵达会宁，慰劳曷萨那可汗部落，并且派遣阙达度设去劫掠吐谷浑，来增加自己的财富，回来之后呈上奏状，隋炀帝大大地奖赏了他。

九月，己卯，东海民彭孝才起为盗，有众数万。

甲午，车驾至上谷，以供费不给，免太守虞荷等官。闰月，己巳，幸博陵。

冬，十月，丁丑，贼帅吕明星围东郡，虎贲郎将费青奴击破之。

刘元进帅其众将渡江，会杨玄感败，朱燮、管崇迎元进，推以为主，据吴郡，称天子，燮、崇俱为尚书仆射，署置百官，毗陵、东阳、会稽、建安豪杰多执长吏以应之。帝遣左屯卫大将军代人吐万绪、光禄大夫下邽鱼俱罗将兵讨之。

十一月，己酉，右候卫将军冯孝慈讨张金称于清河，孝慈败死。

【译文】九月，己卯日（初八），东海的百姓彭孝才起来叛乱，成为盗匪，有徒众数万人。

甲午日（二十三日），隋炀帝杨广的车驾抵达上谷，由于供应的费用不够，解除了太守虞荷等人的官职。闰月，己巳日（二十八日），隋炀帝杨广临幸博陵。

冬季，十月，丁丑日（初七），贼军首领吕明星围攻东郡，虎贲郎将费青奴击败了他。

刘元进带领他的徒众准备渡过长江，恰巧杨玄感失败，朱燮、管崇一同迎接刘元进，推举他为领袖，驻守吴郡，自称天子，任命朱燮、管崇担任尚书仆射，并设立百官，毗陵、东阳、会稽、建安等地方的豪杰，大多执拿郡守以下的县令、丞、尉等官吏来响应他们。隋炀帝杨广派遣左屯卫大将军代人吐万绪、光禄大夫下邽人鱼俱罗率领军队去讨伐他们。

十一月，己酉日（初九），右候卫将军冯孝慈在清河讨伐张金称，冯孝慈战败身亡。

杨玄感之西也，韦福嗣亡诣东都归首，是时如其比者皆不问。樊子盖收玄感文簿，得其书草，封以呈帝；帝命执送行在。李密亡命，为人所获，亦送东都。樊子盖锁送福嗣、密及杨积善、王仲伯等十馀人诣高阳，密与王仲伯等窃谋亡去，悉使出其所赍金以示使者曰："吾等死日，此金并留付公，幸用相瘗，其馀即皆报德。"使者利其金，许诺，防禁渐弛。密请通市酒食，每宴饮，喧哗竟夕，使者不以为意。行至魏郡石梁驿，饮防守者皆醉，穿墙而逸。密呼韦福嗣同去，福嗣曰："我无罪，天子不过一面责我耳。"至高阳，帝以书草示福嗣，收付大理。宇文述奏："凶逆之徒，臣下所当同疾，若不为重法，无以肃将来。"帝曰："听公所为。"十二月，甲申，述就野外，缚诸应刑者于格上，以车轮括其颈，使文武九品以上皆持兵矻射，乱发矢如猬毛，支体糜碎，犹在车轮中。积善、福嗣仍加车裂，皆焚而扬之。积善自言手杀玄感，冀得免死。帝曰："然则枭类耳！"因更其姓曰枭氏。

【译文】杨玄感向西进兵时，韦福嗣逃往东都归降自首，那时像他这样的人全都不加追问。樊子盖收拾杨玄感的文簿，找到韦福嗣所草拟给樊子盖的信，密封呈给隋炀帝；隋炀帝杨广命令将韦福嗣捉送到行在所。此时李密逃亡，被人俘虏，也送往东都。樊子盖以枷锁锁住韦福嗣、李密，与杨积善、王仲伯等十多人，送往高阳，李密与王仲伯等人私下密谋逃走，将所携带的金银全都拿出来给使者看，说："我们死去的时候，这些金子全都留给您，希望能够拿来替我们埋葬，其他剩余的全都用来报答您的恩惠。"使者贪图这些金子，应允了，防备渐渐松懈。接着李密请求使者通融，允许他们买酒食，整夜喧闹，使者不以为意，走到魏郡的石梁驿，请防守的人喝酒，将他们全都灌醉，穿通屋墙逃走。当时李密叫韦福嗣一起逃走，韦福嗣说："我没有犯罪，天子不过是当面斥责我罢了。"到了高阳，隋炀帝杨广拿草拟的信给韦福嗣看，将韦福嗣交给大理官处理。宇文述上奏："凶恶叛乱的人，是臣子所应共同嫉恨的，假如不处重刑，将无法警戒后来。"隋炀帝杨广说："就照您的意思去做。"十二月，甲申日（十五日），宇文述在野外，将几个应当接受刑罚的人都绑在格架上，以车轮套在头颈上，让九品以上的文武官员全都持拿兵器砍射，胡乱射出的箭，多的像刺猬毛，那些人肢体糜烂破碎，留在车轮里面。杨积善、韦福嗣另外加刑，施以车裂之刑，然后全部予以焚烧丢弃。杨积善自己说亲手杀掉了杨玄感，希望能免掉死罪。隋炀帝杨广说："这简直是枭鸟一类啊！"因此改变他的姓为枭氏。

　　唐县人宋子贤，善幻术，能变佛形，自称弥勒出世，远近信惑，遂谋因无遮大会举兵袭乘舆；事泄，伏诛，并诛党与千馀家。

　　扶风桑门向海明亦自称弥勒出世，人有归心者，辄获吉梦，由是三辅人翕然奉之，因举兵反，众至数万。丁亥，海明自称皇帝，改元白乌。诏太仆卿杨义臣击破之。

　　帝召卫文昇、樊子盖诣行在；慰劳之，赏赐极厚，遣还所任。

　　【译文】唐县人宋子贤，精通幻术，能够变成佛的形象，自称弥勒佛出世，远近的百姓都受到迷惑，相信他，于是宋子贤计划利用无遮大会，起兵袭击天子的坐车；后来因为事情泄露，宋子贤伏罪被杀，其同党一千多家也被诛灭。

　　扶风和尚向海明也自称是弥勒出世，说只要是对他归心的人，可以得到吉祥的梦，因而三辅地方的人都纷纷信奉他，向海明于是也兴兵造反，徒众多到数万人。丁亥日（十八日），向海明自己称帝，改年号为白乌。隋炀帝杨广令太仆卿杨义臣将他击败消灭。

　　隋炀帝杨广召令卫文昇、樊子盖来到行在所，慰问他们，赏赐特别丰厚，然后遣放他们回到任职的地方。

　　刘元进攻丹阳，吐万绪济江击破之，元进解围去，绪进屯曲阿。元进结栅拒绪，相持百馀日；绪击之，贼众大溃，死者以万数。元进挺身夜遁，保其垒。朱燮、管崇等屯毗陵，连营百馀里，绪乘胜进击，复破之。贼退保黄山，绪围之，元进、燮仅以身免，于陈斩崇及其将卒五个馀人，收其子女三万馀口，进解会稽围。鱼俱罗与绪偕行，战无不捷，然百姓从乱者如归市，贼败而复聚，其势益盛。元进退据建安，帝令绪进讨，绪以士卒疲弊，请息甲待来春，帝不悦。俱罗亦以贼非岁月可平，诸子在洛京，潜遣家仆迎之；帝怒。有司希旨，奏绪怯懦，俱罗败衄，俱罗坐斩，徵绪诣行在，绪忧愤，道卒。

【译文】刘元进进攻丹阳，吐万绪渡过长江击败了他，刘元进冲出包围逃走，吐万绪进军屯守曲阿。刘元进修筑栅栏抵抗吐万绪，双方相持一百多天，吐万绪继续进攻，贼兵大败溃逃，死了一万多人。刘元进在夜里奋身逃走，据守他的堡垒。朱燮、管崇等人驻守毗陵，营地相连一百多里，吐万绪乘胜进军攻击，又击败了他们。贼军退守黄山，吐万绪围攻他们，刘元进、朱燮仅只身逃走，官军在战阵中一共杀死管崇及其将士五千多人，俘虏他们的子女三万余人，进而解除了会稽的包围。鱼俱罗与吐万绪一同出征，战无不胜，但是老百姓附从叛逆的好像散市返家一样，贼军战败了又再聚集，他们的声势越来越盛。刘元进退守建安，隋炀帝杨广命令吐万绪进兵讨伐，吐万绪因为士兵困敝疲惫，请求休兵，等到明年春天再战，隋炀帝很不高兴。鱼俱罗也认为贼兵不是一年几个月就可以讨平的，他的几个儿子都在东都洛阳，便暗中派遣家仆去接儿子，隋炀帝更加生气。负责司法的官吏秉承隋炀帝旨意，上奏吐万绪懦弱退怯，鱼俱罗常打败仗，于是鱼俱罗坐罪被杀，并征召吐万绪来到行在所，吐万绪悲愤忧惧，死在路上。

帝更遣江都丞王世充发淮南兵数万人讨元进。世充渡江，频战皆捷，元进、孌败死于吴，其馀众或降或散。世充召先降者于通玄寺瑞像前焚香为誓，约降者不杀。散者始欲入海为盗，闻之，旬月之间，归首略尽，世充悉坑之于黄亭涧，死者三万馀人。由是馀党复相聚为盗，官军不能讨，以至隋亡。帝以世充有将帅才，益加宠任。

是岁，诏为盗者籍没其家。时群盗所在皆满，群县官因之各专威福，生杀任情矣。

【译文】隋炀帝杨广另外派遣江都丞王世充调动淮南的军队几万人去讨伐刘元进。王世充渡过长江，几次作战都取得胜利。刘元进、朱孌战败，死在吴县，其他残余的徒众，有的投降，有的逃跑。王世充在通玄寺佛像前召集先投降的人，焚香盟誓，约定对归降的人不加杀害。逃跑的人起先想到海中做强盗，听了这个消息，一月之内，几乎全都归顺自首，王世充将他们全都活埋在黄亭涧，一共死了三万多人。因此残余的党羽又相聚成为盗匪，官军无法前去讨伐，一直到隋朝灭亡。隋炀帝杨广因为王世充有将帅之才，更加宠爱重用。

这一年，隋炀帝杨广诏令凡当盗匪的，全都依照簿籍没收他们的妻孥与财产。当时群盗所在的地方，全都人满为患，郡县官吏因而各自专擅威权，肆意生杀。

章丘杜伏威与临济辅公祐为刎颈交，俱亡命为群盗。伏威年十六，每出则居前，入则殿后，由是其徒推以为帅。下邳苗海潮亦聚众为盗，伏威使公祐谓之曰："今我与君同苦隋政，各举大义，力分势弱，常恐被擒。若合为一，则足以敌隋矣。君能为主，吾当敬从，自揆不堪，宜来听命；不则一战以决雌雄。"海潮惧，即帅其众降之。伏威转掠淮南，自称将军，江都留守遣校尉宋颢讨之，伏威与战，阳为不胜，引颢众入葭苇中，因从上风纵火，颢众皆烧死。海陵贼帅赵破陈以伏威兵少，轻之，召与并力；伏威使公祏严兵居外，自与左右十人赍牛酒入谒，于座杀破陈，并其众。

【译文】章丘的杜伏威与临济的辅公祏两人是生死之交，全都亡命沦为盗匪。杜伏威才十六岁，每次作战，都冲锋在前，退兵时，就殿在后面，因此他的党羽推举他为首领。下邳的苗海潮也聚集徒众成为盗匪，杜伏威派遣辅公祏对他说："今天我与你一同受到隋朝政治的迫害，各自举起大义的旗帜，力量分散，形势薄弱，经常担心被擒获，假如合为一体，就足够与隋朝敌对了。你能成为领袖，我将非常诚敬地附从，你自认为不能担任领袖，就应当来听我的命令；不然的话，一战以决定胜负。"苗海潮畏惧，立即带领徒众投降。杜伏威转而侵掠淮南，自称将军，江都留守派遣校尉宋颢去征讨，杜伏威与他交战，佯装不敌，引诱宋颢的军兵进入葭苇中，于是从上风的地方纵火，最终宋颢的军兵都被烧死。海陵贼军首领赵破陈，由于杜伏威兵力少，轻视他，召令与他合力；杜伏威派遣辅公祏严布军队在外面，自己与十个亲信送牛酒到赵破陈的座席上，将赵破陈杀死，吞并了他的徒众。

大业十年（甲戌，公元六一四年）春，二月，辛未，诏百僚议伐高丽，数日，无敢言者。戊子，诏复征天下兵，百道俱进。

丁酉，扶风贼帅唐弼立李弘芝为天子，有众十万，自称唐王。

三月，壬子，帝行幸涿郡，士卒在道，亡者相继。癸亥，至临渝宫，祃祭黄帝，斩叛军者以衅鼓，亡者亦不止。

夏，四月，榆林太守成纪董纯与彭城贼帅张大虎战于昌虑，大破之，斩首万馀级。

甲午，车驾至北平。

五月，庚申，延安贼帅刘迦论自称皇王，建元大世，有众十万，与稽胡相表里为寇。诏以左骁卫大将军屈突通为关内讨捕大使，发兵击之，战于上郡，斩迦论并将卒万馀级，虏男女数万口而还。

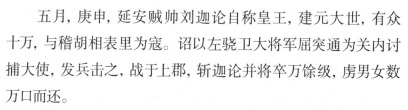

【译文】大业十年（甲戌，公元 614 年）春季，二月，辛未日（初三），隋炀帝杨广诏令百官商议讨伐高丽，一连好几日，没有人敢说话。戊子日（二十日），隋炀帝杨广诏令再次调集天下的军队，分百路一同前进。

丁酉日（二十九日），扶风贼军首领唐弼拥立李弘芝为天子，拥有徒众十万人，自称为唐王。

三月，壬子日（十四日），隋炀帝杨广行幸涿郡，途中士兵不断逃亡。癸亥日（二十五日），隋炀帝杨广到达临渝宫，为黄帝举行祃祭，斩杀叛军，拿他们的血涂鼓，但逃亡的人数还在继续增加。

夏季，四月，榆林太守成纪人董纯与彭城贼兵首领张大虎在昌虑交战，将张大虎打得大败，斩杀了一万余人。

甲午日（二十七日），隋炀帝杨广车驾抵达北平。

五月，庚申日（二十三日），延安贼军首领刘迦论自称皇王，建年号为大世，拥有徒众十万人，与稽胡相互呼应为寇。隋炀帝杨广下诏任命左骁卫大将军屈突通担任关内讨捕大使，调动军队攻打刘迦论，在上郡交战，斩杀了刘迦论以及将士一万余人，俘虏男女数万人后返回。

秋，七月，癸丑，车驾次怀远镇。时天下已乱，所徵兵多失期不至，高丽亦困弊。来护儿至毕奢城，高丽举兵逆战，护儿击破之，将趣平壤，高丽王元惧，甲子，遣使乞降，囚送斛斯政。帝大悦，遣使持节召护儿还。护儿集众曰："大军三出，未能平贼，此还不可复来，劳而无功，吾窃耻之。今高丽实困，以此众击之，不日可克。吾欲进兵径围平壤，聚高元，献捷而归，不亦善乎！"答表请行，不肯奉诏。长史崔君肃固争，护儿不可，曰："贼势破矣，独以相任，自足办之。吾在阃外，事当专决，宁得高元还而获谴，舍此成功，所不能矣！"君肃告众曰："若从元帅违拒诏书，必当闻奏，皆应获罪。"诸将惧，俱请还，乃始奉诏。

【译文】秋季，七月，癸丑日（初七），隋炀帝杨广御驾停留在怀远镇。此时天下已经大乱，调集的军队大多拖延期限，不能到达，高丽国也已疲敝困顿。来护儿抵达毕奢城，高丽军迎战，来护儿将他们击败，准备前往平壤，高丽王高元感到恐惧，于甲子日（二十八日），派使者乞求投降，并拘禁解送斛斯政。隋炀帝杨广大喜，派遣使者持符节召令来护儿回师。来护儿聚齐兵众说："大军三次出征，未能讨平贼兵，这次回去之后不能再来了，劳而无功，我个人觉得十分羞耻。现在高丽的确很困窘，用这么多人去攻打他们，没多久就可以攻下来，我想进军直接围攻平壤，擒拿高元，贡献胜利的战果之后回去，不是很好吗？"于是回了奏表，请求进兵，不肯接奉诏令回来。长史崔君肃坚持力争，来护儿不同意，说："贼军的情势看来已经完了，只需我们这一路军队就可平定。我在国都之外，事情应该可以专自决定，宁可擒拿高元回去被治罪，要我放弃这个成功的机会，我办不到啊。"崔君肃告诉军兵说："假如听从元帅违抗诏令，定会被上奏给陛下晓得，这样大家都会被治罪。"众将恐惧，全都请求回去，来护儿这才奉接诏书回去。

八月，己巳，帝自怀远镇班师。邯郸贼帅杨公卿帅其党八千人抄驾后第八队，得飞黄上厩马四十二匹而去。冬，十月，丁卯，上至东都；己丑，还西京。以高丽使者及斛斯政告太庙；仍徵高丽王元入朝，元竟不至。敕将帅严装，更图后举，竟不果行。

初，开皇之末，国家殷盛，朝野皆以高丽为意，刘炫独以为不可，作《抚夷论》以刺之，至是，其言始验。

【译文】八月，己巳日(初四)，隋炀帝杨广从怀远镇调师回来。邯郸的贼军首领杨公卿带领他的党羽八千人，劫掠御驾后面的第八队，抢得飞黄上厩马四十二匹后离去。冬季，十月，丁卯日(初三)，隋炀帝杨广抵达东都；己丑日(二十五日)，隋炀帝杨广返回西京。隋炀帝杨广用高丽使者与斛斯政告祭太庙；又征召高丽王高元入朝，高元竟然不到。隋炀帝杨广于是敕令将帅加强装备，又谋划日后举兵的事情，最终没能成行。

起初，开皇末年，国家强盛殷富，朝野上下都想征伐高丽，只有刘炫独自认为不可，作《抚夷论》来批评，这时，他的话才得到验证。

十一月，丙申，杀斛斯政于金光门外，如杨积善之法，仍烹其肉，使百官啖之，佞者或啖之至饱，收其馀骨，焚而扬之。

乙巳，有事于南郊，上不斋于次。诘朝，备法驾，至即行礼。是日，大风。上独献上帝，三公分献五帝。礼毕，御马疾驱而归。

乙卯，离石胡刘苗王反；自称天子，众至数万；将军潘长文讨之，不克。

汲郡贼帅王德仁拥众数万，保林虑山为盗。

帝将如东都，太史令庾质谏曰："比岁伐辽，民实劳弊，陛下宜镇抚关内，使百姓尽力农桑，三五年间，四海稍丰实，然后巡省，于事为宜。"帝不悦。质辞疾不从，帝怒，下质狱，竟死狱中。十二月，壬申，帝如东都，赦天下；戊子，入东都。

【译文】十一月，丙申日（初二），隋炀帝杨广在金光门外杀了斛斯政，依照对付杨积善的方法，仍旧烹煮他的肉，命百官食用，谗佞的人有的甚至吃到饱，之后收拾他的残余骨头，焚烧抛弃。

乙巳日（十一日），隋炀帝杨广在南郊举行祭典，隋炀帝没有到斋戒处斋戒。天亮时，备好法驾，到达南郊立即举行仪式。当天，大风。隋炀帝单独献祭上帝，三公分别献祭五帝。行礼结束，御马快骑而回。

乙卯日（二十一日），离石的胡人刘苗王叛乱，自称天子，徒众多达数万人；将军潘长文去征讨他，没有成功。

汲郡贼军首领王德仁拥有徒众数万人，盘踞林虑山做了盗匪。

隋炀帝杨广要到东都，太史令庾质进谏说："近年来征讨辽东，百姓实已困敝劳苦，陛下应当安抚关内，让百姓尽力种桑耕田，三五年内，四海稍为充实丰富，再外出巡视，臣认为这样做比较合适。"隋炀帝不太高兴。庾质于是借口有病不跟随皇帝出行，使得隋炀帝十分生气，便将庾质关进牢狱，庾质竟死在狱中。十二月，壬申日（初九），隋炀帝杨广前往东都，赦免天下；戊子日（二十五日），隋炀帝杨广进入东都。

东海贼帅彭孝才转掠沂水，彭城留守董纯讨擒之。纯战虽屡捷，而盗贼日滋，或谮纯怯懦；帝怒，锁纯诣东都，诛之。

孟让自长白山寇掠诸郡，至盱眙，众十馀万，据都梁宫，阻淮为固。江都丞王世充将兵拒之，为五栅以塞险要，羸形示弱。让笑曰："世充文法小吏，安能将兵! 吾今生缚取，鼓行入江都耳!"时民皆结堡自固，野无所掠，贼众渐馁，乃少留兵，围五栅，分人于南方抄掠；世充伺其懈，纵兵出击，大破之，让以数十骑遁去，斩首万馀级。

【译文】东海的贼军首领彭孝才辗转去劫掠沂水，彭城留守董纯讨平并擒获了他。董纯作战虽然多次获胜，可是盗贼一日比一日多。有人谗言说董纯懦弱畏怯。隋炀帝很生气，便将董纯抓起来，送往东都，把他杀了。

孟让自长白山出发劫掠各郡，到了盱眙，拥有徒众十多万人，占据了都梁宫，依据淮水固守。江都丞王世充率军抵抗他，设立五处栅垒来堵住险要的地方，显出十分衰弱的样子。孟让笑着说："王世充是掌管刀笔的小官吏，怎么能够率领军队呢! 我今天要活捉他绑缚起来，击鼓行军进入江都!"当时的百姓全都构筑战堡自求保全，野外没有可以抢掠的东西，贼兵渐渐饥饿，于是只留下很少的军兵包围五处栅垒，分散人力在南方抄袭掠夺；王世充窥伺贼军已经松懈，立即派军出去攻击，将他打得大败。孟让只率领几十名骑兵逃走，被杀死的有一万多人。

齐郡贼帅左孝友众十万屯蹲狗山，郡丞张须陀列营逼之，孝友窘迫出降。须陀威振东夏，以功迁齐郡通守，领河南道十二郡黜陟讨捕大使。涿郡贼帅卢明月众十馀万军祝阿，须陀将万人邀之。相持十馀日，粮尽，将退，谓将士曰："贼见吾退，必悉众来追，若以千人袭据其营，可有大利。此诚危事，谁能往者?"众莫对，唯罗士信及历城秦叔宝请行。于是，须陀委栅而遁，使二人分将千兵伏葭苇中，明月悉众追之。士信、叔宝驰至其栅，栅门闭，二人超升其楼，各杀数人，营中大乱；二人斩关以纳外兵，因纵火焚其三十馀栅，烟焰涨天。

明月奔还，须陀回军奋击，大破之，明月以数百骑遁去，所俘斩无算。叔宝名琼，以字行。

【译文】齐郡的贼军首领左孝友拥有徒众十万人，屯驻在蹲狗山，郡丞张须陀布好阵营逼近他们，左孝友走投无路出来投降。于是张须陀的声威在东夏大振，更由于有功，升迁担任齐郡通守，兼领河南道十二郡黜陟讨捕大使。涿郡的贼军首领卢明月，拥有徒众十余万人，驻扎在祝阿，张须陀率领一万人迎战。相持十几天，粮食吃尽，准备退兵，告诉将士说："贼匪看到我们退兵，必定会倾众来追赶，假如率领一千人去偷袭并且占据他们的军营，可以建立大功。这实在是十分危险的事，谁能前往呢？"大家没有回答，只有罗士信与历城的秦叔宝请求前往。于是张须陀放弃栅垒逃跑，派遣他们两人分别率领一千名士兵埋伏在葭苇里。卢明月果真倾众追赶，罗士信与秦叔宝就快骑到他们的栅寨，栅门关闭，他们两个人爬上门楼，各杀死几人，营中发生大乱；他们两人又杀死守关的人，以使外面的部队进入，于是放火焚毁他们的三十几处栅寨，烟雾焰火弥漫了整个天空。

卢明月逃奔回来，张须陀调集军队奋力攻击，大败他们。于是卢明月率领几百名骑兵逃走，而被俘虏杀死的人不计其数。秦叔宝，名叫琼，以字号行世。

大业十一年（乙亥，公元六一五年）春，正月，增秘书省官百二十员，并以学士补之。帝好读书著述，自为扬州总管，置正府学士至百人，常令修撰，以至为帝，前后近二十载，修撰未尝暂停；自经术、文章、兵、农、地理、医、卜、释、道乃至蒲博、鹰狗，皆为新书，无不精洽，共成三十一部，万七千馀卷。初，西京嘉则殿有书三十七万卷，帝命秘书监柳顾言等诠次，除其复重猥杂，得正御本三万七千馀卷，纳于东都修文殿。又写五十副本，简为三品，分置西京、东都宫、省、官府，其正御书皆装剪华净，宝轴锦褾。于观文殿前为书室十四间，窗户床褥厨幔，咸极珍丽，每三间开方户，垂锦幔，上有二飞仙，户外地中施机发。帝幸书室，有宫人执香炉，前行践机，则飞仙下，收幔而上，户扉及厨扉皆自启，帝出，则垂闭复故。

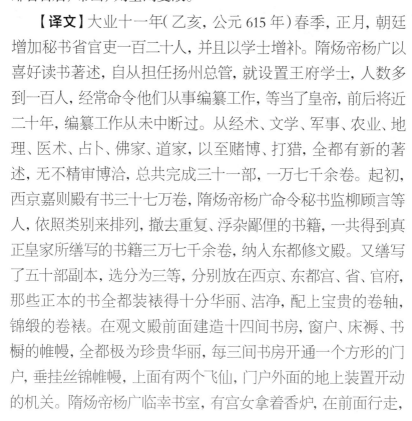

【译文】大业十一年(乙亥，公元 615 年)春季，正月，朝廷增加秘书省官吏一百二十人，并且以学士增补。隋炀帝杨广以喜好读书著述，自从担任扬州总管，就设置王府学士，人数多到一百人，经常命令他们从事编纂工作，等当了皇帝，前后将近二十年，编纂工作从未中断过。从经术、文学、军事、农业、地理、医术、占卜、佛家、道家，以至赌博、打猎，全都有新的著述，无不精审博洽，总共完成三十一部，一万七千余卷。起初，西京嘉则殿有书三十七万卷，隋炀帝杨广命令秘书监柳顾言等人，依照类别来排列，撤去重复、浮杂鄙俚的书籍，一共得到真正皇家所缮写的书籍三万七千余卷，纳入东都修文殿。又缮写了五十部副本，选分为三等，分别放在西京、东都宫、省、官府，那些正本的书全都装裱得十分华丽、洁净，配上宝贵的卷轴，锦缎的卷裱。在观文殿前面建造十四间书房，窗户、床褥、书橱的帷幔，全都极为珍贵华丽，每三间书房开通一个方形的门户，垂挂丝锦帷幔，上面有两个飞仙，门户外面的地上装置开动的机关。隋炀帝杨广临幸书室，有宫女拿着香炉，在前面行走，踏上机关，飞仙就会下来，等到收好帷幔卷上去，门扉与书橱全都自动开启。隋炀帝出去后，又垂幔闭户，好像平时一样。

帝以户口逃亡，盗贼繁多，二月，庚午，诏民悉城居，田随近给。郡县驿亭村坞皆筑城。

上谷贼帅王须拔自称漫天王，国号燕；贼帅魏刀儿自称历山飞：众各十馀万，北连突厥，南寇燕、赵。

【译文】因为户口很多逃亡，盗匪众多，二月，庚午日（初七），隋炀帝杨广诏令百姓居住城里，就近分配土地。郡县的驿亭、村庄防卫的小土墙，全都修筑围城。

上谷贼军首领王须拔自称漫天王，国号为燕；贼军首领魏刀儿自称历山飞：徒众各有十余万，北边连接突厥，南边进犯燕、赵。

初，高祖梦洪水没都城，意恶之，故迁都大兴。申明公李穆薨，孙筠袭爵。叔父浑忿其吝啬，使兄子善衡贼杀之，而证其从父弟瞿昙，使之偿死。浑谓其妻兄左卫率宇文述曰："若得绍封，当岁奉国赋之半。"述为之言于太子，奏高祖，以浑为穆嗣。二岁之后，不复以国赋与述，述大恨之。帝即位，浑累官至右骁卫大将军，改封郕公，帝以其门族强盛，忌之。会有方士安伽陀言"李氏当为天子"，劝帝尽诛海内凡李姓者。浑从子将作监敏，小名洪儿，帝疑其名应谶，常面告之，冀其引决。敏大惧，数与浑及善衡屏人私语；述谮之于帝，仍遣虎贲郎将河东裴仁基表告浑反。帝收浑等家，遣尚书左丞元文都、御史大夫裴蕴杂治之，案问数日，不得反状，以实奏闻。帝更遣述穷治之，述诱教敏妻宇文氏为表，诬告浑谋因渡辽，与其家子弟为将领者共袭取御营，立敏为天子。述持入，奏之，帝泣曰："吾宗社几倾，赖公获全耳。"三月，丁酉，杀浑、敏、善衡及宗族三十二人，自三从以上皆徙边徼。后数月，敏妻亦鸩死。

【译文】起初，隋高祖梦见洪水淹没都城，心里十分厌恶，因此迁都到大兴。申明公李穆去世后，他的孙子李筠承继爵位。他的叔父李浑痛恨他悭吝，教唆他哥哥的儿子李善衡，将他害死，而自己却出面证明是他的表弟李瞿昙所为，让他抵命而死。李浑告诉他妻子的哥哥左卫率宇文述说："假如能够继承封爵，就每年奉上所封属国租税的一半。"于是宇文述为他向太子说情，奏报隋高祖，让李浑成为李穆的继承人。两年之后，李浑不再拿封国的租税给宇文述，宇文述特别生气。隋炀帝杨广即位后，李浑多次升迁到右骁卫大将军，改封为郕公，隋炀帝杨广因为他的门族太强盛，对他很是猜忌。恰巧有术士安伽隐说"李氏会成为天子"，劝隋炀帝杀死国内全部姓李的人。李浑的侄子将作监李敏，小名洪儿，隋炀帝怀疑他的名字验了谶语，经常当面告诉他，希望他引咎自决。李敏十分害怕，几次与李浑、李善衡摒开旁人私下交谈；而宇文述又在隋炀帝面前说他们的坏话，还派虎贲郎将河东人裴仁基上表控告李浑造反。隋炀帝杨广收拿李浑等家族，派遣尚书左丞元文都、御史大夫裴蕴一同来审理，审问了几日，没有找到造反的证据，以实情奏报上闻。隋炀帝杨广便另外派遣宇文述深加审理，宇文述诱骗李敏的妻子宇文氏上奏章，诬告李浑阴谋借渡辽河的机会，与他家里担任将领的子弟，一起偷袭隋炀帝的军营，来拥立李敏为天子。宇文述将奏章拿进朝廷奏报上闻，隋炀帝杨广哭着说："我的宗社差一点遭遇倾覆，幸赖您得到保全。"三月，丁酉日（初五），处死李浑、李敏、李善衡与宗族三十二人，三亲以内的家人，全都迁徙到边塞。几个月后，李敏的妻子也被毒死。

有二孔雀自西苑飞集宝城朝堂前，亲卫校尉高德儒等十馀人见之，奏以为鸾，时孔雀已飞去，无可得验，于是百僚称贺。诏以德儒诚心冥会，肇见嘉祥，擢拜朝散大夫，赐物百段，馀人皆赐束帛；仍于其地造仪鸾殿。

己酉，帝行幸太原；夏，四月，幸汾阳宫避暑。宫城迫隘，百官士卒布散山谷间，结草为营而居之。

以卫尉少卿李渊为山西、河东抚慰大使，承制黜陟选补郡县文武官，仍发河东兵讨捕群盗。渊行至龙门，击贼帅母端儿，破之。

【译文】有两只孔雀自西边的宫苑，飞到宝城朝堂前面，亲卫校尉高德儒等十余人看到了，奏报认为是鸾鸟。当时孔雀已经飞走，没有办法得到查验，因此百官全都来称贺。隋炀帝杨广诏令因为高德儒的诚心暗通天意，让他最先看到美好的祥瑞，所以将他升任为朝散大夫，赏赐丝帛一百匹，其他的人全都赏赐一束丝帛；于是在那看见孔雀的地方，修建了仪鸾殿。

己酉日（十七日），隋炀帝杨广行幸太原；夏季，四月，隋炀帝杨广行幸汾阳宫避暑。由于宫殿十分狭小，百官军兵只好散布在山谷中，搭盖草棚来当作军营居住。

秋，八月，乙丑，帝巡北塞。

初，裴矩以突厥始毕可汗部众渐盛，献策分其势，欲以宗女嫁其弟叱吉设，拜为南面可汗；叱吉不敢受，始毕闻而渐怨。突厥之臣史蜀胡悉多谋略，为始毕所宠任，矩诈与为互市，诱至马邑下，杀之。遣使诏始毕曰："史蜀胡悉叛可汗来降，我已相为斩之。"始毕知其状，由是不朝。

戊辰，始毕帅骑数十万谋袭乘舆，义成公主先遣使者告变。壬申，车驾驰入雁门，齐王暕以后军保崞县。癸酉，突厥围雁门，上下惶怖，撤民屋为守御之具，城中兵民十五万口，食仅可支二旬，雁门四十一城，突厥克其三十九，唯雁门、崞不下。突厥急攻雁门，矢及御前；上大惧，抱赵王杲而泣，目尽肿。

【译文】隋炀帝杨广任命卫尉少卿李渊担任山西、河东抚慰大使，承受制命，罢黜、提升、选补郡县的文武官员，并调动河东的军队去追捕群盗。李渊前进到龙门，攻打贼兵的首领毋端儿，击败了他。

秋季，八月，乙丑日（初五），隋炀帝杨广巡行北边的关塞。

起初，裴矩因为突厥始毕可汗的部落渐渐强盛，便贡献计谋，来分散他的势力，想要将宗族的女子嫁给他的弟弟叱吉设，拜叱吉设为南面可汗；叱吉设不敢接受，始毕可汗听了，逐渐有了怨恨心理。突厥的臣子史蜀胡悉有很多计谋，被始毕可汗宠信，裴矩假称要相互做生意，诱骗史蜀胡悉到马邑郡中，将他杀了。派遣使者告诉始毕可汗说："史蜀胡悉背叛可汗，前来归降，我已经替你将他杀了。"始毕可汗知晓实情，因而不再朝见。

戊辰日（初八），始毕可汗带领骑兵几十万人，计划偷袭隋炀帝杨广的坐车，义成公主先派使者向隋炀帝报告变故。壬申日（十二日），隋炀帝杨广的坐车很快进入雁门，齐王杨暕率领殿后的军队防守崞县。癸酉日（十三日），突厥围攻雁门，君臣上下都很害怕惶恐，拆除民屋的木石当作抵御防守的工具，城里的军兵、百姓，只有十五万人，食物只能支持二十天，雁门的四十一座城，突厥攻陷了三十九个，只有雁门、崞县没有攻克。突厥急切地攻打雁门，箭射到隋炀帝的面前，隋炀帝大为恐惧，抱住幼子赵王杨杲哭泣，眼睛都哭红肿了。

　　左卫大将军宇文述劝帝简精锐数千骑溃围而出，纳言苏威曰："城守则我有馀力，轻骑乃彼之所长，陛下万乘之主，岂宜轻动！"民部尚书樊子盖曰："陛下乘危徼幸，一朝狼狈，悔之何及！不若据坚城以挫其锐，坐徵四方兵使入援。陛下亲抚循士卒，谕以不复征辽，厚为勋格，必人人自奋，何忧不济！"内史侍郎萧瑀以为："突厥之俗，可贺敦预知军谋；且义成公主以帝女嫁外夷，必恃大国之援。若使一介告之，借使无益，庸有何损。又，将士之意，恐陛下既免突厥之患，还事高丽，若发明诏，谕以赦高丽、专讨突厥，则众心皆安，人自为战矣。"瑀，皇后之弟也。虞世基亦劝帝重为赏格，下诏停辽东之役。帝从之。

　　【译文】左卫大将军宇文述劝说隋炀帝杨广选拔几千名精良骑兵，突破重围出去，纳言苏威说："防守城池，我们还有剩余的力量，用轻快的骑兵，却是突厥的长处，陛下是万乘的君主，怎么能够轻举妄动呢？"民部尚书樊子盖说："皇上处在危险的时候，却希图侥幸，一旦溃败，后悔如何来得及呢？莫如据守坚固的城池，来挫他们的锐气，坐着征调四方的部队，命他们前来援救。陛下亲自安抚士兵，晓谕他们不再讨伐辽东，并且增加功勋的赏格，必定人人自求奋勇，何必担心不成功呢？"内史侍郎萧瑀认为："突厥的习俗，可贺敦（突厥可汗妻子的称呼）参与军事谋略，况且义成公主凭借帝室女子的身份嫁给外国夷族，一定要倚仗大国的援助。假如派一个人去告诉她目前的情况，即使没有帮助，又有什么损失呢？同时，将士的心意，是担心陛下解除了突厥的祸患后，还要去讨伐高丽，假如发布明白的诏示，晓谕大家宽赦高丽，专心征讨突厥，那么人心安定，自然奋勇作战了。"萧瑀是皇后的弟弟。虞世基也劝隋炀帝加重赏格，下诏令停止辽东的征伐。隋炀帝采纳了他们的意见。

帝亲巡将士，谓之曰："努力击贼，苟能保全，凡在行陈，勿忧富贵，必不使有司弄刀笔破汝勋劳。"乃下令："守城有功者，无官直除六品，赐物百段；有官以次增益。"使者慰劳，相望于道，于是众皆踊跃，昼夜拒战，死伤甚众。

甲申，诏天下募兵，守令竞来赴难，李渊之子世民，年十六，应募隶屯卫将军云定兴，说定兴多赍旗鼓为疑兵，曰："始毕敢举兵围天子，必谓我仓猝不能赴援故也。宜昼则引旌旗数十里不绝，夜则钲鼓相应，虏必谓救兵大至，望风遁去。不然，彼众我寡，若悉军来战，必不能支。"定兴从之。

【译文】隋炀帝杨广亲自巡视将士，告诉他们说："大家要努力击败贼兵，假如能够保住城池，凡是在军旅的人，不用为富贵担忧，必定不会让司法官吏玩弄刀笔，毁损你们的功劳。"于是下令说："守城立功的人，原来无官职的，直接任命为六品官，赏赐丝帛一百匹；原来有官职的，就按六品官以上依次升级。"派出慰问将士的使者也在路上抚慰，相继不断，因而大家都欢呼雀跃，日夜抵抗作战，伤亡的人很多。

甲申日（二十四日），隋炀帝杨广诏令天下募集军队。此时，太守县令争相前来解救危难。李渊的儿子李世民，年纪才十六岁，应征为兵，隶属屯卫将军云定兴，李世民告诉云定兴多送些旗鼓来疑惑敌人的军队，说："始毕可汗敢起兵围攻天子，必定以为我们在仓促之间，不能前去救援。我们应当在白天高举旌旗，绵亘数十里不断，在夜晚就用钲鼓相应和，敌人一定会以为援救的军队已经大量到达，闻风而逃。不然的话，突厥人多，我们人少，假如对方全军来战，我们必定不能支撑。"云定兴采纳了他的意见。

帝遣间使求救于义成公主，公主遣使告始毕云："北边有急。"东都及诸郡援兵亦至忻口；九月，甲辰，始毕解围去。帝使人出侦，山谷皆空，无胡马，乃遣二千骑追蹑，至马邑，得突厥老弱二千馀人而还。

丁未，车驾还至太原。苏威言于帝曰："今盗贼不息，士马疲弊，愿陛下亟还西京，深根固本，为社稷计。"帝初然之。宇文述曰："从官妻子多在东都，宜便道向洛阳，自潼关而入。"帝从之。

【译文】隋炀帝杨广派遣反间使者向义成公主求援，公主派遣使者告诉始毕可汗说："北部边境有危急。"这时东都与各郡的援兵也抵达忻口。九月，甲辰日（十五日），始毕可汗解除包围退去。隋炀帝杨广派人出去侦察，山谷全都空了，没有胡马，于是派遣两千名骑兵在后面追击，到了马邑，俘虏突厥老弱两千多人回来。

丁未日（十八日），隋炀帝杨广车驾回到太原。苏威告诉隋炀帝说："现在盗匪不能止息，军兵战马全都疲困衰敝，希望陛下赶快返回西京，深固根本，为天下着想。"隋炀帝杨广起初同意他的意见。宇文述却说："随从官吏的妻子儿女大多在东都，应当顺道到洛阳，自潼关进入。"隋炀帝采纳了他的意见。

冬，十月，壬戌，帝至东都，顾眄街衢，谓侍臣曰："犹大有人在。"意谓向日平杨玄感，杀人尚少故也。苏威追论勋格太重，宜加斟酌，樊子盖固请，以为不宜失信，帝曰："公欲收物情邪！"子盖惧，不敢对。帝性吝官赏，初平杨玄感，应授勋者多，乃更置戎秩：建节尉为正六品，次奋武、宣惠、绥德、怀仁、秉义、奉诚、立信等尉，递降一阶。将士守雁门者万七千人，至是，得勋者才千五百人，皆准平玄感勋，一战得第一勋者进一阶，其先无戎秩者止得立信尉，三战得第一勋者至秉义尉，其在行陈而无勋者四战进一阶，亦无赐。会仍议伐高丽，由是将士无不愤怨。

【译文】冬季，十月，壬戌日（初三），隋炀帝杨广来到东都，回头斜视街道，告诉侍臣说："还有许多人住在这里。"意思是认为以前讨平杨玄感，杀人还是很少的缘故。苏威追认的功勋赏格太过厚重，隋炀帝认为应当稍加抑损，樊子盖坚持请求，认为不应失去诚信，隋炀帝说："您想要延揽人心吗？"樊子盖恐惧，不敢回答。隋炀帝的个性，悭吝官爵的封赏，当初平定杨玄感，应当颁授功勋的人很多，于是另外调整军职的品级：建节尉是正六品，其次奋武、宣惠、绥德、怀仁、秉义、奉诚、立信等尉官，依次降低一阶。防守雁门的将士有一万七千人，获得功勋的才一千五百人，全都依照平定杨玄感的功勋，一次作战得到第一勋的人进一阶，原先没有军职品秩的，只能获得立信尉，三次作战得到第一功勋的，升任秉义尉，那些在军阵而没有功劳的，四次作战进一阶，也没有奖赏。恰巧又再商议讨伐高丽，因而将士无不怨恨愤怒。

初，萧瑀以外戚有才行，尝事帝于东宫，累迁至内史侍郎，委以机务。瑀性刚鲠，数言事忤旨，帝渐疏之。及雁门围解，帝谓群臣曰："突厥狂悖，势何能为！少时未散，萧瑀遽相恐动，情不可恕！"出为河池郡守，即日遣之。候卫将军杨子崇从帝在汾阳宫，知突厥必为寇，屡请早还京师，帝不纳，及解围，帝怒曰："子崇怯懦，惊动众心，不可居爪牙之官。"出为离石郡守。子崇，高祖之族弟也。

杨玄感之乱，龙舟水殿皆为所焚，诏江都更造，凡数千艘，制度仍大于旧者。

【译文】起初，萧瑀凭借外戚的身份，而且有才干，曾经在东宫事奉太子杨广，经过数次升迁官至内史侍郎，委托他枢机的事务。萧瑀性格正直刚强，几次陈述事情的时候，忤逆旨意，隋炀帝便逐渐疏远他。等到雁门的包围被解除，隋炀帝告诉群臣说："突厥悖逆狂妄，能有什么作为？在从前突厥还没有散去的时候，萧瑀就急切地表现出惊恐的样子，这是不能够饶恕的。"于是让萧瑀出任河池郡守，而且当天就把他遣走。候卫将军杨子崇跟随隋炀帝在汾阳宫，知晓突厥一定会来侵犯，多次请求早一点返回京师，隋炀帝生气地说："杨子崇懦弱畏怯，惊动军心，不可以担当护卫的官职。"于是杨子崇出任离石郡守。杨子崇是高祖的同族弟弟。

杨玄感叛乱时，龙舟水殿全都被他焚烧，隋炀帝杨广诏令江东另外制造，一共数千艘，规模比旧的还要巨大。

壬申，卢明月帅众十万寇陈、汝。

东海李子通，有勇力，先依长白山贼帅左才相，群盗皆残忍，而子通独宽仁，由是人多归之，未半岁，有众万人。才相忌之，子通引去，度淮，与杜伏威合。伏威选军中壮士养为假子，凡三十馀人，济阴王雄诞、临济阚稜为之冠。既而李子通谋杀伏威，遣兵袭之。伏威被重创坠马，雄诞负之逃葭苇中，收散兵复振。将军来整击伏威，破之；其将西门君仪之妻王氏，勇而多力，负伏威以逃，雄诞帅壮士十馀人卫之，与隋兵力战，由是得免。来整又击李子通，破之，子通帅其馀众奔海陵，复收兵得二万人，自称将军。

【译文】壬申日（十三日），卢明月带领徒众十万人进犯陈、汝两州。

东海李子通，有勇力，原先依附长白山贼军首领左才相，群盗都很残忍，唯独李子通非常宽厚仁慈，因此大家大多依附他，没有半年，拥有徒众一万人。左才相嫉妒他，李子通便率军离去，渡过淮河，与杜伏威相合并。杜伏威选拔军中勇士，收养为义子，一共三十余人，以济阴的王雄诞、临济的阚稜为首。后来李子通想谋害杜伏威，便派兵偷袭他。杜伏威受重伤从马上跌下，王雄诞背着他逃到葭草中，收集溃散的军兵又再振作起来。隋朝将军来整攻打杜伏威，将他击败。杜伏威的将领西门君仪的妻子王氏，既勇敢又有很大力气，背着杜伏威逃走，王雄诞带领壮士十余人保卫，与隋朝军队奋力作战，因而得免于难。来整又攻打李子通，将他击败，李子通带领残余徒众逃往海陵，又收聚军队，得到两万人，自称将军。

城父朱粲始为县佐史，从军，遂亡命聚众为盗，谓之"可达寒贼"，自称迦楼罗王，众至十馀万，引兵转掠荆、沔及山南郡县，所过噍类无遗。

十二月，庚寅，诏民部尚书樊子盖发关中兵数万击绛贼敬盘陀等。子盖不分臧否，自汾水之北，村坞尽焚之，贼有降者皆坑之；百姓怨愤，益相聚为盗。诏以李渊代之。有降者，渊引置左右，由是贼众多降，前后数万人，馀党散入它郡。

【译文】城父的朱粲，原先是县佐史，后来从军，为了逃命，聚集徒众成为盗匪，称为"可达寒贼"，自称迦楼罗王，徒众多达十余万人，带兵去劫掠荆、沔，以及山南的郡县，所过之处，不再有一个活人。

十二月，庚寅日(十二月无此日)，隋炀帝杨广诏令民部尚书樊子盖调动关中的军队几万人攻打绛郡的贼军敬盘陀等人。樊子盖不分好坏，自汾水以北，村里防卫用的墙垣，全都烧毁，贼军有投降的全都活埋；百姓气愤怨恨，更相互聚集成为盗匪。于是隋炀帝杨广诏令以李渊代替。有归降的人，李渊将他们安置在左右，因此贼军有很多人归降，前后达数万人，残余的党羽散入其他郡县。

资治通鉴卷第一百八十三　隋纪七

起柔兆困敦,尽强圉赤奋若五月,凡一年有奇。

【译文】起丙子(公元 616 年),止丁丑(公元 617 年),共一年多。

【题解】本卷记录了公元 616 年至 617 年五月间的史事。当时正值隋炀帝大业十二年、恭皇帝义宁元年上半年。隋炀帝大业十二年,全国起义大规模暴发,各地势力开始称王称帝,自谋发展;而隋炀帝又在奸佞权臣的包围下倒行逆施,连杀几位勇于直谏的大臣,致使朝廷上下一片混乱之象。大业十三年,李密围攻东都;李渊起兵太原,攻占长安,立隋炀帝之孙杨侑为帝,致使隋朝根基更加动摇。

炀皇帝下

大业十二年(丙子,公元六一六年)春,正月,朝集使不至者二十馀郡,始议分遣使者十二道发兵讨捕盗贼。

诏毗毗通守路道德集十郡兵数万人,于郡东南起宫苑,周围十二里,内为十六离宫,大抵仿东都西苑之制,而奇丽过之。又欲筑宫于会稽,会乱,不果成。

三月,上巳,帝与群臣饮于西苑水上,命学士杜宝撰《水饰图经》,采古水事七十二,使朝散大夫黄衮以木为之,间以妓航、酒船,人物自动如生,钟磬筝瑟,能成音曲。

己丑，张金称陷平恩，一朝杀男女万馀口；又陷武安、巨鹿、清河诸县。金称比诸贼尤残暴，所过民无孑遗。

【译文】大业十二年（丙子，公元616年）春季，正月，朝集使没有到达京师的，有二十余郡，朝廷开始计议分别派遣十二路使者，调动军队征讨缉拿盗贼。

隋炀帝杨广诏令毗陵的通守路道德，聚集十郡的军队数万人，在郡城东南方修建宫苑，周围十二里内，建造十六处离宫，大都仿照东都西苑的规模，而且还更加奇特华丽。又想在会稽修筑宫殿，恰巧兵乱，没有如愿完工。

三月，上巳日（癸巳日，初七），隋炀帝杨广与群臣在西苑的水上饮酒，下令学士杜宝撰写《水饰图经》，采撷古代水上游乐的事情七十二件，叫朝散大夫黄衮用木仿制作而成，配上乐妓的坐船、酒船，而人物能自行动作，宛若生人，又有钟磬筝瑟等乐器，能够自成曲调音乐。

己丑日（初三），张金称攻克平恩，一个早晨杀死男女一万余人；又攻克武安、钜鹿、清河各县。张金称比其他的盗匪还凶暴残忍，所途经的地方，百姓没有一个剩留的。

夏，四月，丁巳，大业殿西院火，帝以为盗起，惊走，入西苑，匿草间，火定乃还。帝自八年以后，每夜眠中恒惊悸，云有贼，令数妇人摇抚，乃得眠。

癸亥，历山飞别将甄翟儿众十万寇太原，将军潘长文败死。

五月，丙戌朔，日有食之，既。

壬午，帝于景华宫徵求萤火，得数斛，夜出游山，放之，光遍岩谷。

【译文】夏季，四月，丁巳日（初一），大业殿的西院失火，隋炀帝杨广以为盗匪来了，惊惧逃走，进入西苑，躲藏在草堆里，火熄了才返回。隋炀帝杨广从大业八年以后，每晚睡眠经常心悸惊恐，说是有盗匪，让几个妇人摇动按摩，方能睡着。

癸亥日(初七)，历山飞的部将甄翟儿，带领徒众十万人进犯太原，将军潘长文战败身死。

五月，丙戌朔日(初一)，发生日全食。

壬午日(五月无此日)，隋炀帝杨广在景华宫征求萤火虫，得到几斛，晚上出去游山，将捉来的萤火虫放走，光辉布满山谷。

帝问侍臣盗贼，左翊卫大将军宇文述曰："渐少。"帝曰："比从来少几何？"对曰："不能什一。"纳言苏威引身隐柱，帝呼前问之，对曰："臣非所司，不委多少，但患渐近。"帝曰："何谓也？"威曰："他日贼据长白山，今近在汜水。且往日租赋丁役，今皆何在！岂非其人皆化为盗乎！比见奏贼皆不以实，遂使失于支计，不时剪除。又昔在雁门，许罢征辽，今复征发，贼何由息！"帝不悦而罢。寻属五月五日，百僚多馈珍玩，威独献《尚书》。或谮之曰："《尚书》有《五子之歌》，威意甚不逊。"帝益怒。顷之，帝问威以伐高丽事，威欲帝知天下多盗，对曰："今兹之役，愿不发兵，但赦群盗，自可得数十万。遣之东征，彼喜于免罪，争务立功，高丽可灭。"帝不怿。威出，御史大夫裴蕴奏曰："此大不逊！天下何处有许多贼！"帝曰："老革多奸，以贼胁我！欲批其口，且复隐忍。"蕴知帝意，遣河南白衣张行本奏："威昔在高阳典选，滥授人官；畏怯突厥，请还京师。"帝令按验，狱成，下诏数威罪状，除名为民。后月馀，复有奏威与突厥阴图不轨者，事下裴蕴推之，蕴处威死。威无以自明，但摧谢而已。帝悯而释之，曰："未忍即杀。"遂并其子孙三世皆除名。

【译文】隋炀帝杨广向侍臣询问盗贼的情形,左翊卫大将军宇文述说:"逐渐少了。"隋炀帝说:"比从前少多少?"宇文述回答说:"不到十分之一。"纳言苏威移动身体,躲到柱后,隋炀帝将他叫到面前,询问他,苏威回答说:"臣不主管这件事,不知悉有多少,但是忧患渐渐逼近。"隋炀帝说:"怎么说呢?"苏威说:"从前贼匪据守长白山,现在近在汜水。而且从前的租赋丁役,现在都到哪里去了呢?难道不是这些人全都变成盗匪了吗?最近发现奏报盗匪全都不依据实情,使得朝廷失于安排支配,不能及时讨平。还有以前在雁门,答应停止讨伐辽东,现在又征兵发动,贼军如何能止息呢!"隋炀帝不高兴而罢朝。不久接近五月五日,百官大多馈赠珍贵的玩物,只有苏威呈献《尚书》。有人说他的坏话说:"《尚书》中有《五子之歌》,认为陛下逸豫盘游,将像夏朝太康一般丧失邦国,苏威的心思实在不恭逊。"隋炀帝更加生气。不久,隋炀帝询问苏威有关讨伐高丽的事情,苏威想要陛下知晓天下有很多盗匪,便回复说:"这次征役,希望不要调动军队,只要宽赦群盗,自然能够得到几十万人,派遣他们前去东征。他们因为高兴被免除罪刑,争着努力建立功勋,高丽是能够消灭的。"隋炀帝听了很不高兴。苏威出去,御史大夫裴蕴上奏说:"这是多么不恭谨啊!天下哪里有那么多盗贼!"隋炀帝说:"老头子多诈,用贼势的众多威胁我!真想要抽他的嘴巴,不过暂且再忍忍吧!"裴蕴知晓隋炀帝的心意,派遣河南百姓张行本奏报:"苏威以前在高阳主持遴选人才的工作,乱授别人官职;因为畏惧突厥,请求返回京师。"隋炀帝杨广下令查验审理,讼狱一成立,就下诏令条数苏威的罪状,罢除苏威爵位,成为平民。一个多月后,又有人奏报苏威与突厥暗中图谋不轨之事，事情交付裴蕴推审，裴蕴判处苏威死罪。苏威无法为自己辩白，只是叩头流血，悲痛谢罪罢了。隋炀帝可怜他，将他释放了，说："不忍立刻将他杀死。"连同他的子孙三代，全都罢除了官爵。

【乾隆御批】威谏筑长城，及言天下多盗状，殊不愧老臣忠恳。乃至委蛇不振，甘辱于宇文化及、李密、王世充辈，则晚节扫地，所谓行百里者半九十里矣。

【译文】苏威曾对修筑长城一事进谏，又说天下盗贼横行，这都不负老臣的忠恳之名。等到后来屈从于别人不再振作，甘愿受辱于宇文化及、李密、王世充之流，以至晚节不保，名声扫地，真可谓要行一百里路已走了九十里时却半途而废了。

秋，七月，壬戌，济景公樊子盖卒。

江都新作龙舟成，送东都；守文述劝幸江都，帝从之。右候卫大将军酒泉赵才谏曰："今百姓疲劳，府藏空竭，盗贼蜂起，禁令不行，愿陛下还京师，安兆庶。"帝大怒，以才属吏，旬日，意解，乃出之。朝臣皆不欲行，帝意甚坚，无敢谏者。建节尉任宗上书极谏，即日于朝堂杖杀之。甲子，帝幸江都，命越王侗与光禄大夫段达、太府卿元文都、检校民部尚书韦津、右武卫将军皇甫天逸、右司郎卢楚等总留后事。津，孝宽之子也。帝以诗留别宫人曰："我梦江都好，征辽亦偶然。"奉信郎崔民象以盗贼充斥，于建国门上表谏；帝大怒，先解其颐，然后斩之。

【译文】秋季，七月，壬戌日（初八），济景公樊子盖去世。

江都新制造的龙船完工，送到东都，宇文述劝说隋炀帝临幸江都，右候卫大将军酒泉人赵才进谏说："现在百姓疲敝，府库空虚，盗匪蜂拥而起，禁令无法通行，希望陛下返回京师，安定千千万万的百姓。"隋炀帝杨广大为生气，将赵才交给司法官吏，十天之后，怒气稍稍消解，才将他放出来。朝廷的臣子全都不愿出动，隋炀帝的心意却很坚决，但没有人敢谏阻。建节尉任宗上书极力劝谏，当天就在朝堂用木杖将他打死了。甲子日（初十），隋炀帝临幸江都，命令越王杨侗与光禄大夫段达、太府卿元文都、检校民部尚书韦津、右武卫将军皇甫天逸、右司郎卢楚等人，一同总管后方的事情。韦津是韦孝宽的儿子。隋炀帝作诗赠别宫人说："我梦见江都十分美好，征讨辽东也是偶然的事情。"奉信郎崔民象由于四处都有盗贼，在建国门上表进谏；隋炀帝大为生气，先取下他的下巴，然后将他斩杀。

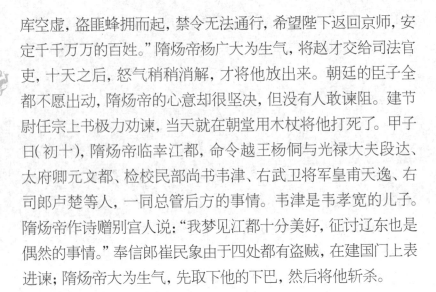

　戊辰，冯翊孙华举兵为盗。虞世基以盗贼充斥，请发兵屯洛口仓，帝曰："卿是书生，定犹惵怯。"戊辰，车驾至巩。敕有司移箕山、公路二府于仓内，仍令筑城以备不虞。至汜水，奉信郎王爱仁复上表请还西京，帝斩之而行。至梁郡，郡人邀车驾上书曰："陛下若遂幸江都，天下非陛下之有！"又斩之。是时李子通据海陵，左才相掠淮北，杜伏威屯六合，众各数万；帝遣光禄大夫陈稜将宿卫精兵八千讨之，往往克捷。

　【译文】戊辰日（十四日），冯翊人孙华，兴兵为盗。虞世基认为盗贼充斥，请求调动军队驻守洛口仓，隋炀帝说："卿是读书人，天下安定的时期，依然畏缩恐惧。"戊辰日（十四日），隋炀帝御驾抵达巩县。他敕令有关官吏移箕山、公路二府到洛口仓内，仍然命令修筑城墙，以防不测。到了汜水，奉信郎王爱仁再次上表请求返回西京，隋炀帝将他杀了，之后出发。到了梁郡，郡里的百姓拦阻车驾，呈上奏书说："陛下假如要临幸江都，天下就不是陛下所拥有的了！"隋炀帝又将他们全杀了。此时李子通据守海陵，左才相劫掠淮北，杜伏威驻守六合，徒众各自拥有几万人；隋炀帝派遣光禄大夫陈棱率领宿卫精兵八千人前去讨伐，连连获胜。

八月，乙巳，贼帅赵万海众数十万，自恒山寇高阳。

冬，十月，己丑，许恭公宇文述卒。初，述子化及、智及皆无赖。化及事帝于东宫，帝宠昵之，及即位，以为太仆少卿。帝幸榆林，化及、智及冒禁与突厥交市，帝怒，将斩之，已解衣辫发，既而释之，赐述为奴。智及弟士及，以尚主之故，常轻智及，唯化及与之亲昵。述卒，帝复以化及为右屯卫将军，智及为将作少监。

李密之亡也，往依郝孝德，孝德不礼之；又入王薄，薄亦不之奇也。密困乏，至削树皮而食之，匿于淮阳村舍，变姓名，聚徒教授。郡县疑而捕之，密亡去，抵其妹夫雍丘令丘君明。君明不敢舍，转寄密于游侠王秀才家，秀才以女妻之。君明从侄怀义告其事，帝令怀义自赍敕书与梁郡通守杨汪相知收捕。汪遣兵围秀才宅，适值密出外，由是获免，君明、秀才皆死。

【译文】八月，乙巳日（二十一日），贼军首领赵万海拥有徒众数十万人，从恒山进犯高阳。

冬季，十月，己丑日（初六），许恭公宇文述去世。起初，宇文述的儿子宇文化及、宇文智及全是游手好闲的人。宇文化及在东宫事奉太子杨广，杨广对他十分狎昵宠幸，等到杨广即位，任命宇文化及担任太仆少卿。隋炀帝临幸榆林，宇文化及、宇文智及干犯禁令，与突厥做买卖，隋炀帝十分生气，准备要杀他们，等到他们被解开衣服、发辫后，又将他们释放，赏给宇文述做奴仆。宇文智及的弟弟宇文士及，因为娶了公主，经常看不起宇文智及，只有宇文化及与他狎昵亲密。宇文述死后，隋炀帝杨广又任命宇文化及担任右屯卫将军，宇文智及担任将作少监。

李密逃跑时，前去依附郝孝德，郝孝德没有以礼待他；李密又去找王薄，王薄也没有特别厚待他。李密疲乏困顿，甚至削取树皮当作食物，躲藏在淮阳的村舍，改换姓名，聚集生徒。郡县主管因为怀疑而缉拿他，李密逃走，前往他妹夫雍丘县令丘君明那里。丘君明不敢留他，转托李密前往一位游侠王秀才家里，王秀才便将女儿嫁给他。丘君明的堂侄丘怀义告发了这件事，隋炀帝杨广命令丘怀义自己拿着敕令交给梁郡通守杨汪，知照收捕。杨汪派军兵包围王秀才的住所，恰巧李密外出，因而能免于难，丘君明、王秀才全被处死。

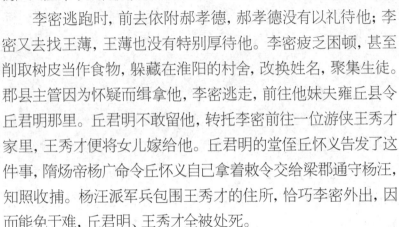

韦城翟让为东都法曹，坐事当斩。狱吏黄君汉奇其骁勇，夜中潜谓让曰："翟法司，天时人事，抑亦可知，岂能守死狱中乎！"让惊喜叩头曰："让，圈牢之豕，死生唯黄曹主所命！"君汉即破械出之。让再拜曰："让蒙再生之恩则幸矣，奈黄曹主何！"因泣下。君汉怒曰："本以公为大丈夫，可救生民之命，故不顾其死以奉脱，奈何反效儿女子涕泣相谢乎！君但努力自免，勿忧吾也！"让遂亡命于瓦岗为群盗，同郡单雄信，骁健，善用马槊，聚少年往从之。离狐徐世勣家于卫南，年十七，有勇略，说让曰："东郡于公与勣皆为乡里，人多相识，不宜侵掠。荥阳、梁郡，汴水所经，剽行舟、商旅，足以自资。"让然之，引众入二郡界，掠公私船，资用丰给，附者益众，聚徒至万馀人。

【译文】韦城人翟让，担任东都司法的官职，坐罪应该被斩杀。主管牢狱的官吏黄君汉佩服他的英勇，半夜暗中对翟让说："翟法司，天时人事，哪里能够知道呢？怎么可以老死在牢狱呢?"翟让十分惊喜地说:"翟让好像是圈牢里的猪,是生是死,只听黄曹主的命令。"黄君汉立即打坏器械,将他放出来。翟让再拜说:"翟让蒙受再生的恩德,虽是十分幸运,只是黄曹主,您怎么办呢?"因而哭泣。黄君汉生气地说:"本以为您是位大丈夫,能够拯救百姓的生命,因而没有顾惜自己的死罪,让您脱离牢狱,怎么反而仿效小儿女流泪道谢呢?您只需尽力设法逃命,不用担忧我!"翟让于是逃到瓦岗山当盗匪,同郡的单雄信,健壮骁勇,很会使用马矛,聚集了很多年少的人前去归从。离狐的徐世勣,家住卫南,仅十七岁,有勇有谋,劝翟让说:"东郡对您与世勣都是家乡,人们大多互相认识,不应去抢掠侵犯。荥阳、梁郡,是汴水所途经的地方,剽取行走的舟船,劫掠行商的旅人,这就足够我们的资用了。"翟让赞同他的看法,率领徒众进入二郡边界,劫夺公家与私人船只,资用丰足,归降的人越来越多,聚集徒众达到一万余人。

时又有外黄王当仁、济阳王伯当、韦城周文举、雍丘李公逸等皆拥众为盗。李密自雍州亡命,往来诸帅间,说以取天下之策,始皆不信。久之,稍以为然,相谓曰:"斯人公卿子孙,志气若是。今人人皆云杨氏将灭,李氏将兴。吾闻王者不死。斯人再三获济,岂非其人乎!"由是渐敬密。

密察诸帅唯翟让最强,乃因王伯当以见让,为让画策,往说诸小盗,皆下之。让悦,稍亲近密,与之计事,密因说让曰:"刘、项皆起布衣为帝王。今主昏于上,民怨于下,锐兵尽于辽东,和亲绝于突厥,方乃巡游扬、越,委弃东都,此亦刘、项奋起之会也。以足下雄才大略,士马精锐,席卷二京,诛灭暴虐,隋氏不足亡也!"让谢曰:"吾侪群盗,且夕偷生草间,君之言者,非吾所及也。"

【译文】此时又有外黄的王当仁、济阳的王伯当、韦城的周文举、雍丘的李公逸等人，全都拥有徒众成为盗匪。李密从雍州逃命，往来于各个首领之间，告诉他们夺取天下的计谋，开始时没有人相信。后来，逐渐有人赞同他的看法，相互转告说："这个人是公卿子弟，志气如此。现在人人都说杨氏将要灭亡，李氏将要兴起。我听闻为王的人不会死，这个人再三得到拯救，将来称王的难道不就是这个人吗?"因而渐渐尊敬李密。

李密观察几位首领，只有翟让最强大，于是依靠王伯当的关系，去拜见翟让，为翟让出谋划策，并前去游说其他的小盗匪，使他们全都归顺。翟让十分高兴，逐渐亲近李密，与他商议事情，李密告诉翟让说："刘邦、项羽，全都由平民兴起，当上帝王。现在在上的君主昏庸，在下的百姓怨恨，精锐的军队全都用在辽东，与突厥的和亲也告断绝，而皇帝还巡游扬、越，放弃东都，这就等同于刘邦、项羽当年奋起的大好时机。凭足下的雄才大略，军兵战马精良勇锐，扫除二京，诛杀凶虐残暴的国君，大隋是很快就会灭亡的。"翟让辞谢说："我们这些人是群盗贼，日夜在草野间，苟且度日，您所说的话，不是我能够做到的呀!"

会有李玄英者，自东都逃来，经历诸贼，求访李密，云"斯人当代隋家"。人问其故，玄英言："比来民间谣歌有《桃李章》曰:'桃李子，皇后绕扬州，宛转花园里。勿浪语，谁道许!'桃李子'，谓逃亡者李氏之子也;皇与后，皆君也;'宛转花园里'，谓天子在扬州无还日，将转于沟壑也;'莫浪语，谁道许'者，密也。"既与密遇，遂委身事之。前宋城尉齐郡房彦藻，自负其才，恨不为时用，预于杨玄感之谋，变姓名亡命，遇密于梁、宋之间，遂与之俱游汉、沔，遍入诸贼，说其豪杰；还日，从者数百人，仍为游客，处于让营。让见密为豪杰所归，欲从其计，犹豫未决。

有贾雄者，晓阴阳占候，为让军师，言无不用。密深结于雄，使之托术数以说让；雄许诺，怀之未发。会让召雄，告以密所言，问其可否，对曰："吉不可言。"又曰："公自立恐未必成，若立斯人，事无不济。"让曰："如卿言，蒲山公当自立，何来从我？"对曰："事有相因。所以来者，将军姓翟，翟者，泽也，蒲非泽不生，故须将军也。"让然之，与密情好日笃。

【译文】恰巧有一个叫李玄英的人，自东都逃出来，走遍各个盗匪部队，访查李密的下落，说："这个人将会代替大隋的天下。"别人问他什么缘故，李玄英说："近日民间的歌谣，有《桃李章》说：'桃李子，皇后绕扬州，宛转花园里。勿浪语，谁道许！（桃李子，皇后围绕扬州，宛转在花园内。不要随意乱说，谁能够说这个话呢）'这里所说的'桃李子'，是指姓李的逃亡人；皇与后，全都是指国君；'宛转花园里'，是说陛下在扬州，没有归来的时日，将会辗转在沟壑中；'莫浪语，谁道许'的意思，是指一个密字。"既然与李密相遇，就以身交托他。以前的宋城县尉齐郡人房玄藻，自恃自己有才能，怨恨不被朝廷重用，因为参与杨玄感的计谋，不得不改变姓名逃命，后来在梁、宋等地遇到李密，于是与他一同游历汉水、沔水，普遍深入各个盗匪地界，游说那些豪杰；返回的时候，归附的有数百人，李密依旧以游客的身份，留在翟让的军营。翟让看到李密被豪杰所归附，想要听从他的计谋，可是迟疑不决。

有一个名叫贾雄的人，擅长阴阳占卜测候，担任翟让的军师，所说的话没有不被采纳的。李密深切地结交贾雄，让他假

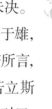

借术数的说辞劝说翟让；贾雄应允了，放在心里没有流露出来。恰巧翟让召见贾雄，告诉他李密所说的话，询问他可不可行，贾雄回答说："太吉利了，简直无法用语言加以形容。"贾雄又说："您自立恐怕未必能够成功，假如拥立他这个人，事情没有不成功的。"翟让说："依照你所说的话，蒲山公应该自立，为什么来归顺我呢？"贾雄回答说："事情是相互因依的，他所以来归顺，是由于将军姓翟，翟是水泽，蒲草没有水泽便无法生长，所以需要将军。"翟让赞同他的看法，与李密的友情一日比一日深厚。

密因说让曰："今四海糜沸，不得耕耘，公士众虽多，食无仓廪，唯资野掠，常苦不给。若旷日持久，加以大敌临之，必涣然离散。未若先取荥阳，休兵馆谷，待士马肥充，然后与人争利。"让从之，于是破金堤关，攻荥阳诸县，多下之。

荥阳太守郇王庆，弘之子也，不能讨，帝徙张须陀为荥阳通守以讨之。庚戌，须陀引兵击让，让向数为须陀所败，闻其来，大惧，将避之。

密曰："须陀勇而无谋，兵又骤胜，既骄且狠，可一战擒也。公但列陈以待，密保为公破之。"让不得已，勒兵将战，密分兵千馀人伏于大海寺北林间。须陀素轻让，方陈而前，让与战，不利，须陀乘之，逐北十馀里；密发伏掩之，须陀兵败。密与让及徐世勣、王伯当合军围之，须陀溃围出；左右不能尽出，须陀跃马复入救之，来往数四，遂战死。所部兵昼夜号哭，数日不止，河南郡县为之丧气。鹰扬郎将河东贾务本为须陀之副，亦被伤，帅馀众五千馀人奔梁郡，务本寻卒。诏以光禄大夫裴仁基为河南道讨捕大使，代领其众，徙镇虎牢。

【译文】李密因而告诉翟让说："现在四海好像粥饭沸腾一般，无法耕种，您的部属虽然很多，却没有库存的军粮，只靠野外劫掠，经常苦于不够供应。假如旷日持久，加上大敌压境，必定会像冰块消融一样溃散。不如先攻取荥阳，按兵休整，就地取粮，等待军兵强壮战马肥健，再去与别人争利。"崔让采纳他的意见，于是攻陷金堤关，并进攻荥阳各县，大多攻取下来。

荥阳太守郇王杨庆，是杨弘的儿子，没有能力讨伐盗贼，隋炀帝杨广便调遣张须陀担任荥阳通守来讨伐。庚戌日（二十七日），张须陀率军攻打翟让，翟让先前多次被张须陀击败，听闻他来，十分害怕，准备要躲避。

李密说："张须陀有勇无谋，军队又多次战胜，既凶狠又骄傲，可以一战就将他擒住。您只需列好阵势等待，李密保证替您击败他。"翟让不得已，领军准备作战，李密分派士兵一千多人埋伏在大海寺北面的树林里。张须陀平日很看轻翟让，采取方形阵势前进，翟让与他作战，没有获胜，张须陀乘胜追赶，追击了十多里；李密发动伏击，击败了张须陀的军队。李密与翟让，以及徐世勣、王伯当联合军兵包围，张须陀突破重围出去；见身边的人没能全部逃出，张须陀跳上马又进来援救，来回好几次，于是战败身亡。张须陀所统率的军队日夜号哭，好几日都没有停止，河南各郡县因而勇气尽失。鹰扬郎将河东人贾务本是张须陀的副将，也受了伤，带领残余兵众五千余人逃奔梁郡，不久贾务本也死了。隋炀帝杨广诏令光禄大夫裴仁基担任河南讨捕大使，接替张须陀带领他的徒众，迁到虎牢去驻守。

让乃令密建牙，别统所部，号薄山公营。密部分严整，凡号令士卒，虽盛夏，皆如背负霜雪。躬服俭素，所得金宝，悉颁赐麾下，由是人为之用。麾下士卒多为让士卒所陵辱，以威约有素，不敢报也。让谓密曰："今资粮粗足，意欲还向瓦岗，公若不往，唯公所适，让从此别矣。"让帅辎重东引，密亦西行至康城，说下数城，大获资储。让寻悔，复引兵从密。

鄱阳贼帅操师乞自称元兴王，建元始兴，攻陷豫章郡，以其乡人林士弘为大将军。诏治书侍御史刘子翊将兵讨之。师乞中流矢死，士弘代统其众，与子翊战于彭蠡湖，子翊败死。士弘兵大振，至十馀万人。十二月，壬辰，士弘自称皇帝，国号楚，建元太平；遂取九江、临川、南康、宜昌等郡，豪杰争杀隋守令，以郡县应之。其地北自九江，南及番禺，皆为所有。

诏以右骁卫将军唐公李渊为太原留守，以虎贲郎将王威、虎牙郎将高君雅为之副，将兵讨甄翟儿，与翟儿遇于雀鼠谷。渊众才数千，贼围渊数匝；李世民将精兵救之，拔渊于万众之中，会步兵至，合击，大破之。

【译文】翟让于是命李密建立牙旗，另外统率军队，号称蒲山公营。李密处置事情很严整，凡是指挥部下，即使是在盛夏，士兵都像背负霜雪一般。李密自己十分俭朴，所得到的珍宝，全都颁赠给部下，因此大家都肯为他效命。他指挥的部属经常受到翟让军兵的欺侮，由于威令严整，不敢上报。翟让告诉李密说："现在资粮稍稍充足了，我想返回瓦岗，您假如不前往，随便要到哪里，我们就在这里分别了。"翟让携带辎重，向东行进，李密则向西行进，抵达康城，说服了几个城池归降，获得许多存储的资粮。翟让不久就后悔了，又率军来归顺李密。

鄱阳贼军首领操师乞自称元兴王，建年号为始兴，攻克豫章郡，任命他的乡人林士弘担任大将军，隋炀帝杨广诏令治书侍御史刘子翊率军讨伐他。操师乞被流矢射中身死，林士弘接替他统率徒众,与刘子翊在彭蠡湖交战,最终刘子翊战败身亡。林士弘兵力大增,多达十余万人。十二月,壬辰日(初十),林士弘自称皇帝,国号楚,建年号为太平。乘胜攻取九江、临川、南康、宜春等郡,各地豪杰也竞相杀死隋朝的郡守县令,以郡县前来归附。这时北起九江,南到番禺,全被林士弘占领。

隋炀帝杨广诏令以右骁卫将军唐公李渊担任太原留守,任命虎贲郎将王威、虎牙郎将高君雅担任他的副将,率军讨伐甄翟儿,最终与甄翟儿在雀鼠谷相遇。李渊军兵仅数千人,贼军围攻李渊好几圈;李世民率精兵去救援,将李渊从万军中救出来,恰巧步兵抵达,合力进攻,将甄翟儿打得大败。

帝疏薄骨肉,蔡王智积每不自安,及病,不呼医,临终,谓所亲曰:"吾今日始知得保首领没于地矣!"

张金称、郝孝德、孙宣雅、高士达、杨公卿等寇掠河北,屠陷郡县;隋将帅败亡者相继,唯虎贲中郎将蒲城王辩、清河郡丞华阴杨善会数有功,善会前后与贼七百余战,未尝负败。帝遣太仆卿杨义臣讨张金称。金称营于平恩东北,义臣引兵直进抵临清之西,据永济渠为营,去金称营四十里,深沟高垒,不与战。金称日引兵至义臣营西,义臣勒兵擐甲,约与之战,既而不出。日暮,金称还营,明旦,复来;如是月馀,义臣竟不出。金称以为怯,屡逼其营詈辱之。义臣乃谓金称曰:"汝明旦来,我当必战。"金称易之,不复设备。义臣简精骑二千,夜自馆陶济河,伺金称离营,即入击其累重。金称闻之,引兵还,义臣从后击之,金称大败,与左右逃于清河之东。月馀,杨善会讨擒之。吏立木于市,悬其头,张其手足,令仇家割食之;未死间,歌讴不辍。诏以善会为清河通守。

【译文】隋炀帝疏远、薄待自己的骨肉，蔡王杨智积经常自感不安，害怕遭遇祸害，等到生病，也不召唤医生，临死时，告诉亲近的人说："我今天才知道能够保住头颅而埋于地下了！"

张金称、郝孝德、孙宣雅、高士达、杨公卿等人侵犯劫掠河北，屠杀、攻克郡县；隋朝的将帅战败身死的，相继不断，只有虎贲中郎将蒲城人王辩、清河郡丞华阴人杨善会多次获有战功，杨善会先后与贼军交战七百多次，没有打过败仗。隋炀帝杨广派遣太仆卿杨义臣去讨伐张金称。张金称在平恩东北安营，杨义臣率军直抵临清的西面，驻守永济渠为军营，距离张金称营寨四十里，只是掘深战沟，筑高城垒，不与他交战。张金称每天率军到杨义臣军营的西面，杨义臣带领军队，穿戴战甲，约定与他交战，后来又不出战。等到黄昏，张金称返回军营，第二天天亮，张金称又来了；这样经过一个多月，杨义臣都不出战。张金称以为他胆怯，多次逼近他的营寨辱骂他。杨义臣于是告诉张金称说："你明天天亮来，我必定与你交战。"张金称看轻他，不再加以防备。杨义臣选拔精良骑兵两千人，夜晚自馆陶渡河，窥伺张金称离开营寨，入营攻打他的家属与辎重。张金称听闻这消息，率军回去，杨义臣从后面进攻，打得张金称大败，与身边的人逃到清河东面。一个多月后，杨善会将他讨平俘获。官吏树立木杆在市镇上，悬挂他的头，张开他的手脚，下令他的仇家割他的肉吃；在他还未死的时候，歌声一直不停。于是隋炀帝杨广诏令让杨善会担任清河通守。

涿郡通守郭绚将兵万馀人讨高士达。士达自以才略不及窦建德，乃进建德为军司马，悉以兵授之。建德请士达守辎重，自简精兵七千人拒绚，诈为与士达有隙而叛，遣人请降于绚，愿为前驱,击士达以自效。绚信之,引兵随建德至长河,不复设备。建德袭之,杀虏数千人,斩绚首,献士达,张金称馀众皆归建德。杨义臣乘胜至平原,欲入高鸡泊讨之。建德谓士达曰:"历观隋将,善用兵者无如义臣,今灭张金称而来,其锋不可当。请引兵避之,使其欲战不得,坐费岁月,将士疲倦,然后乘间击之,乃可破也。不然,恐非公之敌。"士达不从,留建德守营,自帅精兵逆击义臣,战小胜,因纵酒高宴。建德闻之曰:"东海公未有破敌,遽自矜大,祸至不久矣!"后五日,义臣大破士达,于陈斩之,乘胜逐北,趣其营,营中守兵皆溃。建德与百馀骑亡去,至饶阳,乘其无备,攻陷之,收兵,得三千馀人。义臣既杀士达,以为建德不足忧,引去。建德还平原,收士达散兵,收葬死者,为士达发丧,军复大振,自称将军。先是,群盗得隋官及士族子弟,皆杀之,独建德善遇之;由是隋官稍以城降之,声势日盛,胜兵至十馀万人。

【译文】涿郡通守郭绚,率领军兵一万多人讨伐高士达。高士达认为自己的谋略才干比不上窦建德,于是进升窦建德担任军司马,将所有的兵力全都交给他。窦建德请求高士达防守重要装备,自己选拔精兵七千人去对抗郭绚,诈说与高士达因有嫌隙而背叛离开,派人请求向郭绚归降,愿意担任前锋部队,进攻高士达,以求报效。郭绚相信了,率军跟随窦建德前往长河,不再加以戒备,窦建德伺机侵袭他,杀死并俘获几千人,斩下郭绚的首级,呈献给高士达,于是张金称残余的徒众全都归属窦建德。杨义臣乘胜抵达平原,想要进入高鸡泊讨伐他们。窦建德告诉高士达说:"我看遍大隋的将军,没有一个像杨义臣那样擅长用兵的,现在他消灭了张金称前来,锋锐不可抵挡。请率军避开他,让他想战却不能战,白白浪费时间,等到将士困倦疲劳了，再伺机进攻他，这样才能将他击败，不然的话，担心您敌不过他。"高士达不采纳他的意见，留下窦建德驻守军营，自己率领精兵迎击杨义臣，稍稍赢得胜利，就放纵饮酒，大事饮宴。窦建德听闻这消息，说："东海公还没有击败敌人，就径自自大骄矜，不久就会有灾祸来到了。"五天之后，杨义臣大败高士达，在阵中将他杀了，并乘胜追击战败的敌人，抵达他们的军营，营中的守军全部溃逃。窦建德与一百多名骑兵逃去，到了饶阳，趁他们没有防备，便攻克饶阳，收拾军兵，得到三千余人。杨义臣已经杀死高士达，认为窦建德不值得担忧，率军回去。窦建德返回平原，收集高士达流散的军兵，埋葬已死的人，替高士达治理丧事，军力又大振起来，自称将军。当初，所有的盗匪擒到隋朝的官吏以及士族的子弟，全部杀死，只有窦建德好好对待他们；因而慢慢地隋朝的官吏有的开城投降他，声势一日比一日浩大，能够胜任作战的士兵达到十余万人。

内史侍郎虞世基以帝恶闻贼盗，诸将及郡县有告败求救者，世基皆抑损表状，不以实闻，但云："鼠窃狗盗，郡县捕逐，行当殄尽，愿陛下勿以介怀。"帝良以为然，或杖其使者，以为妄言，由是盗贼遍海内，陷没郡县，帝皆弗之知也。杨义臣破降河北贼数十万，列状上闻，帝叹曰："我初不闻，贼顿如此，义臣降贼何多也！"世基对曰："小窃虽多，未足为虑。义臣克之，拥兵不少，久在阃外，此最非宜。"帝曰："卿言是也。"遽追义臣，放散其兵，贼由是复盛。

【译文】内史侍郎虞世基因为隋炀帝杨广不高兴听闻盗匪的事，所以众将与郡县有来报告战败请求救援的，虞世基全都压制表状，或者损减表状所说盗贼的人数以及情形，而不依照实情奏闻，只说："像鼠狗一般的窃盗，郡县加以缉拿追逐，就要消亡殆尽了，希望陛下不要挂怀。"隋炀帝杨广真的以为是这样，有时刑杖那些使者，认为是胡乱说话，因而盗贼遍布海内，攻克郡县，隋炀帝杨广都不知道。杨义臣击败降服河北的贼军几十万人，条列情状奏报上闻，隋炀帝杨广叹气说："我原先没有听闻过，贼军却突然有了这么多，杨义臣所降服的贼军，怎么会这样多呢？"虞世基回答说："小盗匪虽然多，却不值得担忧，杨义臣战胜了，拥有的军兵不少，久在京城之外，这是最不妥当的。"隋炀帝说："您所说的话很对。"隋炀帝杨广立即追回杨义臣，遣散了他的军兵，贼匪因而又多起来。

治书侍御史韦云起劾奏："世基及御史大夫裴蕴职典枢要，维持内外，四方告变，不为奏闻。贼数实多，裁减言少，陛下既闻贼少，发兵不多，众寡悬殊，往皆不克，故使官军失利，贼党日滋。请付有司结正其罪。"大理卿郑善果奏："云起诋訾名臣，所言不实，非毁朝政，妄作威权。"由是左迁云起为大理司直。

帝至江都，江、淮郡官谒见者，专问礼饷丰薄，丰则超迁丞、守，薄则率从停解。江都郡丞王世充献铜镜屏风，迁通守；历阳郡丞赵元楷献异味，迁江都郡丞。由是郡县竞务刻剥，以充贡献。民外为盗贼所掠，内为郡县所赋，生计无遗；加之饥馑无食，民始采树皮叶，或捣藁为末，或煮土而食之，诸物皆尽，乃自相食；而官食犹充牣，吏皆畏法，莫敢振救。王世充密为帝简阅江淮民间美女献之，由是益有宠。

河间贼帅格谦拥众十馀万，据豆子𪩘，自称燕王，帝命王世充将兵讨斩之。谦将勃海高开道收其馀众，寇掠燕地，军势复振。

【译文】治书侍御史韦云起纠劾上奏："虞世基与御史大夫裴蕴，主管枢机要务，维持朝堂内外的联系，四方各地报告叛乱的奏章，不加以奏报上闻。贼军数量实际很多，却削减说是很少，陛下既然听闻贼兵很少，调动的军队不多，人数一多一少，实在相差太远，每次前去都不能获胜，因此使得官府的军兵战败，盗匪一天比一天多。请交给负责司法的官吏判定他们的罪刑。"大理卿郑善果上奏："韦云起毁谤著名的大臣，说话不确实，毁谤朝政，妄自造作威势。"因此将韦云起贬为大理司直。

隋炀帝杨广到了江都，江、淮的郡官去谒见，只看所送礼饷的厚薄，送的礼厚就越阶升迁为郡丞、郡守，送的礼薄就多半得到停职、解职的处分。江都郡丞王世充呈献铜镜屏风，升迁为通守；历阳郡丞赵元楷呈献珍贵的食物，升迁为江都郡丞。因而严酷的郡县官员竞相尽力盘剥，来充当贡献的物品。百姓外受盗贼劫掠，内受郡县赋敛盘剥，已经没了活路；加上饥荒没有食物，百姓开始食用树皮、树叶，或捣碎稻草成为粉末，或煮泥土来吃，所有能够吃的东西全都吃完了，就相互以人体充食。可是官府的食物却还充足，官吏都因害怕法令，不敢赈济救助百姓。王世充暗中为隋炀帝挑选江、淮民间的美女，献给隋炀帝，因而更受宠幸。

河间贼军的首领格谦拥有徒众十余万人，驻守豆子𰖵，自称燕王，隋炀帝杨广命令王世充率军去征讨他，将他杀死。格谦的将领渤海人高开道，收拾残余部众，侵犯劫掠燕地，军力又再次强大起来。

【乾隆御批】仓廪本以为民，隋民储蓄不为不多，乃不以救民困而转以赍盗粮。如罗艺、刘武周、薛举之徒既藉此激怒其众。而

418

李密之起以兴洛，唐祖之王以永丰，坐使隋文数十年会计心力，一朝都尽，非千古炯鉴乎？

【译文】仓储粮食本来就是为了百姓，隋朝储存的粮食不能说不够多，可是却不用它来帮助百姓解除困顿，反而以此奉给盗贼。像罗艺、刘武周、薛举等就是借这个事情来激发众怒的。而李密的起事就是依凭了兴洛仓，唐祖李渊成为帝王就是靠了永丰仓。他们坐使隋文帝数十年的苦心经营一朝化为乌有，这难道不是千古明鉴吗？

初，帝谋伐高丽，器械资储，皆积于涿郡；涿郡人物殷阜，屯兵数万。又，临朔宫多珍宝，诸贼竞来侵掠；留守官虎贲郎将赵什住等不能拒，唯虎贲郎将云阳罗艺独出战，前后破贼甚众，威名日重，什住等阴忌之。艺将作乱，先宣言以激其众曰："吾辈讨贼数有功，城中仓库山积，制在留守之官，而莫肯散施以济贫乏，将何以劝将士！"众皆愤怨。军还，郡丞出城候艺，艺因执之，陈兵而入。什住等惧，皆来听命，乃发库物以赐战士，开仓廪以赈贫乏，境内咸悦；杀不同己者勃海太守唐祎等数人，威振燕地，柳城、怀远并归之。艺黜柳城太守杨林甫，改郡为营州，以襄平太守邓暠为总管，艺自称幽州总管。

突厥数寇北边。诏晋阳留守李渊帅太原道兵与马邑太守王仁恭击之。时突厥方强，两军众不满五千，仁恭患之。渊选善骑射者二千人，使之饮食舍止一如突厥，或与突厥遇，则伺便击之，前后屡捷，突厥颇惮之。

【译文】起初，隋炀帝想要征讨高丽，资粮器械等应用物品，全都堆积在涿郡；涿郡物阜民丰，驻守军队有数万人。同时，临朔宫有许多珍宝，很多贼兵争相前来侵犯抢掠；留守的官吏虎贲郎将赵什住等人没有能力对抗，只有虎贲郎将云阳人罗艺独自出去交战，前后击败了很多贼兵，威名一日盛过一日，赵什住等人暗中猜忌他。罗艺因而准备叛乱，他先公开讲话来激怒徒众，说："我们这些人征讨贼兵，多次立下功劳，城里府库所存放的东西，堆积得像山一般高，可是权力却操纵在留守的官吏手里，不肯发放用来救济贫困，这将如何劝勉将士呢？"大家都十分愤怒。军队返城，郡丞出城迎接罗艺，罗艺于是将他抓起来，列队入城。赵什住等人恐惧，全都听他的命令，于是发放仓库的物品奖赏战士，打开仓廪救济贫困的人，境内的百姓全都归服他；罗艺杀死不追随自己的渤海太守唐祎等几人，声势振动燕地，使柳城、怀远都来依附他。罗艺罢免柳城太守杨林甫，改郡为营州，任命襄平太守邓暠担任总管，罗艺自称为幽州总管。

突厥数次侵犯北面边界。隋炀帝杨广诏令晋阳留守李渊带领太原道的军队与马邑太守王仁恭前去攻击。此时突厥正强，两军人数不到五千人，王仁恭非常担心。李渊挑选擅长骑马射箭的士兵二千名，让他们饮食起居都与突厥一样，假如与突厥相遇，就窥伺机会去进攻，前后获得多次胜利，突厥非常害怕。

恭皇帝上

义宁元年(丁丑，公元六一七年)春，正月，右御卫将军陈棱讨杜伏威，伏威帅众拒之。棱闭壁不战，伏威遗以妇人之服，谓之"陈姥"。

棱怒，出战，伏威奋出，大破之，棱仅以身免。伏威乘胜破高邮，引兵据历阳，自称总管，以辅公祏为长史，分遣诸将徇属县，所至辄下，江淮间小盗争附之。伏威常选取死之士五千人，谓之"上募"，宠遇甚厚，有攻战，辄令上募先击之，战罢阅视，有伤在背者即杀之，以其退而被击故也。所获资财，皆以赏军。士有战死者，以妻、妾徇葬。故人自为战，所向无敌。

【译文】义宁元年(丁丑，公元617年)春季，正月，右御卫将军陈稜征讨杜伏威，杜伏威带领徒众抵抗。陈稜关闭军营，不和他交战，杜伏威送给他妇人的衣物，称他为"陈姥"。

陈稜生气，出营迎战，杜伏威奋力进攻，将他打得大败，只让陈稜一个人脱逃。杜伏威乘胜攻陷高邮，率军占据历阳，自称总管，任命辅公祏担任长史，分派众将进攻各属县，所抵达的地方，都攻克下来，使得江、淮之间的小盗贼，争相依附。杜伏威曾经选拔敢死勇士五千人，称作"上募"(高级募士的意思)，宠遇特别优厚，遇到进攻交战时，就命令"上募"先去进攻，作战完毕，检阅视察，有伤在背上的士兵，就杀了，因为他们是转身后退而被击伤的缘故。所得到的物资财富，全都拿来赏赐军队。有战死的士兵，用妻、妾去陪葬。因此人人各自奋战，所向无敌。

丙辰，窦建德为坛于乐寿，自称长乐王，置百官，改元丁丑。

辛巳，鲁郡贼帅徐圆朗攻陷东平，分兵略地，自琅邪以西，北至东平，尽有之，胜兵二万馀人。

卢明月转掠河南，至于淮北，众号四十万，自称无上王；帝命江都通守王世充讨之。世充与战于南阳，大破之，斩明月，馀众皆散。

【译文】丙辰日(初五)，窦建德在乐寿筑坛，自称长乐王，设立百官，改年号为丁丑。

辛巳日（三十日），鲁郡的贼军徐圆朗攻克东平，分派兵力去侵占土地，自琅邪以西，北边到东平，全归他所有，拥有能战斗的士兵二万余人。

卢明月转向劫掠河南，到了淮北，号称拥有徒众四十万，自称无上王；隋炀帝杨广命令江都通守王世充去征讨。王世充与他在南阳交战，将他打得大败，斩杀了卢明月，于是残余的徒众都溃散了。

二月，壬午，朔方鹰扬郎将梁师都杀郡丞唐世宗，据郡，自称大丞相，北连突厥。

马邑太守王仁恭，多受货赂，不能振施。郡人刘武周，骁勇喜任侠，为鹰扬府校尉。仁恭以其土豪，甚亲厚之，令帅亲兵屯閤下。武周与仁恭侍儿私通，恐事泄，谋作乱，先宣言曰："今百姓饥馑，僵尸满道，王府君闭仓不赈恤，岂为民父母之意乎！"众皆愤怒。武周称疾卧家，豪杰来候问，武周椎牛纵酒，因大言曰："壮士岂能坐待沟壑！今仓粟烂积，谁能与我共取之？"豪杰皆许诺。己丑，仁恭坐听事，武周上谒，其党张万岁等随入，升阶，斩仁恭，持其首出徇，郡中无敢动者。于是，开仓以赈饥民，驰檄境内属城，皆下之，收兵得万馀人。武周自称太守，遣使附于突厥。

【译文】二月，壬午日（初一），朔方的鹰扬郎将梁师都，杀了郡丞唐世宗，据守郡城，自称大丞相，北边联合突厥叛乱。

马邑太守王仁恭，大量收受财物贿赂，不肯将仓中的积粟拿出来赈济百姓。郡里的人刘武周，特别勇敢，喜好行侠仗义，担任鹰扬府校尉，王仁恭因为他是地方上的豪族，非常亲近厚待他，命令他带领亲信军队屯守阁下。刘武周与王仁恭的侍妾有私情，害怕事情外泄，于是阴谋叛乱，他先公开说："现在百姓闹饥荒，饿死的尸骨，满路都是，王府君关闭仓廪，不抚恤赈济，这哪里是为民父母的道理呢？"大家听了全都十分愤怒。接着刘武周推说有病躺在家中，豪杰之士来探问疾病，刘武周就杀牛饮酒，趁机大声说："壮士哪里能够坐着等待死于沟壑呢？现在仓廪的积粟已经腐烂，谁能与我一同去夺取呢？"那些豪杰都应允了。己丑日（初八），王仁恭坐在处理公事的厅堂里，刘武周上前去谒见，他的党羽张万岁等人追随进入，奔上台阶，杀死了王仁恭，拿他的首级出去徇示众人，郡里无人敢动。刘武周打开仓廪，赈济饥饿的百姓，并派人快骑传送军书给所属境内各城，要他们全都归顺，最终召集到士兵一万余人。刘武周自称太守，派遣使者归附突厥。

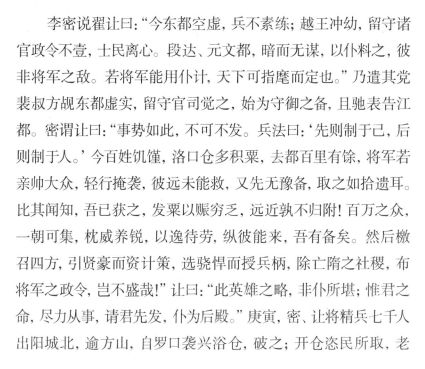

李密说翟让曰："今东都空虚，兵不素练；越王冲幼，留守诸官政令不壹，士民离心。段达、元文都，暗而无谋，以仆料之，彼非将军之敌。若将军能用仆计，天下可指麾而定也。"乃遣其党裴叔方觇东都虚实，留守官司觉之，始为守御之备，且驰表告江都。密谓让曰："事势如此，不可不发。兵法曰：'先则制于己，后则制于人。'今百姓饥馑，洛口仓多积粟，去都百里有馀，将军若亲帅大众，轻行掩袭，彼远未能救，又先无豫备，取之如拾遗耳。比其闻知，吾已获之，发粟以赈穷乏，远近孰不归附！百万之众，一朝可集，枕威养锐，以逸待劳，纵彼能来，吾有备矣。然后檄召四方，引贤豪而资计策，选骁悍而授兵柄，除亡隋之社稷，布将军之政令，岂不盛哉！"让曰："此英雄之略，非仆所堪；惟君之命，尽力从事，请君先发，仆为后殿。"庚寅，密、让将精兵七千人出阳城北，逾方山，自罗口袭兴洛仓，破之；开仓恣民所取，老弱襁负，道路相属。

【译文】李密告诉翟让说："现在东都空虚，军队平日没有训练；越王年纪小，留守的众位官吏，政令不能统一，士兵百姓都有叛离的心意。而段达、元文都，也都是无知之人，没有什么计谋，依我猜想，他们全都不是将军的敌手。假如将军能采用我的谋略，天下只要旌旗一指，即可平定。"于是派遣他的同党裴叔方前去窥看东都力量的虚实，留守的官吏发觉了，才开始做防御的准备，并且快骑奏表报告江都。李密告诉翟让说："事情的趋势已经这样，不能不发动。兵法说：'先出动，就由自己控制；后出动，就被人控制了。'现在百姓闹饥荒，洛口仓有很多囤积的粟米，距离都城有一百多里路，将军假如亲自带领大军轻装前行，加以偷袭，他们地方远，不能去救援，先前又没有防备，所以攻取它，简单得就像随手拾物一般。等到他们听闻消息，我们已经攻克洛口仓，发放粟米来赈济穷困的百姓了，远近各地哪有不归顺的呢？一百万的徒众，一个早晨就能聚集起来，凭借战胜的声威，储养锐气，以逸待劳，纵使他们可以前来，我方已经有了防备呀。然后用檄文召请四方人士，接引各方豪杰，向他们征询计谋，选用强悍骁勇的人，授以兵机，这样来消灭大隋的天下，传布将军的政令，岂不是十分盛大的事吗？"翟让说："这是英雄的计谋，不是我所能承担的；只能依照你的命令，尽力去努力，请你先出兵，我来殿后。"庚寅日（初九），李密、翟让率领精兵七千，从阳城的北面出发，翻过方山，从罗口袭击兴洛仓，顺利攻克；打开仓廪，任由百姓取拿，体弱的老人，怀抱的小孩，在路上络绎不绝。

朝散大夫时德叡以尉氏应密，前宿城令祖君彦自昌平往归之。君彦，珽之子也，博学强记，文辞赡敏，著名海内，吏部侍郎薛道衡尝荐之于高祖，高祖曰："是歌杀斛律明月人儿邪？朕不须此辈！"炀帝即位，尤疾其名，依常调选东平书佐，检校宿城令。君彦自负其才，恒郁郁思乱，密素闻其名，得之大喜，引为上客，军中书檄，悉以委之。

【译文】朝散大夫时德叡，以尉氏县归降李密，从前的宿城令祖君彦也自昌平前往归顺李密。祖君彦是祖珽的儿子，博学强记，文章写得华美精敏，闻名于海内，吏部侍郎薛道衡曾经将他推荐给隋高祖，隋高祖说："是用歌谣杀死斛律光的那个人的儿子吗？朕不需要这样的人。"隋炀帝杨广即位后，尤其嫉怨他的名声，却照常简选他担任东平书佐、检校宿城令。祖君彦自负自己的才华，经常郁郁不得志，想要叛乱，李密平日就听到他的声名，得到他十分高兴，待为座上宾，军中的文书檄文，全都委交给他。

越王侗遣虎贲郎将刘长恭、光禄少卿房崱帅步骑二万五千讨密。时东都人皆以密为饥贼盗米，乌合易破，争来应募，国子三馆学士及贵胜亲戚皆来从军，器械修整，衣服鲜华，旌旗钲鼓甚盛。长恭等当其前，使河南讨捕使裴仁基等将所部兵自氾水西入以掩其后，约十一日会于仓城南，密、让具知其计。东都兵先至，士卒未朝食，长恭等驱之渡洛水，陈于石子河西，南北十馀里。密、让选骁雄，分为十队，令四队伏横岭下以待仁基，以六队陈于石子河东。长恭等见密兵少，轻之。让先接战，不利，密帅麾下横冲之。隋兵饥疲，遂大败，长恭等解衣潜窜得免，奔还东都，士卒死者什五六。越王侗释长恭等罪，慰抚之。密、让尽收其辎重器甲，威声大振。

【译文】越王杨侗派遣虎贲郎将刘长恭、光禄少卿房崱，带领步兵、骑兵二万五千人去征讨李密。当时东都的人都以为李密是饥饿所迫的盗贼，无纪律、不团结的乌合之众，十分容易打败，于是争着前来应征当兵，国子学三馆里的学士，以及贵族、豪家、帝室的亲戚全都前来从军，军械兵器修治完整，衣服华丽鲜明，旌旗钲鼓更是雄壮。刘长恭等人在前面，派遣河南讨捕大使裴仁基等，带兵自汜水进入，掩袭后方，约定于十一日在仓城的南面会合，李密、翟让知晓他们的计策。东都的军队先抵达，军兵还没有吃早饭，刘长恭等人就驱使他们渡过洛水，在石子河的西面布阵，南北共长十余里。李密、翟让挑选骁勇军兵，分为十队，命令四队在横岭下埋伏，来等待裴仁基，以六队布阵在石子河的东面。刘长恭等人看到李密的兵少，轻视他们。翟让首先接战，战况失利，李密带领部下奋勇向前。隋朝军队由于疲乏饥饿，因而大败，刘长恭等人脱掉官服，暗中逃跑，才得以幸免于难，逃回东都，士兵共死了十分之五六。越王杨侗赦免刘长恭等人的罪过，抚慰他们一番。李密、翟让全获他们的装备与器械战甲，因此声威大震。

让于是推密为王，上密号为魏公；庚子，设坛场，即位，称元年，大赦。其文书行下，称行军元帅府；其魏公府置三司、六卫，元帅府置长史以下官属。拜翟让为上柱国、司徒、东郡公，亦置长史以下官，减元帅府之半；以单雄信为左武候大将军，徐世勣为右武候大将军，各领所部；房彦藻为元帅左长史，东郡邴元真为右长史，杨德方为左司马，郑德韬为右司马，祖君彦为记室，其馀封拜各有差。于是，赵、魏以南，江、淮以北，群盗莫不响应，孟让、郝孝德、王德仁及济阴房献伯、上谷王君廓、长平李士才、淮阳魏六儿、李德谦、谯郡张迁、魏郡李文相、谯郡黑社、白社、济北张青特、上洛周北洮、胡驴贼等皆归密。密悉拜官爵，使各领其众，置百营簿以领之。道路降者不绝如流，众至数十万。乃命其护军田茂广筑洛口城，方四十里而居之，密遣房彦藻将兵东略地，取安陆、汝南、淮安、济阳，河南郡县多陷于密。

【译文】翟让于是拥立李密为领袖，尊李密号为魏公；庚子日(十九日)，设置坛场，即帝位，称元年，实行大赦。下行的公文，称行军元帅府；魏公府设立三司、六卫，元帅府设立长史以下的官属。任命翟让为上柱国、司徒、东郡公，也可以设置长史以下的官吏，但是比元帅府少一半；任命单雄信担任左武候大将军，徐世勣担任右武候大将军，各自率领所统率的部队；任命房彦藻为元帅左长史，东郡的邴元真为右长史，任命杨德方为左司马，郑德韬为右司马，祖君彦为记室，其余的封命拜任各有差等。赵、魏以南，江、淮以北，所有的盗匪没有不响应他们的，孟让、郝孝德、王德仁以及济阴的房献伯、上谷的王君廓、长平的李士才、淮阳的魏六儿、李德谦、谯郡的张迁、魏郡的李文相、谯郡的黑社、白社、济北的张青特、上洛的周比洮、胡驴贼等人，全都归降李密。李密全都拜命官爵，让他们各自统率原有部众，设立百营簿加以总管。在道路上投降的人，好像流水一样没有断绝，部众多达几十万人。于是命令他的护军田茂广修筑洛口城，四周方圆四十里以供居住。李密又派遣房彦藻率军向东扩展土地，攻取了安陆、汝南、淮安、济阳，于是河南的郡县大多被李密攻占。

雁门郡丞河东陈孝意与虎贲郎将王智辩共讨刘武周，围其桑乾镇。壬寅，武周与突厥合兵击智辩，杀之；孝意奔还雁门。

三月，丁卯，武周袭破楼烦郡，进取汾阳宫，获隋宫人，以赂突厥始毕可汗；始毕以马报之，兵势益振，又攻陷定襄。突厥立武周为定杨可汗，遗以狼头纛。武周即皇帝位，立妻沮氏为皇后，改元天兴。以卫士杨伏念为尚书左仆射，妹婿同县苑君璋为内史令。武周引兵围雁门，陈孝意悉力拒守，乘间出击武周，屡破之；既而外无救援，遣间使诣江都，皆不报。孝意誓以必死，旦暮向诏敕库俯伏流涕，悲动左右。围城百馀日，食尽，校尉张伦杀孝意以降。

梁师都略定雕阴、弘化、延安等郡，遂即皇帝位，国号梁，改元永隆。始毕遗以狼头纛，号为大度毗伽可汗。师都乃引突厥居河南之地，攻破盐川郡。

【译文】雁门郡丞河东人陈孝意与虎贲郎将王智辩一同征讨刘武周，围攻他的桑乾镇。壬寅日（二十一日），刘武周与突厥联合兵力进攻王智辩，杀死了他；陈孝意逃回雁门。三月，丁卯日（十七日），刘武周攻陷楼烦郡，进兵攻克汾阳宫，俘虏隋朝的宫女，用来贿赂突厥始毕可汗；始毕可汗拿马来回报他，这时刘武周兵势更加强大，不久又攻破定襄。突厥立刘武周为定杨可汗，送给他狼头大旗。刘武周即皇帝位，册封妻子沮氏为皇后，改年号为天兴。任命卫士杨伏念担任尚书左仆射，同县的妹婿苑君璋担任内史令。不久，刘武周率军包围雁门，陈孝意全力防守抵抗，利用机会出城进攻刘武周，多次将他打败；后来因为外面没有救兵帮助，而且派遣使者暗中到江都，又全都没有回信。所以陈孝意发誓一定以死守城，他日夜面向储放诏敕的库房跪拜流泪，悲伤的情形感染了身边的人。围城一百多天，粮食吃完了，校尉张伦杀死陈孝意后投降。

梁师都讨平雕阴、弘化、延安等郡，于是即皇帝位，国号为梁，改年号为永隆。始毕可汗送给他狼头大旗，号称大度毗伽可汗。梁师都便引领突厥居处河南之地，攻陷盐川郡。

左翊卫蒲城郭子和坐事徙榆林。会郡中大饥，子和潜结敢死士十八人攻郡门，执郡丞王才，数以不恤百姓，斩之，开仓赈施。自称永乐王，改元丑平。尊其父为太公，以其弟子政为尚书令，子端、子升为左右仆射。有二千馀骑，南连梁师都，北附突厥，各遣子为质以自固。始毕以刘武周为定杨天子，梁师都为解事天子，子和为平杨天子；子和固辞不敢当，乃更以为屋利设。

汾阴薛举，侨居金城，骁勇绝伦，家赀巨万，交结豪杰，雄于西边，为金城府校尉。时陇右盗起，金城令郝瑗募兵得数千人，使举将而讨之。夏，四月，癸未，方授甲，置酒飨士，举与其子仁果及同党十三人，于座劫瑗发兵，囚郡县官，开仓赈施。自称西秦霸王，改元秦兴。以仁果为齐公，少子仁越为晋公，招集群盗，掠官牧马。贼帅宗罗睺帅众归之，以为义兴公。将军皇甫绾将兵一万屯枹罕，举选精锐二千人袭之，遂克枹罕。岷山羌酋钟利俗拥众二万归之，举兵大振。更以仁果为齐王，领东道行军元帅，仁越为晋王，兼河州刺史，罗睺为兴王，以副仁果；分兵略地，取西平、浇河二郡。未几，尽有陇西之地，众至十三万。

【译文】左翊卫蒲城人郭子和，坐罪被迁徙榆林。恰巧郡中饥荒严重，于是郭子和暗中聚集不怕死的勇士十八名，进攻郡门，执拿郡丞王才，责备他不体恤百姓，并且杀死了他，之后打开仓廪赈济百姓。自称永乐王，改年号为丑平。郭子和推尊他的父亲为太公，任命他的弟弟郭子政担任尚书令，郭子端、郭子升担任左右仆射。郭子和共有二千余名骑兵，南边连接梁师都，北边依附突厥，向两边分别派出儿子为人质以自求保全。始毕可汗封刘武周为定杨天子，梁师都为解事天子，郭子和为平杨天子；郭子和坚持辞谢，不敢接受，于是改为屋利设。

汾阴的薛举，在金城寓居，勇武超过一般人，家中财富有数万之多，平日结交地方豪杰，称雄于西边，担任金城府校尉。此时陇右盗贼纷起，金城令郝瑗招募军队得到数千人，让薛举率领去讨伐。夏季，四月，癸未日（初三），正给新募士兵授予甲杖，摆设酒肉宴饷士兵时，薛举与他的儿子薛仁果以及他的同党十三人，在座席上劫持郝瑗，调动军队，拘禁郡县官吏，打开粮仓赈济百姓。自称西秦霸王，改年号为秦兴。任命薛仁果为齐公，他的小儿子薛仁越为晋公，招募群盗，劫掠官府的牧马。贼军首领宗罗睺带领徒众归降他，薛举任命宗罗睺为义兴公。这时将军皇甫绾率军一万人屯守枹罕，薛举选派精锐二千人前去侵袭。岷山羌族酋长钟利俗领着徒众二万人来依附他，薛举的兵力因此大振。薛举另外任命薛仁果为齐王，兼领东道行军元帅，薛仁越为晋王，兼河州刺史，任命宗罗睺为兴王，以辅助薛仁果；分兵去夺取土地，攻取西平、浇河二郡。没过多久，薛举拥有陇西全部地方，徒众多达十三万人。

李密以孟让为总管、齐郡公，己丑夜，让帅步骑二千入东都外郭，烧掠丰都市，比晓而去。于是，东都居民悉迁入宫城，台省府寺皆满。巩县长柴孝和、监察御史郑颋以城降密，密以孝和为护军，颋为右长史。

裴仁基每破贼得军资，悉以赏士卒，监军御史萧怀静不许，士卒怨之；怀静又屡求仁基长短劾奏之。仓城之战，仁基失期不至，闻刘长恭等败，惧不敢进，屯百花谷，固垒自守，又巩获罪于朝。李密知其狼狈，使人说之，啖以厚利。贾务本之子闰甫在军中，劝仁基降密，仁基曰：“如萧御史何？”闰甫曰：“萧君如栖上鸡，若不知机变，在明公一刀耳。”仁基从之，遣闰甫诣密请降。密大喜，以闰甫为元帅府司兵参军，兼直记室事，使之复命，遗仁基书，慰纳之，仁基还屯虎牢。萧怀静密表其事，仁基知之，遂杀怀静，帅其众以虎牢降密。密以仁基为上柱国、河东公；仁基子行俨，骁勇善战，密亦以为上柱国、绛郡公。

【译文】李密任命孟让担任总管、齐郡公，己丑日(初九)晚上，孟让带领步兵与骑兵二千人，进入东都外城，火烧并抢掠丰都市区，到天亮才离开。东京居民因此全都迁入宫城，府寺台省都住满了人。巩县县长柴孝和、监察御史郑颐献城投降李密，李密任命柴孝和担任护军，郑颐担任右长史。

裴仁基每次打败贼兵获得的军粮物资都全部拿来赏赐士兵，监军御史萧怀静不答应，引发士兵的怨恨；萧怀静又多次寻找裴仁基的短处上奏弹劾。仓城之战，裴仁基没有在预定时间抵达，听闻刘长恭等战败，害怕不敢进兵，屯驻在百花谷，坚固城垒自守，又担心因此获罪于朝廷。李密知晓他进退两难，派人游说他，以优厚的利益加以引诱。贾务本的儿子贾闰甫正在军营里，他劝裴仁基投降李密，裴仁基说：“那萧御史怎么处置呢？”贾闰甫说：“萧君好像栖止的鸡一样，假如他不知道随机应变，明公很容易就可以将他杀了。”裴仁基采纳了他的意见，派遣贾闰甫向李密请求归降。李密非常高兴，任命贾闰甫担任元帅府司兵参军，兼直记室事，让他回去复命，送信给裴仁基，抚慰接纳他。于是裴仁基回去驻守虎牢。萧怀静暗中上表奏报这件事，裴仁基知晓了，于是杀掉萧怀静，带领他的徒众打开虎牢城门归降李密。李密任命裴仁基担任上柱国，封河东公；裴仁基的儿子裴行俨，勇猛善战，李密也任命他为上柱国，封绛郡公。

密得秦叔宝及东阿程咬金，皆用为骠骑。选军中尤骁勇者八千人，分隶四骠骑以自卫，号曰内军，常曰："此八千人足当百万。"咬金后更名知节。罗士信、赵仁基皆帅众归密，密署为总管，使各统所部。

癸巳，密遣裴仁基、孟让帅二万余人袭回洛东仓，破之；遂烧天津桥，纵兵大掠。东都出兵击之，仁基等败走，密自帅众屯回洛仓。东都兵尚二十余万人，乘城击柝，昼夜不解甲。密攻偃师、金墉，皆不克；乙未，还洛口。

东都城内乏粮，而布帛山积，至以绢为汲绠，然布以爨。越王侗使人运回洛仓米入城，遣兵五千屯丰都市，五千屯上春门，五千屯北邙山，为九营，首尾相应，以备密。丁酉，房献伯陷汝阴，淮阳太守赵陁举郡降密。

己亥，密帅众三万复据回洛仓，大修营堑以逼东都；段达等出兵七万拒之。辛丑，战于仓北，隋兵败走。丁未，密使其幕府移檄郡县，数炀帝十罪，且曰："罄南山之竹，书罪无穷；决东海之波，流恶难尽。"祖君彦之辞也。

【译文】李密得到秦叔宝与东阿人程咬金，都任用为骠骑。并且挑选军中特别骁勇的士兵八千人，分别隶属四个骠骑来卫护自己，号称内军，经常说："这八千人足以对抗一百万人。"程咬金后来改名字为知节。罗士信、赵仁基都带领徒众归降李密，李密任命他们为总管，让他们各自统率自己的部队。

癸巳日(十三日)，李密派遣裴仁基、孟让带领二万多人偷袭回洛的东仓，将其攻克；于是焚毁天津桥，放纵军队大肆劫掠。东都出兵攻打，裴仁基等战败逃跑，李密自己带领徒众屯兵回洛仓。东都的军队还有二十余万人，登上城墙击木梆巡防，日夜都不解下战甲。李密进攻偃师、金墉，没有攻下；乙未日（十五日），李密返回洛口。

东都城里缺少粮食，而布帛却堆积如山，以至于将绢当作汲水的绳子，烧布煮饭。越王杨侗派人把回洛仓的米运入城内，派遣五千名军队驻守丰都市，五千名驻守上春门，五千名驻守北邙山，编为九个营，前后相接应，用来防备李密。丁酉日（十七日），房献伯攻克汝阴，淮阳太守赵陀献出郡城投降李密。

己亥日（十九日），李密带领徒众三万人又攻占回洛仓，大规模构筑营垒，以逼近东都；段达等调动军队七万人抵抗。辛丑日（二十一日），双方在仓北交战，隋朝军队战败退走。丁未日（二十七日），李密派遣他的幕府传送檄文给郡县，列举隋炀帝的十个罪状，说：“将南山的竹子砍尽，书写他的罪状都写不完；决断东海的海水，洗他的罪过都洗不清。”这是祖君彦的文辞。

赵王侗遣太常丞元善达间行贼中，诣江都奏称：“李密有众百万，围逼东都，据洛口仓，城内无食。若陛下速还，乌合必散；不然者，东都决没。”因歔欷呜咽，帝为之改容。虞世基进曰：“越王年少，此辈诳之。若如所言，善达何缘来至！”帝乃勃然怒曰：“善达小人，敢廷辱我！”因使经贼中向东阳催运，善达遂为群盗所杀。是后人人杜口，莫敢以贼闻。

世基容貌沉审，言多合意，特为帝所亲爱，朝臣无与为比；亲党凭之，鬻官卖狱，贿赂公行，其门如市。由是朝野共疾怨之。内史舍人封德彝托附世基，以世基不闲吏务，密为指画，宣行诏命，谄顺帝意，群臣表疏忤旨者，皆屏而不奏。鞫狱用法，多峻文深诋，论功行赏，则抑削就薄。故世基之宠日隆而隋政益坏，皆德彝所为也。

【译文】越王杨侗派遣太常丞元善达，穿过贼军军营偷偷跑到江都，奏报说："李密拥有徒众一百万人，包围过来逼近东都，占领了洛口仓，城内已经没有食物。假如陛下能迅速返回，那些乌合之众必定会离散；不然的话，东都一定会沦陷。"说完不停地痛哭流泪，隋炀帝也变了脸色。虞世基进言说："越王年纪小，是这些人蒙骗他罢了，假如像他们所说的那样，元善达怎么能够来到呢？"隋炀帝于是十分生气地说："元善达这小子，竟敢在朝堂上让我受辱！"因此命他经过贼军所在的地方，向东阳郡督运粮草，元善达终于被群盗杀害。自此以后，大家全都不敢开口，不敢再向隋炀帝提贼兵的事。

虞世基的容貌看起来审慎沉稳，所说的话都符合隋炀帝的心意，所以特别被隋炀帝亲信宠爱，朝廷的臣子没人能与他相比。他的亲戚朋党依靠他的关系，买卖官职，干涉讼狱，公开从事贿赂，他们家门庭若市。因而朝野的人都特别嫉恨他。内史舍人封德彝依附虞世基，由于虞世基不通晓官吏政务，封德彝便暗中指示处置的方法，尽力执行隋炀帝的诏命，谄媚地顺从隋炀帝的心意，群臣的奏折书疏违逆他旨意的，都摒弃不上奏。治理讼案，执法用刑，大多严用律法，深加诬害；评定功勋，进行奖赏，就尽量裁削，流于刻薄。所以虞世基的恩宠，一日比一日隆盛，而隋朝的政治更加颓废败坏，这全是封德彝的作为。

初，唐公李渊娶于神武肃公窦毅，生四男，建成、世民、玄霸、元吉；一女，适太子千牛备身临汾柴绍。

世民聪明勇决，识量过人，见隋室方乱，阴有安天下之志，倾身下士，散财结客，咸得其欢心。世民娶右骁卫将军长孙晟之女；右勋卫长孙顺德，晟之族弟也，与右勋侍池阳刘弘基皆避辽东之役，亡命在晋阳依渊，与世民善。左亲卫窦琮，炽之孙也，亦亡命在太原，素与世民有隙，每以自疑；世民加意待之，出入卧内，琮意乃安。

晋阳宫监猗氏裴寂，晋阳令武功刘文静，相与同宿，见城上烽火，寂叹曰："贫贱如此，复逢乱离，将何以自存！"文静笑曰："时事可知，吾二人相得，何忧贫贱！"文静见李世民而异之，深自结纳，谓寂曰："此非常人，豁达类汉高，神武同魏祖，年虽少，命世才也。"寂初未然之。

【译文】起初，唐公李渊娶了神武肃公窦毅的女儿，生下四个儿子：李建成、李世民、李玄霸、李元吉；一个女儿，嫁给太子的千牛备身(官名)临汾人柴绍。

李世民聪明、勇敢、果决，见识气度超过一般人，看到隋朝王室正乱，暗中有安定天下的志向，放低身段，礼遇贤士，散发钱财，结交宾客，全都得到他们的欢心。李世民娶了右骁卫将军长孙晟的女儿；右勋卫长孙顺德，是长孙晟同族弟弟，与右勋侍池阳人刘弘基，都因逃避辽东征役，逃亡到晋阳归附李渊，与李世民十分亲善。左亲卫窦琮，是窦炽的孙子，也逃亡在太原，因之前与李世民有隔阂，所以经常为此疑虑不安；李世民特意善待他，让窦琮出入自己的卧房，窦琮的心才安定下来。

晋阳宫监猗氏人裴寂，晋阳令武功人刘文静，相互交好，在一起同住，看到城上的烽火，裴寂叹气说："这里土地贫贱，又遇到战乱伤离，将怎样自求生存呢？"刘文静笑着说："时事是可以明白的，只要我们二人相互亲信，又何必忧心贫贱呢？"刘文静看到李世民，觉得他十分不凡，深意与他交往结纳，告诉裴寂说："这不是一个平凡的人，胸襟宽广有如汉高祖，威武英勇有如魏武帝，年纪虽小，却是名扬于世的杰出人才。"裴寂起初不赞同他的看法。

资治通鉴

　　文静坐与李密连昏，系太原狱，世民就省之。文静曰："天下大乱，非高、光之才，不能定也。"世民曰："安知其无，但人不识耳。我来相省，非儿女子之情，欲与君议大事也。计将安出？"文静曰："今主上南巡江、淮，李密围逼东都，群盗殆以万数。当此之际，有真主驱驾而用之，取天下如反掌耳。太原百姓皆避盗入城，文静为令数年，知其豪杰，一旦收集，可得十万人，尊公所将之兵复且数万，一言出口，谁敢不从！以此乘虚入关，号令天下，不过半年，帝业成矣。"世民笑曰："君言正合我意。"乃阴部署宾客，渊不之知也。世民恐渊不从，犹豫久之，不敢言。

　　渊与裴寂有旧，每相与宴语，或连日夜。文静欲因寂关说，乃引寂与世民交。世民出私钱数百万，使龙山令高斌廉与寂博，稍以输之，寂大喜，由是日从世民游，情款益狎。世民乃以其谋告之，寂许诺。

　　【译文】刘文静因与李密联姻而获罪，被关在太原的监狱里，李世民前往探视他。刘文静说："天下大乱，没有汉高祖、光武帝的才能，是无法平定的。"李世民说："怎么知道没有这样的人呢？只是别人不知晓罢了。我前来探视你，不是像小儿女那样出于感情，是想要与你商议大事的。计策要怎样拟定才好呢？"刘文静说："现在陛下向南巡行江、淮，李密围攻东都，群盗几乎全都以万计数。在这个时候，有真正的君王出来驱使驾御这些人，妥加利用时机，取得天下将会易如反掌。太原的百姓全因躲避盗匪而进入城中，我做了几年县令，知晓他们是豪杰，有一天若要征集起来，能够得到十万人，尊公所率领的军队也有几万人，一句话说出去，谁敢不听命呢？这时候趁着空虚进入关中，指挥天下，半年不到的时间，帝业就可以成就了。"李世民笑着说："你所讲的话，正符合我的心意。"于是李世民暗中部署宾客，让他们担任各种职责，李渊却全不知晓。因为李世民担心李渊不赞成，所以迟疑了很久，不敢讲出来。

李渊与裴寂是老朋友，常在一起宴饮闲谈，有时从早到晚不停歇。刘文静想要通过裴寂游说李渊，于是引荐裴寂与李世民交往。李世民拿出自己的几百万钱，教龙山令高斌廉与裴寂赌博，一次又一次地接连输给他，裴寂非常高兴，因此天天跟随李世民游乐，情感更加亲近。李世民将他的计谋告诉裴寂，裴寂答应帮忙。

会突厥寇马邑，渊遣高君雅将兵与马邑太守王仁恭并力拒之；仁恭、君雅战不利，渊恐并获罪，甚忧之。世民乘间屏人说渊曰："今主上无道，百姓困穷，晋阳城外皆为战场；大人若守小节，下有寇盗，上有严刑，危亡无日。不若顺民心，兴义兵，转祸为福，此天授之时也。"渊大惊曰："汝安得为此言，吾今执汝以告县官！"因取纸笔，欲为表。世民徐曰："世民观天时人事如此，故敢发言；必欲执告，不敢辞死！"渊曰："吾岂忍告汝，汝慎勿出口！"明日，世民复说渊曰："今盗贼日繁，遍于天下，大人受诏讨贼，贼可尽乎？要之，终不免罪。且世人皆传李氏当应图谶，故李金才无罪，一朝族灭。大人设能尽贼，则功高不赏，身益危矣！唯昨日之言，可以救祸，此万全之策也，愿大人勿疑！"渊乃叹曰：

"吾一夕思汝言，亦大有理。今日破家亡躯亦由汝，化家为国亦由汝矣！"

【译文】恰巧突厥进犯马邑，李渊派高君雅率军与马邑太守王仁恭合力抵抗；王仁恭、高君雅作战失利，李渊担心连同获罪，非常忧虑。李世民就利用机会，摒开众人，告诉李渊说："现在的君王不守正道，百姓困窘，晋阳城外全都成为战场；大人假如谨守小小节操，在下来说，有贼寇盗匪，在上来说，有酷刑峻法，危亡的日子很快就要来临。莫如顺应民心，发动义兵，转灾祸为福祉，这是上天所赐予的良机啊！"李渊大惊地说："你怎么能讲这种话，我现在就抓捕你到陛下那里去告发。"于是拿出纸笔，准备写奏折。李世民缓缓地说："我观看天时与人事是这样子，所以敢讲这样的话；假如一定要抓捕我、控告我，不敢推辞死罪。"李渊说："我怎么忍心控告你，你要谨慎，不要乱讲话。"第二天，李世民又游说李渊说："现在盗匪一日比一日增多，遍布天下，大人承受诏命，征讨贼兵，贼兵能消灭干净吗？总之，最终仍然不免有罪。况且世人都流传李氏应当符应谶语，所以李金才没有什么罪过，却一朝被诛灭全族。大人如果能消灭所有贼兵，那么功勋高到无法奖赏的地步，就更加危险了。只有昨日所讲的话，能够免除灾祸，这是万全的计谋，希望大人不要猜疑。"李渊于是叹气说："我整个晚上想你所讲的话，十分有道理。今天家破人亡，因你；但一朝成就霸业，也是因你！"

先是，裴寂私以晋阳宫人侍渊，渊从寂饮，酒酣，寂从容言曰："二郎阴养士马，欲举大事，正为寂以宫人侍公，恐事觉并诛，为此急计耳。众情已协，公意如何？"渊曰："吾儿诚有此谋，事已

资治通鉴

如此，当复奈何，正须从之耳。"

帝以渊与王仁恭不能御寇，遣使者执诣江都。渊大惧，世民与寂等复说渊曰："今主昏国乱，尽忠无益。偏裨失律，而罪及明公。事已迫矣，宜早定计。且晋阳士马精强，宫监蓄积巨万，以兹举事，何患无成！代王幼冲，关中豪杰并起，未知所附，公若鼓行而西，抚而有之，如探囊中之物耳。奈何受单使之囚，坐取夷灭乎！"渊然之，密部勒，将发；会帝继遣使者驰驿赦渊及仁恭，使复旧任，渊谋亦缓。

【译文】起初，裴寂私下命晋阳的宫女侍候李渊，李渊与裴寂喝酒，喝到兴头上，裴寂不急不忙地说："二郎（指李世民）暗中供养战马军士，想要举发大事，因此要我用宫女侍候您，担心事情被发觉后一同被杀，所以定下这条急切的计策。大家的心意已经全都协洽，您的意思怎样呢？"李渊说："我儿子要真的有这种图谋，事情已经如此，那又该当如何呢？只有跟从他罢了。"

隋炀帝因为李渊与王仁恭不能抗拒寇贼，派遣使者前去捉拿他们到江都。李渊非常害怕，李世民与裴寂等人又告诉李渊说："现在陛下昏庸，国家动乱，尽心效忠是没有好处的。偏将裨将违犯军律，全都归罪到明公身上。事情已经十分急迫，应当早一点决定计策。而且晋阳的军兵战马强悍精良，晋阳宫监的蓄积也特别多，凭此力量发动大事，何必担忧不能成功呢？代王年纪幼小，关中的豪杰英雄纷纷兴起，不知要依附谁，您假如击鼓行军，向西行进，加以抚慰，据为己有，那就好像探取囊袋里的东西一般，容易极了。为什么要接受一名使者的拘禁，坐着等候被杀戮呢？"李渊赞同他们的看法，暗中统率军队，即将起事。恰巧隋炀帝接着派遣使者快骑前来赦免李渊与王仁恭，让他们恢复旧职，李渊的谋划也就暂缓下来。

渊之为河东讨捕使也，请大理司直夏侯端为副。端，详之孙也，善占候及相人，谓渊曰："今玉床摇动，帝座不安，参墟得岁，必有真人起于其分，非公而谁乎！主上猜忍，尤忌诸李，金才既死，公不思变通，必为之次矣。"渊心然之。

乃留守晋阳，鹰扬府司马太原许世绪说渊曰："公姓在图箓，名应歌谣；握五郡之兵，当四战之地，举事则帝业可成，端居则亡不旋踵；唯公图之。"行军司铠文水武士彟、前太子左勋卫唐宪、宪弟俭皆劝渊举兵。俭说渊曰："明公北招戎狄，南收豪杰，以取天下，此汤、武之举也。"渊曰："汤、武非所敢拟，在私则图存，在公则拯乱，卿姑自重，吾将思之。"宪，邕之孙也。时建成、元吉尚在河东，故渊迁延未发。

【译文】李渊任职河东讨捕使时，请求大理司直夏侯端担任副使。夏侯端是夏侯详的孙子，善于占测天气与看人命相，告诉李渊说："如今天上星座中，代表君主的天床、帝座等星，摇动不宁，岁星居处晋阳（《左传》：'参为晋星。'所以以晋阳为参墟），必有天子在这里兴起，不是您，还会是谁呢？陛下为人猜忌残暴，尤其猜忌所有李姓的人，李金才已经被杀，您如若不想变通的话，一定会成为第二个被杀的人。"李渊心里赞同他的话。

等到留守晋阳，鹰扬府司马太原人许世绪规劝李渊说："您的姓氏在图箓中，名字符应在歌谣里；拥有五郡的军队，处在四面交战的地方，发动大事，则帝业可以成就，安坐不动，则不久就将灭亡。希望您考虑考虑。"行军司铠文水人武士彟、前太子左勋卫唐宪、唐宪的弟弟唐俭，全都规劝李渊举兵。唐俭告诉李渊说："明公北面招抚戎狄，南面延揽豪杰，以夺取天下，这是商汤、周武一般的作为。"李渊说:"商汤、周武,我不敢与他们比拟,在私,是为了求生存,在公,是为了救祸乱,你姑且自己多加保重,我要考虑考虑。"唐宪是唐邕的孙子。这时李建成、李元吉还在河东,因此李渊一直拖延,没有发动大事。

刘文静谓裴寂曰:"先发制人,后发制于人。何不早劝唐公举兵,而推迁不已!且公为宫监,而以宫人侍客,公死可尔,何误唐公也!"寂甚惧,屡趣渊起兵。渊乃使文静诈为敕书,发太原、西河、雁门、马邑民年二十已上五十已下悉为兵,期岁暮集涿郡,击高丽,由是人情恼恼,思乱者益众。

及刘武周据汾阳宫,世民言于渊曰:"大人为留守,而盗贼窃据离宫,不早建大计,祸今至矣!"渊乃集将佐谓之曰:"武周据汾阳宫,吾辈不能制,罪当族灭,若之何?"王威等皆惧,再拜请计。渊曰:"朝廷用兵,动止皆禀节度。今贼在数百里内,江都在三千里外,加以道路险要,复有他贼据之;以婴城胶柱之兵,当巨猾豕突之势,必不全矣。进退维谷,何为而可?"威等皆曰:"公地兼亲贤,同国休戚,若俟奏报,岂及事机;要在平贼,专之可也。"渊阳若不得已而从之者,曰:"然则先当集兵。"乃命世民与刘文静、长孙顺德、刘弘基等各募兵,远近赴集,旬日间近万人,仍密遣使召建成、元吉于河东,柴绍于长安。

【译文】刘文静告诉裴寂说:"先发动的制伏别人,后发动的被别人制伏。何不早一点规劝唐公举发军队,怎么不断地推故拖延呢?而且您是宫监,却用宫女私侍他人,您一个人死就罢了,何必牵累唐公呢?"裴寂十分害怕,多次催促李渊起兵。李渊于是命刘文静假造敕书,调集太原、西河、雁门、马邑百姓,年纪在二十岁以上五十岁以下的,全都去当兵,约定在年末的时候，在涿郡聚合，要去进攻高丽，因而人心惶惶，想要叛乱的人越来越多。

等到刘武周攻占汾阳宫，李世民告诉李渊说："大人职任留守，而盗匪占据隋炀帝出巡的行宫，不早一点定下大计，灾祸将立刻发生！"李渊于是聚集将领佐吏，告诉他们说："刘武周攻占汾阳宫，我们这些人无法制止，罪当灭族，怎么办呢？"王威等人全都害怕，一再下拜请求定下大计。李渊说："朝廷用兵，一举一动，全都要秉承朝廷的节制。现在贼军在几百里内，江都在三千里之外，加上路途险阻，又有其余的贼军据守；要据城自守，而秉承远方朝廷节制的军队，抵挡特别狡诈而来势颇为凶猛的盗匪，必定不能保全。进退两难，怎么样才可以呢？"王威等人又说："您兼有国亲与贤臣的身份，同国家命运忧患与共，假如要等到奏报，怎么来得及应对事机呢？主要在于讨平贼军，专擅行事也是可以的。"李渊佯装不得已而听从的样子说："那么应该先聚集军队。"于是命令李世民与刘文静、长孙顺德、刘弘基等人，各自招募军兵，远近的人全都赶来聚集，十日之内，就来了将近一万人，于是暗中派使者前往河东召唤李建成、李元吉，前往长安召集柴绍。

王威、高君雅见兵大集，疑渊有异志，谓武士彠曰："顺德、弘基皆背征三侍，所犯当死，安得将兵！"欲收按之。士彠曰："二人皆唐公客，若尔，必大致纷纭。"威等乃止。留守司兵田德平欲劝威等按募人之状，士彠曰："讨捕之兵，悉隶唐公，威、君雅但寄坐耳，彼何能为！"德平亦止。

【译文】王威、高君雅看到军队大量聚集，怀疑李渊有叛乱的心志，告诉武士彠说："长孙顺德、刘弘基全是避役亡命的侍官，所犯的罪全都应当处死，怎么能率领军队呢?"想把两人收押治罪。

晋阳乡长刘世龙密告渊云:"威、君雅欲因晋祠祈雨，为不利。"五月，癸亥夜，渊使世民伏兵于晋阳宫城之外。甲子旦，渊与威、君雅共坐视事，使刘文静引开阳府司马胙城刘政会入立庭中，称有密状。渊目威等取状视之，政会不与，曰:"所告乃引留守事，唯唐公得视之。"渊阳惊曰:"岂有是邪!"视其状，乃云:"威、君雅潜引突厥入寇。"君雅攘袂大诟曰:"此乃反者欲杀我耳。"时世民已布兵塞衢路，文静因与刘弘基、长孙顺德等共执威、君雅系狱。丙寅，突厥数万众寇晋阳，轻骑入外郭北门，出其东门。渊命裴寂等勒兵为备，而悉开诸城门，突厥不能测，莫敢进。众以为威、君雅实召之也，渊于是斩威、君雅以徇。渊部将王康达将千馀人出战，皆死，城中恟惧。渊夜遣军潜出城，旦则张旗鸣鼓自他道来，如援军者;突厥终疑之，留城外二日，大掠而去。

【译文】晋阳乡长刘世龙暗里告诉李渊说:"王威、高君雅想要利用晋祠祈雨的时机，做不利于您的事。"五月，癸亥日(十四日)晚，李渊派遣李世民在晋阳宫城外面埋伏军兵。甲子日(十五日)早晨，李渊与王威、高君雅坐在一起议事，命刘文静率领开阳府司马胙城人刘政会进入，站立在大庭前，说是有秘密的事情要禀告。李渊示意王威等人呈上状子来看，刘政会不给他们，说:"所告发的是有关副留守的情况，只有唐公能看。"李渊佯装十分惊奇地说:"哪有这种事情!"李渊看了状子，于是说:"王威、高君雅暗里引突厥来进犯。"高君雅挽袖举臂大骂道:"这是造反的人想要陷害我。"当时李世民已经安排军兵堵塞交通要道，刘文静因而与刘弘基、长孙顺德等人，一起执拿王威、高君雅，将他们关入大牢。丙寅日(十七日)，突厥的几万徒众进犯晋阳，轻快的骑兵自外城的北门进入，自东门出去。李渊命令裴寂等人统率军队防范，而将所有的城门全都打开，突厥无法测知虚实，不敢进兵。大家认为王威、高君雅的确是招引突厥来侵，李渊于是处死王威、高君雅来示众。接着，李渊的部将王康达率领一千多人出去迎战，全都战死，城里十分害怕恐慌。李渊趁夜晚派遣军兵暗中出城，天亮就张扬旗帜，鸣击战鼓，自另一条路前来，仿佛是救援军队的样子；突厥一直非常疑惑，留在城外两天，大肆抢掠，然后离开。

炀帝命监门将军泾阳宠玉、虎贲郎将霍世举将关内兵援东都。柴孝和说李密曰："秦地山川之固，秦、汉所凭以成王业者也。今不若使翟司徒守洛口，裴柱国守回洛，明公自简精锐西袭长安。既克京邑，业固兵强，然后东向以平河、洛，传檄而天下定矣。方今隋失其鹿，豪杰竞逐，不早为之，必有先我者，悔无及矣！"密曰："此诚上策，吾亦思之久矣。但昏主尚存，从兵犹众，我所部皆山东人，见洛阳未下，谁肯从我西入！诸将出于群盗，留之各竞雌雄，如此，则大业隳矣。"孝和曰："然则大军既未可西上，仆请间行观衅。"密许之。

【译文】隋炀帝杨广命令监门将军泾阳人庞玉、虎贲郎将霍世举率领关内军兵救援东都。柴孝和告诉李密说："秦地山川险要，是秦、汉所凭借完成大业的地方。现在不如派遣翟司徒驻守洛口，裴柱国驻守回洛，明公自己挑选精锐的军队，向西侵犯长安。在攻陷京邑以后，基业稳固，兵马强大，然后向东讨平河、洛，传送文书，而天下就大定了。而今隋朝丧失它的福

资治通鉴

分，豪杰竞相追逐，不早一点有所作为，必定有抢在我们前面的人，到时候后悔就来不及了！"李密说："这的确是上等的计策，我也想了许久了。但是昏庸的君王还在，跟随他的军队还多，我所统领的都是山东人，看到洛阳还没有攻下来，谁肯跟随我向西而入呢？众将全是群盗出身，留下来就各自竞比高低，这样的话，立国的大业就隳坏了。"柴孝和说："既然大军无法向西前进，我请求通过小路去探看情形，寻找时机。"李密表示赞同。

　　孝和与数十骑至陕县，山贼归之者万馀人。时密兵锋甚锐，每入苑，与隋兵连战。会密为流矢所中，卧营中，丁丑，越王侗使段达与庞玉等夜出兵，陈于回洛仓西北。密与裴仁基出战，达等大破之，杀伤太半，密乃弃回洛，奔洛口。庞玉、霍世举军于偃师，柴孝和之众闻密退，各散去。孝和轻骑归密，杨德方、郑德韬皆死。密以郑颋为左司马，荥阳郑乾象为右司马。

　　李建成、李元吉弃其弟智云于河东而去，吏执智云送长安，杀之。建成、元吉遇柴绍于道，与之偕行。

　　【译文】柴孝和与数十名骑兵到了陕县，山贼归降他的有一万余人。此时李密军队的锋芒很锐，每次进入西苑，就与隋朝军队作战。恰巧李密被流箭射中，躺在军营里养伤。丁丑日（二十八日），越王杨侗派遣段达与庞玉等人，在夜晚出兵，在回洛仓的西北布阵。李密与裴仁基出兵迎战，段达等人将他们打得大败，杀伤了一大半人，李密于是放弃回洛，逃往洛口。此时庞玉、霍世举驻军在偃师，柴孝和的徒众听闻李密败退，就各自散去。柴孝和带着很少的骑兵回到李密军中，而杨德方、郑德韬全都战死。于是李密任命郑颋担任左司马，荥阳人郑乾象担任右司马。

李建成、李元吉把他的弟弟李智云丢在河东后离去，官吏缉拿李智云送到长安，将他杀了。李建成、李元吉在路上遇见柴绍，与他一起前行。

资治通鉴卷第一百八十四　隋纪八

起强阏赤奋若六月，不满一年。

【译文】起丁丑（公元 617 年）六月，不满一年。

【题解】本卷记录了公元 617 年六月至十二月间的史事。当时正值隋炀帝大业十三年的下半年，史又称恭皇帝义宁元年。这一时期，全国烽烟四起，战争特别激烈，是隋朝崩溃前的垂死挣扎时期。以李渊利用各地起义不断，隋朝疲于应付之机，起兵太原，进据长安，另立由自己控制的隋中央政权为主线，为隋唐禅代奠定了基础。

恭皇帝下

义宁元年（丁丑、公元六一七年）六月，己卯，李建成等至晋阳。

刘文静劝李渊与突厥相结，资其士马以益兵势。渊从之，自为手启，卑辞厚礼，遗始毕可汗云："欲大举义兵，远迎主上，复与突厥和亲，如开皇之时。若能与我俱南，愿勿侵暴百姓；若但和亲，坐受宝货，亦唯可汗所择。"始毕得启，谓其大臣曰："隋主为人，我所知也，若迎以来，必害唐公而击我无疑矣。苟唐公自为天子，我当不避盛暑，以兵马助之。"即命以此意为复书。使者七日而返，将佐皆喜，请从突厥之言，渊不可。裴寂、刘文静等皆曰:"今义兵虽集而戎马殊乏,胡兵非所须,而马不可失;若复稽回,恐其有悔。"渊曰:"诸君宜更思其次。"寂等乃请尊天子为太上皇,立代王为帝,以安隋室;移檄郡县;改易旗帜,杂用绛白,以示突厥。渊曰:"此可谓'掩耳盗钟',然逼于时事,不得不尔。"乃许之,遣使以此议告突厥。

【译文】义宁元年(丁丑,公元 617 年)六月,己卯日(六月无此日),李建成等人抵达晋阳。

刘文静劝说李渊跟突厥结交,利用他们的军兵战马,来增加兵力的声威。李渊采纳他的意见,亲自写信,言辞卑下,礼物丰厚,赠给始毕可汗,说:"想要大力调动除暴安民的义军,远去迎接君王,又与突厥和亲,好像开皇的时候一般。假如能够与我一同到南方,希望不要侵害百姓;倘若只是和亲,坐享珍贵的钱物,也由可汗来抉择。"始毕可汗得了这封信,告诉他的大臣说:"大隋天子的为人,是我所知晓的,倘若迎他前来,必定会伤害唐公而攻打我,这是毫无疑问的。假如唐公当天子,我应该不逃避盛暑的炎热,用军队与战马帮助他。"始毕可汗立刻命令照这个意思回信。使者七天就返回了,将佐全都十分高兴,请求采纳突厥的话,李渊不同意。裴寂、刘文静都说:"现在除暴安民的军队虽然全都聚集了,而战马却非常缺少,胡人的军兵不是我们所需要的,可是战马是不可以没有的;倘若又拖延回信,担心他们会后悔。"李渊说:"各位应当再想其他的办法。"裴寂等人于是请求尊奉隋炀帝为太上皇,拥立代王即皇帝位,来安定隋朝的王室;移送檄文给各个郡县;改换旗帜,杂用红白色,来向突厥暗示。李渊说:"这可以说是掩耳盗铃。只是时事所逼,不得不如此。"于是李渊同意了,派遣使者将这个决定告诉突厥。

资治通鉴

西河郡不从渊命，甲申，渊使建成、世民将兵击西河；命太原令太原温大有与之偕行，曰："吾儿年少，以卿参谋军事；事之成败，当以此行卜之。"时军士新集，咸未阅习，建成、世民与之同甘苦，遇敌则以身先之。近道菜果，非买不食，军士有窃之者，辄求其主偿之，亦不诘窃者，军士及民皆感悦。至西河城下，民有欲入城者，皆听其入。郡丞高德儒闭城拒守，己丑，攻拔之。执德儒至军门，世民数之曰："汝指野鸟为鸾，以欺人主，取高官，吾兴义兵，正为诛佞人耳！"遂斩之。自余不戮一人，秋毫无犯，各尉抚使复业，远近闻之大悦。建成等引兵还晋阳，往返凡九日。渊喜曰："以此行兵，虽横行天下可也。"遂定入关之计。

【译文】西河郡不服从李渊的命令，甲申日（初五），李渊派遣李建成、李世民率领军队进攻西河；命令太原令太原人温大有与他们同行，说："我的儿子们年纪轻，请你参与军事谋划；事情的成败，应当以这次的行动作卜决。"此时战士刚刚聚集，没有经过训练，李建成、李世民与他们同甘共苦，遇到敌人时就身先士卒。道路附近的菜果，不买不吃，军兵有去偷取的，就前去请求主人准许补偿，也不怪罪偷取的人，军兵与百姓都是既感激又高兴。到了西河城下，百姓有想要入城的，全都听凭他们进入。郡丞高德儒关闭城门防守抵抗，于己丑日（初十），城池终于被攻下来。执拿高德儒来到军门，李世民责怪他说："你指野鸟为鸾凤，用来欺骗人主，得到高官，我们发动义兵，就是为了想要诛杀谗佞的人！"于是将他杀了。其余的人，一个不杀，秋毫未犯，分别安抚，让他们恢复旧业，远近的人听了全都十分高兴。李建成等人率军返回晋阳，来回一共九天。李渊高兴地说："依照这样的情形用兵，就算横行天下也没问题。"于是决定了入关的计策。

渊开仓以赈贫民，应募者日益多。渊命为三军，分左右，通谓之义士。裴寂等上渊号为大将军，癸巳，建大将军府；以寂为长史，刘文静为司马，唐俭及前长安尉温大雅为记室，大雅仍与弟大有共掌机密，武士彠为铠曹，刘政会及武城崔善为、太原张道源为户曹，晋阳长上邽姜謩为司功参军，太谷长殷开山为府掾，长孙顺德、刘弘基、窦琮及鹰扬郎将高平王长谐、天水姜宝谊、阳屯为左、右统军；自馀文武，随才授任。又以世子建成为陇西公，左领军大都督，左三统军隶焉；世民为燉煌公，右领军大都督右三统军隶焉；各置官属。以柴绍为右领军府长史；谘议谯人刘赡领西河通守。道源名河，开山名峤，皆以字行。开山，不害之孙也。

【译文】李渊打开仓廪来赈济贫困的百姓，应征当兵的人一日比一日多。李渊下令分为三军，分属左右，通称为义士。裴寂等人拥立李渊，号为大将军，癸巳日（十四日），李渊建立大将军府；任命裴寂担任长史，刘文静担任司马，唐俭与以前的长安尉温大雅担任记室，温大雅仍旧与他弟弟温大有一同掌管机密，武士彠担任铠曹，刘政会与武城人崔善为、太原人张道源担任户曹，晋阳长上邽人姜謩担任司功参军，太谷长殷开山担任府掾，长孙顺德、刘弘基、窦琮与鹰扬郎将高平人王长谐、天水人姜宝谊、阳屯担任左右统军；其余的文武官佐，按照才能授予任务。又任命世子李建成为陇西公，左领军大都督，左三统军归属于他；任命李世民为敦煌公，右领军大都督，右三统军归属于他；全都各自设立官属。并命柴绍担任右领军府长史；谘议谯人刘赡兼领西河通守。张道源名河，殷开山名峤，全都以字为世人所知。殷开山，是殷不害的孙子。

李密复帅众向东都，丙申，大战于平乐园。密左骑、右步、中列强弩，鸣千鼓以冲之，东都兵大败，密复取回洛仓。

突厥遣其柱国康鞘利等送马千匹诣李渊为互市，许发兵送渊入关，多少随所欲。丁酉，渊引见康鞘利等，受可汗书，礼容尽恭，赠遣康鞘利等甚厚。择其马之善者，止市其半；义士请以私钱市其馀，渊曰："虏饶马而贪利，其来将不已，恐汝不能市也。吾所以少取者，示贫，且不以为急故也，当为汝赏之，不足为汝费。"

【译文】李密又带领部众前往东都，丙申日（十七日），双方在平乐园大战。李密左面是骑兵、右面是步兵，中间布列强劲的弩弓，鸣击一千面战鼓冲锋，东都的军队大败，李密再次攻占回洛仓。

突厥派他们的柱国康鞘利等人，送一千匹马到李渊那里做交易，应允调动军队送李渊入关，军队多少由李渊决定。丁酉日（十八日），李渊接见康鞘利等人，接受始毕可汗的信，礼制仪式十分恭敬，赠送康鞘利等人的礼物也非常优厚。挑选他们的好马，只买了一半；义士请求用私人的钱买下其余的马，李渊说："胡人有许多马，而且贪求利益，他们将会不断前来，担心你们无法购买了。我所以买得不多，一方面表示贫困，并且不给他们看出十分急需，我当为你们赊贷，不需你们出钱。"

乙巳，灵寿贼帅郗士陵帅众数千降于渊，渊以为镇东将军、燕郡公，仍置镇东府，补僚属，以招抚山东郡县。

己巳，康鞘利北还。渊命刘文静使于突厥以请兵，私谓文静曰："胡骑入中国，生民之大蠹也。吾所以欲得之者，恐刘武周引之共为边患；又，胡马行牧，不费刍粟，聊欲藉之以为声势耳。数百人之外，无所用之。"

秋，七月，炀帝遣江都通守王世充将江、淮劲卒，将军王隆帅邛黄蛮，河北大使太常少卿韦霁、河南大使虎牙郎将王辩等各帅所领同赴东都，相知讨李密。霁，世康之子也。

【译文】乙巳日（二十六日），灵寿贼军首领郗士陵，带领几千名部众归降李渊，李渊任命他担任镇东将军、燕郡公，仍旧设立镇东府，补充僚属，来招抚山东的郡县。

己巳日（六月无此日），康鞘利返回北方。李渊下令刘文静出使突厥请求援兵，私下却告诉刘文静说："胡人的骑兵进入中原，是百姓的大蠹害。我所以想要得到他们援助，是害怕刘武周联合他们共同成为边患；同时，胡人的军兵惯于游牧，不浪费粮食，姑且想要借他们作为声威罢了。几百人之外，就无所用了。"

秋季，七月，隋炀帝杨广派遣江都通守王世充率领江、淮强劲的军队，将军王隆带领邛地的黄蛮，河北大使太常少卿韦霁、河南大使虎牙郎将王辩等人，各自带领所统率的军队，一起前往东都，相互知会联络，来讨伐李密。韦霁是韦世康的儿子。

壬子，李渊以子元吉为太原太守，留守晋阳宫，后事并委之。癸丑，渊帅甲士三万发晋阳，立军门誓众，并移檄郡县，谕以尊立代王之意；西突厥阿史那大奈亦帅其众以从。甲寅，遣通议大夫张纶将兵徇稽胡。丙辰，渊至西河，慰劳吏民，赈赡穷乏；民年七十已上，皆除散官，其馀豪俊，随才授任，口询功能，手注官秩，一日除千馀人；受官皆不取告身，各分渊所书官名而去。渊入雀鼠谷；壬戌，军贾胡堡，去霍邑五十馀里。代王侑遣虎牙郎将宋老生帅精兵二万屯霍邑，左武候大将军屈突通将骁果数万屯河东以拒渊。会积雨，渊不得进，遣府佐沈叔安等将羸兵还太原，更运一月粮。乙丑，张纶克离石，杀太守杨子崇。

刘文静至突厥，见始毕可汗，请兵，且与之约曰："若入长安，民众土地入唐公，金玉缯帛归突厥。"始毕大喜，丙寅，遣其大臣级失特勒先至渊军，告以兵已上道。

【译文】壬子日（初四），李渊任命他的儿子李元吉担任太原太守，留守晋阳宫，后方的事情全都委交给他。癸丑日（初五），李渊带领战士三万人自晋阳出发，站在军门向大军鼓励训诫，同时移送檄文前往各郡县，告诉他们拥立代王的意思；西突厥阿史那大奈也带领他的部众跟随。甲寅日（初六），李渊派遣通议大夫张纶率领军队巡行稽胡。丙辰日（初八），李渊来到西河，慰劳吏属百姓，赈济贫困民众；百姓年纪在七十岁以上的，全都任命他们充任冗散的官职，其余的豪杰俊才，按照才能授予任务，亲口询问他们的能力功绩，亲手注明他们官爵的秩品，一天内任命一千余人；接受官职的人全都没有拿取符命，分别拿着李渊所写的官名而离开。李渊进入雀鼠谷。壬戌日（十四日），李渊在贾胡堡驻军，距离霍邑五十余里。代王杨侑派虎牙郎将宋老生带领精兵二万人驻守霍邑，左武候大将军屈突通驻守河东对抗李渊。恰巧连续下雨，李渊无法进兵，于是派府佐沈叔安等人，率领残弱的军队返回太原，另外运来一个月的军粮。乙丑日（十七日），张纶攻克离石，杀掉太守杨子崇。

刘文静抵达突厥，拜见始毕可汗，请求兵力援助，而且与他约定，说："假如进入长安，百姓、土地归属唐公，金玉丝帛归属突厥。"始毕可汗十分高兴，在丙寅日（十八日），始毕可汗派遣他的大臣级失特勒先到李渊军中，告诉他突厥的军兵已经上路。

渊以书招李密。密自恃兵强，欲为盟主，己巳，使祖君彦复书曰："与兄派流虽异，根系本同。自唯虚薄，为四海英雄共推盟主。所望左提右挈，戮力同心，执子婴于咸阳，殪商辛于牧野，岂不盛哉!"且欲使渊以步骑数千自至河内，面结盟约。渊得书，笑曰:"密妄自矜大，非折简可致。吾方有事关中，若遽绝之，乃是更生一敌;不如卑辞推奖以骄其志，使为我塞成皋之道，缀东都之兵，我得专意西征。俟关中平定，据险养威，徐观鹬蚌之势以收渔人之功，未为晚也。"乃使温大雅复书曰:"吾虽庸劣，幸承馀绪，出为八使，入典六屯，颠而不扶，通贤所责。所以大会义兵，和亲北狄，共匡天下，志在尊隋。天生烝民，必有司牧。当今为牧，非子而谁! 老夫年逾知命，愿不及此。欣戴大弟，攀鳞附翼，唯弟早膺图箓，以宁兆民! 宗盟之长，属籍见容，复封于唐，斯荣足矣。殪商辛于牧野，所不忍言;执子婴于咸阳，未敢闻命。汾晋左右，尚须安辑;盟津之会，未暇卜期。"密得书甚喜，以示将佐曰:"唐公见推，天下不足定矣!"自是信使往来不绝。

资治通鉴

【译文】李渊写信招抚李密。李密自己倚仗兵力强大，想要担任盟主，命祖君彦回信说:"与兄长的派别虽然不同，根系却原本一样。自以为力量虚弱，却受到四海英雄共同推举为盟主。希望您在左右提挈辅助，勠力同心，在咸阳城执拿子婴(指代王)，在牧野杀掉商辛(指炀帝)，这不是十分美好的事吗?"而且要李渊率领数千名步兵与骑兵，亲自来到河内，当面缔结盟约。李渊得到回信，笑着说:"李密自大狂妄，不是写信给他就能招降的。我正在关中有事，假如马上就与他断绝，那是另外树立一位敌人;不如用谦卑的言语尊奉夸奖，使他产生骄狂的心理，让他为我堵住成皋的道路，留住东都的军队，使我能一心一意去西征。等到关中讨平以后，驻守险要，培养声势，慢慢观察鹬蚌相争的局势，获取渔人的利益，为时也不晚。"于是命温大雅回信说:"我虽然十分平庸愚劣，很幸运地承受祖先的遗业，出朝为八使，入朝掌管六军，国家危亡的时候不加以扶持，是通达的贤人所责怪的。因此大量聚集有道义的军队，与北方的狄人亲善和睦，一同匡正天下，心思全在尊奉隋朝。天生人民，必定要有主管的人，当今能够成为主管的人，不是你，还会是谁呢！老夫的年纪已经超过五十岁，志向不在这里。很高兴拥立老弟，攀龙麟，附凤翼，希望老弟早一点应和图箓，以安定千万的百姓！同宗的盟主，能够由于同宗的关系而容纳我，又封在唐这个地方，我就十分荣幸了。在牧野将商辛杀死，是我不忍心讲的话；在咸阳将子婴抓起来，则我不敢听从你的命令。汾晋附近，还需要辑和安抚；盟津的约会，还没有空暇定下日期。"李密得了这封信十分高兴，拿给身边的人看，说："得到唐公的拥戴，天下很快就能够平定了！"从此传送书信的使者，不断地相互往来。

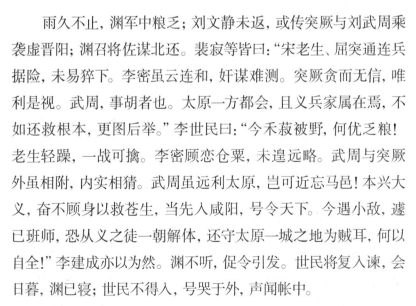

雨久不止，渊军中粮乏；刘文静未返，或传突厥与刘武周乘袭虚晋阳；渊召将佐谋北还。裴寂等皆曰："宋老生、屈突通连兵据险，未易猝下。李密虽云连和，奸谋难测。突厥贪而无信，唯利是视。武周，事胡者也。太原一方都会，且义兵家属在焉，不如还救根本，更图后举。"李世民曰："今禾菽被野，何忧乏粮！老生轻躁，一战可擒。李密顾恋仓粟，未遑远略。武周与突厥外虽相附，内实相猜。武周虽远利太原，岂可近忘马邑！本兴大义，奋不顾身以救苍生，当先入咸阳，号令天下。今遇小敌，遽已班师，恐从义之徒一朝解体，还守太原一城之地为贼耳，何以自全！"李建成亦以为然。渊不听，促令引发。世民将复入谏，会日暮，渊已寝；世民不得入，号哭于外，声闻帐中。

【译文】雨下了很长时间不停，李渊的军队缺乏粮食；刘文静没有返回，有人传说突厥与刘武周利用间隙袭击晋阳；李渊召集将佐商议返回北方。裴寂等人都说："宋老生、屈突通的军队联合，驻守险要，不容易立即攻下来。李密虽说是与我们联合，但是他的奸邪计谋很难预料。突厥人贪婪而不讲信用，看到有利的事情就去做。刘武周是奉事胡人的人。太原是一个方域的都会，况且义兵的家属全在那里，不如回去援助根本，另外再计议以后的行动。"李世民说："如今禾菽遍布原野，何愁缺乏粮食？宋老生急躁轻率，打一仗就能擒住他。李密眷恋仓粟，没有空暇作长久的打算。刘武周与突厥，外表虽然相互依附，其实内心却在相互猜疑。刘武周虽然将远方的太原当作大利，但是哪里敢忘记附近马邑的祸患？我们原本是兴举大义，奋不顾身拯救生民的安危，就应该先进入咸阳，来号令天下。现在遇见小的敌人，就立刻调回军队，担心依附大义的徒众一下就会解体，这样只不过是回去防守太原一城做贼罢了，如何能够保全自身呢？"李建成也认为如此。李渊不听从他的意见，急速下令率军出发。李世民想要再次进入谏诤，恰巧天暗，李渊已经休息；李世民无法进入，在外面痛哭，声音传到营帐中。

渊召问之，世民曰："今兵以义动，进战则克，退还则散；众散于前，敌乘于后，死亡无日，何得不悲！"渊乃悟，曰："军已发，奈何？"世民曰："右军严而未发；左军虽去，计亦未远，请自追之。"渊笑曰："吾之成败皆在尔，知复何言，唯尔所为。"世民乃与建成分道夜追左军复还。丙子，太原运粮亦至。

【译文】李渊召他进去询问，李世民说："现在军队已经用大义举发，前进作战就会成功，后退回去就会离散；部众离散于前，敌人就会乘危于后，不久就要死了，怎能不伤心呢？"李渊于是醒悟，说："部队已经出发，怎么办呢?"李世民说："右军严整装备，还没有出发; 左军虽然已经开拔，我计算也还没走多远，请让我前去追赶。"李渊笑着说："我的成败全都在于你，知道了，又能说什么呢? 随便你怎样做吧!"于是李世民与李建成连夜追赶左军回来。丙子日(二十八日)，太原运来的军粮也到了。

武威鹰扬府司马李轨，家富，好任侠; 薛举作乱于金城，轨与同郡曹珍、关谨、梁硕、李赟、安修仁等谋曰："薛举必来侵暴，郡官庸怯，势不能御，吾辈岂可束手并妻孥为人所虏邪! 不若相与并力拒之，保据河右以待天下之变。"众皆以为然，欲推一人为主，各相让，莫肯当。曹珍曰："久闻图谶李氏当王; 今轨在谋中，乃天命也。"遂相与拜轨，奉以为主。丙辰，轨令修仁集诸胡，轨结民间豪杰，共起兵，执虎贲郎将谢统师、郡丞韦士政。轨自称河西大凉王，置官属并拟开皇故事。关谨等欲尽杀隋官，分其家赀，轨曰："诸人既逼以为主，当禀其号令。今兴义兵以救生民，乃杀人取货，此群盗耳，将何以济!"于是，以统师为太仆卿，士政为太府卿。西突厥阙达度设据会宁川，自称阙可汗，请降于轨。

【译文】武威鹰扬府司马李轨，家里十分富有，喜好结交侠客; 薛举在金城叛乱，李轨与同郡的曹珍、关谨、梁硕、李赟、安修仁等人商议，说："薛举必定会来侵害，郡官胆怯平庸，势必无法抵抗，我们这些人怎么可以绑着手与妻子儿女一同被人俘虏呢? 不如相互合力抵抗，防守河内，来等待天下的变化。"大家全都赞同他的看法，想要拥立一个人为领袖，相互推让，都不肯担当。曹珍说："很久就听闻图谶，李氏应该称王; 现在李轨在图谶预言的范围之内，这是天命呀!"于是相互朝拜李轨，拥戴他为领袖。丙辰日(初八)，李轨下令安修仁集合所有的胡人，并由李轨自己聚集民间的豪杰，一同起兵，执拿虎贲郎将谢统师、郡丞韦士政。李轨自称河西大凉王，比照开皇旧例设立官属。关谨等人想要全部处死隋朝的官吏，瓜分他们的财产，李轨说："大家既然逼我做领袖，就应该听我的号令。如今我们兴动义兵，拯救百姓，却去杀死别人，拿取别人的财物，这不是又成了一群盗贼，怎么能够成功呢？"因而任命谢统师担任太仆卿、韦士政担任太府卿。此时西突厥的阙达度设据守会宁川，自称阙可汗，请求向李轨归降。

薛举自称秦帝，立其妻鞠氏为皇后，子仁果为皇太子。遣仁果将兵围天水，克之，举自金城徙都之。仁果多力，善骑射，军中号万人敌；然性贪而好杀。尝获庾信子立，怒其不降，磔于火上，稍割以啖军士。及克天水，悉召富人，倒悬之，以醋灌鼻，责其金宝。举每戒之曰："汝之才略足以办事，然苛虐无恩，终当覆我国家。"

举遣晋王仁越将兵趋剑口，至河池郡；太守萧瑀拒却之。又遣其将常仲兴济河击李轨，与轨将李赟战于昌松，仲兴举军败没。轨欲纵遣之，斌曰："力战获俘，复纵以资敌，将焉用之！不如尽坑之。"轨曰："天若祚我，当擒其主，此属终为我有；若其无成，留此何益！"乃纵之。

未几，攻张掖、燉煌、西平、枹罕，皆克之，尽有河西五郡之地。

【译文】薛举自称秦帝，册封他的妻子鞠氏为皇后，儿子仁果为皇太子。薛举派遣薛仁果率军包围天水，将它攻克下来，薛举从金城迁到天水建都。薛仁果力气大，擅长骑马射箭，军中号称"万人敌"；但是性情贪婪而喜爱杀人。薛仁果曾经俘虏庾信的儿子庾立，恼怒他不投降，在火上撕裂他的肢体，慢慢割取他的肉给军兵吃。等到攻克天水，将所有的富人全都召集在一起，倒挂起来，拿醋灌进鼻子，命他们献出财宝。薛举每次告诫他说："你的谋略才能足以办成大事，但是暴虐残苛，没有恩义，最后必定会使我的国家覆灭。"

薛举派晋王薛仁越率军前往剑口，抵达河池郡；太守萧瑀发兵抵抗，将他打退。又派他的将军常仲兴渡过黄河攻打李轨，与李轨的将军李赟在昌松交战，常仲兴全军战败身亡。李轨想放俘虏回去，李赟说："拼死作战俘获战俘，又纵放回去资助敌人，要做什么呢？不如全都活埋了。"李轨说："上天假如福佑我，应当能够擒住他们的首领，这些人终究是归属我的；假如事情不能成功，留下来有什么益处呢？"于是纵放俘虏回去。

不多久，李轨进攻张掖、敦煌、西平、枹罕，全部攻克，于是李轨拥有了河西五郡的全部地方。

炀帝诏左御卫大将军涿郡留守薛世雄将燕地精兵三万讨李密，命王世充等诸将皆受世雄节度，军所过盗贼随便诛剪。世雄行至河间，军于七里井，窦建德士众惶惧，悉拔诸城南遁，声言还入豆子𪟝。世雄以为畏己，不复设备，建德谋还袭之。其处去世雄营百四十里，建德帅敢死士二百八十人先行，令馀众续发，建德与其士众约曰："夜至，则击其营；已明，则降之。"未至一里所，天欲明，建德惶惑议降；会天大雾，人咫尺不相辨，建德喜曰："天赞我也！"遂突入其营击之，世雄士卒大乱，皆腾栅走。世雄不能禁，与左右数十骑遁归涿郡，惭恚发病卒。建德遂围河间。

【译文】隋炀帝杨广诏令左御卫大将军涿郡留守薛世雄，率领燕地的精兵三万人去征讨李密，下令王世充等各将，全都接受薛世雄的调度节制，遇到盗匪，随意加以杀害剿灭。薛世雄行进抵达河间，屯兵在七里井，窦建德的部队徒众，全都十分畏惧惶恐，放弃各城向南逃跑，声称要返回豆子𡹴。薛世雄认为是害怕自己，不再加以防范，窦建德便计划返回偷袭。他所停驻的地方距离薛世雄的军营一百四十里，窦建德带领敢死的勇士二百八十人先行出发，命令其余徒众接着进兵。窦建德与他的士兵约定说："假如是晚上到目的地，就攻打他们的军营；假如是天明到目的地，就归降他们。"到距离军营一里的地方，天就快要亮了，窦建德十分惶恐困惑地商议着要投降；恰巧天有大雾，人在一尺以内不能相互辨认，窦建德十分高兴地说："上天助我呀！"于是突入薛世雄的军营攻击，薛世雄的军兵大乱，全都腾逾木栅逃走。薛世雄无法禁止，与亲信的几十名骑兵逃回涿郡，因为惭愧愤怒发病去世。窦建德于是围攻河间。

八月，己卯，雨霁。庚辰，李渊命军中曝铠仗行装。辛巳旦，东南由山足细道趣霍邑。渊恐宋老生不出，李建成、李世民曰："老生勇而无谋，以轻骑挑之，理无不出；脱其固守，则诬以贰于我。彼恐为左右所奏，安敢不出！"渊曰："汝测之善，老生不能逆战贾胡，吾知其无能为也！"渊与数百骑先至霍邑城东数里以待步兵，使建成、世民将数十骑至城下，举鞭指麾，若将围城之状，且诟之。老生怒，引兵三万自东门、南门分道而出，渊使殷开山趣召后军。后军至，渊欲使军士先食而战，世民曰："时不可失。"渊乃与建成陈于城东，世民陈于城南。渊、建成战小却，世民与军头临淄段志玄自南原引兵驰下，冲老生陈，出其背，世民手杀数十人，两刀皆缺，流血满袖，洒之复战。渊兵复振，因传呼曰："已获老生矣！"老生兵大败，渊兵先趣其门，门闭，老生下马投堑，刘弘基就斩之，僵尸数里。日已暮，渊即命登城，时无攻具，将士肉薄而登，遂克之。

【译文】八月，己卯日（初一），大雨停了。庚辰日（初二），李渊下令军中曝晒铠甲、兵仗、行李。辛巳日（初三）天亮，李渊沿着东南山脚小路前往霍邑。李渊害怕宋老生不出兵，李建成、李世民说："宋老生勇敢而没有谋略，用轻骑兵挑拨他，依照道理是不会不出兵的；假如他坚决防守，就诬谤他有叛乱的心意，想要归降我们。他担心被身边的人奏报，怎么敢不出兵呢？"李渊说："你们预料得很好，宋老生不敢在贾胡堡迎战，我就知晓他不能有作为了！"于是李渊与几百名骑兵先到霍邑城东几里的地方等候步兵，命李建成、李世民率领几十名骑兵来到城下，举起鞭子指挥，仿佛将要围城的样子，而且痛骂宋老生。宋老生十分生气，率领三万军兵从东门、南门分路出发，李渊便命殷开山急令召集后继军队。后面的军队来到，李渊想让军队先吃饭再作战，李世民说："时机不可错失。"于是李渊与李建成在城东布阵，李世民在城南布阵。李渊与李建成的部队稍稍败退，李世民与军头临淄人段志玄则从南原率军快骑而下，冲向宋老生的军阵，出现在宋老生的背后，李世民亲手杀死数十人，两把刀都砍出了缺口，敌兵的血流沾满衣袖，李世民甩掉鲜血又投入战斗。李渊的军队重新振作起来，因此传言说："已经擒获宋老生了！"宋老生的军队于是大败。李渊的军兵先行赶往他的城门，将城门关了起来，宋老生下马跳入堑壕，刘弘基立即将他杀了，僵卧的尸体堆积在地上，一连好几里。天黑了下来，李渊立刻命令登城，当时没有攻城的用具，将士肉搏逼近城墙，奋力登上去，终于攻克城池。

渊赏霍邑之功，军吏疑奴应募者不得与良人同，渊曰："矢石之间，不辨贵贱；论勋之际，何有等差，宜并从本勋授。"壬午，渊引见霍邑吏民，劳赏如西河，选其丁壮使从军；关中军士欲归者，并授五品散官，遣归。或谏以官太滥，渊曰："隋氏吝惜勋赏，此所以失人心也，奈何效之！且收众以官，不胜于用兵乎！"

丙戌，渊入临汾郡，慰抚如霍邑。庚寅，宿鼓山。绛郡通守陈叔达拒守；辛卯，进攻，克之。叔达，陈高宗之子，有才学，渊礼而用之。

【译文】李渊奖赏霍邑的战功，军官们疑心以奴仆身份应募当兵的，不能与以普通百姓身份当兵的一样论功，李渊说："在有矢石的战场，人是不分贵贱的，评定功勋的时候，哪有什么等级差别呢？应当全部按功劳授勋爵。"壬午日（初四），李渊接见霍邑的官吏百姓，赏赐慰劳如同西河一样，挑选他们的丁壮，让他们从军；关中的军兵想要返回的，也授予五品的散官，遣放回去。有人进谏说官职给得太浮滥了，李渊说："隋氏吝啬功勋赏赐，因而才失去人心，为什么要仿效他们呢？而且拿官职延揽民心，不是比用兵还好吗！"

丙戌日（初八），李渊进入临汾郡，安抚吏民的情形如霍邑一般。庚寅日（十二日），李渊夜宿鼓山。绛郡通守陈叔达防守抵抗；辛卯日（十三日），李渊进兵攻打，攻克下来。陈叔达是陈高宗的儿子，有学问才华，李渊礼遇并且任用他。

【乾隆御批】密自恃兵强，冀为盟主，与子阳井底蛙相类，乃光武以正辞折公孙，唐高以逊词骄元邃，其用意不同，而驾驭英雄之术，则先后一揆耳。太宗初应定兴之募年，甫弱冠即为设旌旗钲鼓之令，以倡先声。未数年复定先入咸阳大计，而一时宿将无能及者，智足以料敌，断足以成功，岐嶷英姿殆，所谓天授非人力也。

【译文】 李密自恃兵力强大，希望成为盟主，与子阳井底之蛙相类似，与后汉光武帝以义正辞严折服公孙，唐高用谦逊之词使元邃骄慢，他们的用意虽然不同，可是驾驭英雄的手段，却是先后一致的。太宗当初在定兴应征入伍的时候，不到二十岁就制定了旌旗钲鼓的号令，以倡导先声。没过几年又制定了先入咸阳的大计，而当时的老将们没人能及得上他，他的聪明才智足以料敌，他的果敢决断足以成功，他那异于常人的出众才智，正所谓上天所授而非人力所造就！

癸巳，渊至龙门，刘文静、康鞘利以突厥兵五百人、马二千匹来至。渊喜其来缓，谓文静曰：“吾西行及河，突厥始至，兵少马多，皆君将命之功也。”

汾阳薛大鼎说渊：“请勿攻河东，自龙门直济河，据永丰仓，传檄远近，关中可坐取也。”渊将从之。诸将请先攻河东，乃以大鼎为大将军府察非掾。

河东县户曹任瑰说渊曰：“关中豪杰皆企踵以待义兵。瑰在冯翊积年，知其豪杰，请往谕之，必从风而靡。义师自梁山济河，指韩城，逼郃阳。萧造文吏，必望尘请服。孙华之徒，皆当远迎，然后鼓行而进，直据永丰，虽未得长安，关中固已定矣。”渊说，以瑰为银青光禄大夫。

【译文】 癸巳日（十五日），李渊来到龙门，刘文静、康鞘利率领突厥军队五百人、马两千匹来到。李渊非常高兴他们前来援助，告诉刘文静说：“我向西进兵到黄河，突厥才到，兵少马多，全是你奉持君命的功劳。”

汾阳的薛大鼎告诉李渊："请不要进攻河东，自龙门直接渡过黄河，攻占永丰仓，传送檄文给远近地方，关中能够轻易地取得。"李渊准备采纳他的意见。众将却请求先进攻河东，于是任命薛大鼎担任大将军府察非掾。

河东县的户曹任瑰告诉李渊说："关中的豪杰，全都翘足等候义兵。我在冯翊多年，知晓他们是豪杰，请让我前去晓谕，必定会使那些人望风披靡。义军自梁山渡河，直指韩城，逼近郃阳。萧造是文官，必定会望风请求听命。孙华这些人，全都会远来相迎，之后击鼓行军、进兵，直接屯驻永丰。虽然还无法得到长安，关中却已经平定了。"李渊非常高兴，任命任瑰担任银青光禄大夫。

时关丙群盗，孙华最强；丙申，渊至汾阴，以书招之。己亥，渊进军壶口，河滨之民献舟者日以百数，乃置水军。壬寅，孙华自郃阳轻骑渡河见渊。渊握手与坐，慰奖之，以华为左光禄大夫、武乡县公，领冯翊太守，其徒有功者，委华以次授官，赏赐甚厚。使之先济；继遣左右统军王长谐、刘弘基及左领军长史陈演寿、金紫光禄大夫史大奈将步骑六千自梁山济，营于河西以待大军。以任瑰为招慰大使，瑰说韩城，下之。渊谓长谐等曰："屈突通精兵不少，相去五十馀里，不敢来战，足明其众不为之用。然通畏罪，不敢不出。若自济河击卿等，则我进攻河东，必不能守；若全军守城，则卿等绝其河梁：前扼其喉，后拊其背，彼不走必为擒矣。"

【译文】此时关中的许多盗匪，以孙华最为强大；丙申日（十八日），李渊来到汾阴，去信招抚孙华。

己亥日（二十一日），李渊进军来到壶口，黄河河滨每天奉献舟船的百姓数以百计，李渊便设置了水军。壬寅日（二十四日），孙华自郃阳用轻便快速的骑兵渡河拜见李渊。李渊握手与他相坐，慰勉奖赏他，任命孙华担任左光禄大夫、武乡县公，兼领冯翊太守，他的徒众有功勋的，委托交付孙华依次授予官职，赏赐十分优厚。并让他先行渡河；接着派遣左右统军王长谐、刘弘基与左领军长史陈演寿、金紫光禄大夫史大奈，率领步骑六千名，自梁山渡河，屯驻在河西，来等待大军。任命任瑰担任招慰大使，任瑰游说韩城，最终使韩城归降。李渊告诉王长谐等人说："屈突通精锐的军队不少，相距五十余里，不敢来交战，足以知道他的徒众是不听他召唤的。但是屈突通害怕获罪，不敢不出战。倘若自己渡河攻打你们，那么我进兵攻击河东，他们必定守不住；倘若他们运用全部军力守城，那么你们阻隔河梁：前面扼守他的咽喉，后面攻打他的背部，他如果不逃走，必定会被擒住。"

骁果从炀帝在江都者多逃亡，帝患之，以问裴矩，对曰："人情非有匹偶，难以久处，请听军士于此纳室。"帝从之。九月，悉召江都境内寡妇、处女集宫下，恣将士所取；或先与奸者听自首，即以配之。

武阳郡丞元宝藏以郡降李密，甲寅，密以宝藏为上柱国、武阳公。宝藏使其客巨鹿魏征为启谢密，且请改武阳为魏州；又请帅所部西取魏郡，南会诸将取黎阳仓。密喜，即以宝藏为魏州总管，召魏征为元帅府文学参军，掌记室。征少孤贫，好读书，有大志，落拓不事生业。始为道士，宝藏召典书记。密爱其文辞，故召之。

【译文】跟从隋炀帝在江都的骁果，很多都逃走了，隋炀帝十分忧虑，询问裴矩，裴矩回答说："人如果没有配偶，便很难长久居住在这里，请听凭军士在这里娶妻。"隋炀帝采纳了他的意见。九月，隋炀帝将江都境内的寡妇、处女全都集合在宫下，听任将士选取；有先相互私通的，听凭他们自首，让他们成为配偶。

武阳郡丞元宝藏举郡归降李密，甲寅日（初六），李密任命元宝藏担任上柱国、武阳公。元宝藏让他的门客钜鹿人魏徵写信向李密道谢，并且请求改武阳为魏州；又请求带领所统率的军队，向西攻取魏郡，向南会合众将攻取黎阳仓。李密十分高兴，立刻任命元宝藏担任魏州总管，召令魏徵担任元帅府文学参军，掌管记室。魏徵年少，贫困孤苦，喜爱读书，有雄大的志向，散漫而不检束，没有正当谋生的职业。起先是做道士，元宝藏召他典掌书记。李密喜欢他的文辞，所以将他召来。

初，贵乡长弘农魏德深，为政清静，不严而治。辽东之役，徵税百端，使者旁午，责成郡县，民不堪命，唯贵乡闾里不扰，有无相通，不竭其力，所求皆给。元宝藏受诏捕贼，数调器械，动以军法从事。其邻城营造，皆聚于听事，官吏递相督责，昼夜喧嚣，犹不能济。德深听随便修营，官府寂然，恒若无事，唯戒吏以不须过胜馀县，使百姓劳苦；然民各自竭心，常为诸县之最，县民爱之如父母。宝藏深害其能，遣将千兵赴东都。所领兵闻宝藏降密，思其亲戚，辄出都门，东向恸哭而返；或劝之降密，皆泣曰："我与魏明府同来，何忍弃去！"

【译文】起初，贵乡县长弘农人魏德深，为政清平宁静，不严苛却有治绩。辽东那次战役，征税十分繁多，使者接连不断，责求郡县办理，百姓不堪忍受催逼，只有贵乡闾里不受骚扰，有

钱与没钱的，相互合作，没有耗竭百姓的财力，所要求的都能
供给。元宝藏接受诏令缉拿贼匪，常常征调器械，动不动就用
军法处置。邻城的营造工作，官吏们都聚在厅事，以便监视与
督促，但官吏相互督促责难，日夜喧嚣，还不能完成任务。魏
德深听任百姓任意修缮营造，官府安闲清静，经常像没有事情
一样，只告诫属吏无须比其他的县城造得多造得好，使老百姓
劳苦。但是百姓各自竭尽心力，经常是所有县里提供得最多的，
百姓尊爱他像父母一样。元宝藏深深嫉妒他的才干，派遣他率
领一千名士兵到东都。所率领的军队听闻元宝藏归降李密，思
念他们的亲戚，经常出都门，向东恸哭之后再回来；有人劝说
他们归降李密，他们都哭着说："我们与魏明府一起来，怎么忍
心背弃他而离去呢？"

河南、山东大水，饿殍满野，炀帝诏开黎阳仓赈之，吏不时
给，死者日数万人。徐世勣言于李密曰："天下大乱，本为饥馑。
今更得黎阳仓，大事济矣。"密遣世勣帅麾下五千人自原武济河，
会元宝藏、郝孝德、李文相及洹水贼帅张升、清河贼帅赵君德
共袭破黎阳仓，据之，开仓恣民就食，浃旬间，得胜兵二十馀万。
武安、永安、义阳、弋阳、齐郡相继降密。窦建德、朱粲之徒亦
遣使附密，密以粲为扬州总管、邓公。泰山道士徐洪客献书于密，
以为："大众久聚，恐米尽人散，师老厌战，难可成功。"劝密"乘
进取之机，因士马之锐，沿流东指，直向江都，执取独夫，号令
天下。"密壮其言，以书招之，洪客竟不出，莫知所之。

乙卯，张纶徇龙泉、文成等郡，皆下之，获文成太守郑元
璹。元璹，译之子也。

屈突通遣虎牙郎将桑显和将骁果数千人夜袭王长谐等营，

长谐等战不利，孙华、史大奈以游骑自后击显和，大破之。显和脱走入城，仍自绝河梁。丙辰，冯翊大守萧造降于李渊。造，修之子也。

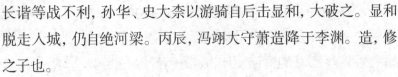

【译文】河南、山东发生水灾，满野全是饿死的尸体，隋炀帝下令打开黎阳仓赈济他们，因为官吏没有及时供给，饿死的百姓一天就有几万人。徐世勣告诉李密说："天下动乱，原本是因为饥荒的缘故。现在再能攻下黎阳仓，大事就成功了。"李密派遣徐世勣带领部下五千人自原武渡黄河，会合元宝藏、郝孝德、李文相与洹水贼军首领张升、清河贼军首领赵君德，一同偷袭攻取黎阳仓，占据了它，并打开仓廪任凭百姓取食，十天之内，得到能作战的士兵二十余万人。武安、永安、义阳、弋阳、齐郡相继归降李密。窦建德、朱粲这些人也派遣使者表示附从李密，李密拜授朱粲为扬州总管、邓公。泰山道士徐洪客写信给李密，认为："大量徒众长期聚集，担心米一吃尽，人就离散，军队老化，厌倦打仗，难以成功。"于是规劝李密"利用进军攻取的机会，凭借军兵战马的勇锐，沿着河流向东推进，直指江都，抓住隋帝，号令天下"。李密认为他的话说得非常气壮，去信招抚他，最终徐洪客没有出山，不知他到什么地方去了。

乙卯日(初七)，张纶征讨龙泉、文成等郡，全部降服，俘虏了文成太守郑元璹。郑元璹是郑译的儿子。

屈突通派遣虎牙郎将桑显和率领骁果几千人，夜晚偷袭王长谐等人的营地，王长谐等人作战失利，孙华、史大奈率领游动的骑兵从后面进攻桑显和，将他打得大败。桑显和逃入城里，于是阻断河梁自保。丙辰日(初八)，冯翊太守萧造归降李渊。萧造是萧修的儿子。

【申涵煜评】洪客既献书李密，遂去不知所之。辟如神龙在天，见尾而不见首。殆鲁仲连、黄石公之流欤。使处晋阳幕中，凌烟阁应踞首座。

【译文】徐洪客献书李密之后，就不知去了哪里。就像神龙在天，只能看到尾而看不见头几乎可以算是鲁仲连、黄石公之流了。如果让他进入晋阳幕府，凌烟阁功臣之中他应该会排第一。

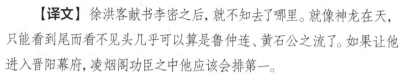

戊午，渊帅诸军围河东，屈突通婴城自守。

将佐复推渊领太尉，增置官属，渊从之。时河东未下，三辅豪杰至者日以千数。渊欲引兵西趣长安，犹豫未决。裴寂曰："屈突通拥大众，凭坚城，吾舍之而去，若进攻长安不克，退为河东所蹑，腹背受敌，此危道也。不若先克河东，然后西上。长安恃通为援，通败，长安必破矣。"李世民曰："不然。兵贵神速，吾席累胜之威，抚归附之众，鼓行而西，长安之人望风震骇，智不及谋，勇不及断，取之若振槁叶耳。若淹留自弊于坚城之下，彼得成谋修备以待我，坐费日月，众心离沮，则大事去矣。且关中蜂起之将，未有所属，不可不早招怀也。屈突通自守虏耳，不足为虑。"渊两从之，留诸将围河东，自引军而西。

朝邑法曹武功靳孝谟，以蒲津、中潬二城降，华阴令李孝常以永丰仓降，仍应接河西诸军。孝常，圆通之子也。京兆诸县亦多遣使请降。

【译文】戊午日，（初十），李渊带领各军围攻河东，屈突通绕城防守。

众将领又拥戴李渊兼领太尉，增设官属，李渊采纳了他们的意见。此时河东还没有攻取下来，三辅豪杰前来投奔的，一天有一千人左右。李渊想要率军向西前往长安，却迟疑未定。裴寂说："屈突通握有重兵，据守坚城，我们舍弃了他离开，假如进军攻打长安，没有成功，退后就会被河东蹑逐，前后全是敌人，这是危险的路径。不如先攻克河东，而后西上。长安倚仗屈突通为外援，屈突通战败，长安必定可以攻克。"李世民说："不是这样。军队最重要的是迅速，我们凭借屡次胜利的威势，安抚归顺的徒众，向西击鼓进兵，长安的百姓望见风尘，害怕震惊，使他们智慧未及谋划，勇气未及决断，我们就攻克下来，好比振动枯槁的叶子一般容易。假如停留在坚城底下让自己疲敝，使他们完成谋划，修治防备来对付我们，让我们白白浪费时日，众心沮丧离散，那么大事就去了。况且关中蜂起的将领，没有归属，不能不早一点怀柔招抚。屈突通只是自保的奴虏罢了，不值得担忧。"李渊两面听从，留下众将围攻河东，自己率领军队向西进兵。

朝邑法曹武功人靳孝谟，献出蒲津、中潭二城投降李渊，华阴县令李孝常献出永丰仓投降，还前去接应河西各军。李孝常是李圆通的儿子。京兆各县也大多派遣使者请求归降。

王世充、韦霁、王辩及河内通守孟善谊、河阳郡尉独孤武都各帅所领会东都，唯王隆后期不至。己未，越王侗使虎贲郎将刘长恭等帅留守兵，庞玉等帅偃师兵，与世充等合十馀万众，击李密于洛口，与密夹洛水相守。炀帝诏诸军皆受世充节度。

帝遣摄江都郡丞冯慈明向东都，为密所获，密素闻其名，延坐劳问，礼意甚厚，因谓曰："隋祚已尽，公能与孤共立大功乎？"慈明曰："公家历事先朝，荣禄兼备。不能善守门阀，乃与玄感举兵，偶脱罔罗，得有今日，唯图反噬，未谕高旨。莽、卓、敦、玄非不强盛，一朝夷灭，罪及祖宗。仆死而后已，不敢闻命！"密怒，囚之。慈明说防人席务本，使亡走。奉表江都，及致书东都论贼形势，至雍丘，为密将李公逸所获，密又义而释之；出至营门，翟让杀之。慈明，子琮之子也。

【译文】王世充、韦霁、王辩与河内通守孟善谊、河阳郡尉独孤武都，各自统领所率领的军队，在东都会集，只有王隆没有按照预定期限抵达。己未日(十一日)，越王杨侗派遣虎贲郎将刘长恭等人，带领留守军队，庞玉等人带领偃师的军队，与王世充等合兵在一起共十多万徒众，在洛口进攻李密，与李密隔着洛水相对峙。这时隋炀帝杨广诏令各军全都接受王世充的调度节制。

隋炀帝杨广派遣江都代理郡丞冯慈明前往东都，被李密俘获，李密平日听闻他的声名，便延请他上坐，探问慰劳，礼遇的心意非常深厚，告诉他说："大隋的福祚已尽，您能与孤建立大功吗？"冯慈明说："您家历代奉事先朝，尊荣俸禄全都备有。不能完善守住家门的功勋，而与杨玄感兴兵，偶然逃脱罗网，才能有今日，如若只希图反咬君主，不知晓圣意所在。王莽、董卓、王敦、桓玄，并非不强盛，一旦被诛灭，罪祸累及祖先。我死也就算了，不敢听从你的命令！"李密十分生气，将他囚禁起来。冯慈明说服防卫他的席务本，让他逃走。冯慈明奉奏表到江都，又写信给东都，陈述贼兵的形势，到达雍丘，被李密的将领李公逸俘虏，李密佩服他的道义，又将他释放；冯慈明走到营门，翟让将他杀了。冯慈明是冯子琮的儿子。

密之克洛口也，箕山府郎将张季珣固守不下，密以其寡弱，遣人呼之。季珣骂密极口，密怒，遣兵攻之，不能克。时密众数十万在其城下，季珣四面阻绝，所领不过数百人，而执志弥固，誓以必死。久之，粮尽水竭，士卒羸病，季珣抚循之，一无离叛，自三月至于是月，城遂陷。季珣见密不肯拜，曰："天子爪牙，何容拜贼！"密犹欲降之，诱谕终不出，乃杀之。季珣，祥之子也。

庚申，李渊帅诸军济河；甲子，至朝邑，舍于长春宫，关中士民归之者如市。丙寅，渊遣世子建成、司马刘文静帅王长谐等诸军数万人屯永丰仓，守潼关以备东方兵，慰抚使窦轨等受其节度；燉煌公世民帅刘弘基等诸军数万人徇渭北，慰抚使殷开山等受其节度。轨，琮之兄也。

【译文】李密攻打洛口时，箕山府郎将张季珣坚持固守，不肯归降，李密认为他兵力微弱，派遣人呼喊劝降。张季珣极力辱骂李密，李密非常生气，派军攻打他，却不能攻克。此时李密的徒众有数十万人在城下，张季殉四面受阻，所率领的不过数百人而已，可是心志非常坚固，誓必效死。时日一久，粮食吃尽，水也枯竭，士兵生病羸弱，张季珣一一安抚他们，没有一个背叛，从三月坚守直到九月，城池才沦陷。张季珣见了李密，不愿跪拜，说："天子的部属，哪里能够跪拜贼兵！"李密还想让他投降，引诱规劝，始终不肯屈服，这才将他杀了。张季珣是张祥的儿子。

庚申日（十二日），李渊带领各军渡河；甲子日（十六日），李渊到了朝邑，住在长春宫，关中的士民依附他的，好像赶集一样。丙寅日（十八日），李渊派世子李建成、司马刘文静，带领王长谐等各军几万人，驻守在永丰仓，守住潼关来防范东方的军队，慰抚使窦轨等人听从他们的调度；敦煌公李世民带领刘弘基等各军数万人，进攻渭水的北边，慰抚使殷开山等人听从他的调度。窦轨是窦琮的哥哥。

冠氏长于志宁、安养尉颜师古及世民妇兄长孙无忌谒见渊于长春宫。师古名籍，以字行。志宁，宣敏之兄子；师古，之推之孙也；皆以文学知名，无忌仍有才略。渊皆礼而用之，以志宁为记室，师古为朝散大夫，无忌为渭北行军典签。

屈突通闻渊西入，署鹰扬郎将汤阳尧君素领河东通守，使守蒲坂，自引兵数万趣长安，为刘文静所遏。将军刘纲戍潼关，屯都尉南城，通欲往依之，王长谐先引兵袭斩纲，据城以拒通，通退保北城。渊遣其将吕绍宗等攻河东，不能克。

【译文】冠氏县长于志宁、安养县尉颜师古与李世民的内兄长孙无忌，在长春宫拜见李渊。颜师古名籍，以字为世人所知。于志宁是于宣敏的侄子；颜师古是颜之推的孙子，全都以文学享有盛名，长孙无忌也有谋略才能。李渊对他们全都非常礼敬，并且任用他们，任命于志宁担任记室，颜师古担任朝散大夫，长孙无忌担任渭北行军典签。

屈突通听闻李渊向西进兵，署任鹰扬郎将汤阴人尧君素督领河东通守，命他防守蒲坂，自己率领军队几万人前往长安，结果被刘文静阻遏。将军刘纲戍守潼关，屯驻都尉南城，屈突通想去依附他，王长谐却先率军偷袭，斩杀了刘纲，据守城池来抗拒屈突通，屈突通退守北城。李渊派遣他的将领吕绍宗等人进攻河东，没能攻下。

柴绍之自长安赴太原也，谓其妻李氏曰："尊公举兵，今偕行则不可，留此则及祸，奈何？"李氏曰："君弟速行，我一妇人，易以潜匿，当自为计。"绍遂行。李氏归鄠县别墅，散家赀，聚徒众。渊从弟神通在长安，亡入鄠县山中，与长安大侠史万宝等起兵以应渊。西域商胡何潘仁入司竹园为盗，有众数万，劫前尚书右丞李纲为长史，李氏使其奴马三宝说潘仁与之就神通，合势攻鄠县，下之。神通众逾一万，自称关中道行军总管，以前乐城长令狐德棻为记室。德棻，熙之子也。李氏又使马三宝说群盗李仲文、向善志、丘师利等，皆帅众从之。仲文，密之从父；师利，和之子也。西京留守屡遣兵讨潘仁等，皆为所败。李氏徇盩厔、武功、始平，皆下之，众至七万。左亲卫段纶，文振之子也，娶渊女，亦聚徒于蓝田，得万馀人。及渊济河，神通、李氏、纶各遣使迎渊。渊以神通为光禄大夫，子道彦为朝请大夫，纶为金紫光禄大夫；使柴绍将数百骑并南山迎李氏。何潘仁、李仲文、向善志及关中群盗，皆请降于渊，渊一一以书慰劳授官，使各居其所，受燉煌公世民节度。

【译文】柴绍从长安赶往太原的时候，告诉他的妻子李氏说："你父亲起兵，现在我们不能一起走，你留在这里会遇到灾祸，怎么办呢？"李氏说："你只要快一点逃走，我一个妇人，容易藏匿，我能自己想办法。"柴绍于是走了。李氏返回鄠县的别墅，散发家中的财物，聚集了一些徒众。李渊的堂弟李神通住在长安，逃入鄠县的山中，他与长安的大侠史万宝等人兴兵响应李渊。西域做生意的胡人何潘仁进入司竹园做强盗，有徒众数万人，他劫持前尚书右丞李纲担任长史，李氏命她的奴仆马三宝去劝说何潘仁，与她一同去归附李神通，联合兵力进攻鄠县，最终攻了下来。李神通的徒众超过了一万人，自称关中道行军总管，任命从前的东城县长令狐德棻担任记室。令狐德棻是令狐熙的儿子。李氏又命马三宝去劝说群盗李仲文、向善志、丘师利等人，他们全都带领徒众附从李氏。李仲文是李密的叔父；丘师利是丘和的儿子。西京留守多次派军征讨何潘仁等人，全被他们打败。李氏进攻盩厔、武功、始平，全部攻克，徒众多达七万人。左亲卫段纶，是段文振的儿子，娶了李渊的女儿，也在蓝田招募徒众，得到一万余人。等到李渊渡河之后，李神通、李氏、段纶，各自派遣使者迎接李渊。李渊任命李神通担任光禄大夫，他的儿子李道彦担任朝请大夫，段纶担任金紫光禄大夫；命柴绍率领数百名骑兵顺着南山去迎接李氏。何潘仁、李仲文、向善志与关中的群盗，全都请求向李渊归降，李渊一一去信安抚，授予官职，让他们各自停留在自己的地方，接受敦煌公李世民的调度节制。

刑部尚书领京兆内史卫文昇年老，闻渊兵向长安，忧惧成疾，不复预事，独左翊卫将军阴世师、京兆郡丞骨仪奉代王侑乘城拒守。己巳，渊如蒲津；庚午，自临晋济渭，至永丰仓劳军，开仓赈饥民。辛未，还长春宫；壬申，进屯冯翊。世民所至，吏民及群盗归之如流。世民收其豪俊以备僚属，营于泾阳，胜兵九万。李氏将精兵万馀会世民于渭北，与柴绍各置幕府，号“娘子军”。

先是，平凉奴贼数万围扶风太守窦琎，数月不下，贼军食尽。丘师利遣其弟行恭帅五百人负米麦持牛酒诣奴贼营，奴帅长揖，行恭手斩之，谓其众曰：“汝辈皆良人，何故事奴为主，使天下谓之奴贼！”众皆俯伏曰：“愿改事公。”行恭即帅其众与师利共谒世民于渭北，世民以为光禄大夫。琎，琮之从子也。隰城尉房玄龄谒世民于军门，世民一见如旧识，署记室参军，引为谋主。玄龄亦自以遇知己，罄竭心力，知无不为。

【译文】刑部尚书兼领京兆内史卫文昇年纪已老，听闻李渊的军队朝向长安而来，因心里害怕而生病，不再参与军事，只有左翊卫将军阴世师、京兆郡丞骨仪，尊奉代王杨侑登城防守抵抗。己巳日(二十一日)，李渊抵达蒲津；庚午日(二十二日)，李渊从临晋渡过渭水，前往永丰慰劳军队，并且打开仓廪，赈济灾民。辛未日(二十三日)，李渊返回长春宫；壬申日(二十四日)，李渊进军屯驻冯翊。李世民所到之处，吏民与群盗如流水一般归附他，李世民收容那些俊彦豪杰用来充备僚属，屯驻在泾阳，一共得到能够作战的军兵九万人。李氏则率领精兵一万多人在渭北与李世民会合，李氏和柴绍各自设置幕府，李氏的部众号称"娘子军"。

起初，平凉数万奴贼围攻扶风太守窦琎，几个月都没攻下，奴贼军中粮食耗尽。丘师利派他的弟弟丘行恭带领五百人，背负米麦，拿着牛酒，到奴贼的军营去，奴贼的首领拱手为礼，丘行恭亲手将他杀了，告诉他的徒众说："你们这些人全是善良的人，为什么要奉事奴隶为君主，让天下的人称你们为奴贼呢？"大家全都跪拜在地说："希望改为事奉您。"丘行恭立刻带领那些徒众与丘师利一起在渭水北面谒见李世民，李世民任命他们担任光禄大夫。窦琎是窦琮的侄子。隰城尉房玄龄在军门拜见李世民，李世民和他一见如故，立刻署任为记室参军，引为出谋划策的主要人物。房玄龄也自以为遇到了知己，竭忠尽智，所知晓的没有不尽力去做的。

渊命刘弘基、殷开山分兵西略扶风，有众六万，南渡渭水，屯长安故城。城中出战，弘基逆击，破之。世民引兵趣司竹，李仲文、何潘仁、向善志皆帅众从之，顿于阿城，胜兵十三万，军令严整，秋毫不犯。乙亥，世民自鄠屋遣使白渊，请期日赴长安。渊曰："屈突东行不能复西，不足虞矣！"乃命建成选仓上精兵自新丰趣长乐宫，世民帅新附诸军北屯长安故城，至并听教。延安、上郡、雕阴皆请降于渊。丙子，渊引军西行，所过离宫园苑皆罢之，出宫女还其亲属。冬，十月，辛巳，渊至长安，营于春明门之西北，诸军皆集，合二十馀万。渊命各依垒壁，毋得入村落侵暴。屡遣使至城下谕卫文昇等以欲尊隋之意，不报。辛卯，命诸军进围城。甲午，渊迁馆于安兴坊。

巴陵校尉鄱阳董景珍、雷世猛、旅帅郑文秀、许玄彻、万瓒、徐德基、郭华、沔阳张绣等谋据郡叛隋，推景珍为主。景珍曰："吾素寒贱，不为众所服。罗川令萧铣，梁室之后，宽仁大度，请奉之以从众望。"乃遣使报铣。铣喜从之，声言讨贼，召募得数千人。铣，岩之孙也。

【译文】李渊命令刘弘基、殷开山分兵向西进攻扶风，拥有徒众六万人，向南渡过渭水，驻扎在长安故城。城中的人出兵交战，刘弘基加以迎击，将城攻陷。李世民率领军队前往司竹，李仲文、何潘仁、向善志全都带领徒众附从他，屯驻在阿城，一共得到能作战的兵士十三万人，因为军令严整，丝毫没有侵犯到百姓。乙亥日（二十七日），李世民从盩厔派遣使者告诉李渊，请求约定日期前往长安。李渊说："屈突通往东走，无法再向西了，已不足挂虑了。"于是命令李建成挑选防守永丰仓的精兵，自新丰前往长乐宫，李世民带领新归附的各军向北驻扎在长安故城，并且到所约定地点听从教令。此时延安、上郡、雕阴全都请求向李渊归降。丙子日（二十八日），李渊率领军队向西前进，所路经的行宫、园苑全都予以罢废，遣放宫女交还给他们的亲属。冬季，十月，辛巳日（初四），李渊到达长安，安营在春明门的西北，各军全都聚集，一共有二十余万。李渊下令各自依附壁垒，不能进入村落侵害百姓。李渊多次派使者到城下告谕卫文昇等人表示要尊奉隋朝，却始终没有回音。辛卯日（十四日），李渊下令各军围城。甲午日(十七日),李渊迁馆至安兴坊。

巴陵校尉鄱阳人董景珍、雷世猛、旅帅郑文秀、许玄彻、万瓒、徐德基、郭华、沔阳人张绣等人,谋划占据郡城,背叛大隋,并且推举董景珍担任领袖。董景珍说:"我平素寒微卑贱,不被大众推服。罗川县令萧铣,是梁室的后代,仁慈宽厚,有大度量,请求尊奉他来达成大家的愿望。"于是派遣使者向萧铣报告。萧铣非常高兴地接受了,他公开声明要去征讨贼兵,招募到几千人。萧铣是萧岩的孙子。

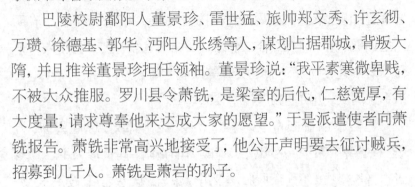

会颍川贼帅沈柳生寇罗川,铣与战不利,因谓其众曰:"今天下皆叛,隋政不行,巴陵豪杰起兵,欲奉吾为主。若从其请以号令江南,可以中兴梁祚,以此召柳生,亦当从我矣。"众皆悦,听命,乃自称梁公,改隋服色旗帜皆如梁旧。柳生即帅众归之,以柳生为车骑大将军。起兵五日,远近归附者至数万人,遂帅众向巴陵。景珍遣徐德基帅郡中豪杰数百人出迎,未及见铣,柳生与其党谋曰:"我先奉梁公,勋居第一。今巴陵诸将,皆位高兵多,我若入城,返出其下。不如杀德基,质其首领,独挟梁公进取郡城,则无出我右者矣。"遂杀德基。入白铣,铣大惊曰:"今欲拨乱反正,忽自相杀,吾不能为若主矣。"因步出军门。柳生大惧,伏地请罪,铣责而赦之,陈兵入城。景珍言于铣曰:"徐德基建义功臣,而柳生无故擅杀之,此而不诛,何以为政!且柳生为盗日久,今虽从义,凶悖不移,共处一城,势必为变。失今不取,后悔无及!"铣又从之。景珍收柳生,斩之,其徒皆溃去。丙申,铣筑坛燔燎,自称梁王,改元鸣凤。

【译文】恰巧颍川贼军首领沈柳生进犯罗川,萧铣与他交战失利,告诉他的徒众说:"现在天下全都叛乱,隋朝的政令无法推行，巴陵的豪杰兴兵，想要拥戴我为领袖。假如听从他们的请求来号令江南，能够中兴梁朝的福祚，以这个理由召令沈柳生，他也会归顺我。"大家十分高兴，愿意听从他命令，于是自称梁公，改换隋朝的服色旗帜，都像梁朝旧时一般。沈柳生随即带领徒众依附他，于是任命沈柳生担任车骑大将军。起兵五天，远近依附他的有数万人，于是带领徒众向巴陵进军。董景珍派遣徐德基带领郡中的豪杰数百人出去迎接，还没见到萧铣，这时沈柳生与他的同党计谋说："我最先拥戴梁公，功勋位居第一位。现在巴陵众将，都位高兵多，我如果入城，反而处在他们的下位。莫如杀死徐德基，扣押他们的首领为质，独自挟持梁公进军攻取郡城，那么就没有人处在我的上位了。"于是沈柳生杀了徐德基，之后进入告诉萧铣，萧铣大惊地说："现在想要消除动乱，使天下再归于太平，却突然自相残杀，我不能做你们的领袖了。"萧铣于是走出军门。沈柳生大为恐惧，伏在地上请求判罪，萧铣谴责以后，也就饶恕了他，于是列队入城。董景珍告诉萧铣说："徐德基是起义的功臣，可是沈柳生没有理由就随意将他杀死，这样的人却不予以诛杀，怎样当政呢？况且沈柳生当盗匪很久了，现在虽然依附大义，凶残悖逆的本性并没有改变，同在一城，势必发生变乱。失去现在的时机，后悔就来不及了！"萧铣又采纳他的意见。于是董景珍缉拿沈柳生，将他杀了，他的徒众全都溃散离去。丙申日（十九日），萧铣修筑神坛，焚烧柴火祭告上天，自称梁王，改年号为鸣凤。

壬寅，王世充夜渡洛水，营于黑石，明日，分兵守营，自将精兵陈于洛北。李密闻之，引兵渡洛逆战，密兵大败，柴孝和溺死。密帅麾下精骑渡洛南，馀众东走月城，世充追围之。密自洛南策马直趣黑石，营中惧，连举六烽，世充释月城之围，狼狈自救；密还与战，大破之，斩首二千馀级。

甲辰，李渊命诸军攻城，约"毋得犯七庙及代王、宗室，违者夷三族！"孙华中流矢卒。十一月，丙辰，军头雷永吉先登，遂克长安。代王在东宫，左右奔散，唯侍读姚思廉侍侧。军士将登殿，思廉厉声诃之曰："唐公举义兵，匡帝室，卿等毋得无礼！"众皆愕然，布立庭下。渊迎王于东宫，迁居大兴殿后，听思廉扶王至顺阳阁下，泣拜而去。思廉，察之子也。渊还，舍于长乐宫，与民约法十二条，悉除隋苛禁。

【译文】壬寅日（二十五日），王世充夜渡洛水，在黑石安营。第二天，王世充分散兵力驻守军营，自己率领精兵在洛北布阵。李密听了，率军渡过洛水迎战，李密的军队大败，柴孝和也溺水身死。李密带领属下精良骑兵渡过洛水到南岸，其余徒众向东逃往月城，王世充追赶围攻他们。李密自洛水南岸快马直往黑石，营中惊惧，接连举发六次烽火，于是王世充放弃对月城的包围，慌忙回去自救；李密再与他交战，将他打得大败，一共杀了二千余人。

甲辰日（二十七日），李渊下令各军攻城，约定"不能侵犯七庙及代王、宗室，抗命的人，要夷灭三族！"孙华被流箭射死。十一月，丙辰日（初九），军头雷永吉率先登城，于是攻克长安。代王在东宫，身边的人全都逃散，只有侍读姚思廉在旁侍候。军兵准备登殿，姚思廉非常严厉地斥责说："唐公举发义兵、匡复社稷，你们不得无礼！"大家全都非常惊讶，站在庭下。李渊在东宫迎接代王，移居到大兴殿后宫，听凭姚思廉扶持代王到顺阳阁下，泣拜后离开。姚思廉是姚察的儿子。李渊返回，住在长乐宫，与百姓约法十二条，全部废止了隋朝的苛刻禁令。

渊之起兵也，留守官发其坟墓，毁其五庙。至是，卫文昇已卒，戊午，执阴世师、骨仪等，数以贪婪苛酷，且拒义师，俱斩之，死者十馀人，馀无所问。

马邑郡丞三原李靖，素与渊有隙，渊入城，收靖，将斩之。靖大呼曰："公兴义兵，欲平暴乱，乃以私怨杀壮士乎！"世民为之固请，乃舍之。世民因召置幕府。靖少负志气，有文武才略，其舅韩擒虎每抚之曰："可与言将帅之略者，独此子耳！"

王世充自洛北之败，坚壁不出；越王侗遣使劳之，世充惭惧，请战于密。丙辰，世充与密夹石子河而陈，密布陈南北十馀里。翟让先与世充战，不利而退；世充逐之，王伯当、裴仁基从旁横断其后，密勒中军击之，世充大败，西走。

【译文】李渊起兵时，长安的留守官吏掘开他的祖坟，毁坏他的五庙。这时，卫文昇已死，戊午日（十一日），李渊缉拿阴世师、骨仪等人，责备他们贪婪残酷苛刻，而且抗拒义师，于是全部予以斩杀，死了十余人，其余的人都不追问。

马邑郡丞三原人李靖，平日与李渊有嫌隙，李渊入城，准备将他杀了。李靖大声呼喊说："您兴举义兵，想要讨平暴乱，却由于私怨而杀死壮士吗？"李世民替他一再请求，才放了他。李世民于是接纳他，安置在幕府。李靖年少时非常有志气，有文才武略，他舅舅韩擒虎常常抚摸着他说："可以探讨将帅谋略的，只有这个外甥罢了！"

王世充自洛北战败后，就坚守城垒不出战；越王杨侗派遣使者安抚他，王世充害怕惭愧，于是请求与李密交战。丙辰日（初九），王世充与李密夹峙石子河布阵，李密布阵南北十余里。翟让先与王世充交战，失利而撤退；王世充追击他，王伯当、裴仁基从旁边截断他的后队，李密率领中军攻击，最终王世充大败，向西逃跑。

　　翟让司马王儒信劝让自为大冢宰，总统众务，以夺密权，让不从。让兄柱国荥阳公弘，粗愚人也，谓让曰："天子汝当自为，奈何与人！汝不为者，我当为之！"让但大笑，不以为意，密闻而恶之。总管崔世枢自鄢陵初附于密，让囚之私府，责其货，世枢营求未办，遽欲加刑。让召元帅府记室邢义期博，逡巡未就，杖之八十。让谓左长史房彦藻曰："君前破汝南，大得宝货，独与魏公，全不与我！魏公我之所立，事未可知。"彦藻惧，以状告密，因与左司马郑颋共说密曰："让贪愎不仁，有无君之心，宜早图之。"密曰："今安危未定，遽相诛杀，何以示远！"颋曰："毒蛇螫手，壮士解腕，所全者大故也。彼先得志，悔无所及。"密乃从之，置酒召让。戊午，让与兄弘及兄子司徒府长史摩侯同诣密，密与让、弘、裴仁基、郝孝德共坐，单雄信等皆立侍，房彦藻、郑颋往来检校。密曰："今日与达官饮，不须多人，左右止留数人给使而已。"密左右皆引去，让左右犹在。彦藻白密曰："今方为乐，天时甚寒，司徒左右，请给酒食。"密曰："听司徒进止。"让应曰："甚佳。"乃引让左右尽出，独密下壮士蔡建德持刀立侍。食未进，密出良弓，与让习射，让方引满，建德自后斫之，踣于床前，声若牛吼，并弘、摩侯、儒信皆杀之。徐世勣走出，门者斫之伤颈，王伯当遥诃止之。单雄信叩头请命，密释之。左右惊扰，莫知所为，密大言曰："与君等同起义兵，本除暴乱。司徒专行贪虐，陵辱群僚，无复上下；今所诛止其一家，诸君无预也。"命扶徐世勣置幕下，亲为傅创。让麾下欲散，密使单雄信前往宣慰，密寻独骑入其营，历加抚谕，令世勣、雄信、伯当分领其众，中外遂定。让残忍，摩侯猜忌，儒信贪纵，故死之日，所部无哀之者；然密之将佐始有自疑之心矣。始，王世充知让与密必不久睦，冀其相图，得从而乘之。及闻让死，大失望，叹曰："李密天资明决，为龙为蛇，固不可测也！"

【译文】翟让的司马王儒信劝说翟让自己当大冢宰，总管所有事务，来夺取李密的权力，翟让不应允。翟让的哥哥柱国荥阳公翟弘，是粗鄙的愚人，告诉翟让说："天子你应当自己做，为什么要让给别人呢？你不做，我就来做！"翟让只是大笑，不将这件事放在心上，李密听了非常不高兴。总管崔世枢自鄢陵刚刚归附李密，翟让将他拘禁在私人的府第，索求他的财物，崔世枢百般设法也无法凑足，看着就要加刑。这时翟让召请元帅府记室邢义期赌博，邢义期害怕不敢答应，于是被杖打八十下。翟让告诉左长史房彦藻说："您从前攻破汝南，获得许多宝物，只给魏公，却没有给我！魏公是我迎立的，结果怎样还不知晓呢！"房彦藻非常害怕，便将情形告诉李密，于是与左司马郑颋一同劝李密说："翟让刚愎贪婪，没有仁德，有不将你当成君王的心理，应当早一点设法除掉。"李密说："现在还没有安定下来，就急着相互残杀，怎样向远方的人说明呢？"郑颋说："毒蛇咬到手，壮士就将手腕割掉，这是为了保全性命的缘故。假如由他先达到目的，那后悔就来不及了。"李密于是采纳了他们的意见，摆设酒席，召请翟让。戊午日（十一日），翟让与哥哥翟弘，以及侄子司徒府长史翟摩侯一起到李密那里，李密与翟让、翟弘、裴仁基、郝孝德坐在一起，单雄信等人全都站着侍候，房彦藻、郑颋来回察看宴饮的情形。李密说："今天与显达的高官宴饮，不需很多人，身边只留下差遣的人就够了。"李密身边的人都退了出去，翟让身边的人还在。房彦藻告诉李密说："现在正在作乐，天气非常冷，司徒身边的人，请给他们酒食。"李密说："听凭司徒去安排。"翟让说："很好。"于是引领翟让身边的人都出去，只有李密部下壮士蔡建德拿着刀站立侍卫。食物还没有送进去，李密取出好的弓，让翟让试射，翟让正拉满弓，蔡建德自后面将他砍死，跌坐在床前，声音好像牛吼一般，连同翟弘、翟摩侯、王儒信全被杀死。徐世勣逃出去，守门的人砍伤了他的头颈，王伯当从很远的地方大声将他叫住。单雄信叩头请求饶命，李密将他放了。翟让的亲信惊慌扰乱，不知发生了什么事，李密便大声地说："和你们一起兴举义兵，原本是为了消除暴乱。而司徒却专权，行为残暴，欺凌普通的僚属，不再有上下的情分；今天所诛杀的只是翟让一家，和各位没有干系。"李密命人扶持徐世勣将他安置在幕下，亲自为他敷创伤。翟让的部下想要离去，李密命单雄信前往宣慰，李密自己不久也单人独骑进入他们的军营，逐一加以劝谕抚慰，命令徐世勣、单雄信、王伯当分别统率他们的徒众，于是内外又安定下来。翟让为人残暴，翟摩侯为人猜忌，王儒信贪婪放纵，所以他们死的那天，所有部属没有一个悲伤的；但是李密的将佐却开始有了疑惧的心理。起初，王世充知晓翟让与李密必定不会长久和睦，希望他们相互残杀，能够从中得到机会。等到听闻翟让死了，大为失望，叹气说："李密天赋资质明快果决，成为天子或是成为凡夫，原本就是不可测度的！"

【申涵煜评】让本一粗卤无赖汉，李密初依以起事，相待颇厚，及偶事失欢，便听左右之谮，立诛于筵上，以致部下人人自疑，即此便是大失着处，所以不能有终。

【译文】翟让本来是一个粗鲁无赖汉，李密开始依靠他而起事，对他很好，等到因为偶然的事情失去了对他的欢心，便听信身边人的谗言，立刻斩杀他于席上，以至于让部下人人担心自己会步人后尘，这里便是李密大为失策的地方，所以他自己不能得到善终。

壬戌，李渊备法驾迎代王即皇帝位于天兴殿，时年十三，大赦，改元，遥尊炀帝为太上皇。甲子，渊自长乐宫入长安。以渊为假黄钺、使持节、大都督内外诸军事、尚书令、大丞相，进封唐王。以武德殿为丞相府，改教称令，日于虔化门视事。乙丑，榆林、灵武、平凉、安定诸郡皆遣使请命。丙寅，诏军国机务，事无大小，文武设官，位无贵贱，宪章赏罚，咸归相府；唯郊祀天地，四时禘祫奏闻。置丞相府官属，以裴寂为长史，刘文静为司马。何潘仁使李纲入见，渊留之，以为丞相府司录专掌选事。又以前考功郎中窦威为司录参军，使定礼仪。威，炽之子也。渊倾府库以赐勋人，国用不足，右光禄大夫刘世龙献策，以为"今义师数万，并在京师，樵苏贵而布帛贱；请伐六街及苑中树为樵，以易布帛，可得数十万匹。"渊从之。己巳，以李建成为唐世子，李世民为京兆尹、秦公，李元吉为齐公。

【译文】壬戌日（十五日），李渊准备法驾迎接代王李侑在天兴殿即皇帝位，当时代王年仅十三岁，大赦天下，改年号为义宁，遥尊隋炀帝杨广为太上皇。甲子日（十七日），李渊自长乐宫进入长安。隋恭帝李侑任命李渊假黄钺、持符节、大都督内外诸军事、尚书令、大丞相，加封为唐王。李渊以武德殿为丞相府，改从前的教告为命令，每日在虔化门处理政务。乙丑日（十八日），榆林、灵武、平凉、安定各郡全都派遣使者请求听命。丙寅日（十九日），隋恭帝李侑诏令军机、国务，事情不分大小，所设文武百官，地位不分贵贱，以及法令赏罚，全都归属相府掌理；只有郊祀天地，四时的禘祭、祫祭奏报上闻。李渊设置丞相府官属，任命裴寂担任长史，刘文静担任司马。何潘仁派遣李纲入府求见，李渊将他留下来，任命他担任丞相府司录，专门掌管选拔人才的事务。又任命前考功郎中窦威担任司录参军，让他制定礼仪。窦威是窦炽的儿子。李渊倾尽府库用来奖赏有功勋的人。因为国家财用不够，右光禄大夫刘世龙献计，认为"现在义师数万人，全在京师，由于薪草昂贵而布帛便宜，请求砍伐六街以及苑中的树木制成柴薪，用来交换布帛，可以得到几十万匹"。李渊采纳了他的意见。己巳日（二十二日），李渊任命李建成为唐世子，李世民为京兆尹、秦公，李元吉为齐公。

河南诸郡尽附李密，唯荥阳太守郇王庆、梁郡太守杨汪尚为隋守。密以书招庆，为陈厉害，且曰："王之先世，家住山东，本姓郭氏，乃非杨族。芝焚蕙叹，事不同此。"初，庆祖父元孙早孤，随母郭氏养于舅族。及武元帝从周文帝起兵关中，元孙在邺，恐为高氏所诛，冒姓郭氏，故密云然。庆得书惶恐，即以郡降密，复姓郭氏。

十二月，癸未，追谥唐王渊大父襄公为景王；考仁公为元王，夫人窦氏为穆妃。

薛举遣其子仁果寇扶风，唐弼据汧源拒之。举遣使招弼，弼乃杀李弘芝，请降于举，仁果乘其无备，袭破之，悉并其众。弼以数百骑走诣扶风请降，扶风太守窦璡杀之。举势益张，众号三十万，谋取长安；闻丞相渊已定长安，遂围扶风。渊使李世民将兵击之。又使姜謩、窦轨俱出散关，安抚陇右；左光禄大夫李孝恭招慰山南；府户曹张道源招慰山东。孝恭，渊之从父兄子也。

【译文】河南各郡全都归降李密，只有荥阳太守郇王杨庆、梁郡太守杨汪还替隋朝防守。李密用书信招抚杨庆，陈述利害关系，并说："您的家世，原先住在山东，本来姓郭，而不是杨族的人。虽然芝草被焚，蕙草也会叹息，但其事与此不一样。"起初，杨庆的祖父杨元孙早年就成孤儿，跟从母亲郭氏在舅舅家长大。等到武元帝跟随周文帝在关中起兵，杨元孙在邺城，害怕被高氏所杀，于是冒姓郭氏，因而李密这样说。杨庆得了信非常惶恐，就举郡归降李密，又复姓郭氏。

十二月，癸未日（初七），隋恭帝李侑追赠唐王李渊的祖父襄公谥号为景王；父亲仁公谥号为元王，母亲窦氏为穆妃。

薛举派遣他的儿子薛仁果进犯扶风，唐弼据守汧源抗拒他。薛举派使者招抚唐弼，唐弼于是杀掉李弘芝，请求向薛举归降，薛仁果趁他没有防范的时候，袭击并攻破他，全部吞并了唐弼的部众。唐弼率领数百名骑兵逃往扶风请求归降，扶风太守窦琎却将他杀了。于是薛举的声威更为盛大，部众号称三十万人，计划攻取长安；因为听闻丞相李渊已经平定长安，于是围攻扶风。李渊派遣李世民率军攻打他，又派遣姜謩、窦轨都从散关出兵，安抚陇右；左光禄大夫李孝恭招降安抚山南；府户曹张道源招降安抚山东。李孝恭是李渊叔父的儿子。

癸巳，世民击薛仁果于扶风，大破之，追奔至垅坻而还。薛举大惧，问其群臣曰："自古天子有降事乎？"黄门侍郎钱唐褚亮曰："赵佗归汉，刘禅仕晋，近世萧琮，至今犹贵。转祸为福，自古有之。"卫尉卿郝瑗趋进曰："陛下失问！褚亮之言又何悖也！昔汉高祖屡经奔败，蜀先主亟亡妻子，卒成大业；陛下奈何以一战不利，遽为亡国之计乎！"举亦悔之，曰："聊以此试君等耳。"乃厚赏瑗，引为谋主。

乙未，平凉留守张隆，丁酉，河池太守萧瑀及扶风汉阳郡相继来降。以窦琎为工部尚书、燕国公，萧瑀为礼部尚书、宋国公。

姜謩、窦轨进至长道，为薛举所败，引还。渊使通议大夫醴泉刘世让安集唐弼馀党，与举相遇，战败，为举所虏。

李孝恭击破朱粲，诸将请尽杀其俘，孝恭曰："不可，自是以往，谁复肯降矣！"皆释之，于是自金川出巴、蜀，檄书所至，降附者三十馀州。

【译文】癸巳日（十七日），李世民在扶风攻打薛仁果，将他打得大败，追击到垅坻才返回。薛举大为恐惧，询问他的群臣说："自古以来，天子有投降的事吗？"黄门侍郎钱塘人褚亮说："赵佗归降汉朝，刘禅在晋朝为官，近代的萧琮，到此时还尊贵。变灾祸为福分，自古以来就有。"卫尉卿郝瑗快步上前说："陛下问得不对，褚亮的话又非常悖逆事理！以前汉高祖多次经历逃奔战败，蜀国先祖多次亡失妻子儿女，最后终于成就大业；陛下为什么因为打了一次败仗，就急着做亡国的打算呢？"薛举也后悔地说："姑且用这件事试验你们罢了。"于是优厚地赏赐郝瑗，让他出谋划策的重要人物。

乙未日（十九日），平凉留守张隆，丁酉日（二十一日），河池太守萧瑀与扶风的汉阳郡相继前来投降李渊。李渊任命窦琎担任工部尚书、燕国公，萧瑀担任礼部尚书、宋国公。

姜謩、窦轨进军到长道，被薛举击败，率军回来。李渊派遣通议大夫醴泉人刘世让抚慰唐弼残余的党羽，与薛举相遇，战败，被薛举所俘获。

李孝恭打败朱粲，众将请求将俘虏全部杀死，李孝恭说："不可以！这样的话，自此以后，谁肯再来投降呢？"因此自金川越过巴、蜀，檄书所到之地，投降依附的有三十余州。

屈突通与刘文静相持月馀，通复使桑显和夜袭其营，文静与左光禄大夫段志玄悉力苦战，显和败走，尽俘其众，通势益蹙。或说通降，通泣曰："吾历事两主，恩顾甚厚。食人之禄而违其难，吾不为也！"每自摩其颈曰："要当为国家受一刀！"劳勉将士，未尝不流涕，人亦以此怀之。丞相渊遣其家僮召之，通立斩之。及闻长安不守，家属悉为渊所虏，乃留显和镇潼关，引兵东出，将趣洛阳。通适去，显和即以城降文静。文静遣窦琮等将轻骑与显和追之，及于稠桑。通结陈自固，窦琮遣通子寿往谕之，通骂曰："此贼何来！昔与汝为父子，今与汝为仇雠！"命左右射之。显和谓其众曰："今京城已陷，汝辈皆关中人，去欲何之！"众皆释仗而降。

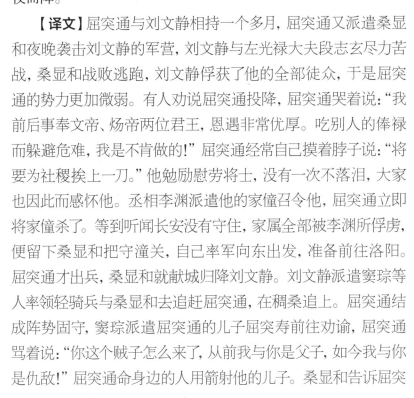

【译文】屈突通与刘文静相持一个多月，屈突通又派遣桑显和夜晚袭击刘文静的军营，刘文静与左光禄大夫段志玄尽力苦战，桑显和战败逃跑，刘文静俘获了他的全部徒众，于是屈突通的势力更加微弱。有人劝说屈突通投降，屈突通哭着说："我前后事奉文帝、炀帝两位君王，恩遇非常优厚。吃别人的俸禄而躲避危难，我是不肯做的！"屈突通经常自己摸着脖子说："将要为社稷挨上一刀。"他勉励慰劳将士，没有一次不落泪，大家也因此而感怀他。丞相李渊派遣他的家僮召令他，屈突通立即将家僮杀了。等到听闻长安没有守住，家属全部被李渊所俘虏，便留下桑显和把守潼关，自己率军向东出发，准备前往洛阳。屈突通才出兵，桑显和就献城归降刘文静。刘文静派遣窦琮等人率领轻骑兵与桑显和去追赶屈突通，在稠桑追上。屈突通结成阵势固守，窦琮派遣屈突通的儿子屈突寿前往劝谕，屈突通骂着说："你这个贼子怎么来了，从前我与你是父子，如今我与你是仇敌！"屈突通命身边的人用箭射他的儿子。桑显和告诉屈突通的徒众说："现在京城已经陷落，你们全是关中人，离开了要前往哪里去呢？"徒众全都放下兵器投降。

通知不免，下马，东南再拜号哭曰："臣力屈至此，非敢负国，天地神祇实知之！"军人执通送长安，渊以为兵部尚书，赐爵蒋公，兼秦公元帅府长史。

渊遣通至河东城下招谕尧君素，君素见通，歔欷不自胜，通亦泣下沾衿，因谓君素曰："吾军已败，义旗所指，莫不响应，事势如此，卿当早降。"君素曰："公为国大臣，主上委公以关中，代王付公以社稷，奈何负国生降，乃更为人作说客邪！公所乘马，即代王所赐也，公何面目乘之哉！"通曰："吁，君素，我力屈而来！"君素曰："方今力犹未屈，何用多言！"通惭而退。

【译文】屈突通知晓不能免难，下马面向东南，再拜痛哭，说："臣竭尽全力还是落到这个地步，不敢对不起江山社稷，天地神明是全知晓的。"军队执拿屈突通，送往长安；李渊任命他担任兵部尚书，赐爵位为蒋公，兼秦公元帅府长史。

李渊派遣屈突通到河东城下，招抚、晓谕尧君素，尧君素看到屈突通，悲叹不能自持，屈突通也流下眼泪，沾湿衣襟，于是告诉尧君素说："我们的军队已然战败，义旗所指的地方，没有不响应的，局势是如此，你应当早一点投降。"尧君素说："您是国家的大臣，陛下将关中委交给您，代王将社稷托付给您，怎么背叛国家活着投降，还替人做说客呢？您乘坐的马，就是代王赏赐的，您有什么脸乘坐呢？"屈突通说："唉！尧君素，我是力量用尽了才来此的。"尧君素说："我现在力量还没有用尽，哪里用得着你多嘴！"屈突通非常惭愧地退回去。

东都米斗三千，人饿死者什二三。

庚子，王世充军士有亡降李密者，密问："世充军中何所为？"军士曰："比见益募兵，再犒将士，不知其故。"密谓裴仁基曰："吾几落奴度中，光禄知之乎？吾久不出兵，世充刍粮将竭，求战不得，故募兵犒士，欲乘月晦以袭仓城耳，宜速备之。"乃命平原公郝孝德、琅邪公王伯当、齐郡公孟让勒兵分屯仓城之侧以待之。其夕三鼓，世充兵果至，伯当先遇之，与战，不利。世充兵即陵城，总管鲁儒拒却之，伯当更收兵击之，世充大败，斩其骁将费青奴，士卒战溺死者千馀人。世充屡与密战，不胜，越王侗遣使劳之，世充诉以兵少，数战疲弊；侗以兵七万益之。

刘文静等引兵东略地，取弘农郡，遂定新安以西。

甲辰，李渊遣云阳令詹俊、武功县正李仲衮徇巴、蜀，下之。

乙巳，方与帅张善安袭陷庐江郡，因渡江，归林士弘于豫章；士弘疑之，营于南塘上。善安恨之，袭破士弘，焚其郛郭而去，士弘徙居南康。萧铣遣其将苏胡儿袭豫章，克之，士弘退保馀干。

【译文】东都缺粮，一斗米值三千钱，被饿死的人，十有二三。

庚子日（二十四日），王世充的军兵中有人逃跑投降李密，李密问他说："王世充在军中干什么？"军兵说："最近看到他加紧招募军队，又犒劳将士，不知道是什么原因。"李密告诉裴仁基说："我几乎落入王世充的计谋中，你知道吗？我很长时间不出兵，王世充的粮草将要断绝，求战不能，所以招募军队，犒赏将士，是想要利用月色昏暗的时候袭击仓城罢了，应当赶快防范。"于是他命令平原公郝孝德、琅邪公王伯当、齐郡公孟让率军分别屯守仓城的两侧等待敌军。当天晚上三更时分，王世充的军队果然来了，王伯当先遇到敌军，交战失利。王世充的军队于是攀登城墙，最终被总管鲁儒击退；王伯当集结军兵再次攻击，王世充大败，王伯当斩杀了他的骁将费青奴，军兵战死、溺死的有一千余人。王世充多次与李密交战，没有战胜过，越王杨侗派遣使者慰劳他，王世充告诉使者因为兵力少，经常作战，使得军兵疲敝；于是杨侗调派七万军队援助他。

刘文静等人率军向东征略土地，攻占弘农郡，于是平定新安以西地区。

甲辰日(二十八日)，李渊派遣云阳县令詹俊、武功县正李仲衮巡略巴、蜀，这些地方全都降服。

乙巳日(二十九日)，方与县的贼军首领张善安攻克庐江郡，趁势渡江，在豫章归降林士弘；林士弘猜疑他，让他在南塘上安营。张善安心生怨恨，袭击并打败了林士弘，焚毁豫章郡的外城然后离开，林士弘迁居到南康。萧铣派遣他的将军苏胡儿偷袭并攻克豫章，于是林士弘退守馀干县。

【乾隆御批】屈突通守志颇坚，但以一时不自引决，遂至靦颜事仇，甘心尽力，为千古懦，忍失足者口实。慷慨殉节易，从容就义难，诚不刊之论也。

【译文】屈突通守节的意志非常坚定，但因自己在那个时刻没有自杀，以至厚颜去为敌人做事，心甘情愿地去尽力而为，成为千百年来容忍失足者的借口。慷慨殉节容易，从容就义困难，真是一个不可更改的论断啊！

资治通鉴卷第一百八十五　唐纪一

起著雍摄提格正月，尽七月，不满一年。

【译文】起戊寅(公元618年)正月，止七月，共七个月。

【题解】本卷记事起公元618年正月，迄七月，共七个月史事。此时正值唐高祖武德元年。本卷详细记载了宇文化及背叛隋朝，弑杀隋炀帝的过程。这一事件，直接导致了隋朝的灭亡。三月十一日，隋炀帝被弑，五月十四日，李渊即皇帝位，建立唐朝。五月二十四日隋东都越王杨侗即皇帝位，改元皇泰，史称杨侗为皇泰主。宇文化及北上欲返东都，李密遭到夹击，皇泰主利用这一形势招安李密，册封李密为魏国公。李密率众阻击宇文化及，取得大胜，将入朝皇泰主。此时，东都发生内讧，王世充诛杀元文都，专擅大权，阻挡了李密入朝，形势一朝突变，隋朝彻底灭亡不可逆转。萧梁后裔萧铣乘势而起，割据了荆襄以及交州，在长江中游又兴起了一个政权，占有今两湖及两广地区。西北割据政权，河西李轨、陇右薛举、陕北梁师都，加固割据活动，薛举与唐室交战，取得一时胜利。

高祖神尧大圣光孝皇帝上之上

武德元年(戊寅，公元六一八年)春，正月，丁未朔，隋恭帝诏唐王剑履上殿，赞拜不名。

唐王既克长安，以书谕诸郡县，于是东自商洛，南尽巴、蜀，郡县长吏及盗贼渠帅、氐羌酋长，争遣子弟入见请降，有司复书，日以百数。

王世充既得东都兵，进击李密于洛北，败之，遂屯巩北。辛酉，世充命诸军各造浮桥渡洛击密，桥先成者先进，前后不一。虎贲郎将王辩破密外栅，密营中惊扰，将溃；世充不知，鸣角收众，密因帅敢死士乘之，世充大败，争桥溺死者万馀人。王辩死，世充仅自免，洛北诸军皆溃。世充不敢入东都，北趣河阳。是夜，疾风寒雨，军士涉水沾湿，道路冻死者又以万数。世充独与数千人至河阳，自系狱请罪，越王侗遣使赦之，召还东都，赐金帛、美女以安其意。世充收合亡散，得万馀人，屯含嘉城，不敢复出。

资治通鉴

【译文】(戊寅，公元 618 年) 这一年五月受隋禅始改年号为武德。春季，正月，丁未朔日(初一)，隋恭帝诏令唐王可以佩剑着履上殿，朝会拜见天子不必呼名，表示优厚的礼遇。

唐王既已攻克长安，用公函通告各个郡县，因而东自商洛，南到巴、蜀，郡县长官和盗匪头目、氐羌的酋长，全都纷纷派子弟入朝谒见隋恭帝请求投降，主管官吏每天回复的信件，就有上百封。

王世充统领东都兵之后，在洛水以北攻打李密的军队，击败了李密之主力，于是将大军屯驻在巩县北面。辛酉日(十五日)，王世充下令诸军各自修建浮桥渡过洛水去进攻李密的大本营，先建好浮桥的先行进兵，因而前后不一致。虎贲郎将王辩攻陷李密军的外城，营中军兵惊惧纷乱，形势上将要溃散；王世充不明军情，就鸣号收兵，李密因此带领敢死队趁机袭击，王世充的军队大败，军兵争往桥上逃走，因此溺死的有一万余人。王辩战死，王世充仅能保全自己的生命，洛北诸军也都溃败。

王世充不敢进入东都，向北退守河阳，当天夜晚，刮大风下大雨，天气寒冷，军兵渡河，衣服全都沾湿，在道路上被冻死的有上万人。王世充仅仅和数千人抵达河阳，然后将自己关进监狱请罪，越王杨侗派使者前去赦免他，召他返回东都，赏赐黄金、布帛、美女来慰抚他。于是王世充收拢散亡的士兵共一万余人，在含嘉城安营，不敢再出兵。

密乘胜进据金墉城，修其门堞、庐舍而居之，钲鼓之声，闻于东都；未几，拥兵三十馀万，陈于北邙，南逼上春门。乙丑，金紫光禄大夫段达、民部尚书韦津出兵拒之。达望见密兵盛，惧而先还；密纵兵乘之，军遂溃，韦津死。于是，偃师、柏谷及河阳都尉独孤武都、检校河内郡丞柳燮、职方郎柳续等各举所部降于密。窦建德、朱粲、孟海公、徐圆朗等并遣使奉表劝进，密官属裴仁基等亦上表请正位号，密曰："东都未平，不可议此。"

戊辰，唐王以世子建成为左元帅，秦公世民为右元帅，督诸军十馀万人救东都。

东都乏食，太府卿元文都等募守城者不食公粮进散官二品，于是商贾执象而朝者，不可胜数。

【译文】李密趁胜利的威势，进兵攻占金墉城，把金墉城的门墙、屋舍重新修整，驻军在城内。钟鼓乐声，可以传闻到东都；不久，李密拥有军兵三十万，在北邙设阵，南面直到上春门。乙丑日（十九日），金紫光禄大夫段达、民部尚书韦津出兵抵抗；段达看到李密兵多，心中畏惧，先回城；李密进军追击，段达、韦津的军队溃散，韦津战死。于是偃师、柏谷和河阳都尉独孤武都，检校河内郡丞柳燮、职方郎柳续等人，各自率领部下归降李密。窦建德、朱粲、孟海公、徐圆朗等全都派遣使者上表拥戴李密登上皇位，李密的僚属裴仁基等也上表劝他登基，李密说："东都还没有平定，不可以讨论登位的事情。"

戊辰日（二十二日），唐王任命嫡子李建成为左元帅，秦公李世民为右元帅，带领各路军队十余万人援救东都。

东都缺少粮食，太府卿元文都等募集守城而不领公粮的人，给予升散官二品；因而商人手执象笏上朝为官的，人数很多，数都数不完。

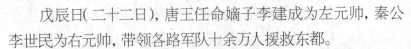

二月，己卯，唐王遣太常卿郑元璹将兵出商洛，徇南阳，左领军府司马安陆马元规徇安陆及荆、襄。

李密遣房彦藻、郑颋等东出黎阳，分道招慰州县。以梁郡太守杨汪为上柱国、宋州总管，又以手书与之曰："昔在雍丘，曾相追捕，射钩斩袪，不敢庶几。"汪遣使往来通意，密亦羁縻待之。彦藻以书招窦建德，使来见密。建德复书，卑辞厚礼，托以罗艺南侵，请捍御北垂。彦藻还，至卫州，贼帅王德仁邀杀之。德仁有众数万，据林虑山，四出抄掠，为数州之患。

三月，己酉，以齐公元吉为镇北将军、太原道行军元帅、都督十五郡诸军事，听以便宜从事。

【译文】二月，己卯日（初四），唐王派太常卿郑元璹领兵出商洛，经营南阳，派左领军府司马安陆人马元规经管安陆和荆、襄等地方。

李密派房彦藻、郑颋等人向东出发前去黎阳，分路向各州县招降。任用梁郡太守杨汪担任上柱国、宋州总管，又交给他亲笔信说："以前在雍丘，您虽曾奉命缉捕我，但是齐桓公能不计较管仲射钩之仇，反而任用他做宰相，晋文公能不怨恨寺人披的追杀斩袪，我不敢与他们相比，但是愿意效法他们的做法。"杨汪看了书信之后，派遣使者前来表示意愿，李密也暗中命人笼络他。房彦藻写信招降窦建德，让他来拜见李密。窦建德复信，言语谦卑，又送来厚礼，用罗艺南侵，请求保卫北部边界为借口推托。房彦藻回来，抵达卫州，被贼头王德仁设计杀害了。王德仁有徒众几万人，占据林虑山，四处抄袭掠夺，成为附近数州的祸害。

三月，己酉日(初四)，李渊任用齐公李元吉为镇北将军、太原道行军元帅、统率十五郡诸军事，听凭他随意指挥。

隋炀帝至江都，荒淫益甚，宫中为百馀房，各盛供张，实以美人，日令一房为主人。江都郡丞赵元楷掌供酒馔，帝与萧后及幸姬历就宴饮，酒卮不离口，从姬千馀人亦常醉。然帝见天下危乱，意亦扰扰不自安，退朝则幅巾短衣，策杖步游，遍历台馆，非夜不止，汲汲顾景，唯恐不足。

帝自晓占候卜相，好为吴语；常夜置酒，仰视天文，谓萧后曰："外间大有人图侬，然侬不失为长城公，卿不失为沈后，且共乐饮耳！"因引满沉醉。又尝引镜自照，顾谓萧后曰："好头颈，谁当斫之？"后惊问故，帝笑曰："贵贱苦乐，更迭为之，亦复何伤？"

【译文】隋炀帝到达江都，更加荒淫，在宫内修建了一百多间房间，每个房间都有很好的设施，有美丽女子居住，每天由一个房间的美女充当主人。江都郡丞赵元楷负责供应酒菜，隋炀帝和萧后及爱妃们依次前往各个房间饮酒作乐，隋炀帝酒杯不离口，跟从的姬女有一千多人，也经常喝醉。可是隋炀帝眼见天下危乱，心里烦乱不安，退朝之后就绑着头巾，穿着短衣，手执拐杖，游遍宫里的台馆，一直到夜晚才停歇，急着观赏景色，唯恐没看够。

隋炀帝通晓占卜术，喜爱吴语；常常在夜晚摆设酒食，仰观天文，对萧后说："外面想打我主意的大有人在，可是我仍不失为长城公，你仍不失为沈后，还是让我们一同畅饮吧！"因此整杯整杯地喝个烂醉。又常常自己照着镜子，对萧后说："好一个头颅，当是谁砍掉它！"萧后吃惊地询问为何出言不吉，隋炀帝笑着说："贵贱苦乐，原本更迭交替，何必伤感！"

资治通鉴

帝见中原已乱，无心北归，欲都丹阳，保据江东，命群臣廷议之。内史侍郎虞世基等皆以为善；右候卫大将军李才极陈不可，请车驾还长安，与世基忿争而出。门下录事衡水李桐客曰："江东卑湿，土地险狭，内奉万乘，外给三军，民不堪命，恐亦将散乱耳。"御史劾桐客谤毁朝政。于是，公卿皆阿意言："江东之民望幸已久，陛下过江，抚而临之，此大禹之事也。"乃命治丹阳宫，将徙都之。

【译文】隋炀帝看到中原动乱，没有心情返回北方，想要在丹阳建都，好保守住江东，于是下令群臣商讨这个方案。内史侍郎虞世基等人全都表示赞成；右候卫大将军李才极力反对，请求皇帝返回长安，当场和虞世基争论得很凶，中途离去。门下录事衡水李桐客说："江东低湿，土地险而狭小，对内补充万乘车马，对外供应三军所需，人民负担不了，恐怕最终会导致散乱。"御史弹劾李桐客毁谤朝政，因而公卿都迎合隋炀帝的心意说："江东的百姓仰望陛下已经很久，陛下能够过江而来，抚慰地方，这是大禹的事业。"于是隋炀帝下命营造丹阳宫，打算迁都到这个地方。

时江都粮尽，从驾骁果多关中人，久客思乡里，见帝无西意，多谋叛归，郎将窦贤遂帅所部西走，帝遣骑追斩之，而亡者犹不止，帝患之。虎贲郎将扶风司马德戡素有宠于帝，帝使领骁果屯于东城，德戡与所善虎贲郎将元礼、直阁裴虔通谋曰："今骁果人人欲亡，我欲言之，恐先事受诛；不言，于后事发，亦不免族灭，奈何？又闻关内沦没，李孝常以华阴叛，上囚其二弟，欲杀之。我辈家属皆在西，能无此虑乎？"二人皆惧，曰："然计将安出？"德戡曰："骁果若亡，不若与之俱去。"二人皆曰："善！"因转相招引，内史舍人元敏、虎牙郎将赵行枢、鹰扬郎将孟秉、符玺郎李覆、牛方裕、直长许弘仁、薛世良、城门郎唐奉义、医正张恺、勋士杨士览等皆与之同谋，日夜相结约，于广座明论叛计，无所畏避。有宫人白萧后曰："外间人人欲反。"后曰："任汝奏之。"宫人言于帝，帝大怒，以为非所宜言，斩之。其後宫人复白后，后曰："天下事一朝至此，无可救者，何用言之？徒令帝忧耳！"自是无复言者。

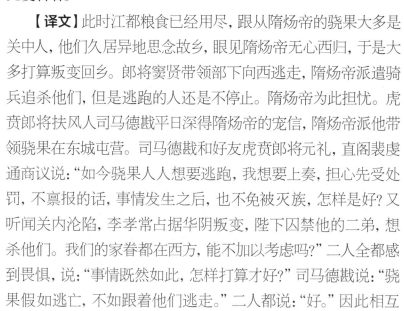

【译文】此时江都粮食已经用尽，跟从隋炀帝的骁果大多是关中人，他们久居异地思念故乡，眼见隋炀帝无心西归，于是大多打算叛变回乡。郎将窦贤带领部下向西逃走，隋炀帝派遣骑兵追杀他们，但是逃跑的人还是不停止。隋炀帝为此担忧。虎贲郎将扶风人司马德戡平日深得隋炀帝的宠信，隋炀帝派他带领骁果在东城屯营。司马德戡和好友虎贲郎将元礼，直阁裴虔通商议说："如今骁果人人想要逃跑，我想要上奏，担心先受处罚，不禀报的话，事情发生之后，也不免被灭族，怎样是好？又听闻关内沦陷，李孝常占据华阴叛变，陛下囚禁他的二弟，想杀他们。我们的家眷都在西方，能不加以考虑吗？"二人全都感到畏惧，说："事情既然如此，怎样打算才好？"司马德戡说："骁果假如逃亡，不如跟着他们逃走。"二人都说："好。"因此相互招引同道，内史舍人元敏、虎牙郎将赵行枢、鹰扬郎将孟秉、符玺郎、李覆、牛方裕、直长许弘仁、薛世良、城门郎唐奉义、医正张恺、勋侍杨士览等人，全都和他们同谋，早晚聚在一起，在大众面前商讨叛变的计划，毫不避讳。有个宫人禀告萧后说："外面人人想要叛乱。"萧后说："由你禀奏皇上。"宫人告诉隋炀帝，隋炀帝十分生气，认为这种话不该讲，将宫人斩了。后来宫人又向萧后禀告，她说："天下事一旦到如此地步，无可救药，说了又有什么用，只是增加陛下的忧虑罢了！"自此以后没人再说了。

赵行枢与将作少监宇文智及素厚，杨士览，智及之甥也，二人以谋告智及，智及大喜。德戡等期以三月望日结党西遁，智及曰："主上虽无道，威令尚行，卿等亡去，正如窦贤取死耳。今天实丧隋，英雄并起，同心叛者已数万人，因行大事，此帝王之业也。"德戡等然之。行枢、薛世良请以智及兄右屯卫将军许公化及为主，结约既定，乃告化及。化及性驽怯，闻之，变色流汗，既而从之。

【译文】赵行枢和将作少监宇文智及平素很有交情，杨士览是宇文智及的外甥，赵、杨二人把计划告诉宇文智及，宇文智及十分高兴。司马德戡等人希望在三月望日（月中）结队逃向西方，宇文智及说："陛下虽然无道，尚有威势，你们逃亡，正好像窦贤自取死路罢了。而今上天要灭亡隋朝，英雄同时举兵，集结叛乱的已有数万人，顺应这种大事，正是帝王的大业。"司马德戡等人赞同这个说法。赵行枢、薛世良公推宇文智及的哥哥右屯卫将军许公宇文化及担任领袖，已经订立盟约，才告诉宇文化及。宇文化及生性驽钝而胆怯，听闻他们的话，吓得色变

500

汗流，后来也表示赞同。

德戡使许弘仁、张恺入备身府，告所识者云："陛下闻骁果
欲叛，多酝毒酒，欲因享会，尽鸩杀之，独与南人留此。"骁果皆
惧，转相告语，反谋益急。乙卯，德戡悉召骁果军吏，谕以所为，
皆曰："唯将军命！"是日，风霾昼昏。晡后，德戡盗御厩马，潜厉
兵刃。是夕，元礼、裴虔通直阁下，专主殿内；唐奉义主闭城门，
与虔通相知，诸门皆不下键。至三更，德戡于东城集兵得数万
人，举火与城外相应。帝望见火，且闻外喧嚣，问何事。虔通对
曰："草坊失火，外人共救之耳。"时内外隔绝，帝以为然。智及与
孟秉于城外集千馀人，劫候卫虎贲冯普乐布兵分守衢巷。燕王
倓觉有变，夜，穿芳林门侧水窦而入，至玄武门，诡奏曰："臣猝
中风，命悬俄顷，请得面辞。"裴虔通等不以闻，执囚之。丙辰，
天未明，德戡授虔通兵，以代诸门卫士。虔通自门将数百骑至成
象殿，宿卫者传呼有贼；虔通乃还，闭诸门，独开东门，驱殿内宿
卫者令出，皆投仗而走。右屯卫将军独孤盛谓虔通曰："何物兵，
形势太异！"虔通曰："事势已然，不预将军事；将军慎毋动！"盛
大骂曰："老贼，是何物语！"不及被甲，与左右十馀人拒战，为乱
兵所杀。盛，楷之弟也。千牛独孤开远帅殿内兵数百人诣玄武
门，叩阁请曰："兵仗尚全，犹堪破贼。陛下若出临战，人情自定；
不然，祸今至矣！"竟无应者，军士稍散。贼执开远，义而释之。
先是，帝选骁健官奴数百人置玄武门，谓之给使，以备非常，待
遇优厚，至以宫人赐之。司宫魏氏为帝所信，化及等结之使为内
应。是日，魏氏矫诏悉听给使出外，仓猝之际，无一人在者。

【译文】司马德戡派遣许弘仁、张恺进入备身府，告诉认识

的人说:"陛下听闻骁果想要反叛,于是酿造许多毒酒,想借酒宴,毒杀他们,独自和南方人留在此地。"骁果人人恐惧,将消息相互传告,反叛的谋划进行得更急。乙卯日(初十)这天,司马德戡召集全部骁果,告诉他们怎样行动,他们都说:"我们全听从将军的命令。"这一天,天气晦暗,刮着风下着雨,下午五时之后,司马德戡盗取御用的军马,暗中备好兵仗。这个晚上,元礼、裴虔通在阁下值夜,主管殿内事宜;唐奉义负责关闭城门,他和裴虔通相约,各个城门只关上而不下键。等到三更,司马德戡在东城聚集军兵数万人,举火把作为信号和城外相应。隋炀帝看到火光,又听闻外面喧哗,问亲信发生了什么事。裴虔通回复说:"草坊失火,外面那些人正在救火。"此时宫廷内外已经被阻隔,隋炀帝相信了他的话。宇文智及和孟秉在城外聚集一千多人,劫持候卫虎贲冯普乐布置军兵分别把守各街巷。燕王杨倓察觉叛变,当夜,穿过芳林门旁的水洞进入宫里,来到玄武门诡诈地上奏说:"我忽然患了中风病,不久于人世,让我当面请辞。"裴虔通等人不将他的话传给隋炀帝,将他给拘禁起来。丙辰日(十一日),天还没有放明,司马德戡授给裴虔通军兵,来接替各门的卫士。裴虔通从诸门带领数百骑兵来到成象殿,守卫军兵传呼有贼,于是裴虔通回头来关闭诸门,只打开东门,逼迫守卫的军兵离开殿内,他们全都放弃兵器散走。右屯卫将军独孤盛对裴虔通说:"皇帝在这里,你们竟敢逞凶!"裴虔通说:"这是形势所逼,不干将军的事,请将军不要轻举妄动!"独孤盛大骂说:"老贼头,竟敢讲这样的话!"来不及披上战甲,独孤盛就和身边十多位卫兵对抗裴虔通的军兵,独孤盛终于被乱兵杀死。独孤盛是独孤楷的弟弟。千牛(拿执千牛刀,属领左右府)独孤开远带领殿内守兵几百人来到玄览门,叩门说:"武器尚在,还能击败贼人。陛下如果能够亲自指挥作战,人心自会安定;不然,灾祸今天就要到来了。"竟然没有回应,军兵慢慢散开。叛贼捉到独孤开远,因为看他的义气而释放他。起初,隋炀帝选拔骁勇健壮的官奴几百人布置在玄武门,称呼他们为给使,准备在非常时期使用,给他们的待遇非常优厚,甚至将宫人赏赐给他们。司宫魏氏是隋炀帝的亲信,宇文化及等人结纳他,让他做内应。这一天,魏氏诈称隋炀帝有令任由全部给使外出,仓促之间没有给使留在玄武门。

德戡等引兵自玄武门入,帝闻乱,易服逃于西阁。裴虔通与元礼进兵排左阁,魏氏启之,遂入永巷,问:"陛下安在?"有美人出,指之。校尉令狐行达拔刀直进,帝映窗扉谓行达曰:"汝欲杀我邪?"对曰:"臣不敢,但欲奉陛下西还耳。"因扶帝下阁。虔通,本帝为晋王时亲信左右也,帝见之,谓曰:"卿非我故人乎!何恨而反?"对曰:"臣不敢反,但将士思归,欲奉陛下还京师耳。"帝曰:"朕方欲归,正为上江米船未至,今与汝归耳!"虔通因勒兵守之。

【译文】司马德戡等人引兵从玄武门进入宫殿,隋炀帝听闻叛变,改换服装逃往西。裴虔通和元礼带领军队敲打左门,魏氏开门迎兵,于是裴虔通进入永巷,裴虔通问:"陛下在哪里?"有位美人出来指示方向。校尉令狐行达拔出刀一直冲进去,隋炀帝探头窗外对令狐行达说:"你要杀死我吗?"令狐行达回答说:"我不敢,只是要奉请陛下返回西京罢了。"因而扶着隋炀帝下阁来。裴虔通原本是隋炀帝当晋王时的亲信,隋炀帝看见他说:"你不是我的老朋友吗?有什么怨恨使你造反?"裴虔通回答说:"我不敢造反,只是将士想归故乡,要皇上返回京师而已。"

隋炀帝说:"我正想回去,因为上江运米的船没有到,现在我同你一起回去好了!"裴虔通因而布置军队看守隋炀帝。

至旦,孟秉以甲骑迎化及,化及战栗不能言,人有来谒之者,但俯首据鞍称罪过。化及至城门,德戡迎谒,引入朝堂,号为丞相。裴虔通谓帝曰:"百官悉在朝堂,陛下须亲出慰劳。"进其从骑,逼帝乘之;帝嫌其鞍勒弊,更易新者,乃乘之。虔通执辔挟刀出宫门,贼徒喜噪动地。化及扬言曰:"何用持此物出,亟还与手。"帝问:"世基何在?"贼党马文举曰:"已枭首矣!"于是,引帝还至寝殿,虔通、德戡等拔白刃侍立。帝叹曰:"我何罪至此?"文举曰:"陛下违弃宗庙,巡游不息,外勤征讨,内极奢淫,使丁壮尽于矢刃,女弱填于沟壑,四民丧业,盗贼蜂起;专任佞谀,饰非拒谏;何谓无罪!"帝曰:"我实负百姓;至于尔辈,荣禄兼极,何乃如是!今日之事,孰为首邪?"德戡曰:"溥天同怨,何止一人!"化及又使封德彝数帝罪,帝曰:"卿乃士人,何为亦尔?"德彝赧然而退。帝爱子赵王杲,年十二,在帝侧,号恸不已,虔通斩之,血溅御服。贼欲弑帝,帝曰:"天子死自有法,何得加以锋刃!取鸩酒来!"文举等不许,使令狐行达顿帝令坐。帝自解练巾授行达,缢杀之。初,帝自知必及于难,常以罂贮毒药自随,谓所幸诸姬曰:"若贼至,汝曹当先饮之,然后我饮。"及乱,顾索药,左右皆逃散,竟不能得。萧后与宫人撤漆床板为小棺,与赵王杲同殡于西院流珠堂。

【译文】第二天一早,孟秉率领骑兵迎接宇文化及,宇文化及发抖讲不出话,有人来进谒的,他只是低头骑在马上谢罪罢了。宇文化及来到宫城门,司马德戡前来迎接,引进朝堂,称作丞相。裴虔通对隋炀帝说："百官全在朝堂，您必须亲自出去抚慰。"裴虔通准备好马匹，逼隋炀帝骑上马跟随在后；隋炀帝嫌马鞍破旧，于是更换一组新马鞍，才骑上马。裴虔通手牵马缰挟着钢刀，快马冲出宫门，贼徒欢喜呼叫声震大地。宇文化及大声说："何必带这家伙出来，赶快将他拉回去，用狠毒手段杀掉他。"隋炀帝问："虞世基在哪？"贼党马文举说："已经被砍头了！"于是引隋炀帝进入内殿，裴虔通、司马德戡等人拔刀侍立身旁。隋炀帝叹声说："我有什么罪，你们这样待我？"马文举说："你背弃宗庙，不停地出巡，对外勤于征战，对内过度地奢侈淫乱，使得年轻力壮的人牺牲战场，妇幼死了无人埋葬，百姓失业，盗匪蜂拥而起。朝廷专门任用巧言谄媚的小人，粉饰太平，拒纳忠言，怎么能够说无罪？"隋炀帝说："我的确亏欠了百姓；至于你们，我让你们享受富贵荣华，为什么竟然这样待我！今天的事情，是谁领头的？"司马德戡说："天下共恨，岂止一个人呢！"宇文化及又派封德彝清算隋炀帝的罪过，隋炀帝说："你是个读书人，为什么也干这种事？"封德彝感到惭愧退下去。隋炀帝的爱儿赵王杨杲，十二岁，站在隋炀帝的旁边，哭个不停，裴虔通砍杀他，鲜血溅到隋炀帝的衣服。叛贼要杀隋炀帝，隋炀帝说："天子的死自有方法，怎么能够动刀子？将毒酒拿来！"马文举等人不答应，让令狐行达将隋炀帝按下来坐着。隋炀帝自己解下绢巾给令狐行达，令狐行达拿绢巾绞杀隋炀帝。当初，隋炀帝自己知晓终会遇难，经常用罂瓶贮藏毒药带在身旁，对喜爱的姬女们说："叛贼一到，你们应当先喝毒药，然后我喝。"等到叛乱发生时，找人取毒药，亲信贴身的人都逃散了，最终拿不到。萧后和宫人撤除漆床板做成小棺，将隋炀帝和赵王杨杲一起葬在棺内，教人将棺停放在西院的流珠堂。

【申涵煜评】 化及一膏粱驽物，为人所提掇，遂成乱臣贼子，观其流汗战栗时，亦岂意自为戎首也？或者隋戮宇文氏子孙太甚，天故假其苗裔以报之耳。

【译文】 宇文化及不过是一个愚昧无知的饭桶，被人提拉，于是就成了乱臣贼子，看他流着汗发抖时，难道自己愿意做反叛的首领吗？也或许是隋朝杀宇文氏的子孙太厉害，所以老天借着宇文氏的后裔来作为报应吧。

帝每巡幸，常以蜀王秀自随，因于骁果营。化及弑帝，欲奉秀立之，众议不可，乃杀秀及其七男。又杀齐王暕及其二子并燕王倓，隋氏宗室、外戚，无少长皆死。唯秦王浩素与智及往来，且以计全之。齐王暕素失爱于帝，恒相猜忌，帝闻乱，顾萧后曰："得非阿孩邪？"化及使人就第诛暕，暕谓帝使收之，曰："诏使且缓儿，儿不负国家！"贼曳至街中，斩之，暕竟不知杀者为谁，父子至死不相明。又杀内史侍郎虞世基、御史大夫裴蕴、左翊卫大将军来护儿、秘书监袁充、右翊卫将军宇文协、千牛宇文晶、梁公萧钜等及其子。钜，琮之弟子也。

【译文】 隋炀帝每次巡游，常命蜀王杨秀伴随，因此蜀王杨秀被囚禁在骁果的军营中。宇文化及杀了隋炀帝，想要拥立杨秀登位，大家以为不可以，于是将蜀王杨秀和他的七个儿子杀死。又杀死了齐王杨暕与他的两个儿子，以及燕王杨俊，隋氏的宗室、外戚无论大小一概处死。只有秦王杨浩平日与宇文智及有来往，宇文智及设计保全他。齐王杨暕平日不得隋炀帝的宠爱，父子相互猜忌，隋炀帝听闻叛乱，对着萧后说："难道不是阿孩（暕的小字）做的好事吗？"宇文化及派人到杨暕的家里要杀死他，杨暕以为是父王派来的使臣，对他说："且慢杀死我，我不辜负国家！"叛贼将他拉到街中砍杀，杨暕到死不知晓谁杀了他；父子至死不能互相了解。又处死内史侍郎虞世基、御史大夫裴蕴、左翊卫大将军来护儿、秘书监袁充、右翊卫将军宇文协、千牛宇文晶、梁公萧钜等人以及他们的儿子。萧钜是萧琮的侄儿。

难将作，江阳长张惠绍驰告裴蕴，与惠绍谋矫诏发郭下兵收化及等，扣门援帝。议定，遣报虞世基；世基疑告反者不实，抑而不许。须臾，难作，蕴叹曰："谋及播郎，竟误人事！"虞世基宗人伋谓世基子符玺郎熙曰："事势已然，吾将济卿南渡，同死何益？"熙曰："弃父背君，求生何地？感尊之怀，自此决矣！"世基弟世南抱世基号泣请以身代，化及不许。黄门侍郎裴矩知必将有乱，虽厮役皆厚遇之，又建策为骁果娶妇；及乱作，贼皆曰："非裴黄门之罪。"既而化及至，矩迎拜马首，故得免。化及以苏威不预朝政，亦免之。威名位素重，往参化及；化及集众而见之，曲加殊礼。百官悉诣朝堂贺，给事郎许善心独不至。许弘仁驰告之曰："天子已崩，宇文将军摄政，阖朝文武咸集。天道人事自有代终，何预于叔而低回若此？"善心怒，不肯行。弘仁反走上马，泣而去。化及遣人就家擒至朝堂，既而释之。善心不舞蹈而出，化及怒曰："此人大负气！"复命擒还，杀之。其母范氏，年九十二，抚柩不哭，曰："能死国难，吾有子矣！"因卧不食，十馀日而卒。

【译文】将要发难的时候，江阳长张惠绍迅速告知裴蕴，两人打算用假圣旨派遣郭下兵收拾宇文化及等人，直抵宫门援救皇帝。计议已定，派遣人报告虞世基。虞世基怀疑告反的消息不确实，压下他们的建议不表示赞同。不久，叛乱发生，裴蕴感慨地说："与虞世基谋划，竟然误了大事！"虞世基的宗人虞伋对虞世基的儿子符玺郎虞熙说："事到如今，我计划帮你渡到南方避难，同他们守死有何用处？"虞熙说："背弃父亲，背叛君王，到哪里去求生呢？不过您的关怀让我感激，我们自此永别了！"虞世基的弟弟虞世南抱着虞世基哭泣，请求代替哥哥受罪。宇文化及不允许。黄门侍郎裴矩早知将有变乱发生，因而对待佣人都十分优厚，又建议为骁果娶妻。等到叛乱发生，群贼全都说："不是裴黄门的罪过。"不久宇文化及来到，裴矩在马前迎拜，因而能够免于死难。宇文化及认为苏威不参与朝政，也赦免他。苏威平日受重视，来到宇文化及这儿当参谋，宇文化及召集众人见他，对他非常礼遇。百官全到朝堂恭贺，只有给事郎许善心不到。许弘仁很快去通知他说："陛下被杀了，宇文将军当权，满朝文武百官全都聚集在朝廷，天道人事自有更替，这和你何关，何必如此徘徊迟疑？"许善心生气，不愿同行。许弘仁只好骑上马，含泪而去。宇文化及派人到许善心家中将他抓到朝堂来，不久又将他释放。许善心不向宇文化及行帝王之礼而退出朝堂，宇文化及发怒说："这个人怀恨太深！"又下令将他抓回来杀掉。许善心的母亲范氏，已经九十二岁，只抚着她儿子的棺椁没有哭泣，说："能够为国难牺牲，真是我的儿子！"因而卧着绝食，十多天以后去世了。

【申涵煜评】江都之变，始终酿于世基，觉一死尚有辜。独怪虞氏名门以荔为之父，寄为之叔，熙为之子，世南为之弟，而独出一败类于其间，不止误国，且更辱家。

【译文】 江都之变，开始和结局都是虞世基造成的，觉得他死一次还有余罪。唯独奇怪虞氏是名门望族，以虞荔为他的父亲，以虞寄为他叔叔，虞熙为他的儿子，虞世南为他的弟弟，而独出一个败类在其中，不只是误国，更是侮辱虞氏家族。

唐王之入关也，张季珣之弟仲琰为上洛令，帅吏民拒守，部下杀之以降。宇文化及之乱，仲琰弟琼为千牛左右，化及杀之，兄弟三人皆死国难，时人愧之。

化及自称大丞相，总百揆。以皇后令立秦王浩为帝，居别宫，令发诏画敕书而已，仍以兵监守之。化及以弟智及为左仆射，士及为内史令，裴矩为右仆射。

乙卯，徙秦公世民为赵公。

【译文】 唐王入关时，张季殉的弟弟张仲琰是上洛县的县令，带领官民守城抗拒，部下将他杀死而后归降。宇文化及叛乱，张仲琰的弟弟张琼此时任职千牛左右，宇文化及将他杀死，他们三位兄弟全都死于国难，当时的人感到愧对他们。

宇文化及自封大丞相，统率百官，以皇后的命令拥立秦王杨浩为皇帝，让他住在别宫，表面上使他发布命令，但仍旧派遣军队监守他。宇文化及任用他弟弟宇文智及担任左仆射，宇文士及担任内史令，裴矩担任右仆射。

乙卯日（初十），李渊改封秦公李世民为赵公。

戊辰，隋恭帝诏以十郡益唐国，仍以唐王为相国，总百揆，唐国置丞相以下官，又加九锡。王谓僚属曰："此谄谀者所为耳。孤秉大政而自加宠锡，可乎？必若循魏、晋之迹，彼皆繁文伪饰，欺天罔人；考其实不及五霸，而求名欲过三王，此孤常所非笑，

资治通鉴卷第一百八十五　唐纪一

窃亦耻之。"或曰："历代所行，亦何可废！"王曰："尧、舜、汤、武，各因其时，取与异道，皆推其至诚以应天顺人，未闻夏、商之末必效唐、虞之禅也。若使少帝有知，必不肯为；若其无知，孤自尊而饰让，平生素心所不为也。"但改丞相为相国府，其九锡殊礼，皆归之有司。

【译文】戊辰日（二十三日），隋恭帝下诏以十郡增加唐国的领地，仍旧让唐王担任相国，统领百官，唐国设立丞相以下官阶，又加唐王九锡。唐王对部下说："这是谄媚阿谀之人的作为。我掌权却重赏自己，可以吗？假如一定要循着魏、晋的轨迹，他们全是善于表面文饰，欺蒙上天，诬罔下民；考察实情，比不上五霸，但是追求名望却想要超越三王，这是我经常批评、讥笑的事，而且也感到差耻。"有人说："历代全这样做，怎么可以废弃？"唐王说："尧、舜、汤、武，各因时代的需要，采取适宜的做法，全是用他们最大的诚心顺应天理迎合人心来做事，从没有听说夏、商末期一定要仿效唐尧、虞舜的禅让。少帝假如有智慧，必定不肯做，假如没有智慧，我自己要掌权却假意谦让，这是我平生不愿做的。"李渊只改丞相为相国府，九锡的隆礼，则退还给主管官署。

宇文化及以左武卫将军陈稜为江都太守，综领留事。壬申，令内外戒严，云欲还长安。皇后六宫皆依旧式为御宫，营前别立帐，化及视事其中，仗卫部伍，皆拟乘舆。夺江都人舟楫，取彭城水路西归。以折冲郎将沈光骁勇，使将给使营于禁内。行至显福宫，虎贲郎将麦孟才、虎牙郎钱杰与光谋曰："吾侪受先帝厚恩，今俛首事仇，受其驱帅，何面目视息世间哉？吾必欲杀之，死无所恨！"光泣曰："是所望于将军也。"孟才乃纠合恩旧，帅所将数千人，期以晨起将发时袭化及。语泄，化及夜与腹心走出营外，留人告司马德戡等，使讨之。光闻营内喧，知事觉，即袭化及营，空无所获，值内史侍郎元敏，数而斩之。德戡引兵入围之，杀光，其麾下数百人皆斗死，一无降者，孟才亦死。孟才，铁杖之子也。

【译文】宇文化及任用左武卫将军陈棱担任江都太守，统管留驻的事情。壬申日(二十七日)，宇文化及下令内外戒严，声明要返回长安。皇后六宫全都按照老规矩建御营，营前另外立帐，宇文化及在里面办公。防卫部队的人数，全都仿照皇帝的规模，他们夺取江都人的船只，取道彭城由水路西归。因为折冲郎将沈光骁勇，宇文化及派他带领贴身部队巡守禁内。行进到显福宫，虎贲郎将麦孟才、虎牙郎钱杰和沈光商议说："我们蒙受先帝极大的恩典，如今低头侍奉仇敌，接受他的驱使指挥，有何面目活在人间呢? 我一定要杀死他，即使死了也不遗憾!"沈光噙着眼泪说："这正是我期望将军的。"孟才于是召集与他有恩惠有交情的人，带领几千人，约定在早晨将出发时袭击宇文化及。不幸消息外泄，宇文化及趁夜里和心腹逃出营外，留人通知司马德戡等人，命他们出兵征讨。沈光听闻营内喧闹，知晓事情被发觉，就立即袭击宇文化及的营地，结果扑空没有收获，遇到内史侍郎元敏，责骂一番后将他斩杀。司马德戡率军进入围捕，杀死沈光，沈光的部下几百人全部战斗到死，无人归降。麦孟才也战死了。孟才，是麦铁杖的儿子。

武康沈法兴，世为郡著姓，宗族数千家。法兴为吴兴太守，闻宇文化及弑逆，举兵，以讨化及为名。比至乌程，得精卒六万，遂攻馀杭、毗陵、丹阳，皆下之，据江表十馀郡。自称江南道大总管，承制置百官。

陈国公窦抗，唐王之妃兄也。炀帝使行长城于灵武；闻唐王定关中，癸酉，帅灵武、盐川等数郡来降。

夏，四月，稽胡寇富平，将军王师仁击破之。又五万馀人寇宜春，相国府谘议参军窦轨将兵讨之，战于黄钦山。稽胡乘高纵火，官军小却；轨斩其部将十四人，拔队中小校代之，勒兵复战。轨自将数百骑居军后，令之曰："闻鼓声有不进者，自后斩之！"既而鼓之，将士争先赴敌，稽胡射之不能止；遂大破之，虏男女二万口。

【译文】武康（一作永康）人沈法兴，世代都是馀杭郡的望族，宗族一共有几千家。沈法兴担任吴兴太守，他听闻宇文化及弑杀隋炀帝，以讨伐宇文化及为名大举出兵。沈法兴快到乌程县时，聚得精兵六万人，于是进攻馀杭、毗陵、丹阳等地，最终将这些地方全都攻克了。沈法兴占据江表十余郡，自称江南道大总管，仿照旧制设置百官。

陈国公窦抗，是唐王妃子的兄长，隋炀帝派他在灵武巡行长城；他风闻唐王已经平定关中，癸酉日（二十八日），窦抗带领灵武、盐川等数郡的军队前来归降。

夏季，四月，稽胡（匈奴别种）进犯富平，将军王师仁领军击败他们。稽胡又有五万多人进犯宜春，相国府谘议参军窦轨率军征讨，双方在黄钦山交战。稽胡利用高的地势纵火，官兵稍为退却；窦轨斩杀了十四位部将，选拔中小校官代替部将，整兵再战。窦轨亲自带领数百骑兵在军队后面，下令说："听到鼓声却不前进的，我就在后面斩杀他！"不久鼓声大作，将士争先赴敌，稽胡发箭射杀也不能阻止他们前进，于是窦轨大败稽胡，俘虏男女二万人。

世子建成等至东都，军于芳华苑；东都闭门不出，遣人招谕，不应。李密出军争之，小战，各引去。城中多欲为内应者，赵公世民曰："吾新定关中，根本未固，悬军远来，虽得东都，不能守也。"遂不受。戊寅，引军还。世民曰："城中见吾退，必来追蹑。"乃设三伏于三王陵以待之；段达果将万馀人追之，遇伏而败。世民逐北，抵其城下，斩四千馀级。遂置新安、宜阳二郡，使行军总管史万宝、盛彦师将兵镇宜阳，吕绍宗、任瑰将兵镇新安而还。

【译文】世子李建成等人抵达东都，安营在芳华苑；东都的守兵闭门不出战，李建成派人去招降，守军不理睬。李密出兵争骂，发生小战，各自引兵退回。城中有很多人想要做内应，赵公李世民说："我们刚刚平定关中，根本还没有稳固，远道行军而来，虽然攻取东都，也无法守住。"于是李建成不接受城中人的建议。戊寅日（初四），李建成引军退还。李世民说："城中守军看到我方撤退，必定会来追击。"于是李世民在三王陵埋设三支伏兵等候追兵。段达果然带领一万多人追击，遇上伏兵被击败。李世民追击段达败军，到达东都城下，斩杀四千余人。于是设立了新安、宜阳二郡，派行军总管史万宝、盛彦师驻守宜阳，吕绍宗、任瑰领军驻守新安而后还师。

【申涵煜评】东都重地，李密日攻取而不能得，世民至城下独以关中根本未固，恐得亦难守，竟不受内应而去。深识形势，决于取舍。不贪目前小利，大事安得不成？

【译文】东都重地，李密天天进攻而不能得到，李世民到城下独以关中根基不稳固，恐怕得到了也很难保持，竟然不接受内应而去。李世民可以说是能够深刻认识形势，懂得取舍。不贪图眼前小利，大事怎能不成？

初，五原通守栎阳张长逊以中原大乱，举郡附突厥，突厥以为割利特勒。郝瑗说薛举，与梁师都及突厥连兵以取长安，举从之。时启民可汗之子咄苾，号莫贺咄设，建牙直五原之北，举遣使与莫贺咄设谋入寇，莫贺咄设许之。唐王使都水监宇文歆赂莫贺咄设，且为陈利害，止其出兵，又说莫贺咄设遣张长逊入朝，以五原之地归之中国，莫贺咄设并从之。己卯，武都、宕渠、五原等郡皆降，王即以长逊为五原太守。长逊又诈为诏书与莫贺咄设，示知其谋。莫贺咄设乃拒举、师都等，不纳其使。

戊戌，世子建成等还长安。

东都号令不出四门，人无固志，朝议郎段世弘等谋应西师。会西师已还，乃遣人招李密，期以己亥夜纳之。事觉，越王命王世充讨诛之。密闻城中已定，乃还。

【译文】当初，五原郡通守栎阳人张长逊，由于中原大乱，率领全郡归附突厥，突厥因此设置割利特勒。郝瑗游说薛举，和梁师都以及突厥联兵攻打长安，薛举表示同意。此时启民可汗的儿子咄苾，号称莫贺咄设，在对着五原的北边，设立牙帐驻军，薛举派遣使者和莫贺咄设商议入侵长安，莫贺咄设表示赞同。另一方面，唐王派都水监宇文歆贿赂莫贺咄设，向他申明利害关系，阻止他出兵，又劝说莫贺咄设让张长逊入朝，将五原郡归还中国，莫贺咄设全都听从了。己卯日(初五)，武都、宕渠、五原等郡全都投降，唐王就任用张长逊担任五原太守。张长逊又伪造诏书送给莫贺咄设，表示知晓他的计谋。莫贺咄设于是拒绝薛举与梁师都，不接纳他们的使者。

戊戌日(二十四日)，世子李建成等人返回长安。

东都的号令不能通行到城门之外，百姓没有坚定的意志，朝议郎段世弘等人商议如何对付李建成等人的军队。恰逢李建成带领的军队已经返回，于是派人招来李密，约定在己亥日（二十五日）夜接纳他们。后来事情被察觉，越王命令王世充加以讨伐诛杀。李密风闻城中已经安定，于是还师。

宇文化及拥众十馀万，据有六宫，自奉养一如炀帝。每于帐中南面坐，人有白事者，嘿然不对；下牙，方取启状与唐奉义、牛方裕、薛世良、张恺等参决之。以少主浩付尚书省，令卫士十馀人守之，遣令史取其画敕，百官不复朝参。至彭城，水路不通，复夺民车牛得二千两，并载宫人珍宝；其戈甲戎器，悉令军士负之，道远疲剧，军士始怨。司马德戡窃谓赵行枢曰："君大谬误我！当今拨乱，必藉英贤；化及庸暗，群小在侧，事将必败，若之何？"行枢曰："在我等耳，废之何难！"初，化及既得政，赐司马德戡爵温国公，加光禄大夫；以其专统骁果，心忌之。后数日，化及署诸将分配士卒，以德戡为礼部尚书，外示美迁，实夺其兵柄。德戡由是愤怨，所获赏赐，皆以赂智及；智及为之言，乃使之将后军万馀人以从。于是，德戡、行枢与诸将李本、尹正卿、宇文导师等谋以后军袭杀化及，更立德戡为主；遣人诣孟海公，结为外助；迁延未发，待海公报。许弘仁、张恺知之，以告化及，化及遣宇文士及阳为游猎，至后军，德戡不知事露，出营迎谒，因执之。化及让之曰："与公戮力共定海内，出于万死。今始事成，方愿共守富贵，公又何反也？"德戡曰："本杀昏主，苦其淫虐；推立足下，而又甚之；逼于物情，不获已也。"化及缢杀之，并杀其支党十馀人。孟海公畏化及之强，帅众具牛酒迎之。李密据巩洛以拒化及，化及不得西，引兵向东郡，东郡通守王轨以城降之。

【译文】宇文化及拥有十多万人，占有六宫，生活的奢靡如同隋炀帝。宇文化及经常在营帐中南面而坐，有人前来禀告事情，他沉默不语；等那个人离开牙门，宇文化及方才取出书状给唐奉义、牛方裕、薛世良、张恺等人商议决定。宇文化及将少主杨浩交给尚书省，命令卫士十余人看守他，派令史来传达少主的诏命，百官不再上朝参政。宇文化及抵达彭城，水路不通，一再夺取百姓的车和牛共有二千辆，用来装载宫人与珍宝；兵器戈甲，全都命令军兵扛负着行走，路途遥远，疲惫不堪，军兵开始发出怨言。司马德戡私底下对赵行枢说："您大大地误了我！现在刚刚除去祸患，一定要借重贤良的人。宇文化及做事昏聩，身边围着一堆小人，必定会将事情弄坏的，我们对他（宇文化及）怎么办呢？"赵行枢说："权力掌握在我们手中，废掉他有什么困难？"当初，宇文化及当政之后，赏赐温国公的爵位给司马德戡，加光禄大夫；派他专权统率骁果，但心存猜忌。过了几日，宇文化及布置诸将分别带领士兵，任用司马德戡担任礼部尚书，表面上予以升官，事实上夺回他的兵权。司马德戡因而愤恨，将得到的奖赏，全都拿来贿赂宇文智及。宇文智及替他讲话，才使他带领一万多人的后备军队。因此司马德戡、赵行枢和诸将李本、尹正卿、宇文导师等人商议，率领后备军队攻杀宇文化及，改立司马德戡为主。司马德戡派人告知孟海公，想要结交他作为外援；为了等候孟海公的消息，拖延时间没有兴兵。许弘仁、张恺知道这个消息，向宇文化及禀告，宇文化及派宇文士及佯作打猎，来到后备军营，司马德戡不知事情泄露，出营迎见宇文士及，因此被捕。宇文化及责备他说："我们经历九

资治通鉴

死一生，一同出力安定海内，到今日才达成目标，刚刚希望能够共同享受富贵，你又为什么造反呢？"司马德戡说："原本我们杀死昏君，就是受不了他暴虐淫乱的苦；如今拥立你上来，反而比昏君更加淫虐；我被人情逼迫，实在不得已。"宇文化及将他绞杀，又杀他的余党十余人。孟海公害怕宇文化及的强势，带领众人准备牛肉酒食迎接他。李密占领了巩洛对抗宇文化及，宇文化及不能西进，引兵向东郡进发，东郡通守王轨开城归降。

辛丑，李密将井陉王君廓帅众来降。君廓本群盗，有众数千人，与贼帅韦宝、邓豹合军虞乡，唐王与李密俱遣使招之。宝、豹欲从唐王，君廓伪与之同，乘其无备，袭击，破之，夺其辎重，奔李密；密不礼之，复来降，拜上柱国，假河内太守。

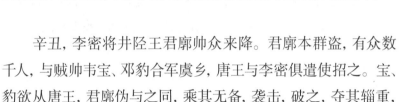

【译文】辛丑日（二十七日），李密的部将井陉人王君廓带领众人来归降。王君廓原本是群盗中的一个，拥有几千人，和贼头韦宝、邓豹会师屯兵在虞乡县，唐王和李密都派遣使者去招降安抚他。韦宝、邓豹二人想要跟从唐王，王君廓佯装赞同，暗中却趁他们不备，加以袭击，将他们击败，夺取他们的辎重，投奔李密；李密不尊重他，他又来投降唐王，唐王封他作上柱国，代理河内太守。

萧铣即皇帝位，置百官，准梁室故事。谥其从父琮为孝靖皇帝，祖岩为河间忠烈王，父璿为文宪王，封董景珍等功臣七人皆为王。遣宋王杨道生击南郡，下之，徙都江陵，修复园庙。引岑文本为中书侍郎，使典文翰，委以机密。又使鲁王张绣徇岭南，隋将张镇周、王仁寿等拒之；既而闻炀帝遇弑，皆降于铣。钦州刺史宁长真亦以郁林、始安之地附于铣。汉阳太守冯盎以苍梧、高凉、珠崖、番禺之地附于林士弘。铣、士弘各遣人招交趾太守丘和，和不从。铣遣宁长真帅岭南兵自海道攻和，和欲出迎之，司法书佐高士廉说和曰："长真兵数虽多，悬军远至，不能持久，城中胜兵足以当之，奈何望风受制于人!"和从之，以士廉为军司马，将水陆诸军逆击，破之，长真仅以身免，尽俘其众。既而有骁果自江都至，得炀帝凶问，亦以郡附于铣。士廉，劢之子也。

【译文】萧铣即皇帝位，设立百官，遵照梁朝旧制。追谥他的叔叔萧琮为孝靖皇帝，追谥祖父萧岩为河间忠烈王，父亲萧璿为文宪王，加封董景珍等七位功臣为王。萧铣派遣宋王杨道生进攻南郡，攻克之后，迁都到江陵，修整帝后陵墓庙堂园地。萧铣任用岑文本担任中书侍郎，让他典掌文书，委任机密。萧铣又派遣鲁王张绣经营岭南，隋将张镇周、王仁寿等人抗拒不从；不久听闻隋炀帝被弑，全向萧铣投降。钦州刺史宁长真献出郁林、始安等地归附萧铣。汉阳太守冯盎以苍梧、高凉、珠崖、番禺等地依附于林士弘。萧铣、林士弘全都派人招抚交趾太守丘和，丘和不听命。萧铣派遣宁长真带领岭南的军队从海路攻打丘和，丘和本想出城迎降，司法书佐高士廉对丘和说："宁长真的军队虽然多，但是他们远道而来，不能持久，城中的精兵足以对抗，如何只听到风声就甘心投降呢!"丘和依从他，任用高士廉担任军司马，带领水陆各军反攻，终于击败敌军，宁长真仅能脱身，部下全被俘获。不久有骁果自江都来，丘和一听闻隋炀帝被杀，也就率领全郡归附萧铣。高士廉，是高劢的儿子。

始安郡丞李袭志，迁哲之孙也，隋末，散家财，募士得三千人，以保郡城；萧铣、林士弘、曹武彻迭来攻之，皆不克。闻炀帝遇弑，帅吏民临三日。或说袭志曰："公中州贵族，久临鄙郡，华、夷悦服。今隋室无主，海内鼎沸，以公威惠，号令岭表，尉佗之业可坐致也。"袭志怒曰："吾世继忠贞，今江都虽覆，宗社尚存，尉佗狂僭，何足慕也！"欲斩说者，众乃不敢言。坚守二年，外无声援，城陷，为铣所虏，铣以为工部尚书，检校桂州总管。于是，东自九江，西抵三峡，南尽交趾，北距汉川，铣皆有之，胜兵四十馀万。

炀帝凶问至长安，唐王哭之恸，曰："吾北面事人，失道不能救，敢忘哀乎！"

【译文】 始安郡丞李袭志，是李迁哲的孙子。隋朝末年，他拿出自己的家财，募集三千人，来保卫郡城。萧铣、林士弘、曹武彻多次前来攻城，他们全都不能取胜。李袭志听说隋炀帝被弑，亲自带领吏民哭吊了三日。有人规劝李袭志说："你是中州的贵族，长久以来管辖始安郡，华人、夷人全能心悦诚服。而今隋朝无主，四海纷乱，凭你的威望，号令岭表，像尉佗一样的事业轻易就可以达成。"李袭志生气地说："我们世代忠烈，而今江都虽然倾覆，宗庙社稷仍旧保存着，像尉佗那样作乱僭越，哪里值得钦慕！"李袭志要斩杀游说的人，于是大家不敢再劝说。坚守了二年，外无援兵，终于城池被攻破，李袭志被萧铣俘获，萧铣任用他担任工部尚书，检校桂州总管。于是东从九江，西到三峡，南达交趾，北至汉川（汉水以南一带），都是萧铣管辖的地方，拥有精兵四十多万。

隋炀帝的凶讯传到长安，唐王哭得十分悲伤，说："我这做臣子的人，眼见君王失道却无法补救，岂不伤痛？"

五月，山南抚慰使马元规击朱粲于冠军，破之。

王德仁既杀房彦藻，李密遣徐世勣讨之。德仁兵败，甲寅，与武安通守袁子幹皆来降，诏以德仁为邺郡太守。

戊午，隋恭帝禅位于唐，逊居代邸。甲子，唐王即皇帝位于太极殿，遣刑部尚书萧造告天于南郊，大赦，改元。罢郡，置州，以太守为刺史。推五运为土德，色尚黄。

【译文】五月，山南抚慰使马元规在冠军县进攻朱粲，最终将守军击败。

王德仁杀死了房彦藻，李密派遣徐世勣加以讨伐。王德仁的军队战败，甲寅日(初十)，王德仁和武安通守袁子幹都来投降唐王，唐王任命王德仁做邺郡太守。

戊午日(十四日)，隋恭帝禅位于唐，让出皇宫退居代邸。甲子日(二十日)，唐王在太极殿登皇帝位，派遣刑部尚书萧造在南郊祭告天地，大赦天下，改换年号为武德。李渊废郡制，设立州制，改太守为刺史。推算五行的运行属于土德，颜色以黄为尊。

隋炀帝凶问至东都，戊辰，留守官奉越王即皇帝位，大赦，改元皇泰。是日于朝堂宣旨，以时钟金革，公私皆即日大祥。追谥大行曰明皇帝，庙号世祖；追尊元德太子曰成皇帝，庙号世宗。尊母刘良娣为皇太后。以段达为纳言、陈国公，王世充为纳言、郑国公，元文都为内史令、鲁国公，皇甫无逸为兵部尚书、杞国公，又以卢楚为内史令，郭文懿为内史侍郎，赵长文为黄门侍郎，共掌朝政，时人号"七贵"。皇泰主眉目如画，温厚仁爱，风格俨然。

辛未，突厥始毕可汗遣骨咄禄特勒来，宴之于太极殿，奏九部乐。时中国人避乱者多入突厥，突厥强盛，东自契丹、室韦，西尽吐谷浑、高昌，诸国皆臣之，控弦百馀万。帝以初起资其兵马，前后饷遗，不可胜纪。突厥恃功骄倨，每遣使者至长安，多暴横，帝优容之。

【译文】隋炀帝死讯传到东都，戊辰日（二十四日），留守东都的官员推举越王杨侗即皇帝位，举行大赦，改换年号为皇泰。当即在朝堂宣读圣旨，由于当时正值战争期间，公私都以这一天为守丧两年除去丧服的大祥日。追谥隋炀帝为明皇帝，庙号世祖；追尊元德太子为成皇帝，庙号世宗。尊母亲刘良娣为皇太后。任命段达担任纳言，封陈国公；任命王世充担任纳言，封郑国公；任命元文都担任内史令，封鲁国公；任命皇甫无逸担任兵部尚书，封杞国公；又任命卢楚担任内史令，郭文懿担任内史侍郎，赵长文担任黄门侍郎，一同掌理朝政。当时人称呼他们为"七贵"。皇泰主杨侗的眉目如画，为人温和仁爱，仪容风度矜持庄重。

辛未日（二十七日），突厥始毕可汗派遣骨咄禄特勒前来唐朝，朝廷在太极殿设宴款待，演奏九部乐助兴。当时中原人很多避乱跑到突厥那儿。突厥强盛，东边从契丹、室韦，西边到吐谷浑、高昌等国，全都对它臣服，军兵有一百多万人。唐高祖因为初起兵时突厥曾资助兵马，前前后后赠送粮饷很多，无法计算。突厥凭借过去的功劳，傲慢无礼，经常派遣使者到长安，态度骄横不讲理，唐高祖总是优待宽容他们。

壬申，命裴寂、刘文静等修定律令。置国子、太学、四门生，合三百馀员，郡县学亦各置生员。

六月，甲戌朔，以赵公世民为尚书令，黄台公瑗为刑部侍郎，相国府长史裴寂为右仆射、知政事，司马刘文静为纳言，司录窦威为内史令，李纲为礼部尚书、参掌选事，掾殷开山为吏部侍郎，属赵慈景为兵部侍郎，韦义节为礼部侍郎，主簿陈叔达、博陵崔民幹并为黄

资治通鉴卷第一百八十五 唐纪一

门侍郎，唐俭为内史侍郎，录事参军裴晞为尚书右丞；以隋民部尚书萧瑀为内史令，礼部尚书窦琎为户部尚书，蒋公屈突通为兵部尚书，长安令独孤怀恩为工部尚书。瑗，上之从子；怀恩，舅子也。

【译文】壬申日(二十八日)，唐高祖下令裴寂、刘文静等人修订法令。设置国子、太学、四门学生，共有三百多人。郡县学校也各自招收学生。

六月，甲戌朔日(初一)，唐高祖任命赵公李世民担任尚书令，黄台公李瑗担任刑部侍郎，相国府长史裴寂担任右仆射、知政事，司马刘文静担任纳言，司录窦威担任内史令，李纲担任礼部尚书，参与管理选举的事务，任命属官殷开山担任吏部侍郎，任用赵慈景担任兵部侍郎，韦义节担任礼部侍郎，主簿陈叔达、博陵人崔民幹同为黄门侍郎，任命唐俭担任内史侍郎，

上待裴寂特厚，群臣无与为比，赏赐服玩，不可胜纪；命尚书奉御日以御膳赐寂，视朝必引与同坐，入阁则延之卧内；言无不从，称为裴监而不名。委萧瑀以庶政，事无大小，莫不关掌。瑀亦孜孜尽力，绳违举过，人皆惮之，毁之者众，终不自理。上尝有敕而内史不时宣行，上责其迟，瑀对曰："大业之世，内史宣敕，或前后相违，有司不知所从，其易在前，其难在后；臣在省日久，备见其事。今王业经始，事系安危，远方有疑，恐失机会，故臣每受一敕必勘审，使与前敕不违，始敢宣行；稽缓之愆，实由于此。"上曰："卿用心如是，吾复何忧！"

【译文】唐高祖对待裴寂非常优厚，群臣没有能与之相比的，赏赐给裴寂的服装玩物，数都数不清；命令尚食奉御每天将御膳赐给裴寂吃，上朝时请他与自己坐在一起，回到寝宫一定邀请裴寂到内室；裴寂说的话没有不听的，不称裴寂的名字

而称呼其旧官名"裴监"。唐高祖任用萧瑀掌理庶政，无论事情大小，全由他决定。萧瑀也竭心尽力，纠举过错，人人恐惧，诋毁他的人很多，但他始终不肯自我申辩。唐高祖曾有诏命但内史没有及时宣布施行，唐高祖责备内史做事太慢，萧瑀回复说："隋炀帝大业时代，内史宣布诏命，有时前后相互违背，主管部门不知怎么办才好，只好将容易办的放在前面，难办的放在后面；我在隋朝内史侍郎任内，看得十分清楚。如今陛下王业刚刚开创，事情关系国家安危，远方的人有疑虑，恐怕就失去机会，因而我每接受一道诏命一定用心审核，和前面的诏命不相抵触，才敢宣布实行，您责备命令迟迟没有发布的过失，由此发生。"唐高祖说："你如此用心，我还有什么可忧虑的？"

【乾隆御批】萧瑀惩大业之弊，奉敕不即宣行，未免矫枉过正。政事随时损益，岂能前后适相吻合？置事势缓急于不问，辄从中阻隔，浸假而玩愒废弛，为患滋甚。且以朝廷纶綍，而臣下得操其行止，亦违承令之义。明季封驳恶习，未必非滥觞于此也。

【译文】 萧瑀借鉴大业弊政的教训，得到敕令后不立即宣布执行，未免有些矫枉过正。行事要根据实际情况随时变化，怎么能前后吻合始终一致呢？无论事情轻重缓急都不管不顾，只是从中作梗，逐渐因贪图安逸、旷废时日而使政令废弛，造成的祸患就太大了。再说朝廷管理混乱，朝政大权被臣子们左右操纵，这也违背了为人臣者应从君命的本义。明朝有所谓的封驳的恶习，说不定就发源于此。

初，帝遣马元规慰抚山南，南阳郡丞河东吕子臧独据郡不从；元规遣使数辈谕之，皆为子臧所杀。及炀帝遇弑，子臧发丧成礼，然后请降；拜邓州刺史，封南郡公。

废大业律令，颁新格。

上每视事，自称名，引贵臣同榻而坐。刘文静谏曰："昔王导有言：'若太阳俯同万物，使群生何以仰照！'今贵贱失位，非常久之道。"上曰："昔汉光武与严子陵共寝，子陵加足于帝腹。今诸公皆名德旧齿，平生亲友，宿昔之欢，何可忘也。公勿以为嫌！"

戊寅，隋安阳令吕珉以相州来降，以为相州刺史。

【译文】当初，唐高祖派遣马元规安抚山南，南阳郡丞河东人吕子臧占据该郡不归顺；马元规多次派遣使者晓谕劝解，全被吕子臧杀了。等到隋炀帝被弑，吕子臧发丧完成礼数，然后前来求降；朝廷任用他担任邓州刺史，封南郡公。

唐高祖废除隋朝大业年间的律令，颁布新的法律条文。

唐高祖每次上朝视事，都自称名字，请贵臣与自己同坐榻上。刘文静劝谏说："以前王导说过：'如果太阳同万物一样的低，那一切生物又怎么仰赖他的照耀呢！'而今贵贱失去应有的分别，这不是国家长久之道。"唐高祖说："以前汉光武帝和严子陵同寝，严子陵将脚放在光武帝的肚子上。而今诸位都是德高望重，平生好友，昔日的交情，我哪能忘怀。希望你不要嫌弃！"

戊寅日（初五），隋朝安阳令吕珉献出相州前来投降，朝廷任用他担任相州刺史。

己卯，祔四亲庙主。追尊皇高祖瀛州府君曰宣简公；皇曾祖司空曰懿王；皇祖景王曰景皇帝，庙号太祖，祖妣曰景烈皇后；皇考元王曰元皇帝，庙号世祖，妣独孤氏曰元贞皇后；追谥妃窦氏曰穆皇后。每岁祀昊天上帝、皇地祇、神州地祇，以景帝配，感生帝、明堂，以元帝配。庚辰，立世子建成为皇太子，赵公世民为秦王，齐公元吉为齐王，宗室黄瓜公白驹为平原王，蜀公孝基为永安王，柱国道玄为淮阳王，长平公叔良为长平王，郑公神通为永康王，安吉公神符为襄邑王，柱国德良为新兴王，上柱国博叉为陇西王，上柱国奉慈为勃海王。孝基、叔良、神符、德良，帝之从父弟；博叉、奉慈，弟子；道玄，从父兄子也。

　　【译文】己卯日(初六)，唐高祖举行将四亲的神主供奉在祖庙里和先主合享祭祀的礼仪。追尊皇高祖瀛州府君为宣简公；皇曾祖司空为懿王；皇祖景王为景皇帝，庙号太祖，祖母为景烈皇后；皇考元王为元皇帝，庙号世祖，母亲独孤氏为元贞皇后；追谥皇妃窦氏为穆皇后。每年祭祀昊天上帝、皇地祇、神州地祇时，以景帝配享。祭感生帝、明堂(汉朝以后，受阴阳家影响，说帝王的兴盛，必感五精之气而后生)时，以元帝配享。庚辰日(初七)，唐高祖立世子李建成为皇太子，封赵公李世民为秦王，齐公李元吉为齐王，封宗室黄瓜公李白驹做平原王，蜀公李孝基做永安王，柱国李道玄做淮阳王，长平公李叔良做长平王，郑公李神通做永康王，安吉公李神符做襄邑王，柱国李德良做新兴王，上柱国李博叉做陇西王，上柱国李奉慈做渤海王。李孝基、李叔良、李神符、李德良，是唐高祖的堂弟；李博叉、李奉慈，是唐高祖的侄儿；李道玄，是唐高祖堂哥的儿子。

　　【乾隆御批】有唐创业，秦王实肇其谋，以贤以功并宜缵承大统。且当晋阳初起时，已面许为太子久矣。乃不为宗社绵远计，而用俗儒嫡长迂谈，转致骨肉寡生自贻伊戚。后世罔知殷鉴，如明洪武之不立燕王，非蹈覆辙而不悔者乎？前因汉惠事为引其端，并详著其义类于此。

　　【译文】唐王朝创立帝业，是秦王李世民最早策划的谋略，以他的才能和功劳来说，都应继承大统。而且在晋阳刚起兵时，已经当面答应他做太子很久了。现在却不为国家社稷的长远大计考虑，而用俗儒们所说的嫡长继承的迂腐之谈，以至造成骨肉相残，自寻悲哀。后世之人不知引以为戒，就像明代洪武帝朱元璋不立燕王朱棣，不蹈覆辙就不后悔吗？前面曾借汉惠帝的事开了一个头，这里再加详述来标明义类。

　　癸未，薛举寇泾州。以秦王世民为元帅，将八总管兵以拒之。

　　遣太仆卿宇文明达招慰山东，以永安王孝基为陕州总管。时天下未定，凡边要之州，皆置总管府，以统数州之兵。

　　乙酉，奉隋帝为酅国公。诏曰："近世以来，时运迁革，前代亲族，莫不诛夷。兴亡之效，岂伊人力！其隋蔡王智积等子孙，并付所司，量才选用。"

　　东都闻宇文化及西来，上下震惧。有盖琮者，上疏请说李密与之合势拒化及。元文都谓卢楚等曰："今仇耻未雪而兵力不足，若赦密罪使击化及，两贼自斗，吾徐承其弊。化及既破，密兵亦疲；又其将士利吾官赏，易可离间，并密亦可擒也。"楚等皆以为然，即以琮为通直散骑常侍，赍敕书赐密。

　　【译文】癸未日（初十），薛举进犯泾州，朝廷任用秦王李世民为元帅，率领八总管兵对抗。

　　唐高祖派遣太仆卿宇文明达抚慰山东，任用永安王李孝基做陕州总管。此时天下仍未安定，凡是边境重要的州都设立总管府，用来统领数州的军队。

　　乙酉日（十二日），唐尊奉隋帝做酅国公。唐高祖下诏说："近世以来，时运变革更新，前代的皇帝亲族，没有不被杀戮诛灭的。但朝代所以兴亡，岂止靠人力所为！隋朝蔡王杨智积等子孙全都交付人事主管，依照他们的才能加以录用。"

东都风闻宇文化及向西而来，上下恐惧。有位名叫盖琮的人，上疏请求游说李密和他合力对抗宇文化及。元文都对卢楚等人说："而今仇耻仍未洗雪，但是兵力不足，如若赦免李密的罪让他攻击宇文化及，两贼争斗，我们有机可乘。宇文化及失败，李密的兵力也将削弱；况且他们的将士想得到官府赏赐，容易离间，就是李密也可能拘捕过来送给官府治罪。"卢楚等人全都认为可行，就任用盖琮做通直散骑常侍，带着诏书交给李密。

【康熙御批】唐王自为相国，受禅隋恭，仍沿魏晋以来恶道。虽极诋历代之繁文欺罔，以九锡归之有司，而其迹究不可掩覆。至闻变恸哭，几于色取行违矣。

【译文】唐王李渊自封为相国，又接受了隋恭帝禅让的帝位，仍沿袭魏晋以来的不良做法。虽然他极力诋毁历代的繁文缛节和欺罔作法，把九锡的重赏归还了相关部门，而他的劣迹终究是无法掩盖的。至于听说发生政变放声痛哭，只能说是表面上主张仁德，实际行动却背道而驰罢了。

丙申，隋信都郡丞东莱麴稜来降，拜冀州刺史。

丁酉，万年县法曹武城孙伏伽上表，以为："隋以恶闻其过亡天下。陛下龙飞晋阳，远近响应，未期年而登帝位；徒知得之之易，不知隋失之之不难也。臣谓宜易其覆辙，务尽下情。凡人君言动，不可不慎。窃见陛下今日即位而明日有献鹞雏者，此乃少年之事，岂圣主所须哉！又，百戏散乐，亡国淫声。近太常于民间借妇女裙襦五百馀袭以充妓衣，拟五月五日玄武门游戏，此亦非所以为子孙法也。凡如此类，悉宜废罢。善恶之习，朝夕渐染，易以移人。皇太子、诸王参僚左右，宜谨择其人；其有门风不能雍睦，为人素无行义，专好奢靡，以声色游猎为事者，皆不可使之亲近也。自古及今，骨肉乖离，以至败国亡家，未有不因左右离间而然也。愿陛下慎之。"上省表大悦，下诏褒称，擢为治书侍御史，赐帛三百匹，仍颁示远近。

【译文】丙申日(二十三日)，隋朝信都郡丞东莱人麴棱前来投降，唐高祖任命他做冀州刺史。

万年县法曹武城人孙伏伽上表，认为："隋朝因为厌恶听到自己的过错而亡天下。陛下在晋阳起义，远近响应，不到一年就即帝位；只知道得到天下很容易，不知道隋朝失去天下也不难。我认为应当改变隋朝失败的做法，尽心了解民情。君王的言行，不可以不谨慎。我看陛下今日登基但明日就有人献鹞雏，鹞雏是小孩的玩儿物，哪里是圣主需要的呢？又，乐舞杂技，是亡国的淫声。最近太常寺向民间借了妇女裙襦五百多件，充当歌妓的服装，计划五月五日在玄武门演戏，这也不是子孙可以效法的事。像这些事，全都应当废除。好的或者坏的习惯，早晚渐染，容易改变人的性情。皇太子、诸王的僚佐亲信，应当注意他们的人品；那种门风不能和睦，平时没有德行，专门喜好奢靡，沉迷声色游猎的，全都不可使他们亲近。自古以来骨肉分离，甚至亡家败国，没有不是由于身边人的离间造成的。希望陛下要谨慎处理。"唐高祖看了奏表很高兴，下令褒奖，擢升孙伏伽做治书侍御史，赏赐帛三百匹，并且公告远近地方，让人人知晓。

辛丑，内史令延安靖公窦威薨。以将作大匠窦抗兼纳言，黄门侍郎陈叔达判纳言。

宇文化及留辎重于滑台，以王轨为刑部尚书，使守之，引兵北趣黎阳。李密将徐世勣据黎阳，畏其军锋，以兵西保仓城。化及渡河，保黎阳，分兵围世勣。密帅步骑二万，壁于清淇，与世勣以烽火相应，深沟高垒，不与化及战。化及每攻仓城，密辄引兵以掎其后。密与化及隔水而语，密数之曰："卿本匈奴皂隶破野头耳，父兄子弟，并受隋恩，富贵累世，举朝莫二。主上失德，不能死谏，反行弑逆，欲规篡夺。不追诸葛瞻之忠诚，乃为霍禹之恶逆，天地所不容，将欲何之！若速来归我，尚可得全后嗣。"化及默然，俯视良久，瞋目大言曰："与尔论相杀事，何须作书语邪！"密谓从者曰："化及庸愚如此，忽欲图为帝王，吾当折杖驱之耳！"化及盛修攻具以逼仓城，世勣于城外掘深沟以固守，化及阻堑，不得至城下。世勣于堑中为地道，出兵击之，化及大败，焚其攻具。

【译文】辛丑日(二十八日)，唐内史令延安靖公窦威去世。唐高祖任用将作大匠窦抗兼任纳言，黄门侍郎陈叔达也兼任纳言。

宇文化及将军备留在滑台，任命王轨担任刑部尚书，派他防守，自己领军向北赴黎阳。李密的部将徐世勣占据黎阳，他害怕宇文化及的军威，派军往西边保守仓城。宇文化及渡河，保有黎阳，分兵围攻徐世勣。李密带领步兵骑兵二万人，在清淇安营，和徐世勣用烽火通消息，修建深沟高垒，不和宇文化及交战。宇文化及每次进攻仓城，李密就领军牵制他的后方。李密和宇文化及隔水对话，责骂宇文化及说："你本来不过是匈奴的奴隶破野头(本姓破野头，役属鲜卑俟豆归，跟从其主姓宇文氏)，父兄子弟，全都蒙受隋朝的恩典，世代富贵，朝中无人能比。君王失德，你不能死谏反而弑君，还想窥测篡夺权位。不仿效诸葛瞻蜀亡而死的忠诚，却效法霍光之子霍禹叛逆，你的为人，天地不容，还准备干什么！如果你赶快归顺我，还可以保全你的后代。"宇文化及默不作声，低头良久，睁大眼睛大声说："和你杀个胜负，何必讲什么道理！"李密对随从说："宇文化及如此糊涂，却想要做帝王梦，我要拿棍子赶跑他！"宇文化及修治攻城的装备进逼仓城，徐世勣在城外挖掘深沟坚固防守，宇文化及被沟堑阻隔，不能接近城下。徐世勣在堑中挖掘地道，暗中出兵进攻，宇文化及大败，攻城的装备全被烧毁。

　　时密与东都相持日久，又东拒化及，常畏东都议其后。见盖琮至，大喜，遂上表乞降，请讨灭化及以赎罪，送所获凶党雄武郎将于洪建，遣元帅府记室参军李俭、上开府徐师誉等入见。皇泰主命戮洪建于左掖门外，如斛斯政之法。元文都等以密降为诚实，盛饰宾馆于宣仁门东。皇泰主引见俭等，以俭为司农卿，师誉为尚书右丞，使具导从，列铙吹，还馆，玉帛酒馔，中使相望。册拜密太尉、尚书令、东南道大行台行军元帅、魏国公，令先平化及，然后入朝辅政。以徐世勣为右武候大将军。仍下诏称密忠款，且曰："其用兵机略，一禀魏公节度。"

　　元文都等喜于和解，谓天下可定，于上东门置酒作乐，自段达已下皆起舞。王世充作色谓起居侍郎崔长文曰："朝廷官爵，乃以与贼，其志欲何为邪！"文都等亦疑世充欲以城应化及，由是有隙，然犹外相弥缝，阳为亲善。

　　【译文】此时李密和东都相持日久，东边又抗拒宇文化及，时常担心东都从后方来进攻。看到盖琮前来，十分高兴，于是上表求降，请求消灭宇文化及来将功折罪，送上俘虏的宇文化及凶党雄武郎将于洪建，并派元帅府记室参军李俭、上开府徐师誉等人前往东都入朝谒见。皇泰主下令在左掖门外处死于洪建，像处死斛斯政一样。元文都等人认为李密诚心归降，于是

530

在宣仁门东面装潢很豪华的宾馆来接待。皇泰主见了李俭等人，任命李俭担任司农卿，徐师誉担任尚书右丞，备有导游和侍从人员，用乐队将他们迎接到宾馆，赐给他们玉帛酒食的宦者不绝于途。皇泰主任命李密做太尉、尚书令、东南道大行台行军元帅、魏国公，命他先讨平宇文化及，然后再入朝辅佐政事。皇泰主任用徐世勣为右武候大将军。还下诏命嘉奖李密的忠诚，并且说："军队的行动方略，全由魏公节制。"

　　元文都等人对于和李密的和解深感欣慰，认为天下可以安定了，在上东门置酒作乐，自段达以下都因乐声起身舞蹈。王世充气愤地对起居侍郎（记录人君动止之事）崔长文说："朝廷的官爵，竟然拿去送给强盗，这是想要做什么呢？"元文都等人也怀疑王世充想以东都响应宇文化及，因而彼此之间有了嫌隙，但表面上彼此还是假装亲善。

　　【乾隆御批】乱臣贼子，人人得而诛之。密既知化及无能，为何不急击以正其罪，而转以义举留待建德耶？

　　【译文】乱臣贼子，所有人都可以杀死他。李密既然已经知道宇文化及无能，为什么不尽快攻击他，以使他定罪伏法，反而把事情拖下来以义举等待建德呢？

　　秋，七月，皇泰主遣大理卿张权、鸿胪卿崔善福赐李密书曰："今日以前，咸共刷荡；使至以后，彼此通怀。七政之重，伫公匡弼；九伐之利，委公指挥。"权等既至，密北面拜受诏书。既无西虑，悉以精兵东击化及。密知化及军粮且尽，因伪与和；化及大喜，恣其兵食，冀密馈之。会密下有人获罪，亡抵化及，具言其情，化及大怒；其食又尽，乃渡永济渠，与密战于童山之下，自辰达酉；密为流矢所中，堕马闷绝，左右奔散。追兵且至，唯秦叔宝独捍卫之，密由是获免。叔宝复收兵与之力战，化及乃退。化及入汲郡求军粮，又遣使拷掠东郡吏民以责米粟。王轨等不堪其弊，遣通事舍人许敬宗诣密请降；密以轨为滑州总管，以敬宗为元帅府记室，与魏征共掌文翰。敬宗，善心之子也。房公苏威在东郡，随众降密，密以其隋氏大臣，虚心礼之。威见密，初不言帝室艰危，唯再三舞蹈，称"不图今日复睹圣明！"时人鄙之。化及闻王轨叛，大惧，自汲郡引兵欲取以北诸郡，其将陈智略帅岭南骁果万馀人，樊文超帅江淮排𣟪，张童儿帅江东骁果数千人，皆降于密。文超，子盖之子也。化及犹有众二万，北趣魏县；密知其无能为，西还巩洛，留徐世勣以备之。

资治通鉴

【译文】秋季，七月，皇泰主派遣大理卿张权、鸿胪卿崔善福送诏书给李密说："从前的事情，全部不论，至于今后，彼此要真诚相待，天下大事，有待阁下辅助，征伐大权，委托你指挥。"张权等人到达清淇后，李密面向北拜受诏书。于是李密没有了西面东都方向的顾虑，动员全部精锐向东攻击宇文化及。李密知道宇文化及军粮将耗尽，因而假装和他讲和。宇文化及很高兴，放心使用他的军粮，希望李密会馈赠他粮食。恰好李密部下有人犯罪，逃到宇文化及那儿，报告李密的计划，宇文化及十分生气，军粮又用尽了，于是渡过永济渠，和李密在童山下交战，从早上七点打到下午七点。李密被流矢射中，自马背上摔下来，一时休克，左右护卫都跑散了，追兵又将到，只有秦叔宝一人奋力保护他，李密因而幸免于难。秦叔宝再收拾残兵与宇文化及奋力作战，才将宇文化及打退。宇文化及进入汲郡索要军粮，又派遣使者拷打掠夺东郡的吏民来索求粮食。王轨等人受不住他的侵害，暗中派遣通事舍人许敬宗报告李密，请求归降。李密任用王轨为滑州总管，任用许敬宗为元帅府记室，和魏徵一同掌理文书。许敬宗，是许善心的儿子。房公苏威正在东郡，跟从众人投降李密，李密因为他是隋朝大臣，对他十分礼遇。苏威见了李密，全不说隋朝帝室的艰难危险，只是再三向李密行帝王之礼说："没想到今天再见到圣明的你!"当时的人因此十分鄙视他。宇文化及听闻王轨叛变，大为惊惧，自汲郡领军想攻取北方诸郡，他的部将陈智略率领岭南骁果万余人，樊文超率领江淮的部队，张童儿率领江东骁果数千人，全都投降李密。樊文超，是樊子盖的儿子。宇文化及仍有军兵二万人，向北进兵魏县。李密知道他不会有什么作为，向西返回巩洛，留下徐世勣的军队防范他。

乙巳，宣州刺史周超击朱粲，败之。

丁未，梁师都寇灵州，票骑将军蔺兴粲击破之。

突厥阙可汗遣使内附。初，阙可汗附于李轨；隋西戎使者曹琼据甘州诱之，乃更附琼，与之拒轨；为轨所败，窜于达斗拔谷，与吐谷浑相表里，至是内附，上厚加慰抚。寻为李轨所灭。

薛举进逼高墌，游兵至于豳、岐，秦王世民深沟高垒不与战。会世民得疟疾，委军事于长史、纳言刘文静、司马殷开山，且戒之曰："薛举悬军深入，食少兵疲，若来挑战，慎勿应也。俟吾疾愈，为君等破之。"开山退，谓文静曰："王虑公不能办，故有此言耳。且贼闻王有疾，必轻我，宜曜武以威之。"乃陈于高墌西南，恃众而不设备。举潜师掩其后，壬子，战于浅水原，八总管皆败，士卒死者什五六，大将军慕容罗睺、李安远、刘弘基皆没，世民引兵还长安。举遂拔高墌，收唐兵死者为京观；文静等皆坐除名。

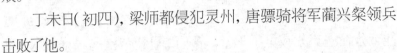

【译文】乙巳日(初二),唐宣州刺史周超攻打朱粲,将他打败。

丁未日(初四),梁师都侵犯灵州,唐骠骑将军蔺兴粲领兵击败了他。

突厥阙可汗派遣使者前来归附。当初,阙可汗归附李轨,隋朝西戎使者曹琼占据甘州引诱他,于是改为追随曹琼,一同对抗李轨。后来被李轨击败,流窜到达斗拔谷,和吐谷浑混杂在一起,至此才来归顺。不久被李轨消灭。

薛举进兵逼近高墌,散兵游勇抵达豳、岐等地,秦王李世民挖深护城河,筑高城墙不和他交战。正好遇到李世民得了疟疾病,将兵权委托给长史纳言刘文静、司马殷开山,并且告诫说:"薛举孤军远来粮食缺乏,军兵疲惫,如果前来挑战,小心防守,不可应战。等我病痊愈,我将他击败给你们看。"殷开山退下,对刘文静说:"大王认为你不能退敌,才这样说。况且贼军听到大王有病,一定轻视我们,我们应当显示武力威慑敌人。"于是在高墌的西南方摆开军阵,倚仗兵多,不加提防。薛举暗中派军袭击后方,壬子日(初九),双方在浅水原交战,唐八位总管都被打败,士兵死了十分之五六,大将军慕容罗睺、李安远、刘弘基全都战死。李世民率领军队退回长安。于是薛举攻克高墌,收拾唐兵尸体筑成高大的坟墓。刘文静等人都因罪被免官。

乙卯,榆林贼帅郭子和遣使来降,以为灵州总管。

李密每战胜,辄遣使告捷于皇泰主。隋人皆喜,王世充独谓其麾下曰:"元文都辈,刀笔吏耳,吾观其势,必为李密所擒。且吾军士屡与密战,没其父兄子弟,前后已多,一旦为之下,吾属无类矣!" 欲以激怒其众。文都闻之,大惧,与卢楚等谋因世充入朝,伏甲诛之。段达性庸懦,恐事不就,遣其婿张志以楚等谋告世充。戊午夜三鼓,世充勒兵袭含嘉门。元文都闻变,入奉皇泰主御乾阳殿,陈兵自卫,命诸将闭门拒守。将军跋野纲将兵出,遇世充,下马降之。将军费曜、田阇战于门外,不利。文都自将宿卫兵欲出玄武门以袭其后,长秋监段瑜称求门钥不获,稽留遂久。天且曙,文都引兵复欲出太阳门逆战,还至乾阳殿,世充已攻太阳门得入。皇甫无逸弃母及妻子,斫右掖门,西奔长安。卢楚匿于太官署,世充之党擒之,至兴教门,见世充,世充令乱斩杀之;进攻紫微宫门。皇泰主使人登紫微观。问:"称兵欲何为?" 世充下马谢曰:"元文都、卢楚等横见规图;请杀文都,甘从刑典。" 段达乃令将军黄桃树执送文都。文都顾谓皇泰主曰:"臣今朝死,陛下夕及矣!" 皇泰主恸哭遣之,出兴教门,乱斩如卢楚,并杀卢、元诸子。段达又以皇泰主命开门纳世充,世充悉遣人代宿卫者,然后入见皇泰主于乾阳殿。皇泰主谓世充曰:"擅相诛杀,曾不闻奏,岂为臣之道乎?公欲肆其强力,敢及我邪!" 世充拜伏流涕谢曰:"臣蒙先皇采拔,粉骨非报。文都等苞藏祸心,欲召李密以危社稷,疾臣违异,深积猜嫌;臣迫于救死,不暇闻奏。若内怀不臧,违负陛下,天地日月,实所照临,使臣阖门殄灭,无复遗类。" 词泪俱发。皇泰主以为诚,引令升殿,与语久之,因与俱入见皇太后;世充被发为誓,称不敢有贰心。乃以世充为左仆射、总督内外诸军事。比及日中,捕获赵长文、郭文懿,杀之。然后巡城,告谕以诛元、卢之意。世充自含嘉城移居尚书省,渐结党援,恣行威福。用兄世恽为内史令,入居禁中,子弟咸典兵马,分政事为十头,悉以其党主之,势震内外,莫不趋附,皇泰主拱手而已。

【译文】乙卯日(十二日)，榆林贼帅郭子和派遣使者前来投降，唐高祖任命他担任灵州总管。

李密每次作战取胜，一定派遣使者向皇泰主报捷，隋朝人士全都感到欢喜，王世充独自对他的部属说："元文都这些人，不过是些刀笔小吏，我看他们的情势，必定会败在李密手下。而且我们军兵多次和李密的军队作战，杀死他们的父兄子弟很多，一旦成为李密的属下，我们不会有好日子过!"王世充想拿这些话激怒众人。元文都听到消息，大为恐慌，和卢楚等人商议趁世充入朝的时候，埋伏士兵杀掉他。段达生性庸碌懦弱，担心事情办不成，暗中派他的女婿张志将卢楚等人的密谋报告王世充。戊午日(十五日)夜晚三更时候，王世充率军袭击含嘉门。元文都听闻变乱的消息，入朝请求皇泰主在乾阳殿陈设军队自卫，下令诸将闭门据守。将军跋野纲领军出宫门，遇到王世充，下马投降。将军费曜、田阁在宫门外交战，形势不利。元文都亲自带领宿卫兵想要从城北的玄武门出去偷袭王世充的后方，长秋监段瑜假装找不到钥匙，拖延时间。天色将明，元文都再想率军出太阳门迎战，返回乾阳殿时，王世充已经攻入太阳门。皇甫无逸抛弃母亲及妻子儿女，砍开右掖门，向西逃奔长安。卢楚躲藏在太官署，被王世充的党羽捉到，送到兴教门去见王世充，王世充下令斩杀;于是攻打紫微宫门。皇泰主派人登上紫微观责问说："动用军队的意图何在?"王世充下马谢罪说："元文都、卢楚等有不良企图;请杀元文都，我甘愿受罚。"段达于是下令将军黄桃树将元文都抓捕送过来。元文都对着皇泰主说："臣今天早上死，晚上就将轮到陛下了!"

皇泰主恸哭着派人送元文都出兴教门，像卢楚一样被乱刀砍死，王世充一并杀掉卢楚、元文都的儿子。段达又以皇泰主的命令开门接纳王世充，王世充派人替换全部宿卫，然后进入乾阳殿拜见皇泰主。皇泰主对王世充说："擅自相互诛杀，也不上奏禀告，难道是臣子应有的做法吗？你放肆地动用武力，胆敢这样待我吗？"王世充伏身下拜流泪谢罪说："臣承蒙先皇的提拔，虽粉身碎骨也无法报答。元文都等人包藏祸心，想召请李密来危害社稷，他们恼恨我不能合作，倍加猜忌。臣被迫求生，来不及禀奏。如果心怀不善，违背陛下，天地日月，可以为证，让我全家灭门，没有遗种。"声泪俱下。皇泰主认为他有诚心，请他上殿，和他谈话谈了很久，一起入见皇太后。王世充披散头发发誓，声言不敢有二心。于是任用王世充做左仆射、总领内外诸军事。到了中午，捉到赵长文、郭文懿，处死他们。然后巡视全城，公告杀死元文都、卢楚的缘由。王世充从含嘉城移居尚书省，渐渐聚集党羽，肆意作威作福。任用他的哥哥王世恽为内史令，住在宫中，子弟都掌管军权，将政事分为十头，全都任用他的党羽担任主管，权势震动京城内外，大小朝臣，没有不依附他的，皇泰主闲着无事罢了。

李密将入朝，至温，闻元文都等死，乃还金墉。东都大饥，私钱滥恶，太半杂以锡镮，其细如线，米斛直钱八九万。

初，李密尝受业于儒生徐文远。文远为皇泰主国子祭酒，自出樵采，为密军所执；密令文远南面坐，备弟子礼，北面拜之。文远曰："老夫既荷厚礼，敢不尽言！未审将军之志欲为伊、霍以继绝扶倾乎？则老夫虽迟暮，犹愿尽力；若为莽、卓，乘危邀利，则无所用老夫矣！"密顿首曰："昨奉朝命，备位上公，冀竭庸虚，匡济国难，此密之本志也。"文远曰："将军名臣之子，失涂至此，若能不远而复，犹不失为忠义之臣。"及王世充杀元文都等，密复问计于文远。文远曰："世充亦门人也，其为人残忍褊隘，既乘此势，必有异图，将军前计为不谐矣。非破世充，不可入朝也。"密曰："始谓先生儒者，不达时事，今乃坐决大计，何其明也！"文远，孝嗣之玄孙也。

【译文】李密将要入朝，抵达温县，听闻元文都等人的死讯，于是退回金墉。东都发生大饥荒，私铸的钱币品质恶劣，大半掺杂锡质，钱薄如细线，一斛米价值八九万钱。

起初，李密曾经跟随儒生徐文远学习。徐文远是皇泰主的国子祭酒，有一次徐文远外出砍柴，被李密的军兵抓住；李密让徐文远南面而坐，自己执弟子礼，北面拜他。徐文远说："老夫既然受了厚礼，怎敢不尽言？不知道将军的志向是不是要效法伊尹、霍光那样继绝世扶倾亡？那么老夫虽然余年不多，仍愿尽力相助；如若是像王莽、董卓，乘危求利，那么老夫是没有什么用的！"李密叩头说："昨天接到朝廷的诏命，位居于上公。希望能竭心尽力，挽救国难，这才是我的初衷。"徐文远说："将军是名臣的儿子，走错了路才落到今天的局面，倘若能够及时回头，仍然不失为忠义之臣！"等到王世充杀元文都等人时，李密再向徐文远请教对策。徐文远说："王世充也是我的门人，他生性残忍狭隘，既然已经乘机扩充势力，必然有野心，将军先前的计划不合适了。如今不击败王世充，不可入朝。"李密说："当初认为先生是个儒生，不通达时事，而今竟然坐在室内决定天下大事，真是高明！"徐文远，是徐孝嗣的玄孙。

【乾隆御批】文远劝密数语，可云不愧宿儒。乃明知世充残忍，而于密败之后不即引身远避，是岂真淡于荣利者。盖前，此之壮言激论，特预料密能见容，故无难乐得其道。及知世充不能容，遂至甘心下拜，所谓五经扫地，盖亦长乐老人之流耳。

【译文】 徐文远劝李密的那几句话，可说是无愧于一个素有声望的博学之士的名声。只是他明知王世充残忍，而在李密失败后却不立即抽身远避，难道真是一个淡泊名利之人吗？之前，他预料到李密有容人之度，所以发出一些慷慨激昂的言论，那么乐得其道也不是什么难事。等到得知王世充并无容人之量时，就心甘情愿地下跪礼拜，正是人们所说的五经扫地，把文人的脸都丢尽了，此等作为大概只能算是长乐老人一类罢了。

【申涵煜评】文远老儒，而有李密、王世充为之弟子，世传武德建义诸勋多出文中子之门，岂尽附会？或者通名问字，声气往来，不必定负笈从游也。

【译文】 徐文远是一位老儒，李密、王世充为他的弟子，世人都说李唐王朝的诸功臣多出子文中子之门，难道完全是附会的吗？或许有的人只是通名问字，声气往来，不一定是跟着他负笈从游吧？

庚申，诏隋氏离宫游幸之所并废之。

戊辰，遣黄台公瑗安抚山南。

己巳，以隋右武卫将军皇甫无逸为刑部尚书。

隋河间郡丞王琮守郡城以拒群盗，窦建德攻之，岁馀不下；闻炀帝凶问，帅吏士发丧，乘城者皆哭。建德遣使吊之，琮因使者请降，建德退舍具馔以待之。琮言及隋亡，俯伏流涕，建德亦为之泣。诸将曰："琮久拒我军，杀伤甚众，力尽乃降，请烹之。"建德曰："琮，忠臣也，吾方赏之以劝事君，奈何杀之！往在高鸡泊为盗，容可妄杀人；今欲安百姓，定天下，岂得害忠良乎！"乃徇军中曰："先与王琮有怨敢妄动者，夷三族！"以琮为瀛州刺史。

于是，河北郡县闻之，争附于建德。

【译文】庚申日（十七日），唐高祖诏命隋氏所有离宫游乐的地方全都废禁。

戊辰日（二十五日），唐高祖派遣黄台公李瑗安抚山南。

己巳日（二十六日），唐高祖任用隋右武卫将军皇甫无逸为刑部尚书。

隋朝河间郡丞王琮坚守郡城对抗群盗，窦建德攻打一年多，无法攻克。听闻隋炀帝的死讯，王琮领着官兵发丧，守城的人全都哭了。窦建德派遣使者吊问，王琮告诉使者求降的心意，窦建德退军准备酒食等待着。王琮说到隋朝亡国，伏首痛哭，窦建德也为隋亡流泪。诸位将领说："王琮对抗我们军队很久，杀伤我们许多人，现在军力用尽了才归降，请烹死他。"窦建德说："王琮是位忠臣，我正要奖赏他来勉励忠于君王的人，怎么能杀他！从前在高鸡泊做强盗，可以随意杀人；如今想要安抚百姓，平定天下，哪能加害忠良呢！"于是遍告军中说："从前和王琮有冤怨敢乱动的人，夷灭他三族！"窦建德任用王琮为瀛州刺史。因此河北郡县听闻这个消息，全都争相依附窦建德。

先是，建德陷景城，执户曹河东张玄素，将杀之，县民千馀人号泣请代其死，曰："户曹清慎无比，大王杀之，何以劝善！"建德乃释之，以为治书侍御史，固辞；及江都败，复以为黄门侍郎，玄素乃起。饶阳令宋正本，博学有才气，说建德以定河北之策，建德引为谋主。建德定都乐寿，命所居曰金城宫，备置百官。

【译文】起初，窦建德攻克景城，抓来户曹河东人张玄素，打算杀掉他，县里百姓千余人号哭，要求替他受死，说："户曹十分清廉有礼，大王杀他，如何劝勉大家为善？"于是窦建德释放了他，任用张玄素做治书侍御史，他坚决推辞。等到江都失败，再任用张玄素做黄门侍郎，张玄素才接受。饶阳令宋正本，知识渊博很有才气，以平定河北的策略游说窦建德，窦建德请他担当主要顾问。窦建德在乐寿定都，将住所称为金城宫，设立百官。

资治通鉴卷第一百八十六 唐纪二

起著雍摄提格八月，尽十二月，不满一年。

【译文】起戊寅（公元618年）八月，止十二月，共五个月。

【题解】本卷记事起公元618年八月，迄当年十二月，凡五个月史事，正值唐高祖武德元年。数月间，全国军阀混战发生大逆转，最强势力李密因与强敌宇文化及和王世充连续作战，左右开弓而又轻敌，偃师之战遭到灭顶之灾，被迫降唐，寻又反唐而被诛戮。李密部众一部分降王世充，智能之士皆降唐，于是唐室势力大增。其间李世民平定陇右，解了后顾之忧，坐观关东军阀混战而养精蓄锐，占有了全局的主动权。王世充虽然得胜而受重创。窦建德在河北得势，但偏于一隅，不足为唐室之忧。全国各地的割据者，只是苟安一时。李密失败后，中原形成了唐王室、王世充、窦建德三足鼎立之势，而以唐王室最强。为了生存，王世充与窦建德合力抗唐已是必然之势。

高祖神尧大圣光孝皇帝上之中

武德元年（戊寅，公元六一八年）八月，薛举遣其子仁果进围宁州，刺史胡演击却之。郝瑗言于举曰："今唐兵新破，关中骚动，宜乘胜直取长安。"举然之，会有疾而止。辛巳，举卒。太子仁果立，居于折墌城，谥举曰武帝。

上欲与李轨共图秦、陇，遣使潜诣凉州，招抚之，与之书，谓之从弟。轨大喜，遣其弟懋入贡。上以懋为大将军，命鸿胪少卿张俟德册拜轨为凉州总管，封凉王。

初，朝廷以安阳令吕珉为相州刺史，更以相州刺史王德仁为岩州刺史。德仁由是怨愤，甲申，诱山东大使宇文明达入林虑山而杀之，叛归王世充。

【译文】（戊寅，公元 618 年）八月，薛举派他的儿子薛仁果进兵围攻宁州，刺史胡演击退他。郝瑗对薛举说："现在唐兵刚刚战败，关中骚动，应当乘胜直接进攻长安。"薛举表示赞同，恰巧遇到薛举生病，停止行动。辛巳日（初九），薛举病死。太子薛仁果继位，住在折墌城，追谥薛举为武帝。

唐高祖要和李轨一同图取秦、陇等地，派使者暗中前往凉州，去招降安抚李轨，送信给他，称呼他为堂弟。李轨非常欢喜，派遣他的弟弟李懋入贡。唐高祖任用李懋做大将军，命令鸿胪少卿张俟德册封李轨为凉州总管，加封凉王。

当初，朝廷任命安阳令吕珉为相州刺史，将原相州刺史王德仁改任为岩州刺史。王德仁因而怨愤，甲申日（十二日），王德仁引诱山东大使宇文明达进入林虑山而后杀死他，背叛朝廷，归降王世充。

己丑，以秦王世民为元帅，击薛仁果。

丁酉，临洮等四郡来降。

隋江都太守陈稜求得炀帝之枢，取宇文化及所留辇辂鼓吹，粗备天子仪卫，改葬于江都宫西吴公台下，其王公以下，皆列瘗于帝茔之侧。

宇文化及之发江都也，以杜伏威为历阳太守；伏威不受，仍上表于隋，皇泰主拜伏威为东道大总管，封楚王。

沈法兴亦上表于皇泰主，自称大司马、录尚书事、天门公，承制置百官，以陈杲仁为司徒，孙士汉为司空，蒋元超为左仆射，殷芊为左丞，徐令言为右丞，刘子翼为选部侍郎，李百药为府掾。百药，德林之子也。

【译文】己丑日(十七日)，唐高祖任命秦王李世民担任元帅，攻打薛仁果。

丁酉日(二十五日)，临洮等四郡前来投降大唐。

隋朝江都太守陈棱寻找到隋炀帝的棺枢，用宇文化及留下的辇车鼓吹，大体备齐了天子所用的仪仗侍卫，将隋炀帝改葬在江都宫西边的吴公台下，当时隋朝遇难的王公以下大臣，全都依次埋葬在隋炀帝坟茔的两侧。

宇文化及自江都出发的时候，任命杜伏威担任历阳太守；杜伏威不接受，仍然上表向隋朝皇泰主称臣，皇泰主任命伏威为东道大总管，封楚王。沈法兴也向皇泰主上表，自称大司马、录尚书事、天门公，承圣旨设立百官，皇泰主任命陈杲仁做司徒，孙士汉做司空，蒋元超做左仆射，殷芊做左丞，徐令言做右丞，刘子翼做选部侍郎，李百药做府掾。李百药，是李德林的儿子。

九月，隋襄国通守陈君宾来降，拜邢州刺史。君宾，伯山之子也。

虞州刺史韦义节攻隋河东通守尧君素，久不下，军数不利；壬子，以工部尚书独孤怀恩代之。

初，李密既杀翟让，颇自骄矜，不恤士众；仓粟虽多，无府库钱帛，战士有功，无以为赏；又厚抚初附之人，众心颇怨。徐世勣尝因宴会刺讥其短；密不怿，使世勣出镇黎阳，虽名委任，实亦疏之。

　　密开洛口仓散米，无防守典当者，又无文券，取之者随意多少；或离仓之后，力不能致，委弃衢路，自仓城至郭门，米厚数寸，为车马所辚践；群盗来就食者并家属近百万口，无瓮盎，织荆筐淘米，洛水两岸十里之间，望之皆如白沙。密喜，谓贾闰甫曰："此可谓足食矣！"闰甫对曰："国以民为本，民以食为天。今民所以襁负如流而至者，以所天在此故也。而有司曾无爱吝，屑越如此！窃恐一旦米尽民散，明公孰与成大业哉！"密谢之，即以闰甫判司仓参军事。

　　【译文】九月，隋朝襄国通守陈君宾前来投降，朝廷任命他做邢州刺史。陈君宾，是陈伯山的儿子。

　　唐虞州刺史韦义节攻打隋朝河东通守尧君素，久久不能攻克，军队好几次陷入不利局面。壬子日（初十），唐高祖派工部尚书独孤怀恩接替韦义节。

　　当初，李密杀死了翟让，很骄纵傲慢，不体恤军民；存粮虽然很多，但没有府库钱帛，将士有功，无法奖赏；又厚待刚刚归附的人，大家很有怨言。徐世勣曾经在宴会上趁机讽刺他的这种错误。李密很不高兴，让徐世勣出兵镇守黎阳，虽然名义上是委以重任，实际上却是疏远他。

　　李密打开洛口仓发放米粮，没有防守和主管的人，又无须凭券，任由取米的人随意取拿；有人离开米仓后，拿不动了，随意丢弃在道路上，从仓城到外城门，路上的米厚积数寸，被来往的车马碾压着。群盗及其家属前来取米吃的约有百万人。大家没有瓮盎等盛米的盛器，编荆筐淘米，洛水两岸十里之间，一眼望去犹如白沙。李密心中高兴，对贾闰甫说："这样可以称得上是足食了！"贾闰甫回答说："国家以百姓为根本，百姓以吃饭为首要。如今百姓会背着婴孩，像流水般汹涌而来，是由于这里有足够的米粮。然而主管的人毫不珍惜，任米粮如此狼藉，我担心一旦米粮用完了，百姓也散了，不知您要和谁去成就伟大的事业呢？"李密感谢他的提醒，立即让贾闰甫兼领司仓参军事。

密以东都兵数败微弱，而将相自相屠灭，谓朝夕可平。王世充既专大权，厚赏将士，缮治器械，亦阴图取密。时隋军乏食，而密军少衣，世充请交易，密难之；长史邴元真等各求私利，劝密许之。先是，东都人归密者，日以百数；既得食，降者益少，密悔而止。

密破宇文化及还，其劲卒良马多死，士卒疲病。世充欲乘其弊击之，恐人心不壹，乃诈称左军卫士张永通三梦周公，令宣意于世充，当勒兵相助击贼。乃为周公立庙，每出兵，辄先祈祷。世充令巫宣言周公欲令仆射急讨李密，当有大功，不即兵皆疫死。世充兵多楚人，信妖言，皆请战。世充简练精锐得二万馀人，马二千馀匹，壬子，出师击密，旗幡之上皆书永通字，军容甚盛。癸丑，至偃师，营于通济渠南，作三桥于渠上。密留王伯当守金墉，自引精兵出偃师北，阻邙山以待之。

【译文】因为东都的军队多次失败，力量微弱，而且将相之间自相残杀，李密认为短期内就可以平定东都。王世充独揽大权之后，重赏将士，修治器械，也暗中谋划消灭李密。此时隋军缺少粮食，而李密军中缺少衣服，王世充请求用衣物换粮食，李密没有应允。长史邴元真等人为了个人的私利，劝李密答应王世充。起先，东都的人归降李密的，每天有好几百人；交换粮食之后，投降的人越来越少了，李密感到后悔，下令终止交易。

李密击败宇文化及后回来，精兵良马伤亡很多，军兵疲劳生病。王世充想要趁机攻打他，但担心民心不一，于是谎称左军卫士张永通三次梦到周公，命他转告王世充，应该统率军队互相协助攻击贼人。于是就为周公立庙，每次出兵作战，就先去祈祷。王世充命巫人宣称周公要命仆射赶快征讨李密，肯定能立大功，否则军兵会得瘟疫而死。王世充的军队大多是楚人，相信这种妖言，都请求出战。王世充挑选精兵二万多人，马二千多匹。壬子日（初十），王世充出兵进攻李密，旗幡上全都写着"永通"二字，阵容十分强盛。癸丑日（十一日），王世充到了偃师，在通济渠南面安营，在通济渠上修建了三座桥。李密留下王伯当防守金墉，亲自率领精兵向偃师出发，军队留驻邙山等候王世充。

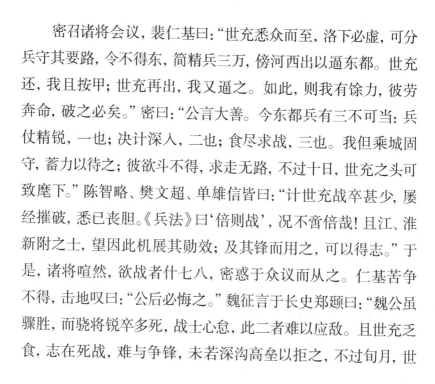

密召诸将会议，裴仁基曰："世充悉众而至，洛下必虚，可分兵守其要路，令不得东，简精兵三万，傍河西出以逼东都。世充还，我且按甲；世充再出，我又逼之。如此，则我有馀力，彼劳奔命，破之必矣。"密曰："公言大善。今东都兵有三不可当：兵仗精锐，一也；决计深入，二也；食尽求战，三也。我但乘城固守，蓄力以待之；彼欲斗不得，求走无路，不过十日，世充之头可致麾下。"陈智略、樊文超、单雄信皆曰："计世充战卒甚少，屡经摧破，悉已丧胆。《兵法》曰'倍则战'，况不啻倍哉！且江、淮新附之士，望因此机展其勋效；及其锋而用之，可以得志。"于是，诸将喧然，欲战者什七八，密惑于众议而从之。仁基苦争不得，击地叹曰："公后必悔之。"魏征言于长史郑颋曰："魏公虽骤胜，而骁将锐卒多死，战士心怠，此二者难以应敌。且世充乏食，志在死战，难与争锋，未若深沟高垒以拒之，不过旬月，世充粮尽，必自退，追而击之，蔑不胜矣。"頠曰："此老生之常谈耳。"征曰："此乃奇策，何谓常谈！"拂衣而起。

【译文】李密召集诸将商议，裴仁基说："王世充派出全部的军队来进攻，洛下必然空虚，可以分兵把守重要的道路，让他的军队不能东进，我们挑选精兵三万，沿着河西出兵进逼东都。王世充返师营救，我们按兵不动；王世充再出兵，我军再次逼进。如此，那么我们有余力应付，他们却疲于奔命，必定可以击败他们。"李密说："你说得非常好。而今东都的军队有三种不可抵挡的情势：第一是武器精良；第二是决心深入我方；第三是粮食用尽急于作战。我们只要坚守城池，储备军力等待时机。他们想交战不能够，想退兵没有退路，过不了十天，王世充的头就可以送来。"陈智略、樊文超、单雄信都说："算算王世充的军兵很少，又好几次打了败仗，大都吓破了胆。《兵法》上说：'超过一倍的军力就可以攻战'，何况现在不止一倍呢？况且江、淮刚刚归附的军兵，希望趁这次机会一展身手建立功勋，利用他们这股锋锐的势力，可以达成愿望。"于是诸将大声表示赞同，想要作战的十有七八，李密被众人的议论弄糊涂了，最终答应作战。裴仁基苦苦争辩不能得到大家赞同，用东西敲着地板叹息地说："您以后必定会后悔。"魏徵对长史郑颋说："魏公虽然多次取胜，但是勇将锐卒死伤很多，将士内心厌怠，有这两种情况就难以对敌。况且王世充缺乏粮食，志在死战，很难和他争锋，不如挖深壕沟、垫高城墙抵抗他，不用个把月，王世充粮食用尽，必然自己撤退；我们再追击他，没有不取胜的。"郑颋说："你这不过是老生常谈。"魏徵说："这是奇计，怎么能说是老生常谈？"说罢拂袖而去。

程知节将内马军与密同营在北邙山上，单雄信将外马军营于偃师城北。世充遣数百骑渡通济渠攻雄信营，密遣裴行俨与知节助之。行俨先驰赴敌，中流矢，附于地；知节救之，杀数人，世充军披靡，乃抱行俨重骑而还；为世充骑所逐，刺槊洞过，知节回身掖折其槊，兼斩追者，与行俨俱免。会日暮，各敛兵还营。密骁将孙长乐等十馀人皆被重创。

密新破宇文化及，有轻世充之心，不设壁垒。世充夜遣二百馀骑潜入北山，伏溪谷中，命军士皆秣马蓐食。甲寅旦，将战，世充誓众曰："今日之战，非直争胜负；死生之分，在此一举。若其捷也，富贵固所不论；若其不捷，必无一人获免。所争者死，非独为国，各宜勉之！"迟明，引兵薄密。密出兵应之，未及成列，世充纵兵击之。世充士卒皆江、淮剽勇，出入如飞。世充先索得一人貌类密者，缚而匿之，战方酣，使牵以过陈前，噪曰："已获李密矣！"士卒皆呼万岁。其伏兵发，乘高而下，驰压密营，纵火焚其庐舍。密众大溃，其将张童仁、陈智略皆降，密与万馀人驰向洛口。

【译文】程知节带领内马军和李密一起在北邙山上安营，单雄信带领外马军在偃师城北安营。王世充派遣数百骑兵渡过通济渠进攻单雄信的军营，李密派裴行俨和程知节援助单雄信。裴行俨率先快马赴敌，被流矢射中，坠倒地上，程知节过去救他，杀了几个人，王世充军溃退，程知节于是抱起裴行俨骑上一匹马回头跑。王世充的骑兵追逐而来，用长矛刺穿程知节的身体，程知节反身折断长矛，并且斩杀追者，和裴行俨幸免于灾难。恰好太阳落山，双方各自收军回营。李密的勇将孙长乐等十余人都受了重伤。

李密刚刚击败宇文化及，有些轻视王世充，于是不加防范。王世充趁夜晚派遣二百余骑兵暗中进入北邙山，埋伏在溪谷中，下令军兵将马喂得饱饱的。甲寅日（十二日）早晨，准备出击之前，王世充对军队宣誓说：“今天这一仗，不仅仅是争胜负；而是生与死，在此一举。倘若打胜，荣华富贵自不用说；假如败了，必定没人能够幸免。大家争相赴死，不独为了国家，各位要努力作战！”天刚亮，王世充率兵逼近李密的军营。李密派军应战，阵容未及排好，王世充进兵攻击。王世充的军兵全是江、淮地方的轻捷勇敢之士，出入如飞。王世充先找到一个面貌与李密相似的人，将他捆缚藏匿起来，当交战激烈的时候，命人将他牵过阵前，大声呼喊：“李密抓到了！”军兵都呼万岁。预先埋伏的骑兵，从高处往下冲，快马逼近李密的军营，放火烧毁屋舍。李密的军队大败，他的将领张童仁、陈智略全都投降。李密和一万多人奔向洛口。

世充夜围偃师；郑颋守偃师，其部下翻城纳世充。初，世充家属在江都，随宇文化及至滑台，又随王轨入李密，密留于偃师，欲以招世充。及偃师破，世充得其兄世伟、子玄应、虔恕、琼等，又获密将佐裴仁基、郑颋、祖君彦等数十人。世充于是整兵向洛口，得邴元真妻子、郑虔象母及密诸将子弟，皆抚慰之，令潜呼其父兄。

初，邴元真为县吏，坐赃亡命，从翟让于瓦冈；让以其尝为吏，使掌书记。及密开幕府，妙选时英，让荐元真为长史；密不得已用之，行军谋画，未尝参预。密西拒世充，留元真守洛口仓。元真性贪鄙，宇文温谓密曰：“不杀元真，必为公患。”密不应。元真知之，阴谋叛密；杨庆闻之，以告密，密固疑焉。至是，密将入洛口城，元真已遣人潜引世充矣。密知而不发，因与众谋，待世充兵半济洛水，然后击之。世充军至，密候骑不时觉，比将出战，世充军悉已济矣。单雄信等又勒兵自据；密自度不能支，帅麾下轻骑奔虎牢，元真遂以城降。

【译文】王世充趁夜晚包围偃师。郑颋防守偃师，他的部下翻过城墙去投降王世充。起初，王世充的家属住在江都，跟从宇文化及到滑台，又随着王轨来到李密的军中，李密将他们留在偃师，要用来招降王世充。等到偃师被攻陷，王世充重又见到哥哥王世伟、儿子王玄应、王虔恕、王琼等，又俘虏李密的部将裴仁基、郑颋、祖君彦等几十人。王世充于是整顿兵马开往洛口，俘获邴元真的妻子、郑虔象的母亲以及李密诸将的子弟，王世充安抚他们，让他们暗中招呼各自的父兄。

当初，邴元真做县吏，犯了贪污罪逃跑在外，在瓦岗跟随翟让。翟让因为他当过县吏，任用他掌管文书。等到李密开幕府，挑选当时的英才，翟让举荐邴元真做长史。李密不得已任用他做长史，但行军打仗的事，从未让他参与。李密西边抵拒王世充，留下邴元真防守洛口仓。邴元真生性贪婪鄙陋，宇文温对李密说："你不杀邴元真，必然留下后患。"李密没有同意。邴元真知晓这件事，阴谋背叛李密。杨庆听闻消息，向李密禀告，李密因此就在怀疑。到此时，李密要进入洛口城，邴元真已经派人暗中招引王世充的军队。李密知道后没有声张，乘机和众人谋划，要等待王世充的军队渡到洛水中途，然后进攻。王世充的军队来了，李密的斥探发觉太迟，正打算出兵时，王世充的军队已经全部渡河了。单雄信等人又整兵各自据守，李密自忖不能支持，带领部下轻骑奔往虎牢，邴元真开城投降。

初，雄信骁捷，善用马槊，名冠诸军，军中号曰"飞将"。彦藻以雄信轻于去就，劝密除之；密爱其才，不忍也。及密失利，雄信遂以所部降世充。

密将如黎阳，或曰："杀翟让之际，徐世勣几死，今失利而就之，安可保乎！"时王伯当弃金墉保河阳，密自虎牢归之，引诸将共议。密欲南阻河，北守太行，东连黎阳，以图进取。诸将皆曰："今兵新失利，众心危惧，若更停留，恐叛亡不日而尽。又人情不愿，难以成功。"密曰："孤所恃者众也，众既不愿，孤道穷矣。"欲自刭以谢众。伯当抱密号绝，众皆悲泣，密复曰："诸君幸不相弃，当共归关中；密身虽无功，诸君必保富贵。"府掾柳燮曰："明公与唐公同族，兼有畴昔之好；虽不陪起兵，然阻东都，断隋归路，使唐公不战而据长安，此亦公之功也。"众咸曰："然。"密又谓王伯当曰："将军室家重大，岂复与孤俱行哉！"伯当曰："昔萧何尽帅子弟以从汉王，伯当恨不兄弟俱从，岂以公今日失利遂轻去就乎！纵身分原野，亦所甘心！"左右莫不感激，从密入关者凡二万人。于是，密之将帅、州县多降于隋。朱粲亦遣使降隋，皇泰主以粲为楚王。

【译文】当初，单雄信勇猛敏捷，擅长骑术，精用长枪，诸军之中名列第一，军中称呼他为"飞将"。房彦藻因为单雄信容易背叛，规劝李密将他除去，李密爱惜他的才能，不忍心那样做。等到李密战事失利，单雄信就带领军队投降了王世充。

李密计划前往黎阳，有人说："杀翟让的时候徐世勣差一点就死了，现在失利反而去投奔他，怎么保险呢？"当时王伯当放弃金墉退守河阳，李密自虎牢投奔他，召来诸将一同商议。李密想要以黄河为南面的险阻，北面保守太行山，东面连接黎阳，来图谋进取。诸将都说："现在军队刚刚失利，大家心中畏惧，如果再停留，担心不久全都会反叛逃亡。况且人们不愿意的事情也难以成功。"李密说："我依靠的是大家，大家既然不愿意，我已无计可施了。"李密想要自杀来谢众人。王伯当抱住李密哭昏过去，众人都悲伤落泪，李密又说："很荣幸诸君没有抛弃我，我们应该一起回到关中；我李密虽然没有什么功劳，诸君必定可以保住富贵。"府掾柳燮说："您和唐公同族，并且有一段旧交情，虽然没有陪同他起兵，但是阻挡东都兵，断了隋军的归路，使得唐公不须作战就占领长安，这也是您的功劳。"众人都说："的确如此。"李密又对王伯当说："将军的家室庞大，怎么可以和我同行呢？"王伯当说："过去萧何带领所有子弟去追随汉王，我遗憾的是我的兄弟不能都跟随你，怎么能够因为您今日失利就离开您呢？就算我分尸原野，我也甘心！"身边的人没有不感激的，追随李密入关的共有二万人。因而李密的将帅、州县大多向隋朝投降。朱粲也派遣使者去投降隋朝，皇泰主任用朱粲为楚王。

甲寅，秦州总管窦轨击薛仁果，不利；票骑将军刘感镇泾州，仁果围之。城中粮尽，感杀所乘马以分将士，感一无所噉，唯煮马骨取汁和木屑食之。城垂陷者数矣，会长平王叔良将士至泾州，仁果乃扬言食尽，引兵南去；乙卯，又遣高墌人伪以城降。叔良遣感帅众赴之，己未，至城下，扣门，城中人曰："贼已去，可逾城入。"感命烧其门，城上下水灌之。感知其诈，遣步兵先还，自帅精兵为殿。俄而城上举三烽，仁果兵自南原大下，战于百里细川，唐军大败，感为仁果所擒。仁果复围泾州，令感语城中云："援军已败，不如早降。"感许之，至城下，大呼曰："逆贼饥馁，亡在朝夕，秦王帅数十万众，四面俱集，城中勿忧，勉之!"
仁果怒，执感，于城旁埋之至膝，驰骑射之；至死，声色逾厉。
叔良婴城固守，仅能自全。感，丰生之孙也。

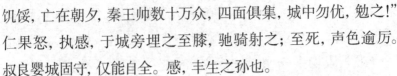

【译文】甲寅日(十二日)，秦州总管窦轨攻打薛仁果，没有
获胜。骠骑将军刘感驻守泾州，薛仁果围攻他。城中粮食耗
尽，刘感杀死自己的乘马分给将士，刘感一点肉都没吃，只煮马
骨汁掺些木屑来吃。城池好几次差一点被攻破。恰好长平王
李叔良率军来到泾州，薛仁果于是扬言粮食用尽，带领军队向
南离去；乙卯日(十三日)，薛仁果又派遣高墌人诈称献城投降。
李叔良派遣刘感带领军队前往；己未日(十七日)，刘感来到城
下，敲打城门，城中人说："贼人已经离去，可以翻墙进城。"刘
感下令焚烧城门，城上的人拿水灌灭火种。刘感发觉有诈，派
遣步兵先回，亲自带领精兵殿后。一会儿，城上三次举烽火表
示紧急，薛仁果军队从南原大举攻下来，与刘感军队在百里细
川交战，唐军大败，刘感被薛仁果擒获了。薛仁果再次围攻泾
州，命令刘感对城中守军说："来援救的军队已经战败，你们不
如尽早投降。"刘感表面答应，来到城下，大声呼喊说："叛贼饥
饿气馁，很快就要灭亡了，秦王带领几十万大军，从四面聚集过
来，城中守军不必担忧，好好守城!"薛仁果发怒，将刘感抓到
城旁埋入土中，土高至膝盖，骑着马来回飞驰向他射箭；刘感
大声叫骂，一直到死，声色更加严厉。李叔良绕城坚守，仅能保
全自己的部队，无力救援刘感。刘感，是刘丰生的孙子。

庚申，陇州刺史陕人常达击薛仁果于宜禄川，斩首千余级。
上遣从子襄武公琛、太常卿郑元璹以女妓遗突厥始毕可汗。
壬戌，始毕复遣骨咄禄特勒来。

癸亥，白马道士傅仁均造《戊寅历》成，奏上，行之。

薛仁果屡攻常达，不能克，乃遣其将仵士政以数百人诈降，达厚抚之。乙丑，士政伺隙以其徒劫达，拥城中二千人降于仁果。达见仁果，词色不屈，仁果壮而释之。奴贼帅张贵谓达曰："汝识我乎？"达曰："汝逃死奴贼耳！"贵怒，欲杀之，人救之，获免。

【译文】庚申日（十八日），唐陇州刺史陕人常达，在宜禄川攻打薛仁果，斩首千余级。

唐高祖派遣侄儿襄武公李琛与太常卿郑元璹，将女妓送给始毕可汗。壬戌日（二十日），突厥始毕可汗再次派遣骨咄禄特勒担任使者来唐。

癸亥日（二十一日），白马县的道士傅仁均编成《戊寅历》，上奏章进呈，唐高祖颁布实行。

薛仁果多次攻打常达，不能获胜，于是派遣他的部将仵士政带领几百人前去诈降，常达对仵士政十分优厚。乙丑日（二十三日），仵士政抓到机会带领他的部下劫持常达，带走城中二千人投降薛仁果。常达看到薛仁果，言辞表情毫不屈服，薛仁果称赞他的勇敢而开释他。奴仆出身的贼帅张贵对常达说："你认识我吗？"常达说："你是逃亡的奴贼罢了！"张贵发怒，要杀死他。有人从旁相救，常达才能幸免于难。

辛未，追谥隋太上皇为炀帝。

宇文化及至魏县，张恺等谋去之；事觉，化及杀之。腹心稍尽，兵势日蹙，兄弟更无他计，但相聚酣宴，奏女乐。化及醉，尤智及曰："我初不知，由汝为计，强来立我。今所向无成，士马日散，负弑君之名，天下所不容。今者灭族，岂不由汝乎！"持其两子而泣。智及怒曰："事捷之日，初不赐尤，及其将败，乃欲归

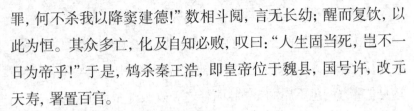

罪，何不杀我以降窦建德！"数相斗阋，言无长幼；醒而复饮，以此为恒。其众多亡，化及自知必败，叹曰："人生固当死，岂不一日为帝乎！"于是，鸩杀秦王浩，即皇帝位于魏县，国号许，改元天寿，署置百官。

冬，十月，壬申朔，日有食之。

【译文】辛未日（二十九日），唐追谥隋太上皇为炀帝。

宇文化及到达魏县，张恺等人打算要除掉他。事情被察觉，宇文化及杀死他们。宇文化及的心腹已经不多，军势日渐削弱，兄弟们已经无计可施，只是聚在一起饮酒，女子在旁奏乐。宇文化及酒醉，责备宇文智及说："我开始什么都不知道，由你设计，强来拥立我，如今一事无成，兵马日益减少，背负弑君的罪名，为天下人所不容。今日会遭到灭族，岂不是由你带来的吗？"说完搂着他的两个儿子哭泣。宇文智及生气地说："当初事情成功的时候，你不责备我，等到快失败了，才来归罪于我，你为何不杀死我去投降窦建德！"多次互相争吵，说话不分长幼；酒醒了又喝，经常如此。部众逃跑很多，宇文化及自己知晓必然失败，感叹地说："人自然是要死的，难道不能当一天皇帝吗？"于是毒杀了秦王杨浩，在魏县即皇帝位，国号许，改年号为天寿，设立百官。

冬季，十月，壬申朔日（初一），出现日食。

戊寅，宴突厥骨咄禄，引骨咄禄升御座以宠之。

李密将至，上遣使迎劳，相望于道。密大喜，谓其徒曰："我拥众百万，一朝解甲归唐，山东连城数百，知我在此，遣使招之，亦当尽至；比于窦融，功亦不细，岂不以一台司见处乎！"己卯，至长安，有司供待稍薄，所部兵累日不得食，众心颇怨。既而以

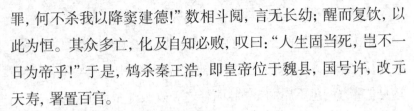

密为光禄卿、上柱国，赐爵邢国公。密既不满望，朝臣又多轻之，执政者或来求贿，意甚不平；独上亲礼之，常呼为弟，以舅子独孤氏妻之。

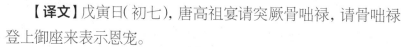

【译文】戊寅日（初七），唐高祖宴请突厥骨咄禄，请骨咄禄登上御座来表示恩宠。

李密将要到达京师，唐高祖派遣使者迎接慰劳，络绎于途。李密非常高兴，对他的部属说："我拥有百万军兵，一朝解除军职归顺大唐，崤山以东数百个城池，知晓我在此地，派使者去招降，他们应该都会到来；比起窦融，功劳也不小，难道还能不给我安排一个要职吗？"己卯日（初八），李密到达长安，负责招待的稍有不周到，李密部队的军兵数日没能吃饭，大家颇有怨言。不久唐任用李密做光禄卿、上柱国，赐爵邢国公。李密没有完全达到期望，朝臣又大多轻视他，有些掌权的人向李密索取贿赂，因而李密心中颇感不平。唯有唐高祖亲自礼遇他，经常称呼李密为弟弟，将舅舅的女儿独孤氏嫁给李密做妻子。

庚辰，诏右翊卫大将军淮安王神通为山东道安抚大使，山东诸军并受节度；以黄门侍郎崔民幹为副。

邓州刺史吕子臧与抚慰使马元规击朱粲，破之。子臧言于元规曰："粲新败，上下危惧，请并力击之，一举可灭。若复迁延，其徒稍集，力强食尽，致死于我，为患方深。"元规不从。子臧请独以所部兵击之，元规不许。既而粲收集余众，兵复大振，自称楚帝于冠军，改元昌达，进攻邓州。子臧抚膺谓元规曰："老夫今坐公死矣！"粲围南阳，会霖雨城坏，所亲劝子臧降。子臧曰："安有天子方伯降贼者乎！"帅麾下赴敌而死。俄而城陷，元规亦死。

【译文】庚辰日（初九），唐高祖诏命右翊卫大将军淮安王李神通担任山东道安抚大使，山东诸军全都接受他的指挥；任命黄门侍郎崔民幹担任副使。

邓州刺史吕子臧和抚慰使马元规攻打朱粲，打败了他。吕子臧对马元规说："朱粲刚刚打了败仗，上下恐惧，请合力攻打他，可以一下子消灭他。如若再拖延，他的徒众逐渐聚集一起，力量增强而粮食吃光，会和我们死战，那将成为大患。"马元规不听从。吕子臧请求独自带领部下进攻朱粲，马元规不应允。不久朱粲收聚残兵，兵势又大振，在冠军自称楚帝，改年号为昌达，攻打邓州。吕子臧拍着胸对马元规说："不听我的话，才到今天的地步，如今老夫因你而死定了！"朱粲围攻南阳，恰巧下大雨，城墙毁坏，亲近的人规劝吕子臧投降。吕子臧说："哪有天子一方的大臣投降贼寇的道理！"于是带领部下和敌人战斗到死。不久城池被攻陷，马元规也战死。

癸未，王世充收李密美人珍宝及将卒十余万人还东都，陈于阙下。乙酉，皇泰主大赦。丙戌，以世充为太尉、尚书令，〔总督〕内外诸军事，仍使之开太尉府，备置官属，妙选人物。世充以裴仁基父子骁勇，深礼之。徐文远复入东都，见世充，必先拜。或问曰："君倨见李密而敬王公，何也？"文远曰："魏公，君子也，能容贤士；王公，小人也，能杀故人，吾何敢不拜！"

李密总管李育德以武陟来降，拜陟州刺史。育德，谔之孙也。其余将佐刘德威、贾闰甫、高季辅等，或以城邑，或帅众，相继来降。

【译文】癸未日(十二日)，王世充收罗李密的美人、珍宝以及将卒十余万人返回东都，布阵在皇门前阙楼之下。乙酉日(十四日)，皇泰主大赦天下。丙戌日(十五日)，皇泰主任用王世充做太尉、尚书令,统领内外诸军事,仍然让他建太尉府,备设各种官属,选拔优秀人才。王世充因为裴仁基父子骁勇,厚待他们。徐文远又回到东都,见王世充,必定先行礼。有人询问他说:"你见李密的态度十分傲慢,见王公却非常尊敬,为什么?"徐文远说:"魏公是位君子,能够容忍贤士;王公是个小人,连老朋友都杀,我哪敢不拜!"

李密的总管李育德献出武陟前来投降大唐,被任命为陟州刺史。李育德,是李谔的孙子。李密其余的将佐刘德威、贾闰甫、高季辅等人,或者以城邑,或者带领部下,相继来投降大唐。

初,北海贼帅綦公顺帅其徒三万攻郡城,已克其外郭,进攻子城;城中食尽,公顺自谓克在旦夕,不为备。明经刘兰成纠合城中骁健百余人袭击之,城中见兵继之,公顺大败,弃营走,郡城获全。于是,郡官及望族分城中民为六军,各将之,兰成亦将一军。有宋书佐者,离间诸军曰:"兰成得众心,必为诸人不利,不如杀之。"众不忍杀,但夺其兵以授宋书佐。兰成恐终及祸,亡奔公顺;公顺军中喜噪,欲奉以为主,固辞,乃以为长史,军事咸听焉。居五十余日,兰成简军中骁健者百五十人,往抄北海。距城四十里,留十人,使多刈草,分为百余积;二十里,又留二十人,各执大旗;五六里,又留三十人,伏险要;兰成自将十人,夜,距城一里许潜伏;馀八十人分置便处,约闻鼓声即抄取人畜亟去,仍一时焚积草。明晨,城中远望无烟尘,皆出樵牧。日向中,兰成以十人直抵城门,城上钲鼓乱发;伏兵四出,抄掠杂畜千馀头及樵牧者而去。兰成度抄者已远,徐步而还。城中虽出兵,恐有伏兵,不敢急追;又见前有旌旗、烟火,遂不敢进而还。既而城中知兰成前者众少,悔不穷追。居月余,兰成谋取郡城，更以二十人直抵城门。城中人竞出逐之，行未十里，公顺将大军总至。郡兵奔驰还城，公顺进兵围之，兰成一言招谕，城中人争出降。兰成抚存老幼，礼遇郡官，见宋书佐，亦礼之如旧，仍资送出境，内外安堵。

【译文】当初，北海贼头綦公顺带领徒众三万人进攻郡城，攻下外城后，再进攻内城；城中的粮食已经用尽，綦公顺以为攻取内城只在旦夕，没作防范。明经（唐制取士之科）刘兰成募集城中骁健的一百多人偷袭他，城中派军支援。綦公顺大败，弃营逃跑，郡城得以保全。于是郡官及望族把城中的百姓分成六军，分别率领，刘兰成也统率一军。有一位姓宋的书佐（官名），离间诸军说："刘兰成得到士众的信任，对诸位不利，不如杀了他。"众人不忍心杀害刘兰成，只是拿掉他的兵权授给姓宋的书佐。刘兰成担心以后难逃灾祸，逃去依附綦公顺。綦公顺军中欢呼高叫，大家要推举刘兰成当领袖，刘兰成坚决推辞，綦公顺才任用他为长史，有关军事全都由他决定。过了五十多天，刘兰成挑选军中骁勇健壮的一百五十人，前往攻取北海。离城四十里，留下十个人，让他们多多刈草，分作百余堆。离城二十里，又留下二十人，各自拿着大旗。离城五六里，又留下三十人，埋伏在险要的地方。刘兰成亲自带领十个人，夜晚的时候，在距离城池一里左右处潜伏；其余八十人分别安置在方便的地方，约定听到鼓声就掠夺人畜迅速离开，同时焚烧草堆。次日早晨，城中远望没有烟尘，全都出城打樵牧畜。接近中午时，刘兰成派十人直抵城门，城上钲鼓乱响，此时伏兵从四面窜出，劫夺各种牲畜千余头以及樵牧的人离去。刘兰成计算掠取的人已经离开很远，才慢步回营。城中虽然派出军兵，但担心有伏兵，不敢急追；又望见前面有旌旗、烟火，于是不敢进兵而返回城池。

不久城中知晓刘兰成前时士兵很少，后悔没有穷追。过了一个多月，刘兰成计划攻取郡城，改派二十人直抵城门。城中的人争相出城追杀敌人，行不到十里，綦公顺率领大军赶到，郡兵奔逃回城，綦公顺进军围城。刘兰成一出言招降，城中人争着出城归降。刘兰成抚慰老幼，礼遇郡官，看见宋书佐，仍然以礼待他，还给予行李盘缠护送他出境。城内外没有受到骚扰。

时海陵贼帅臧君相闻公顺据北海，帅其众五万来争之；公顺众少，闻之大惧。兰成为公顺画策曰："君相今去此尚远，必不为备，请将军倍道袭击其营。"公顺从之，自将骁勇五千人，赍熟食，倍道袭之。将至，兰成与敢死士二十人前行，距君相营五十里，见其抄者负担向营，兰成亦与其徒负担蔬米、烧器，诈为抄者，择空而行听察，得其号及主将姓名；至暮，与贼比肩而入，负担巡营，知其虚实，得其更号。乃于空地燃火营食，至三鼓，忽于主将幕前交刀乱下，杀百馀人，贼众惊扰；公顺兵亦至，急攻之，君相仅以身免，俘斩数千，收其资粮甲仗以还。由是公顺党众大盛。及李密据洛口，公顺以众附之，密败，亦来降。

【译文】此时海陵贼头臧君相，听闻綦公顺据有北海，率领部下五万人前来争取。綦公顺的军兵太少，听到了非常害怕。刘兰成替綦公顺出了个计策说："臧君相的军队距离此地还远，必定没有防备，请将军日夜兼程偷袭他的营地。"綦公顺采纳了他的计策，亲自带领骁勇部队五千人，带着干粮，日夜兼程要偷袭臧君相。快到营区，刘兰成和敢死的军兵二十人继续往前行，距离臧君相的营地五十里，看到臧君相手下出外抄掠的人肩挑背扛的走向营地。刘兰成也和部下背着蔬菜、米粮以及锅釜等烧器，假装扮作抄掠的人，找行列空疏的地方打听侦察，了解对方的军号以及主将的姓名。到了傍晚，和盗贼并肩进入营地，背着东西走遍了营地，了解敌人的虚实，侦知他们的持更信号。于是在空地烧火做饭。到了三鼓时分，忽然在主将帐前一起拔刀乱砍，杀了一百余人，贼众惊慌扰乱；綦公顺带的军兵也来了，急速进攻，臧君相只身逃脱，綦公顺斩杀和俘虏数千人，没收他们的资粮武器而后回师。因此綦公顺的徒众大增。等到李密攻占洛口，綦公顺率领徒众去归附。李密失利了，綦公顺也来投降唐朝。

　　隋末群盗起，冠军司兵李袭誉说西京留守阴世师遣兵据永丰仓，发粟以赈穷乏，出库物赏战士，移檄郡县，同心讨贼；世师不能用。乃求募兵山南，世师许之。上克长安，自汉中召还，为太府少卿；乙未，附袭誉籍于宗正。袭誉，袭志之弟也。

　　丙申，朱粲寇淅州，遣太常卿郑元璹帅步骑一万击之。

　　是月，纳言窦抗罢为左武候大将军。

　　十一月，乙巳，凉王李轨即皇帝位，改元安乐。

　　戊申，王轨以滑州来降。

　　【译文】隋朝末年各路豪强纷纷起兵，冠军司兵李袭誉游说西京留守阴世师派遣军队占据永丰仓，发放粮食赈济贫穷的人，拿出库藏之物犒赏战士，用公文通告郡县，同心征讨盗贼。阴世师没有采用他的建议，李袭誉于是请求去山南招募兵士，阴世师答应了。唐高祖取得长安后，从汉中召回李袭誉任命为太府少卿。乙未日（二十四日），唐高祖将李袭誉编入天子宗族的名册。李袭誉，是李袭志的弟弟。

　　丙申日（二十五日），朱粲侵犯淅州，唐派遣太常卿郑元璹率领步兵骑兵一万人攻打他。

这个月（十月），唐纳言窦抗被贬官，降为左武侯大将军。

十一月，乙巳日（初四），凉王李轨即皇帝位，改年号安乐。

戊申日（初七），王轨献出滑州前来降唐。

薛仁果之为太子也，与诸将多有隙；及即位，众心猜惧。郝瑗哭举得疾，遂不起，由是国势浸弱。秦王世民至高墌，仁果使宗罗睺将兵拒之；罗睺数挑战，世民坚壁不出。诸将咸请战，世民曰："我军新败，士气沮丧，贼恃胜而骄，有轻我心，宜闭垒以待之。彼骄我奋，可一战而克也。"乃令军中曰："敢言战者斩！"相持六十余日，仁果粮尽，其将梁胡郎等帅所部来降。世民知仁果将士离心，命行军总管梁实营于浅水原以诱之。罗睺大喜，尽锐攻之，梁实守险不出；营中无水，人马不饮者数日。罗睺攻之甚急；世民度贼已疲，谓诸将曰："可以战矣！"迟明，使右武候大将军宠玉陈于浅水原。罗睺并兵击之，玉战，几不能支，世民引大军自原北出其不意，罗睺引兵还战。世民帅骁骑数十先陷陈，唐兵表里奋击，呼声动地。罗睺士卒大溃，斩首数千级。世民帅二千馀骑追之，窦轨叩马苦谏曰："仁果犹据坚城，虽破罗睺，未可轻进，请且按兵以观之。"世民曰"吾虑之久矣，破竹之势，不可失也，舅勿复言！"遂进。仁果陈于城下，世民据泾水临之，仁果骁将浑幹等数人临陈来降。仁果惧，引兵入城拒守。日向暮，大军继至，遂围之。夜半，守城者争自投下。仁果计穷，己酉，出降；得其精兵万馀人，男女五万口。

【译文】薛仁果做太子时，和诸位将军多有过节；等到做了皇帝，众人猜疑害怕。郝瑗为薛举去世而伤心痛哭，结果一病不起，因此国势日渐衰落。秦王李世民来到高墌，薛仁果派宗罗睺率军抗拒他。宗罗睺多次挑战，李世民坚守不出战。诸位将领都要出战，李世民说："我们军队刚刚失利，士气沮丧，敌人恃胜骄傲，有轻视我们的心理，此时应当坚守不战，等候时机。一旦他们骄傲轻敌，我们奋发求战，就可以一战而取得胜利。"于是李世民下令军中说："哪个人敢说出战，就杀死他！"彼此对峙六十多天，薛仁果粮食吃完了，他的部将梁胡郎等带领部下前来投降。李世民知晓薛仁果的将士有离异之心，于是命令行军总管梁实在浅水原安营引诱他们。宗罗睺看了非常高兴，派出所有精兵攻击他，梁实据守险要不出战。营中没有水源，人、马好几天没有水喝。宗罗睺攻营很猛烈。李世民看到贼人已经疲惫，对诸将说："可以出兵了！"天色将明，李世民派右武候大将军庞玉在浅水原列阵。宗罗睺合兵攻打他，庞玉迎战，几乎不能支持，李世民率领大军自原北而来，出乎敌人的意料，宗罗睺率军掉头接战。李世民带领骁勇的骑兵几十名先攻入敌阵，唐军内外奋力攻击，呼喊之声，响彻天地，宗罗睺的军队大败，被斩首数千人。李世民率领二千多骑兵追杀，窦轨拉住马苦苦进谏说："薛仁果尚据有坚城，虽然击败宗罗睺，不可轻易冒进，请暂且停兵不动，来观察一下虚实。"李世民说："我已经考虑很久，现在我军势如破竹，机不可失，希望舅舅不要再说！"于是进兵。薛仁果在城下布阵，李世民据泾水面对薛仁果的营地。薛仁果的骁将浑幹等数人临阵投降。薛仁果害怕，带兵入城坚守抗拒。傍晚时，李世民的大军陆续来到，于是围城。半夜时，守城的军兵争相下城求降。薛仁果无计可施，己酉日（初八），薛仁果出城投降。李世民获得精兵一万多人，百姓五万人。

诸将皆贺，因问曰："大王一战而胜，遽舍步兵，又无攻具，轻骑直造城下，众皆以为不克，而卒取之，何也？"世民曰："罗睺所将皆陇外之人，将骁卒悍；吾特出其不意而破之，斩获不多。若缓之，则皆入城，仁果抚而用之，未易克也；急之，则散归陇外。折墌虚弱，仁果破胆，不暇为谋，此吾所以克也。"众皆悦服。世民所得降卒，悉使仁果兄弟及宗罗睺、翟长孙等将之，与之射猎，无所疑间。贼畏威衔恩，皆愿效死。世民闻褚亮名，求访，获之，礼遇甚厚，引为王府文学。

上遣使谓世民曰："薛举父子多杀我士卒，必尽诛其党以谢冤魂。"李密谏曰："薛举虐杀不辜，此其所以亡也，陛下何怨焉？怀服之民，不可不抚。"乃命戮其谋首，馀皆赦之。

【译文】诸将都来道贺，趁机询问说："大王一战就取得胜利，舍弃步兵，又没有攻城装备，轻骑直抵城下，大家都以为不能成功，竟然攻克城池，是什么原因呢？"李世民说："宗罗睺带领的都是陇西人，将领骁勇军兵凶悍能战，我只是出其不意地击败他，斩杀的俘虏不多。如果迟迟不追击，那么就全都逃入城中，薛仁果加以抚慰重用，就不容易对付；如果迅速追击，他们就会逃往陇西，折墌的防备就虚弱，薛仁果害怕了，没时间谋划，这是我取胜的原因。"众人全都表示心服。李世民获得的降卒，全数派给薛仁果的兄弟及宗罗睺、翟长孙等人带领，跟他们一同射猎，没有猜疑戒备。贼人害怕他的威势，又感受李世民的恩德，都愿意以死效劳。李世民听说褚亮的名望，亲自前往拜访，对他很尊重，非常礼遇他，请他当秦王府文学。

唐高祖派遣使者对李世民说："薛举父子杀死我们的士兵很多，一定要杀尽他的同党来告慰死去的冤魂。"李密进谏说："薛举残暴地杀害无罪的人，这正是他灭亡的原因，陛下又有什么可怨恨的? 心服的百姓, 不可以不安抚!" 于是下令杀掉带头的人, 其余的都予以赦免。

上使李密迎秦王世民于豳州, 密自恃智略功名, 见上犹有傲色; 及见世民, 不觉惊服, 私谓殷开山曰: "真英主也, 不如是, 何以定祸乱乎!"

诏以员外散骑常侍姜謩为秦州刺史, 謩抚以恩信, 盗贼悉归首, 士民安之。

【译文】唐高祖派遣李密在豳州迎接秦王李世民, 李密仗着自己智略功名, 见了唐高祖仍旧表现傲慢的脸色; 等到见了李世民, 不觉惊讶叹服, 私下对殷开山说: "真是位英主, 不是他这个人, 怎么能够平定祸乱呢?"

下诏任命员外散骑常侍姜謩担任秦州刺史, 姜謩用仁恩诚信去抚慰百姓, 因而盗贼全数归顺, 士民感到安定。

【乾隆御批】秦王用兵之长大约始以持重养锐。继以深入赴机。前后屡战屡胜, 历历不爽。虽英略天授, 王者不死。然兵家言静若处女、狡若脱兔者, 正复不外此道。

【译文】 秦王李世民用兵的长处大体上在于开始时行事稳重, 养精蓄锐。继而就把握时机, 深入敌阵。先后战役屡战屡胜, 没有一次不成功。虽说是天授英才, 能成王的人不会战死。但是兵家所说的如静若处女、狡若脱兔者, 确实也不外乎这种做法了。

徐世勣据李密旧境, 未有所属。魏征随密至长安, 久不为朝廷所知, 乃自请安集山东, 上以为秘书丞, 乘传至黎阳, 遗徐世勣书, 劝之早降。世勣遂决计西向, 谓长史阳翟郭孝恪曰: "此民众土地，皆魏公有也；吾若上表献之，是利主之败，自为功以邀富贵也，吾实耻之。今宜籍郡县户口士马之数以启魏公，使自献之。"乃遣孝恪诣长安，又运粮以饷淮安王神通。上闻世勣使者至，无表，止有启与密，甚怪之。孝恪具言世勣意，上乃叹曰："徐世勣不背德，不邀功，真纯臣也！"赐姓李。以孝恪为宋州刺史，使与世勣经营虎牢以东，所得州县，委之选补。

【译文】徐世勣占据李密的旧地，没有归附任何人。魏徵随着李密来到长安，于是自己请求招抚山东地区，唐高祖任用他做秘书丞，乘驿站的传车到黎阳，送信给徐世勣，劝他尽早投降唐。徐世勣于是决心向西投唐，对长史阳翟人郭孝恪说："这些百姓与土地，都是魏公(李密建国，称魏公)所有，我如若上表将它献出，是拿主人的失败当自己的功劳以求富贵，我深以为可耻。而今应当编算郡县户口、士兵以及马匹的数目上启给魏公，由他自己献出。"于是派遣郭孝恪前往长安，又运粮饷供给淮安王李神通。唐高祖听说徐世勣的使者到了，没有上表，只有一封书信给李密，非常奇怪。

郭孝恪将徐世勣的心意详细说明，唐高祖才叹说："徐世勣不违背道德，不贪求功劳，真是个忠纯的臣子！"于是赐徐世勣姓李。任命郭孝恪担任宋州刺史，让他和李世勣治理虎牢以东所取得的州县，委任他们选补官吏。

【乾隆御批】世勣不以李密土地邀功，颇见志节。唐太宗所云公不负李密，岂肯负朕，诚非虚语。后于立武后事乃淟忍依阿，毫无匡救，则暮年门户计重，竟尔易操，非独廉谨有余刚方不足，实亦负太宗之知己矣。

【译文】 徐世勣不拿李密的土地去邀取功劳，从中可见他的志向和节操。唐太宗所说的魏征先生不负李密，怎么肯负我呢？这确实不是一句空话。可是他后来对立武后的事却同流合污，曲从附顺，丝毫没有做出匡正救扶的行动，以至晚年为保持地位，竟然变节，这就不只是廉正谨慎有余而刚直方正不足的问题，实在是有负太宗把他看作知己了。

【申涵煜评】李密是倡乱之人，非定乱之人。其初何等英锐，后乃一败不振。且既识秦王为英主，何得复生异图？观其为人两截处，甚类袁绍。

【译文】李密是带头作乱的人，不是平定叛乱的人。他当初是何等英锐，然后却一败不振。既然他知道秦王为英明的君主，怎么能又产生异心？观察他他为人两截之处，很像袁绍。

癸丑，独孤怀恩攻尧君素于蒲坂。行军总管赵慈景尚帝女桂阳公主，为君素所擒，枭首城外，以示无降意。

癸亥，秦王世民至长安，斩薛仁果于市，上赐常达帛三百段。赠刘感平原郡公，谥忠壮。扑杀仵士政于殿庭。以张贵尤淫暴，腰斩之。上享劳将士，因谓群臣曰："诸公共相翊戴以成帝业，若天下承平，可共保富贵。使王世充得志，公辈岂有种乎？如薛仁果君臣，岂可不以为前鉴也！"己巳，以刘文静为户部尚书，领陕东道行台左仆射，复殷开山爵位。

【译文】癸丑日（十二日），独孤怀恩在蒲坂进攻尧君素。行军总管赵慈景娶了唐高祖的女儿桂阳公主，被尧君素俘虏，在城外斩首，表示没有投降的心意。

癸亥日（二十二日），秦王李世民抵达长安，在市街上处死薛仁果，赏赐常达三百匹帛。追赠刘感平原郡公，谥号忠壮。在宫殿庭院中击杀了仵士政。因为张贵特别淫暴，将他腰斩。唐高祖犒劳将士，趁机对群臣说："诸公共相辅戴因而成立帝业，如若天下太平，我们可以共同保有富贵。假如让王世充得志，诸位哪会有子孙呢！像薛仁果君臣这些人，难道可以不拿他们当前车之鉴吗！"己巳日（二十八日），唐高祖任用刘文静做户部尚书，兼任陕东道行台左仆射。恢复了殷开山的爵位。

　　李密骄贵日久，又自负归国之功，朝廷待之不副本望，郁郁不乐。尝遇大朝会，密为光禄卿，当进食，深以为耻；退，以告左武卫大将军王伯当。伯当心亦怏怏，因谓密曰："天下事在公度内耳。今东海公在黎阳，襄阳公在罗口，河南兵马，屈指可计，岂得久如此也！"密大喜，乃献策于上曰："臣虚蒙荣宠，安坐京师，曾无报效；山东之众皆臣故时麾下，请往收而抚之。凭藉国威，取王世充如拾地芥耳！"上闻密故将士多不附世充，亦欲遣密往收之。群臣多谏曰："李密狡猾好反，今遣之，如投鱼于泉，放虎于山，必不返矣！"上曰："帝王自有天命，非小子所能取。借使叛去，如以蒿箭射蒿中耳！今使二贼交斗，吾可以坐收其弊。"辛未，遣密诣山东，收其馀众之未下者。密请与贾闰甫偕行，上许之，命密及闰甫同升御榻，赐食，传饮卮酒曰："吾三人同饮是酒以明同心；善建功名，以副朕意。丈夫一言许人，千金不易。有人确执不欲弟行，朕推赤心于弟，非他人所能间也。"密、闰甫再拜受命。上又以王伯当为密副而遣之。

　　【译文】李密过了很长时间的骄贵生活，又自负归附国家的功勋，朝廷对待他不符合他原来的期望，因此郁郁不乐。有一回国宴大典，李密担任光禄卿，依职负责供给膳食，他深深认为耻辱；罢宴之后，将心意告诉左武卫大将军王伯当。王伯当内心也不满足，因而对李密说："天下事情在您的计划之中罢了。而今东海公在黎阳，襄阳公在罗口，黄河以南的兵马，屈指可数，难道能够长久如此吗？"李密听了非常高兴，于是向唐高祖献策说："臣空蒙陛下的宠爱，安坐京师，没有一点报效。山东的徒众都是臣旧时的部下，请让我去接收招抚他们。凭借强大的威势，攻取王世充易如俯拾横在地上的草芥！"唐高祖听闻李密旧时的将士大多不依附王世充，也想要派遣李密去招抚他们。群臣大多进谏说："李密为人狡猾反复无常，如今派遣他前往，就好比投鱼入水，纵虎归山，必定不会回来！"唐高祖说："帝王自有天命，不是小子能接替的。如果他叛我而去，就像拿无用的蒿箭射往蒿中，不值得珍惜。现在让二贼相斗，我能够坐收他们的困敝。"辛未日（十一月无此日），唐高祖派遣李密前往山东，收抚还未归顺的余众。李密要求和贾闰甫同行，唐高祖答应了，命令李密及贾闰甫同登御榻，赐给膳食，传递同杯酒说："我们三人共饮一杯酒，表明同心，希望善建功业，不要违逆朕意。丈夫应允人一句话，千金不能改变。有人坚决反对吾弟前往，朕推赤心相待吾弟，不是他人所能离间的。"李密、贾闰甫再拜受命。唐高祖又派遣王伯当担任李密的副使。

有大鸟五集于乐寿，群鸟数万从之，经日乃去。窦建德以为己瑞，改元五凤。宗城人有得玄圭献于建德者，宋正本及景城丞会稽孔德绍皆曰："此天所以赐大禹也，请改国号曰夏。"建德从之，以正本为纳言，德绍为内史侍郎。

初，王须拔掠幽州，中流矢死，其将魏刀儿代领其众，据深泽，掠冀、定之间，众至十万，自称魏帝。建德伪与连和，刀儿弛备，建德袭击破之，遂围深泽；其徒执刀儿降，建德斩之，尽并其众。

易、定等州皆降，唯冀州刺史麹棱不下，棱婿崔履行，暹之孙也，自言有奇术，可使攻者自败，稜信之。履行命守城者皆坐，毋得妄斗，曰："贼虽登城，汝曹勿怖，吾将使贼自缚。"于是为坛，夜，设章醮，然后自衣缞绖，杖竹登北楼恸哭；又令妇女升屋四向振裙。建德攻之急，稜将战，履行固止之。俄而城陷，履行哭犹未已。建德见稜，曰："卿忠臣也！"厚礼之，以为内史令。

【译文】有五只大鸟集于乐寿，数万只群鸟跟随着它们，经过一天才离去。窦建德认为这是祥瑞，于是改年号为五凤。宗城有人得到玄圭呈献窦建德，宋正本以及景城丞会稽人孔德绍都说："这是上天用来奖赏大禹的，请改国号为夏。"窦建德听从他们的意见。任用宋正本做纳言，孔德绍做内史侍郎。

当初，王须拔劫掠幽州，中了流矢而死，他的部将魏刀儿接替他统领部众，占据深泽，在冀、定之间劫掠，徒众多达十万人，自称魏帝。窦建德假装和他连和，魏刀儿松弛守备，窦建德偷袭并且打败他，于是围攻深泽；魏刀儿的徒众抓住魏刀儿前来投降，窦建德将他斩杀，把他的徒众全部并入自己的部队。

易、定等州全部投降，只有冀州刺史麹稜不投降。麹稜的女婿崔履行，是崔逞的孙子，自称有奇术，可让来进攻的人自己失利，麹稜相信他。崔履行让守城的人都坐着，不可以乱打斗，说："贼人即使登上城墙，你们也不要害怕，我将让贼人自己就缚。"于是崔履行设坛，夜晚登坛作法，然后自己穿着丧服，挂着竹杖登上北楼痛哭；又命妇女爬上屋顶向四面振动裙摆。窦建德进攻得很猛烈，麹稜打算出战，崔履行坚决阻止他。不久城池被攻破，崔履行还是不停地哭。窦建德看见麹稜说："你真是位忠臣！"厚待他，任用他做内史令。

十二月，壬申，诏以秦王世民为太尉、使持节、陕东道大行台，其蒲州、河北诸府兵马并受节度。

癸酉，西突厥曷娑那可汗自宇文化及所来降。

隋将尧君素守河东，上遣吕绍宗、韦义节、独孤怀恩相继攻之，俱不下。时外围严急，君素为木鹅，置表于颈，具论事势，浮之于河；河阳守者得之，达于东都。皇泰主见而叹息，拜君素金紫光禄大夫。宠玉、皇甫无逸自东都来降，上悉遣诣城下，为陈利害，君素不从。又赐金券，许以不死。其妻又至城下，谓之曰："隋室已亡，君何自苦！"君素曰："天下名义，非妇人所知！"引弓射之，应弦而倒。君素亦自知不济，然志在守死，每言及国家，未尝不歔欷。谓将士曰："吾昔事主上于藩邸，大义不得不死。必若隋祚永终，天命有属，自当断头以付诸君，听君等持取富贵。今城池甚固，仓储丰备，大事犹未可知，不可横生心也！"君素性严明，善御众，下莫敢叛。久之，仓粟尽，人相食；又获外人，微知江都倾覆。丙子，君素左右薛宗、李楚客杀君素以降，传首长安。君素遣朝散大夫解人王行本将精兵七百在它所，闻之，赴救，不及，因捕杀君素者党与数百人，悉诛之，复乘城拒守。独孤怀恩引兵围之。

【译文】十二月，壬申日（初二），唐高祖诏命任用秦王李世民做太尉、使持节、陕东道大行台，蒲州、河北诸府的兵马都受他调度指挥。

癸酉日（初三），西突厥曷娑那可汗从宇文化及那前来归降。

隋将尧君素驻守河东，唐高祖派遣吕绍宗、韦义节、独孤怀恩相继进攻他，都攻不下。此时城外围攻紧急，尧君素制作木鹅，将表疏放置在鹅颈，表中详论情势，将木鹅浮在河面。河阳守城的人捞到木鹅，将表送往东都。皇泰主看到疏表后叹气，任用尧君素做金紫光禄大夫。宠玉、皇甫无逸自东都前来投降，唐高祖都派遣他们到城下，对尧君素陈说利害，尧君素不听。唐高祖又赐金券，表示宽恕他的死罪。他的妻子也来到城下，对他说："隋朝皇室已经灭亡，夫君你何必自讨苦吃！"尧君素说："君臣之义，非妇人所能知晓！"拉弓射箭，他的妻子应声倒地。尧君素自己也知道城守不住了，但立志以守死节，每次谈到国家社稷，都悲痛哭泣。尧君素对将士说："我以前在藩邸侍候皇上，依照大义不能死，但一定要维持隋祚于长远，如若天命转移，自当断头交给诸君，听凭你们拿去换取富贵。而今城池坚固，粮饷储备丰足，胜败还不知晓，不可乱生异心！"尧君素性情严谨明断，精于统御部属，部下不敢背叛。过了很长的时日，仓粮吃尽了，就人吃人；又俘获外人，稍微知晓江都灭亡的消息。丙子日(初六)，尧君素的亲信薛宗、李楚客杀了尧君素前来投降，将首级送往长安。先前尧君素派遣朝散大夫解人王行本率领精兵七百驻扎他地，听闻叛变，赶救不及，因而逮捕杀害尧君素的同党几百人，全部诛杀，再守城对抗，独孤怀恩领军围攻。

丁丑，隋襄平太守邓暠以柳城、北平二郡来降；以暠为营州总管。

辛巳，太常卿郑元璹击朱粲于商州，破之。

初，宇文化及遣使招罗艺，艺曰："我隋臣也。"斩其使者，为炀帝发丧，临三日。窦建德、高开道各遣使招之，艺曰："建德、开道，皆剧贼耳。吾闻唐公已定关中，人望归之。此真吾主也，吾将从之，敢沮议者斩！"会张道源慰抚山东，艺遂奉表，与渔阳、上谷等诸郡皆来降。

癸未，诏以艺为幽州总管。薛万均，世雄之子也，与弟万彻俱以勇略为艺所亲待，诏以万均为上柱国、永安郡公，万彻为车骑将军、武安县公。

【译文】丁丑日（初七），隋朝襄平太守邓嵩献出柳城、北平二郡前来投降，唐高祖任用邓嵩做营州总管。

辛巳日（十一日），太常卿郑元璹在商州进攻朱粲，将他打败。

当初，宇文化及派遣使者向罗艺招降，罗艺说："我是隋朝臣子。"罗艺斩杀使者，为隋炀帝举行丧礼，哭丧三日。窦建德、高开道各自派遣使者招降，罗艺说："窦建德、高开道，全是强盗！我听闻唐公已经平定关中，人们全都希望归顺他。这真是我的主人，我打算依附他，谁敢阻止，我就杀掉他！"恰好遇到张道源安抚山东，罗艺于是上表，率领渔阳、上谷等诸郡前来投降唐。

癸未日（十三日），唐高祖诏命任用罗艺做幽州总管。薛万均，是薛世雄的儿子，和弟弟薛万彻都因为勇敢有谋被罗艺喜爱，唐高祖诏命任用薛万均做上柱国、永安郡公，薛万彻为车骑将军、武安县公。

窦建德既克冀州，兵威益盛，帅众十万寇幽州。艺将逆战，万均曰："彼众我寡，出战必败。不若使羸兵背城阻水为陈，彼必度水击我。万均请以精骑百人伏于城旁，俟其半渡击之，蔑不胜矣。"艺从之。建德果引兵度水，万均邀击，大破之。建德竟不能至其城下，乃分兵掠霍堡及雍奴等县；艺复邀击，败之。凡相拒百馀日，建德不能克，乃还乐寿。

艺得隋通直谒者温彦博，以为司马。艺以幽州归国，彦博赞成之；诏以彦博为幽州总管府长史，未几，徵为中书侍郎。兄大雅，时为黄门侍郎，与彦博对居近密，时人荣之。

以西突厥曷娑那可汗为归义王。曷娑那献大珠，上曰："珠诚至宝；然朕宝王赤心，珠无所用。"竟还之。

【译文】窦建德已经攻陷冀州，声威更强，率领士众十万人侵犯幽州。罗艺打算迎战，薛万均说："他们人多我们人少，出战一定败，不如命羸弱的军兵背靠城池面对河水列阵，他们必定渡水进攻我们。我薛万均请求率领精骑百人在城旁埋伏，等候对方渡到河中就进攻，这样没有不获胜的。"罗艺采纳了他的建议。窦建德真的领兵渡水，薛万均中途拦击，大败对方。窦建德终不能返回他的城下，于是分兵劫夺霍堡及雍奴等县；罗艺再加截击，将他打败。一共相拒一百多天，窦建德无法取胜，于是回师乐寿。

罗艺得到隋朝通直谒者温彦博，任用为司马。罗艺献出幽州归附国家，温彦博表示赞成。唐高祖诏命任用温彦博做幽州总管府长史，没过多久，迁调为中书侍郎。他的哥哥温大雅，当时任黄门侍郎，和温彦博对居东西二省，关系密切。当时的人全都称赞他们。

唐高祖加封西突厥曷娑那可汗做归义王。曷娑那献上大珠，唐高祖说："大珠实在是至宝，但朕将大王的忠心当作至宝，用不到宝珠。"最终将珠归还。

乙酉，车驾幸周氏陂，过故墅。丁亥，还宫。

初，羌豪旁企地以所部附薛举，及薛仁果败，企地来降，留长安，企地不乐，帅其众数千叛，入南山，出汉川，所过杀掠。武候大将军宠玉击之，为企地所败。行至始州，掠女子王氏，与俱醉卧野外；王氏拔其佩刀，斩首送梁州，其众遂溃。诏赐王氏号崇义夫人。

壬辰，王世充帅众三万围谷州，刺史任瑰拒却之。

上使李密分其麾下之半留华州，将其半出关。长史张宝德预在行中，恐密亡去，罪相及；上封事，言其必叛。上意乃中变，又恐密惊骇，乃降敕书劳来，令密留所部徐行，单骑入朝，更受节度。

【译文】乙酉日（十五日），唐高祖到周氏陂，路过故墅。

当初，羌豪旁企地率领部下归附薛举，等到薛仁果失败，企地前来投降唐，留在长安。企地不高兴，带领他的几千名士众反叛，入南山，出汉川，途经的地方都被杀掠。武候大将军宠玉进攻他，被企地击败。企地行到始州，劫夺女子王氏，和她喝醉睡在野外；王氏拔出他的佩刀，砍下他的头颅送往梁州，企地的士众因而溃散。朝廷诏命赐王氏号为崇义夫人。

壬辰日（二十二日），王世充率领士众三万人围攻谷州，刺史任瑰将他打退。

唐高祖令李密将部下分一半留在华州，率领一半军兵出关。长史张宝德在队伍中同行，担心李密逃亡被牵连；呈上密表，说明李密一定反叛。唐高祖的心意才中途改变，又担心李密惊怕，于是下敕书安抚，命李密留下士众慢慢行进，单骑入朝，另受节度。

密至稠桑，得敕，谓贾闰甫曰："敕遣我去，无故复召我还，天子向云，'有人确执不许'，此谮行矣。吾今若还，无复生理，不若破桃林县，收其兵粮，北走渡河。比信达熊州，吾已远矣。苟得至黎阳，大事必成。公意如何？"闰甫曰："主上待明公甚厚；

况国家姓名，著在图谶，天下终当一统。明公既已委质，复生异图，任瑰、史万宝据熊、穀二州，此事朝举，彼兵夕至，虽克桃林，兵岂暇集，一称叛逆，谁复容人！为明公计，不若且应朝命，以明元无异心，自然浸润不行；更欲出就山东，徐思其便可也。"密怒曰："唐使吾与绛、灌同列，何以堪之！且谶文之应，彼我所共。今不杀我，听使东行，足明王者不死；纵使唐遂定关中，山东终为我有。天与不取，乃欲束手投人！公，吾之心腹，何意如是！若不同心，当斩而后行！"闰甫泣曰："明公虽云应谶，近察天人，稍已相违。今海内分崩，人思自擅，强者为雄；明公奔亡甫尔，谁相听受！且自翟让受戮之后，人皆谓明公弃恩忘本，今日谁肯复以所有之兵束手委公乎！彼必虑公见夺，逆相拒抗，一朝失势，岂有容足之地哉！自非荷恩殊厚者，讵能深言不讳乎！愿明公熟思之，但恐大福不再。苟明公有所措身，闰甫亦何辞就戮！"密大怒，挥刃欲击之；王伯当等固请，乃释之。闰甫奔熊州。伯当亦止密，以为未可，密不从。伯当乃曰："义士之志，不以存亡易心。公必不听，伯当与公同死耳，然终恐无益也。"

【译文】李密到达稠桑，接到敕书，对贾闰甫说："敕书命我领军前往，无故再召我回朝，陛下之前说'有人坚决反对'，这表示已经听了谮毁之言。今天我如果回去，没有活着的道理，不如攻陷桃林县，俘获士兵粮食，向北进兵渡过黄河。等到消息传到熊州，我已经远去了。如果能够到达黎阳依靠徐世勣，大事必成。你认为怎样？"贾闰甫说："陛下很厚待您；况且国家姓名，著明在图谶上，天下终归要统一。您既然委贽为臣，又生异心，任瑰、史万宝占据熊、谷二州，这儿早晨反叛，他们的军队晚上就会赶到，虽然攻陷桃林，哪里有时间募集兵士，一且被称作叛逆，又有谁会收容您？为了您着想，不如暂且接受朝命，来表明本来没有异心，自然那些谗言无法得逞，想要开拓山东，还可以慢慢找适当的时机。"李密发怒说："唐让我和周勃、灌婴同列，怎么能忍受？谶文言明姓李的应当是天子，唐和我同样姓李。今天不杀我，派我东行，足以证明为王的人不会中途死亡。纵使唐能顺利讨平关中，山东最终还是我的。天赐不取，竟然捆缚双手向人投降！你是我的心腹，为什么竟有如此想法？你不和我同心，我就杀掉你而后行动！"贾闰甫哭泣着说："您虽然说符合谶文，但是最近细察天道人心，稍有改异。而今海内分离，人人都想自专，强者称雄。您逃亡狼狈，像这个样子，谁会听从您收容您！并且自从翟让被杀之后，人们全说您弃恩忘本，今天谁肯再将所有的军兵委托给您呢？他们必定考虑到您会夺取他们的军力，反相抗拒，一朝失势，哪有容身之地呢！假如不是蒙受您特殊恩惠的人，怎肯直言不讳呢？但愿您仔细思虑，只怕大福不再。假如您有安身之处，我又何必怕死！"李密大怒，举刀要杀死他，王伯当等人坚决求情，李密才释放他。贾闰甫逃往熊州。王伯当也劝李密不可妄动；李密不听。王伯当说："义士的志向，不因存亡而改变。您一定不听规劝，伯当只有和你同生死，只是担心终究是无益的。"

密因执使者，斩之。庚子旦，密给桃林县官曰："奉诏暂还京师，家人请寄县舍。"乃简骁勇数十人，著妇人衣，戴羃䍦，藏刀裙下，诈为妻妾，自帅之入县舍，须臾，变服突出，因据县城。驱掠徒众，直趣南山，乘险而东，遣人驰告故将伊州刺史襄城张善相，令以兵应接。

右翊卫将军史万宝镇熊州，谓行军总管盛彦师曰："李密，骁贼也，又辅以王伯当，今决策而叛，殆不可当也。"彦师笑曰："请以数千之众邀之，必枭其首。"万宝曰："公以何策能尔?"彦师曰："兵法尚诈，不可为公言之。"即帅众逾熊耳山南，据要道，令弓弩夹路乘高，刀楯伏于溪谷，令之曰："俟贼半渡，一时俱发。"或问曰："闻李密欲向洛州，而公入山，何也?"彦师曰："密声言向洛，实欲出人不意，走襄城，就张善相耳。若贼入谷口，我自后追之，山路险隘，无所施力，一夫殿后，必不能制。今吾先得入谷，擒之必矣。"

【译文】李密因而斩杀使者。庚子日(三十日)早晨，李密蒙骗桃林县官说："我奉诏命暂且返回京师，请让家人寄居县舍。"于是选拔骁勇士兵几十人，身穿妇人衣服，头戴障面巾，裙下藏刀，假装是李密的妻妾，李密亲自带领他们进入县舍，不久，很快改换服装，趁机占领桃林县城。掠取驱驰徒众，直走南山，越过险要地域向东行进，派人快马向旧部伊州刺史襄城人张善相报告，命张善相派军接应。

右翊卫将军史万宝驻守熊州，对行军总管盛彦师说："李密是个勇猛的贼寇，又有王伯当相助，而今决计反叛，担心不能抵挡。"盛彦师笑着说："请给我几千士兵截住他，必定砍下他的头。"史万宝说："您用什么计谋能办到呢?"盛彦师说："兵法讲究虚诈，恕我不能奉告。"盛彦师就带领军士翻过熊耳山南，占据险要的路径，命弓箭手守在路两旁的高地，手持刀盾埋伏在溪谷，下令说："等贼人走到一半，同时进攻。"有人询问说："听闻李密要到洛州，而您却进入熊耳山，为什么?"盛彦师说："李密放出风声说前往洛州，其实想要出人意外，逃到襄城，去依靠张善相。假如贼人入了谷口，我军自后方追击，因为山路艰险又狭小，不好用力，有一人殿后抵抗，就无法取胜。现在我先行进入谷口，必定可以擒捕他。"

李密既渡陕，以为馀不足虑，遂拥众徐行，果逾山南出。彦师击之，密众首尾断绝，不得相救。遂斩密及伯当，俱传首长安。彦师以功赐爵葛国公，拜武卫将军，仍领熊州。

李世勣在黎阳，上遣使以密首示之，告以反状。世勣北面拜伏号恸，表请收葬；诏归其尸。世勣为之行服，备君臣之礼。大具仪卫，举军缟素，葬密于黎阳山南。密素得士心，哭者多欧血。

隋右武卫大将军李景守北平，高开道围之，岁余不能克。辽西太守邓暠将兵救之，景帅其众迁于柳城；后将还幽州，于道为盗所杀。开道遂取北平，进陷渔阳郡，有马数千匹，众且万，自称燕王，改元始兴，都渔阳。

【译文】李密已经通过陕州，以为剩下的路程不必担心，于是与众人慢行，果然越过山南出来。盛彦师的军队两面夹击，李密首尾中断，不能相顾。于是斩杀李密及王伯当，将二人的首级用传车送往长安。盛彦师因为建功赐爵为葛国公，仍旧统治熊州。

李世勣在黎阳，唐高祖派遣使者提着李密的首级给他看，告诉他李密反叛的情形。李世勣面向北方拜伏痛哭，上表请求收葬；唐高祖诏命将李密的尸体交给李世勣处理。李世勣为他着丧服，具备君臣之礼，盛备仪卫，全军都穿着白色丧服，安葬李密在黎阳山南。李密平素深得士心，许多士兵为他哭得吐血。

隋朝右武卫大将军李景驻守北平，高开道围攻他，一年多无法取胜。辽西太守邓暠领兵救他，李景率领他的士众迁往柳城，后来领兵返回幽州，在途中被盗匪所杀。

高开道随即攻取北平，进而攻克渔阳郡，有几千匹马，士众约有万人，自称燕王，改年号为始兴，在渔阳建都。

【乾隆御批】《唐史》列群雄，以密为巨擘，然观其拥众百万时，既不能自规建树。至一经败衄，徐世勣辈犹为拒守而已，颓然沮丧，北面降唐，又以羞伍绛、灌，忘身于一朝之忿。反复失据若此，欧阳修称为田横之流，实非定论。

【译文】《唐史》在排列英雄位次的时候，把李密列为首位。然而看他拥有百万之众时，也没能有所建树。到了一经失败，徐世勣等人还有能力坚持抵抗时，他却颓废沮丧，投降了唐朝。投降后，又以与绛侯、灌婴等人为伍而蒙辱，因一时的愤怒忘记了自身的处境。像这样反反复复以至于进退两难、无处容身，欧阳修却把他列入田横一类的人物之中，实在不能成为定论。

怀戎沙门高昙晟因县令设斋，士民大集，昙晟与僧五千人拥斋众而反，杀县令及镇将，自称大乘皇帝，立尼静宣为邪输皇后，改元法轮。遣使招开道，立为齐王。开道帅众五千人归之，居数月，袭杀昙晟，悉并其众。

有犯法不至死者，上特命杀之。监察御史李素立谏曰："三尺法，王者所与天下共也；法一动摇，人无所措手足。陛下甫创鸿业，奈何弃法！臣忝法司，不敢奉诏。"上从之。自是特承恩遇，命所司授以七品清要官；所司拟雍州司户，上曰："此官要而不清。"又拟秘书郎。上曰："此官清而不要。"遂擢授侍御史。素立，义深之曾孙也。

【译文】怀戎沙门高昙晟因为县令设斋，士民大集，高昙晟和五千位僧人领导斋众造反，杀掉县令及镇守的将领，自称大乘皇帝，加封尼姑静宣为邪输皇后，改年号为法轮。高昙晟派使者招诱高开道，立他为齐王。高开道率领五千士众归降他，过了数月高开道暗杀高昙晟，吞并他所有的军队。

有犯法而没有到死罪的人，唐高祖特别下命要将他们杀掉。监察御史李素立进谏说："法律是君王和天下百姓共守的标准，法律一旦动摇，百姓就无从遵循。陛下刚刚创立大业，怎么能抛弃法律？臣主管法司，不敢遵从诏命。"唐高祖听从他的话。李素立从此特别受到恩遇，唐高祖命令执政授给他七品清要官。执政拟授雍州司户，唐高祖说："这个官职重要但不清廉。"又拟授秘书郎，唐高祖说："这个官职清廉但不重要。"于是擢授李素立为侍御史。李素立，是李义深的曾孙。

上以舞胡安叱奴为散骑侍郎。礼部尚书李纲谏曰："古者乐工不与士齿，虽贤如子野、师襄，皆终身继世不易其业。唯齐末封曹妙达为王，安马驹为开府，有国家者以为殷鉴。今天下新定，建义功臣，行赏未遍，高才硕学，犹滞草莱；而先擢舞胡为五品，使鸣玉曳组，趋翔廊庙，非所以规模后世也。"上不从，曰："吾业已授之，不可追也。"

◆陈岳论曰：受命之主，发号施令，为子孙法；一不中理，则为厉阶。今高祖曰："业已授之，不可追"，苟授之而是，则已；授之而非，胡不可追欤？君人之道，不得不以"业已授之"为诫哉！◆

【译文】唐高祖任用善歌舞的胡人安比奴做散骑侍郎。礼部尚书李纲劝谏说："古代乐工不和士人并列，虽然贤良如子野、师襄，后代子孙全都世袭他们的行业。只有齐末封曹妙达为王，安马驹成为开府，后来齐后主因此亡国，统治者用他做殷鉴。而今天下刚刚安定，一同起义的功臣，还没有普遍行赏，有学问有才能的人，仍旧闲置民间，反而先重用善歌舞的胡人为五品官，佩带玉印，出入朝堂，这不是用来垂范后代的做法。"唐高祖不听，说："我已颁授了，不能追回。"

◆陈岳评论说：天子发出号令，应是子孙的榜样；一旦不合理，就成为祸患的原因。而今高祖说"已经颁授，不可追回"，如若颁授的对就好，颁授错了，为什么不可以追回？治理百姓的方法，不能不用"已经授给"当警戒呀！◆

李轨吏部尚书梁硕，有智略，轨常倚之以为谋主。硕见诸胡浸盛，阴劝轨宜加防察，由是与户部尚书安修仁有隙。轨子仲琰尝诣硕，硕不为礼，乃与修仁共谮硕于轨，诬以谋反，轨鸩硕，杀之。有胡巫谓轨曰："上帝当遣玉女自天而降。"轨信之，发民筑台以候玉女，劳费甚广。河右饥，人相食，轨倾家财以赈之；不足，欲发仓粟，召群臣议之。曹珍等皆曰："国以民为本，岂可爱仓粟而坐视其死乎！"谢统师等皆故隋官，心终不服，密与群胡为党，排轨故人，乃诟珍曰："百姓饿者自是羸弱，勇壮之士终不至此。国家仓粟以备不虞，岂可散之以饲羸弱！仆射苟悦人情，不为国计，非忠臣也。"轨以为然，由是士民离怨。

【译文】李轨的吏部尚书梁硕，很有智谋，李轨常常倚靠他，将他当作谋主。梁硕看见胡人渐盛，暗中劝说李轨应当加以预防观察，因此和户部尚书安修仁产生嫌隙。李轨的儿子李仲琰曾经去看望梁硕，梁硕待他很不礼貌，于是和安修仁一同向李轨谮毁梁硕，诬告他谋反，李轨毒死了梁硕。有位胡巫对李轨说："上帝将派玉女自天下凡。"李轨听信他，发动百姓建台来等候玉女，用了很多的劳力与费用。河右发生饥荒，人吃人。李轨拿出全部家财去赈济还不够，想要发放仓粟，于是召集群臣商议，曹珍等全说："国以民为根本，难道可以爱惜仓粟而坐视百姓饿死不救!"谢统师等全是隋朝故官，心内始终不服，暗中和群胡结党，排斥李轨的故人，于是谢统师骂曹珍说:"百姓喊饿的人都因为身体孱弱，勇壮之士终不会这样。国家的仓粟用来应付紧急情况，怎么可以散发去喂养孱弱的人! 仆射一味取悦人心，不为国家打算，不是忠臣。"李轨同意这个说法，因而士民怨恨而背叛。